Senne
Arbeitsrecht

Arbeitsrecht

Das Arbeitsverhältnis in der betrieblichen Praxis

von

Dr. Petra Senne

Professorin an der Westfälischen Hochschule

10., neu bearbeitete Auflage

Verlag Franz Vahlen München

Dr. Petra Senne ist Professorin im Fachbereich Wirtschaftsrecht an der Westfälischen Hochschule Recklinghausen.

ISBN 978 3 8006 5648 6

Wilhelmstraße 9, 80801 München
Druck und Bindung: Nomos Verlagsgesellschaft mbH & Co. KG/
Druckhaus Nomos
In den Lissen 12, 76547 Sinzheim
Satz: Fotosatz Buck
Zweikirchener Straße 7, 84036 Kumhausen
Umschlaggestaltung: Druckerei C.H.Beck Nördlingen
Gedruckt auf säurefreiem, alterungsbeständigem Papier
(hergestellt aus chlorfrei gebleichtem Zellstoff)

Zu diesem Buch

„Ihr Buch liest sich wie ein Roman.", so schrieb mir eine Studentin zu einer der Vorauflagen.

Ist es gut für ein Lehrbuch, dass es sich wie ein Roman liest? Ich meine ja, wenn hierdurch nicht nur das Interesse der Lesenden geweckt, sondern auch erhalten wird, wenn hierdurch Spaß am Arbeitsrecht entsteht. Denn es sind die Geschichten des Lebens, die das Arbeitsrecht erst wirklich spannend machen. Diesem in den Vorauflagen bewährten Motto bleibt auch die nunmehr 10. Auflage dieses Lehrbuchs treu.

Das Arbeitsrecht ist für Studierende und Praktiker eine gleichermaßen schwierige und manchmal unberechenbare Materie. Ein solides arbeitsrechtliches Grundwissen ist daher wichtig, um zeitraubende und kostspielige arbeitsrechtliche Auseinandersetzungen zu vermeiden.

Dieses Buch vermittelt Arbeitsrecht praxisnah. Die einzelnen Themenbereiche werden anhand eines fiktiven Unternehmens bearbeitet. Die Fragestellungen sind, soweit wie möglich, tatsächlichen Fällen nachgebildet. Das Betriebsverfassungsrecht wird als integrierter Bestandteil der Personalarbeit verstanden und daher dort erläutert, wo die betrieblichen Handlungsabläufe es fordern. Das europäische Recht wird behandelt, soweit es nationale arbeitsrechtliche Regelungen hervorgebracht hat.

Praxisnahe Ausbildung heißt auch, die Leser und Leserinnen aktiv in das Lernen einzubeziehen. Deshalb sind Sie als Lernende aufgefordert, die gestellten Aufgaben zunächst selbstständig zu überdenken und zu lösen, um sie sodann anhand des zu lernenden Stoffs zu vertiefen. Immer wenn Sie dieses Zeichen sehen, so sind Sie zur Mitarbeit aufgefordert; eine Aufgabe steht zur Lösung an.

Begegnet Ihnen dieses Zeichen, so deutet dies auf für die Praxis besonders wichtige Schlussfolgerungen hin. Gleichzeitig ermöglicht es Ihnen, in kurzer Zeit prüfungsrelevantes Wissen zu wiederholen.

Beachten Sie jedoch: bei allem Bemühen um eine vollständige Darstellung kann nicht jeder Eventualfall der Praxis behandelt werden. Es kann daher vorkommen, dass ein Thema, das Sie gerade beschäftigt, in diesem Lernbuch nicht oder nur sehr knapp erwähnt wird. Ziel dieses Buches ist es, ein solides Fundament zu vermitteln, um so auch neue Anforderungen des Human Resources Management, wie zB die Digitalisierung der Arbeitswelt, arbeitsrechtlich sicher begleiten zu können. Zur Vertiefung dienen die angegebenen Aufsätze und Grundsatzentscheidungen (die des aktuellen Jahres sowie der letzten Jahre sind unter www.bundesarbeitsgericht.de im Volltext vorhanden).

Eventuelle Ähnlichkeiten mit bestehenden Unternehmen oder Personen sind nicht beabsichtigt und rein zufällig. Beide Geschlechter sind selbstverständlich angesprochen, auch wenn der besseren Lesbarkeit wegen häufig nur die männliche Form gewählt ist.

Ich freue mich jederzeit über Anregungen und Kritik zu diesem Buch an petra.senne@w-hs.de.

Januar 2018 Prof. Dr. Petra Senne

Inhaltsverzeichnis

Zu diesem Buch V

Abkürzungsverzeichnis XIII

Literaturverzeichnis XVII

A. Die Müllex GmbH stellt sich vor 1

B. Begriff und Rechtsquellen des Arbeitsrechts 3

I. Der Begriff Arbeitsrecht 3
II. Die Rechtsquellen des Arbeitsrechts 3

C. Die kollektiven Rechtsnormen des Arbeitsrechts 6

I. Der Tarifvertrag 6
II. Die Beteiligung des Betriebsrats – Überblick 11
III. Die Betriebsvereinbarung 14
1. Rechtsnatur und Form der Betriebsvereinbarung 14
2. Wirkung der Betriebsvereinbarung 14
3. Sperrwirkung des Tarifvertrags 15
IV. Das Verhältnis von Tarifvertrag, Betriebsvereinbarung und Arbeitsvertrag 17

D. Die Anbahnung des Arbeitsverhältnisses 19

I. Stellenausschreibung 19
II. Das Vorstellungsgespräch 22
1. Berechtigung zur Vorstellung 22
2. Ersatz von Vorstellungskosten 23
3. Freizeit zur Stellensuche 23
4. Offenbarungspflichten und Fragerecht 24
5. Die Mitbestimmung des Betriebsrats bei Personalfragebögen 32
6. Auskünfte beim bisherigen Arbeitgeber 33
III. Auswahlentscheidung und Vorbereitung des Vertragsschlusses 34
1. Die Vertragsfreiheit und ihre Einschränkungen 34
a) Diskriminierungsfreie Auswahlentscheidung 34
b) Einstellung schwerbehinderter Menschen 37
2. Die Beteiligung des Betriebsrats bei der Einstellungsentscheidung 38

E. Die Begründung des Arbeitsverhältnisses 43

I. Abschluss des Arbeitsvertrags 43
II. Gesetzliche Begründung eines Arbeitsverhältnisses 45

III. Formulararbeitsvertrag versus Individualvertrag 45
IV. Probezeit 49
V. Nichtantritt der Arbeit 51

F. Die arbeitsrechtlichen Pflichten des Arbeitnehmers 55

I. Arbeitspflicht des Arbeitnehmers 55
1. Art und Ort der Arbeitsleistung/Direktionsrecht des Arbeitgebers 55
2. Arbeitszeit 62
3. Annahmeverzug des Arbeitgebers 80
II. Nebenpflichten des Arbeitnehmers 83
1. Allgemeines 83
2. Verschwiegenheitspflicht 84
3. Wettbewerbsverbot/Nebentätigkeiten 86
4. Auskunfts-, Rechenschafts-, Herausgabepflichten 88
III. Verletzung der Pflichten aus dem Arbeitsverhältnis 89
1. Nichterbringen der Arbeitsleistung 89
2. Haftung des Arbeitnehmers für Sachschäden 89
3. Mankohaftung des Arbeitnehmers 93
4. Haftung des Arbeitnehmers für Personenschäden (insbesondere gegenüber Arbeitskollegen) 97

G. Die arbeitsrechtlichen Pflichten des Arbeitgebers 100

I. Zahlung der Arbeitsvergütung 100
1. Grundlagen des Vergütungsanspruchs 100
a) Mindestlohngesetz 101
b) Tarifvertrag 102
c) Betriebsvereinbarung 102
d) Einzelvertrag 102
e) Sonstige Grundlagen 104
f) Mitbestimmung des Betriebsrats 104
2. Formen der Vergütung 107
a) Geld- oder Naturallohn 107
b) Zeitlohn 108
c) Akkordvergütung 108
d) Prämienvergütung 110
e) Zielvereinbarungen 110
f) Gewinnbeteiligung/Tantieme 114
g) Provision 114
h) Variable Vergütung/„Cafeteriasystem" 115
3. Sonderleistungen/Gratifikationen 116
a) Allgemeines 116
b) Betriebliche Übung/Freiwilligkeitsvorbehalt 117
c) Gleichbehandlungsgrundsatz 121
d) Änderung bestehender Ansprüche auf Sonderleistungen 122
e) Bindungsklauseln 126

f) Rückzahlungsklauseln ... 127
4. Entgeltfortzahlung im Krankheitsfall ... 129
5. Maßnahmen zur Senkung des Krankenstands – rechtliche Grundlagen ... 136
6. Sonstige Fälle der Entgeltfortzahlung ohne Arbeitsleistung ... 141
7. Betriebsrisikolehre ... 143
8. Zurückbehaltungsrecht des Arbeitnehmers wegen offener Vergütungsansprüche ... 146

II. Nebenpflichten des Arbeitgebers ... 147
1. Beschäftigungspflicht ... 147
2. Urlaub ... 149
3. Zusatzurlaub für Schwerbehinderte ... 158
4. Schutz vor Diskriminierungen am Arbeitsplatz ... 160
5. Sonstige Schutzpflichten des Arbeitgebers ... 167
6. Besondere Pflichten gegenüber schwangeren Arbeitnehmerinnen ... 169
7. Verschwiegenheitspflicht ... 173

III. Aufwendungsersatz und Haftung des Arbeitgebers ... 174
1. Aufwendungsersatz ... 174
2. Haftung für Sachschäden des Arbeitnehmers ... 175
3. Haftung des Arbeitgebers für Personenschäden ... 178

H. Teilzeitarbeit ... 180

I. Das Teilzeitarbeitsverhältnis nach dem TzBfG ... 180
II. Elternzeit und Teilzeitarbeit nach dem BEEG ... 186
III. Freistellung und Teilzeitbeschäftigung bei Pflege naher Angehöriger ... 190
1. Kurzzeitige Arbeitsverhinderung ... 191
2. Pflegezeit ... 192
IV. Teilzeitbeschäftigung schwerbehinderter Menschen ... 193
V. Altersteilzeit/Gleitender Ruhestand ... 194
VI. Arbeit auf Abruf ... 194
VII. Job Sharing ... 196

I. Beendigung des Arbeitsverhältnisses durch Kündigung ... 197

I. Kündigungserklärung ... 197
II. Kündigungsfristen ... 199
III. Die Anhörung des Betriebsrats ... 203
1. Allgemeines ... 203
2. Einleitung des Anhörungsverfahrens ... 204
3. Beschlussfassung des Betriebsrats ... 207
4. Abschluss des Anhörungsverfahrens ... 208
5. Folgen des Widerspruchs des Betriebsrats ... 209
IV. Kündigung nach dem Kündigungsschutzgesetz ... 209
1. Anwendungsvoraussetzungen des Kündigungsschutzgesetzes ... 209

a) Wartezeit des § 1 Abs. 1 KSchG ... 210
b) Kleinbetriebsklausel des § 23 Abs. 1 KSchG ... 210
c) Vertretungsberechtigte Personen gem. § 14 Abs. 1 KSchG ... 212
2. Personenbedingte Kündigung ... 212
3. Verhaltensbedingte Kündigung gem. § 1 Abs. 2 KSchG und Abmahnung ... 219
a) Abmahnung ... 220
b) Verhaltensbedingte Kündigungsgründe ... 227
4. Betriebsbedingte Kündigung ... 231
V. Außerordentliche Kündigung ... 242
1. Außerordentliche, fristlose Kündigung nach § 626 BGB ... 243
2. Verdachtskündigung ... 246
VI. Kündigungsschutz und Diskriminierungsschutz ... 249
VII. Die Kündigungsschutzklage ... 249
1. Feststellungsklage nach § 4 KSchG ... 250
2. Klageverzicht gegen Abfindung ... 252
VIII. Der Weiterbeschäftigungsanspruch ... 254
IX. Sonderkündigungsschutz ... 256
1. Kündigung von Schwangeren ... 256
2. Kündigung und Elternzeit ... 259
3. Kündigung pflegender Angehöriger ... 261
4. Kündigung schwerbehinderter Menschen ... 261
5. Kündigungsschutz der Betriebsratsmitglieder ... 265

J. Die Befristung des Arbeitsverhältnisses ... 270

I. Grundlagen ... 270
1. Begriff der Befristung ... 270
a) Zeitbefristung ... 270
b) Zweckbefristung ... 270
2. Form der Befristungsabrede ... 271
II. Zulässigkeit der Befristung ... 272
1. Befristung mit sachlichem Grund ... 272
2. Befristung ohne Sachgrund ... 275
III. Befristungsabrede und Kündigung ... 279
IV. Unwirksamkeit der Befristung und Entfristungsklage ... 279
V. Besondere Pflichten des Arbeitgebers gegenüber befristet Beschäftigten ... 280
VI. Beteiligung des Betriebsrats ... 281

K. Beendigung des Arbeitsverhältnisses durch Aufhebungsvertrag ... 282

I. Grundlagen ... 282
II. Sozialversicherungsrechtliche Fragen des Aufhebungsvertrags ... 284
III. Der Aufhebungsvertrag als Alternative zur Kündigung ... 287

L. Die Abwicklung des beendeten Arbeitsverhältnisses 289

I. Zeugnis 289
1. Grundlagen 289
2. Inhalt des Zeugnisses / Zeugnisformulierungen 290
3. Zeugnisberichtigungsanspruch 294
II. Rückzahlung von Aus- bzw. Fortbildungskosten 295
III. Sonstige Arbeitspapiere und Ausgleichsquittung 299
IV. Ausschlussfristen 301
1. Arten der Ausschlussfristen 302
2. Tarifvertragliche Ausschlussfristen 302
3. Einzelvertragliche Ausschlussfristen 302

M. Grundzüge des arbeitsgerichtlichen Verfahrens 306

Stichwortverzeichnis 311

Abkürzungsverzeichnis

aA	andere(r) Ansicht
AAG	Gesetz über den Ausgleich der Arbeitgeberaufwendungen für Entgeltfortzahlung (Aufwendungsausgleichsgesetz)
ABl.	Amtsblatt der Europäischen Union
Abs.	Absatz, Absätze
abw.	abweichend
AEUV	Vertrag über die Arbeitsweise der Europäischen Union in der konsolidierten Fassung v. 26.10.2012, ABl. 2012 C 326, 1, 47 ff.
aF	alte Fassung
AGG	Allgemeines Gleichbehandlungsgesetz
AiB	Arbeitsrecht im Betrieb (Zeitschrift)
Anm.	Anmerkung
AP	Arbeitsrechtliche Praxis – Nachschlagewerk des BAG
ArbG	Arbeitsgericht
ArbGG	Arbeitsgerichtsgesetz
ArbPlSchG	Arbeitsplatzschutzgesetz
ArbSchG	Arbeitsschutzgesetz
ArbStättV	Arbeitsstättenverordnung
ArbZG	Arbeitszeitgesetz
Art.	Artikel
ASiG	Arbeitssicherheitsgesetz
AT	außertariflich
AufenthG	Gesetz über den Aufenthalt, die Erwerbstätigkeit und die Integration von Ausländern im Bundesgebiet
AuA	Arbeit und Arbeitsrecht (Zeitschrift)
Aufl.	Auflage
AÜG	Arbeitnehmerüberlassungsgesetz
ausf.	ausführlich
BAG	Bundesarbeitsgericht
BAnz.	Bundesanzeiger
BB	Der Betriebs-Berater (Zeitschrift)
BBiG	Berufsbildungsgesetz
Bd.	Band
BDSG	Bundesdatenschutzgesetz
BeckRS	Beck Rechtsprechung
BEEG	Gesetz zum Elterngeld und zur Elternzeit (Bundeselterngeld- und Elternzeitgesetz)
Beil.	Beilage
BetrVG	Betriebsverfassungsgesetz
BGB	Bürgerliches Gesetzbuch
BGBl. I	Bundesgesetzblatt, Teil I
BGH	Bundesgerichtshof
BPersVG	Bundespersonalvertretungsgesetz

BR-Drs.	Drucksache des Deutschen Bundesrates/Bundesratsdrucksache, Wahlperiode, Seite
BSG	Bundessozialgericht
BT-Drs.	Drucksache des Deutschen Bundestages/Bundestagsdrucksache, Wahlperiode, Seite
B+P	Betrieb und Personal (Zeitschrift)
BUrlG	Bundesurlaubsgesetz
BVerfG	Bundesverfassungsgericht
BVerfGE	Entscheidungen des Bundesverfassungsgerichts, Amtliche Sammlung
BVerwG	Bundesverwaltungsgericht
BZRG	Bundeszentralregistergesetz
bzw.	beziehungsweise
DB	Der Betrieb (Zeitschrift)
diff.	differenzierend
DS-GVO	Verordnung (EU) 2016/679 des Europäischen Parlaments und des Rates zum Schutz natürlicher Personen bei der Verarbeitung personenbezogener Daten, zum freien Datenverkehr und zur Aufhebung der Richtlinie 95/46/EG (Datenschutz-Grundverordnung) v. 27.4.2016, ABl. 2016 L 119, 1
EFZG	Entgeltfortzahlungsgesetz
EG	Europäische Gemeinschaft
EGBGB	Einführungsgesetz zum Bürgerlichen Gesetzbuch
EGMR	Europäischer Gerichtshof für Menschenrechte
EMRK	Europäische Konvention zum Schutz der Menschenrechte und Grundfreiheiten
EntgTranspG	Gesetz zur Förderung der Entgelttransparenz zwischen Frauen und Männern (Entgelttransparenzgesetz)
EStG	Einkommensteuergesetz
etc	et cetera
EuGH	Gerichtshof der Europäischen Gemeinschaften
EWG	Europäische Wirtschaftsgemeinschaft
f.; ff.	folgend(e)
FA	Fachanwalt für Arbeitsrecht (Zeitschrift)
FahrPersG	Gesetz über das Fahrpersonal von Kraftfahrzeugen und Straßenbahnen
Fn.	Fußnote
FPfZG	Gesetz über die Familienpflegezeit (Familienpflegezeitgesetz)
gem.	gemäß
GenDG	Gesetz über genetische Untersuchungen bei Menschen (Gendiagnostikgesetz)
GewO	Gewerbeordnung
GG	Grundgesetz für die Bundesrepublik Deutschland
GKG	Gerichtskostengesetz
GmbH	Gesellschaft mit beschränkter Haftung
grdl.	grundlegend
GS	Großer Senat des Bundesarbeitsgerichts

HGB	Handelsgesetzbuch
hM	herrschende Meinung
Hrsg./hrsg.	Herausgeber/herausgegeben
Hs.	Halbsatz
HzA	Handbuch zum Arbeitsrecht, Loseblatt, hrsg. von *Leinemann, Dorothea/Leinemann, Sylvia*
iVm	in Verbindung mit
iSd	im Sinne des
iSv	im Sinne von
JA	Juristische Arbeitsblätter (Zeitschrift)
JArbSchG	Jugendarbeitsschutzgesetz
KAPOVAZ	Kapazitätsorientierte variable Arbeitszeit
km	Kilometer
krit.	kritisch
KSchG	Kündigungsschutzgesetz
LAG	Landesarbeitsgericht
lit.	litera (Buchstabe)
LohnFG	Lohnfortzahlungsgesetz
LStR	Lohnsteuerrichtlinien
MiLoG	Gesetz zur Regelung eines allgemeinen Mindestlohns (Mindestlohngesetz)
MTV	Manteltarifvertrag
MuSchG	Mutterschutzgesetz
mwN	mit weiteren Nachweisen
NachwG	Nachweisgesetz
nF	neue Fassung
NJW	Neue Juristische Wochenschrift (Zeitschrift)
Nr.	Nummer(n)
NRW	Nordrhein-Westfalen
NZA	Neue Zeitschrift für Arbeitsrecht
NZA-RR	Rechtsprechungsreport Arbeitsrecht (Zeitschrift)
NZS	Neue Zeitschrift für Sozialrecht
oHG	offene Handelsgesellschaft
OVG	Oberverwaltungsgericht
Personalführung	Personalführung (Zeitschrift)
PflegeZG	Pflegezeitgesetz
PIN	Persönliche Identifikationsnummer (personal identification number)
RdA	Recht der Arbeit
RefA	Reichsausschuss für Arbeitszeitermittlung
RG	Reichsgericht
RGZ	Amtliche Sammlung von Entscheidungen des Reichsgerichts in Zivilsachen
RL	Richtlinie
Rn.	Randnummer
RVO	Reichsversicherungsordnung
s.	siehe

Die Standorte der Müllex GmbH

In diesem Kapitel erfahren Sie, was Arbeitsrecht ist und durch welche rechtlichen Bestimmungen der Inhalt eines Arbeitsverhältnisses festgelegt wird.

B. Begriff und Rechtsquellen des Arbeitsrechts

Heidrun Sommer absolviert in der zentralen Personalabteilung der Müllex GmbH ein Praktikum. An ihrem ersten Praktikumstag erklärt ihr eine Personalsachbearbeiterin die Aufgaben einer Personalabteilung. Gemeinsam mit der Mitarbeiterin erarbeitet Heidrun Sommer den Begriff Arbeitsrecht und erstellt folgende Übersicht für Ihren Praktikumsbericht:

I. Der Begriff Arbeitsrecht

Arbeitsrecht bezeichnet die rechtlichen Beziehungen zwischen

- Arbeitgeber und Arbeitnehmern
- Gewerkschaften und Arbeitgeberverbänden
- Gewerkschaften und einzelnen Arbeitgebern und
- Arbeitgeber und Arbeitnehmervertretungen, wie zB dem Betriebsrat.

Man unterscheidet das Individualarbeitsrecht und das kollektive Arbeitsrecht. Das Individualarbeitsrecht umfasst das Arbeitsvertragsrecht, insbesondere die Regelungen, die sich mit der Begründung, dem Inhalt oder der Beendigung von Arbeitsverhältnissen beschäftigen. Das kollektive Arbeitsrecht ist der Oberbegriff für das Tarifrecht, das Recht der Koalitionen (also der Arbeitgeberverbände und Gewerkschaften) und des Arbeitskampfes sowie des Mitbestimmungs- und Betriebsverfassungsrechts. Das Mitbestimmungsrecht umfasst die unternehmerische Beteiligung der Arbeitnehmer im Aufsichtsrat eines Unternehmens.[1] Das Betriebsverfassungsrecht bestimmt die Grundregeln der Zusammenarbeit des Arbeitgebers und der betrieblichen Interessenvertretungen der Arbeitnehmer.

II. Die Rechtsquellen des Arbeitsrechts

Trotz zahlreicher Entwürfe,[2] gibt es bisher in der Bundesrepublik Deutschland kein einheitliches Arbeitsvertragsgesetzbuch. Arbeitsrechtlich relevante Regelungen finden sich vor allem in Gesetzen des Bundes, aber auch im Grundgesetz und in Gesetzen der Länder. Als grundrechtliche Bestimmungen seien

---

1 Einzelheiten s. Montanmitbestimmungsgesetz, Mitbestimmungsgesetz bzw. Drittelbeteiligungsgesetz.

2 Zuletzt Diskussionsentwurf *Henssler/Preis* NZA-Beil. 2007, 6 ff.

hier nur die Koalitionsfreiheit des Art. 9 Abs. 3 GG und die in Art. 12 Abs. 1 GG geregelte Berufsfreiheit genannt. Gesetzliche Regelungen fallen gem. Art. 74 Nr. 12 GG unter die konkurrierende Gesetzgebung des Bundes. Der Bund hat von seinem Gesetzgebungsrecht weitgehend Gebrauch gemacht, zB durch das Kündigungsschutzgesetz oder das Betriebsverfassungsgesetz. Wenige Bereiche sind durch die Länder geregelt, so zB die Arbeitnehmerweiterbildung in den Bildungsurlaubsgesetzen der Länder.[3]

Neben gesetzlichen Regelungen bestimmen Tarifverträge und Betriebsvereinbarungen als autonome Rechtsnormen ebenso wie der einzelne Arbeitsvertrag den Inhalt der Arbeitsverhältnisse. Außer diesen kodifizierten Regelungen spielt im Arbeitsrecht das Richterrecht eine bedeutende Rolle. So beruht zB das Arbeitskampfrecht überwiegend auf vom Bundesarbeitsgericht aufgestellten Grundsätzen.[4]

Nationale Rechtsvorschriften beruhen zunehmend auf Richtlinien der Europäischen Union, die gem. Art. 288 S. 4 AEUV hinsichtlich des zu erreichenden Ziels für die Mitgliedstaaten verbindlich sind. Dem Gesetzgeber bleibt es überlassen, mit welchen Mitteln und in welcher Form der Inhalt der Richtlinie in nationales Recht umgesetzt wird. So schreibt die Richtlinie 2009/38/EG über die Einsetzung eines Europäischen Betriebsrats[5] vor, dass geeignete Vorkehrungen zu treffen sind, um Arbeitnehmer in gemeinschaftsweit operierenden Unternehmen über Entscheidungen angemessen zu informieren, die länderübergreifende Auswirkungen haben. Der deutsche Gesetzgeber hat diese Richtlinie durch das Europäische Betriebsräte-Gesetz umgesetzt.

Richtlinien der Europäischen Union entfalten demzufolge keine bindende Wirkung für das einzelne Arbeitsverhältnis.[6] Sie haben jedoch Bedeutung, wenn es um die Auslegung des nationalen Rechts geht. Letzteres muss richtlinienkonform ausgelegt, also so angewandt werden, dass es mit dem Inhalt und dem Ziel der Richtlinie in Einklang steht.[7]

Während die Richtlinien der Europäischen Union in nationales Recht transformiert werden müssen, sind Verordnungen der Europäischen Union gem. Art. 288 S. 2 AEUV in den Mitgliedstaaten verbindliches und unmittelbar geltendes Recht. Hier ist zB die auch für die arbeitsrechtlichen Beziehungen relevante Datenschutzgrundverordnung[8] zu nennen.

---

3 Bildungsurlaubsgesetze gibt es in allen Bundesländer außer in Bayern und Sachsen.

4 BAG 26.7.2016 – 1 AZR 160/14, NZA 2016, 1543; BAG 22.9.2009 – 1 AZR 972/08, NZA 2009, 1347.

5 „Europäische-Betriebsräte-Richtlinie" v. 6.5.2009, ABl. 2009 L 122, 28.

6 EuGH 14.7.1994 – C-91/92, NJW 1994, 2473 – Paola Faccini Dori mwN.

7 EuGH 24.1.2012 – C-282/10, NZA 2012, 139 – Dominguez; s. auch BAG 24.3.2009 – 9 AZR 983/07, NZA 2009, 538.

8 VO (EU) 2016/679 v. 27.4.2016, ABl. 2016 L 119, 1 (Geltung ab 25.5.2018, s. Art. 99 Abs. 2 DS-GVO).

Beziehen wir die unterschiedlichen Rechtsquellen des Arbeitsrechts auf das einzelne Arbeitsverhältnis, so ergibt sich folgender Überblick:

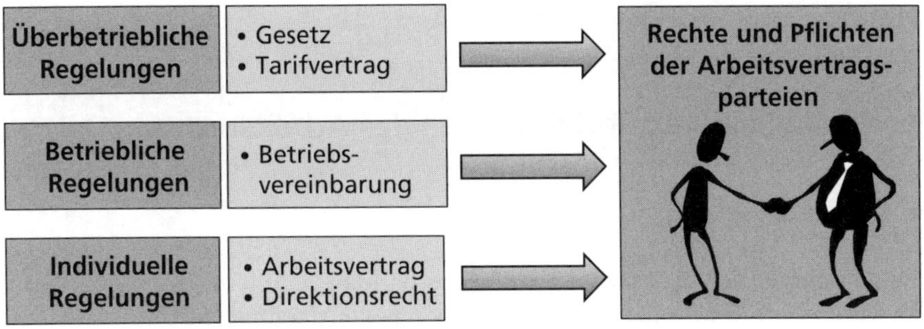

Die einzelnen Rechtsquellen stehen nicht unabhängig nebeneinander, sondern bestimmen in einem abgestimmten Miteinander die Rechte und Pflichten der Arbeitsvertragsparteien. Das höherrangige Recht geht dabei dem niederrangigen vor, das niederrangige darf nicht gegen höherrangiges Recht verstoßen.

Es ergibt sich daher folgende Reihenfolge:

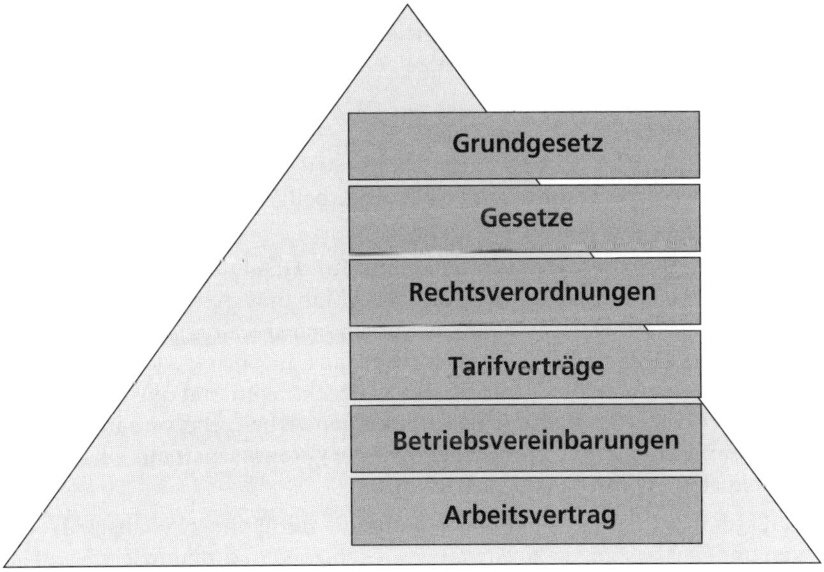

In diesem Kapitel lernen Sie die für das Arbeitsverhältnis wichtigen kollektiven Rechtsnormen – Tarifvertrag und Betriebsvereinbarung – kennen.

C. Die kollektiven Rechtsnormen des Arbeitsrechts

I. Der Tarifvertrag

Die Geschäftsleitung der Müllex GmbH verhandelt derzeit mit der zuständigen Gewerkschaft Ver.di über den Abschluss eines Firmentarifvertrags. Heidrun Sommer erhält Gelegenheit an den Verhandlungen teilzunehmen. Sie findet die Tarifauseinandersetzung sehr spannend und ist neugierig auf zusätzliche Informationen. Da sie in ihrem Praktikumsbericht eine Fragestellung vertiefend behandeln muss, wählt sie hierfür das Thema Tarifvertrag und formuliert in Form eines Frage-Antwort-Katalogs Folgendes:

- Was ist ein Tarifvertrag?
  Ein Tarifvertrag ist ein schriftlicher Vertrag zwischen den Tarifvertragsparteien, der Rechtsnormen über den Inhalt, den Abschluss und die Beendigung von Arbeitsverhältnissen sowie betriebliche und betriebsverfassungsrechtliche Fragen enthält. Außerdem regelt er die Rechte und Pflichten der Tarifvertragsparteien (§ 1 TVG).
- Wer sind die Tarifvertragsparteien?
  Gemäß § 2 Abs. 1 TVG sind Tarifvertragsparteien die Gewerkschaften und Arbeitgeberverbände oder aber einzelne Arbeitgeber.
- Welche Arten von Tarifverträgen gibt es?
  Das Tarifregister des Bundesministeriums für Arbeit und Soziales (s. dazu § 6 TVG) weist etwa 73.000 Tarifverträge aus.[1] Man unterscheidet zwischen dem Flächentarifvertrag (bzw. synonym Verbandstarifvertrag), der (regional) für eine Branche gilt, und dem Firmen- oder Haustarifvertrag, dessen Geltungsbereich sich nur auf ein Unternehmen erstreckt. Während die Gewerkschaft den Flächentarifvertrag mit dem jeweiligen Arbeitgeberverband schließt, tritt beim Firmentarifvertrag gegenüber der Gewerkschaft nur ein einzelner Arbeitgeber als Tarifvertragspartei auf.

  Außerdem wird zwischen Mantel-, Rahmen- und Lohn-/Gehaltstarifverträgen und Tarifverträgen zu einzelnen Gegenständen differenziert. Manteltarifverträge regeln grundsätzliche Fragen, wie zB die Dauer der Arbeitszeit. Sie haben gewöhnlich eine längere Laufzeit. Rahmentarifverträge kommen teilweise im Bereich der Vergütung vor und definieren die Grundsätze der Vergütung, wie zB die Tarifgruppen. Die Lohn- bzw. Gehaltstarifverträge legen die konkrete Vergütungshöhe fest und haben regelmäßig eine kürze-

---
1 www.bmas.de ⇨ Themen ⇨ Arbeitsrecht ⇨ Tarifverträge: (Stand: Juli 2017).

re Laufzeit. Daneben gibt es eine Vielzahl von Tarifverträgen zu einzelnen Themenbereichen, zB Beschäftigungssicherung, Urlaubsgeld etc.

▶ Gilt ein Tarifvertrag für jeden Arbeitnehmer und Arbeitgeber?
Ein Tarifvertrag findet auf das einzelne Arbeitsverhältnis nur Anwendung

- bei beiderseitiger Tarifbindung der Arbeitsvertragsparteien (§3 Abs. 1, §4 Abs. 1 TVG),
- wenn ein Tarifvertrag für allgemeinverbindlich erklärt wurde (§5 TVG) oder
- wenn der Tarifvertrag einzelvertraglich in Bezug genommen wurde.

Tarifgebunden sind gem. §3 Abs. 1 TVG die Mitglieder der Tarifvertragsparteien sowie der Arbeitgeber, der einen Haustarifvertrag schließt und damit selbst Partei des Tarifvertrags ist (s. auch §2 Abs. 1 TVG). Beiderseitige Tarifbindung ist daher gegeben, wenn der Arbeitnehmer Mitglied der Gewerkschaft und der Arbeitgeber entweder Mitglied des Arbeitgeberverbands ist, der den Tarifvertrag mit der Gewerkschaft abschließt, oder aber selbst den Tarifvertrag mit der Gewerkschaft vereinbart.

Für die beiderseits Tarifgebundenen, die unter den Geltungsbereich des Tarifvertrags fallen, gelten gem. §4 Abs. 1 S. 1 TVG die Rechtsnormen des Tarifvertrags, die den Inhalt, den Abschluss oder die Beendigung von Arbeitsverhältnissen ordnen, unmittelbar und zwingend. Die Bestimmungen des Tarifvertrags werden somit automatisch (unmittelbar) Inhalt der Arbeitsverhältnisse, ohne dass es darauf ankommt, ob die Arbeitsvertragsparteien den Inhalt kennen oder billigen. Wegen der zwingenden Geltung des Tarifvertrags dürfen Arbeitgeber und Arbeitnehmer im Arbeitsvertrag keine vom Tarifvertrag abweichenden Regelungen treffen. Um jedoch einerseits die grundrechtlich geschützte Tarifautonomie der Tarifvertragsparteien (Art. 9 Abs. 3 GG) mit der ebenfalls grundrechtlich geschützten Vertragsfreiheit des Arbeitnehmers (Art. 2 GG) in Einklang zu bringen, enthalten die Tarifverträge nur Mindestarbeitsbedingungen. Gemäß §4 Abs. 3 TVG können Arbeitgeber und Arbeitnehmer daher gegenüber dem Tarifvertrag günstigere Bedingungen aushandeln. Soweit also eine beiderseitige Tarifbindung gegeben ist, können die Arbeitsvertragsparteien im Arbeitsvertrag zB keinen niedrigeren als den Tariflohn, aber sehr wohl eine höhere übertarifliche Vergütung vereinbaren. Zulasten des Arbeitnehmers kann hingegen im Arbeitsvertrag vom Inhalt eines Tarifvertrags nicht abgewichen werden. Etwas anderes gilt gem. §4 Abs. 3 TVG nur, wenn die Tarifvertragsparteien dies durch Öffnungsklauseln im Tarifvertrag gestattet und ihre Tarifautonomie damit entsprechend ausgeübt haben. So bestimmt zB §3 MTV für das private Versicherungsgewerbe, dass Sonderzahlungen durch Individualvertrag auf Wunsch des Angestellten ganz oder teilweise durch Freizeit abgegolten werden können.

Die unmittelbare und zwingende Wirkung des Tarifvertrags besteht nur für die Arbeitsverhältnisse, die unter den Geltungsbereich des Tarifvertrags fallen. Diesen legen die Tarifvertragsparteien nach räumlichen, fachlichen und persönlichen Merkmalen fest. Sie bestimmen somit, welche Arbeitsverhältnisse ihrem Tarifvertrag unterfallen oder nicht. So heißt es zB in §1 des Manteltarifvertrags für die Arbeiter, Angestellten und Auszubildenden in der Eisen-, Metall-, Elektro- und Zentralheizungsindustrie Nordrhein-Westfalens:

Geltungsbereich

Dieser Vertrag gilt:

1. räumlich: für das Land Nordrhein-Westfalen;
2. fachlich: für die Betriebe der Eisen-, Metall-, Elektro- und Zentralheizungsindustrie …, wenn der Arbeitgeber einem Mitgliedsverband des Verbandes METALL NRW (Verband der Metall- und Elektro-Industrie Nordrhein-Westfalen e.V.) angehört;
3. persönlich: für die Beschäftigten (gewerbliche Arbeitnehmer und Arbeitnehmerinnen sowie Angestellte) …, die Mitglied der IG Metall sind.

   Nicht unter den persönlichen Geltungsbereich fallen:

   a) …

   b) Angestellte mit einem Aufgabengebiet, das höhere Anforderungen stellt als die höchste tarifliche Beschäftigungsgruppe.[2]

Üblicherweise findet in einem Betrieb nur ein Tarifvertrag Anwendung. Dieses Prinzip der Tarifeinheit gilt jedoch nicht, wenn der Arbeitgeber entweder selbst als Tarifvertragspartei oder aber der Arbeitgeberverband, dessen Mitglied er ist, mit verschiedenen Gewerkschaften unterschiedliche Tarifverträge schließt.[3] Je nachdem, in welcher der Gewerkschaften der Arbeitnehmer Mitglied ist, kommt der eine oder andere Tarifvertrag zur Anwendung. So vereinbart zB die Deutsche Bahn sowohl mit der Eisenbahn- und Verkehrsgewerkschaft (EVG) als auch mit der Gewerkschaft Deutscher Lokomotivführer (GdL) Tarifverträge für die Gruppe der Lokführer. Die jeweilige aus §3 Abs. 1, §4 Abs. 1 TVG folgende Tarifbindung führt in diesen Fällen zu einer Tarifpluralität, s. auch §4a Abs. 2 S. 1 TVG. Sofern jedoch eine Tarifkollision iSd §4a Abs. 2 S. 2 TVG besteht, verdrängt der mit der Gewerkschaft geschlossene Tarifvertrag, die im Betrieb die Mehrheit der Arbeitnehmer vertritt, den mit Minderheitsgewerkschaft abgeschlossenen Tarifvertrag. Kollidierende Tarifverträge liegen im Betrieb vor, wenn sich die Geltungsbereiche nicht inhaltsgleicher Tarifverträge verschiedener Gewerkschaften überschneiden. Dies ist der Fall, wenn verschiedene Gewerkschaften unterschiedliche Regelungen für dieselbe Beschäftigungsgruppe abschließen. Die hierdurch bestehende Tarifkollision löst §4a Abs. 2 S. 2 TVG durch die Verdrängung des Tarifvertrags der Minderheitsgewerkschaft auf. Im Betrieb kommt damit nur der Tarifvertrag der Mehrheitsgewerkschaft zur Anwendung. Allerdings bedeutet dies nicht, dass die Arbeitsverhältnisse der Arbeitnehmer, die Mitglieder der Minderheitsgewerkschaft sind, automatisch dem mit der Mehrheitsgewerkschaft geschlossenen Tarifvertrag unterfallen. Es fehlt regelmäßig an der für die unmittelbare und zwingende Wirkung des Tarifvertrags notwendigen Tarifbindung (s. §4 Abs. 1, §3 Abs. 1 TVG). Gemäß §4a Abs. 4 S. 3 TVG wirkt der Mehrheitstarifvertrag jedoch unmittelbar und zwingend für die Arbeitsverhältnisse, die an sich dem gem. §4a Abs. 2 S. 2

---

2 Sog. außertarifliche Angestellte (AT-Angestellte) s. dazu HzA/*Senne* Gruppe 1/7 Rn. 2556 ff.

3 Grdl. BAG 7.7.2010 – 4 AZR 549/08, NZA 2010, 1068.

TVG verdrängten Minderheitstarifvertrag unterfallen, wenn die entsprechende Gewerkschaft den Tarifvertrag nachzeichnet. Der Tarifvertrag kann ansonsten einzelvertraglich in Bezug genommen werden.

Die in §4a Abs. 2 S. 2 TVG angeordnete Verdrängungswirkung greift in die gem. Art. 9 Abs. 3 GG geschützte Koalitionsfreiheit ein.[4] Es bedarf daher struktureller Maßnahmen zum Schutz der betroffenen Berufsgruppen. Ihre Interessen müssen hinreichend berücksichtigt werden. Bis zu einer vom Bundesverfassungsgericht bis zum 31.12.2018 verlangten Neuregelung durch den Gesetzgeber tritt die Verdrängungswirkung des §4a Abs. 2 S. 2 TVG nur ein, wenn dargelegt wird, dass die Interessen der Berufsgruppen, deren Tarifvertrag verdrängt wird, im Tarifvertrag berücksichtigt sind. Dies erfordert ein Mindestmaß an Einflussnahme entweder durch Organisationsstärke oder satzungsmäßig garantierter Möglichkeit zur Einflussnahme.[5]

Die Regelungen eines Tarifvertrags bestimmen die Inhalte des Arbeitsverhältnisses weiterhin dann, wenn der Tarifvertrag für allgemeinverbindlich erklärt wurde.[6] Einzelheiten zur Allgemeinverbindlicherklärung sind in §5 TVG geregelt (bitte lesen!). Wird ein Tarifvertrag für allgemeinverbindlich erklärt, so gilt er auch für die Arbeitsverhältnisse nicht gem. §3 Abs. 1 TVG tarifgebundener Arbeitgeber und Arbeitnehmer unmittelbar und zwingend (§5 Abs. 4 TVG). Diese Ausdehnung des Geltungsbereichs hat vor allem die Funktion, gleiche Wettbewerbsbedingungen in einer Branche zu erzielen.

Letztlich kann ein Tarifvertrag einzelvertraglich in Bezug genommen werden. Die Arbeitsvertragsparteien vereinbaren dabei im Arbeitsvertrag, welcher Tarifvertrag für das Arbeitsverhältnis zur Anwendung kommen soll. Der Inhalt des Tarifvertrags gilt damit genau so, als ob seine Regelungen in den Arbeitsvertrag selbst hineingeschrieben worden wären. Das bedeutet, der Tarifvertrag gilt nicht unmittelbar und zwingend, sondern nur schuldrechtlich.

Sie unterhalten sich mit Heldrun Sommer darüber, wie eine Klausel formuliert sein muss, um einen Tarifvertrag einzelvertraglich in Bezug zu nehmen. Angeregt durch die Diskussion, überlegen Sie, ob eine Anpassung der Arbeitsverträge der Müllex GmbH geboten ist. Bisher haben Sie in allen Arbeitsverträgen pauschal auf die Tarifverträge der privaten Entsorgungswirtschaft verwiesen.

Der Inhalt der Bezugnahmeklausel muss gem. §§133, 157 BGB durch Auslegung ermittelt werden. Bei ihrer Formulierung muss demzufolge die gewünschte Wirkung bedacht werden. Soll das Arbeitsverhältnis bestimmten Tarifbedingungen unterliegen, nicht aber an künftigen Änderungen des Tarifvertrags teilnehmen, so ist eine statische Verweisung auf einen bestimmten Tarifvertrag zu wählen:

---

4 BVerfG 11.7.2017 – 1 BvR 1571/15, NZA 2017, 915.

5 BVerfG 11.7.2017 – 1 BvR 1571/15, NZA 2017, 915 Rn. 215.

6 Derzeit sind 501 Tarifverträge für allgemeinverbindlich erklärt; s. Verzeichnis der für allgemeinverbindlich erklärten Tarifverträge, www.bmas.bund.de ⇨ Unsere Themen ⇨ Arbeitsrecht ⇨ Verzeichnis der allgemeinverbindlichen Tarifverträge: (Stand: 1.7.2017).

„Auf das Arbeitsverhältnis findet der Manteltarifvertrag für die Arbeiter, Angestellten und Auszubildenden in der Eisen-, Metall-, Elektro- und Zentralheizungsindustrie Nordrhein-Westfalens vom ... Anwendung."

Soll das Arbeitsverhältnis hingegen an allen künftigen Tarifänderungen teilnehmen, muss die Bezugnahme dynamisch ausgestaltet sein und den genannten Tarifvertrag in seiner jeweiligen Fassung in Bezug nehmen („kleine" dynamische Bezugnahmeklausel):

„Es gelten die Bestimmungen des Manteltarifvertrags ... in der jeweils geltenden Fassung."

Einschränkend kann bestimmt werden, dass der Tarifvertrag nur gelten soll, soweit die Arbeitsvertragsparteien keine abweichenden individuellen Vereinbarungen getroffen haben („Im Übrigen gelten die Bestimmungen ..."). Die Arbeitsvertragsparteien können dann in einzelnen Punkten auch zulasten des Arbeitnehmers vom Tarifvertrag abweichen. §4 Abs. 3 TVG gilt nicht, da es an der zwingenden Wirkung des Tarifvertrags fehlt. Der Arbeitgeber muss jedoch wissen, dass ungünstigere Regelungen dadurch zu Fall gebracht werden, dass der Arbeitnehmer der Gewerkschaft beitritt und damit die Tarifbindung begründet (vorausgesetzt, der Arbeitgeber ist im Arbeitgeberverband oder selbst Tarifvertragspartei).

Will der dem Arbeitgeberverband angehörende Arbeitgeber neben künftigen Tarifanpassungen auch einen etwaigen Wechsel des Tarifbereichs erfassen, formuliert er die Klausel als „große" dynamische Bezugnahmeklausel (Tarifwechselklausel):

„Auf das Arbeitsverhältnis finden die jeweils für den Arbeitgeber geltenden Tarifverträge in ihrer jeweiligen Fassung Anwendung."

Gemäß §3 Abs. 1, §4 Abs. 1 TVG gilt der Tarifvertrag normativ nur zwischen den beiderseits Tarifgebundenen. Die vertragliche Bezugnahme führt zu einer schuldrechtlichen Bindung an den Tarifvertrag. Der Arbeitgeber bedient sich ihrer, um alle Arbeitnehmer im Unternehmen unabhängig von ihrer Gewerkschaftszugehörigkeit gleich zu behandeln. Die Bezugnahmeklausel ersetzt als Gleichstellungsabrede also die fehlende Tarifbindung des Arbeitnehmers, sofern der Arbeitgeber tarifgebunden ist. Soweit der Arbeitgeber nicht tarifgebunden ist, wird die Tarifbindung durch die vertragliche Bezugnahme konstitutiv begründet.

Will der Arbeitgeber die Klausel als Gleichstellungsabrede verstanden wissen, so muss er dies deutlich zum Ausdruck bringen.[7] Unklarheiten in der Formulierung gehen gem. §305c BGB zu seinen Lasten. Dies gilt besonders für

7 BAG 23.1.2008 – 4 AZR 602/06, BeckRS 2008, 53325; BAG 13.5.2015 – 4 AZR 244/14, NZA-RR 2016, 6.

den Fall des Tarifwechsels. Der Arbeitgeber muss deutlich machen, dass die Tarifverträge in ihrer jeweiligen Fassung nur so lange gelten, wie er selbst an den Tarifvertrag gebunden ist.

Gleichstellungsabrede:
„Auf das Arbeitsverhältnis finden die für den Arbeitgeber geltenden Tarifverträge in der jeweils gültigen Fassung Anwendung. Zur Zeit sind dies die Tarifverträge 1. ..., 2. ..., 3. ... . Endet die Tarifbindung (zB bei Austritt des Arbeitgebers aus einem Arbeitgeberverband oder bei Betriebsübergang), so finden nur die tariflichen Bestimmungen in ihrer zu dem Zeitpunkt des Endes der Tarifbindung für den Arbeitgeber geltenden Fassung Anwendung. Ein Anspruch auf künftige Tarifentwicklungen besteht nicht."

Will er erreichen, dass ein Tarifwechsel auch für das Arbeitsverhältnis gelten soll, muss er dies durch eine Tarifwechselklausel deutlich machen.[8]

Fehlt es an einer eindeutigen Regelung im Arbeitsvertrag, so muss nach dem Zeitpunkt des Vertragsschlusses differenziert werden. Bei Altverträgen, die bis zum 31.12.2001[9] vereinbart wurden, besteht die Bindung an den in der jeweiligen Fassung in Bezug genommenen Tarifvertrag nur so lange, wie die Tarifbindung des Arbeitgebers besteht.[10] Sobald diese entfällt, nehmen die Arbeitnehmer an den Tarifentwicklungen nicht mehr teil. Die bisher dynamische Verweisung wird zu einer statischen Verweisung.[11] Bei Neuverträgen, die ab dem 1.1.2002 geschlossen wurden, gilt der Tarifvertrag für das Arbeitsverhältnis dynamisch und zeitlich unbegrenzt, wenn der Arbeitgeber den deutlichen Hinweis darauf versäumt, dass die Geltung des Tarifvertrags von der Tarifbindung des Arbeitgebers abhängig ist und damit das Arbeitsverhältnis einem etwaigen Tarifwechsel unterliegt.[12] Die Arbeitnehmer nehmen also bis zu einer Änderung des Arbeitsvertrags weiter an allen Tarifentwicklungen des in Bezug genommenen Tarifvertrags teil. Dynamische Bezugnahmeklauseln bleiben also trotz eines Tarifwechsels zB durch einen Betriebsübergang dynamisch.[13] Der Arbeitgeber kann die Bedingungen nur durch Änderungsvereinbarungen oder Änderungskündigungen anpassen.

II. Die Beteiligung des Betriebsrats – Überblick

Im Verlauf ihres Praktikums begleitet Heidrun Sommer an einem Tag den Betriebsratsvorsitzenden Otto Maier bei seiner Betriebsratsarbeit. Bei dieser

[8] BAG 14.12.2011 – 4 AZR 79/10, BeckRS 2012, 69243.
[9] Ab dem 1.1.2002 unterliegen Arbeitsverträge der AGB-Kontrolle.
[10] BAG 11.12.2013 – 4 AZR 473/12, NZA 2014, 900.
[11] BAG 15.2.2011 – 3 AZR 54/09, NZA 2011, 928; s. auch EuGH 9.3.2006 – C-499/04, NZA 2006, 376 – Werhof.
[12] BAG 22.10.2008 – 4 AZR 793/07, NZA 2009, 323; BAG 18.4.2007 – 4 AZR 652/05, NZA 2007, 965; BAG 14.12.2005 – 4 AZR 536/04, NZA 2006, 607.
[13] BAG 30.8.2017 – 4 AZR 95/14, ArbRAktuell 2017, 459; EuGH 27.4.2017 – C-680/15, NZA 2017, 571 – Asklepios.

Gelegenheit unterhalten sich beide über die Aufgabenstellung des Betriebsrats. Herr Maier erläutert diese wie folgt:

Der Betriebsrat ist Organ der Betriebsverfassung. Er wird gem. §1 BetrVG in Betrieben mit in der Regel mindestens fünf ständigen wahlberechtigten Arbeitnehmern (§7 BetrVG), von denen drei wählbar (§8 BetrVG) sind, in regelmäßigen Abständen von vier Jahren jeweils in der Zeit vom 1. März bis 31. Mai (§13 Abs. 1 BetrVG) gewählt.[14]

Der Betriebsrat nimmt innerhalb des Betriebs die ihm durch das Betriebsverfassungsgesetz zugewiesenen gesetzlichen Aufgaben wahr. Sein Handeln unterliegt dem Grundsatz der vertrauensvollen Zusammenarbeit mit dem Arbeitgeber (§2 Abs. 1 BetrVG).[15] Dieser Grundsatz wird unter anderem durch §74 BetrVG konkretisiert. In der Müllex GmbH findet deshalb eine regelmäßige Monatsbesprechung zwischen dem Betriebsrat und dem Arbeitgeber statt. Betriebsrat und Arbeitgeber sind dazu angehalten, strittige Fragen mit dem ernsten Willen zur Einigung zu verhandeln.

Der Betriebsrat hat zunächst die in §80 Abs. 1 BetrVG (bitte lesen!) festgelegten allgemeinen Aufgaben. Daneben ist er kraft Gesetzes in unterschiedlicher Weise an den Entscheidungen des Arbeitgebers beteiligt. Je nach Funktion und Wirkung stehen die Beteiligungsrechte des Betriebsrats zueinander in einem abgestuften System. Sie werden wie folgt eingeteilt:

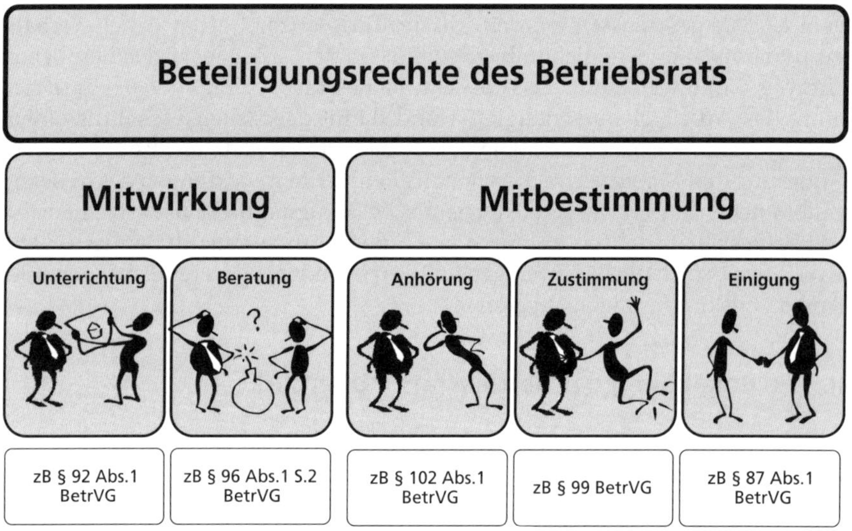

Der Oberbegriff „Beteiligungsrechte" umfasst sowohl Mitwirkungs- als auch Mitbestimmungsrechte. Mitwirkungsrechte dienen der Information und Unterrichtung des Betriebsrats sowie der Beratung mit dem Betriebsrat. Sie haben

[14] Die nächsten regelmäßigen Betriebsratswahlen finden 2018 und dann wieder 2022 statt. Einzelheiten zur Wahl s. §§7 ff. BetrVG sowie Wahlordnung zum BetrVG.

[15] *Freckmann/Koller-van Delden* BB 2006, 490.

teils eigenständige Funktion wie zB die Unterrichtung des Betriebsrats über die Personalplanung (s. §92 Abs. 1 BetrVG). Teils dienen sie dazu, die Ausübung von Mitbestimmungsrechten vorzubereiten. So wird es dem Betriebsrat erst durch die Unterrichtung des Arbeitgebers nach §99 Abs. 1 BetrVG möglich, die Auswirkungen einer beabsichtigten Einstellung zu prüfen und zu ermitteln, ob ein Zustimmungsverweigerungsrecht gem. §99 Abs. 2 BetrVG besteht.

Aber auch innerhalb der Mitbestimmungsrechte gibt es Abstufungen. Durch ein Anhörungsrecht erhält der Betriebsrat zwar die Möglichkeit, sich zB gem. §102 BetrVG zu einer beabsichtigten Kündigung zu äußern. Doch kann er die vom Arbeitgeber geplante Maßnahme nicht verhindern. Auch das Zustimmungsrecht des Betriebsrats zB bei der Einstellung eines neuen Mitarbeiters gem. §99 Abs. 1 BetrVG gibt dem Betriebsrat keine eigenen Entscheidungsbefugnisse. Er kann also nicht verlangen, dass statt des Bewerbers A der Bewerber B eingestellt wird. Er kann lediglich aus den in §99 Abs. 2 BetrVG festgelegten Gründen seine Zustimmung verweigern, hat also nur ein (gebundenes) Widerspruchsrecht. Im Gegensatz zur Anhörung kann der Betriebsrat im Falle eines Zustimmungserfordernisses jedoch eine arbeitgeberseitig geplante Maßnahme verhindern, sofern ein zulässiger Verweigerungsgrund besteht.

Die stärkste Form der Beteiligung des Betriebsrats besteht darin, dass er an der Entscheidung des Arbeitgebers gleichberechtigt teilnimmt und der Arbeitgeber nur nach Einigung mit dem Betriebsrat die beabsichtigte Maßnahme durchführen kann. Hierzu gehört auch, dass der Betriebsrat berechtigt ist, Regelungen zu fordern. Ein solches Initiativrecht besteht bei der Mitbestimmung in sozialen Angelegenheiten, deren Tatbestände in §87 Abs. 1 BetrVG abschließend aufgezählt sind. So muss sich der Arbeitgeber zB zuvor mit dem Betriebsrat einigen, wenn er ein neues Arbeitszeitmodell, zB ein Gleitzeitsystem einführen will (s. §87 Abs. 1 Nr. 2 BetrVG). Kommt eine Einigung zwischen Arbeitgeber und Betriebsrat nicht zustande, so darf der Arbeitgeber die geplante Maßnahme nicht einseitig durchführen. Will er von ihr nicht Abstand nehmen, muss er eine Einigung mit dem Betriebsrat herbeiführen, letztlich indem er eine Einigungsstelle beantragt. Die Einigungsstelle dient dazu, Meinungsverschiedenheiten zwischen Arbeitgeber und Betriebsrat beizulegen (§76 Abs. 1, Abs. 5 BetrVG). Gemäß §76 Abs. 2 BetrVG besteht eine Einigungsstelle aus Arbeitgeber- und Arbeitnehmervertretern sowie einem neutralen Vorsitzenden. Kommt auch mithilfe der Einigungsstelle eine Einigung der Betriebsparteien nicht zustande, so erlässt diese einen Spruch, der die Einigung zwischen Arbeitgeber und Betriebsrat ersetzt. Das Besondere ist, dass die Einigungsstelle sowohl vom Arbeitgeber als auch vom Betriebsrat angerufen und so gegen den Willen der jeweils anderen Partei eine Einigung herbeigeführt werden kann (§76 Abs. 5 BetrVG). Man spricht daher in diesen Fällen auch von einer erzwingbaren Mitbestimmung. Sie kommt immer dort zum Tragen, wo das BetrVG anordnet, dass der Spruch der Einigungsstelle die Einigung zwischen Arbeitgeber und Betriebsrat ersetzt, wie zB in §87 Abs. 2 BetrVG.

Die Beteiligung des Betriebsrats betrifft zunächst das betriebsverfassungsrechtliche Verhältnis von Arbeitgeber und Betriebsrat. Missachtet der Arbeitgeber ein Beteiligungsrecht, so verletzt er seine Pflichten gegenüber dem Betriebsrat.

Die Verletzung von Mitwirkungsrechten hat keine weitergehende Wirkung. Beachtet der Arbeitgeber hingegen ein Mitbestimmungsrecht nicht, so ist die Maßnahme des Arbeitgebers gegenüber dem Arbeitnehmer unwirksam. Die Pflichtverletzung auf betriebsverfassungsrechtlicher Ebene wirkt sich unmittelbar auf der arbeitsvertraglichen Ebene aus. Für den Fall der Nichtanhörung des Betriebsrats zur Kündigung bestimmt § 102 Abs. 1 S. 3 BetrVG dies ausdrücklich. Die Theorie der Wirksamkeitsvoraussetzung gilt jedoch für alle erzwingbaren Mitbestimmungsrechte.[16]

III. Die Betriebsvereinbarung

Herr Maier zeigt Heidrun Sommer den Entwurf einer Betriebsvereinbarung zum Verfahren der Anordnung von Überstunden, den Betriebsrat und die Geschäftsleitung der Müllex GmbH derzeit verhandeln. Er erläutert hierzu:

1. Rechtsnatur und Form der Betriebsvereinbarung

Der Betriebsrat hat gem. § 87 Abs. 1 Nr. 3 BetrVG über die vorübergehende Verlängerung der betriebsüblichen Arbeitszeit mitzubestimmen, er muss sich also mit dem Arbeitgeber über die Anordnung von Überstunden einigen. Das Ergebnis der Einigung zwischen Betriebsrat und Arbeitgeber ist eine Betriebsvereinbarung. Betriebsvereinbarungen sind Verträge zwischen Arbeitgeber und Betriebsrat. Sie sind gem. § 77 Abs. 2 S. 1 BetrVG schriftlich niederzulegen. § 77 Abs. 2 S. 2 BetrVG enthält ein gesetzliches Schriftformgebot iSd § 126 Abs. 2 S. 1 BGB. Die Betriebsvereinbarung muss daher von Arbeitgeber und Betriebsrat auf der gleichen Urkunde unterschrieben werden. Wird die Schriftform nicht eingehalten, ist die Betriebsvereinbarung gem. § 125 BGB unwirksam.

Der Arbeitgeber muss die Betriebsvereinbarung an geeigneter Stelle im Betrieb auslegen. § 77 Abs. 2 S. 3 BetrVG enthält allerdings nur eine Ordnungsvorschrift. Anders als die Verletzung der Schriftform, führt die fehlende Bekanntmachung nicht zur Unwirksamkeit der Betriebsvereinbarung.

2. Wirkung der Betriebsvereinbarung

Eine Betriebsvereinbarung ist ein Vertrag zwischen Arbeitgeber und Betriebsrat, dessen Wirkungen sich nicht auf diese Vertragsparteien beschränken. Gemäß § 77 Abs. 4 S. 1 BetrVG gelten Betriebsvereinbarungen unmittelbar und zwingend. Unmittelbare Wirkung bedeutet, dass die Normen der Betriebsvereinbarung den Inhalt der Arbeitsverhältnisse bestimmen, ohne dass es auf eine Billigung oder Kenntnis der Arbeitsvertragsparteien ankommt. Die Betriebsvereinbarung als Regelungsinstrument zwischen Arbeitgeber und Betriebsrat beeinflusst folglich kraft Gesetzes die Rechte und Pflichten zwischen Arbeitgeber und Arbeitnehmern und gestaltet hierdurch in großem Umfang betriebliche Prozesse.

---

[16] S. zB BAG 24.1.2017 – 1 AZR 772/14, NZA 2017, 931; BAG 22.6.2010 – 1 AZR 853/08, NZA 2010, 1243.

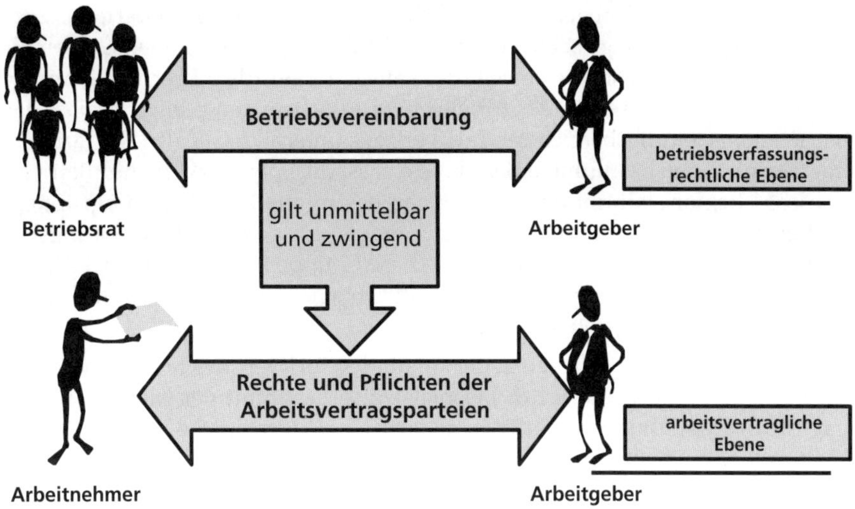

Betriebsvereinbarungen sind gem. §77 Abs. 5 BetrVG mit einer Frist von drei Monaten sowohl durch den Betriebsrat als auch durch den Arbeitgeber kündbar, sofern die Betriebsparteien keine abweichende Regelung getroffen haben. So können sie von vornherein festlegen, dass eine Betriebsvereinbarung nur für die Dauer eines bestimmten Zeitraums, zB für ein Jahr gelten soll. Die Betriebsvereinbarung endet dann automatisch, ohne dass es einer Kündigungserklärung bedarf.

Mit ihrem Ablauf (Ende der Kündigungsfrist oder Zeitablauf) verliert die Betriebsvereinbarung ihre unmittelbare und zwingende Wirkung. Jedoch ordnet §77 Abs. 6 BetrVG die Nachwirkung der Betriebsvereinbarung an. Die Regelungen der Betriebsvereinbarung gelten weiter, sofern es sich um eine Angelegenheit handelt, in der der Spruch der Einigungsstelle die Einigung zwischen Arbeitgeber und Betriebsrat ersetzt. Mit Ablauf der Betriebsvereinbarung entfällt eine Grundlage des Arbeitsverhältnisses. Andererseits ist der Arbeitgeber wegen des gesetzlichen Mitbestimmungsrechts des Betriebsrats nicht befugt, einseitig neue Regelungen zu treffen, die an die Stelle der Betriebsvereinbarung treten. Bis zur Einigung mit dem Betriebsrat gelten deshalb in den Fällen der erzwingbaren Mitbestimmung die Normen der abgelaufenen Betriebsvereinbarung weiter, bis sich Arbeitgeber und Betriebsrat gegebenenfalls mithilfe der Einigungsstelle auf eine neue Regelung einigen. Die neuen Abmachungen können dabei die einzelnen Arbeitnehmer im Verhältnis zur bisherigen Betriebsvereinbarung auch schlechter stellen.

3. Sperrwirkung des Tarifvertrags

Bevor eine Betriebsvereinbarung wirksam vereinbart werden kann, muss geprüft werden, ob ihr Abschluss zulässig ist. Eine Schranke bildet §77 Abs. 3 BetrVG, der den Abschluss von Betriebsvereinbarungen über Arbeitsentgelte und sonstige Arbeitsbedingungen verbietet, die durch Tarifvertrag geregelt sind oder üblicherweise geregelt werden.[17] Der Tarifvorbehalt verhindert, dass die Inhalte des Tarifvertrags in eine Betriebsvereinbarung übernommen werden. Er schützt die Tarifautonomie, soweit diese ausgeübt wurde.[18] Hierfür kommt es nicht auf eine Tarifbindung des Arbeitgebers an. Allein maßgeblich ist, dass der Betrieb dem Geltungsbereich des Tarifvertrags unterfällt. Gilt also ein Tarifvertrag nur für einen bestimmten Bezirk, so erfasst die Sperrwirkung nur Betriebe in dieser Region. Nimmt der Tarifvertrag bestimmte Arbeitnehmergruppen, zB diejenigen mit einem höheren Gehalt, aus seinem persönlichen Geltungsbereich aus, so bildet der Tarifvertrag für diese Gruppe keine Schranke. Es kann folglich zB für die AT-Angestellten eine betriebliche Vergütungsordnung durch Betriebsvereinbarung getroffen werden.

Neben dem Geltungsbereich legt der Inhalt des Tarifvertrags fest, wie weit die Tarifautonomie ausgeübt wird. Beispielsweise bestimmt der Manteltarifvertrag für die Metallindustrie NRW eine tarifliche wöchentliche Arbeitszeit von 35 Stunden. Im Geltungsbereich dieses Tarifvertrags können Betriebsrat und Arbeitgeber deshalb nicht durch eine Betriebsvereinbarung eine Arbeitszeit von 30 oder 40 Stunden vereinbaren. Die Frage der Dauer der Arbeitszeit ist tariflich geregelt, die Sperrwirkung des Tarifvertrags greift ein. Das Günstigkeitsprinzip gilt im Verhältnis von Tarifvertrag und Betriebsvereinbarung nicht, sodass es nicht darauf ankommt, ob eine betriebsverfassungsrechtliche Regelung im Verhältnis zum Tarifvertrag günstiger ist oder nicht.

Die Sperrwirkung des Tarifvertrags besteht gem. §77 Abs. 3 BetrVG nicht, soweit der Tarifvertrag Öffnungsklauseln enthält. Durch sie gestatten die Tarifvertragsparteien den Abschluss von Betriebsvereinbarungen und ermöglichen flexible betriebliche Regelungen. So haben die Tarifvertragsparteien in der Metallindustrie NRW geregelt, dass bei vorübergehenden Beschäftigungsproblemen, Arbeitgeber und Betriebsrat zur Vermeidung von betriebsbedingten Kündigungen durch Betriebsvereinbarung die individuelle wöchentliche Arbeitszeit von 35 Stunden auf bis zu 30 Stunden absenken können. Eine entsprechende Betriebsvereinbarung ist durch den Tarifvertrag ausdrücklich zugelassen, die Sperrwirkung des §77 Abs. 3 BetrVG aufgehoben.

Eine §77 Abs. 3 BetrVG ähnliche Regelung enthält §87 Abs. 1 Einleitungssatz BetrVG. Danach ist ein Mitbestimmungsrecht des Betriebsrats ausgeschlossen, wenn der Gegenstand bereits durch Gesetz oder Tarifvertrag abschließend geregelt ist. Durch das Mitbestimmungsrecht soll eine gleichberechtigte Teilhabe des Betriebsrats an den Entscheidungen des Arbeitgebers erreicht werden. Den berechtigten Interessen der Arbeitnehmer ist gleichermaßen durch eine abschließende gesetzliche oder tarifliche Regelung Rechnung getragen. ISd §87 Abs. 1 Einleitungssatz BetrVG besteht eine tarifliche Regelung allerdings nur, wenn der Arbeitgeber tarifgebunden ist.

Die Rechtsprechung gibt §87 Abs. 1 Einleitungssatz BetrVG Vorrang vor §77 Abs. 3 BetrVG.[19] Das bedeutet, dass eine Betriebsvereinbarung abgeschlossen

[17] S. hierzu *Kania* BB 2001, 1091.

[18] BAG 30.5.2006 – 1 AZR 111/05, NZA 2006, 1170.

[19] BAG 3.12.1991 – GS 2/90, NZA 1992, 749.

werden kann, soweit ein Mitbestimmungsrecht gegeben ist. So ist die Vergütung üblicherweise in Tarifverträgen geregelt. Die Betriebsparteien können gem. §77 Abs. 3 BetrVG daher keine Betriebsvereinbarungen zu diesem Komplex abschließen. Die Sperrwirkung ist jedoch in dem Umfang aufgehoben, in dem dem Betriebsrat ein Mitbestimmungsrecht zukommt. Der Arbeitgeber kann (allein) festlegen, den Arbeitnehmern zusätzlich zum Tarifentgelt eine bestimmte Summe als übertarifliche Zulagen zu gewähren, der Dotierungsrahmen ist mitbestimmungsfrei. Bezüglich der Verteilung dieses Geldes hat der Betriebsrat jedoch gem. §87 Abs. 1 Nr. 10 BetrVG mitzubestimmen (s. hierzu S. 104 ff.). Mitbestimmungsrechte in sozialen Angelegenheiten werden üblicherweise durch Betriebsvereinbarung ausgeübt, da sie eine Einigung zwischen Arbeitgeber und Betriebsrat erfordern (s. §87 Abs. 2 BetrVG). Da §87 Abs. 1 BetrVG Vorrang vor §77 Abs. 3 BetrVG hat, kann der Betriebsrat mit dem Arbeitgeber eine Betriebsvereinbarung auch dann abschließen, wenn es um Arbeitsentgelte oder sonstige Arbeitsbedingungen geht, die im Tarifvertrag geregelt sind, zB im Fall einer übertariflichen Zulage darüber, ob die Arbeitnehmer alle eine gleich hohe Zulage erhalten oder aber die unteren Gehaltsgruppen stärker berücksichtigt werden.

IV. Das Verhältnis von Tarifvertrag, Betriebsvereinbarung und Arbeitsvertrag

Für die Praxis ist es sehr wichtig, das Verhältnis von Tarifvertrag, Betriebsvereinbarung und Arbeitsvertrag zu kennen. Diese Rechtsgrundlagen des Arbeitsverhältnisses stehen nicht isoliert zueinander, sondern sie bestimmen, wie wir bereits gesehen haben, nebeneinander die Rechte und Pflichten der Arbeitsvertragsparteien. Soweit es um Neuregelungen bzw. Änderungen mittels gleichrangiger Normen geht, gilt die Zeitkollisionsregel. Die jeweils jüngere Vereinbarung löst daher die ältere zum gleichen Gegenstand ab. Dies gilt auch, wenn die neuere Regelung im Vergleich zur älteren ungünstiger ist. Eine Betriebsvereinbarung kann also durch eine neue Betriebsvereinbarung zum gleichen Gegenstand ohne Weiteres abgelöst werden. Ansonsten geht das höherrangige Recht dem niederrangigen vor. Dieses Ordnungsprinzip erfährt Durchbrechungen durch das Günstigkeitsprinzip und durch Öffnungsklauseln.

Vor dem Abschluss von Betriebsvereinbarungen und Arbeitsverträgen müssen die beteiligten Parteien daher zunächst folgende Fragen beantworten:

- Kann eine Betriebsvereinbarung trotz bestehenden Tarifvertrags getroffen werden?
  - Sperrwirkung des Tarifvertrags gem. §77 Abs. 3 BetrVG
  - Ausnahmen:
    - Öffnungsklausel im Tarifvertrag
    - Mitbestimmungsrecht gem. §87 Abs. 1 BetrVG
    - Kein Günstigkeitsvergleich!

- Kann eine Betriebsvereinbarung vom Arbeitsvertrag abweichen?
  - Betriebsvereinbarung geht dem Arbeitsvertrag vor
  - Günstigkeitsprinzip ergänzt die Regelung des § 77 Abs. 4 S. 1 BetrVG
  - Betriebsvereinbarung kann zuungunsten des Arbeitnehmers vom Arbeitsvertrag abweichen, wenn
    - Arbeitsvertrag betriebsvereinbarungsoffen gestaltet (s. dazu S. 123)
      - ✓ Öffnungsklausel im Arbeitsvertrag
      - ✓ Einheitliche Regelung der Arbeitsbedingungen durch die Verwendung von Formulararbeitsverträgen
- Darf ein Arbeitsvertrag vom Tarifvertrag abweichen?
  - Tarifvertrag gilt bei beiderseitiger Tarifbindung gem. § 4 Abs. 1 TVG unmittelbar und zwingend
  - Ausnahmen:
    - arbeitsvertragliche Regelung ist für den Arbeitnehmer günstiger („Sachgruppenvergleich")[20]
    - Tarifvertrag enthält eine Öffnungsklausel.

[20] BAG 15.4.2015 – 4 AZR 587/13, NZA 2015, 1274; BAG 12.12.2012 – 4 AZR 328/11, BeckRS 2013, 70481.

In diesem Kapitel lernen Sie, wie Sie den Abschluss eines Arbeitsvertrags rechtlich korrekt vorbereiten.

D. Die Anbahnung des Arbeitsverhältnisses

I. Stellenausschreibung

Die Müllex GmbH sucht für ihre Zentralabteilung Unternehmensentwicklung und Beteiligungen einen neuen Mitarbeiter und will zu diesem Zweck ein Stellenangebot in einer Tageszeitung aufgeben. Ihnen liegt als Muster folgende Stellenanzeige vor, die Sie auf ihre rechtliche Zulässigkeit hin überprüfen sollen.

Müllex GmbH

Wir sind ein bundesweit tätiges Unternehmen der Entsorgungsindustrie mit Hauptsitz in Dortmund. In Zusammenarbeit mit unseren zahlreichen Partnern sorgen wir mit modernster Technologie für eine umweltgerechte Entsorgung von Abfällen. Wir beraten unsere Kunden bei der Entwicklung zukunftsweisender Abfallkonzepte.

Für unsere Zentralabteilung Unternehmensentwicklung und Beteiligungen suchen wir zum nächstmöglichen Termin einen

qualifizierten Wirtschaftsingenieur

oder Betriebswirt (FH – Diplom oder Bachelor)

für eine anspruchsvolle Tätigkeit im **Schwerpunkt Beteiligungs-Controlling**.

Sie werden sowohl im operativen Controlling (Planung, Berichtswesen, Analysen) unserer Beteiligungen wie auch bei der Weiterentwicklung unseres strategischen und operativen Controllingkonzepts mitwirken und dabei mit dem Management der Beteiligungsgesellschaften zusammenarbeiten.

Wenn Sie

- nicht älter als 32 Jahre sind,
- Ihr Studium (mit Schwerpunkt Controlling o. ä.) mit überdurchschnittlichem Erfolg abgeschlossen und erste praktische Erfahrungen in einschlägiger Berufstätigkeit gesammelt haben,
- bereit sind, eine Führungsaufgabe zu übernehmen und die dafür notwendige Leistungsbereitschaft mitbringen,

dann sind Sie der richtige Mitarbeiter für uns.

Wir bieten Ihnen eine verantwortungsvolle und abwechslungsreiche Aufgabe mit leistungsgerechter Vergütung und einem angenehmen Arbeitsumfeld.

Bewerbungen an:

Müllex GmbH, Emil-Figge-Straße 44, 44227 Dortmund.

Gemäß §2 Abs.1 Nr.1 AGG sind Benachteiligungen aus den in §1 AGG genannten Gründen unzulässig, soweit es um die Bedingungen einschließlich der Auswahlkriterien und Einstellungsbedingungen für den Zugang zur Erwerbstätigkeit geht. §11 AGG konkretisiert diesen Grundsatz dahingehend, dass ein Arbeitsplatz nicht unter Verstoß gegen §7 Abs.1 AGG ausgeschrieben werden darf. Der Arbeitgeber muss also bereits in der Stellenausschreibung jeden Anhaltspunkt eines diskriminierenden Verhaltens aus Gründen der Rasse, der ethnischen Herkunft, des Geschlechts, der Religion oder Weltanschauung, einer Behinderung, des Alters oder der sexuellen Identität vermeiden. Er darf nur gem. §8 AGG an eines der genannten Merkmale anknüpfen, wenn der Grund wegen der Art der Tätigkeit oder der Bedingungen ihrer Ausübung eine wesentliche und entscheidende Anforderung darstellt. Hierfür genügt es nicht, dass der Arbeitgeber das Vorhandensein/Nichtvorhandensein eines bestimmten Merkmals für zweckmäßig hält. Eine Differenzierung wegen der Religion und Weltanschauung kann darüber hinaus nach §9 AGG und wegen des Alters nach §10 AGG gerechtfertigt sein. So kann der Arbeitgeber bestimmte Mindestanforderungen an die Berufserfahrung eines Bewerbers definieren (§10 S.3 Nr.2 AGG).

Folgerungen:

- männliche und weibliche oder
- geschlechtsneutrale Bezeichnungen wählen!
- Hinweise auf ein bestimmtes Alter vermeiden![1]
- Keine bestimmte Staatsangehörigkeit verlangen, da dies sehr häufig einen Hinweis auf eine Unterscheidung nach der ethnischen Herkunft darstellt!
- Schwerbehinderte Menschen nicht von der Bewerbung ausschließen!

Die vorgelegte Anzeige erfüllt die aus dem AGG folgenden Anforderungen nicht, da sie nicht geschlechtsneutral formuliert ist und außerdem Bewerber ausschließt, die älter als 32 Jahre sind. Das Gesetz sanktioniert eine gegen §11 AGG verstoßende Stellenausschreibung nicht. Das Allgemeine Gleichbehandlungsgesetz stellt allerdings Bewerber und Bewerberinnen für ein Arbeitsverhältnis den Beschäftigten gleich (§6 Abs.1 S.2 AGG), deren Benachteiligung §7 Abs.1 AGG aus den in §1 Abs.1 AGG genannten Gründen verbietet. Eine nicht diskriminierungsfreie Stellenausschreibung kann daher ein Indiz für einen Verstoß gegen das Benachteiligungsverbot des §7 Abs.1 AGG sein (s. dazu §22 AGG)[2] und die in den §§13ff. AGG genannten Rechte bis hin zu Entschädigungsansprüchen auslösen (s. dazu S.35f.). Der Arbeitgeber haftet hierbei auch für Fehler, die Dritte (zB Personalberater) bei der Stellenausschreibung machen.[3]

1 BAG 24.1.2013 – 8 AZR 429/11, NZA 2013, 498; BAG 19.8.2010 – 8 AZR 530/09, NZA 2010, 1412.
2 BAG 11.8.2016 – 8 AZR 406/14, BeckRS 2016, 112116.
3 BAG 5.2.2004 – 8 AZR 112/03, NZA 2004, 540.

Der Betriebsrat ist gem. §75 Abs. 1 S. 1 und §80 Abs. 1 Nr. 1 BetrVG verpflichtet, auf die Einhaltung des §11 AGG hinzuwirken. Verletzt der Arbeitgeber seine diesbezüglichen Pflichten, so kann der Betriebsrat gem. §17 Abs. 2 AGG, §23 Abs. 3 S. 1 BetrVG den Arbeitgeber auf Unterlassung in Anspruch nehmen. Allerdings ist hierfür ein grober Verstoß des Arbeitgebers gegen seine Pflichten aus dem AGG erforderlich. Einmalige Pflichtverletzungen reichen nicht aus.[4] Unterbleibt eine benachteiligungsfreie Ausschreibung, kann der Betriebsrat gem. §99 Abs. 2 Nr. 1 BetrVG die für die Einstellung des Arbeitnehmers erforderliche Zustimmung (s. dazu S. 38ff.) verweigern.

Die vorstehenden Grundsätze gelten nicht nur für die externe, sondern auch für eine innerbetriebliche Stellenausschreibung. Diese trägt dem personalwirtschaftlichen Ziel „Aufstieg vor Einstieg" Rechnung, der innerbetriebliche Arbeitsmarkt wird erschlossen. Eine innerbetriebliche Ausschreibung muss gem. §93 BetrVG zwingend erfolgen, wenn der Betriebsrat sie verlangt. Der Betriebsrat kann verlangen, dass allgemein alle freien Arbeitsplätze innerbetrieblich ausgeschrieben werden oder nur bestimmte Arten von Tätigkeiten, zB einer Gruppe von Arbeitsplätzen („Sachbearbeiter", „Sekretariatsaufgaben"). Er kann jedoch nicht von Fall zu Fall für konkrete Arbeitsplätze eine innerbetriebliche Ausschreibung begehren. Arbeitgeber und Betriebsrat können die Anforderungen an eine innerbetriebliche Ausschreibung in einer Betriebsvereinbarung festlegen.[5] Unterlässt der Arbeitgeber entgegen §93 BetrVG die innerbetriebliche Ausschreibung, so hat der Betriebsrat gem. §99 Abs. 2 Nr. 5 BetrVG das Recht, seine Zustimmung zur Einstellung des externen Bewerbers zu verweigern. Ein Zustimmungsverweigerungsrecht erwächst auch, wenn die innerbetriebliche Ausschreibung nicht ordnungsgemäß erfolgt, wenn zB an einen internen Bewerber höhere Anforderungen gestellt werden als an einen externen.[6]

Sofern sich der Arbeitsplatz hierfür eignet, muss eine Stelle gem. §7 Abs. 1 TzBfG sowohl inner- wie außerbetrieblich auch als Teilzeitarbeitsplatz ausgeschrieben werden. Die Entscheidung, ob ein Arbeitsplatz für Teilzeitarbeit geeignet ist oder nicht, obliegt allein dem Arbeitgeber. Bei der Beurteilung hat er einen objektiven Maßstab anzulegen, der sich an §8 Abs. 4 TzBfG orientieren muss. Das Gesetz sieht keine Sanktion vor, wenn die Ausschreibung als Teilzeitarbeitsplatz unterbleibt.[7]

Nennt der Arbeitgeber in der Stellenanzeige bestimmte Arbeitsbedingungen, finanzielle oder soziale Leistungen des Unternehmens, so kann der Arbeitnehmer hieraus keine Ansprüche herleiten. Eine Stellenausschreibung ist eine invitatio ad offerendum (= Aufforderung zur Abgabe eines Angebots) und enthält demzufolge keine rechtsverbindlichen Aussagen.[8]

---

4 BAG 18.8.2009 – 1 ABR 47/08, NZA 2010, 222.
5 Beispiel einer Betriebsvereinbarung bei *Frey/Pulte* Betriebsvereinbarungen A 3.
6 BAG 23.2.1988 – 1 ABR 82/86, NZA 1988, 551.
7 S. im Einzelnen *Herbert/Hix* DB 2002, 2377.
8 BAG 25.1.2000 – 9 AZR 140/99, NZA 2000, 879.

II. Das Vorstellungsgespräch

Nach Ablauf der Bewerbungsfrist werden die eingegangenen Bewerbungen gesichtet und einige Bewerber eingeladen. Der Bewerber Kai Mustermann erhält eine Einladung zum Vorstellungsgespräch, die folgenden Inhalt hat:

Müllex GmbH
Emil-Figge-Straße 44
44227 Dortmund

Tel. 0231/755-0007
1. September 2018

Herrn
Kai Mustermann
Thüringer Straße 10
58708 Menden

Ihre Bewerbung vom 17. August 2018

Sehr geehrter Herr Mustermann,

wir bedanken uns für Ihre Bewerbung und laden Sie zu einem Vorstellungsgespräch am 15. September 2018, 11.30 Uhr ein. Bitte melden Sie sich an unserer Pforte, unser Mitarbeiter dort ist über Ihr Erscheinen informiert und wird Ihnen weiterhelfen.

Wir bitten Sie, den Termin kurz telefonisch zu bestätigen.

Mit freundlichen Grüßen

Birgit Müller
(Personalleiterin)

Welche Rechte und Pflichten entstehen für Bewerber und Arbeitgeber aus diesem Schreiben?

1. Berechtigung zur Vorstellung

Bewerberauswahl

Mit der Einladung zum Vorstellungsgespräch erhält der Bewerber die Berechtigung sich vorzustellen, ohne dass gleichzeitig eine Pflicht zur Vorstellung begründet wird. Vielmehr ist der Arbeitgeber ebenso wie der Bewerber berechtigt, den Termin abzusagen, ohne dass Schadensersatzansprüche entstehen.

2. Ersatz von Vorstellungskosten

Die Einladung zum Vorstellungsgespräch begründet die Pflicht des Arbeitgebers, dem Bewerber die Aufwendungen zu ersetzen, die diesem durch das Vorstellungsgespräch entstehen, zB Fahrt- und Übernachtungskosten. Grundlage des Anspruchs des Bewerbers ist eine analoge Anwendung des §670 BGB. Der Anspruch auf Ersatz der Vorstellungskosten besteht unabhängig davon, ob später ein Arbeitsverhältnis zustande kommt oder nicht.[9] Ersetzbar sind die Aufwendungen allerdings nur, soweit sie aus objektiver Sicht erforderlich sind.

Die Müllex GmbH muss Herrn Kai Mustermann somit die Fahrtkosten von seinem Wohnort Menden nach Dortmund ersetzen.

Außer den eingeladenen Bewerbern stellt sich Herr Stefan Müller bei der Müllex GmbH vor, indem er unaufgefordert bei Ihnen, dem/der Personalleiter/in, erscheint und Sie um ein Gespräch bittet. Frau Karin Becker wird von der örtlichen Agentur für Arbeit für die Stelle vorgeschlagen und zur Müllex GmbH hingeschickt. Ist die Müllex GmbH auch in diesen beiden Fällen verpflichtet, die Vorstellungskosten zu übernehmen?

Der Anspruch des Bewerbers besteht allein aufgrund der Einladung des Arbeitgebers, ein Verpflichtungswille zur Übernahme der Kosten braucht nicht ausdrücklich erklärt zu werden. Der Aufwendungsersatzanspruch entsteht daher nicht, wenn der Arbeitgeber die Kostenübernahme im Einladungsschreiben ausdrücklich ablehnt. Eine Ersatzpflicht des Arbeitgebers entfällt auch dann, wenn sich der Bewerber von sich aus vorstellt oder auf Vorschlag der Agentur für Arbeit erscheint. Im letzteren Fall kann jedoch gem. §44 SGB III durch die Agentur für Arbeit ein Zuschuss zur Bewerbung geleistet werden.

Folgerungen: Will der Arbeitgeber Vorstellungskosten nicht ersetzen oder nur eingeschränkt leisten, so muss er im Einladungsschreiben darauf hinweisen.

3. Freizeit zur Stellensuche

Kai Mustermann ist über die Einladung zum Vorstellungsgespräch sehr erfreut. Am Abend diskutiert er mit seiner Freundin darüber, ob er bei seinem jetzigen Arbeitgeber einen Tag Urlaub nehmen muss oder ob er einen Anspruch auf zusätzliche Freistellung hat.

Was trifft zu, wenn

(a) ihm gekündigt wurde?

(b) er in einem ungekündigten Arbeitsverhältnis steht und eine neue Aufgabe sucht?

9 BAG 14.2.1977 – 5 AZR 171/76, AP BGB §196 Nr. 8; BAG 29.6.1988 – 5 AZR 433/87, NZA 1989, 468.

§ 629 BGB gewährt dem Arbeitnehmer *nach der Kündigung* auf Verlangen einen Anspruch auf Freistellung zur Suche eines neuen Arbeitsplatzes (a). Ein Freistellungsanspruch besteht über den Wortlaut des § 629 BGB hinaus auch, wenn das Arbeitsverhältnis durch einen Aufhebungsvertrag beendet wird. Bei einem befristeten Arbeitsverhältnis entsteht der Anspruch zu dem Zeitpunkt, zu dem die Kündigungsfrist beginnen würde, wenn das Arbeitsverhältnis zu dem festgelegten Zeitpunkt infolge der Befristung nicht durch Zeitablauf, sondern durch Kündigung endete. Für die Dauer der Freistellung ist gem. § 616 BGB die Vergütung fortzuzahlen. Ist das Arbeitsverhältnis *ungekündigt*, so bleibt dem Arbeitnehmer nur die Möglichkeit, Urlaub zu nehmen (b).

Fortsetzung der Fallvariante (a):

Kai Mustermann verlangt von seinem Arbeitgeber, ihn für das Vorstellungsgespräch bei der Müllex GmbH freizustellen. Der Arbeitgeber meint, hierzu nicht verpflichtet zu sein, und verweist Herrn Mustermann auf die Möglichkeit, einen Tag Urlaub zu nehmen. Wie kann Kai Mustermann seinen Freistellungsanspruch durchsetzen?

Verweigert der Arbeitgeber zu Unrecht die Freistellung, so kann der Arbeitnehmer seinen Anspruch insbesondere im Wege der einstweiligen Verfügung durchsetzen. Entsteht ihm ein Schaden, so kommt ein Ersatzanspruch nach §§ 280 Abs. 3, 283, 275 Abs. 1 BGB in Betracht. Der Arbeitnehmer darf nicht eigenmächtig seinem Arbeitsplatz fernbleiben. Insoweit steht ihm kein Zurückbehaltungsrecht gem. § 273 BGB zu, da dieses auf die Sicherung eines Anspruchs gerichtet ist. Die Selbstbeurlaubung stellt demgegenüber eine Erfüllung des Anspruchs aus § 629 BGB dar. Das eigenmächtige Fernbleiben vom Arbeitsplatz ist eine unberechtigte Verweigerung der Arbeitsleistung und damit eine Vertragsverletzung. Der Arbeitnehmer darf hier ebenso wenig wie in anderen Fällen der Geltendmachung von Ansprüchen zur Selbsthilfe greifen, sondern muss sich gerichtlicher Hilfe bedienen.

4. Offenbarungspflichten und Fragerecht

Durch das Vorstellungsgespräch und sich anschließender Vertragsverhandlungen erwachsen wechselseitige Schutzpflichten der Beteiligten. Sowohl Arbeitgeber als auch Arbeitnehmer sind verpflichtet, über alle Dinge, die sie im Zusammenhang mit der Bewerbung erfahren, Stillschweigen zu bewahren. Der Arbeitgeber darf den Arbeitnehmer nicht über die Anforderungen und Bedingungen des künftigen Arbeitsplatzes täuschen (s. auch § 81 Abs. 1 BetrVG). Er muss dem Bewerber solche Umstände offenbaren, die für dessen Entscheidung erkennbar von Bedeutung sind. Insbesondere darf er beim Bewerber nicht den Eindruck erwecken, dieser werde eingestellt und ihn zur Kündigung seines bisherigen Arbeitsverhältnisses auffordern, obwohl eine Einstellung noch nicht sicher ist. Verletzt der Arbeitgeber diese Pflichten schuldhaft, so ist er nach §§ 280 Abs. 1, 311 Abs. 2, 241 Abs. 2 BGB verpflichtet, dem Bewerber einen entstandenen Schaden zu ersetzen. Die Haftung setzt ein schuldhaftes Verhalten des Arbeitgebers voraus. Kündigt der Bewerber sein bisheriges Arbeitsverhältnis im Glauben, ein neues werde begründet, so ist das seine persönliche Entscheidung, für deren Folgen der Arbeitgeber nicht einstehen muss.

Umgekehrt hat auch der Arbeitnehmer Offenbarungspflichten bezüglich aller Umstände, die ihn am Erbringen der Arbeitsleistung hindern.[10] So muss der Bewerber von sich aus ohne eine entsprechende Frage des Arbeitgebers mitteilen, wenn er zB aufgrund einer Krankheit nicht in der Lage ist, die Arbeit auszuführen, aufgrund einer Ansteckungsgefahr Kollegen oder Kunden gefährdet werden oder er wegen des Antritts einer Freiheitsstrafe die Arbeit nicht zum vereinbarten Termin aufnehmen kann.[11]

Unabhängig von den gegenseitigen Offenbarungspflichten hat der Arbeitgeber vor der Begründung des Arbeitsverhältnisses ein Interesse daran, sich umfassend über den Bewerber zu informieren. Er wird den Bewerber in einem persönlichen Gespräch oder einem Personalfragebogen nach bestimmten für ihn relevanten Tatsachen befragen. Auf der anderen Seite hat der Bewerber ein Recht auf Schutz seiner Individualsphäre, die durch das Recht auf informationelle Selbstbestimmung[12] garantiert wird (Art. 1, 2 GG).

Das Fragerecht des Arbeitgebers – der Schlüssel zur Person des Arbeitnehmers?

Um diesen Interessengegensatz auszugleichen, hat der Arbeitgeber kein uneingeschränktes Fragerecht. Er darf nur Fragen stellen, die einen Bezug zum Arbeitsverhältnis haben und an deren Beantwortung er ein berechtigtes, billigenswertes und schutzwürdiges Interesse hat.[13] Ob ein solches Interesse besteht, muss bezüglich jeder Frage gesondert geprüft werden. Hierbei spielt es keine Rolle, ob die Frage in einem persönlichen Gespräch oder in einem schriftlichen Personalfragebogen gestellt wird. Soweit eine Frage zulässig ist, muss das Recht des Arbeitnehmers, zum Schutz seines Persönlichkeitsrechts und seiner Individualsphäre seine persönlichen Daten nicht zu offenbaren, hinter dem Informationsinteresse des Arbeitgebers zurücktreten.[14] Unzulässig sind insbesondere Fragen, die an eines der in § 1 AGG genannten Diskriminierungsmerkmale anknüpfen, ohne gem. §§ 8 ff. AGG gerechtfertigt zu sein. Gemäß § 6 Abs. 1 S. 1 AGG sind auch Bewerber für ein Arbeitsverhältnis Beschäftigte iSd AGG und damit vor Benachteiligungen geschützt.

Das Fragerecht des Arbeitgebers muss außerdem bis zum 24.5.2018 die datenschutzrechtlichen Anforderungen des § 32 BDSG aF beachten. Ab dem 25.5.2018 tritt an dessen Stelle § 26 BDSG nF. Soweit besondere Arten personenbezogener Daten betroffen sind, ist dann zusätzlich Art. 9 DSGVO zu berücksichtigen.[15] Es dürfen demzufolge nur die Daten erhoben werden, die für die Entscheidung

---

[10] BAG 6.9.2012 – 2 AZR 270/11, NZA 2013, 1087.

[11] BAG 1.8.1985 – 2 AZR 101/83, NZA 1986, 635; BAG 7.2.1964 – 1 AZR 251/63, NJW 1964, 1197.

[12] S. dazu BVerfG v. 15.12.1983 – 1 BvR 209/83, BVerfGE 65, 1 – Volkszählungsurteil.

[13] BAG 11.11.1993 – 2 AZR 467/93, NZA 1994, 407.

[14] BAG 5.10.1995 – 2 AZR 923/94, NZA 1996, 371.

[15] *Asgari* DB 2017, 1325; *Kort* NZA-Beilage 2016, 62.

über die Begründung des Arbeitsverhältnisses erforderlich sind (§32 BDSF aF/§26 Abs.1 BDSG nF). Erforderlich ist die Datenverarbeitung (s. zu diesem Begriff §3 Abs.3–5 BDSG aF bzw. Art.4 Nr.2 DSGVO), wenn die Interessen des Arbeitgebers an der Datenverarbeitung und das Persönlichkeitsrecht des Arbeitnehmers gleichermaßen berücksichtigt sind. Die Grenzen des Zulässigen sind überschritten, wenn der Arbeitgeber zur Unterstützung seiner Auswahlentscheidung mithilfe von „People Analytics" Bewerberdaten mit Personal-, Unternehmens- und sonstigen Daten verknüpft und auf dieser Basis eine Persönlichkeitsanalyse erstellt. Mit einer solchen Big-Data-Analyse greift er in den Kernbereich des Persönlichkeitsrechts des Arbeitnehmers ein.[16]

Die dargestellten Grundsätze gelten auch für „Background Checks"[17], mit denen der Arbeitgeber insbesondere die finanzielle, gesundheitliche, psychische und strafrechtliche Situation des Arbeitnehmers überprüfen will. Eine solche Datenerhebung muss sich an den schutzwürdigen Belangen des Arbeitnehmers orientieren. Gleiches gilt für das Erstellen von Bewerberprofilen mithilfe von Internetrecherchen. Soweit Daten verwendet werden, die allgemein zugänglich sind oder in berufsorientierten sozialen Netzwerken vom Bewerber zur Verfügung gestellt werden, ist dies datenschutzrechtlich nicht zu beanstanden (§32 Abs.1 BDSG aF; s. auch Art.9 Abs.2 lit. e DSGVO (gilt ab 25.5.2018).

Ist eine Frage unzulässig, so muss der Bewerber keine Auskunft geben, sondern kann ohne rechtliche Nachteile wahrheitswidrig antworten.

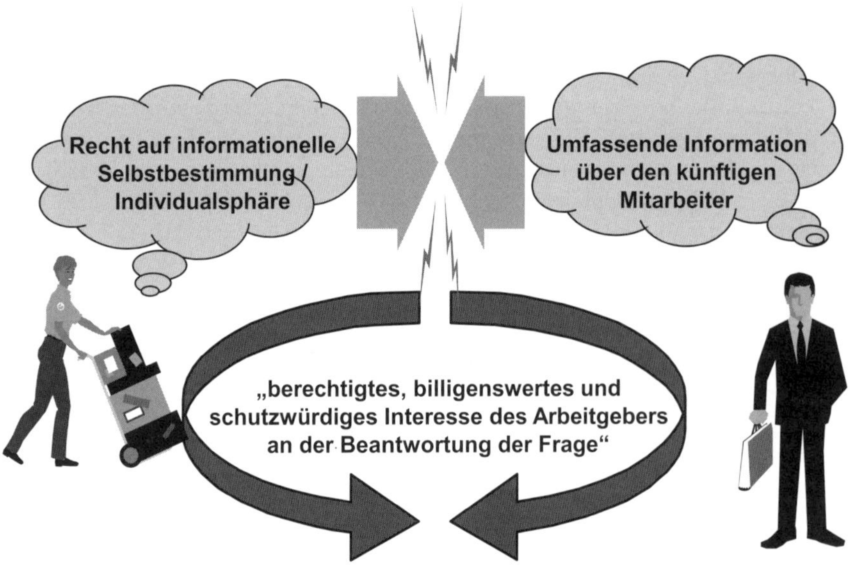

[16] *Dzida* NZA 2017, 541; *Niklas/Thurn* BB 2017, 1589.

[17] Dazu *Hohenstatt/Stamer/Hinrichs* NZA 2006, 1065; *Kania/Sansone* NZA 2012, 360; *Thum/Szczesny* BB 2007, 2405.

Wird hingegen eine zulässige Frage falsch beantwortet, kann der Arbeitgeber seine Willenserklärung auf Abschluss des Arbeitsvertrags gem. § 123 Abs. 1 BGB anfechten.[18] Der Tatbestand des § 123 Abs. 1 BGB erfordert, dass jemand zur Abgabe einer Willenserklärung durch arglistige Täuschung bestimmt worden ist. Durch die Täuschung muss beim Erklärungsempfänger ein Irrtum hervorgerufen werden. Dies kann dadurch geschehen, dass eine Tatsache verschwiegen wird, zu deren Offenbaren der Täuschende verpflichtet gewesen wäre, oder aber dadurch, dass er falsche Tatsachen vorspiegelt. Ein Anfechtungsrecht besteht daher, soweit der Bewerber auf eine zulässige Frage des Arbeitgebers vorsätzlich falsch antwortet.[19] Nur dann ist die darin liegende Täuschung auch widerrechtlich. Hierbei handelt es sich um ein ungeschriebenes Tatbestandsmerkmal des § 123 Abs. 1 BGB. Antwortet der Bewerber hingegen auf eine unzulässige Frage wahrheitswidrig, so ist die Täuschung nicht widerrechtlich. Außerdem muss der Bewerber wissen bzw. wissen können, dass die verschwiegene Tatsache für den Arbeitgeber von Bedeutung und für die Einstellung ursächlich ist.

Der Arbeitgeber muss gem. § 143 Abs. 1 BGB die Anfechtung seiner Willenserklärung auf Abschluss des Arbeitsvertrags dem Arbeitnehmer gegenüber erklären. Gemäß § 124 BGB muss die Erklärung innerhalb eines Jahres erfolgen, gerechnet von dem Zeitpunkt an, zu dem der Arbeitgeber von der Lüge des Bewerbers erfährt. Die wirksame Anfechtung hat zur Folge, dass das Arbeitsverhältnis – vergleichbar einer Kündigung – für die Zukunft beendet wird („ex-nunc-Wirkung"). § 142 Abs. 1 BGB findet wegen der Besonderheiten des Arbeitsverhältnisses als Dauerschuldverhältnis und der mit seiner Rückabwicklung verbundenen Schwierigkeiten grundsätzlich entgegen seinem Wortlaut keine Anwendung.[20] Ist das Arbeitsverhältnis hingegen noch nicht in Vollzug gesetzt, so bleibt es bei der in § 142 Abs. 1 BGB angeordneten „ex-tunc-Wirkung" der Anfechtung.[21] Aber auch wenn das Arbeitsverhältnis wieder außer Funktion gesetzt ist, bestehen die für die Nichtanwendung des § 142 Abs. 1 BGB angeführten Rückabwicklungsschwierigkeiten nicht. Das Arbeitsverhältnis ist außer Funktion gesetzt, wenn der Arbeitnehmer tatsächlich keine Arbeitsleistungen erbracht hat. Unabhängig davon, ob die Ursache hierfür vom Willen der Vertragsparteien abhängig ist oder nicht – zB bei der Erkrankung des Arbeitnehmers im Zeitpunkt des Zugangs der Anfechtungserklärung – wirkt die Anfechtung auf den Zeitpunkt zurück, ab dem der Arbeitnehmer tatsächlich nicht mehr gearbeitet hat.[22]

Zur Vorbereitung der Bewerbungsgespräche soll innerhalb der Müllex GmbH ein neuer Personalfragebogen erstellt werden. Hierzu haben Sie als Personalleiter/in eine Arbeitsgruppe gebildet, die bei ihrem ersten Treffen eine Vielzahl

[18] StRspr seit BAG 5.12.1957 – 1 AZR 594/56, NJW 1958, 516.

[19] StRspr, s. zB BAG 6.9.2012 – 2 AZR 270/11, NZA 2013, 1087; BAG 5.10.1995 – 2 AZR 923/94, NZA 1996, 371.

[20] BAG 20.2.1986 – 2 AZR 244/85, NZA 1986, 739.

[21] BAG 29.8.1984 – 7 AZR 34/83, NZA 1985, 58; BAG 16.9.1982 – 2 AZR 228/80, NJW 1984, 446.

[22] BAG 3.12.1998 – 2 AZR 754/97, NZA 1999, 584.

von Fragen notiert hat. Ihre Aufgabe als Personalleiter/in ist es, zur Vorbereitung der nächsten Sitzung zu prüfen, ob die Fragen zulässig sind. Sie haben für Ihre Arbeit folgenden Bogen vorbereitet, auf dem Sie jeweils ankreuzen, ob die Frage zulässig ist („ja“) oder nicht („nein“). Außerdem fügen Sie notwendige Erläuterungen als Stellungnahme für die Arbeitsgruppe unter „Bemerkungen“ ein.

1. Sind Sie anerkannter Schwerbehinderter?

Gegebenenfalls Grad der Behinderung?

Zulässig? Ja/Nein

Bemerkungen? ....

2. Leiden Sie an chronischen Erkrankungen?

Zulässig? Ja/Nein

Bemerkungen? ....

3. Sind Sie HIV-positiv?

Zulässig? Ja/Nein

Bemerkungen? ....

4. Für weibliche Bewerber:

- Sind Sie schwanger? Wenn ja, in welchem Monat?

Zulässig? *Ja/Nein*

Bemerkungen? ....

- Sind Sie aus anderen Gründen (zB mutterschutzrechtliches Beschäftigungsverbot) an der Ausübung der angestrebten Tätigkeit gehindert?

Zulässig? Ja/Nein

Bemerkungen? ....

5. Für männliche Bewerber:

Haben Sie Wehr- bzw. Ersatzdienst geleistet?

Zulässig? *Ja/Nein*

Bemerkungen? ....

6. Beruflicher Werdegang? (Stichwortartige Aufzeichnung)

Zulässig? Ja/Nein

Bemerkungen? ....

7. Warum wollen Sie Ihren Arbeitsplatz wechseln?

Zulässig? Ja/Nein

Bemerkungen? ....

8. Wie hoch war Ihr letzter Verdienst?

Zulässig? Ja/Nein

Bemerkungen? ....

9. Wurde Ihr Arbeitsentgelt gepfändet/verpfändet/im Voraus abgetreten?
Zulässig? Ja/Nein
Bemerkungen? ....

10. Sind sie vorbestraft?
Zulässig? Ja/Nein
Bemerkungen? ....

11. Gehören Sie einer Partei/einer Gewerkschaft an?
Zulässig? Ja/Nein
Bemerkungen? ....

Ihre Antwort an die Arbeitsgruppe müsste folgenden Inhalt haben:

Eine Behinderung liegt vor, wenn die körperliche Funktion, die geistige Fähigkeit oder die seelische Gesundheit eines Menschen mit hoher Wahrscheinlichkeit länger als sechs Monate von dem für das Lebensalter typischen Zustand abweicht und daher seine Teilhabe am Leben in der Gesellschaft beeinträchtigt ist (§ 2 Abs. 1 S. 1 SGB IX). Eine Schwerbehinderung setzt voraus, dass der Grad der Behinderung mindestens 50 % beträgt (§ 2 Abs. 2 SGB IX) oder wenigstens 30 %, aber weniger als 50 % und eine Gleichstellung des behinderten mit einem schwerbehinderten Menschen erfolgt ist (§ 2 Abs. 3 SGB IX).

Die Frage nach einer *(Schwer-)Behinderung* kann gem. § 8 Abs. 1 AGG ausnahmsweise gerechtfertigt sein, wenn das Nichtvorliegen einer Behinderung wegen der Art der Tätigkeit oder Bedingungen ihrer Ausübung eine wesentliche und entscheidende berufliche Anforderung darstellt, dh der größte Teil der Tätigkeit ansonsten nicht ausgeübt werden kann. An die Tätigkeit sind also bestimmte körperliche, geistige oder seelische Anforderungen zu stellen, die ein (schwer-) behinderter Bewerber nicht erfüllt. Das vom Arbeitgeber festgelegte Anforderungsprofil muss einem rechtmäßigen Zweck folgen und angemessen sein. Die unternehmerische Freiheit des Arbeitgebers, eine Stelle mit einem Bewerber seiner Wahl zu besetzen, wird insofern begrenzt, als dass die Anforderungen an die Tätigkeit nicht willkürlich festgesetzt sein dürfen und verhältnismäßig sein müssen. Dies wird zB dann der Fall sein, wenn eine Gefährdung Dritter besteht. Dies kann zB bei einer HIV-Infektion gegeben sein, wenn ein erhöhtes Ansteckungsrisiko besteht.[23]

Eine allgemeine Frage nach einer (Schwer-)Behinderung ist unzulässig.[24] Ist eine Schwerbehinderung offensichtlich, so kommt eine Anfechtung schon deshalb nicht in Betracht, weil es an einem durch die wahrheitswidrige Antwort hervorgerufenen Irrtum fehlt.[25]

Die Frage nach *chronischen Krankheiten* ist in dieser Allgemeinheit nicht zulässig. Der Arbeitgeber darf nur nach bestehenden Krankheiten fragen, die im Zusam-

[23] Zur Einstufung als Behinderung: BAG 19.12.2013 – 6 AZR 190/12, NZA 2014, 372.
[24] BAG 18.9.2014 – 8 AZR 759/13, BeckRS 2014, 73585; s. aber BAG 16.2.2012 – 6 AZR 553/10, NZA 2012, 555; BAG 26.6.2014 – 8 AZR 547/13, BeckRS 2014, 73097.
[25] BAG 18.10.2000 – 2 AZR 380/99, NZA 2001, 315.

menhang mit der auszuübenden Arbeit stehen[26], nicht hingegen nach früheren, ausgeheilten Krankheiten.[27] Das Fragerecht des Arbeitgebers wird auch nicht durch eine Einstellungsuntersuchung[28] erweitert. Der Bewerber entbindet den Arzt nur insoweit von seiner Schweigepflicht[29], als es um die Feststellung der Eignung des Bewerbers für den angestrebten Arbeitsplatz geht.

Gemäß § 19 GenDG ist es dem Arbeitgeber ausdrücklich untersagt, vom Arbeitnehmer genetische Untersuchungen zu verlangen.[30] § 21 GenDG verbietet Benachteiligungen wegen genetischer Eigenschaften ausdrücklich. Bei Verstößen gegen dieses besondere Benachteiligungsverbot kann ein Entschädigungsanspruch entsprechend § 22 Abs. 2 GenDG iVm § 15 Abs. 2 AGG in Betracht kommen.

Die Frage nach der *Schwangerschaft* einer Bewerberin ist nicht zulässig, da sie eine unzulässige Benachteiligung wegen des Geschlechts darstellt und somit gegen § 7 Abs. 1 AGG verstößt.[31] Eine unzulässige Diskriminierung liegt ausnahmsweise dann nicht vor, wenn das Geschlecht unverzichtbare Voraussetzung für die Arbeit ist (§ 8 Abs. 1 AGG). Ebenso ist die Frage nach dem Bestehen eines Beschäftigungsverbots nach dem Mutterschutzgesetz (s. dazu S. 170 ff.) unzulässig. Benachteiligungen, die mit der Schwangerschaft bzw. Mutterschaft zusammenhängen, werden gem. § 3 Abs. 1 S. 2 AGG als unmittelbare Benachteiligung definiert. Ein berechtigtes Interesse des Arbeitgebers an der Frage wird nicht dadurch begründet, dass die Bewerberin wegen des Eingreifens der gesetzlichen Beschäftigungsverbote ihre Stelle nicht antreten kann. Nach Ablauf der Mutterschutzfristen kann die Frau die vereinbarte Arbeitsleistung sehr wohl erbringen. Ebenso wenig wie die Einstellung oder Entlassung einer schwangeren Frau mit dem Hinweis auf ihre fehlende Verfügbarkeit auf dem Arbeitsplatz gerechtfertigt ist,[32] ist der Arbeitgeber berechtigt, die Einstellung einer schwangeren Bewerberin mit dem Hinweis auf die mit der Schwangerschaft verbundenen finanziellen und sonstigen wirtschaftlichen Auswirkungen abzulehnen.

Vorsicht geboten ist auch bei Fragen nach der Familienplanung, dem Familienstand oder dem Geburtsnamen. Sie können ein Indiz für eine Benachteiligung wegen des Geschlechts oder der sexuellen Identität darstellen.

Konsequenterweise muss auch die nach wie vor in vielen Bewerberfragebögen enthaltene Frage nach dem *Wehr- und Ersatzdienst* männlicher Bewerber als Ver-

---

[26] S. aber BAG 17.12.2009 – 8 AZR 670/08, NZA 2010, 383.

[27] BAG 7.6.1984 – 2 AZR 270/83, NZA 1985, 57.

[28] S. dazu *Weber/Wocken* NZA 2012, 191; zu psychologischen Eignungstests s. *Franzen* NZA 2013, 1.

[29] *Hülsemann* ArbRAktuell 2015, 192.

[30] S. dazu *Genenger* NJW 2010, 113.

[31] BAG 6.2.2003 – 2 AZR 621/01, NZA 2003, 848; BAG 15.10.1992 – 2 AZR 227/92, NZA 1993, 257; s. auch *Thüsing/Lambrich* BB 2002, 1146.

[32] EuGH 27.2.2003 – C-320/01, NZA 2003, 373 – Busch; EuGH 4.10.2001 – C-109/00, NZA 2001, 1241 – Brand-Nielsen; EuGH 3.2.2000 – C-207/98, NZA 2000, 255 – Mahlburg; EuGH 14.7.1994 – C-32/93, NZA 1994, 783 – Webb; EuGH 5.5.1994 – C-421/92, NZA 1994, 609 – Habermann-Beltermann.

stoß gegen §7 Abs. 1 AGG angesehen werden, da auch dieses Merkmal mit dem Geschlecht in Zusammenhang steht.[33] Etwas anderes kann nur dann gelten, wenn der Arbeitnehmer sich bereits zum freiwilligen Wehrdienst verpflichtet hat. Im Hinblick auf §2 ArbPlSchG iVm §§16 Abs. 7, 16a ArbPlSchG hat der Arbeitgeber in diesem Fall ein berechtigtes Interesse an der Beantwortung der hierauf gerichteten Frage.

Die Frage nach dem *beruflichen Werdegang* ist zulässig, da sie der Feststellung der fachlichen Eignung des Bewerbers dient. Nach den *Gründen für den Arbeitsplatzwechsel* darf der Arbeitgeber fragen, um zu prüfen, ob diese auch auf den neuen Arbeitsplatz zutreffen. Auch nach der zeitlichen Verfügbarkeit darf gefragt werden.

Die Frage nach der *Höhe des letzten Verdiensts* betrifft den geschützten Individualbereich des Bewerbers. Zulässig ist die Frage nur, wenn der Bewerber den bisherigen Verdienst als Mindestvergütung gefordert hat oder die Höhe der Vergütung eine Aussage über die Fähigkeiten des Bewerbers trifft, zB bei einer erfolgsabhängigen Vergütung.[34]

Die Frage nach der *Pfändung, Verpfändung oder Vorausabtretung* von Gehalt[35] ist in der von der Arbeitsgruppe aufgestellten Allgemeinheit ebenso wenig zulässig wie die allgemeine Frage nach den Vermögensverhältnissen des Bewerbers. Es darf nur nach erfolgten Pfändungen (nicht: Verpfändungen oder Vorausabtretungen) des Arbeitseinkommens gefragt werden, wenn der Bewerber eine besondere Vertrauensstellung einnehmen soll und ungeordnete wirtschaftliche Verhältnisse eine Gefährdung des Vermögens des Arbeitgebers darstellen können.[36] Allein der mit der Abwicklung von Lohn- und Gehaltspfändungen verbundene Aufwand des Arbeitgebers rechtfertigt es nicht, bereits den Bewerber nach Pfändungen zu fragen. Dieser Aufwand wird dem Arbeitgeber als Drittschuldner einer Pfändung zugemutet (s. unter anderem §840 ZPO).[37] Gleiches gilt für die allgemeine Frage nach den Vermögensverhältnissen eines Bewerbers.

Der Arbeitgeber darf nur nach „einschlägigen" *Vorstrafen* fragen, dh solchen, die für das betreffende Arbeitsverhältnis objektiv von Bedeutung sind.[38] Vorbestraft ist, wer wegen einer mit Strafe bedrohten Handlung durch ein Urteil oder einen Strafbefehl eines deutschen Gerichts rechtskräftig verurteilt wurde. Nach nicht mehr im Bundeszentralregister aufgeführten Strafen darf nicht gefragt werden (vgl. §§51, 53 BZRG).[39] Ein polizeiliches Führungszeugnis mit dem in §§51, 53 BZRG festgelegten Inhalt trifft keine Unterscheidung zwischen der Art der Vorstrafen. Seine Anforderung begegnet daher erheblichen Bedenken,

---

33 *Ehrich* DB 2000, 421 (422); *Roos* AiB 2000, 211 (214).
34 BAG 19.5.1983 – 2 AZR 171/81, BB 1984, 533.
35 S. dazu *Hannewald* NZA 2001, 19; *Jüngst* B+P 2002, 261.
36 *Ehrich* DB 2000, 421 (422).
37 BAG 18.7.2006 – 1 AZR 578/05, NZA 2007, 462; s. auch *Biswas/Burghard* FA 2007, 261.
38 BAG 6.9.2012 – 2 AZR 270/11, NZA 2013, 1087.
39 BAG 20.3.2014 – 2 AZR 1071/12, NZA 2014, 1131.

sofern nicht eine gesetzliche Grundlage für das Vorlageverlangen besteht, wie zB in §72a SGB VIII bei einem Einsatz in der Jugendhilfe.[40]

Nach *eingestellten* Ermittlungsverfahren darf nicht gefragt werden.[41] Nach einem *laufenden* Ermittlungsverfahren darf im Rahmen der Eignungsprüfung eines Bewerbers gefragt werden,[42] wenn durch die Ermittlungen Zweifel an der persönlichen Eignung des Arbeitnehmers begründet werden,[43] zB bei einem Erzieher, gegen den wegen sexuellen Missbrauchs von Kindern ermittelt wird. Der Grundsatz der Unschuldsvermutung, den Art. 6 Abs. 2 EMRK normiert, steht der Frage nicht entgegen. Die Unschuldsvermutung verpflichtet die mit der Sache befassten staatlichen Stellen bis zur rechtskräftigen Feststellung des Gegenteils von der Unschuld des Angeklagten auszugehen, dient aber nicht dazu, den Beschuldigten vor jeglichen Nachteilen zu schützen.[44]

Fragen nach der *Partei- bzw. Gewerkschaftszugehörigkeit* des Bewerbers dürfen nicht gestellt werden. Dies folgt für die Parteizugehörigkeit aus §241 Abs. 2 BGB iVm Art. 2 Abs. 1, Art. 3 Abs. 3 S. 1, Art. 5 Abs. 1, Art. 21 GG bzw. für die Mitgliedschaft in einer Gewerkschaft aus Art. 9 Abs. 3 GG.[45] Etwas anderes kann nur für Tendenzunternehmen gelten. Der Arbeitgeber erhält durch die Frage die Möglichkeit zu überprüfen, ob der Bewerber der Ausrichtung des Arbeitgebers entspricht und die Art der Tätigkeit eine entsprechende Haltung des Bewerbers erfordert.

Ebenso ist die Frage nach der *Religion (Konfession) oder Weltanschauung* nicht zulässig. Sie verstößt gegen §241 Abs. 2 BGB iVm Art. 4 Abs. 1 GG und §7 Abs. 1 AGG und kann nur in den in §9 AGG geregelten Fällen gerechtfertigt sein.[46]

5. Die Mitbestimmung des Betriebsrats bei Personalfragebögen

Nach weiteren Beratungen der Arbeitsgruppe liegt der abschließende Entwurf des Personalfragebogens vor, der die rechtlichen Vorgaben beachtet. Sie sollen den Personalfragebogen zum Einsatz bringen. Was müssen Sie zu diesem Zweck veranlassen?

Sofern der Personalfragebogen in Niederlassungen der Müllex GmbH benutzt werden soll, in denen ein Betriebsrat besteht, müssen Sie gem. §94 BetrVG die Zustimmung des Betriebsrats einholen. §94 Abs. 1 BetrVG gibt dem Betriebsrat ein Mitbestimmungsrecht bei der Neueinführung sowie jeder Änderung eines Personalfragebogens. Der Begriff des Personalfragebogens umfasst jede formularmäßige Zusammenfassung von Fragen über die persönlichen Verhältnisse des Arbeitnehmers, insbesondere Fragen zur Eignung und zu Kenntnissen

---

40 *Joussen* NZA 2012, 776.
41 BAG 15.11.2012 – 6 AZR 339/11, NZA 2013, 429.
42 BAG 20.5.1999 – 2 AZR 320/98, NZA 1999, 975.
43 BAG 6.9.2012 – 2 AZR 270/11, NZA 2013, 1087.
44 BAG 20.5.1999 – 2 AZR 320/98, NZA 1999, 975; *Ehrich* DB 2000, 421 (422); *Roos* AiB 2000, 211 (214).
45 S. auch BAG 18.11.2014 – 1 AZR 257/13, NZA 2015, 306.
46 S. auch Vorlagebeschluss zum EuGH: BAG 17.3.2016 – 8 AZR 501/14 (A), BeckRS 2016, 71139.

und Fähigkeiten des Bewerbers. Erfasst werden neben Fragebogen, die der Bewerber ausfüllt und unterschreibt, auch standardisierte Fragenkataloge, die der Arbeitgeber als Checkliste für seine mündlichen Fragen an den Bewerber nutzt und in denen er die Antworten selbst schriftlich festhält.[47] Das Beteiligungsrecht des Betriebsrats erstreckt sich nur auf den Inhalt des Fragebogens, nicht auf die Entscheidung des Arbeitgebers, überhaupt einen Fragebogen zu verwenden. Der Betriebsrat hat die Aufgabe zu beurteilen, ob der Arbeitgeber ein berechtigtes Interesse an der Beantwortung der gestellten Fragen hat. Es handelt sich um ein Mitbeurteilungsrecht des Betriebsrats.[48]

Die Zustimmung zum Inhalt des Personalfragebogens ist eine einseitige Erklärung des Betriebsrats; häufig wird jedoch eine Betriebsvereinbarung über die Verwendung des Personalfragebogens abgeschlossen.[49] Entsteht Streit über den Inhalt des Personalfragebogens, so entscheidet die Einigungsstelle. Ihr Spruch ersetzt die durch die Zustimmung des Betriebsrats herbeizuführende Einigung zwischen Arbeitgeber und Betriebsrat.

Ist das Mitbestimmungsrecht nicht beachtet, so berechtigt dies den Arbeitnehmer nicht, die individualrechtlich zulässige Frage wahrheitswidrig zu beantworten. Es muss insoweit zwischen der betriebsverfassungs- und der individualrechtlichen Seite unterschieden werden. Eine unterbliebene Mitbestimmung des Betriebsrats wirkt sich nur im Umfang des jeweiligen Mitbestimmungsrechts im individualrechtlichen Verhältnis zwischen Arbeitgeber und Arbeitnehmer aus. Das aus § 94 Abs. 1 BetrVG folgende Mitbestimmungsrecht, das als Mitbeurteilungsrechts ausgestaltet ist, gibt dem Betriebsrat lediglich die Befugnis, den Personalfragebogen auf seine inhaltliche Zulässigkeit hin zu überprüfen. Allein der Arbeitgeber entscheidet, welche Fragen Inhalt des Personalfragebogens werden. Die fehlende Zustimmung des Betriebsrats zu einem Personalfragebogen macht daher eine zulässige Frage nicht unzulässig. Der Betriebsrat kann zulässige Fragen nicht verhindern. Umgekehrt wird eine unzulässige Frage durch die Zustimmung des Betriebsrats nicht zulässig.[50]

Um mögliche Streitpunkte bereits im Vorfeld zu vermeiden, sollte ein Mitglied des Betriebsrats in der Arbeitsgruppe an der Erstellung des Personalfragebogens beteiligt werden. Allerdings ersetzt eine solche Mitwirkung nicht das Mitbestimmungsrecht des Betriebsrats.

6. Auskünfte beim bisherigen Arbeitgeber

Zusätzlich zu den schriftlichen Unterlagen wie Zeugnissen und Ähnliches werden insbesondere bei höheren Positionen mündliche oder schriftliche Referenzen eingeholt. Ein Auskunftsverlangen über einen Bewerber beim bisherigen Arbeitgeber kann – insbesondere wenn der Arbeitnehmer in ungekündigter Stellung beschäftigt ist – nur mit dessen Einverständnis erfolgen. Gemäß § 4 Abs. 2 S. 1 BDSG aF (bis 24.5.2018) bzw. Art. 5 DSGVO (ab 25.5.2018) sind perso-

[47] BAG 21.9.1993 – 1 ABR 28/93, NZA 1994, 375.
[48] BAG 2.12.1999 – 2 AZR 724/98, NZA 2001, 107.
[49] Beispiel s. *Frey/Pulte* Betriebsvereinbarungen A 4.
[50] BAG 2.12.1999 – 2 AZR 724/98, NZA 2001, 107.

nenbezogene Daten mit Kenntnis und Mitwirkung der Betroffenen zu erheben („Transparenz" der Datenverarbeitung).

Der bisherige Arbeitgeber oder Vorgesetzte ist bei der Abgabe der persönlichen Referenz an die Grundsätze zum Inhalt eines Zeugnisses gebunden (s. dazu S. 290 ff.), dh er darf nur Auskunft über Leistung und Verhalten des Arbeitnehmers geben.[51] Der künftige Arbeitgeber darf nur in den Grenzen des Fragerechts Auskunft verlangen. Verstöße gegen den Umfang der Auskunftspflicht werden jedoch nur in seltenen Fällen bewiesen und damit geahndet werden können. Sie können im Einzelfall Schadensersatzansprüche nach § 280 Abs. 1 BGB, gegebenenfalls iVm § 311 Abs. 2 BGB bzw. gem. § 823 Abs. 1 BGB wegen Verletzung des Persönlichkeitsrechts begründen. Hierbei muss der Arbeitnehmer darlegen und beweisen, dass er aufgrund der unrichtigen Auskunft des alten Arbeitgebers nicht eingestellt wurde und ihm hierdurch ein Schaden entstanden ist.[52]

III. Auswahlentscheidung und Vorbereitung des Vertragsschlusses

1. Die Vertragsfreiheit und ihre Einschränkungen

Nachdem die Müllex GmbH mit allen eingeladenen Bewerbern Vorstellungsgespräche geführt hat, wird eine Entscheidung zugunsten einer Einstellung des Kai Mustermann getroffen. Da man zusätzliche finanzielle Belastungen fürchtet, werden ein gleich gut qualifizierter schwerbehinderter Bewerber und eine Frau abgewiesen.

Die Mitarbeiter des Auswahlgremiums für die Besetzung der Stelle sind sich uneins darüber, welche Konsequenzen die Ablehnung der genannten Personen haben kann und bitten Sie als Personalleiter/in um Auskunft.

Sie werden dem Gremium Folgendes mitteilen:

Grundsätzlich gilt auch für das Arbeitsverhältnis die durch Art. 2 Abs. 1 GG geschützte Vertragsfreiheit. § 105 Abs. 1 S. 1 GewO normiert daher noch einmal ausdrücklich, dass Arbeitgeber und Arbeitnehmer den Abschluss, den Inhalt und die Form des Arbeitsvertrags frei vereinbaren können, sofern nicht zwingende gesetzliche Vorschriften, Bestimmungen eines anwendbaren Tarifvertrags oder einer Betriebsvereinbarung entgegenstehen. So enthält zB § 5 Abs. 4 JArbSchG eine gesetzliche Regelung, nach der ein Arbeitsverhältnis über den Zeitraum der gesamten Sommerferien von sechs Wochen mit einem 16-jährigen Jugendlichen rechtlich ausgeschlossen ist.

a) Diskriminierungsfreie Auswahlentscheidung

Die Abschlussfreiheit des Arbeitgebers wird insoweit eingeschränkt, als dass es ihm nach dem Allgemeinen Gleichbehandlungsgesetz obliegt, eine diskriminierungsfreie Auswahl unter den Bewerbern zu treffen. Er darf daher einen Be-

[51] BAG 18.12.1984 – 3 AZR 389/83, NZA 1985, 811.

[52] LAG Niedersachsen 29.5.2007 – 9 Sa 1641/06, BeckRS 2007, 46462.

werber nicht aus Gründen der Rasse oder wegen seiner ethnischen Herkunft[53], seines Geschlechts, der Religion oder Weltanschauung, einer Behinderung, des Alters oder der sexuellen Identität ablehnen, § 7 Abs. 1 AGG iVm §§ 2 Abs. 1 Nr. 1, 6 Abs. 1 S. 2 AGG. Eine unterschiedliche Behandlung aus einem der genannten Gründe ist nur in den in §§ 8 ff. AGG geregelten Fällen zulässig.

Dem Arbeitgeber ist es nicht verwehrt, für seine Auswahlentscheidung ein bestimmtes Anforderungsprofil zu erstellen. Ihm ist es unbenommen, seiner Auswahl Kriterien zugrunde zu legen, die alle Bewerber gleichermaßen treffen können. So kann er zB Bewerber ausschließen, deren Unterlagen nicht einer bestimmten Form entsprechen. Er darf lediglich keinen der in § 1 AGG genannten Gründe zum ausschlaggebenden Merkmal seiner Auswahlentscheidung machen. Eine unmittelbare Benachteiligung liegt gem. § 3 Abs. 1 S. 1 AGG vor, wenn der Arbeitgeber einen dieser Gründe, zB die Religionszugehörigkeit als Ablehnungsgrund anführt und damit diese Person wegen ihrer Religion eine schlechtere Behandlung erfährt als ein anderer Bewerber. Die Weigerung, eine schwangere Arbeitnehmerin einzustellen,[54] oder den befristeten Arbeitsvertrag einer Arbeitnehmerin wegen einer vorliegenden Schwangerschaft nicht zu verlängern,[55] stellt eine geschlechtsspezifische Diskriminierung dar. Sie ist gem. § 3 Abs. 1 S. 2 AGG der unmittelbaren Benachteiligung gleichgestellt. Von einer mittelbaren Diskriminierung ist gem. § 3 Abs. 2 AGG auszugehen, wenn Auswahlkriterien gewählt werden, die zwar nicht an einen der in § 1 AGG genannten Gründe anknüpfen, aber tatsächlich nur (oder überwiegend) auf einem solchen Grund beruhen und dadurch die betroffene Person in besonderer Weise gegenüber den Nichtbetroffenen benachteiligen. So kann das Verlangen nach „akzentfreiem Deutsch" Personen wegen der ethnischen Herkunft benachteiligen, deren Muttersprache nicht Deutsch ist.[56] Im Einzelnen muss jedoch gem. § 3 Abs. 2 AGG geprüft werden, ob die unterschiedliche Behandlung durch ein rechtmäßiges Ziel gerechtfertigt ist und die Mittel zur Erreichung dieses Ziels angemessen und erforderlich sind. Hier ist sorgfältig zwischen notwendigen Anforderungen der Arbeitstätigkeit und einer unzulässigen Benachteiligung abzugrenzen.[57]

Liegt eine diskriminierende Entscheidung vor, so erwirbt der benachteiligte Bewerber keinen Einstellungsanspruch (§ 15 Abs. 6 AGG). Jedoch kann der Arbeitgeber[58] gem. § 15 Abs. 2 AGG zur Entschädigung verpflichtet sein. Der Bewerber muss aus einem in § 1 AGG genannten Grund eine weniger günstige Behandlung wie eine andere Person in einer vergleichbaren Situation erhalten haben, s. § 3 Abs. 1 S. 1 AGG. Eine vergleichbare Situation entsteht unabhängig von der objektiven Eignung allein durch die Bewerbung.[59] Diese begründet

---

[53] Dazu lesenswert *Greiner* DB 2010, 1940.

[54] EuGH 3.2.2000 – C-207/98, NZA 2000, 255 – Mahlburg.

[55] EuGH 4.10.2001 – C-109/00, NZA 2001, 1241 – Brandt-Nielsen; EuGH 4.10.2001 – C-438/99, NZA 2001, 1243 – Melgar.

[56] S. dazu *Gruber* NZA 2009, 1247; *Herbert/Oberrath* DB 2009, 2434.

[57] BAG 22.6.2011 – 8 AZR 48/10, NZA 2011, 1226; BAG 28.1.2010 – 2 AZR 764/08, NZA 2010, 625.

[58] Hierzu s. BAG 23.1.2014 – 8 AZR 118/13, BeckRS 2014, 66478.

[59] BAG 19.5.2016 – 8 AZR 470/14, NZA 2016, 1394.

den formalen Status eines Bewerbers.[60] In Ausnahmefällen kann dem Entschädigungsanspruch der Einwand des Rechtsmissbrauchs (§ 242 BGB) entgegengehalten werden, wenn jemand seine Bewerbung und damit den formalen Status als Bewerber nur dazu nutzt, um Entschädigungsansprüche geltend zu machen. Hierfür muss eine Gesamtwürdigung aller Umstände ergeben, dass ein systematisches und zielgerichtetes Vorgehen des Bewerbers vorliegt, die Entschädigung gleichsam als Einkommensquelle zu nutzen.[61]

Dem Bewerber steht kein Auskunftsanspruch gegen den Arbeitgeber zu, warum er abgelehnt wurde bzw. wer an seiner Stelle warum eingestellt wurde.[62] Um jedoch einen Entschädigungsanspruch durchzusetzen, erleichtert § 22 AGG die Beweislast des Bewerbers dahingehend, dass der Betroffene Indizien beweisen muss, die eine Benachteiligung wegen eines in § 1 AGG genannten Grundes mit überwiegender Wahrscheinlichkeit vermuten lassen.[63] Es ist dann Sache des Arbeitgebers zu beweisen, dass seiner Auswahlentscheidung keine Benachteiligung der Person zugrunde liegt.

Ob der Arbeitgeber zur Entschädigungszahlung verpflichtet wird oder nicht, hängt somit sehr von seinem Verhalten während des gesamten Auswahlverfahrens ab. Hat er bereits seine Stellenanzeige entgegen § 11 AGG nicht diskriminierungsneutral formuliert, so kann dies ein Indiz für eine Benachteiligung sein, wenn ein entsprechender Bewerber nicht eingestellt wird.[64]

Es ist daher sinnvoll, die Bewerberauswahl zu dokumentieren, indem im Sinne eines Soll-Ist-Vergleichs nicht nur das Anforderungsprofil, sondern auch die Übereinstimmung des Bewerbers mit diesem schriftlich niedergelegt wird.[65]

Ein solches Auswahlprotokoll erleichtert es dem Arbeitgeber darzulegen, dass seine Auswahlentscheidung nicht auf sachfremden Motiven beruht. Zur Dokumentation der Bewerberauswahl gehört auch eine schriftliche Begründung der endgültigen Mitarbeiterwahl, die zugleich eine Entscheidung gegen Mitbewerber bedeutet. Diese Dokumentation kann stichwortartig erfolgen, sollte jedoch so ausführlich sein, dass sie nachvollziehbar ist und die Auswahlkriterien erkennen lässt. Nachträglich vorgebrachte Gründe für eine nicht auf einen diskriminierungsrelevanten Grund bezogene Ablehnung können nur

60 BAG 11.8.2016 – 8 AZR 4/15, NZA 2017, 310 unter Aufgabe der bisherigen Rspr. s. dazu BAG 14.11.2013 – 8 AZR 997/12, NZA 2014, 489.

61 S. hierzu ausf. BAG 11.8.2016 – 8 AZR 4/15, NZA 2017, 310; BAG 26.1.2017 – 8 AZR 848/13, BeckRS 2017, 112923; EuGH 28.7.2016 – C-423/15, NZA 2016, 1014 – Kratzer./.R+V Allgemeine Versicherung AG.

62 EuGH 19.4.2012 – C-415/10, NZA 2012, 493 – Meister; BAG 25.4.2013 – 8 AZR 287/08, BeckRS 2013, 68457; s. auch *Gola* NZA 2013, 360.

63 EuGH 19.4.2012 – C-415/10, NZA 2012, 493 – Meister; BAG 25.4.2013 – 8 AZR 287/08, BeckRS 2013, 68457; s. auch *Gola* NZA 2013, 360. s. dazu *Benecke* DB 2011, 934.

64 BAG 11.8.2016 – 8 AZR 406/14, BeckRS 2016, 112116; BAG 11.8.2016 – 8 AZR 4/15, NZA 2017, 310.

65 *Böhm* DB 2008, 2193; *Ohlendorf/Schreier* BB 2008, 2458; *Schrader* DB 2006, 2571.

berücksichtigt werden, wenn besondere Umstände erkennen lassen, dass der Arbeitgeber diesen Grund nicht nur vorgeschoben hat.[66]

b) Einstellung schwerbehinderter Menschen

Die Vertragsfreiheit bei der Begründung eines Arbeitsverhältnisses ist insoweit eingeschränkt, als ein Arbeitgeber gem. § 154 Abs. 1 SGB IX mit mindestens zwanzig Arbeitsplätzen wenigstens 5 % schwerbehinderte Menschen iSd § 2 Abs. 2 und 3 SGB IX beschäftigen muss. Unterlässt er dies, so muss er eine Ausgleichsabgabe zahlen, deren Höhe je nach der erreichten Beschäftigungsquote zwischen 125 EUR und 320 EUR pro Monat schwankt (Einzelheiten s. § 160 SGB IX). Die Abgabe fällt unabhängig davon an, ob geeignete behindertengerechte Arbeitsplätze zur Verfügung stehen. Gegebenenfalls muss mit Unterstützung des Integrationsamtes (s. § 185 Abs. 3 Nr. 2 SGB IX) ein Arbeitsplatz entsprechend den Bedürfnissen des schwerbehinderten Menschen umgerüstet werden.

Um die Einstellung schwerbehinderter Menschen zu fördern, muss der Arbeitgeber gem. § 164 Abs. 1 S. 1 SGB IX bei der Besetzung eines freien Arbeitsplatzes auch prüfen, ob die Einstellung – insbesondere eines als arbeitslos oder arbeitssuchend gemeldeten – schwerbehinderten Menschen in Betracht kommt.[67] Der Arbeitgeber ist verpflichtet, frühzeitig mit der Agentur für Arbeit Kontakt aufzunehmen. In die Entscheidung, ob ein schwerbehinderter Mensch eingestellt werden kann, ist die Schwerbehindertenvertretung (s. hierzu §§ 176 ff. SGB IX[68]) sowie der Betriebsrat einzubeziehen (§ 164 Abs. 1 S. 6 SGB IX).

Bewerben sich schwerbehinderte Menschen oder werden sie von der Agentur für Arbeit für die Besetzung der Stelle vorgeschlagen, so muss der Arbeitgeber unverzüglich den Betriebsrat und die Schwerbehindertenvertretung über die Bewerbungen unterrichten (§ 164 Abs. 1 S. 4 SGB IX). Die Nichtbeteiligung der Schwerbehindertenvertretung kann ein Indiz (s. § 22 AGG) für eine Benachteiligung des schwerbehinderten Menschen darstellen.[69] Gemäß § 178 Abs. 2 S. 1 SGB IX hat der Arbeitgeber vor einer Entscheidung über die Ablehnung bzw. Einstellung eines schwerbehinderten Menschen die Schwerbehindertenvertretung zu hören und ihr die getroffene Entscheidung unverzüglich mitzuteilen. Die Schwerbehindertenvertretung hat das Recht, in die entscheidungsrelevanten Teile der Bewerbungsunterlagen Einblick zu nehmen und an den Vorstellungsgesprächen mit schwerbehinderten Menschen teilzunehmen (§ 178 Abs. 2 S. 4 SGB IX).

Verneint der Arbeitgeber, obwohl er die vorgesehene Quote nicht erfüllt, die Möglichkeit, die Stelle mit einem schwerbehinderten Menschen zu besetzen, oder will er einen schwerbehinderten Bewerber ablehnen und ist der Betriebs-

---

[66] BVerfG 16.11.1993 – 1 BvR 258/86, NZA 1994, 745; BAG 5.2.2004 – 8 AZR 112/03, NZA 2004, 540.

[67] S. dazu *Düwell* BB 2001, 1527; *Rolfs/Paschke* BB 2002, 1260; *Schrader/Klagges* NZR-RR 2009, 169.

[68] S. auch *Schnelle* NZA 2017, 880.

[69] BAG 15.2.2005 – 9 AZR 635/03, NZA 2005, 870; s. auch BAG 16.9.2008 – 9 AZR 791/07, NZA 2009, 79.

rat oder die Schwerbehindertenvertretung anderer Auffassung, so muss der Arbeitgeber seine beabsichtigte Entscheidung mit ihnen erörtern (§ 164 Abs. 1 S. 7 SGB IX). Hierbei wird auch der schwerbehinderte Mensch angehört (§ 164 Abs. 1 S. 8 SGB IX). Anders als bei sonstigen Bewerbern ist in diesem Fall[70] die Ablehnung eines schwerbehinderten Bewerbers zu begründen (§ 164 Abs. 1 S. 9 SGB IX).

Verletzt der Arbeitgeber seine aus § 164 Abs. 1 SGB IX folgenden Pflichten, kann der Betriebsrat gem. § 99 Abs. 2 Nr. 1 BetrVG seine Zustimmung zur Einstellung eines nicht schwerbehinderten Arbeitnehmers verweigern.[71]

Schwerbehinderte Menschen werden zusätzlich dadurch geschützt, dass der Arbeitgeber gem. § 164 Abs. 2 S. 1 SGB IX (bitte lesen!) schwerbehinderte Beschäftigte nicht *wegen ihrer Behinderung* benachteiligen darf. Die Einzelheiten dieses Schutzes ergeben sich aus dem Allgemeinen Gleichbehandlungsgesetz. Verstößt der Arbeitgeber bei der Begründung eines Arbeitsverhältnisses gegen das Benachteiligungsverbot, so kann der benachteiligte schwerbehinderte Bewerber nach § 15 Abs. 2 AGG eine angemessene Entschädigung in Geld verlangen. In diesem Zusammenhang ist es zur Vermeidung von Entschädigungsansprüchen für den Arbeitgeber von besonderer Bedeutung, seine aus § 164 Abs. 1 SGB IX folgenden Pflichten nachzukommen. Ein Nichtbeachten dieser Pflichten kann gem. § 22 AGG die Vermutung einer Benachteiligung wegen der Behinderung begründen.[72]

Folgerungen:

- Ablehnungen von Bewerbern nicht auf einen in § 1 AGG genannten Grund stützen!
- Bei der Stellenausschreibung § 11 AGG beachten!
- Auswahlentscheidung im Sinne eines Soll-Ist-Vergleichs dokumentieren, dh Anforderungs- und Bewerberprofil vergleichen und Bewertung wenigstens stichwortartig festhalten!
- Schwerbehinderte Menschen einstellen, um die Ausgleichsabgabe zu vermeiden!

2. Die Beteiligung des Betriebsrats bei der Einstellungsentscheidung

Sie werden beauftragt zu klären, ob eine Beteiligung des Betriebsrats bei der Einstellung des Kai Mustermann erforderlich ist, und gegebenenfalls ein entsprechendes Schreiben an den Betriebsrat vorzubereiten.

Gemäß § 99 BetrVG muss in Unternehmen mit mehr als zwanzig wahlberechtigten Arbeitnehmern (s. dazu §§ 5, 7 BetrVG) der Betriebsrat *vor* jeder Einstellung eines Arbeitnehmers zustimmen.[73] Einstellung ist nicht der Abschluss

[70] BAG 21.2.2013 – 8 AZR 180/12, NZA 2013, 840.

[71] BAG 23.6.2010 – 7 ABR 3/09, NZA 2010, 1361; BAG 17.6.2008 – 1 ABR 20/07, NZA 2008, 1139.

[72] BAG 17.8.2010 – 9 AZR 839/08, NZA 2011, 153.

[73] *Jüngst* B+P 2008, 90; 2008, 806; s. auch *Wulff* AiB 2011, 185.

des Arbeitsvertrags, sondern die mit der Aufnahme der Arbeit verbundene tatsächliche Eingliederung des Arbeitnehmers in den Betrieb.[74] Eingegliedert ist derjenige, demgegenüber der Arbeitgeber sein Weisungsrecht ausübt. Die Beteiligung des Betriebsrats kommt in erster Linie bei der Begründung eines neuen Arbeitsverhältnisses in Betracht. Eine Einstellung ist jedoch auch die Fortsetzung eines befristeten Arbeitsverhältnisses oder die Übernahme eines Auszubildenden in ein Arbeitsverhältnis nach Abschluss seiner Ausbildung. Auch der Einsatz von Leiharbeitnehmern im Entleiherbetrieb ist eine mitbestimmungspflichtige Maßnahme (s. § 14 Abs. 3 AÜG).[75] Im Einzelfall kann eine Eingliederung auch Mitarbeiter erfassen, die aufgrund eines Werk- oder Dienstvertrages als Fremdfirmenmitarbeiter im Unternehmen tätig sind, denn das der Einstellung zugrunde liegende Rechtsverhältnis ist nicht entscheidend.[76] Der Arbeitgeber muss diesen Mitarbeitern gegenüber jedoch wenigstens teilweise Arbeitgeberfunktionen ausüben.[77]

Um die Entscheidung des Betriebsrats vorzubereiten, ist der Arbeitgeber verpflichtet, dem Betriebsrat alle Bewerbungsunterlagen vorzulegen und ihm über die Personalien der Bewerber Auskunft zu geben. Außerdem muss er dem Betriebsrat den in Aussicht genommenen Arbeitsplatz, den Einstellungstermin und die vorgesehene Eingruppierung mitteilen.[78] Eine Beteiligung des Betriebsrats an den Vorstellungsgesprächen ist gesetzlich nicht vorgesehen, aber zulässig. Sie ersetzt nicht die Zustimmung nach § 99 BetrVG.[79]

Der Arbeitgeber ist nicht berechtigt, eine Vorauswahl bezüglich der eingegangenen Bewerbungen zu treffen. Er hat dem Betriebsrat die Unterlagen aller Bewerber vorzulegen. Bewerber und damit Beteiligter iSd § 99 Abs. 1 BetrVG ist unabhängig von seiner Eignung jeder, der sein Interesse an der Stelle zum Ausdruck bringt.[80] Diese Grundsätze gelten auch, wenn ein Personalberatungsunternehmen den Arbeitgeber bei der Personalsuche unterstützt und anstelle des Arbeitgebers eine Stellenanzeige schaltet. Eine andere Beurteilung ergibt sich dann, wenn der Personalberater auf seine vorhandene Personenkartei zurückgreift. Hier muss der Betriebsrat nur über die Bewerber informiert werden, die der Berater ausgesucht und deren Unterlagen er dem Arbeitgeber als engere Wahl vorgelegt hat.[81]

Das Mitbestimmungsrecht erstreckt sich nicht auf die Frage, wer eingestellt wird, sondern der Betriebsrat hat nur die Möglichkeit, dem Arbeitgeber Anregungen für die Bewerberauswahl zu geben bzw. die vom Arbeitgeber vorgegebene Maßnahme zu billigen oder nicht. Nach § 99 Abs. 2 BetrVG kann der Betriebsrat der Einstellung des Bewerbers allein aus den im Einzelnen gesetzlich festgelegten Gründen widersprechen („Zustimmung mit eingeschränktem

[74] BAG 28.4.1992 – 1 ABR 73/91, NZA 1992, 1141; *Fitting* BetrVG § 99 Rn. 30 ff.
[75] BAG 9.3.2011 – 7 ABR 137/09, NZA 2011, 871.
[76] BAG 12.11.2002 – 1 ABR 60/01, NZA 2004, 1289.
[77] BAG 13.5.2014 – 1 ABR 50/12, NZA 2014, 1149.
[78] Umfassend zur Unterrichtungspflicht *Reiserer* BB 1992, 2499.
[79] BAG 18.7.1978 – 1 ABR 8/75, NJW 1979, 1120.
[80] BAG 21.10.2014 – 1 ABR 10/13, NZA 2015, 311.
[81] BAG 18.12.1990 – 1 ABR 15/90, NZA 1991, 482.

Vetorecht“). Er hat kein Auswahlrecht bezüglich der Person des einzustellenden Arbeitnehmers, dieses fällt allein in die grundrechtlich durch Art. 12 Abs. 1, 14 Abs. 1 GG geschützte unternehmerische Entscheidungsbefugnis des Arbeitgebers. Da dem Betriebsrat keine umfassende Kontrolle des individuellen Vertrags obliegt,[82] hat er keinen Anspruch auf Vorlage des einzelnen Arbeitsvertrags.[83] Er kann nicht verlangen, dass die Einstellung zu anderen Bedingungen durchgeführt wird.[84]

Seine Zustimmungsverweigerung muss der Betriebsrat gem. § 99 Abs. 3 BetrVG innerhalb einer Woche nach Unterrichtung dem Arbeitgeber unter Angabe von Gründen (s. § 99 Abs. 2 BetrVG) schriftlich mitteilen. Zur Wahrung der Form genügt die Textform gem. § 126b BGB, also auch eine E-Mail oder ein Fax.[85] Versäumt der Betriebsrat diese Frist oder ist seine Zustimmung nicht formgerecht erfolgt,[86] so gilt seine Zustimmung zur Einstellung als erteilt. Die Wochenfrist beginnt erst mit der vollständigen Unterrichtung des Betriebsrats.[87] Dies setzt voraus, dass dem Betriebsrat alle Bewerbungsunterlagen zugänglich gemacht werden. Hierzu gehören auch Unterlagen, die der Arbeitgeber selbst anlässlich der Bewerbung über die Person erstellt hat.[88] Dokumentationen der Bewerberauswahl sind dem Betriebsrat daher ebenso vorzulegen wie Personalfragebögen oder Testergebnisse.[89]

Hat der Betriebsrat seine Zustimmung form- und fristgerecht verweigert, so darf der Arbeitgeber die Maßnahme nicht durchführen. Will er von der Einstellung des Arbeitnehmers nicht Abstand nehmen, so muss er gem. § 99 Abs. 4 BetrVG beim Arbeitsgericht die Ersetzung der Zustimmung beantragen. Der Arbeitgeber kann die geplante Einstellung als vorläufige personelle Maßnahme unter den in § 100 BetrVG genannten Voraussetzungen durchführen. Beschäftigt der Arbeitgeber den Arbeitnehmer ohne Zustimmung des Betriebsrats, kann der Betriebsrat die Aufhebung der personellen Maßnahme gem. § 101 S. 1 BetrVG beantragen.

Schließt der Arbeitgeber mit dem Arbeitnehmer einen Arbeitsvertrag, so bleibt dieser wirksam, wenn die Zustimmung des Betriebsrats nicht erfolgt.[90] Allerdings darf der Arbeitgeber den Arbeitnehmer nicht beschäftigen. Bietet der Arbeitnehmer seine Arbeitsleistung an, gerät der Arbeitgeber gem. § 615 S. 1 und 2 BGB in Annahmeverzug und muss die vereinbarte Vergütung zahlen. Außerdem kann der Arbeitgeber im Einzelfall zum Schadensersatz gem. § 280 Abs. 1, § 311 Abs. 2 BGB verpflichtet sein.

---

82 BAG 27.10.2010 – 7 ABR 36/09, NZA 2011, 527.

83 BAG 19.10.1999 – 1 ABR 75/98, NZA 2000, 837; s. auch *Pohle* BB 2000, 2153.

84 BAG 28.3.2000 – 1 ABR 16/99, NZA 2000, 1294.

85 BAG 1.6.2011 – 7 ABR 138/09, BeckRS 2011, 78749; BAG 10.3.2009 – 1 ABR 93/07, NZA 2009, 622.

86 BAG 13.5.2014 – 1 ABR 9/12, NZA-RR 2015, 23.

87 BAG 9.3.2011 – 7 ABR 127/09, BeckRS 2011, 73484.

88 BAG 14.4.2015 – 1 ABR 58/13, NZA 2015, 1081; BAG 14.12.2004 – 1 ABR 55/03, BeckRS 2005, 41750.

89 BAG 28.6.2005 – 1 ABR 26/04, NZA 2006, 111.

90 BAG 28.4.1992 – 1 ABR 73/91, NZA 1992, 1141.

Außer zur Einstellung muss der Betriebsrat zusätzlich der vorgesehenen Eingruppierung in eine Vergütungsordnung zustimmen.[91] Hierbei werden die Tätigkeitsmerkmale der zu besetzenden Stelle mit denen der Gehaltsgruppe verglichen, um sodann eine Einstufung in das (tarifliche) Gehaltssystem vorzunehmen. Dem Betriebsrat kommt hier eine Richtigkeitskontrolle zu, er soll die Korrektheit der Eingruppierung mitbeurteilen. Der einzelne Arbeitnehmer ist nicht gehindert, seine Eingruppierung individualrechtlich überprüfen zu lassen.

Das von Ihnen vorzubereitende Schreiben an den Betriebsrat müsste also folgenden Inhalt haben:

Müllex GmbH
Personalabteilung

10. Oktober 2018

An den
Betriebsrat
z. Hd. des Vorsitzenden
Herrn Otto Maier
im Hause

Unterrichtung über geplante Einstellung und Eingruppierung

Sehr geehrter Herr Maier,
sehr geehrte Damen und Herren,

es ist geplant, den Bewerber Kai Mustermann, geb. am 27. Juni 1981, Thüringer Straße 10, 58708 Menden, zum 2. November 2018 als Assistent der Abteilung Beteiligungs-Controlling einzustellen. Er soll in die Tarifgruppe 8 eingruppiert werden.

Um den Arbeitsplatz haben sich außerdem 75 weitere Personen beworben. Im Einzelnen wird auf die Liste in Anlage 1 zu diesem Schreiben verwiesen. Auswirkungen auf die übrige Belegschaft sind durch die Einstellung nicht zu erwarten.

Eine Abschrift des vom Bewerber ausgefüllten Personalfragebogens sowie die weiteren Bewerbungsunterlagon (Bewerbungsschreiben, Lebenslauf, Zeugnisse) sind beigefügt.

Etwaige Bedenken gegen die Einstellung bitte ich unter Angabe der Gründe binnen einer Woche nach Zugang dieses Schreibens schriftlich darzulegen.

Herr Mustermann soll in die Tarifgruppe 8 eingestuft werden. Wir bitten auch um Zustimmung zur vorgesehenen Eingruppierung.

Mit freundlichen Grüßen

Birgit Müller
(Personalleiterin)

Es empfiehlt sich zudem eine Verfügung zur Vorbereitung des weiteren Vorgehens zu treffen. Dies kann wie folgt geschehen:

---

91 S. auch *Wollwert* DB 2012, 2518.

Verfügung:

☑ Unterrichtung des Betriebsrats
ab: [Datum] . . . . Fristablauf: [Datum]. . . . .

☑ Zustimmung erteilt am [Datum] . . . .

☑ Keine Nachricht bis Fristablauf [Datum]. . . . .

☑ Zustimmung verweigert, weil ... [Gründe einfügen] . . . .

☑ Vorläufige personelle Maßnahme? Ja / Nein . . . .

☑ Zustimmungsersetzungsverfahren? Ja / Nein. . . . .

In diesem Kapitel erfahren Sie, wie ein Arbeitsverhältnis begründet wird.

E. Die Begründung des Arbeitsverhältnisses

Nachdem die Zustimmung des Betriebsrats zur Einstellung des Kai Mustermann vorliegt, ist es Ihre Aufgabe als Personalleiter/in, den Arbeitsvertrag mit Herrn Mustermann zu schließen. Sie machen sich Gedanken, wie ein Arbeitsverhältnis begründet wird und was Sie beachten müssen.

I. Abschluss des Arbeitsvertrags

Zur Begründung eines Arbeitsverhältnisses ist der Abschluss eines Arbeitsvertrags erforderlich. Gemäß §611a Abs. 1 S. 1 BGB wird der Arbeitnehmer durch den Arbeitsvertrag zur Leistung weisungsgebundener, fremdbestimmter Arbeit in persönlicher Abhängigkeit, der Arbeitgeber gem. §611a Abs. 2 BGB zur Zahlung der vereinbarten Vergütung verpflichtet. Das Merkmal der Weisungsgebundenheit grenzt das Arbeitsverhältnis von einem Rechtsverhältnis mit einem Selbstständigen ab, der aufgrund eines Werk- oder Dienstvertrags für das Unternehmen tätig wird. Um im Einzelfall zu entscheiden, ob ein Arbeitsverhältnis vorliegt, ist gem. §611a Abs. 1 S. 5, 6 BGB im Rahmen einer Gesamtbetrachtung aller Umstände auf die tatsächliche Durchführung des Vertragsverhältnisses und nicht auf die Bezeichnung im Vertrag abzustellen.

Der Abschluss des Arbeitsvertrags unterliegt grundsätzlich keiner Form (§105 S. 1 GewO). Im Einzelfall kann eine Schriftform durch Tarifvertrag vorgesehen sein. Es ist in einem solchen Fall zu prüfen, ob es sich um eine konstitutive oder eine deklaratorische Schriftformklausel handelt. Nur für den ersten Fall hat das Nichtbeachten der vorgeschriebenen Form Auswirkungen auf die Wirksamkeit des Arbeitsvertrags (§125 BGB). Wenn es beispielsweise in §2 Abs. 1 TVöD heißt „Der Arbeitsvertrag wird schriftlich abgeschlossen.", so handelt es sich hierbei um ein deklaratorisches Schriftformgebot. Demgegenüber bestimmt §2 Abs. 3 TVöD „Nebenabreden sind nur wirksam, wenn sie schriftlich vereinbart werden." und macht so die Wirksamkeit der Nebenabreden von der Schriftform konstitutiv abhängig. Nebenabreden sind Abreden, die von den Regelungen des einschlägigen Tarifvertrags abweichen. Durch das konstitutive Schriftformgebot für Nebenabreden wird die Einheitlichkeit der Arbeitsbedingungen in dem betreffenden Tarifbereich gewahrt. Der Tarifvertrag enthält Rechtsnormen und ist damit gem. Art. 2 EGBGB ein Gesetz iSd Bürgerlichen Gesetzbuchs. Es handelt sich bei §2 Abs. 3 TVöD folglich um eine gesetzliche Schriftform iSd §126 BGB. Wird das konstitutive Schriftformgebot nicht eingehalten, so ist die Vereinbarung gem. §125 BGB nichtig.

Ein konstitutives Schriftformerfordernis sieht auch §14 Abs. 4 TzBfG für die Befristung des Arbeitsverhältnisses, nicht aber für den Arbeitsvertrag insgesamt vor (s. hierzu im Einzelnen S. 271).

Spätestens einen Monat nach dem vereinbarten Arbeitsbeginn muss der Arbeitgeber jedoch mindestens die in §2 Abs. 1 S. 2 NachwG[1] genannten wesentlichen Vertragsbedingungen schriftlich niederlegen und dem Arbeitnehmer ohne Aufforderung eine Vertragsniederschrift aushändigen (s. auch §105 S. 2 GewO). Gemäß §1 NachwG gilt diese Pflicht gegenüber allen Arbeitnehmern, die nicht nur zur vorübergehenden Aushilfe für höchstens einen Monat beschäftigt sind. §3 NachwG verlangt den Nachweis auch bei Änderungen der wesentlichen Vertragsbedingungen. Der Nachweis hat keine Auswirkungen auf die Wirksamkeit des Arbeitsvertrags, sondern wirkt nur deklaratorisch.[2] Er soll zugunsten des Arbeitnehmers die Rechtssicherheit erhöhen.[3] Als einseitige Erklärung des Arbeitgebers ist die Mitteilung über die wesentlichen Vertragsbedingungen nach §2 NachwG eine Privaturkunde. Dieser Urkunde kommt für den Fall, dass der Arbeitgeber den Nachweis erstellt hat, die Vermutung ihrer Richtigkeit zu, jedoch kann die Gegenpartei beweisen, dass mündlich abweichende Regelungen getroffen sind.[4]

Das Nachweisgesetz verzichtet darauf, eine Sanktion für den Fall festzulegen, dass der Arbeitgeber die ihm obliegenden Nachweispflichten nicht erfüllt.[5] Der Arbeitnehmer kann zwar seinen Anspruch auf Aushändigung der Vertragsniederschrift im Wege der Klage durchsetzen. Praktische Bedeutung erlangt der fehlende Nachweis jedoch vor allem in einer gerichtlichen Auseinandersetzung, in der der Arbeitnehmer Ansprüche gegen den Arbeitgeber geltend macht. Der Arbeitgeber vereitelt dadurch, dass er den Nachweis nicht rechtzeitig erstellt, einen möglichen Beweis der Ansprüche des Arbeitnehmers. Da er damit seine Pflichten verletzt, ist der Arbeitgeber gem. §§280 Abs. 1 und 2, 286 BGB zum Schadensersatz verpflichtet. Der Zeitpunkt der Aushändigung der Vertragsniederschrift steht gem. §2 Abs. 1 NachwG fest; es bedarf demzufolge keiner Mahnung, um den Arbeitgeber in Verzug zu setzen (s. §286 Abs. 2 Nr. 2 BGB). Der Schadensersatzanspruch setzt voraus, dass die fehlende Aushändigung eines Nachweises ursächlich für den entstandenen Schaden des Arbeitnehmers ist.[6] Der Arbeitnehmer ist so zu stellen, als ob er durch den Nachweis ausreichend informiert gewesen wäre. Zugunsten des Arbeitnehmers wird vermutet, dass er dann seine Ansprüche geltend gemacht hätte.[7]

---

1 Grundlage des NachwG ist die „Nachweisrichtlinie" 91/533/EWG v. 14.10.1991, ABl. 1991 L 288, 32.

2 EuGH 8.2.2001 – C-350/99, NJW 2001, 955 – Lange; BAG 17.4.2002 – 5 AZR 89/01, NZA 2002, 1096.

3 BT-Drs. 13/668, 8; BT-Drs. 13/1753, 12.

4 EuGH 4.12.1997 – C-253/96, BeckRS 2004, 75464 – Kampelmann; *Franke* DB 2000, 274 (278); *Krabbenhöft* DB 2000, 1562 (1566).

5 BT-Drs. 13/668, 24.

6 BAG 5.11.2003 – 5 AZR 676/02, NZA 2005, 64; BAG 29.5.2002 – 5 AZR 105/01, BeckRS 2002, 41186.

7 BAG 21.2.2012 – 9 AZR 486/10, NZA 2012, 750; BAG 17.4.2002 – 5 AZR 89/01, NZA 2002, 1096.

Um etwaigen Schadensersatzansprüchen von vornherein zu entgehen, sollte daher in jedem Fall ein schriftlicher Arbeitsvertrag geschlossen werden, der sich inhaltlich an §2 Abs. 1 S. 2 NachwG orientiert. Nach §2 Abs. 4 NachwG kann der Nachweis dann unterbleiben. Gleichzeitig wird hierdurch der Verwaltungsaufwand verringert, der mit der Anfertigung und Aushändigung der Niederschrift notwendig verbunden ist.

II. Gesetzliche Begründung eines Arbeitsverhältnisses

Ein Arbeitsverhältnis kann ausnahmsweise auch durch Gesetz begründet werden. Es bedarf hierzu keiner übereinstimmender, auf die Begründung eines Arbeitsverhältnisses gerichteter Willenserklärungen der Arbeitsvertragsparteien, sondern das Arbeitsverhältnis mit Rechten und Pflichten nach §611a BGB entsteht allein dadurch, dass die Tatbestandsmerkmale des Gesetzes gegeben sind. Solche Tatbestände sind in §10 Abs. 1 AÜG, §§78a Abs. 2, 102 Abs. 5 BetrVG sowie §§9 Abs. 2, 79 Abs. 2 BPersVG enthalten.

Der Unterschied zwischen der vertraglichen und gesetzlichen Begründung eines Arbeitsverhältnisses lässt sich wie folgt darstellen:

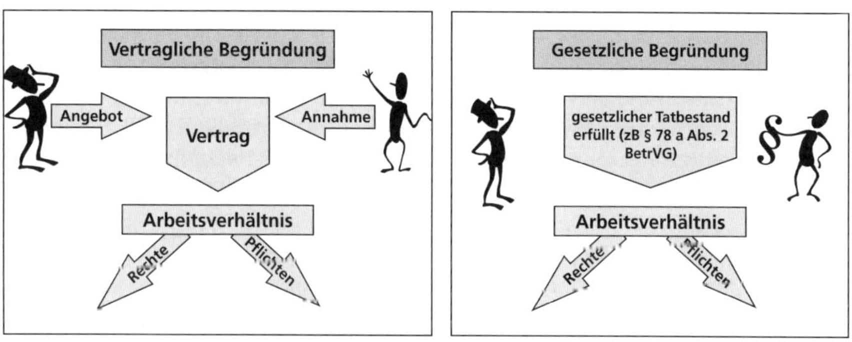

III. Formulararbeitsvertrag versus Individualvertrag

Sie haben Herrn Mustermann versprochen, ihm unverzüglich nach der Zustimmung des Betriebsrats einen Arbeitsvertrag zur Unterzeichnung zu übersenden. Sie verwenden einen durch die persönlichen Daten des Arbeitnehmers ergänzten Formulararbeitsvertrag. Sie haben in einer Schulung gelernt, dass hier erhöhte Vorsicht geboten sei, da derartige Verträge der Inhaltskontrolle unterliegen. Sie rekapitulieren noch mal, was dies im Einzelnen bedeutet.

Für Ihr Unternehmen hat die Verwendung eines Formularvertrags den Vorteil, dass Sie nicht jedes Mal den Inhalt des Arbeitsvertrags neu formulieren, sondern zB aus einem Textverarbeitungsprogramm nur die geeigneten Klauseln zusammenstellen müssen. Außer zur Rationalisierung der Personalarbeit führt der Einsatz von Formulararbeitsverträgen dazu, dass die Vertragsbedingungen der Mitarbeiter annähernd gleich gestaltet sind.

Allerdings muss beachtet werden, dass Formulararbeitsverträge nach §310 Abs. 4 BGB der Inhaltskontrolle unterliegen. Es soll verhindert werden, dass der Arbeitgeber als Verwender der vorformulierten Arbeitsverträge einseitig seine Interessen zulasten des Arbeitnehmers durchsetzt. Fällt daher eine arbeitsvertragliche Abrede unter den Begriff der Allgemeinen Geschäftsbedingung, so unterliegt sie grundsätzlich der inhaltlichen Kontrolle darauf, ob sie den Vertragspartner unangemessen benachteiligt. Demgegenüber unterliegen individuell vereinbarte Arbeitsbedingungen nicht der Inhaltskontrolle. Diese liegen allerdings nur vor, wenn der Vertragsinhalt zwischen den Arbeitsvertragsparteien besprochen wurde und auch der Arbeitnehmer die Möglichkeit hatte, auf den Vertragsinhalt Einfluss zu nehmen. Ein *Ver*handeln der Bedingungen genügt hierfür nicht.[8] Im Arbeitsverhältnis wird ein *Aus*handeln der Vertragsbedingungen nur sehr selten vorliegen.

Arbeitsvertragliche Abreden sind nach der Legaldefinition des §305 Abs. 1 S. 1 BGB Allgemeine Geschäftsbedingungen, wenn sie für eine Vielzahl von Verträgen vorformuliert und vom Verwender – dem Arbeitgeber – der anderen Vertragspartei – dem Arbeitnehmer – gestellt sind. Nach §310 Abs. 3 Nr. 1 BGB gelten Allgemeine Geschäftsbedingungen als gestellt, wenn der Unternehmer, dh hier der Arbeitgeber, die Bedingungen in den Vertrag einbringt. Dies wird bei der Begründung des Arbeitsverhältnisses die Regel sein.

Auch wenn ein Arbeitgeber von einem Dritten formulierte Musterverträge nutzt oder mittels Textbausteinen für jeden Einzelfall einen Arbeitsvertrag (scheinbar) individuell zusammenstellt, handelt es sich um für eine Vielzahl von Verträgen vorformulierte Vertragsbedingungen. Gemäß §310 Abs. 3 Nr. 2 BGB genügt die einmalige Nutzung eines Formularvertrags, da es sich bei dem Arbeitsvertrag um einen Verbrauchervertrag handelt.[9]

Der Inhaltskontrolle unterliegen gem. §310 Abs. 4 S. 1 BGB nur arbeitsvertragliche Regelungen, nicht jedoch Betriebsvereinbarungen[10] bzw. Tarifverträge. Dies gilt auch, wenn die tarifvertraglichen Regelungen einzelvertraglich in Bezug genommen werden.[11]

Gemäß §307 Abs. 3 S. 1 BGB findet eine Inhaltskontrolle nur statt, wenn von Rechtsvorschriften abgewichen wird. Vertragliche Bestimmungen, die nicht von Rechtsvorschriften abweichen, sind lediglich daraufhin zu überprüfen, ob sie klar und verständlich sind (s. §307 Abs. 3 S. 2, Abs. 1 S. 2 BGB). Dies gilt insbesondere für Klauseln, die den Umfang der vertraglich geschuldeten Leistungen der Arbeitsvertragsparteien festlegen.[12] Kontrollfrei ist daher insbesondere die Höhe des Entgelts oberhalb des Mindestlohns gem. §1 Abs. 2 S. 1 MiLoG. Es obliegt der Vertragsfreiheit der Parteien zu bestimmen, was sie

---

[8] BAG 1.3.2006 – 5 AZR 363/05, NZA 2006, 746.
[9] BAG 24.9.2015 – 2 AZR 347/14, NZA 2016, 351.
[10] BAG 1.2.2006 – 5 AZR 187/05, NZA 2006, 563.
[11] BAG 28.6.2007 – 6 AZR 750/06, NZA 2007, 1049.
[12] BAG 14.3.2007 – 5 AZR 630/06, NZA 2008, 45.

für eine sachgerechte Vergütung halten, eine Preiskontrolle durch die Gerichte findet nicht statt.[13]

Bei der Nutzung eines Formulararbeitsvertrags muss darauf geachtet werden, dass keine Klauseln verwendet werden, die ungewöhnlich oder überraschend sind (§305c BGB)[14] oder die aus sich heraus nicht klar und verständlich sind (§307 Abs. 1 S. 2 BGB). Es empfiehlt sich daher, besondere Klauseln im Text hervorzuheben und sie nicht unter Überschriften zu fassen, unter denen derartige Klauseln nicht zu erwarten sind.

Allgemeine Arbeitsvertragsbedingungen sind inhaltlich anhand der §§307ff. BGB auf ihre Wirksamkeit hin zu überprüfen. Zunächst ist zu fragen, ob die vertragliche Regelung unter eines der Klauselverbote ohne Wertungsmöglichkeiten des §309 BGB fällt. §309 BGB ist gegenüber §308 BGB und §308 BGB wiederum gegenüber §307 BGB die speziellere Regelung. Ist keiner der Tatbestände des §309 BGB erfüllt, ist zu prüfen, ob ein Klauselverbot mit Wertungsmöglichkeit des §308 BGB eingreift. Ist auch dies nicht der Fall, kann eine Klausel gem. §307 Abs. 1 S. 1 BGB unwirksam sein, wenn sie eine unangemessene Benachteiligung des Arbeitnehmers darstellt. Um diese festzustellen, müssen die beiderseitigen Interessen der Vertragspartner berücksichtigt und umfassend gewürdigt werden. Eine Beeinträchtigung von Arbeitnehmerinteressen ist nur dann nicht unangemessen, wenn begründete und billigenswerte Interessen des Arbeitgebers an einer entsprechenden Regelung bestehen oder ein Ausgleich durch gleichwertige Vorteile gegeben ist.[15]

Bei der Anwendung der §§307ff. BGB sind gem. §310 Abs. 4 S. 2 BGB die arbeitsrechtlichen Besonderheiten angemessen zu berücksichtigen. Dies kann dazu führen, dass eine vertragliche Regelung, die an sich unwirksam ist, dennoch Bestand hat. Ein Beispiel hierfür ist die Vereinbarung einer Vertragsstrafe für den Fall des Nichtantritts der Arbeit (s. dazu S. 52ff.).

Kommt die Inhaltskontrolle zu dem Ergebnis, dass eine arbeitsvertragliche Regelung unwirksam ist, so bleibt der Vertrag gem. §306 Abs. 1 BGB wirksam, jedoch entfällt die unwirksame Vertragsklausel. Gemäß §306 Abs. 2 BGB wird sie durch die gesetzliche Regelung ersetzt.

Häufig findet sich in den Schlussbestimmungen eines Arbeitsvertrags eine salvatorische Klausel. Sie regelt, dass an die Stelle unwirksamer Vertragsregelungen die rechtlich zulässige Bestimmung treten soll, die wirtschaftlich dem am nächsten kommt, was die Parteien bei Kenntnis der Unwirksamkeit vereinbart hätten. Derartige Klauseln können die zwingende gesetzliche Regelung des §306 Abs. 2 BGB nicht aufheben, ist also nur für Individualabreden zulässig. Hält eine standardisierte Klausel der Inhaltskontrolle nicht stand, ist sie unwirksam. Sie kann nicht auf das gesetzlich zulässige Maß reduziert werden, sondern wird durch die entsprechende gesetzliche Regelung ersetzt. Es findet keine geltungserhaltende Reduktion des Klauselinhalts statt.

---

[13] BAG 17.10.2012 – 5 AZR 792/11, NZA 2013, 266; BAG 16.5.2012 – 5 AZR 331/11, NZA 2012, 908; BAG 31.8.2005 – 5 AZR 545/04, NZA 2006, 324.

[14] BAG 16.4.2008 – 7 AZR 132/07, NZA 2008, 876.

[15] BAG 4.3.2004 – 8 AZR 196/03, NZA 2004, 727.

Sie müssen also bei der Verwendung eines Formulararbeitsvertrags besonderes Augenmerk darauf legen, ob seine Klauseln der inhaltlichen Kontrolle durch die Gerichte standhalten werden. In diesem Buch finden Sie die entsprechenden Prüfungen im jeweiligen Sachzusammenhang.

Die Inhaltskontrolle von allgemeinen Arbeitsvertragsbedingungen findet wie folgt statt:

1. Handelt es sich um Allgemeine Vertragsbedingungen iSd § 305 Abs. 1 BGB?
2. Unterfallen die Vertragsbedingungen dem Anwendungsbereich des § 310 Abs. 4 S. 1 BGB?
3. Handelt es sich um eine überraschende bzw. mehrdeutige Klausel gem. § 305c BGB?
4. Weicht die Klausel von einer Rechtsvorschrift ab oder ergänzt die Regelung eine Rechtsvorschrift (s. § 307 Abs. 3 S. 1 BGB)?
5. Steht der zu überprüfenden Vertragsbedingung ein Klauselverbot ohne Wertungsmöglichkeit gem. § 309 BGB entgegen?
6. Steht der verwendeten Vertragsklausel ein Klauselverbot mit Wertungsmöglichkeit nach § 308 BGB entgegen?
7. Liegt eine unangemessene Benachteiligung gem. § 307 Abs. 1 und Abs. 2 BGB vor?
8. Gibt es arbeitsrechtliche Besonderheiten, die einer Anwendung der §§ 307–309 BGB entgegenstehen?

➔ Ist die Klausel unwirksam, tritt an ihre Stelle die entsprechende gesetzliche Regelung, § 306 Abs. 2 BGB. Der Vertrag im Übrigen bleibt wirksam.

Der Inhalt von Formularverträgen unterliegt nicht der Mitbestimmung des Betriebsrats. Gemäß § 94 Abs. 2 BetrVG besteht ein Mitbestimmungsrecht des Betriebsrats nur hinsichtlich persönlicher Angaben im Formularvertrag, die über die reinen Personalien, wie Name, Adresse, Geburtsdatum, hinausgehen. Hierdurch soll verhindert werden, dass der Arbeitgeber die Grenzen des Fragerechts (s. dazu S. 24 ff.) dadurch umgeht, dass er statt mithilfe eines Personalfragebogens mit einem Arbeitsvertragsformular unzulässige Daten abfragt.[16]

Allerdings hat der Betriebsrat gem. § 80 Abs. 1 Nr. 1 BetrVG die Pflicht darüber zu wachen, dass die zugunsten der Arbeitnehmer geltenden Gesetze und sonstigen genannten Rechtsvorschriften eingehalten werden. Ihm obliegt insoweit keine Zweckmäßigkeitskontrolle, sondern eine Rechtskontrolle der verwendeten Vertragsklauseln. Der Betriebsrat kann daher die verwendeten Klauseln zB auf ihre Vereinbarkeit mit den Regeln der AGB-Kontrolle überprüfen.[17]

16 *Fitting* BetrVG 94 Rn. 27.
17 BAG 16.11.2005 – 7 ABR 12/05, NZA 2006, 553.

IV. Probezeit

Sie möchten das Arbeitsverhältnis des Kai Mustermann in jedem Fall mit einer Probezeit beginnen. Sie überlegen, wie Sie dies am besten vertraglich regeln.

Üblicherweise beginnt ein Arbeitsverhältnis mit einer Probezeit, die dazu dient, die Eignung des Arbeitnehmers zu prüfen. Man unterscheidet zwei Formen der Erprobungsphase:

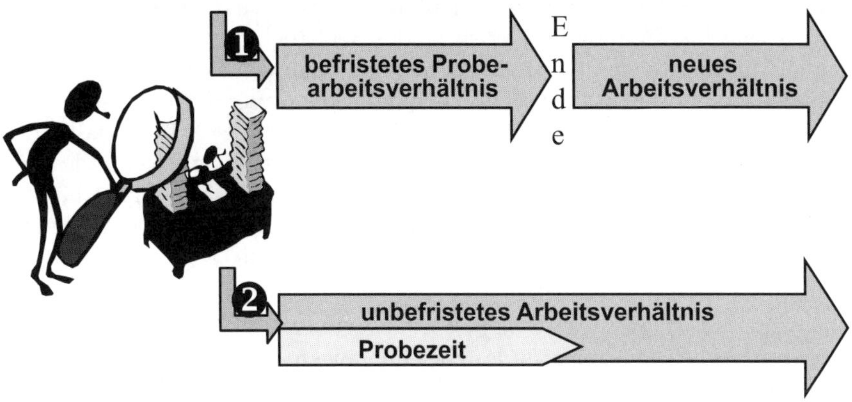

Zum einen ist es möglich, einen befristeten Probearbeitsvertrag abzuschließen. Die Erprobung ist gem. § 14 Abs. 1 S. 2 Nr. 5 TzBfG ein sachlicher Grund für die Befristung des Arbeitsverhältnisses. Die Befristungsabrede muss gem. § 14 Abs. 4 TzBfG schriftlich erfolgen (s. dazu unten S. 271). Mit Ablauf der vereinbarten Befristung endet das Arbeitsverhältnis automatisch, ohne dass es des Ausspruchs einer Kündigung bedarf. Sollen die vertraglichen Beziehungen nach der Probezeit fortgesetzt werden, müssen sich Arbeitgeber und Arbeitnehmer darüber einigen, dass das Arbeitsverhältnis (unbefristet) fortgesetzt wird.

Bei der Vereinbarung eines befristeten Probearbeitsverhältnisses muss im Einzelfall geklärt werden, ob die Befristungsdauer zugleich eine Mindestdauer des Arbeitsverhältnisses sein soll oder auch zuvor eine Kündigung zulässig ist. Gemäß § 15 Abs. 3 TzBfG muss das Recht zur ordentlichen Kündigung ausdrücklich vereinbart werden (s. auch S. 279). Wichtig ist es auch § 15 Abs. 5 TzBfG zu beachten und durch eine genaue Fristenkontrolle zu gewährleisten, dass der Arbeitnehmer nicht ungewollt über das vereinbarte Ende des befristeten Probearbeitsverhältnisses hinaus beschäftigt wird.

Durch die gem. § 14 Abs. 2 S. 1 TzBfG eingeräumte Möglichkeit, Arbeitsverhältnisse bis zur Dauer von zwei Jahren ohne Grund zu befristen, hat das befristete Probearbeitsverhältnis für die Praxis seine ohnehin nicht große Bedeutung weiter verloren. Üblicherweise schließen die Arbeitsvertragsparteien ein unbefristetes Arbeitsverhältnis, deren ersten Monate als Probezeit gelten.

Die Dauer der Probezeit orientiert sich an Position und Aufgabe des Arbeitnehmers im Unternehmen. Im Regelfall wird die Probezeit einen Zeitraum von sechs Monaten nicht überschreiten. Im Anwendungsbereich des Kündigungsschutzgesetzes (s. dazu unten S. 209 ff.) erwirbt der Arbeitnehmer gem. § 1 Abs. 1 KSchG nach sechs Monaten den gesetzlichen Kündigungsschutz. Daher orientiert sich die Länge der Probezeit häufig an dieser „gesetzlichen Probezeit".

Eine Angemessenheitskontrolle hinsichtlich der Länge der Probezeit findet auch bei formularmäßigen Vereinbarungen nicht statt, da § 622 Abs. 3 BGB die Probezeit im Umfang von sechs Monaten erlaubt.[18] Es fehlt insoweit an einer Abweichung von Rechtsvorschriften (s. § 307 Abs. 3 S. 1, Abs. 1 S. 1 BGB). Eine längere Probezeit ist im Einzelfall ausnahmsweise dann zulässig, wenn der Arbeitgeber Eignung und Leistung des Arbeitnehmers wegen der besonderen Anforderungen des Arbeitsplatzes innerhalb von sechs Monaten nicht hinreichend beurteilen kann.[19] Teilweise wird die Dauer der Probezeit durch tarifvertragliche Regelungen bestimmt, so zB in § 2 Nr. 2 EMTV Metall NRW („längstens drei Monate"). § 20 BBiG regelt sowohl eine gesetzliche Mindest- als auch eine Höchstdauer der Probezeit in einem Berufsausbildungsverhältnis. Von diesen Grenzen abweichende Probezeitvereinbarungen sind unwirksam.

Der Vorteil einer Probezeitvereinbarung besteht darin, dass die gesetzliche Kündigungsfrist während einer Probezeit bis zu sechs Monaten auf zwei Wochen verkürzt ist (§ 622 Abs. 3 BGB). Durch Tarifvertrag können noch kürzere, einzelvertraglich dagegen grundsätzlich nur längere Fristen vereinbart werden (s. § 622 Abs. 4, Abs. 5 S. 2 BGB). Die Regelung des § 622 Abs. 3 BGB darf nicht dahingehend missverstanden werden, dass eine Probezeit „längstens sechs Monate" betragen darf.[20] Der Inhalt der Norm bezieht sich ausschließlich auf die Länge der Kündigungsfrist, die sich bei einer Probezeit von mehr als sechs Monaten nach § 622 Abs. 1 BGB bestimmt, also nicht mehr gegenüber den Grundkündigungsfristen verkürzt ist. Für die Fristwahrung ist auf den Zugang der Kündigungserklärung abzustellen. Dieser muss „während der Probezeit" erfolgen, das Ende der Kündigungsfrist kann hingegen außerhalb der Probezeit liegen.

Die Dauer der Probezeit berechnet sich gem. §§ 187 Abs. 2, 188 Abs. 2 BGB. Unabhängig davon, wann am ersten Tag die Arbeitsleistung aufgenommen wird, beginnt das Arbeitsverhältnis mit dem Beginn des vereinbarten ersten Arbeitstags. Für den Fristbeginn ist daher § 187 Abs. 2 BGB maßgeblich.[21] Infolgedessen endet die Probezeit gem. § 188 Abs. 2 BGB mit Ablauf desjenigen Tages des letzten Monats der Probezeit, welcher dem Tag vorhergeht, der dem Anfangstag der Probezeit entspricht. Vereinbaren Sie mit Kai Mustermann zB einen Beginn des Arbeitsverhältnisses zum 2. November (= Anfangstag der Frist gem. § 187 Abs. 2 BGB), so endet seine sechsmonatige Probezeit mit Ablauf des 1. Mai. § 188 Abs. 2 BGB drückt dies etwas komplizierter aus. Sie müssen jedoch lediglich mithilfe eines Kalenders entsprechend der Dauer der Probezeit die Monate abzählen. Hierbei gehen Sie von der Zahl (= Datum) des Anfangstags der Frist aus, vorliegend also vom 2. (= der Tag, an dem das Arbeitsverhältnis beginnt).

[18] BAG 24.1.2008 – 6 AZR 519/07, NZA 2008, 521.
[19] BAG 2.6.2010 – 7 AZR 85/09, NZA 2010, 1293.
[20] Offenbar aA BAG 24.1.2008 – 6 AZR 519/07, NZA 2008, 521.
[21] BAG 27.6.2002 – 2 AZR 382/01, NZA 2003, 377.

Zählen Sie beginnend mit dem 2. November sechs Monate weiter, so gelangen Sie zum 2. Mai. Gemäß § 188 Abs. 2 BGB endet die Probezeit aber am Tag vor dem Tag, der durch seine Zahl dem Anfangstag der Frist entspricht. Der dem 2. Mai (entspricht der Anfangszahl 2 nach sechs Monaten) vorhergehende Tag ist der 1. Mai.[22]

Unabhängig davon, ob ein unbefristetes Arbeitsverhältnis mit Probezeit oder ein befristetes Probearbeitsverhältnis abgeschlossen wird, muss der Arbeitgeber die Einstellung eines schwerbehinderten Menschen zur Probe dem Integrationsamt gem. § 173 Abs. 3 SGB IX innerhalb von vier Tagen anzeigen.

V. Nichtantritt der Arbeit

Nach Erhalt seines Masterabschlusses als Wirtschaftsingenieur hat sich Herr Andreas Muth bei der Müllex GmbH als Assistent des technischen Leiters der Niederlassung Siegen beworben. Der zuständige Niederlassungsleiter schloss mit ihm am 10. Januar einen Arbeitsvertrag, in dem der Arbeitsbeginn auf den 1. März festgelegt wurde. Die ersten sechs Monate des Arbeitsverhältnisses waren als Probezeit mit einer Kündigungsfrist von vier Wochen vereinbart. Nach dem Motto „festhalten und weitersuchen" führte Andreas Muth in der Zeit nach dem Vertragsschluss mit der Müllex GmbH weitere Vorstellungsgespräche mit anderen Unternehmen. Am 28. Januar erreichte den Niederlassungsleiter der Müllex GmbH ein Schreiben des Andreas Muth, in dem dieser erklärt, er werde das Arbeitsverhältnis bei der Müllex GmbH nicht antreten, sondern kündige fristgerecht zum 28. Februar. Er habe mit einem Unternehmen in Köln einen besser dotierten Arbeitsvertrag geschlossen. Aufgeregt ruft der Niederlassungsleiter bei Ihnen an und fragt, was er gegen die Kündigung unternehmen könne. Eine Ersatzkraft sei so schnell nicht zu beschaffen, außerdem entstünden erneute Kosten für Stellenanzeigen und Bewerberauswahl.

Der Arbeitnehmer ist grundsätzlich berechtigt, unter Einhaltung der Kündigungsfrist sein bereits vertraglich begründetes Arbeitsverhältnis vor Aufnahme der Arbeit zu kündigen.[23] Fraglich ist, wann in diesem Fall die Kündigungsfrist beginnt. Es stehen zwei Zeitpunkte zur Verfügung: zum einen der Tag der Arbeitsaufnahme, zum anderen der Tag des Zugangs der Kündigungserklärung. Was jeweils gilt, ist aufgrund der konkreten Umstände des Einzelfalls danach zu ermitteln, ob die Parteien wenigstens eine auf die Dauer der Kündigungsfrist beschränkte Realisierung des Vertragsverhältnisses gewollt haben. Im Zweifel ist davon auszugehen, dass die Kündigungsfrist mit dem Zugang der Kündigungserklärung beginnt.[24] Dies entspricht dem Regelungsinhalt des § 130 Abs. 1 S. 1 BGB, nach dem eine empfangsbedürftige Willenserklärung mit ihrem Zugang beim Empfänger wirksam wird.

---

22 S. zur Fristberechnung auch S. 200 f.

23 S. dazu BAG 2.11.1978 – 2 AZR 74/77, NJW 1980, 1015; *Herbert/Oberrath* NZA 2004, 121; *Joussen* NZA 2002, 1177.

24 BAG 9.2.2006 – 6 AZR 283/05, NZA 2006, 1207; BAG 25.3.2004 – 2 AZR 324/03, NZA 2004, 1089; s. auch BAG 23.2.2017 – 6 AZR 665/15, NZA 2017, 995.

Will der Arbeitgeber eine Kündigung vor Dienstantritt verhindern, so muss er die Kündigungsberechtigung des Arbeitnehmers durch eine ausdrückliche vertragliche Vereinbarung ausschließen. Der Arbeitgeber kann den Arbeitnehmer damit für die Dauer der Kündigungsfrist, gerechnet vom Tag der Arbeitsaufnahme (= erster möglicher Tag für die Kündigungserklärung), an das Unternehmen binden. Verweigert der Arbeitnehmer trotz des Kündigungsverbots die Arbeitsaufnahme, so macht er sich gem. §§280 Abs. 3, 283, 275 BGB schadensersatzpflichtig. Er hat dem Arbeitgeber alle Schäden zu ersetzen, die allein durch den Vertragsbruch des Arbeitnehmers entstanden sind, jedoch bei Einhalten der Kündigungsfrist (dh Aufnahme der Arbeit für die Dauer der Kündigungsfrist) nicht eingetreten wären (sog. „Verfrühungsschaden").[25] Soweit es sich um die Kosten für die Einstellung einer Ersatzkraft handelt (zB Inseratskosten für Stellenanzeigen, Vorstellungskosten), wird daher eine Ersatzpflicht im Regelfall nicht in Betracht kommen. Diese Kosten wären auch entstanden, wenn der Arbeitnehmer seine Arbeit wie versprochen aufgenommen und am ersten Tag gekündigt hätte (sog. „hypothetisches rechtmäßiges Alternativverhalten"). Ersatzfähig wäre zwar ein dem Arbeitgeber entgangener Gewinn, doch ist der Nachweis dieses Schadens, den gem. §619a BGB der Arbeitgeber erbringen muss, sehr schwierig und gelingt nur selten.

Diesen Problemen versucht der Arbeitgeber durch die Vereinbarung einer Vertragsstrafe (§339 BGB) zu entgehen, die ihm einen festgelegten Geldbetrag unabhängig von einem Schadenseintritt oder einem Schadensnachweis gewährt. Vertragsstrafen dienen zum einen dazu, den Arbeitnehmer zur Vertragserfüllung anzuhalten, zum anderen haben sie Sanktionscharakter. Gemäß §340 Abs. 2 BGB ist die zu zahlende Vertragsstrafe zugleich der Mindestbetrag, den der Arbeitgeber als Schadensersatz geltend machen kann. Eine Vertragsstrafe sollte insbesondere dann in Erwägung gezogen werden, wenn der betreffende Arbeitnehmer besondere Kenntnisse und Fertigkeiten mit sich bringt, seine Person also nicht ohne Weiteres austauschbar ist. Dies kann zB der Fall sein, wenn die Erlaubnis zum Betreiben einer Anlage oder zur Ausbildung an die Person dieses Arbeitnehmers gebunden ist. Die Vertragsstrafe muss ausdrücklich vereinbart werden. Individuell ausgehandelte Vertragsstrafen sind zulässig. Eine unangemessen hohe Vertragsstrafe kann gem. §343 BGB herabgesetzt werden.

Ist eine Vertragsstrafe in einem Formulararbeitsvertrag enthalten, so muss ihre Zulässigkeit anhand der §§305 ff. BGB überprüft werden. Die Vertragsstrafenklausel darf für den Arbeitnehmer nicht überraschend sein, da sie ansonsten gem. §305c Abs. 1 BGB nicht Vertragsbestandteil wird. Sie muss im Vertragstext ohne Weiteres erkennbar sein und sollte nicht unter irreführenden Überschriften angeordnet werden, zB nicht unter dem Punkt „Verschiedenes". Außerdem muss der Arbeitgeber die Klausel klar und eindeutig formulieren, sodass der Arbeitnehmer erkennen kann, bei welcher Pflichtverletzung die Strafe verwirkt ist.[26] Nur wenn der Arbeitnehmer feststellen kann, welche Strafe in welcher Höhe er wann zu leisten hat, kann er sich in seinem Verhalten hierauf einstel-

---

[25] BAG 23.3.1984 – 7 AZR 37/81, NZA 1984, 122; BAG 26.3.1981 – 3 AZR 485/78, NJW 1981, 2430.

[26] S. dazu BAG 23.1.2014 – 8 AZR 130/13, BeckRS 2014, 69271.

len.[27] Die Klausel muss also deutlich machen, dass die Vertragsstrafe im Fall des Nichtantritts der Arbeit zum vereinbarten Termin fällig wird. Ist die Klausel für den Arbeitnehmer nicht hinreichend verständlich, liegt ein Verstoß gegen das Transparenz- und Bestimmtheitsgebot des § 307 Abs. 1 S. 2 BGB vor. Dies hat die Unwirksamkeit der Vertragsstrafenabrede zur Folge.

§ 309 Nr. 6 BGB steht nicht entgegen, da bei der Überprüfung der Vertragsklauseln gem. § 310 Abs. 4 S. 2 BGB die Besonderheiten des Arbeitsverhältnisses zu berücksichtigen sind. Die Arbeitsleistungspflicht ist gem. § 613 S. 1 BGB in Person zu leisten, dh ausschließlich der Arbeitnehmer selbst kann die geschuldete Arbeitsleistung erbringen, nicht aber ein Dritter. Gemäß § 888 Abs. 3 ZPO kann der Arbeitnehmer weder durch Zwangsgeld noch durch Zwangshaft zur Erbringung der Arbeitsleistung verpflichtet werden. Der Arbeitgeber hat also keine Möglichkeit, die Arbeitsleistungspflicht des Arbeitnehmers zwangsweise durchzusetzen. Diese Besonderheit des Arbeitsrechts führt dazu, dass Vertragsstrafen in Formulararbeitsverträgen vereinbart werden können.[28] Allerdings darf der Arbeitnehmer nicht entgegen den Geboten von Treu und Glauben unangemessen benachteiligt werden (§ 307 Abs. 1 S. 1, Abs. 2 BGB). Eine unangemessene Benachteiligung kann sich ergeben, wenn die Höhe der Vertragsstrafe und die mit ihr geahndete Pflichtverletzung in einem Missverhältnis zueinander stehen. Da der Arbeitnehmer ohnehin nur für die Dauer der Kündigungsfrist im Arbeitsverhältnis gebunden werden kann, muss sich die Höhe der Vertragsstrafe hieran orientieren.[29] Haben die Vertragsparteien in der Probezeit die gesetzliche Kündigungsfrist von zwei Wochen vereinbart, so ist eine Vertragsstrafe der Höhe nach nur dann angemessen, wenn sie sich an die Vergütungsansprüche dieses Zeitraums anlehnt. Eine Vertragsstrafe zB in Höhe eines Bruttomonatsverdienstes bei einer zweiwöchigen Kündigungsfrist stellt eine unangemessene Benachteiligung dar. Gemäß § 307 BGB hat dies zur Folge, dass die Vertragsstrafenabrede unwirksam ist.[30] Eine Herabsetzung der Vertragsstrafenhöhe auf ein zulässiges Maß, wie sie § 343 BGB für individuelle Abreden vorsieht, ist bei standardisierten Klauseln nicht möglich.[31] § 306 Abs. 2 BGB verbietet eine geltungserhaltende Reduktion auf den noch zulässigen Inhalt. Die Inhaltskontrolle nach den §§ 305 ff. BGB soll den Arbeitnehmer schützen, nicht aber dem Arbeitgeber als Verwender der vorformulierten Vertragsbedingungen jegliches Risiko der Unwirksamkeit überzogener Regelungen nehmen.

Im Fall des Herrn Muth hat der Niederlassungsleiter keine Vertragsstrafe vereinbart. Gegen die Kündigung des Herrn Muth kann daher nichts unternommen werden.

[27] BAG 14.8.2007 – 8 AZR 973/06, NZA 2008, 170; BAG 18.8.2005 – 8 AZR 65/05, NZA 2006, 34; BAG 21.4.2005 – 8 AZR 425/04, NZA 2005, 1053.

[28] BAG 17.3.2016 – 8 AZR 665/14, NZA 2016, 945.

[29] BAG 19.8.2010 – 8 AZR 645/09, BeckRS 2011, 65096.

[30] BAG 23.9.2010 – 8 AZR 897/08, NZA 2011, 89.

[31] BAG 25.9.2008 – 8 AZR 717/07, NZA 2009, 370; BAG 4.3.2004 – 8 AZR 196/03, NZA 2004, 727.

In Zukunft wird der Niederlassungsleiter jedoch aus diesem Fall lernen und insbesondere bei höheren Positionen mit speziellen Funktionen die Kündigung vor Arbeitsaufnahme vertraglich ausschließen und eine Vertragsstrafe vereinbaren. Deren Höhe wird er an das für die Dauer der Kündigungsfrist fortzuzahlende Entgelt anpassen, da die Müllex GmbH regelmäßig Formulararbeitsverträge verwendet.

Vertragsstrafenabrede

„Tritt der Arbeitnehmer das Arbeitsverhältnis vertragswidrig nicht an, so ist er verpflichtet, dem Arbeitgeber eine Vertragsstrafe zu zahlen. Die Höhe der Vertragsstrafe bemisst sich nach dem Bruttoarbeitsentgelt, dass der Arbeitnehmer bei ordnungsgemäßer Fortsetzung des Arbeitsverhältnisses bis zum Ablauf der Kündigungsfrist hätte beanspruchen können. Die Geltendmachung eines weiteren Schadens bleibt unberührt."

In diesem Kapitel lernen Sie alles über Art, Zeit und Ort der Arbeitsleistung des Arbeitnehmers und über die Folgen von Fehlern, die dem Arbeitnehmer unterlaufen.

F. Die arbeitsrechtlichen Pflichten des Arbeitnehmers

I. Arbeitspflicht des Arbeitnehmers

Die Pflicht des Arbeitnehmers zur Erbringung der geschuldeten Arbeitsleistung ist eine Hauptpflicht, die der Arbeitnehmer gem. § 613 S. 1 BGB im Zweifel persönlich zu erbringen hat. Umgekehrt ist der Anspruch des Arbeitgebers auf die Arbeitsleistung gem. § 613 S. 2 BGB grundsätzlich nicht übertragbar. Anders ist dies zB bei der mit Zustimmung des Arbeitnehmers erfolgenden Arbeitnehmerüberlassung nach dem AÜG („Leiharbeit"). Hierbei handelt es sich um eine besondere Form des Arbeitsverhältnisses, bei dem der Arbeitgeber (= Verleiher) sich gegenüber dem Entleiher in einem Überlassungsvertrag (s. § 12 AÜG) verpflichtet, einen Arbeitnehmer (= Leiharbeitnehmer) für eine begrenzte Zeit zum Zweck der Arbeitsleistung zu überlassen. Der Arbeitnehmer wird in die Betriebsorganisation des Entleihers eingegliedert. Der Entleiher nimmt die Arbeitsleistung entgegen, obwohl er nicht Arbeitgeber ist, und ist berechtigt, dem Arbeitnehmer Weisungen zu erteilen. Zum Schutz des Arbeitnehmers gelten die besonderen Regelungen des AÜG.

1. Art und Ort der Arbeitsleistung/Direktionsrecht des Arbeitgebers

Eine Mitarbeiterin der Personalabteilung erzählt am Montag, dass sie beim Aufräumen des Dachbodens alte Ausgaben des SPIEGEL gefunden habe. Beim Durchblättern sei sie auf folgenden Fall gestoßen:

„Bei einem Pharma-Hersteller wurde ein Wirkstoff getestet, der bei Krebskranken den durch die Strahlentherapie ausgelösten Brechreiz verhindern sollte. Der Versuchsleiter erfuhr zufällig, dass sein Arbeitgeber auch eine militärische Nutzung in Erwägung zog. In einem firmeninternen Dokument hieß es dazu: ‚Falls sich die Strahlenkrankheit, hervorgerufen entweder bei der Strahlenbehandlung des Krebses oder als mögliche Folge eines Nuklearkriegs, durch dieses Medikament als behandelbar oder verhütbar erweisen sollte, würde das Marktpotential für solch eine Substanz signifikant erhöht werden.' Der Versuchsleiter lehnte gemeinsam mit einer Kollegin die weitere Mitarbeit an diesem Forschungsprojekt ab. Es sei mit seinem Gewissen und seinem Berufsverständnis als Arzt nicht vereinbar, dass ein solches Produkt genutzt werde, um bei Soldaten die Symptome einer Verstrahlung zu unterdrücken und damit ihren weiteren Einsatz zu gewährleisten. Das Pharmaunternehmen kündigte beiden daraufhin."[1]

1 DER SPIEGEL Nr. 22/1989, 77 f.; BAG 24.5.1989 – 2 AZR 285/88, NZA 1990, 144.

Der Fall löst Diskussionen aus. Eine Kollegin ist der Meinung, das sei doch „alter Kram" aus der Zeit des Kalten Kriegs und heute gar nicht mehr denkbar. Dem widerspricht ein Kollege und verweist auf den anhaltenden Kampf gegen Atomwaffen, den die Vergabe des Friedensnobelpreises 2017[2] ja wieder in den Mittelpunkt gerückt habe. Aber auch in anderen Bereichen stellten sich ähnliche Fragen, wie zB bei dem Fall des Muslimen, der keinen Alkohol in die Regale eines Supermarkts mehr einräumen wollte.[3] Sie stoßen zu der Diskussionsrunde hinzu und werden als Personalleiter/in gefragt, wie das Ganze rechtlich zu bewerten sei.

Die Beurteilung dieser Fälle hängt davon ab, ob die Arbeitnehmer verpflichtet sind, die geforderten Arbeitsleistungen zu erbringen. Welche Arbeitsleistungen der Arbeitnehmer im Einzelnen zu erbringen hat, ergibt sich zunächst aus den Regelungen des Arbeitsvertrags (s. auch § 2 Abs. 1 Nr. 5 NachwG). Die dort nur allgemein umschriebene Arbeitsleistung des Arbeitnehmers wird durch das Direktionsrecht des Arbeitgebers konkretisiert. Die Leistung weisungsgebundener Arbeit ist gem. § 611a Abs. 1 S. 1 BGB das charakteristische Merkmal des Arbeitsverhältnisses. Weisungsgebunden ist, wer nicht im Wesentlichen frei seine Tätigkeit gestalten und seine Arbeitszeit bestimmen kann. Das Weisungsrecht kann gem. § 611a Abs. 1 S. 2 BGB Inhalt, Durchführung, Zeit und Ort der Tätigkeit betreffen. § 611a BGB bestimmt damit die aus dem Arbeitsverhältnis folgenden Pflichten. § 106 GewO regelt demgegenüber den Umfang des einseitigen Direktionsrechts des Arbeitgebers.

Es muss zunächst gefragt werden, ob eine Anordnung dem Direktionsrecht unterfällt. § 106 S. 1 GewO legt als Gegenstand des Weisungsrechts Inhalt (und Durchführung, § 611a Abs. 1 S. 2 BGB), Ort und Zeit der Arbeitsleistung fest. Der Arbeitgeber darf jedoch sein Weisungsrecht nicht beliebig ausüben, sondern nur in dem Rahmen, den Arbeitsvertrag, Betriebsvereinbarung, Tarifvertrag und Gesetz vorgeben. Soweit die dadurch gezogenen Schranken eingehalten werden, darf der Arbeitgeber die Arbeitsleistung in Bezug auf die genannten Gegenstände *näher* bestimmen.

Im Arbeitsvertrag wird die Arbeitsleistung regelmäßig nur der Gattung nach festgelegt, zB als Bankkaufmann, Bauingenieur, Assistent der Geschäftsleitung. Der Arbeitgeber ist berechtigt, dem Arbeitnehmer alle zu dem entsprechenden Berufsbild gehörenden und der Qualifikation des Arbeitnehmers entsprechenden Tätigkeiten zuzuweisen, also die Tätigkeit des Arbeitnehmers innerhalb der festgelegten Art näher zu bestimmen, dh sie zu konkretisieren (s. auch § 243 Abs. 2 BGB). Er kann jedoch nicht einseitig die Art der Tätigkeit ändern, also zB einem Umweltschutztechniker Aufgaben in der Produktion zuweisen, denn darin läge keine nähere Bestimmung der Arbeitsleistung, sondern ihre Änderung. Eingriffe in die vertraglichen Grundlagen des Arbeitsverhältnisses sind nur einvernehmlich oder aber durch eine Änderungskündigung möglich.

---

[2] Den Friedensnobelpreis 2017 erhielt die Internationale Kampagne zur Abschaffung von Atomwaffen (Ican).

[3] BAG 24.2.2011 – 2 AZR 636/09, NZA 2011, 1087.

Hier wird bereits erkennbar, dass der Arbeitgeber den Rahmen seines Weisungsrechts durch die Regelungsdichte im Arbeitsvertrag bestimmt. Der Umfang des Direktionsrechts und damit die Flexibilität bei der Zuweisung der Arbeit ist umso geringer, desto genauer die Arbeitsleistungen ihrer Art nach im Arbeitsvertrag festgelegt sind. So kann eine Stellenbeschreibung das arbeitgeberseitige Weisungsrecht begrenzen, wenn die Arbeitsvertragsparteien sie zum Bestandteil des Arbeitsvertrags gemacht haben. Jede Änderung der Aufgabenbeschreibung wäre dann nur durch eine Änderungskündigung möglich. Eine Stellenbeschreibung wird daher zumeist nur eine vorweggenommene Ausübung des Direktionsrechts sein.

Dem Weisungsrecht unterliegt weiterhin die Bestimmung des Ortes, an dem die Arbeitsleistung zu erbringen ist. Der Ort umfasst den Arbeitsplatz in räumlicher und organisatorischer Hinsicht. Fehlt eine vertragliche Regelung des Arbeitsorts, so bestimmt der Arbeitgeber den jeweiligen Einsatzort kraft seines Direktionsrechts.[4] Änderungen sind einseitig jederzeit unter Beachtung billigen Ermessens möglich. Eine Festlegung auf einen bestimmten Arbeitsort erfolgt auch bei längerer Beschäftigung zu gleichen Bedingungen regelmäßig nicht.[5] Eine entsprechende Konkretisierung der Arbeitsleistungspflicht kann nur dann angenommen werden, wenn es neben der verstrichenen Zeit weitere Umstände gibt, aus denen der Arbeitnehmer folgern kann, dass er künftig nur noch an diesem Ort (oder mit diesen Tätigkeiten) eingesetzt wird.[6] Legt der Arbeitsvertrag jedoch den Ort fest, an dem der Arbeitnehmer seine Arbeitsleistungen zu erbringen hat, setzt ein Einsatz des Arbeitnehmers an einem anderen als dem vereinbarten Ort das Einverständnis des Arbeitnehmers voraus, eine einseitige Weisung des Arbeitgebers genügt hier nicht. Zumeist wird ein Betrieb des Arbeitgebers als Arbeitsort festgesetzt. Das Direktionsrecht erfasst dann nur noch die Zuweisung eines Arbeitsplatzes in organisatorischer Hinsicht an diesem Ort, also zB die Frage, in welchem Büro ein Arbeitnehmer zu arbeiten hat. Aus der vereinbarten Tätigkeit konnen sich jedoch auch wechselnde Arbeitsorte ergeben, zB bei Kundendienstmitarbeitern oder Bau- und Montagearbeitern. Bei mobiler Arbeit wird die Bestimmung des Arbeitsorts dem Arbeitnehmer überlassen, beim „Home Office" wird er ganz oder teilweise in den häuslichen Bereich des Arbeitnehmers verlegt.[7]

Durch das Direktionsrecht näher bestimmt wird die zeitliche Lage der Arbeitszeit, nicht der Umfang der geschuldeten Arbeitsleistung. Das geschuldete Arbeitszeitvolumen ist als Äquivalent der Vergütung regelmäßig im Arbeitsvertrag festgelegt und daher nicht einseitig veränderbar. Der Arbeitgeber darf Arbeitsleistungen nur im geschuldeten Umfang zuweisen. Legt der Arbeitsvertrag nicht nur den Umfang, sondern auch Beginn und Ende der Arbeitszeit fest, bleibt kein Raum für die Ausübung des Direktionsrechts.

---

4 BAG 28.8.2013 – 10 AZR 569/12, NZA-RR 2014, 181; s. auch BAG 19.1.2011 – 10 AZR 738/09, NZA 2011, 631; *Hunold* DB 2013, 636.

5 BAG 7.12.2000 – 6 AZR 444/99, NZA 2001, 780.

6 BAG 26.9.2012 – 10 AZR 336/11, BeckRS 2013, 65304; BAG 13.3.2007 – 9 AZR 433/06, BeckRS 2007, 45592.

7 S. hierzu *Brachmann* AuA 2015, 396; *Isenhardt* DB 2016, 1499.

Außer durch den Arbeitsvertrag wird der Umfang des Direktionsrechts des Arbeitgebers durch Gesetz, Tarifvertrag und Betriebsvereinbarungen begrenzt. So ist das einseitige Recht, Weisungen zu erteilen, dort eingeschränkt, wo dem Betriebsrat Mitbestimmungsrechte zustehen (vgl. zB §87 Abs. 1 BetrVG).

Gesetzliche Grenzen des Direktionsrechts stellt auch zB das Allgemeine Gleichbehandlungsgesetz auf. Der Arbeitgeber darf keine Anweisungen tätigen, die Beschäftigte aus einem der in §1 AGG genannten Gründe benachteiligen. Insbesondere darf er nicht zur Benachteiligung einer Person anweisen, zB indem er seine Personalleitung beauftragt, keine muslimischen Mitarbeiter einzustellen. Gemäß §3 Abs. 5 AGG ist eine solche Anweisung eine Benachteiligung im Sinne des Gesetzes und gem. §7 Abs. 1 AGG unzulässig.

Wenn danach feststeht, dass der Arbeitgeber die entsprechende Weisung dem Grunde nach gegenüber dem Arbeitnehmer tätigen darf, muss weiter geprüft werden, ob sie gem. §106 S. 1 GewO billigem Ermessen genügt. Der Arbeitgeber muss neben seinen Interessen auch diejenigen des Arbeitnehmers berücksichtigen und beide möglichst in Einklang bringen. Gemäß §106 S. 3 GewO hat der Arbeitgeber bei der Ausübung seines Ermessens auf Behinderungen des Arbeitnehmers Rücksicht zu nehmen. Die geforderte Billigkeit wird durch Gesetze, Tarifverträge und Betriebsvereinbarungen begrenzt. Eine verfassungskonforme Auslegung dieses unbestimmten Rechtsbegriffs erfordert es, bei der Festlegung des Begriffs die Grundentscheidungen der Verfassung – wie Art. 1, 2, 4 und 5 GG – zu berücksichtigen.[8] Das unternehmerische Interesse des Arbeitgebers, dem Arbeitnehmer bestimmte Arbeitsleistungen zuzuweisen, ist innerhalb einer umfassenden Einzelfallabwägung zu berücksichtigen, bei der auch die Interessen des Arbeitnehmers zu beachten sind.[9]

Bezogen auf den dargestellten Fall aus dem SPIEGEL ergibt sich daraus Folgendes: der Arbeitnehmer muss keine Arbeit ausüben, die er nicht mit seinem Gewissen vereinbaren kann. Die Gewissensfreiheit wird durch Art. 4 GG geschützt. Eine Gewissensentscheidung ist jede ernste sittliche, dh an den Kategorien von Gut und Böse orientierte Entscheidung, die der Einzelne in einer bestimmten Lage als für sich bindend und verpflichtend erfährt.[10] Maßgeblich ist ein subjektiver Gewissensbegriff. Der Arbeitnehmer muss seine Konfliktlage dem Arbeitgeber gegenüber so darlegen, dass eine Überprüfung möglich ist. Bei der Abwägung der Interessen von Arbeitgeber und Arbeitnehmer ist zu fragen, ob der Arbeitnehmer schon zu Beginn seiner Arbeitstätigkeit mit einer sein Gewissen beeinträchtigenden Tätigkeit rechnen musste und ob in Zukunft weitere Interessenkonflikte zu erwarten sind. Auf Seiten des Arbeitgebers müssen die betrieblichen Belange beachtet und die Möglichkeit einer anderweitigen Beschäftigung geprüft werden.[11] Ergibt die Interessenabwägung im Einzelfall, dass die Zuweisung einer Arbeit billigem Ermessen nicht entspricht, so darf der Arbeitnehmer seine Arbeitsleistungen zu Recht verweigern (s. §315 Abs. 3

[8] BAG 24.2.2011 – 2 AZR 636/09, NZA 2011, 1087.

[9] BAG 13.6.2012 – 10 AZR 296/11, NZA 2012, 1154; BAG 17.8.2011 – 10 AZR 202/10, NZA 2012, 265.

[10] BAG 24.2.2011 – 2 AZR 636/09, NZA 2011, 1087.

[11] BAG 20.12.1984 – 2 AZR 436/83, NZA 1986, 21.

S. 1 BGB).[12] Entspricht die Weisung hingegen billigem Ermessen, so stellt die Weigerung ihr nachzukommen, eine Arbeitsverweigerung dar, die im Einzelfall zur Kündigung berechtigen kann.

Die Grundlagen des Direktionsrechts des Arbeitgebers lassen sich wie folgt zusammenfassen:

Im Arbeitsvertrag des Kai Mustermann findet sich folgende Regelung:

„Herr Mustermann wird als kaufmännischer Angestellter zunächst im Bereich Beteiligungs-Controlling eingestellt. Die Müllex GmbH behält sich vor, Herrn Mustermann auch andere seiner Vorbildung und seinen Fähigkeiten entsprechende, gleichwertige Aufgaben auch an einem anderen Ort zu übertragen."

Herr Mustermann fragt Sie als Personalleiter/in, welche Auswirkungen diese Klausel für ihn haben kann.

Mit der Vereinbarung einer Versetzungsklausel – wie die im Vertrag von Herrn Mustermann – behält sich der Arbeitgeber das Recht vor, Änderungen der Arbeitstätigkeit, aber auch des Arbeitsorts einseitig anzuordnen.[13] Die Versetzungsklausel erweitert das Recht des Arbeitgebers die Art und/oder den Ort der Tätigkeit einseitig zu ändern. Der Rahmen für die nähere Bestimmung der Arbeitsleistung wird weiter gesteckt.

Die Klausel ist einer Inhaltskontrolle gem. §§ 307 ff. BGB zu unterziehen. Bei der Inhaltskontrolle geht es allein darum, ob eine vom Arbeitgeber verwendete Klausel aus objektiver Sicht den Arbeitnehmer unangemessen benachteiligt. Der konkrete Einzelfall ist erst bei der Ausübungskontrolle zu berücksichti-

[12] BAG 18.10.2017 – 10 AZR 330/16, NZA 2017, 1452; BAG 24.5.1989 – 2 AZR 285/88, NZA 1990, 144.

[13] BAG 13.6.2012 – 10 AZR 296/11, NZA 2012, 1154; zur angedeuteten Rechtsprechungsänderung s. BAG 18.10.2012 – 6 AZR 86/11, BeckRS 2012, 75282.

gen. Die Versetzung muss gem. § 106 GewO, § 315 BGB auf ihre Billigkeit hin überprüft werden. Hier muss dann zB gefragt werden, ob die Versetzung an einen vom Wohnort weiter entfernten Arbeitsort dem Arbeitnehmer im konkreten Fall noch zumutbar ist, ob die Versetzung ohne oder mit einer kurzen Ankündigungsfrist erfolgen darf etc. Solange die Versetzungsklausel inhaltlich § 106 GewO entspricht, weicht sie nicht von einer gesetzlichen Regelung ab und unterliegt gem. § 307 Abs. 3 BGB daher nur einer Transparenzkontrolle.[14] Sie ist dann nicht auf ihre Angemessenheit, sondern nur daraufhin zu überprüfen, ob die Vereinbarung klar und verständlich ist (§ 307 Abs. 1 S. 2 BGB). Eine intransparente Regelung folgt nicht allein daraus, dass die Klausel die Umstände der Versetzung nicht ausdrücklich benennt.[15] Diese sind Gegenstand der Billigkeitskontrolle gem. § 106 GewO, der Arbeitnehmer hierdurch hinreichend geschützt.

Eine Versetzungsklausel in einem Formulararbeitsvertrag, die vom Inhalt des § 106 GewO abweicht, unterliegt demgegenüber der uneingeschränkten AGB-Kontrolle. Es handelt sich insbesondere um solche Klauseln, die die Art der im Arbeitsvertrag festgelegten Tätigkeiten ändern. Eine Änderung ist nicht eine nähere Bestimmung der Arbeitsleistung und weicht daher vom Regelungsinhalt des § 106 GewO ab.

§ 308 Nr. 4 BGB steht Versetzungsklauseln dieses Inhalts nicht entgegen. Ihrem Wortlaut nach setzt diese Regelung eine Vereinbarung voraus, die dem Verwender, also dem Arbeitgeber, das Recht zur einseitigen Bestimmung der von ihm geschuldeten Leistung gibt. Mit der Versetzungsklausel soll hingegen die vom Arbeitnehmer geschuldete Arbeitsleistung geändert werden. Jedoch kann der Arbeitnehmer durch eine Versetzungsklausel, die von § 106 GewO abweicht, gem. § 307 Abs. 1 und 2 BGB unangemessen benachteiligt werden. Eine unangemessene Benachteiligung liegt vor, wenn sich der Arbeitgeber auch das Recht vorbehält, dem Arbeitnehmer geringerwertige Tätigkeiten zu übertragen. Er setzt hiermit einseitig seine Rechte zulasten des Arbeitnehmers durch, denn Änderungen des Arbeitsvertrags sind ohne Mitwirkung des Arbeitnehmers nur durch eine Änderungskündigung möglich, der gegenüber Kündigungsschutz besteht. Eine solche Versetzungsklausel weicht von wesentlichen Grundgedanken der gesetzlichen Regelung des § 106 GewO ab und ist daher unwirksam.[16] Der Arbeitgeber verliert sein einseitiges Versetzungsrecht.[17] Entsprechendes gilt für eine Versetzungsklausel, die es dem Arbeitgeber ermöglicht, dem Arbeitnehmer andere zumutbare Aufgaben zu übertragen.[18] Zumutbare Aufgaben können auch geringwertigere Aufgaben im Vergleich zur bisherigen Tätigkeit sein.

Durch eine Versetzungsklausel kann dem Arbeitgeber auch das Recht eingeräumt werden, den Arbeitnehmer in ein anderes Unternehmen des Konzerns zu versetzen (Konzernversetzungsklausel). Übt der Arbeitgeber das ihm hierdurch eingeräumte Gestaltungsrecht aus, so bedeutet dies eine Auswechselung oder Änderung des Arbeitgebers. Ob eine solche Klausel der AGB-Kontrolle

14 BAG 19.1.2011 – 10 AZR 738/09, NZA 2011, 631.
15 BAG 13.4.2010 – 9 AZR 36/09, BeckRS 2010, 72775.
16 BAG 25.8.2010 – 10 AZR 275/09, NZA 2010, 1355.
17 BAG 9.5.2006 – 9 AZR 424/05, NZA 2007, 145.
18 LAG Baden-Württemberg 24.2.2016 – 2 Sa 51/15, BeckRS 2016, 68744.

standhält, ist bisher nicht höchstrichterlich entschieden.[19] Im Hinblick auf § 309 Nr. 10 BGB sollten die Konzernunternehmen, in die versetzt werden kann, namentlich benannt werden. Geschieht dies nicht, ist eine entsprechende Klausel nicht wirksam. Da sich die Klausel nicht mehr innerhalb des durch § 106 GewO festgelegten Umfangs des Direktionsrechts bewegt, ist außerdem eine Angemessenheitsprüfung gem. § 307 Abs. 1 und 2 BGB vorzunehmen. Im Einzelfall kann eine Konzernversetzungsklausel den gesetzlichen Kündigungsschutz des KSchG erweitern, der grundsätzlich nur betriebsbezogen ist.[20] Eine Klausel, die dem Arbeitgeber die Versetzung in andere Unternehmen des Konzerns ermöglicht, zwingt bei einer betriebsbedingten Kündigung eine Weiterbeschäftigungsmöglichkeit des Arbeitnehmers nicht nur im Betrieb oder Unternehmen, sondern konzernweit zu suchen. Dies setzt jedoch einen bestimmenden Einfluss des Arbeitgebers auf die Versetzung voraus. Die Entscheidung darf also nicht allein dem aufnehmenden Unternehmen obliegen.[21] Von diesem Ausnahmefall abgesehen wird eine Konzernversetzungsklausel regelmäßig eine unangemessene Benachteiligung des Arbeitnehmers gem. § 307 Abs. 1 und 2 BGB darstellen.

Zulässigkeit einer Versetzungsklausel

- Inhalt der arbeitsvertraglichen Regelung und des Versetzungsvorbehalts ist durch Auslegung zu bestimmen
  - entspricht der Inhalt § 106 GewO, erfolgt gem. § 307 Abs. 3, Abs. 1 S. 2 BGB eine Transparenzkontrolle
  - weicht der Inhalt von § 106 GewO ab, ist eine Angemessenheitskontrolle gem. § 307 Abs. 1 und 2 BGB vorzunehmen
- **Versetzungsklausel ist zulässig, wenn sie ermöglicht,**
  - innerhalb der vertraglichen Tätigkeitsbeschreibung („Gattung") ein anderes Aufgabengebiet zuzuweisen
  - dem Arbeitnehmer eine andere Art der Tätigkeit zu übertragen, es sich aber um eine gleichwertige Tätigkeit handeln muss
  - innerhalb des Betriebs/Unternehmens den Ort der Tätigkeit zu verändern
- **Versetzungsklausel ist** als unangemessene Benachteiligung gem. § 307 Abs. 1 und 2 BGB **unwirksam** (Inhaltskontrolle), wenn sie dem Arbeitgeber ohne Einschränkungen gestattet, dem Arbeitnehmer Arbeitsleistungen einer anderen Gattung, insbesondere auch geringerwertige Tätigkeiten zuzuweisen.
- Die Versetzung unterliegt neben der Inhaltskontrolle der **Ausübungskontrolle** nach § 106 GewO, muss also billigem Ermessen entsprechen.

---

19 Offen gelassen in BAG 13.4.2010 – 9 AZR 36/09, BeckRS 2010, 72775.

20 BAG 2.6.2005 – 2 AZR 158/04, NZA 2005, 1175; BAG 14.10.1982 – 2 AZR 568/80, NJW 1984, 381.

21 BAG 23.3.2006 – 2 AZR 162/05, NZA 2007, 30; BAG 27.11.1991 – 2 AZR 255/91, NZA 1992, 644.

Die im Arbeitsvertrag von Herrn Mustermann vorgesehene Versetzungsklausel erfüllt diese Anforderungen. Das Direktionsrecht erfasst alle Aufgaben eines kaufmännischen Angestellten. Innerhalb dieser Gattung kann ihm die Müllex GmbH entsprechende Tätigkeiten übertragen. Da die Klausel den von §106 GewO vorgegebenen Rahmen einhält, erfolgt keine weitergehende AGB-Kontrolle. Die Klausel ist klar und verständlich, also im Hinblick auf das Transparenzgebot des §307 Abs.3, Abs.1 S.2 BGB nicht zu beanstanden. Da die Tätigkeiten gleichwertig sein müssen, werden seine Interessen mit der Billigkeitsprüfung im Rahmen der Ausübungskontrolle nach §106 S.1 GewO, §315 Abs.1 BGB im Zuge einer konkreten Versetzung hinreichend berücksichtigt.

Der Betriebsrat hat auf die Vereinbarung einer Versetzungsmöglichkeit im Arbeitsvertrag keinen Einfluss. Sie unterliegt allein der Vertragsfreiheit von Arbeitgeber und Arbeitnehmer. In Unternehmen mit in der Regel mehr als zwanzig wahlberechtigten Arbeitnehmern hat der Betriebsrat jedoch gem. §99 Abs.1 BetrVG unabhängig davon, auf welcher einzelvertraglichen Grundlage sie erfolgt, der Versetzung zuzustimmen. Voraussetzung des Mitbestimmungsrechts ist, dass die Zuweisung des anderen Arbeitsbereichs einen Zeitraum von mehr als einem Monat überschreitet oder unabhängig von ihrer Dauer mit einer erheblichen Änderung der Arbeitsumstände verbunden ist. Nur dann liegt eine nach §95 Abs.3 S.1 BetrVG mitbestimmungspflichtige Versetzung vor.

2. Arbeitszeit

In letzter Zeit sind zahlreiche Mitarbeiter und Betriebsräte der einzelnen Niederlassungen an die Personalleiterin der Müllex GmbH mit der Bitte herangetreten, flexiblere Arbeitszeiten einzuführen. Um sich das notwendige Wissen zu diesem Themenbereich anzueignen, nimmt die Personalleiterin Birgit Müller an einer Schulung teil, bei der es um innovative Arbeitszeitsysteme geht. Am ersten Tag der Schulung müssen die Teilnehmer in Kleingruppen Grundbegriffe zum Thema Arbeitszeit erarbeiten. Die Gruppe, der Frau Müller zugeordnet ist, soll mithilfe zur Verfügung gestellter Unterlagen erarbeiten, welche Zeiten zur Arbeitszeit rechnen.

Als Ergebnis ihrer Arbeit hat die Gruppe folgende Übersicht gefertigt:

Arbeitszeit

Ja

- ☑ Zeit vom Beginn bis Ende der Arbeit
- ☑ Aufsuchen von Arbeitsstätten außerhalb des Betriebs
- ☑ Arbeitsvorbereitung/Umkleiden
- ☑ Arbeitsbereitschaft
- ☑ Bereitschaftsdienst
- ☑ Überstunden

Nein

- ☑ Ruhepausen
- ☑ Wegezeiten
- ☑ Umkleiden/Waschen
- ☑ Rufbereitschaft

Nach der Kleingruppenarbeit ergänzt die Leiterin die von den Teilnehmern erarbeiteten Grundlagen durch ein Kurzreferat, das nachfolgend abgedruckt ist:

Bei der Einführung von flexiblen und innovativen Arbeitszeitmodellen müssen Sie die rechtlichen Rahmenbedingungen beachten. Geschieht dies nicht, so sind die von Ihnen geplanten Arbeitszeitformen zum Scheitern verurteilt. Verstoßen Sie gegen rechtliche Bestimmungen, so sind die Arbeitszeitregelungen unwirksam. Ein Streit hierüber verzögert die Einführung neuer Arbeitszeiten und bedeutet für Ihr Unternehmen wirtschaftlichen Schaden. Es ist daher notwendig, einige Grundbegriffe und -regeln zu beherrschen.

Die Dauer der vom Arbeitnehmer geschuldeten Arbeitszeit ist regelmäßig im Arbeitsvertrag oder in einem Tarifvertrag festgelegt. Tarifverträge enthalten Rahmenbestimmungen zur Arbeitszeit. Insbesondere legen sie die Höchstdauer der wöchentlichen Arbeitszeit fest. Zunehmend verlagern die Tarifvertragsparteien die Arbeitszeitgestaltung durch Öffnungsklauseln auf die betriebliche Ebene, um betriebsangepasste, vom Tarifvertrag abweichende Arbeitszeitmodelle zu ermöglichen. Fehlt es an einer einzelvertraglichen oder kollektivrechtlichen Regelung, so gilt die betriebsübliche Arbeitszeit als vereinbart.[22]

Während der Arbeitgeber den Gesamtumfang der vom Arbeitnehmer geschuldeten Arbeitszeit nicht einseitig ändern darf, kann er aufgrund seines Direktionsrechts (§ 106 GewO) die Verteilung der Arbeitszeit auf die einzelnen Wochentage festlegen. Bei der Bestimmung der täglichen Arbeitszeit muss er die sich aus dem Arbeitsvertrag ergebenden Schranken seines Weisungsrechts beachten. Die Summe der täglichen Arbeitszeit darf die dort festgelegte Wochenarbeitszeit nicht überschreiten. Für den Fall, dass ein Betriebsrat besteht, wird das Direktionsrecht des Arbeitgebers außerdem durch das Mitbestimmungsrecht des § 87 Abs. 1 Nr. 2 BetrVG begrenzt. Der Betriebsrat ist bei der Festlegung von Beginn und Ende der täglichen Arbeitszeit einschließlich der Pausen sowie der Verteilung der Arbeitszeit auf die einzelnen Wochentage zu beteiligen.[23] Durch die Beteiligung des Betriebsrats soll ein Ausgleich zwischen dem Interesse der Arbeitnehmer an ihrer Freizeitgestaltung und der Lage der Arbeitszeit erzielt werden. Arbeitszeit iSd BetrVG ist demnach die Zeit, in der der Arbeitnehmer die geschuldete Arbeitsleistung tatsächlich erbringen soll.[24] Es muss sich hierbei nicht zwingend um vergütungspflichtige Arbeitszeit oder um Arbeitszeit iSd Arbeitsschutzrechts handeln.

§ 87 Abs. 1 Nr. 3 BetrVG gewährt dem Betriebsrat ein Mitbestimmungsrecht bei der vorübergehenden Verlängerung (Überstunden) oder Verkürzung (Kurzarbeit) der betriebsüblichen Arbeitszeit. Die Dauer der Arbeitszeit, die der Arbeitnehmer insgesamt schuldet, ist demgegenüber mitbestimmungsfrei. Jedoch kann die Verlängerung der Arbeitszeit eines Arbeitnehmers eine mitbestimmungspflichtige Einstellung darstellen und somit dem Mitbestimmungsrecht des Betriebsrats gem. § 99 BetrVG unterliegen. Die Erhöhung der Arbeitszeit ist

22 BAG 15.5.2013 – 10 AZR 325/12, BeckRS 2013, 71556; BAG 23.6.1992 – 1 AZR 57/92, NZA 1993, 89; s. auch BAG 24.3.2015 – 5 AZR 602/13, NZA 2015, 1002.

23 S. auch *Bepler* NZA-Beil. 2006, Heft 1, S. 45; *Schoof* AiB 2006, 699.

24 BAG 10.11.2009 – 1 ABR 54/08, NZA-RR 2010, 301.

eine Einstellung im Sinne dieser Vorschrift, wenn hierdurch die Eingliederung des Mitarbeiters in den Betrieb eine erhebliche Änderung erfährt. Voraussetzung ist, dass sich die Arbeitszeit um mindestens 10 Stunden wöchentlich und für die Dauer von mindestens einem Monat erhöht.[25]

Bei der Festlegung der Arbeitszeiten und damit auch bei der Ausgestaltung von Arbeitszeitsystemen ist der Arbeitgeber (ebenso wie die Tarifvertragsparteien und der Betriebsrat) an die gesetzlichen Bestimmungen gebunden. Er muss also neben einem geltenden Tarifvertrag insbesondere das Arbeitszeitgesetz beachten. Es legt Mindeststandards für die Gestaltung von Arbeitszeiten fest, um die Gesundheit der Arbeitnehmer zu schützen, gleichzeitig aber flexible Arbeitszeiten zu fördern (s. § 1 ArbZG). Aber auch zB das Jugendarbeitsschutzgesetz, das in den §§ 8 ff. Regelungen über die zulässigen Arbeitszeiten für jugendliche Arbeitnehmer enthält (s. auch § 18 Abs. 2 ArbZG), sowie im Einzelhandel die Ladenöffnungsgesetze der Länder sind einzubeziehen. Verstöße gegen gesetzliche Arbeitszeitvorschriften werden als Ordnungswidrigkeit oder Straftat geahndet (s. §§ 22, 23 ArbZG[26], § 58 JArbSchG). Schwerbehinderte Arbeitnehmer haben gem. § 164 Abs. 4 Nr. 4 SGB IX gegenüber ihrem Arbeitgeber einen Anspruch auf behinderungsgerechte Gestaltung ihrer Arbeitszeit.[27]

Das Arbeitszeitgesetz findet auf alle Arbeitnehmer (s. § 2 Abs. 2 ArbZG) mit Ausnahme der in § 18 Abs. 1 ArbZG genannten Personen Anwendung. Insbesondere für leitende Angestellte iSd § 5 Abs. 3 BetrVG gilt es nicht.

Das Arbeitszeitgesetz erlaubt gem. § 3 ArbZG eine Höchstarbeitszeit von acht Stunden pro Werktag (= Montag bis Samstag). Das Arbeitszeitvolumen, das wirksam vereinbart werden kann, ist damit durch die Höchstarbeitszeit des § 3 ArbZG begrenzt. § 3 ArbZG stellt ein gesetzliches Verbot auf, sodass Vereinbarungen, die eine längere tägliche oder wöchentliche Arbeitszeit vorsehen, gem. § 134 BGB insoweit unwirksam sind.[28] Während das ArbZG festlegt, wie lange ein Arbeitnehmer je Werktag maximal arbeiten darf, regelt der Arbeits- bzw. Tarifvertrag sowie gegebenenfalls Betriebsvereinbarungen, wie lange ein Arbeitnehmer tatsächlich arbeiten muss.

Das deutsche Arbeitsschutzrecht geht von einer täglichen Höchstarbeitszeit aus und ist somit enger als die ihm zugrunde liegende Arbeitszeitrichtlinie.[29] Art. 6 b) RL 2003/88/EG legt nur eine durchschnittliche Arbeitszeit pro Siebentageszeitraum von 48 Stunden einschließlich Überstunden fest. Die tägliche Arbeitszeit wird lediglich mittelbar durch Art. 3 und Art. 5 RL 2003/88/EG auf 13 Stunden an sechs Tagen bestimmt. Wenn von Unternehmerseite im Zuge der Arbeitswelt 4.0 Veränderungen der täglichen Arbeitszeit gefordert werden,[30] ist das grundsätzlich im Rahmen der Vorgaben der Arbeitszeitrichtlinie möglich.

---

[25] BAG 9.12.2008 – 1 ABR 74/07, NZA-RR 2009, 260.
[26] Dazu: *Schröder* ArbRAktuell 2016, 177.
[27] BAG 3.12.2002 – 9 AZR 462/01, NZA 2004, 1219.
[28] BAG 24.8.2016 – 5 AZR 129/16, NZA 2017, 58.
[29] RL 2003/88/EG v. 4.11.2003, ABl. 2003 L 299, 9.
[30] S. zB *Brunn* BB 2017, Heft 27–28, I.

Der Begriff des Werktags ist nicht mit dem jeweiligen Wochentag identisch, sondern er bezeichnet einen Zeitraum von 24 Stunden beginnend mit der Arbeitsaufnahme durch den Arbeitnehmer. Eine Verlängerung der gesetzlichen Höchstarbeitszeit von acht Stunden auf werktäglich zehn Stunden ist möglich, wenn innerhalb von sechs Kalendermonaten oder innerhalb von 24 Wochen im Durchschnitt acht Stunden (bezogen auf sechs Werktage pro Woche) gearbeitet werden. Eine Schichteinteilung kann daher zB an vier Tagen der Woche eine Arbeitszeit von zehn Stunden und an einem Tag von acht Stunden vorsehen. Durch den arbeitsfreien sechsten Werktag erfolgt ein Ausgleich noch in der gleichen Woche, da im Durchschnitt der Woche acht Stunden pro Werktag gearbeitet werden. Die Summe der tatsächlich geleisteten Arbeitsstunden pro Woche à sechs Werktage muss folglich im Durchschnitt des Ausgleichszeitraums kleiner oder gleich der Summe der höchstzulässigen 48 Arbeitsstunden pro Woche sein.

Abweichungen von den genannten Höchstarbeitszeiten sind gem. §7 ArbZG durch Tarifvertrag oder durch Betriebsvereinbarung aufgrund einer Öffnungsklausel im Tarifvertrag zulässig. Auch in Betrieben, deren Arbeitgeber nicht tarifgebunden ist, können die vom Gesetz abweichenden Regelungen des Tarifvertrags durch Betriebsvereinbarung oder, falls ein Betriebsrat nicht besteht, durch arbeitsvertragliche Abmachung übernommen werden (s. §7 Abs. 3 ArbZG). An sich verbietet §77 Abs. 3 S. 1 BetrVG den Abschluss von Betriebsvereinbarungen, wenn Arbeitsbedingungen in einem Tarifvertrag geregelt sind oder üblicherweise geregelt werden. §7 Abs. 3 ArbZG hebt diese Tarifsperre für die Arbeitszeit jedoch insoweit auf, dass nicht tarifgebundene Arbeitgeber die Bestimmungen des einschlägigen Tarifvertrags über die Arbeitszeit in eine Betriebsvereinbarung übernehmen können. Einschlägig ist der Tarifvertrag, der für den Betrieb räumlich und fachlich gilt, aber mangels Tarifbindung des Arbeitgebers nicht zur Anwendung kommt.

§14 ArbZG lässt darüber hinaus Abweichungen für außergewöhnliche Fälle zu. Für bestimmte Betriebe ermöglicht §15 ArbZG die Bewilligung abweichender längerer täglicher Arbeitszeiten durch die Aufsichtsbehörde, zB bei kontinuierlichem Schichtbetrieb.

Die einzuhaltenden Ruhepausen und Ruhezeiten sind in §§4 und 5 ArbZG festgelegt (bitte lesen!). Eine Ruhepause liegt vor, wenn der Arbeitnehmer während einer im Voraus festgelegten Zeit keine Arbeitsleistung schuldet und sich auch nicht zur Arbeitsaufnahme bereithalten muss, sondern über diese Zeit frei verfügen kann.[31]

Die Arbeitszeitrichtlinie kennt nur entweder Arbeitszeit oder Ruhezeit. Arbeitszeit ist definiert als Zeitspanne, während der ein Arbeitnehmer arbeitet, dem Arbeitgeber zur Verfügung steht und seine Tätigkeit ausübt oder Aufgaben wahrnimmt (Art. 2 Nr. 1 RL 2003/88/EG). Ruhezeit ist demgegenüber jede Zeitspanne außerhalb der Arbeitszeit (Art. 2 Nr. 2 RL 2003/88/EG). Eine Zeit kann daher nur Arbeitszeit oder Ruhezeit sein.

Nach Beendigung der täglichen Arbeitszeit muss der Arbeitnehmer gem. §5 Abs. 1 ArbZG grundsätzlich eine ununterbrochene Ruhezeit von mindestens elf

---

[31] BAG 13.10.2009 – 9 AZR 139/08, NZA-RR 2010, 623; s. auch *Kleinebrink* DB 2015, 2023.

Stunden haben. Verkürzungen der Ruhezeit sind nur ausnahmsweise zulässig (s. im Detail §5 Abs. 2, 3, §7, §14, §15 ArbZG). Erbringt der Arbeitnehmer auf Veranlassung des Arbeitgebers während der Ruhezeit vor Ablauf der elf Stunden Arbeitsleistungen, so beginnt eine neue elfstündige Ruhezeit. Dies gilt nach derzeitiger Regelung auch bei nur kurzzeitigen Unterbrechungen der Ruhezeit, zB zum Bearbeiten von Mails.[32]

Was aber versteht man nun eigentlich unter Arbeitszeit? Einen Überblick gibt Ihnen bereits die aus der Gruppenarbeit hervorgegangene Übersicht. §2 Abs. 1 S. 1 ArbZG definiert die Arbeitszeit als Zeit vom Beginn bis zum Ende der Arbeit ohne Pausen. Arbeitszeit ist demnach die Zeitspanne, innerhalb derer der Arbeitnehmer die vertraglich festgelegte Arbeitsleistung schuldet. Die Unterscheidung zwischen Arbeitszeit und Nichtarbeitszeit ist zum einen aus arbeitsschutzrechtlicher Sicht geboten, um den Arbeitnehmer vor den Gesundheitsgefahren überlanger Arbeitszeiten zu schützen. Zum anderen muss der Arbeitgeber grundsätzlich nur Zeiten vergüten, in denen der Arbeitnehmer Arbeitsleistungen erbringt, es sei denn, es ist etwas anderes vereinbart, zB bezahlte Ruhepausen. Der Begriff Arbeitszeit im arbeitsschutzrechtlichen Sinne und Arbeitszeit im vergütungs- bzw. betriebsverfassungsrechtlichen ist jeweils eigenständig festzustellen.[33]

Wegezeiten, dh die Zeit für die An- und Abfahrt zum bzw. vom Betrieb gehören grundsätzlich nicht zur Arbeitszeit, sondern zum privaten Lebensbereich des Arbeitnehmers.[34] Kommt der Arbeitnehmer daher zu spät zur Arbeit, so verletzt er seine arbeitsvertraglichen Pflichten. Der Arbeitnehmer trägt das Wegerisiko. Gemäß §§275 Abs. 1, 326 Abs. 1 S. 1 BGB entfällt sein Anspruch auf Lohnzahlung, wenn er beispielsweise ohne eigene Schuld durch Schnee, Glatteis oder Zugausfällen nicht rechtzeitig an seinen Arbeitsplatz gelangt. Muss der Arbeitnehmer dagegen außerhalb des Betriebs gelegene Arbeitsplätze, Kunden, Montagestellen oder ähnliches aufsuchen, so handelt es sich bei den Anfahrtszeiten um Arbeitsleistungen und somit um Arbeitszeit.[35]

Dienstreisen sind regelmäßig keine Arbeitszeit iSd Arbeitszeitgesetzes. Als Dienstreisen werden Fahrten definiert, die der Arbeitnehmer von seiner regulären Arbeitsstätte an einen auswärtigen Ort unternimmt, um dort seine Arbeitsleistung zu erbringen. Der Arbeitgeber konkretisiert durch sein Direktionsrecht die vom Arbeitnehmer geschuldete Leistung in der Weise, dass die Arbeitsleistung am Zielort der Dienstreise zu erbringen ist. Insbesondere wenn der Arbeitnehmer mit öffentlichen Verkehrsmitteln unterwegs ist, kann er während der Reisezeit machen, was er möchte. Selbst wenn er Arbeitsleistungen erbringt, macht er dies regelmäßig nicht auf Veranlassung des Arbeitgebers, sondern aus freien Stücken.[36] Etwas anderes kann lediglich dann gelten, wenn

---

32 S. nur *Jacobs* NZA 2016, 733.

33 BAG 10.11.2009 – 1 ABR 54/08, NZA-RR 2010, 301.

34 BAG 8.12.1982 – 4 AZR 134/80, Beck RS 9998, 151201; BAG 8.12.1960 – 5 AZR 304/58, BeckRS 1960, 30368158.

35 BAG 12.12.2012 – 5 AZR 355/12, NZA 2013, 1158; BAG 22.4.2009 – 5 AZR 292/08, BeckRS 2009, 67018; EuGH 10.9.2015 – C-266/14, NZA 2015, 1177 – CCOO.

36 BAG 11.7.2006 – 9 AZR 519/05, NZA 2007, 155; zum Mitbestimmungsrecht des Betriebsrats s. BAG 14.11.2006 – 1 ABR 5/06, NZA 2007, 458.

der Arbeitnehmer auf ausdrückliche Anordnung des Arbeitgebers einen Pkw benutzt, da der Arbeitgeber kraft seines Direktionsrechts die Arbeitsleistungspflicht in diesem Fall entsprechend festlegt.[37]

Auch wenn Dienstreisen keine Arbeitszeit iSd Arbeitszeitgesetzes sind, so können sie vergütungsrechtlich dennoch als Arbeitszeit eingeordnet sein. Regelmäßig werden die Zeiten der Dienstreise vergütet, die in die normale Arbeitszeit fallen. Ob auch Reisezeiten außerhalb der üblichen Arbeitszeit zu vergüten sind[38], hängt von der einschlägigen Regelung im Tarifvertrag, in einer Betriebsvereinbarung oder im Arbeitsvertrag ab. So sieht zB § 14.1 MTV Metall Nordwürttemberg-Nordbaden[39] vor, dass während einer Dienstreise maximal vier Stunden außerhalb der regelmäßigen Arbeitszeit wie Arbeitszeit vergütet werden. Zeiten, die darüber hinausgehen, sind mit dem normalen Gehalt abgegolten.

Ob Zeiten für Umkleiden[40] und Waschen zur Arbeitszeit zählen, lässt sich nur aufgrund der konkreten betrieblichen und organisatorischen Verhältnisse beantworten.[41] Dort, wo das Umziehen zur geschuldeten Arbeitsleistung gehört, wie zB bei einem Model oder Schauspieler, handelt es sich um Arbeitszeit. Zumeist wird es sich jedoch um persönliche Verrichtungen des Arbeitnehmers handeln, die häufig sogar zu Hause getätigt werden können. Die Zeiten des Waschens und Umkleidens sind daher im Regelfall keine Arbeitszeit. Dies gilt grundsätzlich selbst dann, wenn der Arbeitnehmer verpflichtet ist, eine vorgeschriebene Arbeits- oder Schutzkleidung zu tragen.

Im Einzelfall kann sich jedoch aus der betrieblichen Arbeitsorganisation etwas anderes ergeben, wenn der Arbeitnehmer die Kleidung nicht mit nach Hause nehmen darf[42] oder die Art der Schutzkleidung einen größeren Aufwand beim Umkleiden bedingt und somit über das normale Maß des Ankleidens hinausgeht.[43] Die Zuordnung zur Arbeitsleistung erfolgt, wenn das Umkleiden für den Arbeitnehmer eine fremdnützige Tätigkeit ist. Wann dies der Fall ist, bestimmt der Arbeitgeber durch sein Weisungsrecht[44] bzw. durch die Art der Kleidung. Handelt es sich um eine besonders auffällige Kleidung, die den Arbeitnehmer ohne Weiteres als Mitarbeiter eines bestimmten Arbeitgebers erkennbar macht, so ist das Anlegen dieser Dienstkleidung zu Hause fremdnützig. Stellt der Arbeitgeber dem Arbeitnehmer jedoch frei, wann er die Kleidung anlegt und stehen im Betrieb Umkleidemöglichkeiten zur Verfügung, so dient das Umkleiden zu Hause auch einem eigenen Interesse und ist daher keine Arbeitszeit.[45] Unabhängig von der Einordnung der Zeiten als Arbeitszeit im Sinne des Arbeitsschutzes besteht eine Vergütungspflicht des Arbeitgebers für

37 Str., s. BAG 14.11.2006 – 1 ABR 5/06, NZA 2007, 458; *Hunold* NZA-Beil. 2006, Heft 1, S. 38.
38 *Kleinebrink* DB 2016, 2114.
39 S. dazu BAG 21.6.2006 – 7 AZR 389/05, NZA 2006, 1417.
40 S. dazu *Franzen* NZA 2016, 136.
41 BAG 22.3.1995 – 5 AZR 934/93, NZA 1996, 107.
42 BAG 19.9.2012 – 5 AZR 678/11, NZA-RR 2013, 63; BAG 28.7.1994 – 6 AZR 220/94, NZA 1995, 437.
43 BAG 10.11.2009 – 1 ABR 54/08, NZA-RR 2010, 301.
44 BAG 26.10.2016 – 5AZR 168/16, NZA 2017, 323.
45 BAG 17.11.2015 – 1 ABR 76/13, NZA 2016, 247; BAG 12.11.2013 – 1 ABR 59/12, NZA 2014, 557.

Umkleidezeiten nur bei einer entsprechenden Vereinbarung.[46] Selbst wenn eine Einordnung als Arbeitszeit im Sinne des ArbZG erfolgt, kann eine Vergütungspflicht zB durch eine tarifvertragliche Regelung ausgeschlossen sein.[47]

Dagegen gehören Verrichtungen zur Arbeitszeit, die arbeitsvorbereitend bezogen auf die konkret geschuldete Tätigkeit sind. Hierzu rechnen Zeiten für die Arbeitseinteilung durch den Arbeitgeber, Material- und Werkzeugausgabe, Säubern von Maschinen und ähnliches.[48]

Die Arbeitszeit beginnt regelmäßig mit dem Erreichen des Arbeitsbereichs und endet mit dessen Verlassen. Sofern Arbeitszeiterfassungsgeräte installiert sind, beginnt und endet die Arbeitszeit nach deren Betätigung. Ist der Arbeitsplatz des Arbeitnehmers nicht in unmittelbarer Nähe, so ist die Wegezeit zum eigentlichen Arbeitsplatz geschuldete Arbeitsleistung. Gleiches gilt für innerbetriebliche Wege, wenn der Arbeitgeber vorgibt, in einem eigens eingerichteten Umkleideraum Dienstkleidung anzulegen.[49] Abweichende Regelungen sind denkbar. Werden Geräte zur Erfassung der Arbeitszeit installiert, so hat der Betriebsrat gem. §87 Abs. 1 Nr. 6 BetrVG ein Mitbestimmungsrecht.

Die Einordnung von Bereitschaftszeiten unter den Begriff der Arbeitszeit hängt von der Art des Dienstes ab. Zur Arbeitszeit ist die Arbeitsbereitschaft zu zählen. Es handelt sich nach der Definition der Rechtsprechung um eine Zeit wacher Achtsamkeit im Zustand der Entspannung.[50] Im Gegensatz zur normalen Arbeit muss sich der Arbeitnehmer nur am Arbeitsplatz bereithalten, um im Bedarfsfall die geschuldete Arbeitsleistung zu erbringen. Ein Mitarbeiter in der Telefonzentrale vermittelt die eingehenden Gespräche an die zuständigen Stellen. Insoweit übt er die geschuldete Tätigkeit aus, es liegt Arbeitszeit vor. Die Zeiten, in denen er auf Anrufe wartet, ohne mit anderen Aufgaben betraut zu sein, ist Arbeitsbereitschaft.

Bereitschaftsdienst = Warten auf Arbeit

Bereitschaftsdienst liegt vor, wenn sich der Arbeitnehmer an einer vom Arbeitgeber kraft seines Direktionsrechts bestimmten Stelle im Betrieb aufhalten muss, von der aus er jederzeit auf Abruf in der Lage ist, seine Arbeit aufzunehmen und somit dem Arbeitgeber zur Verfügung zu stehen. Der Arbeitnehmer unterliegt einer Aufenthaltsbeschränkung, kann jedoch ansonsten tun, was ihm beliebt; hierdurch unterscheidet sich der Bereitschaftsdienst von der Arbeitsbereitschaft.[51] Bereitschaftsdienste, die eine persönliche Anwesenheit am Arbeitsort erfordern, sind somit der Arbeitszeit zuzurech-

46 BAG 11.10.2000 – 5 AZR 122/99, NZA 2001, 458.

47 BAG 13.12.2016 – 9 AZR 574/15, NZA 2017, 459; BAG 19.3.2014 – 5 AZR 954/12, NZA 2014, 787.

48 BAG 12.11.2013 – 1 ABR 59/12, NZA 2014, 557.

49 BAG 19.9.2012 – 5 AZR 678/11, NZA-RR 2013, 63.

50 BAG 17.7.2008 – 6 AZR 505/07, NZA 2008, 1320 mwN.

51 BAG 5.6.2003 – 6 AZR 114/02, NZA 2004, 164; BAG 18.2.2003 – 1 ABR 2/02, NZA 2003, 742.

nen.[52] Die Höchstarbeitszeit von acht Stunden werktäglich bzw. 48 Stunden wöchentlich darf daher einschließlich des Bereitschaftsdienstes nicht überschritten werden.

Mit der arbeitszeitrechtlichen Zuordnung des Bereitschaftsdienstes ist keine Aussage darüber getroffen, wie diese Zeiten zu vergüten sind. Bereitschaftsdienst stellt an den Arbeitnehmer geringere Anforderungen als die Vollarbeitszeit oder die Arbeitsbereitschaft, ist jedoch aufgrund der Aufenthaltsbeschränkung eine Leistung des Arbeitnehmers gegenüber dem Arbeitgeber, die zu vergüten ist. Gegenüber der Vollarbeit kann die Vergütung jedoch eine geringere sein.[53] Auch sind Vergütungsvereinbarungen zulässig, die eine Pauschalisierung vorsehen.[54]

Die Einführung und Ausgestaltung von Bereitschaftsdiensten unterliegt gem. § 87 Abs. 1 Nr. 2 BetrVG der Mitbestimmung des Betriebsrats.[55]

Fallen regelmäßig und in erheblichem Umfang Zeiten der Arbeitsbereitschaft oder Bereitschaftsdienste an, dh mehr als 25–30 % der Gesamtarbeitszeit[56], so dürfen durch Tarifvertrag oder auf der Grundlage eines Tarifvertrags auch in einer Betriebsvereinbarung die Höchstarbeitszeiten über zehn Stunden hinaus verlängert und in anderen Zeiträumen ausgeglichen werden (§ 7 Abs. 1 Nr. 1 ArbZG), sofern im Durchschnitt eines Zeitraums von zwölf Monaten wiederum 48 Stunden pro Woche erreicht werden (§ 7 Abs. 8 ArbZG). Wird der Gesundheitsschutz durch besondere Maßnahmen gesichert, so sind Verlängerungen der Arbeitszeit über acht Stunden werktäglich und 48 Stunden wöchentlich hinaus auch ohne Ausgleich möglich (§ 7 Abs. 2a ArbZG iVm § 7 Abs. 8 ArbZG).[57] Voraussetzung für die längeren Arbeitszeiten ist gem. § 7 Abs. 7 ArbZG die schriftliche Einwilligung des Arbeitnehmers. Außerdem enthält § 7 Abs. 9 ArbZG insofern eine Schranke, als dass bei Arbeitszeiten über zwölf Stunden im unmittelbaren Anschluss an die Beendigung der Arbeitszeit eine Ruhezeit von mindestens elf Stunden gewährt werden muss. Damit sind jedoch immer noch werktägliche Arbeitszeiten bis zu 13 Stunden und damit Wochenarbeitszeiten bis zu 78 Stunden möglich! Ob dies mit der Arbeitszeitrichtlinie 2003/88/EG in Einklang steht, ist fraglich, da diese in Art. 6 Nr. 2 eine durchschnittliche Arbeitszeit von 48 Stunden in sieben Tagen vorsieht.

Eine weitere Form der Dienstbereitschaft stellt die Rufbereitschaft dar. Im Unterschied zum Bereitschaftsdienst kann der Arbeitnehmer seinen Aufenthaltsort bei der Rufbereitschaft beliebig wählen. Der Aufenthaltsort ist durch den Arbeitgeber nicht vorgegeben oder beschränkt, jedoch muss der Arbeitnehmer in der Lage sein, seine Arbeit auf Abruf innerhalb angemessener Zeit aufzu-

---

52 EuGH 9.9.2003 – C-151/02, NZA 2003, 1019 – Jaeger; EuGH 3.10.2000 – C-303/98, NZA 2000, 1227 – SIMAP.

53 BAG 28.1.2004 – 5 AZR 503/02, BeckRS 2004, 40774.

54 BAG 28.1.2004 – 5 AZR 530/02, NZA 2004, 656; BAG 29.11.2001 – 4 AZR 736/00, NZA 2002, 1288.

55 BAG 29.2.2000 – 1 ABR 15/99, NZA 2000, 1243.

56 S. hierzu BAG 24.1.2006 – 1 ABR 6/05, NZA 2006, 862.

57 BAG 23.6.2010 – 10 AZR 543/09, NZA 2010, 1081; s. auch *Bermig* BB 2004, 101; *Hamm* AiB 2004, 133; *Reim* DB 2004, 186.

nehmen. Rufbereitschaft rechnet nicht zur Arbeitszeit, sondern zur Ruhezeit (s. auch §5 Abs. 3 ArbZG). Dem steht nicht entgegen, dass der Arbeitnehmer durch die Abrufbereitschaft gewissen Einschränkungen unterliegt. Allerdings ist auch die Rufbereitschaft eine besondere Leistung des Arbeitnehmers und als solche, gegebenenfalls pauschal, zu vergüten. Wird der Arbeitnehmer während der Rufbereitschaft zur Arbeit herangezogen, so handelt es sich arbeitsschutzrechtlich um Arbeitszeit. Der Arbeitseinsatz darf also die werktägliche Arbeitszeit von maximal zehn Stunden (§3 ArbZG) nicht überschreiten. Wurde durch einen Arbeitseinsatz die Ruhezeit unterbrochen, so muss sich an das Ende der Arbeit eine neue elfstündige Ruhezeit gem. §5 Abs. 1 ArbZG anschließen. Der Arbeitgeber darf den Arbeitnehmer nicht beschäftigen, sofern die Ruhezeit nicht eingehalten ist. Der Arbeitnehmer hat gem. §326 Abs. 1 BGB keinen Anspruch auf Vergütung für die ausgefallene Zeit, es sei denn es ist etwas anderes geregelt.

Es ergibt sich folgende „Hierarchie der Zeit":

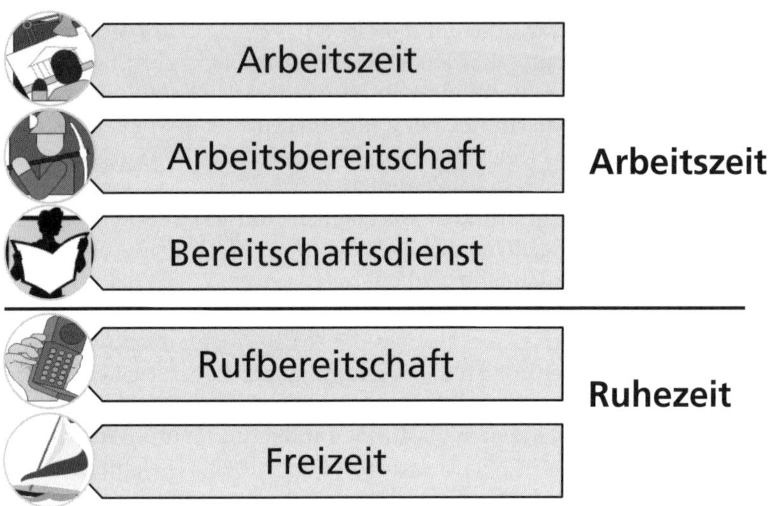

Um kurzfristige Schwankungen im Arbeitsanfall auszugleichen, kann die Arbeitszeit vorübergehend verlängert (= Überstunden) oder verkürzt (= Kurzarbeit) werden.

Überstunden[58] sind die Arbeitszeiten, die über die regelmäßige werktägliche Arbeitszeit des jeweiligen Arbeitnehmers hinausgehen. Der Arbeitnehmer ist nur dann verpflichtet, Überstunden zu leisten, wenn hierüber eine ausdrückliche oder konkludente Vereinbarung besteht. Da die Anordnung von Überstunden die Gesamtarbeitszeit des Arbeitnehmers und damit das arbeitsrechtliche Austauschverhältnis von

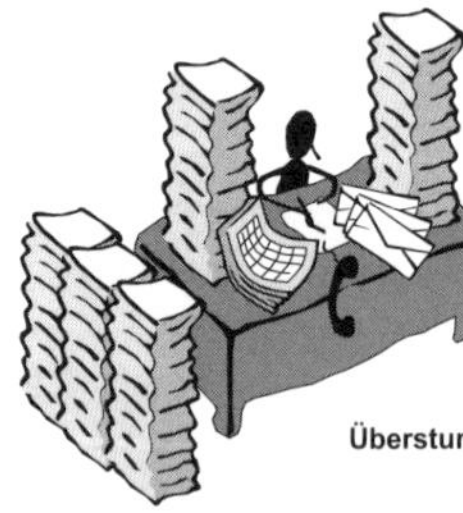
Überstunden

[58] S. auch *Raif/Nann* ArbRAktuell 2016, 204; *Salamon/Hoppe/Rogge* BB 2013, 1720; *Bauer/Arnold/Willemsen* DB 2012, 1986.

Arbeitsleistung und Arbeitsvergütung berührt, kann der Arbeitgeber die Verlängerung der Arbeitszeit, auch wenn sie nur vorübergehend ist, nicht einseitig aufgrund seines Direktionsrechts anordnen. Eine Pflicht, Überstunden zu leisten, kann sich neben dem Arbeitsvertrag auch aus einem Tarifvertrag oder einer Betriebsvereinbarung[59] ergeben. Beide begründen unmittelbar und zwingend Rechte und Pflichten der Arbeitsvertragsparteien (beim Tarifvertrag, soweit Tarifbindung besteht). Sofern nicht arbeitsvertraglich eine Verpflichtung zu Überstunden ausgeschlossen ist, kann die kollektivrechtliche Grundlage ohne Rücksicht auf den Willen des Arbeitnehmers die Arbeitszeit vorübergehend durch Überstunden verlängern. Ohne eine entsprechende Rechtsgrundlage kann der Arbeitnehmer Überstunden ablehnen, es sei denn, es handelt sich um einen Notfall. In nicht vorhersehbaren und damit nicht planbaren Notsituationen ist der Arbeitnehmer aufgrund seiner vertraglichen Nebenpflicht aus §241 Abs.2 BGB gegenüber dem Arbeitgeber verpflichtet, auch über seine normale Arbeitszeit hinaus zu arbeiten. In derartigen Fällen dürfen auch die Höchstarbeitszeiten des ArbZG überschritten werden (s. §14 Abs.1 ArbZG). Ist der Arbeitnehmer nicht bereit, zulässig angeordnete Überstunden zu leisten, so kann dies nach vorausgegangener Abmahnung eine Kündigung rechtfertigen.

Bei der ausdrücklichen wie stillschweigenden Anordnung von Überstunden muss der Arbeitgeber die Regelungen des Arbeitszeitgesetzes beachten. Hier ist insbesondere auf die Einhaltung der Höchstarbeitszeiten des §3 ArbZG und der Ruhezeiten des §5 ArbZG hinzuweisen. Außerdem ist gem. §4 Abs.1 MuSchG für schwangere oder stillende Frauen Mehrarbeit nur in dem dort genannten Umfang möglich. Schwerbehinderte Menschen sind gem. §207 SGB IX[60] auf ihr Verlangen von Mehrarbeit freizustellen. Der Begriff der Mehrarbeit in §207 SGB IX bezeichnet die Arbeitszeit, die die Höchstarbeitszeit von acht Stunden nach §3 ArbZG übersteigt, ist also, wie in §4 MuSchG, nicht in jedem Fall mit dem Begriff der Überstunden deckungsgleich.[61]

Besteht ein Betriebsrat, muss der Arbeitgeber außerdem dessen Mitbestimmungsrecht aus §87 Abs.1 Nr.3 BetrVG beachten. Das Mitbestimmungsrecht ist nur bei einer vorübergehenden Verlängerung der betriebsüblichen Arbeitszeit gegeben. Dies setzt von vornherein die Absicht der Betriebsparteien voraus, nach einer gewissen Zeit wieder zur ursprünglichen Arbeitszeit zurückzukehren.[62] Die einseitige Anordnung von Überstunden ohne Beteiligung des Betriebsrats ist unwirksam. Der Arbeitnehmer kann dennoch angeordnete Überstunden verweigern und zwar selbst dann, wenn er nach seinem Arbeitsvertrag zur Ableistung von Überstunden verpflichtet ist.

59 BAG 3.6.2003 – 1 AZR 349/02, NZA 2003, 1155.
60 Bis 31.12.2017: §124 SGB IX.
61 BAG 3.12.2002 – 9 AZR 462/01, NZA 2004, 1219.
62 BAG 9.7.2013 – 1 ABR 19/12, BeckRS 2013, 72625.

Das Mitbestimmungsrecht besteht auch in Eilfällen.[63] Der Mitbestimmung unterliegt die Frage, ob und in welchem Umfang, wann und von wem im Betrieb Überstunden geleistet werden. Nicht dem Mitbestimmungsrecht unterfällt dagegen die individuelle Überstundenregelung des einzelnen Arbeitsverhältnisses, sofern kollektive Interessen der Belegschaft nicht berührt sind. Das Mitbestimmungsrecht ist auch zu beachten, wenn der Arbeitgeber Überstunden zwar nicht ausdrücklich anordnet, es jedoch duldet, dass die Arbeitnehmer freiwillig Überstunden leisten.[64] Betriebsüblich iSd § 87 Abs. 1 Nr. 3 BetrVG ist die bezogen auf bestimmte Arbeitsplätze und Arbeitnehmergruppen bestehende betriebliche Arbeitszeit, nicht dagegen die im Betrieb häufigste Arbeitszeit.[65] So ist auch die Arbeitszeit der Teilzeitbeschäftigten eine betriebsübliche Arbeitszeit.[66]

Das Mitbestimmungsrecht kann in jedem Einzelfall ausgeübt werden. Alternativ kann eine Rahmenbetriebsvereinbarung getroffen werden, die die ausdrückliche Zustimmung des Betriebsrats für bestimmte Fälle des Überstundenanfalls vorab erteilt.[67] Diese Regelung ermöglicht es dem Arbeitgeber, Überstunden auch kurzfristig ohne erneute Beteiligung des Betriebsrats anzuordnen, schafft für den Arbeitnehmer „Planungssicherheit", indem zB bestimmte Ankündigungsfristen für den Anfall von Überstunden vereinbart werden. Eine solche vorweggenommene Ausübung des Mitbestimmungsrechts ist sachgerecht und zulässig. Dagegen kann der Betriebsrat nicht auf sein Mitbestimmungsrecht verzichten und ein einseitiges Gestaltungsrecht des Arbeitgebers einführen.[68] Die vorläufige Anordnung von Überstunden ohne Zustimmung des Betriebsrats ist nur zulässig als Teil des Mitbestimmungsverfahrens, ist also auf Übergangslösungen in eng begrenzten Ausnahmefällen beschränkt.[69]

Leistet der Arbeitnehmer Überstunden, so kann er gem. §§ 611a Abs. 2, 612 Abs. 1 BGB regelmäßig eine Vergütung erwarten, auch wenn diese nicht ausdrücklich vereinbart ist. Eine objektive Vergütungserwartung fehlt, wenn Dienste höherer Art geschuldet sind oder die Vergütung oberhalb der Beitragsbemessungsgrenzen für die gesetzliche Rentenversicherung liegt. Bei dieser Personengruppe ist das Arbeitsergebnis Bezugspunkt der Vergütung und nicht der Zeitaspekt.[70] Geschuldet wird gem. § 612 Abs. 2 BGB die übliche Vergütung. Im Anwendungsbereich eines Tarifvertrags ist dies der Tariflohn[71], ansonsten das übliche Gehalt des jeweiligen Arbeitnehmers. Wird er mit einer Tätigkeit betraut, die mit einer geringeren Tarifgruppe vergütet wird, zB wenn der Arbeitnehmer einen Kollegen in einer anderen Abteilung vertritt, so hat der Arbeitnehmer

---

63 BAG 17.11.1998 – 1 ABR 12/98, NZA 1999, 662.

64 BAG 27.11.1990 – 1 ABR 77/89, NZA 1991, 382.

65 BAG 16.7.1991 – 1 ABR 69/90, NZA 1992, 70.

66 BAG 24.4.2007 – 1 ABR 47/06, NZA 2007, 818; BAG 23.7.1996 – 1 ABR 13/96, NZA 1997, 274 mwN.

67 Beispiel s. *Frey/Pulte* Betriebsvereinbarungen D 2.

68 *Fitting* BetrVG § 87 Rn. 147.

69 BAG 17.11.1998 – 1 ABR 12/98, NZA 1999, 662.

70 BAG 22.2.2012 – 5 AZR 765/10, NZA 2012, 861; BAG 17.8.2011 – 5 AZR 406/10, NZA 2011, 1335.

71 BAG 26.5.1993 – 4 AZR 461/92, NZA 1993, 1049; BAG 26.9.1990 – 5 AZR 112/90, NZA 1991, 247.

keine Verdienstminderung zu befürchten. Er erhält das ihm in der normalen Arbeitszeit gezahlte Entgelt auch für die Dauer der Überstunden.

Die Abgeltung der Überstunden durch Freizeit muss demgegenüber vertraglich vereinbart werden. Der Arbeitgeber ist nicht berechtigt, einseitig einen Freizeitausgleich anzuordnen.

Um jedoch überhaupt Vergütungsansprüche des Arbeitnehmers zu begründen, müssen Überstunden vom Arbeitgeber angeordnet werden. Dies kann ausdrücklich oder stillschweigend geschehen. In der Zuweisung einer bestimmten Arbeitsmenge liegt nur dann eine konkludente Anordnung von Überstunden, wenn der Arbeitgeber damit die Weisung verbindet, die Arbeiten unabhängig von der regelmäßigen Arbeitszeit auszuführen. Eine solche Anweisung kann sich auch aus den Umständen ergeben. Jedoch ist regelmäßig zunächst davon auszugehen, dass der Arbeitgeber die Erledigung der Aufgaben in der regulären Arbeitszeit will. Ein Indiz hierfür ist zB die fehlende Beteiligung des Betriebsrats.[72] Der Anordnung von Überstunden steht es gleich, wenn der Arbeitgeber Überstunden stillschweigend duldet, der Arbeitnehmer also mit Wissen des Arbeitgebers Überstunden leistet, ohne dass der Arbeitgeber widerspricht, oder der Arbeitgeber geleistete Überstunden nachträglich billigt, zB indem er Stundenzettel abzeichnet.

Verbreitet sind vertragliche Regelungen, wonach Überstunden und Mehrarbeit mit der gezahlten Vergütung abgegolten sind. Hierbei muss der Teil des Gehalts, der als Pauschalabgeltung gezahlt wird, zwar nicht gesondert ausgewiesen werden, jedoch muss deutlich gemacht werden, dass die Vergütung die Gegenleistung für die gesamte Arbeitsleistung einschließlich geleisteter Überstunden sein soll.

Pauschale Überstundenabgeltung

„Mit dem vereinbarten Gehalt sind bis zu 15 Überstunden pro Monat abgegolten."

In Formulararbeitsverträgen begegnen derartige Pauschalierungsabreden vor dem Hintergrund des Transparenzgebots des §307 Abs. 1 S. 2 BGB dann keinen Bedenken, wenn eine genaue Angabe darüber gemacht wird, wie viele Überstunden mit dem gezahlten Gehalt abgegolten sind.[73] Leistung und Gegenleistung sind in diesem Fall festgelegt, ihr Verhältnis zueinander ist für den Arbeitnehmer deutlich erkennbar. Die Anzahl der Überstunden, die durch die Gesamtvergütung abgegolten werden kann, findet ihre Grenze in §138 BGB. Eine Abrede ist danach erst unwirksam, wenn Vergütung und Arbeitsleistung in einem auffälligen Missverhältnis stehen.[74]

---

72 BAG 4.5.1994 – 4 AZR 445/93, NZA 1994, 1035; LAG Köln 22.8.1997 – 11 Sa 36/97, BeckRS 1997, 30770478.

73 S. BAG 16.5.2012 – 5 AZR 331/11, NZA 2012, 908.

74 BAG 16.5.2012 – 5 AZR 331/11, NZA 2012, 908; s. auch BAG 22.4.2009 – 5 AZR 436/08, NZA 2009, 837.

Problematisch sind Klauseln, die weder eine Höchstzahl von Überstunden für das festgelegte Gehalt noch eine Begrenzung auf die gesetzlich zulässige Höchstarbeitszeit gem. §3 ArbZG enthalten. Hier kann der Arbeitgeber Überstunden anordnen und damit einseitig in das Verhältnis von Leistung und Gegenleistung zulasten des Arbeitnehmers eingreifen. Für den Arbeitnehmer ist nicht klar erkennbar, in welchem Umfang er für die versprochene Gegenleistung zur Arbeitsleistung – reguläre Arbeitszeit zzgl. Überstunden – verpflichtet ist. Eine solche Abrede verstößt gegen das Transparenzgebot des §307 Abs. 1 S. 2 BGB.[75]

Weiter stellt sich die Frage, ob zusätzlich zur normalen Vergütung ein Zuschlag für jede geleistete Überstunde zu zahlen ist. Hierzu besteht nur dann eine Verpflichtung, wenn eine entsprechende tarifliche oder arbeitsvertragliche Vereinbarung vorliegt. Durch derartige Zuschläge soll die Anordnung von Überstunden für den Arbeitgeber unattraktiv gemacht werden, da sich die Kosten der Arbeitsleistung erhöhen. Der Arbeitnehmer erhält durch die Zuschläge einen finanziellen Ausgleich für die zusätzliche zeitliche Inanspruchnahme.

Tarifvertragliche Regelungen sehen die Zahlung eines Überstundenzuschlags gewöhnlich erst vor, wenn die regelmäßige Arbeitszeit Vollzeitbeschäftigter überschritten wird. Anders als die Vollzeitbeschäftigten erhalten in diesem Fall Teilzeitbeschäftigte erst dann einen besonderen Zuschlag, wenn die Überstunden so umfangreich sind, dass die übliche Arbeitszeit eines Vollzeitbeschäftigten und nicht nur die individuelle Arbeitszeit des Teilzeitbeschäftigten überschritten wird. Diese unterschiedliche Behandlung ist gerechtfertigt, da mit den tariflichen Zuschlägen die besonderen Belastungen ausgeglichen werden sollen.[76] Auch liegt in der unterschiedlichen Behandlung keine gem. §4 Abs. 1 TzBfG bzw. Art. 157 AEUV unzulässige Diskriminierung teilzeitbeschäftigter Arbeitnehmer, da die gleiche Arbeitsstunde in gleicher Weise vergütet wird.[77]

Besteht Streit über die Vergütung von Überstunden, so muss der Arbeitnehmer darlegen, dass Arbeitsstunden über die vertraglich festgelegte Arbeitszeit hinaus erbracht worden sind. Hierzu muss er angeben, an welchen Tagen und zu welchen Zeiten er in welchem Umfang über die übliche Arbeitszeit hinaus auf Anordnung tätig geworden ist.[78]

---

[75] Grdl. BAG 1.9.2010 – 5 AZR 517/09, NZA 2011, 575.

[76] BAG 21.11.1991 – 6 AZR 551/89, NZA 1992, 545.

[77] EuGH 15.12.1994 – C-399/92, NZA 1995, 218 – Helmig/Schmidt; BAG 25.7.1996 – 6 AZR 138/94, NZA 1997, 774; BAG 20.6.1995 – 3 AZR 684/93, NZA 1996, 600; s. aber auch EuGH 6.12.2007 – C-300/06, NZA 2008, 31 – Voß./.Land Berlin.

[78] BAG 25.3.2015 – 5 AZR 602/13, NZA 2015, 1002; BAG 10.4.2013 – 5 AZR 122/12, NZA 2013, 1100; BAG 16.5.2012 – 5 AZR 347/11, NZA 2012, 939; BAG 25.5.2005 – 5 AZR 319/04, BeckRS 2005, 43358.

Schauen wir uns zusammenfassend folgende Übersicht an:

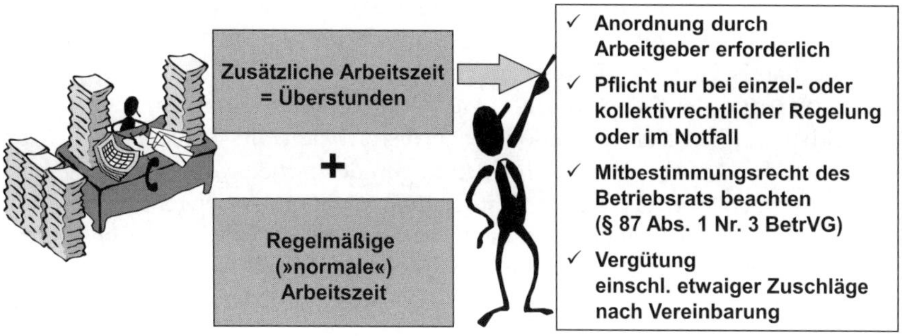

Während Überstunden die temporäre Verlängerung der Arbeitszeit ist, ist Kurzarbeit[79] ihre zeitweilige Verkürzung bei gleichzeitiger Kürzung des Vergütungsanspruchs. Kurzarbeit wird bei sinkendem Arbeitsanfall infolge Auftragsrückgangs mit dem Ziel eingeführt, die Arbeitsplätze zu sichern. Die Absenkung der Arbeitszeit kann im Einzelfall bis auf Null erfolgen. Der Arbeitnehmer partizipiert hierdurch unmittelbar am wirtschaftlichen Misserfolg des Unternehmens. Seine finanziellen Nachteile werden durch die Gewährung von Kurzarbeitergeld teilweise ausgeglichen. Seine Zahlung unterliegt den besonderen Voraussetzungen der §§ 95 ff. SGB III.

Soweit im Betrieb ein Tarifvertrag gilt, sind dessen Regelungen zur Kurzarbeit zu berücksichtigen. Sie legen regelmäßig den formalen Rahmen für eine betriebliche Vereinbarung fest (zB eine bestimmte Frist zwischen dem Abschluss der Betriebsvereinbarung und dem Beginn der Kurzarbeit).[80]

Bei der Einführung von Kurzarbeit muss der Arbeitgeber das Mitbestimmungsrecht des Betriebsrats aus § 87 Abs. 1 Nr. 3 BetrVG beachten.[81] Es gilt unabhängig von der Art der Kurzarbeit („Kurzarbeit auf Null", Freischichten, Absenkung der Arbeitszeit und Ähnliches).[82] Die Einführung von Kurzarbeit kann auch vom Betriebsrat gefordert werden, ihm steht ein Initiativrecht zu.[83] Dem Betriebsrat ist hiermit ein unmittelbarer Einfluss auf unternehmerische Entscheidungen gegeben, da er den Abschluss einer Betriebsvereinbarung durch Anrufen der Einigungsstelle erzwingen kann (§ 87 Abs. 2 BetrVG, s. auch § 92a BetrVG) und sich Arbeitgeber und Betriebsrat in einer Betriebsvereinbarung über die Einführung von Kurzarbeit einigen müssen.[84] Da die Betriebsvereinbarung gem. § 77 Abs. 4 S. 1 BetrVG unmittelbar und zwingend wirkt, kann so für alle betroffenen Arbeitnehmer die Kurzarbeit verbindlich eingeführt werden.

---

79 *Cohnen/Röger* BB 2009, 46; *Dendorfer/Krebs* DB 2009, 902.
80 S. zB § 7 EMTV Metallindustrie NRW; § 9 MTV Einzelhandel NRW.
81 Beispiel einer Betriebsvereinbarung bei *Frey/Pulte* Betriebsvereinbarungen D 9, D 10.
82 BAG 13.7.1977 – 1 AZR 336/75, AP § 87 BetrVG 1972 Kurzarbeit Nr. 2.
83 BAG 4.3.1986 – 1 ABR 15/84, NZA 1986, 432.
84 BAG 14.2.1991 – 2 AZR 415/90, NZA 1991, 607.

Besteht kein Betriebsrat, so ist der Arbeitgeber gezwungen, sich mit jedem Arbeitnehmer über die Verkürzung der Arbeitszeit zu einigen bzw., wenn dies nicht gelingt, eine Änderungskündigung auszusprechen. Arbeitsvertragliche Regelungen zur Kurzarbeit sind möglich, unterliegen jedoch der AGB-Kontrolle. Erforderlich ist, dass die Regeln zur Einführung und zum Umfang der Kurzarbeit klar und deutlich formuliert werden.[85] Eine einseitige Anordnung der Kurzarbeit aufgrund des Direktionsrechts des Arbeitgebers ist nicht möglich, da die Dauer der Arbeitszeit zu den Grundlagen des Arbeitsverhältnisses gehört und damit nicht dem einseitigen Bestimmungsrecht des Arbeitgebers unterfällt. Lediglich für den Fall einer Massenentlassung bietet § 19 KSchG eine besondere rechtliche Grundlage für die Anordnung von Kurzarbeit.[86]

Überstunden und Kurzarbeit sind klassische Mittel, um auf Auftragsschwankungen zu reagieren. Insoweit stellen sie traditionelle Formen der flexiblen Arbeitszeitgestaltung dar. Wirklich flexibel ist eine Arbeitszeit jedoch erst, wenn sie permanent abwandelbar und hinsichtlich ihrer Lage und Dauer den Bedürfnissen von Arbeitgeber und Arbeitnehmer gegenüber anpassungsfähig ist. Voraussetzung für die Einführung jeder Form von flexiblen Arbeitszeiten ist eine sorgfältige Analyse der vorhandenen Bedürfnisse des Betriebs und der Arbeitnehmer. Es müssen die Rahmengrößen ermittelt werden, die das Arbeitszeitvolumen ergeben. Hierzu gehört auf der einen Seite der Arbeitskräftebedarf, dh die erforderliche Anzahl von Mitarbeitern, die für die Erfüllung der anfallenden Aufträge gebraucht werden. Ihm ist auf der anderen Seite das vorhandene Arbeitskräfteangebot gegenüber zu stellen, dh die zur Verfügung stehenden Arbeitsstunden der Mitarbeiter. Hierbei sind die gesetzlichen und tarifvertraglichen Höchstgrenzen, aber auch die zulässigen Ausnahmen (zB § 12 S. 1 Nr. 4 ArbZG) zu beachten. Mit dem Arbeitszeitvolumen müssen die persönlichen Wünsche der Mitarbeiter in Einklang gebracht werden. Diese sind sorgfältig zu ermitteln, da ein Arbeitszeitmodell, das die Mitarbeiterbedürfnisse nicht berücksichtigt, seine positiven Motivationseffekte verlieren würde.

Nach diesem Referat der Kursleiterin haben die Teilnehmer des Kurses unter Moderation der Kursleiterin anhand eines simulierten Betriebs die Aspekte einer flexiblen Arbeitszeitgestaltung aus Arbeitgeber- wie Arbeitnehmersicht erarbeitet und mithilfe einer Zettelwand festgehalten.

---

[85] LAG Berlin-Brandenburg 7.10.2010 – 2 Sa 1230/10, NZA-RR 2011, 65.

[86] Dazu *Gebel* BB 2015, 2485.

Im Anschluss an diese Vorarbeiten stellt die Kursleiterin mithilfe eines „Marktplatzes der Arbeitszeitmodelle" einige Beispiele flexibler Arbeitszeiten vor. Es handelt sich hierbei um Grundmuster, die jeweils den betrieblichen Gegebenheiten angepasst werden müssen. Bei allen Modellen sind neben den gesetzlichen Vorgaben vor allem auch die tariflichen Regelungen zu beachten, die eine Ausgestaltung der Grundmodelle begrenzen oder bestimmten Anforderungen unterwerfen. So legen Tarifverträge nicht nur Regelarbeitszeiten fest, sondern häufig auch Obergrenzen für Zeitguthaben, Arbeitszeitkorridore, die Anzahl von Freischichten und Ähnliches. Das Potential an Flexibilisierungen ist groß und führt durch die Digitalisierung der Arbeitswelt zu einer weiteren Veränderung der Arbeitszeiten.[87] Eine komplette, detaillierte Darstellung würde den Rahmen dieses Buches sprengen.

Gleitzeit[88]

Bei der Gleitzeit kann der einzelne Arbeitnehmer innerhalb einer bestimmten Zeitspanne (der Gleitzeit) Beginn und Ende seiner persönlichen täglichen Arbeitszeit frei wählen. Um sicherzustellen, dass die Arbeitnehmer zu einer bestimmten Zeit an ihren Arbeitsplätzen erreichbar sind, wird eine Kernzeit festgelegt, während derer der Arbeitnehmer anwesend sein muss. Während der Gleitzeit besteht hingegen keine Arbeitsleistungspflicht, der Arbeitnehmer kann selbst entscheiden, wann er während dieser Zeitspanne seine geschuldete Arbeitsleistung erbringt. Die Arbeitnehmer haben die Möglichkeit, Zeitgutha-

[87] S. nur *Bissels/Meyer-Michaelis* DB 2015, 2331; *Steffan* NZA 2015, 1409.
[88] Musterbetriebsvereinbarung *Besgen* B+P 2011, 90; s. auch *Frey/Pulte* Betriebsvereinbarungen E 1.

ben für die über die täglich geschuldete Arbeitszeit hinaus erbrachten Leistungen zu bilden. Diese angesparten Zeitguthaben, aber auch Zeitschulden müssen in einem bestimmten Zeitraum ausgeglichen werden, der als Ausgleichsmodus festgelegt ist.

Der Betriebsrat hat bei der Einführung eines Gleitzeitsystems ein Mitbestimmungsrecht gem. §87 Abs. 1 Nr. 2 BetrVG. In einer Betriebsvereinbarung sind die Kernarbeitszeiten, die Gleitspanne, die maximale Höhe des Zeitguthabens sowie der Ausgleichszeitraum festzuhalten. Sofern die Anwesenheitszeiten mittels eines Zeiterfassungsgerätes erfasst werden, ist der Betriebsrat außerdem bei dessen Einführung und Anwendung entsprechend §87 Abs. 1 Nr. 6 BetrVG zu beteiligen. Das Mitbestimmungsrecht besteht, wenn die technische Einrichtung dazu bestimmt ist, das Verhalten oder die Leistung der Arbeitnehmer zu überwachen. Es genügt die objektive Eignung des Geräts zur Überwachung, selbst wenn es im Einzelfall vom Arbeitgeber nicht hierzu eingesetzt wird.[89]

🕒 **Langzeitkonten/Zeitwertkonten**

Eine Weiterentwicklung des Gleitzeitsystems sind Langzeitkonten.[90] Sie zeichnen sich dadurch aus, dass die Arbeitnehmer berechtigt sind, Zeitguthaben längerfristig anzusparen, um sie für Weiterbildungsmaßnahmen oder Freistellungsphasen (zB „Sabbaticals“[91]) zu nutzen. Möglich ist es, Langzeitarbeitskonten mit Zeitwertkonten zu koppeln. Hier wird die auf dem Arbeitskonto angesparte Arbeitszeit in Geld umgerechnet und dann zumeist über einen Treuhänder angelegt. Später kann dieses Geld wieder in Zeit zurückgewandelt werden, um zB einen vorzeitigen Ruhestand zu ermöglichen.[92] Der Vorteil von Zeitwertkonten im Vergleich zu reinen Langzeitarbeitskonten ist, dass der Arbeitnehmer in ein Zeitwertkonto auch andere Entgeltbestandteile, zB Sonderzahlungen einbringen kann. Das in das Konto eingebrachte Entgelt unterliegt erst in der Freistellungsphase der Lohnsteuer- und Sozialversicherungspflicht. Der Arbeitnehmer tritt mit seiner Arbeitsleistung in Vorleistung. Besondere Schwierigkeiten bereitet daher der Insolvenzschutz dieser Guthaben (s. §7e SGB IV)[93], aber auch ihre Mitnahmemöglichkeit bei Wechsel des Arbeitgebers („Portabilität“).[94] Die Sozialversicherungspflicht bleibt trotz Freistellung bestehen (s. §7 Abs. 1a SGB IV).[95]

🕒 **Jahresarbeitszeiten**[96]

Um saisonbedingte Schwankungen des Arbeitsanfalls auszugleichen, werden Jahresarbeitszeiten vereinbart. Der Arbeitnehmer schuldet ein bestimmtes Volumen an Arbeitsstunden pro Jahr und erhält hierfür ein über die einzelnen Monate verteiltes gleichmäßiges Arbeitsentgelt. Die vereinbarte wöchentliche

---

89 StRspr s. nur BAG 13.12.2016 – 1 ABR 7/15, NZA 2017, 657.

90 S. dazu *Hamm* AiB 2005, 343; *Höfer/Greiwe* BB 2006, 2242.

91 S. dazu *Seel* DB 2009, 2210.

92 *Flanze* NZA-Beil. 2006, Heft 1, 21; *Haßlöcher* BB 2009, 440.

93 S. dazu *Cisch/Ulbrich* BB 2009, 550.

94 *Wellisch/Moog* BB 2005, 1790.

95 *Rolfs/Witschen* NZS 2012, 241.

96 *Preis* in *Preis*, ArbV II A 90 Rn. 117ff.; s. auch BAG 11.12.2001 – 1 ABR 3/01, BeckRS 2002, 40895.

Arbeitszeit wird erst im Jahresdurchschnitt erreicht. Die Vereinbarung von Jahresarbeitszeiten hat den Vorteil, dass in saisonbedingt arbeitsstarken Zeiten keine Überstunden anfallen.

Jahresarbeitszeitmodelle können auch als rollierendes Arbeitszeitsystem ausgestaltet werden. Hier wird die jeweilige Arbeitszeit wechselnd auf die Wochen verteilt, sie variiert also von Woche zu Woche sowohl hinsichtlich der Anzahl der Arbeitstage als auch der Wochentage.

◷ **Vertrauensarbeitszeit**[97]

Vertrauensarbeitszeit ist ein flexibles Arbeitszeitsystem, das dem Arbeitnehmer die aufgabengerechte Verteilung der geschuldeten Arbeitsleistung überlässt. Der Arbeitnehmer selbst ist für die Einhaltung seiner Arbeitszeit verantwortlich. Eine Zeiterfassung durch den Arbeitgeber erfolgt nicht. Die Gestaltung der Arbeitszeit ist nicht mehr wie in bisherigen Modellen zeit- und anwesenheitsorientiert, sondern aufgaben- und ergebnisorientiert. Dies entbindet jedoch nicht davon, die geltenden Arbeitszeitvorschriften einzuhalten. Der Arbeitgeber muss folglich entsprechende Kontrollmechanismen vorsehen, um seinen Pflichten zB aus § 16 ArbZG nachzukommen. Der Betriebsrat hat gem. § 80 Abs. 1 Nr. 1 BetrVG ein gerade bei dieser Arbeitszeitgestaltung wichtiges umfassendes Überwachungsrecht hinsichtlich des Arbeitszeitschutzrechts. Dem Arbeitgeber obliegt es, dem Betriebsrat die Informationen bereit zu stellen, mit deren Hilfe er in die Lage versetzt wird, die Einhaltung des Arbeitszeitgesetzes und gegebenenfalls eines Tarifvertrags zu prüfen.[98]

◷ **Schichtarbeit**[99]

Bei der Schichtarbeit fällt eine Arbeitsaufgabe über einen erheblich längeren Zeitraum als die Arbeitszeit eines Arbeitnehmers an und wird daher von mehreren Arbeitnehmern in einer geregelten zeitlichen Reihenfolge erbracht. Bei der Schichtarbeit arbeiten nicht sämtliche Beschäftigte zu gleicher Zeit, sondern ein Teil arbeitet, während die andere Gruppe frei hat. Beide Gruppen lösen sich regelmäßig nach einem feststehenden und überschaubaren Plan ab.[100] Schichtarbeit fällt gewöhnlich als Wechselschicht an, dh die Arbeitnehmer arbeiten zu unterschiedlichen Tageszeiten, nach neueren Modellen auch zu unterschiedlichen Tagen und Wochen. Der Arbeitnehmer ist bei Schichtarbeit wegen des Wechsels des Arbeitsrhythmus besonderen Belastungen ausgesetzt. Deshalb trifft § 6 ArbZG (bitte lesen!) besondere Regelungen für diese Arbeitszeitform.

Das Schichtsystem ermöglicht in Produktionsbetrieben eine Verlängerung der Betriebsnutzungszeiten, insbesondere auch durch die Erhöhung der Schichtzahlen. ZB werden statt drei Schichten à acht Stunden fünf Schichten mit je sechs Stunden gefahren. Die Schichtmodelle können bis hin zu vollkontinuierlichen Schichten ausgedehnt werden. Sofern hier Samstage und Sonntage mit einbezogen werden („Konti-Schichten"), muss geprüft werden, ob dies nach

---

97 *Hamm* AiB 2000, 152.

98 BAG 6.5.2003 – 1 ABR 13/02, NZA 2003, 1348.

99 Beispiel einer Betriebsvereinbarung bei *Frey/Pulte* Betriebsvereinbarungen D 3., D 4.; s. auch *Engelhardt* AiB 2003, 213.

100 BAG 18.7.1990 – 4 AZR 295/89, NZA 1991, 23.

den tarifvertraglichen Vorgaben zulässig ist, da manche Tarifverträge eine Verteilung der Arbeitszeit regelmäßig nur auf die fünf Tage von Montag bis Freitag vorsehen.

Außerdem verbietet § 9 ArbZG die Beschäftigung an Sonntagen und gesetzlichen Feiertagen in Betrieben bzw. mit Arbeiten, die nicht in § 10 ArbZG genannt sind. Gemäß § 11 Abs. 2–4 ArbZG ist den Arbeitnehmern für die Sonn- und Feiertagsarbeit ein freier Ersatztag zu gewähren. Sofern Sonn- und Feiertagsarbeit zulässig ist, müssen 15 Sonntage im Jahr beschäftigungsfrei sein (§ 11 Abs. 1 ArbZG). Um mehr freie Schichten an Sonn- und Feiertagen zu erzielen, kann die Arbeitszeit pro Schicht bis auf zwölf Stunden ausgedehnt werden (§ 12 S. 1 Nr. 4 ArbZG).

Daneben lässt § 13 Abs. 5 ArbZG eine Genehmigung von Sonn- und Feiertagsarbeit durch die zuständige Aufsichtsbehörde (= Gewerbeaufsichtsämter) insbesondere zu, wenn die Konkurrenzfähigkeit eines Betriebs im Vergleich zum Ausland verbessert und durch die Beschäftigung an Sonn- und Feiertagen die Beschäftigung im Inland gesichert wird.[101]

Bei dem Freischichtenmodell („Flexi-Modell") arbeitet der Arbeitnehmer regelmäßig mehr als er vertraglich schuldet. Die überschüssige Zeit wird auf einem Zeitkonto gutgeschrieben und durch Freischichten in zuvor bestimmten Zeitabständen wieder ausgeglichen. Der Arbeitnehmer trägt hierbei das Risiko der Realisierung seiner Freischichtentage. Dies gilt insbesondere, wenn er seinen im Voraus festgelegten Freizeitausgleich wegen einer eintretenden Arbeitsunfähigkeit tatsächlich nicht realisieren kann.[102]

Die Festlegung der Schichtpläne unterliegt der Mitbestimmung des Betriebsrats gem. § 87 Abs. 1 Nr. 2 BetrVG.[103]

3. Annahmeverzug des Arbeitgebers

Der Niederlassungsleiter der Müllsortieranlage in Schwerte hat der Mitarbeiterin Martina Schneider gekündigt, weil sie mehrfach unentschuldigt gefehlt hat. Frau Schneider ist der Auffassung, die Kündigung sei unwirksam, und sucht einen Rechtsanwalt auf. Dieser fordert den Niederlassungsleiter auf, die Kündigung zurückzunehmen. Gleichzeitig bietet er im Namen seiner Mandantin ausdrücklich die geschuldete Arbeitsleistung als Sortiererin für die Zeit nach Ablauf der Kündigungsfrist an. Der Niederlassungsleiter fragt bei Ihnen an, welche Konsequenzen das Angebot der Arbeitsleistung hat.

Ist der Arbeitnehmer bereit, seine aufgrund eines (fort-)bestehenden Arbeitsverhältnisses geschuldete Arbeitsleistung zu erbringen, nimmt aber der Arbeitgeber die angebotene Arbeitsleistung nicht an, so gerät der Arbeitgeber in Annahmeverzug. Der Arbeitnehmer behält den Anspruch auf die Vergütung, ohne hierfür seine geschuldete Arbeitsleistung erbringen zu müssen. In der Praxis kommt diese Situation nicht nur, aber sehr häufig zum Tragen, wenn der

---

101 S. dazu OVG Nordrhein-Westfalen 10.4.2000 – 4 AZR 756/97, NZA-RR 2000, 491; *Rose* DB 2000, 1662.

102 BAG 18.12.1990 – 1 ABR 11/90, NZA 1991, 484.

103 BAG 28.5.2002 – 1 ABR 40/01, NZA 2003, 1352.

Arbeitgeber dem Arbeitnehmer gekündigt hat, dieser jedoch die Kündigung nicht hinnehmen will und Kündigungsschutzklage erhebt. Der Arbeitnehmer bietet seine geschuldete Arbeitsleistung an, da er die Kündigung für unwirksam hält. Der Arbeitgeber ist hingegen der Auffassung, das Arbeitsverhältnis sei wirksam gekündigt und wird daher nicht bereit sein, die angebotene Arbeitsleistung entgegenzunehmen. Stellt sich später in einem Kündigungsschutzprozess heraus, dass die Kündigung unwirksam ist, so hat der Arbeitnehmer grundsätzlich Anspruch auf Zahlung der Vergütung für die Zeit der Nichtbeschäftigung. Der Arbeitgeber erhält, da er den Arbeitnehmer nicht beschäftigt hat, jedoch keine Gegenleistung für die Vergütung. Dies wird bei einem Kündigungsschutzprozess als Annahmeverzugsrisiko des Arbeitgebers[104] bezeichnet, das neben den Prozesskosten einen Teil seines Prozessrisikos ausmacht.

Rechtliche Grundlage des Vergütungsanspruchs des Arbeitnehmers ist § 615 S. 1 und 2, § 611a Abs. 2 BGB in Verbindung mit den §§ 293 ff. BGB. Danach kann der Arbeitnehmer für die infolge des Verzugs nicht erbrachte Arbeitsleistung die vereinbarte Vergütung verlangen, ohne zur Nachleistung verpflichtet zu sein. Annahmeverzug entsteht gem. § 293 BGB, wenn der Arbeitgeber als Gläubiger der Arbeitsleistungspflicht die ihm angebotene geschuldete Arbeitsleistung nicht annimmt. Das Angebot muss gem. § 294 BGB grundsätzlich tatsächlich erfolgen. Dies bedeutet, der Arbeitnehmer muss zu Beginn seiner Arbeitszeit am Arbeitsplatz erscheinen und seine Bereitschaft zur Arbeitsleistung deutlich machen, die Arbeitsleistung also so anbieten, wie sie geschuldet ist.[105]

§ 295 BGB lässt ein wörtliches Angebot, zB einen Anruf oder eine schriftliche Erklärung ausreichen, wenn der Gläubiger die Annahme der Leistung abgelehnt hat. Eine solche Ablehnung ist in der Erklärung einer außerordentlichen fristlosen Kündigung sowie einer ordentlichen fristgemäßen Kündigung für die Zeit nach Ablauf der Kündigungsfrist, aber auch in der Suspendierung eines Arbeitnehmers von seinen Arbeitsleistungspflichten enthalten.

Gemäß § 296 BGB ist ein Angebot entbehrlich, wenn es einer Mitwirkungshandlung des Gläubigers bedarf, die dieser nicht zu der kalendermäßig bestimmten Zeit vornimmt. Der Arbeitgeber ist verpflichtet, dem Arbeitnehmer einen funktionsfähigen Arbeitsplatz zur Verfügung zu stellen und ihm kraft seines Direktionsrechts Arbeit zuzuweisen. Unterlässt er diese Mitwirkungshandlung, kommt der Arbeitgeber in Annahmeverzug, ohne dass es eines Angebots der Arbeitsleistung bedarf.[106] Nach dem Ausspruch einer Kündigung wird es regelmäßig an der Mitwirkungshandlung fehlen, nicht hingegen im ungekündigten Arbeitsverhältnis.[107]

Annahmeverzug tritt gem. § 297 BGB nicht ein, wenn der Arbeitnehmer nicht in der Lage ist, seine geschuldete Arbeitsleistung zu erbringen, weil er nicht leis-

[104] S. dazu *Hoppenstaedt/Hoffmann-Remy* BB 2015, 245.
[105] BAG 27.8.2008 – 5 AZR 16/08, NZA 2008, 1410.
[106] BAG 22.2.2012 – 5 AZR 249/11, NZA 2012, 858.
[107] BAG 16.4.2013 – 9 AZR 554/11, NZA 2013, 849; BAG 18.11.2009 – 5 AZR 774/08, BeckRS 2010, 65525.

tungsfähig oder leistungswillig ist.[108] Das Unvermögen des Arbeitnehmers kann unterschiedliche Ursachen haben und auf tatsächlichen oder rechtlichen Umständen beruhen.[109] Tatsächlich ist der Arbeitnehmer an der Arbeitsleistung zB im Fall der Arbeitsunfähigkeit infolge Krankheit gehindert. Vergütungsansprüche des Arbeitnehmers begründen sich dann allein auf § 3 EFZG, nicht aber auf § 615 S. 1 BGB. Eine rechtliche Unmöglichkeit zur Erbringung der Arbeitsleistung liegt zB vor, wenn ein Kraftfahrer seine Fahrerlaubnis verloren hat.[110] Sie kann aber auch vorliegen, wenn ein Arbeitnehmer zB aufgrund eines Hausverbots eines Kunden oder eines Beschäftigungsverbots rechtlich gehindert ist, seinen Arbeitsplatz zu erreichen.[111] Ob der Arbeitnehmer in diesen Fällen einen Anspruch auf Vergütung hat, bestimmt sich nach § 326 Abs. 1 und 2 BGB.[112]

Besteht dem Grunde nach ein Anspruch auf Entgeltzahlung gem. § 615 S. 1 BGB, so muss sich der Arbeitnehmer auf diesen Anspruch gem. § 615 S. 2 BGB den tatsächlich erzielten bzw. böswillig nicht erworbenen anderweitigen Verdienst anrechnen lassen (Zwischenverdienst). Anrechenbar sind alle anderweitigen Einkünfte, die der Arbeitnehmer gerade durch das Freiwerden seiner Arbeitsleistung erzielen konnte.[113] Die erlangten Gesamteinkünfte sind der nach § 615 S. 1 BGB zu zahlenden Gesamtvergütung gegenüberzustellen.[114] Der Arbeitnehmer ist dem Arbeitgeber insoweit zur Auskunft über seine Verdienste verpflichtet.[115]

Der Annahmeverzug bleibt bestehen, bis der Arbeitgeber die angebotene geschuldete Leistung annimmt. Nach einer für unwirksam erklärten Kündigung, muss der Arbeitgeber den Arbeitnehmer auffordern, seine Arbeitsleistung wieder aufzunehmen, um den Annahmeverzug zu beenden.[116] Mit der Kündigung hat der Arbeitgeber zum Ausdruck gebracht, dass er die Arbeitsleistung nicht mehr wolle. Auf der anderen Seite hat der Arbeitnehmer durch den Widerspruch gegen die Kündigung bzw. durch die Erhebung einer Kündigungsschutzklage seine Leistungsbereitschaft weiterhin kundgetan. War der Arbeitnehmer in einem solchen Fall zuvor arbeitsunfähig erkrankt, kommt es nicht darauf an, dass er dem Arbeitgeber die Wiederherstellung seiner Arbeitsfähigkeit angezeigt hat.[117]

---

[108] BAG 17.8.2011 – 5 AZR 251/10, NZA-RR 2012, 342; BAG 13.7.2005 – 5 AZR 578/04, NZA 2005, 1348.

[109] BAG 21.10.2015 – 5 AZR 843/14, NZA 2016, 688.

[110] BAG 18.12.1986 – 2 AZR 34/86, NZA 1987, 377.

[111] BAG 28.9.2016 – 5 AZR 224/16, NZA 2017,124; BAG 21.10.2015 – 5 AZR 843/14, NZA 2016, 688.

[112] BAG 23.9.2015 – 5 AZR 146/14, NZA 2016, 293.

[113] BAG 6.9.1990 – 2 AZR 165/90, NZA 1991, 221; s. auch BAG 16.5.2000 – 9 AZR 203/99, NZA 2001, 26.

[114] BAG 22.11.2005 – 1 AZR 407/04, NZA 2006, 736.

[115] BAG 29.7.1993 – 2 AZR 110/93, NZA 1994, 116.

[116] BAG 16.5.2012 – 5 AZR 251/11, NZA 2012, 971; BAG 7.11.2002 – 2 AZR 650/00, BeckRS 2003, 40726.

[117] BAG 19.1.1999 – 9 AZR 679/97, NZA 1999, 925; BAG 24.11.1994 – 2 AZR 179/94, NZA 1995, 263 mwN.

Der Annahmeverzug kann seitens des Arbeitgebers nicht dadurch beendet werden, dass er im Anschluss an eine Kündigung vorsorglich ein neues für die Dauer des Kündigungsrechtsstreits befristetes oder durch die rechtskräftige Feststellung der Wirksamkeit der Kündigung auflösend bedingtes Arbeitsverhältnis anbietet.[118] Der Arbeitgeber will hier zwar Arbeitsleistungen entgegennehmen, nicht jedoch in dem bisher geschuldeten Umfang, sondern aufgrund einer neuen Vereinbarung. Die Vereinbarung einer solchen Prozessbeschäftigung unterliegt gem. §§21, 14 Abs.4 TzBfG der Schriftform.[119] Allerdings sollte der Arbeitgeber die Gefahr bedenken, dass durch die Beschäftigung in einem eigenständigen Arbeitsverhältnis, also nicht nur zur Abwendung der Zwangsvollstreckung aus einem Urteil, die Kündigungsgründe infrage gestellt sein können, zB der Wegfall des Arbeitsplatzes bei einer betriebsbedingten Kündigung. Lehnt der Arbeitnehmer das Angebot auf Weiterbeschäftigung ab, so muss dies innerhalb von §615 S.2 BGB bzw. §11 S.1 Nr.2 KSchG beachtet werden. Ob dem Arbeitnehmer die Beschäftigung bei seinem bisherigen Arbeitgeber zumutbar im Sinne der genannten Vorschrift ist, hängt von den Umständen des Einzelfalls ab.[120]

II. Nebenpflichten des Arbeitnehmers

Die Geschäftsleitung der Müllex GmbH möchte nach schlechten Erfahrungen in der Vergangenheit für die Zukunft verhindern, dass die Arbeitnehmer noch anderen entgeltlichen Beschäftigungen nachgehen und hierbei Betriebsinterna verwenden. Als Personalleiter/in werden Sie beauftragt, entsprechende vertragliche Regelungen zu entwerfen.

1. Allgemeines

Neben der Pflicht zur Erbringung der geschuldeten Arbeitsleistung obliegen dem Arbeitnehmer zahlreiche Nebenpflichten aus dem Arbeitsverhältnis. Es handelt sich hierbei um Pflichten, die anders als die Hauptpflichten des Arbeitsverhältnisses nicht in einem gegenseitigen Abhängigkeitsverhältnis stehen. Sofern keine besonderen gesetzlichen Regelungen bestehen, ist der Arbeitnehmer gem. §241 Abs.2 BGB aufgrund der arbeitsvertraglichen Bindung zur Rücksicht auf die Rechte, Rechtsgüter und Interessen seines Arbeitgebers verpflichtet. Er hat Schutz-, Anzeige- und Unterlassungspflichten. So muss zB der Arbeitnehmer dem Arbeitgeber drohende Schäden an Maschinen anzeigen oder er darf keine Schmiergelder annehmen. Im Folgenden sollen einige besonders wichtige Bereiche vertieft werden.

---

118 BAG 24.9.2003 – 5 AZR 500/02, NZA 2004, 90; s. auch *Ricken* NZA 2005, 323.

119 BAG 22.10.2003 – 7 AZR 113/03, NZA 2004, 1275.

120 BAG 7.2.2007 – 5 AZR 422/06, NZA 2007, 561; BAG 24.9.2003 – 5 AZR 500/02, NZA 2004, 90.

2. Verschwiegenheitspflicht

Der Arbeitnehmer ist während des Arbeitsverhältnisses verpflichtet, über Betriebs- und Geschäftsgeheimnisse Stillschweigen zu bewahren. Ein Betriebs- oder Geschäftsgeheimnis liegt vor, wenn Tatsachen, die nur einem eng begrenzten Personenkreis bekannt und nicht offenkundig sind, im Zusammenhang mit einem Geschäftsbetrieb nach dem Willen des Arbeitgebers aufgrund eines berechtigten wirtschaftlichen Interesses geheim gehalten werden.[121] Hierzu zählen im kaufmännischen Bereich zB Kundenlisten, Absatzpläne, Warenbezugsquellen, Rabattgewährungen, Kreditwürdigkeit und Kalkulationen, im technischen Bereich zB Produktionsverfahren, betriebliche Abläufe und technische Daten. Der Verschwiegenheit unterliegt weiterhin der gesamte Personalbereich. Allgemein beziehen sich Betriebsgeheimnisse auf den technischen Betriebsablauf, Geschäftsgeheimnisse auf den allgemeinen Geschäftsverkehr des Unternehmens. Ein Geheimnis liegt nicht vor, wenn die betreffende Tatsache offenkundig ist. Dies ist der Fall, wenn es sich um eine für jedermann ohne große Mühen zugängliche Information handelt.

Soweit der Arbeitnehmer während des Bestehens eines Arbeitsverhältnisses unbefugt ein Betriebsgeheimnis zu Zwecken des Wettbewerbs, aus Eigennutz oder, um den Arbeitgeber zu schädigen, weitergibt bzw. verschafft, macht er sich gem. § 17 UWG strafbar. Darüber hinaus erfasst die Verschwiegenheitspflicht alle Umstände, die der Arbeitnehmer im Zusammenhang mit dem Arbeitsverhältnis erfährt und an deren Geheimhaltung für den Arbeitgeber ein Interesse besteht. Die Verpflichtung zum Stillschweigen über Betriebs- und Geschäftsgeheimnisse besteht als nachvertragliche Verschwiegenheitspflicht auch über das Bestehen des Arbeitsverhältnisses hinaus.[122] Um hier für beide Seiten Rechtsklarheit zu schaffen, sollte eine entsprechende arbeitsvertragliche Vereinbarung getroffen werden.

Inhaltlich erstreckt sich die Pflicht zur Verschwiegenheit jedoch nur auf die geheim zu haltende Tatsache als solche. Dies bedeutet zB, dass der Arbeitnehmer zwar Kundenlisten nicht veräußern und für sich verwerten darf, jedoch durch die Verschwiegenheitspflicht nicht gehindert wird, mit Kunden seines ehemaligen Arbeitgebers Geschäfte abzuschließen. Um dies zu verhindern, müsste ein nachvertragliches Wettbewerbsverbot (s. dazu S. 83) vereinbart werden. Gleichermaßen ist der Arbeitnehmer nicht gehindert, das innerhalb eines Arbeitsverhältnisses erworbene Erfahrungswissen in einem neuen Arbeitsverhältnis weiter zu verwerten.

Eine Erweiterung der Geheimhaltungspflicht auf alle geschäftlichen und betrieblichen Tatsachen – auch nach Beendigung des Arbeitsverhältnisses – ist durch vertragliche Vereinbarung möglich. Vorsicht ist hingegen bei Klauseln geboten, die den Arbeitnehmer zum Stillschweigen über seine Vertragsbedingungen, insbesondere über das Gehalt verpflichten. Derartige Klauseln können eine unangemessene Benachteiligung des Arbeitnehmers darstellen.[123]

---

[121] BAG 16.3.1982 – 3 AZR 83/79, NJW 1983, 134.
[122] BAG 15.12.1987 – 3 AZR 474/86, NZA 1988, 502.
[123] LAG Mecklenburg-Vorpommern 21.10.2009 – 2 Sa 237/09, BeckRS 2010, 74409.

Die allgemeine arbeitsvertragliche Pflicht zur Geheimhaltung wird ergänzt durch spezielle gesetzliche Regelungen, zB der Mitglieder des Betriebsrats gem. §79 BetrVG, der Schwerbehindertenvertretung gem. §179 Abs.7 SGB IX.

Verletzt der Arbeitnehmer seine Pflicht zur Geheimhaltung, so hat der Arbeitgeber gegen den Arbeitnehmer Schadensersatzansprüche gem. §823 Abs.1 BGB; §823 Abs.2 UWG iVm §§17, 19 UWG sowie nach §280 Abs.1 BGB iVm §619a BGB. Anders als bei der strafrechtlichen Verfolgung aus §§17, 19 UWG kommt es für die Schadensersatzansprüche nicht auf den Zweck des Geheimnisverrats an, den der Arbeitnehmer mit der Weitergabe verbindet.

Keine Verletzung der Verschwiegenheitspflicht liegt vor, wenn der Arbeitnehmer Straftaten seitens des Arbeitgebers der Staatsanwaltschaft oder Polizei[124] (zB Steuerhinterziehungen, Verstöße gegen das Kriegswaffenkontrollgesetz) oder drohende gesundheitliche Schäden der Berufsgenossenschaft oder dem Gewerbeaufsichtsamt (zB Verletzung von Arbeitsschutzvorschriften) anzeigt. Diese Information wird auch mit dem amerikanischen Begriff „Whistleblowing" bezeichnet.[125] Soweit es um die Erstattung von Strafanzeigen geht, nimmt der Arbeitnehmer staatsbürgerliche Rechte wahr.[126] Allerdings darf die Anzeige keine unverhältnismäßige Reaktion auf ein Arbeitgeberverhalten darstellen. Der Arbeitnehmer darf insbesondere nicht wider besseres Wissen falsche Angaben machen. Er muss sich davon überzeugen, dass die seiner Anzeige zugrunde liegenden Tatsachen korrekt sind. Im Einzelfall kann es erforderlich sein, zuvor innerbetrieblich auf Abhilfe zu dringen.[127] Soweit der Gesundheitsschutz und die Sicherheit im Betrieb betroffen sind, steht dem Arbeitnehmer zunächst der betriebliche Beschwerdeweg offen. Erst wenn dieser erfolglos ist, darf er seine begründete Beschwerde außerhalb des Betriebs weitergeben (s. §17 Abs.2 ArbSchG).[128]

Mitteilungen gegenüber der Presse oder Öffentlichkeit, die den Arbeitgeber schädigen oder herabwürdigen, hat der Arbeitnehmer zu unterlassen. Der Arbeitnehmer muss hier in besonderem Maße das Verhältnismäßigkeitsgebot beachten. Danach muss die Äußerung gegenüber der Öffentlichkeit erforderlich sein. Erforderlich ist sie erst, wenn alle innerbetrieblichen Mittel, zB eine Anzeige beim Betriebsrat, sowie das Anrufen der zuständigen staatlichen Stellen einschließlich möglicher gerichtlicher Hilfe, nicht zur Abhilfe geführt haben. Außerdem muss die Mitteilung an die Öffentlichkeit angemessen sein. Dies ist nur der Fall, wenn die Arbeitgeberinteressen und die Interessen des Arbeitnehmers ausgewogen beachtet sind.[129]

Die vorgenannten Grundsätze gelten auch für Äußerungen des Arbeitnehmers in sozialen Netzwerken, wenn diese einen Bezug zum Unternehmen bzw. dem Arbeitgeber oder einem seiner Vertreter herstellen und damit nicht mehr dem

---

124 S. auch BVerfG 2.7.2001 – 1 BvR 2049/00, NZA 2001, 888.
125 *Scheicht/Loy* DB 2015, 803; *Schulz* ArbRAktuell 2017, 10; *Wesch* DB 2013, 994.
126 BAG 15.12.2016 – 2 AZR 42/16, NZA 2017, 703.
127 BAG 3.7.2003 – 2 AZR 235/02, NZA 2004, 427.
128 *Wiebauer* NZA 2015, 22.
129 S. im Einzelnen: EGMR 21.7.2011 – 28274/08, NZA 2011, 1269 – Heinisch./.BRD.

außerdienstlichen Verhalten zuzurechnen sind.[130] Der Arbeitnehmer ist gem. §241 Abs. 2, §242 BGB verpflichtet, auf die Interessen des Arbeitgebers Rücksicht zu nehmen. Bei der gebotenen Abwägung der beiderseitigen Interessen sind die grundrechtlichen Wertungen, insbesondere des Art. 5 Abs. 1 GG zu berücksichtigen. Der Arbeitnehmer darf sich daher auch kritisch über seinen Arbeitgeber äußern. Die Meinungsfreiheit deckt auch polemische Vergleiche und Zuspitzungen, sie ist jedoch nicht mehr geschützt, wenn das vom Arbeitnehmer geäußerte Werturteil den Arbeitgeber als Person diffamiert, also die Herabwürdigung der Person im Vordergrund steht.[131]

3. Wettbewerbsverbot/Nebentätigkeiten

Der Arbeitnehmer darf während eines bestehenden Arbeitsverhältnisses ohne Einwilligung des Arbeitgebers keine selbstständige oder unselbstständige Konkurrenztätigkeit aufnehmen und dadurch in Wettbewerb zum Arbeitgeber treten. Es gelten insoweit für kaufmännische Mitarbeiter die Bestimmungen der §§60, 61 HGB (bitte lesen!). Für sonstige Mitarbeiter leitet das Bundesarbeitsgericht die Pflicht zur Unterlassung von Wettbewerb während des Arbeitsverhältnisses aus §241 Abs. 2 BGB ab.[132] Der Arbeitnehmer ist danach verpflichtet, alles zu unterlassen, was dem Arbeitgeber oder dem Betrieb schadet. Das bestehende Wettbewerbsverbot kann nur durch eine vertragliche Vereinbarung bzw. Zustimmung des Arbeitgebers beseitigt werden. Wird das Konkurrenzverbot verletzt, kommt je nach Einzelfall eine fristgerechte oder aber eine fristlose[133] Kündigung in Betracht.

Für die Zeit nach Beendigung des Arbeitsverhältnisses kann gem. §110 GewO ein Wettbewerbsverbot nur unter den besonderen Voraussetzungen der §§74 ff. HGB vereinbart werden. Insbesondere muss eine Karenzentschädigung gezahlt werden.[134]

Durch das Wettbewerbsverbot wird der Arbeitnehmer nicht gehindert, neben seiner Tätigkeit für den Arbeitgeber weitere nicht wettbewerbsrelevante Arbeitsverhältnisse mit anderen Arbeitgebern einzugehen. Nebenbeschäftigungen sind dem Arbeitnehmer grundsätzlich gestattet. Die Freiheit der Berufswahl und das Recht auf freie Entfaltung der Persönlichkeit (Art. 12 Abs. 1 S. 1 und Art. 2 Abs. 1 GG) erlauben dem Arbeitnehmer, seine Arbeitskraft beliebig einzusetzen. Eine arbeitsvertragliche Pflichtverletzung liegt jedoch vor, wenn die Nebentätigkeit mit der vertraglich vereinbarten Arbeitsleistungspflicht nicht mehr in Einklang steht. So sind gem. §2 Abs. 1 S. 1 ArbZG Arbeitszeiten bei mehreren Arbeitgebern zusammenzurechnen, sodass es zu einer Überschreitung der insgesamt zulässigen Höchstarbeitszeiten kommen kann mit der Folge, dass der Arbeitgeber den Arbeitnehmer nicht mehr beschäftigen darf.

---

[130] *Dzida/Förster* BB 2017, 757.

[131] BAG 18.12.2014 – 2 AZR 265/14, NZA 2015, 797; s. auch EGMR 17.9.2015 – 14464/11, NZA 2017, 237 – Langner./.Deutschland.

[132] BAG 29.6.2017 – 2 AZR 597/16, BeckRS 2017, 122253; BAG 24.3.2010 – 10 AZR 66/09, NZA 2010, 693; BAG 26.9.2007 – 10 AZR 511/06, NZA 2007, 1436 mwN.

[133] BAG 6.8.1987 – 2 AZR 226/87, NJW 1988, 438.

[134] BAG 22.3.2017 – 10 AZR 448/15, NZA 2017, 845.

Diese Begrenzung besteht allerdings nur, wenn die Nebentätigkeit in einem Arbeitsverhältnis ausgeübt wird (§2 Abs. 1 S. 1 ArbZG), nicht aber bei einer selbstständigen Nebentätigkeit.

Der Arbeitnehmer muss dem Arbeitgeber Nebentätigkeiten auch ohne eine entsprechende (tarif-)vertragliche Regelung anzeigen, wenn die Aufnahme weiterer Beschäftigungen Auswirkungen auf das Arbeitsverhältnis hat, zB durch Überschreiten der Geringfügigkeitsgrenze in der Sozialversicherung.[135] Der Arbeitgeber ist seinerseits berechtigt, Auskunft über ausgeübte Nebenbeschäftigungen zu verlangen. Dies gilt nicht für die Übernahme von Ehrenämtern, die nicht von einer schriftlichen Zustimmung des Arbeitgebers abhängig gemacht werden kann, diese fallen in den durch Art. 2 GG geschützten Bereich der freien Entfaltung der Persönlichkeit.

Häufig wird der Arbeitgeber versuchen, derartige Nebentätigkeiten von vornherein auszuschließen. Ein vertragliches Nebentätigkeitsverbot ist wirksam, wenn der Arbeitgeber ein berechtigtes Interesse an seiner Vereinbarung hat. Ein solches liegt regelmäßig vor, wenn die Nebentätigkeit zur gleichen Zeit wie die geschuldete Arbeitsleistung zu erbringen ist oder in sonstiger Weise eine Beeinträchtigung des Arbeitsverhältnisses gegeben ist,[136] zB wenn ein Mitarbeiter während der normalen Arbeitszeit einen Lehrauftrag an einer Hochschule wahrnimmt oder in wissenschaftlichen Veröffentlichungen dienstliche Interna verarbeiten will. Nicht möglich ist es dagegen, jegliche Nebentätigkeit auszuschließen, da der Arbeitnehmer Arbeitsleistungen nur in dem vertraglich vereinbarten Umfang schuldet, ansonsten jedoch in der Verwendung seiner Zeit frei ist. Bei der Beurteilung des berechtigten Interesses des Arbeitgebers muss neben dem Umfang der Arbeitsleistung die Stellung des Arbeitnehmers im Betrieb berücksichtigt werden. Geringfügig Beschäftigte sind weniger an den Arbeitgeber gebunden als Führungskräfte.

Eine Alternative zum Verbot ist es, die Nebenbeschäftigung durch einen Erlaubnisvorbehalt im Einzelfall von der vorherigen Zustimmung des Arbeitgebers abhängig zu machen. Eine solche Klausel ist zulässig, soweit betriebliche Belange des Arbeitgebers betroffen sind.[137] Der Arbeitgeber erhält hierdurch die Möglichkeit, vor Aufnahme der Nebenbeschäftigung durch den Arbeitnehmer zu überprüfen, ob die weitere Tätigkeit seine Belange berührt. Fehlt es an einer Beeinträchtigung seiner Interessen, so ist der Arbeitgeber verpflichtet, die Genehmigung zur Ausübung der Nebentätigkeit zu erteilen.[138] Um unnötigen Verwaltungsaufwand zu vermeiden, kann es sinnvoll sein, die Zustimmung zur Nebentätigkeit zu fingieren, wenn der Arbeitgeber nicht innerhalb eines festgelegten Zeitraums der Nebentätigkeit widerspricht.[139]

---

135 BAG 18.1.1996 – 6 AZR 314/95, NZA 1997, 41.

136 BAG 21.9.1999 – 9 AZR 759/98, NZA 2000, 723; BAG 18.11.1988 – 8 AZR 12/86, NZA 1989, 389.

137 BAG 28.2.2002 – 6 AZR 357/01, BeckRS 2002, 41006.

138 BAG 11.12.2001 – 9 AZR 464/00, NZA 2002, 965; BAG 21.9.1999 – 9 AZR 759/98, NZA 2000, 723.

139 *Rolfs* in *Preis* ArbV II N 10 Rn. 29 ff.

Problematisch ist es, wenn der Arbeitnehmer einer an sich zulässigen Nebenbeschäftigung auch während einer Zeit nachgeht, in der er sich in seinem Arbeitsverhältnis arbeitsunfähig gemeldet hat. Gegen die Nebenbeschäftigung ist nur dann nichts einzuwenden, wenn der Heilungsprozess durch die Nebentätigkeit nicht verzögert wird.[140] Im Einzelfall kann die während der Arbeitsunfähigkeit ausgeübte Beschäftigung zur Abmahnung[141] bzw. Kündigung führen.[142]

4. Auskunfts-, Rechenschafts-, Herausgabepflichten

Der Arbeitnehmer ist verpflichtet, jederzeit dem Arbeitgeber über seine Arbeitsleistungen Auskunft bzw. Rechenschaft zu geben. Dies folgt aus einer entsprechenden Anwendung der §§ 675, 666 BGB. Soweit der Arbeitnehmer vom Arbeitgeber Arbeitsunterlagen, Werkzeuge und Ähnliches erhalten hat, erlangt er hieran grundsätzlich kein Eigentum, sondern muss sie spätestens bei Beendigung des Arbeitsverhältnisses gem. § 667 BGB wieder herausgeben.[143] Gleiches gilt, wenn der Arbeitnehmer im Zusammenhang mit dem Arbeitsverhältnis etwas erlangt, so zB Bonusmeilen für Vielflieger.[144]

Sie werden die Geschäftsleitung auf die oben unter 1.–4. Genannten rechtlichen Vorgaben hinweisen und ihr folgende Vertragsklauseln zur Verschwiegenheit und Nebentätigkeiten vorschlagen:

Verschwiegenheit und Nebentätigkeiten

„Der Arbeitnehmer ist verpflichtet, über geschäftliche und betriebliche Angelegenheiten Stillschweigen zu bewahren. Geschäfts- und Betriebsgeheimnisse dürfen Dritten nicht unbefugt mitgeteilt oder unbefugt verwertet werden. Die Pflicht zur Verschwiegenheit gilt auch nach Beendigung des Arbeitsverhältnisses.

Alle dem Arbeitnehmer im Zusammenhang mit dem Arbeitsverhältnis überlassenen Unterlagen sind sorgfältig aufzubewahren. Sie bleiben Eigentum des Arbeitgebers und sind mit der Beendigung des Arbeitsverhältnisses unaufgefordert zurückzugeben. Ein Zurückbehaltungsrecht besteht nicht.

Dem Arbeitnehmer ist jede Nebentätigkeit im Geschäftszweig der Müllex GmbH untersagt.

Sonstige Tätigkeiten (anderweitige Beschäftigungen, Veröffentlichungen, Beteiligungen an einem anderen Unternehmen und Ähnliches), die Auswirkungen auf das Arbeitsverhältnis haben, sind nur nach vorheriger Zustimmung des Arbeitgebers zulässig. Die Einwilligung gilt als erteilt, wenn nicht innerhalb eines Zeitraums von vier Wochen nach in Textform erfolgter Antragstellung eine schriftliche Ablehnung der Nebentätigkeit durch den Arbeitgeber erfolgt. Eine erteilte Zustimmung kann jederzeit unter Beachtung billigen Ermessens widerrufen werden."

---

140 BAG 13.11.1979 – 6 AZR 934/77, NJW 1980, 1917.

141 BAG 11.12.2001 – 9 AZR 464/00, NZA 202, 965.

142 S. dazu BAG 26.8.1993 – 2 AZR 154/93, NZA 1994, 63.

143 BAG 14.12.2011 – 10 AZR 283/10, NZA 2012, 501.

144 BAG 21.8.2014 – 8 AZR 655/13, NZA 2015, 94; BAG 11.4.2006 – 9 AZR 500/05, NZA 2006,1089.

Denkbar ist auch, dass die Müllex GmbH für ihr Unternehmen einen Verhaltenskodex[145] (Ethikrichtlinien, Code of Conduct) aufstellt, den sie jeweils zum Bestandteil der Arbeitsverhältnisse macht. Zu beachten ist, dass für jede Regelung eines solchen Verhaltenskodex geprüft werden muss, ob sie dem Mitbestimmungsrecht des Betriebsrats, insbesondere aus §87 Abs. 1 Nr. 1 BetrVG unterliegt.[146]

III. Verletzung der Pflichten aus dem Arbeitsverhältnis

1. Nichterbringen der Arbeitsleistung

Erbringt der Arbeitnehmer schuldhaft seine Arbeitsleistungen nicht, so kommt, gegebenenfalls nach vorheriger Abmahnung, eine Kündigung in Betracht. Die (beharrliche) Arbeitsverweigerung ist regelmäßig ein zur Kündigung berechtigender Grund. Umgekehrt ist die Zwangsvollstreckung eines Urteils auf Erbringen der Arbeitsleistung durch Zwangsgeld oder Zwangshaft gem. §888 Abs. 3 ZPO ausgeschlossen. §61 Abs. 2 ArbGG lässt nur die Verurteilung des Arbeitnehmers zur Zahlung einer vom Arbeitsgericht festzusetzenden Entschädigung zu.

2. Haftung des Arbeitnehmers für Sachschäden

Gert Larsen, ein erfahrener Fahrer der Niederlassung Iserlohn, ist damit beauftragt, bei der Gesoda GmbH verunreinigte Ölrückstände mit einem speziellen Entsorgungsfahrzeug abzuholen. Beim Absaugen des Öls unterläuft Larsen dadurch ein Fehler, dass er das Anschlussventil der Absaugvorrichtung nicht sorgfältig anschließt. Anstatt entsprechend der Sicherheitsbestimmungen den Absaugvorgang ununterbrochen zu überwachen, nutzt Larsen die Wartezeit, um sich in der Kantine der Firma Gesoda ein Frühstück zu holen. Durch den Fehler löst sich der Absaugstutzen und größere Mengen des verunreinigten Öls laufen in das Erdreich. Es entsteht hierdurch ein erheblicher Schaden, der nur zum Teil durch die Betriebshaftpflichtversicherung der Müllex GmbH abgedeckt ist. Aufgrund einer branchenüblichen Selbstbeteiligung verbleibt ein Schaden in Höhe von 1.500 EUR.

Sie werden beauftragt zu prüfen, ob Larsen für den nicht von dem Versicherer ausgeglichenen Schaden (= Selbstbeteiligung) in Regress genommen werden kann.

Eine Schädigung des Arbeitgebers ist auf zweifache Weise möglich:

- Der Schaden tritt unmittelbar beim Arbeitgeber ein (zB ein Firmenfahrzeug, eine Maschine wird beschädigt). Hier kommen Schadensersatzansprüche des Arbeitgebers gegen den Arbeitnehmer nach §280 Abs. 1 BGB iVm §619a BGB sowie in Anspruchskonkurrenz nach §823 Abs. 1 BGB in Betracht.
- Der Arbeitnehmer schädigt einen Dritten, der den Arbeitgeber gem. §§280 ff. BGB iVm §278 BGB bzw. gem. §831 BGB in Regress nimmt und so einen

145 *Wisskirchen/Jordan/Bissels* DB 2005, 2190.
146 BAG 22.7.2008 – 1 ABR 40/07, NZA 2008, 1248.

Schaden beim Arbeitgeber herbeiführt. Diesen kann der Arbeitgeber gem. §280 Abs. 1 BGB iVm §619a BGB vom Arbeitnehmer ersetzt verlangen, wenn dieser seine arbeitsvertraglichen Pflichten verletzt hat. Dem Dritten gegenüber haftet der Arbeitnehmer direkt aus §823 Abs. 1 BGB.

Der Arbeitgeber kann jedoch nur dann Schadensersatzansprüche gegenüber dem Arbeitnehmer geltend machen, wenn dieser die Pflichtverletzung zu vertreten hat. Gemäß §276 Abs. 1 S. 1 BGB hat der Schuldner Vorsatz und Fahrlässigkeit zu vertreten, wenn eine strengere oder mildere Haftung weder bestimmt noch aus dem sonstigen Inhalt des Schuldverhältnisses zu entnehmen ist. Das Bundesarbeitsgericht hat die uneingeschränkte Haftung des Arbeitnehmers zunächst für gefahrgeneigte, später für alle betrieblichen Tätigkeiten begrenzt.[147] Angesichts teurer Maschinen können die materiellen Folgen eines Fehlers für den Arbeitnehmer enorm sein und der von ihm verursachte Schaden auch bei kleinsten Fehlern außer Verhältnis zu seinem Arbeitseinkommen stehen. Der Arbeitgeber bestimmt kraft seines Weisungsrechts im Einzelnen die Art und Weise der Ausführung der Arbeitsleistung des Arbeitnehmers. Er ist verantwortlich für die Organisation des Betriebs und die Gestaltung der Arbeitsbedingungen. Der Arbeitgeber kann die Sach- und Betriebsgefahr durch geeignete Maßnahmen, wie beispielsweise den Abschluss von Versicherungen[148] beherrschen. Das Haftungsrisiko des weisungsgebundenen Arbeitnehmers wird somit entscheidend durch den Arbeitgeber geprägt. Dies rechtfertigt es, aufgrund des besonderen Inhalts des Arbeitsverhältnisses eine mildere Haftung des Arbeitnehmers für infolge betrieblicher Tätigkeiten entstandene Schäden anzunehmen. Der Arbeitgeber soll jedoch nicht für das allgemeine Lebensrisiko des Arbeitnehmers einstehen, sondern nur für Schäden, die Folge betriebsbedingter Tätigkeiten sind. Betrieblich veranlasst ist eine Tätigkeit des Arbeitnehmers, die er aufgrund seines Arbeitsvertrags schuldet oder die er im Interesse des Arbeitgebers für den Betrieb ausführt.[149]

Aufgrund der richterrechtlichen Grundsätze zur Arbeitnehmerhaftung kommt dem Arbeitnehmer je nach dem Umfang seines Verschuldens (s. §276 Abs. 1 S. 1 BGB) eine Haftungsmilderung zugute. Diese ist wie folgt dreigeteilt:

Der Arbeitnehmer handelt

- vorsätzlich oder grob fahrlässig ➔ regelmäßig volle Haftung
- normal (mittel) fahrlässig ➔ Teilung des Schadens zwischen Arbeitnehmer und Arbeitgeber
- leicht fahrlässig ➔ keine Haftung des Arbeitnehmers

---

147 S. nur BAG 27.9.1994 – GS 1/89, NZA 1994, 1083; s. auch *Schwab* NZA-RR 2016, 173.

148 Hierzu s. BAG 24.11.1987 – 8 AZR 66/82, NZA 1988, 584.

149 BAG 18.4.2002 – 8 AZR 348/01, NZA 2003, 37.

Gemäß § 276 Abs. 2 BGB handelt derjenige fahrlässig, der die erforderliche Sorgfalt nicht beachtet. Grobe Fahrlässigkeit liegt vor, wenn die verkehrserforderliche Sorgfalt in besonders schwerem Maße verletzt wird, also das nicht beachtet wird, was jedem einleuchten musste.[150] Sind diese Merkmale nicht erfüllt, so liegt eine einfache Fahrlässigkeit vor. Innerhalb der Arbeitnehmerhaftung werden in diesem Bereich zwei Stufen unterschieden, zum einen eine mittlere und zum anderen eine leichteste Fahrlässigkeit. Letztere liegt vor, wenn das Verschulden des Arbeitnehmers als gering anzusehen ist.

Ob und gegebenenfalls in welchem Umfang der Arbeitnehmer die Pflichtverletzung zu vertreten hat, ist durch Abwägung der gesamten Umstände des Einzelfalls zu bestimmen. Neben dem Grad des Verschuldens ist die Gefahrgeneigtheit der Arbeit zu berücksichtigen. Hierunter ist eine Tätigkeit zu verstehen, die es ihrer Eigenart nach mit großer Wahrscheinlichkeit mit sich bringt, dass auch dem sorgfältigst arbeitenden Arbeitnehmer gelegentlich Fehler unterlaufen, die – für sich allein betrachtet – zwar jedes Mal vermeidbar sind, mit denen jedoch angesichts der menschlichen Unzulänglichkeit erfahrungsgemäß zu rechnen ist.[151] Außerdem ist die Höhe des Schadens, ein vom Arbeitgeber einkalkuliertes oder durch eine Versicherung abdeckbares Risiko, die Stellung des Arbeitnehmers im Betrieb und die Höhe des Arbeitsentgelts in die Abwägung einzubeziehen.[152] Auch die persönlichen Umstände des Arbeitnehmers, wie die Dauer seiner Betriebszugehörigkeit, sein Lebensalter, seine Familienverhältnisse und sein bisheriges Verhalten im Betrieb sind zu beachten.[153]

Die genannten Kriterien können im Einzelfall auch bei grober Fahrlässigkeit zu einer Minderung der an sich vollen Haftung führen. Eine Haftungserleichterung zugunsten des Arbeitnehmers kommt insbesondere in Betracht, wenn zwischen der Arbeitsvergütung des Arbeitnehmers und dem Schaden ein deutliches Missverhältnis besteht. Wann ein haftungsminderndes Ungleichgewicht bejaht werden kann, hängt von den Umständen des Einzelfalls ab.[154] Entspricht der Schaden annähernd dem monatlichen Bruttoeinkommen des Arbeitnehmers, kommt eine Haftungsbegrenzung nicht in Betracht. Bei Schäden, die drei Bruttomonatseinkommen erreichen, wird eine Diskrepanz zwischen Schaden und Verdienst eher bejaht werden können.[155] Die Frage der Haftungsbegrenzung ist eine Einzelfallentscheidung, bei der geprüft werden muss, welcher Schadensausgleich dem Arbeitnehmer möglich und zumutbar ist. Eine allgemeine Haftungshöchstgrenze besteht nicht.[156]

Kommt es zum Streit über den Anspruch des Arbeitgebers auf Schadensersatz gegen den Arbeitnehmer, so ist der Arbeitgeber verpflichtet, das Verschulden des Arbeitnehmers zu beweisen. An sich wird gem. § 280 Abs. 1 S. 2 BGB das

---

150 S. zB BAG 1.12.1988 – 8 AZR 65/84, NZA 1989, 796.

151 BAG 25.9.1957 – GS 4/56, BeckRS 1957, 00575.

152 BAG 28.10.2010 – 8 AZR 418/09, NZA 2011, 345.

153 BAG 16. 2.1995 – 8 AZR 493/93, NZA 1995, 565.

154 BAG 28.10.2010 – 8 AZR 418/09, NZA 2011, 345.

155 BAG 12.11.1998 – 8 AZR 221/97, NZA 1999, 263; BAG 12.10.1989 – 8 AZR 276/88, NZA 1990, 97.

156 BAG 15.11.2012 – 8 AZR 705/11, BeckRS 2013, 67124.

Verschulden des Arbeitnehmers widerlegbar vermutet, sodass sich der Arbeitnehmer entlasten müsste (Beweislastumkehr). Doch bestimmt §619a BGB für den Fall der Haftung des Arbeitnehmers ausdrücklich, dass die Beweislast beim anspruchsberechtigten Arbeitgeber verbleibt.

Die Beschränkung der Haftung des Arbeitnehmers für Schäden, die bei einer betrieblich veranlassten Tätigkeit entstehen, kann vertraglich nicht zulasten des Arbeitnehmers abgeändert werden. Es handelt sich um einseitig zwingendes Arbeitnehmerschutzrecht.[157] So sind zB Vereinbarungen ausgeschlossen, die den Arbeitnehmer verpflichten, die Selbstkostenbeteiligung einer Vollkaskoversicherung unabhängig von seinem Verschulden zu tragen.

Entsteht der Schaden nicht unmittelbar beim Arbeitgeber, sondern bei einem Dritten, so gelten die vorstehenden Grundsätze entsprechend. Hierzu kommt es, wenn Maschinen etc. geleast werden, unter Eigentumsvorbehalt stehen oder sicherungsübereignet sind. Nimmt der Dritte nicht den Arbeitgeber, sondern den schädigenden Arbeitnehmer in Anspruch, so kann dieser im Innenverhältnis gegenüber seinem Arbeitgeber gem. §§670, 257 BGB analog die Freistellung von den Schadensersatzansprüchen des Dritten in Höhe der Haftungsquote verlangen, die nach den Grundsätzen der Arbeitnehmerhaftung vom Arbeitnehmer zu tragen wäre.[158] Um den Umfang der Freistellung zu ermitteln, muss also hypothetisch gefragt werden, ob und in welcher Höhe der Arbeitnehmer haften würde, wäre der Arbeitgeber und nicht ein Dritter geschädigt worden.

Wichtig ist hier, dass der Arbeitnehmer Schuldner des Dritten bleibt. Die Grundsätze der Arbeitnehmerhaftung und der daraus folgende Freistellungsanspruch des Arbeitnehmers betreffen nur das Verhältnis von Arbeitgeber und Arbeitnehmer. Gegenüber dem geschädigten Dritten tritt die Haftungsbegrenzung nicht ein.[159] Für den Arbeitnehmer hat dies zur Konsequenz, dass er dem Dritten gegenüber verpflichtet bleibt, den Schaden in vollem Umfang zu ersetzen, wenn sein Arbeitgeber nicht in der Lage ist, den Schaden zu ersetzen, zB im Fall der Insolvenz des Arbeitgebers.

Herr Larsen hat vorliegend bestehende Sicherheitsbestimmungen nicht eingehalten und den Absaugvorgang nicht ständig überwacht. Er hat sich über Bedenken und Vorsichtsmaßnahmen hinweggesetzt, die sich angesichts der mit dem Absaugvorgang verbundenen Risiken und der Sicherheitsvorschriften hätten aufdrängen müssen. Er hat seine arbeitsvertraglichen Pflichten grob fahrlässig verletzt. Gemäß §276 Abs.1 S.1 BGB hat er die Pflichtverletzung zu vertreten. Eine Haftungsmilderung aufgrund der Grundsätze der Arbeitnehmerhaftung kommt ihm daher nicht zugute. Für eine auch bei grober Fahrlässigkeit mögliche Haftungsminderung bleibt vorliegend kein Raum. Der eingetretene Schaden steht nicht in einem auffälligen Missverhältnis zum Einkommen des Arbeitnehmers. Die Müllex GmbH hat nicht durch ein Verhalten

---

157 BAG 5.2.2004 – 8 AZR 91/03, NZA 2004, 649; s. auch BAG 13.12.2012 – 8 AZR 432/11, NZA 2013, 622.

158 S. dazu BAG 15.9.2016 – 8 AZR 187/15, BeckRS 2016, 114312.

159 BGH 19.9.1989 – VI ZR 349/88, NZA 1990, 100; BGH 21.12.1993 – VI ZR 103/93, NJW 1994, 852.

ihrer weisungsberechtigten Mitarbeiter das Schadensrisiko erhöht. Vielmehr hat die Müllex GmbH das erhöhte Risiko durch eine Betriebshaftpflichtversicherung abgedeckt. Für sonstige haftungsbegrenzende Umstände gibt es keine Anhaltspunkte. Larsen muss für den Schaden in voller Höhe aufkommen. Die Müllex GmbH wird daher Herrn Larsen auf Zahlung von 1.500 EUR in Anspruch nehmen.

Nachfolgend noch einmal die Haftung des Arbeitnehmers bei Schädigung des Arbeitgebers im Überblick:

Haftung des Arbeitnehmers für Sachschäden	
Arbeitnehmer haftet in der Regel in vollem Umfang	☑ bei Vorsatz und grober Fahrlässigkeit ☑ bei grober Fahrlässigkeit im Einzelfall Beschränkung des Haftungsumfangs möglich
Arbeitnehmer haftet teilweise	☑ bei normaler (mittlerer) Fahrlässigkeit
Arbeitnehmer haftet nicht	☑ bei leichtester Fahrlässigkeit
Gegenüber Drittem	☑ Volle Haftung, aber im Verhältnis zum Arbeitgeber Freistellungsanspruch entsprechend der genannten Dreiteilung der Haftung

3. Mankohaftung des Arbeitnehmers

Die Müllex GmbH betreibt in Werne eine Bauschuttdeponie. Herr Ulrich Lux ist dort zuständig für die Ein- und Ausgangskontrollen der Baufahrzeuge. Derzeit werden auch noch Kleinmengen Bauschutt von privaten Anlieferern entgegengenommen. Herr Lux ist verpflichtet, bei Privatleuten sofort die Deponiebeiträge zu kassieren. Er trägt dazu in ein Kassenbuch das Gewicht des Fahrzeugs vor und nach der Entladung ein und berechnet den zu zahlenden Betrag nach dem Gewicht des Bauschutts. Die privaten Anlieferer erhalten eine Quittung über den gezahlten Betrag. Am Abend des 23. Januar stellt Herr Lux einen Fehlbetrag von 80 EUR fest. Wie es dazu kommen konnte, kann er sich nicht erklären. Die Kasse befindet sich in einer Stahlkassette in einem Containerbüro, zu dem auch andere Deponiemitarbeiter Zutritt haben. Der Schlüssel zur Kassette wird in einer nicht verschlossenen Schreibtischschublade aufbewahrt. Der zuständige Niederlassungsleiter fragt bei Ihnen als Personalleiter/in an, ob die Müllex GmbH den Betrag von Herrn Lux ersetzt verlangen kann.

Eine Haftung des Herrn Lux kommt nach den Grundsätzen der Mankohaftung in Betracht. Von einem Manko spricht man dann, wenn ein dem Arbeitnehmer anvertrauter Kassen- oder Warenbestand eine Differenz zwischen Soll- und Istbestand aufweist und hierdurch dem Arbeitgeber ein Schaden entsteht.[160]

[160] S. nur *Schwab* NZA-RR 2017, 7.

Ein Ersatzanspruch besteht, wenn Arbeitgeber und Arbeitnehmer wirksam vertraglich eine Mankoabrede getroffen haben. Der Arbeitnehmer verpflichtet sich hierdurch, für sämtliche Fehlbestände unabhängig von seinem Verschulden zu haften. Die Mankovereinbarung führt zu einer Garantiehaftung des Arbeitnehmers unabhängig von seinem konkreten Verschulden, ist also gegenüber der Haftung nach allgemeinen Grundsätzen eine vertragliche Haftungsverschärfung. Eine Mankoabrede ist daher gem. §307 Abs. 1 BGB nur zulässig, wenn die Risikoverlagerung auf den Arbeitnehmer durch ein berechtigtes Interesse des Arbeitgebers gerechtfertigt ist und damit keine unangemessene Benachteiligung des Arbeitnehmers darstellt. Dies ist der Fall, wenn der Arbeitnehmer den alleinigen und unbeobachteten Zugriff auf Geld oder andere Wertgegenstände des Arbeitgebers hat. Sobald andere Personen Zugriff haben, ist eine Mankoabrede unwirksam. Außerdem setzt eine wirksame Mankoabrede voraus, dass ein angemessenes Mankogeld oder aber ein angemessen erhöhtes Gehalt für das zusätzliche Haftungsrisiko des Arbeitnehmers gezahlt wird. Angemessen ist ein Mankogeld nur dann, wenn es dem Arbeitnehmer möglich ist, einen Überschuss zu erzielen. Dies setzt voraus, dass der Arbeitnehmer nach der getroffenen Vereinbarung maximal bis zur Höhe des Mankogelds haftet, das ihm für einen vertraglich festgelegten Zeitraum gezahlt wird. Die Summe des Mankogelds kann sich hierbei nicht nur aus einer monatlichen Abrechnung ergeben, denkbar sind auch mittel- oder langfristige Ausgleichszeiträume, zB von einem Kalenderjahr. Diese summenmäßige Begrenzung kann zulässig für den Fall des vorsätzlichen Handelns aufgehoben werden.[161] Entsteht ein Manko, so verliert der Arbeitnehmer das Mankogeld als „Erfolgsprämie", ohne einer weitergehenden verschuldensunabhängigen Haftung ausgesetzt zu sein.[162]

Mit Herrn Lux wurde eine solche Vereinbarung nicht getroffen, sodass er für ein von ihm zu vertretenes Manko nur nach §§280 Abs. 1 und 3, 283 BGB einzustehen hat, wenn er nach den Grundsätzen der Verwahrung oder des Auftrags für die Herausgabe der Einnahmen an den Arbeitgeber gem. §§665, 667 BGB verantwortlich ist. Weist die Kasse oder das Warenlager Fehlbeträge bzw. Fehlbestände auf, so ist dem Arbeitnehmer im Umfang des Mankos die Herausgabe der ihm anvertrauten Sachen unmöglich (s. §275 Abs. 1 BGB). Da der Arbeitnehmer in Bezug auf die ihm zur Erfüllung seiner Arbeitsleistung überlassenen Sachen jedoch in der Regel nur Besitzdiener ist (§855 BGB), gehört die Herausgabe der Sachen regelmäßig nicht zu seinen Leistungspflichten; eine Haftung nach den genannten Vorschriften scheidet aus. Etwas anderes ist ausnahmsweise nur dann anzunehmen, wenn der Arbeitnehmer aufgrund der Organisationsstrukturen unmittelbarer Besitzer und damit insoweit „selbstständiger" Arbeitnehmer ist. Dies setzt den alleinigen Zugang zur Kasse bzw. zum Warenlager sowie die selbstständige Verwaltung der Sache voraus. Hierfür bedarf es eines eigenständigen Spielraums des Arbeitnehmers, der sich in einer wirtschaftlichen Tätigkeit ausdrückt. Die geschuldete Tätigkeit des Arbeit-

[161] BAG 17.9.1998 – 8 AZR 175/97, NZA 1999, 141; BAG 29.1.1985 – 2 AZR 570/82, NZA 1986, 23.

[162] BAG 2.12.1999 – 8 AZR 386/98, NZA 2000, 715.

nehmers muss von kaufmännischen Aufgaben geprägt sein.[163] Dies ist in den Fällen zu verneinen, in denen der Arbeitnehmer, wie auch Herr Lux, lediglich Geld entgegennimmt. Außerdem fehlte es vorliegend am alleinigen Zugang des Herrn Lux zur Kasse.

Ansonsten hat der Arbeitnehmer dem Arbeitgeber ein Manko gem. §280 Abs. 1 bzw. in Anspruchskonkurrenz gem. §823 Abs. 1 BGB zu ersetzen, wenn er eine Pflicht aus dem Arbeitsverhältnis schuldhaft verletzt und der Schaden (= Manko) auf dieser Pflichtverletzung beruht. Der Arbeitnehmer hat die Pflicht, das Eigentum bzw. das Vermögen des Arbeitgebers nicht zu schädigen. Er haftet für eine Verletzung dieser Pflicht, wenn er schuldhaft gehandelt hat. Gemäß §276 Abs. 1 S. 1 BGB hat der Arbeitnehmer Vorsatz und Fahrlässigkeit zu vertreten, sofern nicht eine mildere Haftung bestimmt ist oder sich aus dem sonstigen Inhalt des Schuldverhältnisses ergibt. Eine Haftungsmilderung kann auch bei der Mankohaftung aus den richterrechtlichen Grundsätzen der Arbeitnehmerhaftung folgen (s. dazu S. 89 ff.).[164] Gemäß §280 Abs. 1 BGB iVm §619a BGB bzw. §823 Abs. 1 BGB ist der Arbeitgeber darlegungs- und beweispflichtig, dass das Manko auf einem schuldhaften haftungsbegründenden Fehlverhalten des Arbeitnehmers beruht. Hierbei kommt dem Arbeitgeber eine abgestufte Darlegungs- und Beweislast zugute. Da dem Arbeitgeber zumeist die Sachnähe zum Kassen- bzw. Warenbestand fehlt, diese jedoch der Arbeitnehmer hat, genügt es zunächst, wenn der Arbeitgeber Indizien vorträgt, aus denen sich ein Verschulden des Arbeitnehmers ableiten lässt. Hat der Arbeitgeber zB dargelegt, dass der Arbeitnehmer die alleinige Verfügungsbefugnis bzw. Kontrolle über die Kasse oder den Warenbestand hat, so muss sich der Arbeitnehmer zu den konkreten Umständen des Schadensfalls substantiiert äußern. Bleibt nach dieser abgestuften Darlegungslast und einer gegebenenfalls durchgeführten Beweisaufnahme unklar, ob ein bestimmtes Indiz tatsächlich gegeben ist, so geht dies zulasten des Arbeitgebers.

Steht fest, dass der Arbeitnehmer in einem Umfang schuldhaft gehandelt hat, der seine Haftung begründet, so muss ein etwaiges Mitverschulden des Arbeitgebers gem. §254 BGB berücksichtigt werden, das sich zB aus Organisationsmängeln oder einer fehlenden Überwachung ergeben kann.[165]

163 BAG 2.12.1999 – 8 AZR 386/98, NZA 2000, 715; BAG 22.5.1997 – 8 AZR 562/95, NZA 1997, 1279.

164 BAG 17.9.1998 – 8 AZR 175/97, NZA 1999, 141.

165 BAG 21.5.2015 – 8 AZR 116/14, NZA 2015, 1517; BAG 18.6.1970 – 1 AZR 520/69, NJW 1970, 1861.

Haftung des Arbeitnehmers für Mankoschäden

Arbeitnehmer haftet – auch ohne Verschulden – begrenzt auf die Summe des Mankogelds	☑ bei wirksamer Mankoabrede
Arbeitnehmer haftet in vollem Umfang nur bei Verschulden	☑ gem. §§ 280 Abs. 1 und 3, 283 BGB bei Übertragung des alleinigen Besitzes an der Kasse und deren selbstständige Verwaltung ☑ gem. § 280 Abs. 1 BGB (in Anspruchskonkurrenz § 823 Abs. 1 BGB) bei Vorsatz und grober Fahrlässigkeit
Arbeitnehmer haftet teilweise	☑ gem. § 280 Abs. 1 BGB (in Anspruchskonkurrenz § 823 Abs. 1 BGB) bei normaler (mittlerer) Fahrlässigkeit und bei grober Fahrlässigkeit, wenn zwischen Einkommen und Haftungsrisiko ein Missverhältnis besteht
Arbeitnehmer haftet nicht	☑ gem. § 280 Abs. 1 BGB (in Anspruchskonkurrenz § 823 Abs. 1 BGB) bei leichtester Fahrlässigkeit
Beweislast	☑ Es gilt § 619a BGB, dh, der Arbeitgeber muss die Tatsachen darlegen und beweisen, die den Grad des Verschuldens ausmachen. Hierbei besteht eine abgestufte Darlegungslast, sofern der Arbeitnehmer nicht alleiniger Besitzer war.

Die vorstehenden Grundsätze bedeuten für den Fall des Herrn Lux, dass eine Haftung nur schwer durchzusetzen sein wird. Da nicht ausgeschlossen werden kann, dass sich auch andere Personen des Kasseninhalts bemächtigt haben, ist schon fraglich, ob überhaupt eine Pflichtverletzung des Herrn Lux vorliegt. Der entstandene Schaden würde eine entsprechende Vermutung nur rechtfertigen, wenn Herr Lux allein auf die Kasse Zugriff gehabt hätte. Außerdem müsste die Müllex GmbH ein Verschulden darlegen, das mindestens den mittleren Fahrlässigkeitsgrad erfüllt. Dies wird ihr aufgrund der Sachverhaltsgestaltung nur schwer gelingen. Angesichts der geringen Erfolgsaussichten einer Klage und des relativ geringen Betrags sollte daher von einem Regress Abstand genommen, jedoch in Zukunft für eine bessere Sicherung der Kasse gesorgt werden.

4. Haftung des Arbeitnehmers für Personenschäden (insbesondere gegenüber Arbeitskollegen)

Robert Warst ist im Recyclinghof Iserlohn der Müllex GmbH beschäftigt. Seine Aufgabe ist es unter anderem Altpapier, das zu großen Ballen gepresst wurde, mit einem Gabelstapler zusammenzuschieben und aufzuschichten. Am 11. Juni kam es hierbei zu einem Arbeitsunfall, bei dem sein Kollege Dieter Zunft an der Schulter verletzt wurde. Ein Papierballen fiel vom Gabelstapler, da Herr Warst ihn nicht richtig erfasst hatte. Herr Warst erkundigt sich bei Ihnen in der Personalabteilung, ob er für den Herrn Zunft zugefügten Personenschaden haftbar gemacht werden kann.

Ein Anspruch auf Schadensersatz des Herrn Zunft gegen Robert Warst besteht gem. § 823 Abs. 1 BGB, der neben den Vermögensschäden gem. § 253 Abs. 2 BGB auch eine billige Entschädigung in Geld („Schmerzensgeld") umfasst. Herr Warst hat fahrlässig die Gesundheit des Herrn Zunft verletzt. Jedoch ist zu berücksichtigen, dass der Unfall eintrat, als Herr Zunft seine Arbeitsleistung erbrachte, daher ein Arbeitsunfall gegeben ist. Ein Arbeitsunfall ist gem. § 8 Abs. 1 S. 1 SGB VII anzunehmen, wenn ein in der gesetzlichen Unfallversicherung Versicherter bei einer versicherten Tätigkeit einen Unfall erleidet. Ein Unfall ist ein zeitlich begrenztes, von außen auf den Körper einwirkendes Ereignis, das zu einem Gesundheitsschaden oder zum Tod führt (§ 8 Abs. 1 S. 2 SGB VII). Welche Tätigkeiten in der gesetzlichen Unfallversicherung versichert sind, legen die §§ 2 und 8 Abs. 2 SGB VII fest.

Bei einem Arbeitsunfall erhält der Verletzte von der zuständigen Berufsgenossenschaft als Träger der gesetzlichen Unfallversicherung Leistungen nach Maßgabe der §§ 26 ff. SGB VII. Finanziert wird diese Versicherungsleistung durch Beiträge der Unternehmen (s. im Einzelnen §§ 150 ff. SGB VII). Wenn jedoch die Berufsgenossenschaft Leistungen erbringt, so soll der Arbeitgeber nicht daneben noch persönlich in Anspruch genommen werden. Der Arbeitgeber wird daher durch die gesetzliche Unfallversicherung von seiner eigenen zivilrechtlichen Haftung freigestellt.[166] § 104 SGB VII beschränkt die Haftung des Arbeitgebers für Personenschäden (nicht für Sachschäden!) infolge eines Arbeitsunfalls.

Diese Haftungsbeschränkung wird durch § 105 Abs. 1 S. 1 SGB VII auf Arbeitsunfälle erstreckt, die ein Arbeitskollege einem anderen zufügt.[167] Auch hier erhält der Verletzte Leistungen aus der gesetzlichen Unfallversicherung. Der Arbeitnehmer, der durch eine betriebliche Tätigkeit den Versicherungsfall eines Versicherten desselben Betriebs, also einen Arbeitsunfall, bei dem ein Arbeitskollege verletzt wurde, verursacht, ist gem. § 105 Abs. 1 S. 1 SGB VII zum Ersatz des Personenschadens nur verpflichtet, wenn er vorsätzlich gehandelt oder den Arbeitsunfall auf einem nach § 8 Abs. 2 Nr. 1–4 SGB VII versicherten Weg herbeigeführt hat. Handelt es sich um einen Arbeitsunfall iSd § 8 Abs. 1 SGB VII oder um eine versicherte Tätigkeit gem. § 8 Abs. 2 Nr. 5 SGB VII, so haftet der Arbeitnehmer nicht gegenüber seinem Arbeitskollegen.

---

166 S. dazu *Jüngst* B+P 2005, 739.

167 Dazu *Marburger* BB 2000, 1781; *Schmidt* BB 2002, 159; *Zacharias* BB 2000, 2411.

Nach §8 Abs. 2 SGB VII sind zunächst Wegeunfälle versichert, dh Unfälle auf dem direkten Weg von Zuhause zur Arbeit. Als „wegebezogene Arbeitsunfälle"[168] sind auch solche Abweichungen vom direkten Weg zur Arbeit versichert, die dazu dienen, ein Kind zu versorgen oder eine Fahrgemeinschaft zu bilden. Außerdem sind Familienheimfahrten in dem Fall versichert, in dem der Arbeitnehmer wegen der Entfernung zur Familienwohnung eine berufsbedingte zweite Wohnung hat, um seine Arbeit erbringen zu können.

Ereignet sich der Arbeitsunfall auf einem in §8 Abs. 2 Nr. 1–4 SGB VII genannten Weg, haftet der Arbeitgeber seinen Arbeitnehmern bzw. ein Kollege gegenüber einem anderen, der Haftungsausschluss greift hier nicht. §8 Abs. 2 Nr. 1 SGB VII erfasst insbesondere den Weg nach bzw. vom Ort der Tätigkeit, allerdings nur insoweit der Transport privat organisiert ist.[169] Dieser Weg beginnt bzw. endet am Betriebs-/Werkseingang. Bis dorthin realisiert sich bei einem Unfall das allgemeine Wegerisiko, das nicht den betrieblichen Tätigkeiten zuzurechnen ist. Der Arbeitnehmer bzw. Arbeitskollege hat einen Schadensersatzanspruch nach den allgemeinen Anspruchsgrundlagen, also insbesondere gem. §823 Abs. 1 BGB und im Straßenverkehr gem. §7 StVG. Leistungen des Unfallversicherungsträgers sind auf die zivilrechtlichen Schadensersatzansprüche anzurechnen, sodass eine Doppelentschädigung ausgeschlossen ist (§104 Abs. 3 SGB VII). Geschieht hingegen ein Unfall auf Wegen am Ort der Tätigkeit (sog. Betriebswege), so handelt es sich um betriebliche Tätigkeiten mit der Folge, dass Versicherungsschutz gem. §8 Abs. 1 S. 1 SGB VII gegeben ist.[170] Gleichzeitig ist die Haftung des Arbeitgebers gem. §104 Abs. 1 S. 1 SGB VII bzw. gem. §105 Abs. 1 S. 1 SGB VII die persönliche Haftung des Arbeitnehmers gegenüber seinem verletzten Kollegen beschränkt.

Wichtig ist, dass der Haftungsausschluss nach §§104, 105 SGB VII nur Personenschäden erfasst. Nur für diese gibt es Leistungen aus der gesetzlichen Unfallversicherung. Sachschäden sind zu ersetzen, jedoch hat der Arbeitnehmer bei Schädigung eines Dritten und damit auch eines Arbeitskollegen gegenüber seinem Arbeitgeber einen Anspruch auf Freistellung von den Ersatzansprüchen entsprechend den Grundsätzen der Arbeitnehmerhaftung. Voraussetzung ist, dass der Schaden im Zusammenhang mit einer betrieblichen Tätigkeit eingetreten ist (s. dazu S. 89 ff.).

Vorliegend handelt es sich um einen Unfall, der als Arbeitsunfall iSd §8 Abs. 1 SGB VII Versicherungsschutz genießt und damit den Haftungsausschluss herbeiführt. Herr Warst kann also nicht – auch nicht im Wege des Rückgriffs durch die Berufsgenossenschaft (§105 Abs. 1 S. 3 SGB VII iVm §104 Abs. 1 S. 2 SGB VII) – in Anspruch genommen werden.

Sofern der Unfall grob fahrlässig oder vorsätzlich herbeigeführt wurde, können die Sozialversicherungsträger gem. §110 Abs. 1 SGB VII wegen der erbrachten Leistungen vom Schädiger Regress fordern. Dies kommt insbesondere in Be-

---

168 *Marschner* BB 1996, 2090 (2091).

169 S. dazu BAG 30.10.2003 – 8 AZR 548/02, BeckRS 2004, 40296.

170 BAG 14.12.2000 – 8 AZR 92/00, NZA 2001, 549.

tracht, wenn gegen Unfallverhütungsvorschriften (s. § 15 SGB VII) verstoßen wurde.

Haftung des Arbeitnehmers für Personenschäden	
bei Schädigung eines Arbeitskollegen (auch eines fremden Unternehmens)[171]	☑ Haftung bei Vorsatz oder wegebezogenem Arbeitsunfall iSd § 8 Abs. 2 Nr. 1–4 SGB VII ☑ **Keine** Haftung bei Arbeitsunfall iSd § 8 Abs. 1 und Abs. 2 Nr. 5 SGB VII
bei Schädigung des Arbeitgebers	☑ Haftung entsprechend der Dreiteilung der Grundsätze der Arbeitnehmerhaftung

[171] Dazu s. BAG 28.2.1991 – 8 AZR 521/89, NZA 1991, 597.

In diesem Kapitel erfahren Sie zunächst alles zur Hauptpflicht des Arbeitgebers, der Vergütungszahlung als Gegenleistung für die Arbeitsleistung des Arbeitnehmers. Sodann lernen Sie die Nebenpflichten des Arbeitgebers, seine Pflichten gegenüber besonderen Personengruppen und Fragen der Haftung des Arbeitgebers kennen.

G. Die arbeitsrechtlichen Pflichten des Arbeitgebers

I. Zahlung der Arbeitsvergütung

Die Geschäftsleitung der Müllex GmbH möchte längerfristig neue Formen der Vergütung einführen, um ihre Mitarbeiter leistungsgerechter bezahlen zu können. Die Personalleiterin Frau Birgit Müller beschäftigt sich daher mit den Grundlagen und Formen des Vergütungsanspruchs.

1. Grundlagen des Vergütungsanspruchs

Der Arbeitgeber ist verpflichtet, dem Arbeitnehmer als Gegenleistung für die Arbeitsleistung die vereinbarte Vergütung zu zahlen (§611a Abs. 2 BGB). Es handelt sich um die Hauptpflicht des Arbeitgebers aus dem Arbeitsverhältnis. Die Vergütung ist gem. §614 BGB grundsätzlich fällig, nachdem der Arbeitnehmer die Arbeitsleistung erbracht hat. Abweichende Fälligkeitsregelungen sind möglich.

Fehlt eine Vergütungsvereinbarung, zB weil eine Vereinbarung unwirksam ist, so gilt gem. §612 Abs. 1 und 2 BGB die übliche Vergütung als vereinbart, falls eine entsprechende Vergütungserwartung objektiv besteht.[1] Üblich ist die Vergütung, die für eine vergleichbare Arbeit in vergleichbaren Betrieben der gleichen Branche gezahlt wird. Häufig wird das übliche Entgelt dem Tarifgehalt entsprechen.

Die Vergütung wird begrifflich auch als Entgelt, Lohn oder Gehalt bezeichnet. Inhaltliche Unterschiede ergeben sich hieraus nicht. Folgende Vergütungsformen lassen sich unterscheiden:

[1] S. hierzu BAG 17.8.2011 – 5 AZR 406/10, NZA 2011, 1335.

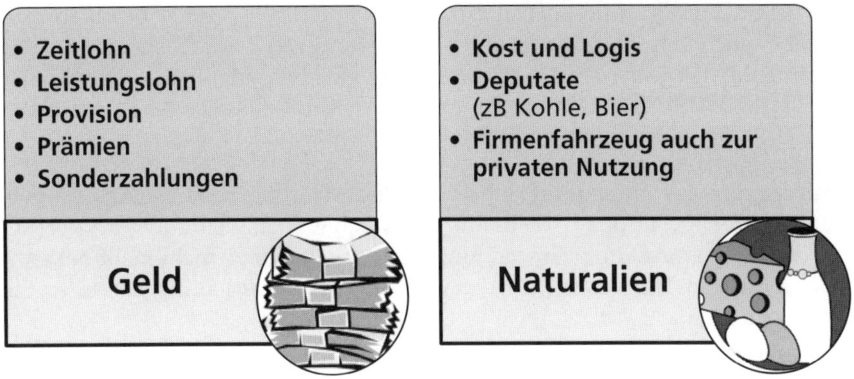

Für den Vergütungsanspruch sind je nach Einzelfall verschiedene rechtliche Grundlagen maßgeblich:

a) Mindestlohngesetz

Das Mindestlohngesetz gewährt neben tarif- und einzelvertraglichen Anspruchsgrundlagen einen eigenständigen Entgeltanspruch.[2] Jeder Arbeitnehmer unterfällt folglich dem Mindestlohngesetz, auch wenn seine Vergütung oberhalb des Mindestlohns liegt. Grundsätzlich kann die Vergütung als Gegenleistung für die Arbeitsleistung gem. § 105 GewO wie der gesamte Inhalt des Arbeitsverhältnisses zwischen Arbeitgeber und Arbeitnehmer frei vereinbart werden. Diese Vertragsfreiheit ist durch das Mindestlohngesetz insoweit eingeschränkt, als dass gem. § 1 Abs. 1 MiLoG jeder Arbeitnehmer Anspruch auf ein Arbeitsentgelt mindestens in Höhe des Mindestlohns von derzeit 8,84 EUR (Stand: 1.1.2017; s. § 1 Abs. 2 S. 2 MiLoG[3]) hat. Vergütungsvereinbarungen, die von diesem Betrag abweichen, sind gem. § 3 S. 1 MiLoG unwirksam, insoweit der Mindestlohnbetrag unterschritten wird. Die Vergütungsregelung im Übrigen bleibt wirksam. Der Arbeitnehmer hat einen Anspruch auf den Differenzbetrag zwischen dem tatsächlich gezahlten Lohn und dem Mindestlohn.[4]

Der Mindestlohn ist je Zeitstunde zu zahlen, s. § 1 Abs. 2 S. 1 MiLoG. Bezugsgröße ist damit jede Stunde, in der der Arbeitnehmer gem. § 611a Abs. 2 BGB vergütungspflichtige Arbeitsleistung erbringt.[5] Die Bruttomonatsvergütung muss mindestens den Betrag erreichen, der sich durch die Multiplikation der tatsächlich geleisteten Arbeitsstunden mit dem Mindestlohnbetrag ergibt.[6] Der Arbeitgeber erfüllt den Mindestlohnanspruch des Arbeitnehmers durch alle Leistungen, die in Bezug zu einer tatsächlichen Arbeitsleistung erfolgen und damit unmittelbar Gegenleistung für geleistete Arbeit sind. Hierzu rech-

---

2 BAG 25.5.2016 – 5 AZR 135/16, NZA 2016, 1327.

3 Gemäß § 9 Abs. 1 MiLoG erfolgt die nächste Anpassung durch die Mindestlohnkommission zum 1.1.2019, s. hierzu §§ 4 ff. MiLoG.

4 BAG 25.5.2016 – 5 AZR 135/16, NZA 2016, 1327; BAG 21.12.2016 – 5 AZR 374/16, NZA 2017, 378.

5 BAG 29.6.2016 – 5 AZR 716/15, NZA 2016, 1332.

6 BAG 25.5.2016 – 5 AZR 135/16, NZA 2016, 1327.

nen neben dem Grundlohn auch Zulagen, Prämienzahlungen, Gratifikationen etc, aber auch Leistungen aufgrund einer besonderen Zweckbestimmung, wie zB im Falle des §6 Abs.5 ArbZG zum Ausgleich besonderer Belastungen der Nachtarbeit.[7]

b) Tarifvertrag

Tarifverträge bestimmen die Höhe der Mindestvergütung (s. §4 Abs.3 TVG), die der Arbeitgeber dem Arbeitnehmer zu zahlen hat, wenn der Tarifvertrag auf das Arbeitsverhältnis Anwendung findet. Sollte Ihnen nicht mehr bekannt sein, wann ein Tarifvertrag für das einzelne Arbeitsverhältnis gilt, lesen Sie bitte noch einmal S.7ff.

Vergütungstarifverträge legen für jede Gehaltsgruppe Tätigkeitsmerkmale fest. Häufig werden auch Tätigkeitsbeispiele genannt. Jeder so definierten tariflichen Gehaltsgruppe wird ein bestimmter Geldbetrag zugeordnet. Um festzustellen, welcher Tarifgruppe der Arbeitnehmer angehört, muss eine Eingruppierung stattfinden. Hierbei wird die vom Arbeitnehmer ausgeübte Tätigkeit mit den Gehaltsmerkmalen der Tarifgruppen verglichen und geprüft, welche Tarifgruppe der Tätigkeit des Arbeitnehmers entspricht.

Wird ein Arbeitnehmer erstmals in eine Tarifgruppe (= Eingruppierung[8]) oder aufgrund von Veränderungen seiner Tätigkeit in eine andere Vergütungsgruppe eingestuft (= Umgruppierung), so handelt es sich um eine mitbestimmungspflichtige Maßnahme, der der Betriebsrat gem. §99 Abs.1 BetrVG in Unternehmen mit mehr als 20 wahlberechtigten Arbeitnehmern zustimmen muss.

c) Betriebsvereinbarung

Soll eine Betriebsvereinbarung über die Vergütung oder einzelne Vergütungsbestandteile abgeschlossen werden, so muss zuvor geprüft werden, ob sie zulässig ist. §77 Abs.3 S.1 BetrVG bestimmt, dass Arbeitsentgelte, die durch Tarifvertrag geregelt sind oder üblicherweise geregelt werden, nicht Gegenstand einer Betriebsvereinbarung sein können. Da Arbeitsentgelte zum typischen Regelungsbereich von Tarifverträgen gehören, werden Betriebsvereinbarungen nur selten möglich sein. Sie kommen vor allem dort in Betracht, wo die tarifliche Sperrwirkung nicht greift, wie zB bei Vergütungsregelungen für AT-Angestellte oder der Ausgestaltung einer Sonderzahlung. Hier kommt dem Mitbestimmungsrecht des §87 Abs.1 Nr.10 BetrVG Vorrang vor §77 Abs.3 BetrVG zu. Weitere Einzelheiten zur Sperrwirkung des §77 Abs.3 BetrVG haben Sie bereits in Kapitel C. III. gelernt. Lesen Sie gegebenenfalls ein weiteres Mal S.15ff.

d) Einzelvertrag

Der Entgeltanspruch des Arbeitnehmers ist regelmäßig im Arbeitsvertrag geregelt und muss mindestens der Höhe des Mindestlohns entsprechen. §2 Abs.1 Nr.6 NachwG verlangt, dass Höhe und Bestandteile des Arbeitsentgelts aufgeschlüsselt werden.

---

7 BAG 25.5.2016 – 5 AZR 135/16, NZA 2016, 1327.

8 S. dazu *Kleinebrink* BB 2013, 2357.

Bei der Festlegung der Vergütung darf der Arbeitgeber Arbeitnehmer nicht aus einem in §1 AGG genannten Grund benachteiligen (§2 Abs. 1 Nr. 2, §7, §8 Abs. 2 AGG). Insbesondere ist er verpflichtet, Männer und Frauen für gleiche[9] oder gleichwertige Arbeit auch gleich zu bezahlen (s. auch Art. 157 AEUV). Die Durchsetzung des Gebots des gleichen Entgelts für Frauen und Männer wird durch das Entgelttransparenzgesetz gefördert, unter anderem indem es Beschäftigten (§5 Abs. 2 EntgTranspG) in Betrieben mit mehr als 200 Beschäftigten einen Auskunftsanspruch zur Überprüfung der Einhaltung des Entgeltgleichheitsgebots gibt (Einzelheiten s. §§ 11 ff. EntgTranspG).[10]

Ferner darf der Arbeitgeber gem. §4 Abs. 1 TzBfG Voll- und Teilzeitkräfte nicht wegen der Teilzeitarbeit unterschiedlich entlohnen. Dem teilzeitbeschäftigten Arbeitnehmer sind Arbeitsentgelt und andere teilbare geldwerte Leistungen mindestens in dem Umfang zu gewähren, der dem Anteil seiner Arbeitszeit im Verhältnis zur Arbeitszeit eines Vollzeitbeschäftigten entspricht (§4 Abs. 1 S. 2 TzBfG).

Leiharbeitnehmer haben gem. §§8 Abs. 1 AÜG einen Anspruch auf gleiche Vergütung und im Wesentlichen gleiche Arbeitsbedingungen wie die Beschäftigten des Entleihers. Dieser Grundsatz des Equal-Pay[11] bzw. Equal Treatment gilt gem. §8 Abs. 2 AÜG dann nicht, wenn ein Tarifvertrag abweichende Bedingungen regelt. Nicht tarifgebundene Arbeitgeber und Arbeitnehmer können diesen Tarifvertrag einzelvertraglich vereinbaren und somit für die Leiharbeitnehmer andere, auch schlechtere Arbeitsbedingungen durchsetzen, sofern die gem. §3a AÜG festgelegte Lohnuntergrenze eingehalten wird. Grundsätzlich soll gem. §8 Abs. 4 S. 1 AÜG nach neun Monaten der Überlassung eine Gleichstellung der Leiharbeitnehmer mit den Stammarbeitnehmern erreicht werden. Längere Abweichungen sind nur unter den Einschränkungen des §8 Abs. 4 S. 2 AÜG zulässig.

Einzelvertragliche Abreden zur Vergütung sind bei beiderseitiger Tarifbindung von Arbeitgeber und Arbeitnehmer gem. §4 Abs. 3 TVG dahingehend eingeschränkt, dass im Vergleich zum Tarifvertrag für den Arbeitnehmer nur günstigere Vergütungsabreden zulässig sind. So werden übertariflich insbesondere Zulagen zum Tariflohn zu unterschiedlichsten Zwecken gezahlt, zB als Ballungsraum-, Erschwernis-, Leistungs- oder Funktionszulage. Zulagen zum Tariflohn müssen jedoch nicht einen derartigen Zweck haben, sondern können einzelvertraglich auch als allgemeiner Aufschlag auf die Tarifvergütung gewährt werden, um dem Arbeitnehmer einen besonderen finanziellen Anreiz zu geben.

Wird im Zuge von Tarifverhandlungen der Tariflohn erhöht, so stellt sich die Frage, ob eine solche einzelvertragliche Zulage nunmehr auf den erhöhten Tariflohn aufzuschlagen ist oder ob sich die Höhe der Zulage durch den höheren Tariflohn verringert. Gerade in wirtschaftlich schwächeren Zeiten werden

---

9 Dazu BAG 23.8.1995 – 5 AZR 942/93, NZA 1996, 579.

10 S. dazu: *Bauer/Romero* NZA 2017, 409; *Franzen* NZA 2017, 814; *Fuhlrott/Ritz* ArbRAktuell 2017, 211.

11 S. dazu *Bayreuther* NZA 2017, 18.

durch die Anrechnung von Tariflohnerhöhungen auf übertarifliche Zulagen Einsparungen erzielt, da der Effektivlohn nicht steigt. Individualrechtlich darf der Arbeitgeber eine Anrechnung der Zulage vornehmen, wenn er einen entsprechenden Vorbehalt erklärt hat, der auch in einem Formulararbeitsvertrag enthalten sein kann. Gemäß § 308 Nr. 4 BGB ist eine Klausel, die dem Arbeitgeber das Recht einräumt, einseitig die versprochene Leistung zu ändern, zulässig, wenn dem Arbeitnehmer eine solche Vereinbarung zumutbar ist. Dies ist regelmäßig der Fall, da sich durch die Anrechnung der Zulage die Gegenleistung des Arbeitgebers insgesamt nicht verringert, sondern lediglich nicht erhöht.[12]

Aber auch ohne einen entsprechenden Vorbehalt kann der Arbeitgeber eine Tariflohnerhöhung auf die Zulage anrechnen, wenn der Tariflohn und die Zulage zusammen den vereinbarten Effektivlohn bilden. Der Arbeitgeber verliert sein Recht zur Anrechnung nicht dadurch, dass er bei früheren Tariflohnerhöhungen keine Anrechnung vorgenommen hat.[13] Bildet die Zulage jedoch einen selbstständigen Lohnbestandteil, ist sie anrechnungsfest. Dies ist der Fall, wenn die Zulage für einen bestimmten Zweck gezahlt wird, zB als Ausgleich für eine besondere Erschwernis bei der Arbeit.[14] Ist eine Anrechnung individualrechtlich zulässig,[15] so muss in einem zweiten Schritt geprüft werden, ob sie auch kollektivrechtlich wirksam ist. Der Arbeitgeber muss ein etwaiges Mitbestimmungsrecht des Betriebsrats gem. § 87 Abs. 1 Nr. 10 BetrVG beachten.[16]

e) Sonstige Grundlagen

Ansprüche des Arbeitnehmers auf Entgelt können sich weiterhin aus einer betrieblichen Übung sowie einer Gesamtzusage ergeben. Diese Verpflichtungstatbestände haben insbesondere bei freiwilligen Leistungen wie zB Gratifikationen Bedeutung und werden daher unter 3. b), S. 117 ff. erörtert. Gleiches gilt für den arbeitsrechtlichen Gleichbehandlungsgrundsatz; lesen Sie hierzu unten 3. c), S. 121 f.

f) Mitbestimmung des Betriebsrats

Der Betriebsrat hat gem. § 87 Abs. 1 Nr. 10 BetrVG ein Mitbestimmungsrecht in allen Fragen der betrieblichen Lohngestaltung und gem. § 87 Abs. 1 Nr. 11 BetrVG bei der Festsetzung der Akkord- und Prämiensätze und vergleichbarer leistungsbezogener Entgelte. Die Festsetzung der Lohnhöhe unterliegt demgegenüber ebenso wie die individuelle Lohngestaltung[17] nicht der Mitbestimmung des Betriebsrats.[18] Der Dotierungsrahmen[19] („Topf") obliegt allein der unternehmerischen Entscheidung des Arbeitgebers, während die Verteilung

---

12 BAG 1.3.2006 – 5 AZR 363/05, NZA 2006, 746.

13 BAG 27.8.2008 – 5 AZR 820/07, NZA 2009, 49; BAG 7.2.1995 – 3 AZR 402/94, NZA 1995, 894.

14 BAG 21.1.2003 – 1 AZR 125/02, BeckRS 2003, 40695 mwN.

15 S. hierzu *Besgen* B+P 1996, 18; *Besgen* B+P 2001, 527; zur Anrechenbarkeit tariflicher Einmalzahlungen *Reiter* DB 2006, 2686.

16 S. hierzu *Besgen* B+P 1996, 113.

17 BAG 30.10.2012 – 1 ABR 61/11, NZA 2013, 522; BAG 29.2.2000 – 1 ABR 4/99, NZA 2000, 1066.

18 BAG 30.10.2012 – 1 ABR 61/11, NZA 2013, 522.

19 *Fitting* BetrVG § 87 Rn. 443 ff.

der vom Arbeitgeber zur Verfügung gestellten Mittel mitbestimmungspflichtig ist, sofern ein kollektiver Tatbestand gegeben ist. Hierdurch soll gewährleistet werden, dass die Lohngestaltung nicht willkürlich erfolgt, sondern das innerbetriebliche Lohngefüge und die innerbetriebliche Lohngerechtigkeit gewahrt werden. Dies bedeutet zB, dass der Arbeitgeber allein entscheidet, ob und in welchem Umfang er freiwillige Leistungen erbringt, er sich aber mit dem Betriebsrat zB darüber einigen muss, ob alle Arbeitnehmer gleichermaßen oder aber untere Lohngruppen stärker berücksichtigt, ob prozentuale oder feste Beträge ausgezahlt werden.

Nach §77 Abs. 3 S. 1 BetrVG sind zwar Betriebsvereinbarungen über Arbeitsentgelte im Geltungsbereich eines Tarifvertrags ausgeschlossen. Allerdings regelt §87 Abs. 1 BetrVG eigenständig das Mitbestimmungsrecht des Betriebsrats, das nur entfallen soll, wenn der Gegenstand abschließend durch den Tarifvertrag bestimmt wird. Die Mitbestimmung wird durch den Abschluss einer Betriebsvereinbarung ausgeübt.[20] Die Sperrwirkung des Tarifvertrags wird folglich aufgehoben, soweit ein Mitbestimmungsrecht nach §87 Abs. 1 BetrVG besteht. In diesem Umfang geht die Regelung des §87 Abs. 1 BetrVG der des §77 Abs. 3 S. 1 BetrVG vor („Vorrangtheorie“), sodass der Abschluss von Betriebsvereinbarungen möglich ist.[21] Für eine übertarifliche Zulage bedeutet dies, dass die Details der Zahlung in einer Betriebsvereinbarung regelbar sind, die Betriebsvereinbarung selbst aber nicht Grundlage der Zahlungsverpflichtung des Arbeitgebers sein kann, sondern es hierfür zB einer vertraglichen Grundlage bedarf. Hinsichtlich des Dotierungsrahmens besteht kein Mitbestimmungsrecht, sodass es bei der in §77 Abs. 3 BetrVG angeordneten Sperrwirkung bleibt.[22]

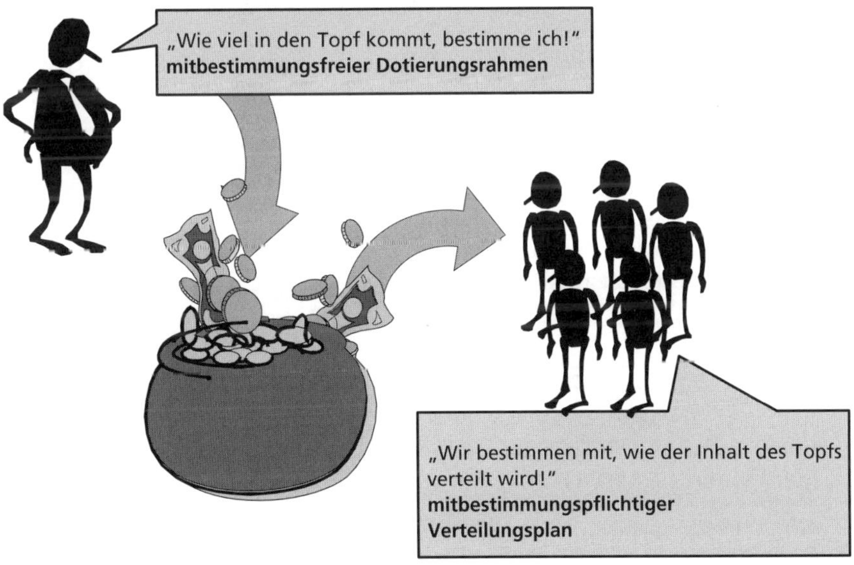

[20] BAG 3.12.1991 – GS 2/90, NZA 1992, 749.

[21] S. nur BAG 5.3.1997 – 4 AZR 532/95, NZA 1997, 951.

[22] BAG 9.12.1997 – 1 AZR 319/97, NZA 1998, 66.

Vorstehende Grundsätze gelten auch für die Anrechnung von übertariflichen Zulagen auf eine Tariflohnerhöhung. Unabhängig von der individualrechtlichen Ausgestaltung der Anrechnung hat der Betriebsrat mitzubestimmen[23], wenn es um die Verteilung der bereitgestellten Mittel nach abstrakt-generellen Regelungen – nicht um Einzelfälle[24] – geht. Bei der Anrechnung von Tariflohnerhöhungen auf übertarifliche Zulagen besteht daher ein Mitbestimmungsrecht, wenn sich die Grundsätze der Verteilung der vorhandenen Mittel ändern.[25] Dies ist der Fall, wenn sich durch die Anrechnung das Verhältnis der Zulagen zueinander verschiebt und für eine Entscheidung des Betriebsrats ein Regelungsspielraum bleibt.[26]

Mitbestimmung des Betriebsrats bei der Anrechnung einer Tariferhöhung auf übertarifliche Zulagen:

☑ **Mitbestimmungsrecht besteht:**

- ✓ bei Änderung der Verteilungsgrundsätze, sofern Regelungsspielraum
  - ➔ unterschiedliche Anrechnung auf die einzelnen Arbeitsverhältnisse
  - ➔ teilweise und gleichmäßige Anrechnung
  - ➔ zwar vollständige Anrechnung, jedoch zeitnah neue Verteilung[27]

☑ **Mitbestimmungsrecht besteht nicht:**

- ✓ bei fehlendem Regelungsspielraum für eine Verteilung der Zulagen
  - ➔ bei völligem Wegfall der Zulagen[28]
  - ➔ bei völliger und gleichmäßiger Anrechnung der Tariferhöhung auf alle Zulagen[29]
  - ➔ bei Kürzung der Zulagen um gleichen Prozentsatz
- ✓ wenn die Anrechnung nur Vollzug einer vorhandenen Vereinbarung mit dem Betriebsrat ist[30]

Beachtet der Arbeitgeber das Mitbestimmungsrecht des Betriebsrats nicht, so ist die Kürzung der Zulage unwirksam, der Arbeitnehmer hat einen Anspruch auf Weiterzahlung der ungekürzten Zulage.[31] Dies folgt aus der Theorie der

---

[23] S. dazu *Hoß* NZA 1997, 1129; *Kunz* AiB 1993, 366; *Mache* AiB 1993, 373.

[24] BAG 22.9.1992 – 1 AZR 459/90, 460/90, 461/90, NZA 1993, 566 ff.

[25] BAG 21.2.2017 – 1 ABR 12/15, NZA 2017, 801.

[26] BAG 24.1.2017 – 1 ABR 6/15, NZA 2017, 661; BAG 10.3.2009 – 1 AZR 55/08, NZA 2009, 684; BAG 3.12.1991 – GS 2/90, NZA 1992, 749.

[27] BAG 17.1.1995 – 1 ABR 19/94, NZA 1995, 792.

[28] BAG 23.10.1996 – 1 AZR 299/96, BeckRS 2010, 74722.

[29] BAG 8.6.2004 – 1 AZR 308/03, NZA 2005, 66; BAG 21.1.2003 – 1 AZR 125/02, BeckRS 2003, 40695; BAG 31.10.1995 – 1 AZR 276/95, NZA 1996, 613.

[30] BAG 22.9.1992 – 1 AZR 405/90, NZA 1993, 668.

[31] BAG 3.12.1991 – GS 2/90, NZA 1992, 749; BAG 11.8.1991 – 1 AZR 279/90, NZA 1993, 418.

Wirksamkeitsvoraussetzung, nach der die Mitbestimmung Voraussetzung für die Maßnahme des Arbeitgebers ist.[32]

2. Formen der Vergütung

a) Geld- oder Naturallohn

Nach § 107 Abs. 1 GewO ist die Vergütung des Arbeitnehmers als Geldlohn in Euro zu berechnen und auszuzahlen. In bestimmten Branchen sind jedoch auch Naturallöhne denkbar, so erhalten Mitarbeiter von Brauereien Bierdeputate, Arbeitnehmer in Gaststätten Essen und Getränke. Die Naturalvergütung unterliegt den besonderen Voraussetzungen des § 107 Abs. 2 S. 1 GewO. Danach ist ein Sachbezug als Teil der Gegenleistung für die Arbeitsleistung nur zulässig, wenn er dem Interesse des Arbeitnehmers oder der Eigenart des Arbeitsverhältnisses entspricht.[33]

Eine verbreitete Form der Naturalvergütung ist die Überlassung eines Dienstwagens auch zur privaten Nutzung als Teil der Hauptleistungspflicht des Arbeitgebers.[34] Sie liegt regelmäßig im Interesse des Arbeitnehmers und ist folglich gem. § 107 Abs. 2 S. 1 GewO zulässig. Kommt der Arbeitgeber der vertraglich vereinbarten Pflicht zur Überlassung des Pkw's nicht nach, macht er sich gegenüber dem Arbeitnehmer gem. §§ 280 Abs. 3, 283, 275 BGB schadensersatzpflichtig. Die Höhe des Schadensersatzanspruchs bestimmt sich nach der steuerlichen Bewertung der privaten Nutzungsmöglichkeit (§ 6 Abs. 1 Nr. 4 EStG). Diese beträgt für jeden Kalendermonat 1 % des inländischen Listenpreises im Zeitpunkt der Erstzulassung.[35] Andererseits entfällt der Anspruch auf Überlassung des Fahrzeugs, wenn der Anspruch auf die Vergütung insgesamt nicht mehr besteht, zB nach Ablauf des Entgeltfortzahlungszeitraums von sechs Wochen bei Krankheit des Arbeitnehmers.[36] Jedoch können hierüber abweichende Vereinbarungen getroffen werden.

Formularmäßige vertragliche Regelungen, die den Arbeitgeber zum jederzeitigen Widerruf der Dienstwagenüberlassung zur privaten Nutzung berechtigen, sind anhand des § 308 Nr. 4 BGB zu überprüfen. In der überwiegenden Zahl der Fälle wird der Wert der Nutzung des Dienstwagens zu privaten Zwecken weniger als 25 % des Gesamtverdienstes ausmachen, sodass grundsätzlich ein Widerrufsvorbehalt möglich ist.[37] Auch wenn unterhalb dieser Schwelle nicht in den Kernbereich des Arbeitsverhältnisses eingegriffen wird, muss ein Arbeitnehmer den Entzug der Nutzungsmöglichkeit des Dienstfahrzeugs zu Privatzwecken nur hinnehmen, wenn hierfür sachliche Gründe vorliegen.

---

32 BAG 24.1.2017 – 1 AZR 772/14, NZA 2017, 931; BAG 5.5.2015 – 1 AZR 435/13, NZA 2015, 1207.

33 BAG 17.2.2009 – 9 AZR 676/07, NZA 2010, 99.

34 S. dazu *Abeln/Meier* AuA 2005, 264; *Abeln/Steinkühler* AuA 2002, 116; *Besgen* B+P 2008, 235; *Jüngst* B+P 2010, 235; zur Mitbestimmungspflicht des Betriebsrats s. *Moll/Roebers* DB 2010, 2672.

35 BAG 27.5.1999 – 8 AZR 415/98, NZA 1999, 1038.

36 BAG 14.12.2010 – 9 AZR 631/09, NZA 2011, 569; s. aber BAG 11.10.2000 – 5 AZR 240/00, NZA 2001, 445.

37 BAG 21.3.2012 – 5 AZR 651/10, NZA 2012, 616.

Diese müssen in der Widerrufsklausel in der Weise bezeichnet werden, dass der Arbeitnehmer erkennen kann, was auf ihn zukommt und aus welchem Grund er zur Herausgabe des Fahrzeugs verpflichtet ist.[38] Die Widerrufsgründe müssen die Interessen beider Vertragsparteien beachten und so dem Arbeitnehmer zumutbar sein.[39] Ein Widerrufsvorbehalt muss also sehr sorgfältig formuliert werden (s. auch S. 124).

Denkbar ist auch, die Bedingungen der Dienstwagennutzung und damit auch ein Widerrufsrecht in einer Betriebsvereinbarung zu regeln. Betriebsvereinbarungen sind gem. § 310 Abs. 4 S. 1 BGB der AGB-Kontrolle entzogen.

Gemäß § 108 GewO ist der Arbeitgeber verpflichtet, dem Arbeitnehmer im Zeitpunkt der Zahlung der Vergütung eine Abrechnung zu erteilen, sofern seit der letzten ordnungsgemäßen Abrechnung Änderungen eingetreten sind. Die Abrechnung kann in Textform gem. § 126b BGB erfolgen, also zB durch elektronische Abrechnungen, die keine Unterschrift tragen müssen.[40] Gemäß § 82 Abs. 2 BetrVG kann der Arbeitnehmer verlangen, dass der Arbeitgeber ihm die Abrechnung seines Arbeitsentgelts erläutert. Der Arbeitnehmer ist berechtigt, hierzu ein Betriebsratsmitglied hinzuzuziehen.

b) Zeitlohn

Geldlohn kann sowohl als Zeitlohn als auch in Form von Leistungslohn gezahlt werden. Beim Zeitlohn erhält der Arbeitnehmer die Vergütung für einen bestimmten Zeitraum unabhängig von der in dieser Zeit erbrachten Leistung, zB als Monats- oder Stundenlohn. Demgegenüber berücksichtigt der Leistungslohn ein bestimmtes Arbeitsergebnis.

c) Akkordvergütung

Eine Form des Leistungslohns ist die Akkordvergütung. Neben dem Einzelakkord, bei dem es auf die Leistung des einzelnen Arbeitnehmers ankommt, ist es möglich, die Akkordvergütung als Gruppenakkord auszugestalten. Beim Gruppenakkord kommt es auf die Leistung der Gruppe an, die die

Vergütung für den einzelnen Mitarbeiter bestimmt. Durch einen Gruppenakkord kann modernen Arbeitsformen Rechnung getragen werden, zB bei Arbeiten an einer Fertigungsinsel, bei der der einzelne Arbeitnehmer verschiedene Arbeiten ausführt und durch seine einzelne Arbeitsleistung das Arbeitsergebnis der Gruppe beeinflusst, an dem er über den Gruppenakkord partizipiert.

Beim am weitesten verbreiteten Geld- oder Stückakkord wird ein bestimmter Geldbetrag für eine bestimmte Leistungseinheit (= fertig gestelltes Stück) vorgesehen. Die Vergütung des Arbeitnehmers errechnet sich durch Multiplika-

---

38 BAG 13.4.2010 – 9 AZR 113/09, NZA-RR 2010, 457.

39 BAG 19.12.2006 – 9 AZR 294/06, NZA 2007, 809.

40 S. auch Entgeltbescheinigungsverordnung v. 19.12.2012 (BGBl. 2012 I 2712).

tion des Geldfaktors mit der Anzahl der vom Arbeitnehmer fertig gestellten Einheiten.

Beim Zeitakkord wird demgegenüber die Zeit, die normalerweise für die Fertigstellung des Arbeitsstücks benötigt wird, arbeitswissenschaftlich ermittelt und der Vergütungsberechnung als Zeitfaktor zugrunde gelegt.

Unabhängig von der tatsächlich benötigten Zeit wird zusätzlich ein Geldfaktor ausgewiesen. Er bezeichnet den zu verdienenden Geldbetrag pro Minute. Ausgangspunkt für die Berechnung ist ein bestimmter Grundlohn (= Akkordbasis), der häufig dem tariflichen Stundenlohn entspricht. Der Akkordbasis kann (muss jedoch nicht) ein Akkordzuschlag aufgeschlagen werden. Akkordbasis und eventuell Akkordzuschlag ergeben zusammen den Akkordrichtsatz. Der Akkordrichtsatz geteilt durch 60 Minuten ergibt den Geldfaktor.

Um das Entgelt des Akkordarbeiters zu ermitteln, wird der Geldfaktor mit einem Zeitfaktor multipliziert. Es handelt sich hierbei um die Vorgabezeit, die unter normaler Leistung für eine bestimmte Leistungseinheit benötigt wird. Die Zeitermittlung für die Normalleistung erfolgt durch besonders geschulte Personen nach arbeitswissenschaftlichen Methoden (zB RefA). Als Normalleistung wird die Leistung verstanden, die ein ausreichend geeigneter, eingeübter und eingearbeiteter Arbeitnehmer unter betriebsüblichen Bedingungen in einer täglichen Schichtzeit einschließlich Arbeitsunterbrechungen, Pausen und Ähnliches ohne Gesundheitsschäden erbringen kann.[41]

Die Vergütung errechnet sich durch die Multiplikation des Geldfaktors mit dem Zeitfaktor und den vom Arbeitnehmer erbrachten Leistungseinheiten. Erbringt der Arbeitnehmer die Normalleistung, so erhält er den Akkordrichtsatz, überschreitet er sie, so erhöht sich sein Verdienst. Um zu verhindern, dass bei Unterschreiten der vorgesehenen Leistung eine Verdienstminderung erfolgt, sind im Regelfall Verdienstsicherungsklauseln vereinbart.

Beispiel für die Berechnung einer Vergütung im Zeitakkord:

Grundlohn (= Akkordbasis)	= 14,85 EUR
Akkordrichtsatz (= Akkordbasis + [fakultativer] Akkordzuschlag)	= 15,55 EUR
Geldfaktor = Akkordrichtsatz/60	= 0,26 EUR
Zeitfaktor (= Vorgabezeit/Leistungseinheit): 5 Minuten	
Arbeitnehmer erhält pro Leistungseinheit: 5 x 0,26 EUR	= 0,85 EUR.

Erbringt der Arbeitnehmer eine Leistungseinheit in exakt fünf Minuten und damit pro Stunde zwölf Leistungseinheiten, so erhält er entsprechend dem Akkordrichtsatz pro Stunde 15,60 EUR.[42] Benötigt er weniger als die Vorgabezeit, schafft der Arbeitnehmer also mehr Leistungseinheiten, so erhöht sich sein Verdienst.

41 S. HzA/*Künzl* Gruppe 1/5 Rn. 1276 ff.
42 Differenzbetrag entsteht durch Rundungsergebnisse.

Da die Akkordentlohnung die Gefahr in sich birgt, dass der Arbeitnehmer seine Leistungsfähigkeit überschätzt, ist sie für Jugendliche und Schwangere sowie für Fahrpersonal verboten (§23 Abs. 1 Nr. 1 JArbSchG, §11 Abs. 6 Nr. 1 MuSchG, §3 FahrPersG).

Außerdem unterliegt die Festsetzung der Akkordsätze einschließlich des Geldfaktors gem. §87 Abs. 1 Nr. 11 BetrVG der Mitbestimmung des Betriebsrats. Dieses Mitbestimmungsrecht besteht nur insoweit nicht, als ein einschlägiger Tarifvertrag eine abschließende Regelung der Akkordsätze trifft.

d) Prämienvergütung

Eine weitere Form der leistungsabhängigen Vergütung ist die Prämienvergütung, mit der zB im Produktionsbereich eines Unternehmens eine Produktivitätssteigerung durch mehr Leistungsanreiz erreicht werden soll. Eine Prämienentlohnung kann auch eingesetzt werden, um den Nutzungsgrad von Maschinen oder die Arbeitsqualität allgemein zu steigern. Es sind unterschiedliche Prämiensysteme bekannt; an dieser Stelle kann nur auf das Grundgefüge der Prämienentlohnung eingegangen werden.

Die Ausgestaltung einer Prämienvergütung ist abhängig vom Zweck, der mit der Prämienleistung verfolgt wird. Sie kann als Einzel- oder Gruppenprämie ausgestaltet sein. Im ersten Fall kommt es allein auf die Leistung des einzelnen Arbeitnehmers an, im zweiten Fall auf die einer Arbeitsgruppe. Soweit Prämien als einmalige Leistungen gezahlt werden, handelt es sich um Gratifikationen, die neben der Vergütung von Arbeitsleistungen auch andere Zwecke verfolgen können. So erhält der Arbeitnehmer zB eine Treueprämie für eine bestimmte Dauer seines Arbeitsverhältnisses.

Die Vergütung als Gegenleistung für erbrachte Arbeitsleistung wird zumeist nicht in ihrer Gesamtheit als Prämie gezahlt. Verbreitet ist die Vereinbarung eines Grundlohns, zu dem unter bestimmten Voraussetzungen die Prämie hinzukommt. Ebenso wie bei der Akkordvergütung gibt es auch bei der Prämienvergütung bestimmte Vorgabedaten. Hier sind neben Zeitvorgaben vielfältige andere Anknüpfungspunkte denkbar, zB Arbeitsqualität, Stückzahlen und Ähnliches. Aufgrund der Vorgaben wird sodann eine Prämienkurve erstellt, die beginnend mit einer Prämienausgangsleistung die Gestaltung der Prämie darstellt. Sie kann linear, in Stufen, degressiv oder progressiv ansteigen. Der Prämienlohn errechnet sich durch einen Vergleich des erreichten Prämiengrads mit der Prämienausgangsleistung und Multiplikation mit einem Prämienfaktor, der üblicherweise mit dem vergleichbaren Grundlohn übereinstimmt.

Ebenso wie die Akkordvergütung ist die Prämienentlohnung für Jugendliche, Schwangere und Arbeitnehmer im Fahrdienst verboten. Die Festsetzung der Prämiensätze, dh aller Ausgangsgrößen, unterliegt, soweit tarifliche Regelungen fehlen, der Mitbestimmung des Betriebsrats gem. §87 Abs. 1 Nr. 11 BetrVG.

e) Zielvereinbarungen

Zielvereinbarungssysteme dienen zum einen der Leistungsbeurteilung und sind insoweit Personalführungsinstrument. Zum anderen können sie als Zielbonussysteme ausgestaltet sein.[43] Dann handelt es sich um eine variable leistungsabhängige Vergütung, die neben einem fixen Vergütungsbestandteil gezahlt wird. Zwischen Arbeitgeber und Arbeitnehmer werden einvernehmlich bestimmte Ziele vereinbart, die innerhalb eines festgelegten Zeitraums erreicht werden sollen und durch den Zielbonus entsprechend des Grads der Zielerreichung vergütet werden. Die einvernehmliche Festlegung der Ziele zwischen den Arbeitsvertragsparteien unterscheidet die Zielvereinbarung von der Zielvorgabe, bei der der Arbeitgeber einseitig im Rahmen seines Direktionsrechts die zu erreichenden Ziele vorgibt.[44]

Der gezahlte Zielbonus ist Teil des Arbeitsentgelts und wird wie der fixe Vergütungsbestandteil mit Bezug auf die Arbeitsleistung gezahlt. Die Umstellung einer festen auf eine variable Vergütung mittels Zielvereinbarungen kann daher nur einvernehmlich, nicht aber kraft seines Direktionsrechts einseitig durch den Arbeitgeber erfolgen.

Zielvereinbarungssysteme können sehr unterschiedlich ausgestaltet sein. Zumeist liegt ihnen eine Rahmenvereinbarung zugrunde, die die wesentlichen Grundlagen festlegt. Außer in Tarifverträgen[45] können Rahmenregelungen in einer Betriebsvereinbarung[46] oder aber im Arbeitsvertrag[47] enthalten sein. Die eigentliche Zielvereinbarung erfolgt sodann in einem Mitarbeitergespräch, das regelmäßig jährlich stattfindet. Möglich ist, dass während der Zielperiode Zwischengespräche über den Stand der Zielerreichung geführt werden. In jedem Fall steht am Ende der vereinbarten Zeitspanne ein Zielergebnisgespräch, in dem die Zielerreichung durch einen Soll-Ist-Vergleich festgestellt wird. Der Arbeitgeber ist verpflichtet, über die Ziele mit dem Arbeitnehmer zu verhandeln. Hierbei hat er dem Arbeitnehmer Ziele anzubieten, die dieser innerhalb des festgelegten Zeitraums auch erreichen kann.[48]

Was inhaltlich als Ziel festgelegt wird, obliegt der Vereinbarung der Arbeitsvertragsparteien. Ziele sollten realistisch sein und sich auf vom Arbeitnehmer zumindest mittelbar beeinflussbare Ergebnisse beziehen. Sie können zB an Umsatzzahlen anknüpfen, an Kundenzufriedenheit oder persönliche Verhaltensweisen des Mitarbeiters. Die Vorgabe der einzelnen Ziele muss so ausgestaltet sein, dass der Arbeitnehmer erkennen kann, was die Ziele sind und was er tun kann, um sie zu erreichen. Im Hinblick auf § 2 Abs. 1 Nr. 6 NachwG sollten sie schriftlich niedergelegt werden. Zielvereinbarungen unterliegen, soweit sie die Höhe des Entgelts festlegen, keiner umfassenden Inhaltskontrolle. § 307 Abs. 3 S. 1 BGB unterwirft vertragliche Regelungen, die nicht individuell ausgehandelt sind, einer Inhaltskontrolle, wenn diese von Rechtsvorschriften abweichen oder diese ergänzen. Gesetzliche Regelungen, die den Inhalt der arbeitsvertraglichen

43 *Besgen* B+P 2008, 519; *Heiden* DB 2009, 1705; *König* NZA-RR 2012, 449; *Wisskirchen/Schwindling* ArbRAktuell 2017, 155.
44 S. *Annuß* NZA 2007, 290; *Reiserer* NJW 2008, 609.
45 S. zB §§ 14 ff. Entgeltrahmen-Tarifvertrag für Beschäftigte in der Metall- und Elektroindustrie in Baden-Württemberg.
46 S. das Beispiel einer Betriebsvereinbarung: *Pfisterer* AiB 1999, 375.
47 Musterformulierung s. *Reiserer* NJW 2008, 609 (612).
48 BAG 12.5.2010 – 10 AZR 390/09, NZA 2010, 1009.

Hauptleistungspflichten festlegen, fehlen. Es findet daher keine „Preiskontrolle" in Bezug auf die durch die Ziele festgelegte Vergütung als Gegenleistung der versprochenen Arbeitsleistung statt.[49] Allerdings unterliegen gem. § 307 Abs. 3 S. 2 BGB auch die Hauptleistungspflichten dem Transparenzgebot des § 307 Abs. 1 S. 2 BGB. Für die Zielfestlegung sind daher möglichst objektive Kriterien zu verwenden, die die Zielerreichung für den Arbeitnehmer messbar und nachvollziehbar machen. Die Ziele sind klar und eindeutig zu formulieren. In der Rahmenvereinbarung empfiehlt sich zumindest eine Angabe darüber, aus welchen Bereichen sich die Ziele ergeben können.

Findet auf das Arbeitsverhältnis gem. §§ 4 Abs. 1, 3 Abs. 1 TVG ein Tarifvertrag kraft beiderseitiger Tarifbindung unmittelbar und zwingend Anwendung, darf das Zielvereinbarungssystem nicht dazu führen, dass bei Nichterreichen der festgelegten Ziele das tarifliche Entgelt unterschritten wird. Gleiches gilt für den gesetzlichen Mindestlohn. Legen die Vertragsparteien die Ziele und Zahlungsvoraussetzungen des Bonus fest, so sind sie daran gebunden.[50] Die Vergütung als Hauptleistungspflicht ist der einseitigen Bestimmung durch den Arbeitgeber entzogen, sodass der Arbeitgeber Änderungen nicht einseitig kraft seines Direktionsrechts vornehmen kann.[51] Er muss sich mit dem Arbeitnehmer über etwaige Änderungen der Zielfestlegungen einigen. Ein Freiwilligkeitsvorbehalt (s. dazu S. 117 ff.) ist als unangemessene Benachteiligung gem. § 307 Abs. 1 S. 1 BGB unzulässig, da sich der Arbeitgeber hierdurch die Möglichkeit vorbehält, die Leistungsbestimmung zu unterlassen, obwohl der Arbeitnehmer die geschuldete Arbeitsleistung erbracht hat.[52]

Soweit Zielbonusvereinbarungen unter Widerrufsvorbehalt gestellt werden, unterliegen sie der Inhaltskontrolle. Ein solcher Vorbehalt ist nur wirksam, wenn nicht mehr als 25 % der Gesamtvergütung betroffen ist (s. dazu unten S. 124 f.).[53]

Eine unangemessene Benachteiligung des Arbeitnehmers gem. § 307 Abs. 1 S. 1 BGB erfolgt auch durch eine Stichtagsregelung, die die Zahlung des Zielbonus davon abhängig macht, dass der Arbeitnehmer zu einem bestimmten Datum in einem ungekündigten Arbeitsverhältnis steht. Der Arbeitnehmer erarbeitet sich den Bonus dem Grunde nach durch seine Arbeitsleistung im vereinbarten Zeitraum. Lediglich der Grad der Zielerreichung und damit die Höhe des Bonus stehen noch nicht fest. Der Arbeitgeber hat kein berechtigtes Interesse, dem Arbeitnehmer den bereits erarbeiteten Lohn nachträglich wieder zu entziehen.[54]

Erreicht der Arbeitnehmer seine Ziele nicht, so hat er keinen Anspruch auf die vereinbarten Zielboni. Weitergehende Maßnahmen, wie Abmahnung oder Kündigung, sind im Regelfall ausgeschlossen, da der Arbeitnehmer lediglich

---

[49] BAG 31.8.2005 – 5 AZR 545/04, NZA 2006, 324.

[50] BAG 11.12.2013 – 10 AZR 364/13, BeckRS 2014, 67282.

[51] BAG 29.8.2012 – 10 AZR 385/11, NZA 2013, 148.

[52] BAG 3.8.2016 – 10 AZR 710/14, NZA 2016, 1334; BAG 19.3.2014 – 10 AZR 622/13, NZA 2014, 595; s. auch *Salamon/Wessels* BB 2017, 885.

[53] BAG 11.10.2006 – 5 AZR 721/05, NZA 2007, 87; BAG 12.1.2005 – 5 AZR 364/04, NZA 2005, 465.

[54] BAG 3.8.2016 – 10 AZR 710/14, NZA 2016, 1334; BAG 13.11.2013 – 10 AZR 848/12, NZA 2014, 368; s. auch BAG 12.4.2011 – 1 AZR 412/09, NZA 2011, 989.

verpflichtet ist, sich um die Zielerreichung zu bemühen, nicht aber den Erfolg der Zielerreichung schuldet.

Unterlässt der Arbeitgeber schuldhaft die erforderliche Zielfestsetzung, so kann dies zu Schadensersatzansprüchen des Arbeitnehmers gem. §§ 283, 280 Abs. 1, 252 BGB führen.[55] Soweit den Arbeitnehmer ein Mitverschulden an der fehlenden Zielvereinbarung trifft, ist dieses gem. § 254 BGB zu berücksichtigen.[56]

Bei krankheitsbedingten Fehlzeiten behält der Arbeitnehmer den Anspruch auf den Zielbonus, solange er gem. § 3 EFZG einen Anspruch auf Fortzahlung des Entgelts hat. Kürzungsvereinbarungen für diese Zeiten sind gem. § 12 EFZG nicht möglich, da es sich um Arbeitsentgelt handelt und nicht um eine Sondervergütung iSd § 4a EFZG.[57] Besteht keine Entgeltfortzahlungspflicht mehr, so können anteilige Kürzungen vereinbart werden. Fehlt eine solche Vereinbarung, so ist danach zu differenzieren, ob der Arbeitnehmer dennoch die festgelegten Ziele erreicht. Soweit dies der Fall ist, steht ihm der versprochene Zielbonus zu. Ansonsten ist Unmöglichkeit eingetreten, sodass der Arbeitgeber gem. § 326 Abs. 1 BGB von der Zahlung des Bonus frei wird.

Bei der Einführung von Zielvereinbarungssystemen hat der Betriebsrat gem. § 87 Abs. 1 Nr. 10 BetrVG mitzubestimmen, da es sich um ein Entlohnungssystem handelt. Der Betriebsrat hat mit dem Arbeitgeber nicht nur die Einführung des Zielbonussystems zu vereinbaren, sondern auch sämtliche Verfahrensfragen, wie die Anforderungen an die Ziele oder die Zielbewertungskriterien. Bei der Festsetzung des einzelnen Ziels geht es um die Lohnhöhe des einzelnen Arbeitnehmers, die nicht der Mitbestimmung des Betriebsrats unterliegt.

Ob ein Mitbestimmungsrecht aus § 87 Abs. 1 Nr. 11 BetrVG folgt, hängt davon ab, worauf sich das Ziel bezieht. Unter einem leistungsbezogenem Entgelt im Sinne dieser Vorschrift ist eine Vergütung zu verstehen, die sich nach einem konkreten und vom Arbeitnehmer zu beeinflussenden messbaren Arbeitsergebnis richtet. Die Berechnung des Entgelts erfolgt dabei durch Vergleich des Arbeitsergebnisses mit einer festgelegten Bezugsleistung.[58] Dem Betriebsrat steht ein Mitbestimmungsrecht zu bei der Festsetzung der Bezugsleistung als Grundlage der Berechnung des Bonus, wenn der Arbeitnehmer die Bezugsgröße beeinflussen kann, zB Umsatzsteigerung um einen bestimmten Prozentsatz, Erhöhung der Kundenzufriedenheit durch weniger Beschwerden. Knüpft das Ziel dagegen an ein bestimmtes Betriebsergebnis an, das der Arbeitnehmer nicht beeinflussen kann, so liegt kein leistungsbezogenes Entgelt vor, ein Mitbestimmungsrecht des Betriebsrats nach § 87 Abs. 1 Nr. 11 BetrVG entfällt.[59]

---

55 BAG 12.5.2010 – 10 AZR 390/09, NZA 2010, 1009; BAG 10.12.2008 – 10 AZR 889/07, NZA 2009, 256.

56 BAG 12.12.2007 – 10 AZR 97/07, NZA 2008, 409; *Gaul/Rauf* DB 2008, 869.

57 Wie hier *Annuß* NZA 2007, 290; *Hidalgo/Rid* BB 2005, 2686; *Riesenhuber/v. Steinau-Steinrück* NZA 2005, 785; aA *Lindemann/Simon* BB 2002, 1807; *Mauer* NZA 2002, 540.

58 BAG 21.10.2003 – 1 ABR 39/02, NZA 2004, 936.

59 BAG 21.10.2003 – 1 ABR 39/02, NZA 2004, 936; s. auch *Däubler* NZA 2005, 793; abl. *Rieble/Gistel* BB 2004, 2462.

f) Gewinnbeteiligung/Tantieme

Eine Gewinnbeteiligung bzw. Tantieme lässt den Arbeitnehmer unmittelbar am wirtschaftlichen Ertrag des Unternehmens teilhaben. Es handelt sich um eine von der persönlichen Leistung des Arbeitnehmers unabhängige Erfolgsvergütung, die an den Geschäftsgewinn des Unternehmens oder aber als Umsatzbeteiligung an einen bestimmten Umsatz anknüpft.[60] Wichtig ist hier, dass die Bonusfaktoren inhaltlich bestimmt werden, also zB Umsatzrendite vor Steuern, Ergebniszahl, Qualität und Ähnliches. Außerdem müssen für die Gewinnbeteiligung die Zielwerte festgelegt werden. Der Zielwert entspricht 100% des Bonus. Gegebenenfalls werden Abstufungen für die Bonuszahlungen festgelegt, wenn der Zielwert nicht in vollem Umfang erreicht wird. Bonussysteme können sich auch aus verschiedenen Komponenten zusammensetzen, sodass jeder Bonusfaktor einen Teilbetrag des Gesamtbonus ergibt.

Die Gewinnbeteiligung ist Vergütung für Arbeitsleistung. Daraus folgt, dass der Arbeitnehmer keinen Anspruch auf die Gewinnbeteiligung hat, soweit er keinen Anspruch auf die Vergütung hat, zB weil er länger als sechs Wochen arbeitsunfähig erkrankt war (§§ 275 Abs. 1, 326 Abs. 1 BGB).[61]

g) Provision

Eine Provision ist die in Prozenten ausgedrückte Beteiligung des Arbeitnehmers an einem durch seine Arbeitsleistung angebahnten oder abgeschlossenen Geschäft. Vergütungen auf Provisionsbasis kommen insbesondere bei kaufmännischen Angestellten im Vertrieb vor und werden üblicherweise neben einem monatlichen Fixum bezahlt. Durch die Provisionen partizipiert der Arbeitnehmer unmittelbar am Erfolg oder Misserfolg seiner Verkaufsbemühungen. Für die Zahlung von Provisionen gelten gem. § 65 HGB die §§ 87 ff. HGB entsprechend.[62]

Der Provisionsanspruch entsteht nach § 87 HGB für jedes Geschäft, das auf die Tätigkeit des Angestellten zurückzuführen ist, seine Tätigkeit muss also für den Geschäftsabschluss mitursächlich sein. Gleiches gilt für Geschäfte, an denen der Angestellte zwar nicht unmittelbar beteiligt war, die aber mit Kunden abgeschlossen werden, die er für Geschäfte gleicher Art geworben hat. Der Angestellte erhält danach zB auch eine Provision für Nachbestellungen.

Grundsätzlich setzt das Entstehen des Provisionsanspruchs das Bestehen eines Arbeitsverhältnisses voraus. Jedoch erhält der Arbeitnehmer gem. § 87 Abs. 3 HGB auch für solche Geschäfte, die erst nach Beendigung des Arbeitsverhältnisses geschlossen werden, dann eine Provision, wenn er das Geschäft entweder vermittelt oder aber so vorbereitet hat, dass der in angemessener Frist nach Beendigung des Arbeitsverhältnisses erfolgte Vertragsschluss überwiegend auf seine Leistung zurückzuführen ist. Gleiches gilt, wenn zwar der Vertrag noch nicht endgültig zustande gekommen, jedoch dem Arbeitgeber bereits auf Vermittlung des Arbeitnehmers ein Vertragsangebot zugegangen ist.

---

60 *Hase* AiB 2006, 618.

61 BAG 8.9.1998 – 9 AZR 273/97, NZA 1999, 824.

62 BAG 4.7.1972 – 3 AZR 477/71, AP HGB § 65 Nr. 6.

Der Arbeitgeber muss die Provisionen im Regelfall monatlich abrechnen. Grundlage für die Abrechnung ist §87c HGB. Hiervon abweichende Regelungen zulasten des Arbeitnehmers sind nicht zulässig. Für den Arbeitnehmer ist die Regelung des §87a HGB problematisch. Die Provision wird fällig, sobald der Arbeitgeber oder der Dritte das Geschäft ausführt, dh seine Leistungshandlungen erbringt. Arbeitgeber und Arbeitnehmer können zwar abweichende Regelungen treffen, jedoch hat der Arbeitnehmer in jedem Fall einen Anspruch auf einen angemessenen Vorschuss auf seine Provision. Der Arbeitnehmer erhält also bereits zu einem Zeitpunkt Geld, zu dem noch nicht feststeht, ob die Provision endgültig verdient ist. Der Provisionsanspruch entfällt nämlich wieder, wenn der Dritte nicht leistet oder der Arbeitgeber das Geschäft aus Gründen nicht ausführt, die nicht in seiner Risikosphäre liegen. Ist also beispielsweise der Dritte zahlungsunfähig, so verliert der Arbeitnehmer seinen Provisionsanspruch. Hat er bereits Provisionszahlungen erhalten, so muss er diese Beträge gem. §87a Abs. 2 HGB zurückgewähren.

Die Einführung eines Provisionssystems unterliegt der Mitbestimmung des Betriebsrats gem. §87 Abs. 1 Nr. 10 BetrVG. Nicht mitbestimmungspflichtig ist der Provisionssatz. §87 Abs. 1 Nr. 11 BetrVG, nach dem auch der Geldfaktor der Mitbestimmung unterliegt, greift nicht, da eine Provision kein leistungsbezogenes Entgelt im Sinne dieser Regelung ist. §87 Abs. 1 Nr. 11 BetrVG verlangt eine Bezugsleistung, zu der die individuelle Leistung des Arbeitnehmers in Bezug gesetzt wird.[63] Für Provisionen fehlt es an einer derartigen Bezugsleistung.[64]

h) Variable Vergütung/„Cafeteriasystem"

Eine besondere Form der variablen Vergütung stellt ein Cafeteria-System[65] dar. Bei diesem System können Mitarbeiter neben der Barzahlung entsprechend ihrer Bedürfnisse aus vorgegebenen Alternativen weitere Leistungen auswählen. Wie in einer Kantine oder Cafeteria, in der der Kunde das bereitgestellte Essen und Trinken den Theken entnimmt, bestimmt der Arbeitnehmer bei diesem Vergütungssystem innerhalb eines bestimmten Rahmens die Art der Leistung. Die Bausteine eines solchen Cafeteria-Systems sind so vielfältig wie ein Essensplan. Firmenwagen, „Job-Ticket", Essenzuschüsse, Weiterbildung, Versicherungsleistungen, Arbeitgeberdarlehen, Rabatte, Kinderbetreuungsleistungen sind nur einige hier zu nennende Auswahlmöglichkeiten. Denkbar ist auch die Kopplung mit Arbeitszeitmodellen.

Geeignet ist ein solches System vor allem für Führungskräfte des oberen und mittleren Managements. Soweit es sich nicht um leitende Angestellte handelt, hat der Betriebsrat bei der Einführung und Ausgestaltung des Cafeteria-Plans ein Mitbestimmungsrecht gem. §87 Abs. 1 Nr. 8 und 10 BetrVG.

---

63 BAG 28.7.1981 – 1 ABR 56/78, BeckRS 9998, 149974.

64 BAG 26.7.1988 – 1 ABR 54/86, NZA 1989, 109.

65 S. *Felix/Mache* AiB 2001, 338; *Mölders* DB 1996, 213; *Popp* BB 1994, 1141; *Wolf* BB 1993, 928.

3. Sonderleistungen/Gratifikationen

Die Müllex GmbH hat in der Vergangenheit jedem Mitarbeiter aufgrund einzelvertraglicher Regelungen jeweils eine Weihnachtsgratifikation in Höhe eines Monatsgehalts gezahlt. Um Einsparungen zu erzielen und die Zahlung der Gratifikation gegebenenfalls leistungsgerechter vornehmen zu können, beauftragt die Geschäftsleitung Sie als Personalleiter/in zu prüfen, welche Vertragsgestaltungen möglich sind und wie Veränderungen der bisherigen Gratifikationsleistung herbeigeführt werden können. Außerdem soll geklärt werden, inwieweit der Betriebsrat bei vorzunehmenden Änderungen beteiligt werden muss.

a) Allgemeines

Neben einer festen Monatsvergütung gewährt der Arbeitgeber häufig Sonderleistungen, deren Formen sehr vielfältig sind, zB Weihnachts- und Urlaubsgeld, 13. Monatsgehalt oder Treueprämien.[66]

Mit derartigen Sonderleistungen werden sehr unterschiedliche Zwecke verbunden. Es kann sich um ein zusätzliches Entgelt handeln, jedoch kann auch bisherige wie künftige Betriebstreue belohnt werden. Häufig wird einer Leistung Mischcharakter zukommen. Je nachdem welcher Zweck mit der Zahlung erreicht werden soll, ergeben sich unterschiedliche rechtliche Anforderungen. Der Arbeitgeber sollte daher deutlich machen, wenn er nicht nur die Arbeitsleistung belohnen will, sondern zB auch Betriebstreue, indem er die Zahlung vom Bestand des Arbeitsverhältnisses abhängig macht.

Anspruchsgrundlage der Sonderleistung kann sein:
- ☑ Tarifvertrag
- ☑ Betriebsvereinbarung
- ☑ Arbeitsvertrag
- ☑ Betriebliche Übung
- ☑ Gleichbehandlungsgrundsatz

Die arbeitsvertragliche Zusage einer Sonderleistung kann individuell gegenüber dem einzelnen Arbeitnehmer erfolgen oder auch als Gesamtzusage. Bei einer Gesamtzusage macht der Arbeitgeber seine Bereitschaft zur Zahlung einer Gratifikation durch Aushang, Rundschreiben, Mitteilung über das Intranet[67] oder ähnlicher Bekanntmachung gegenüber allen Arbeitnehmern oder einer abgegrenzten Gruppe von Arbeitnehmern im Betrieb bekannt.[68] Gemäß § 151 S. 1

---

[66] S. dazu *Besgen* B+P 2011, 667.
[67] BAG 22.1.2003 – 10 AZR 395/02, BeckRS 2003, 40396.
[68] BAG 11.12.2007 – 1 AZR 953/06, BeckRS 2008, 52078.

BGB ist der Zugang der Annahmeerklärung des Arbeitnehmers entbehrlich.[69] Die Arbeitnehmer erwerben einen einzelvertraglichen Anspruch unabhängig von der konkreten Kenntnis des Angebots des Arbeitgebers.[70]

b) Betriebliche Übung/Freiwilligkeitsvorbehalt

Wenn nicht bereits aufgrund einer anderen Anspruchsgrundlage, zB Tarifvertrag oder ausdrücklicher arbeitsvertraglicher Regelung, ein Anspruch auf die Leistung besteht, kann sich ein Anspruch auf Zahlung einer Gratifikation aus einer betrieblichen Übung ergeben.[71] Eine betriebliche Übung ist die regelmäßige Wiederholung einer bestimmten Verhaltensweise des Arbeitgebers, aus der die Arbeitnehmer den Schluss ziehen können, dass sie die Leistung auf Dauer auch in Zukunft erhalten.[72] Die Leistungen, die der Arbeitgeber erbringt, müssen einen kollektiven Bezug aufweisen.[73] Fehlt dieser, so handelt es sich um einen individuell begründeten Anspruch eines einzelnen Arbeitnehmers, nicht jedoch um eine betriebliche Übung. Eine betriebliche Übung begründet vertragliche Ansprüche der Arbeitnehmer auf die entsprechende Leistung.[74] Die betriebliche Übung hat große Bedeutung bei Sonderleistungen des Arbeitgebers, kann sich jedoch auf jeden anderen arbeitsvertraglichen Regelungsgegenstand beziehen.

Bei jährlichen Gratifikationsleistungen wird eine vertragliche Verpflichtung aufgrund betrieblicher Übung regelmäßig nach einer dreimaligen vorbehaltslosen Gewährung begründet mit der Folge, dass der Arbeitgeber auch für die Zukunft zur Leistung verpflichtet ist und diese Verpflichtung nicht mehr einseitig beseitigen kann, sondern hierzu des Einverständnisses des Arbeitnehmers oder einer Änderungskündigung bedarf.[75] Bei anderen als jährlichen Leistungen kommt es für die Begründung einer betrieblichen Übung auf Art, Dauer und Intensität dieser Leistungen an.[76]

Maßgeblich für die betriebliche Übung ist, wie der Arbeitnehmer ein bestimmtes Verhalten des Arbeitgebers verstehen musste, nicht dagegen, ob der Arbeitgeber in dem Bewusstsein gehandelt hat, sich künftig zu binden. Es kommt somit nicht auf einen Verpflichtungswillen des Arbeitgebers, sondern allein auf den Empfängerhorizont des Arbeitnehmers an.[77]

Wird die Zuwendung jährlich in unterschiedlicher Höhe gezahlt, zB weil sie vom Betriebsergebnis abhängig ist, so können die Arbeitnehmer daraus den

---

69 StRspr, s. nur BAG 6.9.1986 – GS 1/82, NZA 1987, 168.

70 BAG 22.3.2017 – 5 AZR 424/16, NJW 2017, 2428.

71 BAG 26.9.2007 – 5 AZR 808/06, NZA 2008, 179; BAG 24.11.2004 – 10 AZR 202,04, NZA 2005, 349.

72 S. dazu zusf.: *Hampe/Endriß* DB 2016, 1635.

73 BAG 13.5.2015 – 10 AZR 266/14, NZA 2015, 992; BAG 17.4.2013 – 10 AZR 251/12, BeckRS 2013, 69774.

74 StRspr vgl. nur BAG 14.8.1996 – 10 AZR 69/96, NZA 1996, 1323; BAG 28.2.1996 – 10 AZR 516/95, NZA 1996, 758 jeweils mwN.

75 StRspr BAG 14.8.1996 – 10 AZR 69/96, NZA 1996, 1323.

76 BAG 28.5.2008 – 10 AZR 274/07, NZA 2008, 941; BAG 28.7.2004 – 10 AZR 19/04, NZA 2004, 1152.

77 S. nur BAG 15.5.2012 – 3 AZR 610/11, NZA 2012, 1279.

Schluss ziehen, dass die Zahlung dem Grunde nach geschuldet wird, deren Höhe jedoch einer jährlich neu nach billigem Ermessen zu treffenden Entscheidung des Arbeitgebers bedarf.[78]

Schriftformklauseln können eine betriebliche Übung verhindern, wenn sie entsprechend formuliert sind. Häufig findet sich in Arbeitsverträgen die folgende

Einfache Schriftformklausel

„Änderungen und Ergänzungen dieses Vertrags bedürfen zu ihrer Wirksamkeit der Schriftform."

Zwar kann eine derartige Schriftformklausel zulässig vereinbart werden. Das Schriftformgebot kann jedoch durch konkludentes Verhalten wieder aufgehoben werden. Hierfür genügt, dass die Arbeitsvertragsparteien eine vom Arbeitsvertrag abweichende oder diesen ergänzende Regelung mündlich vereinbaren. Die Aufhebung des Schriftformgebots kann auch durch eine betriebliche Übung erfolgen.[79]

Etwas anderes gilt dann, wenn die Arbeitsvertragsparteien die Änderung der Schriftformklausel durch mündliche Vereinbarungen ausdrücklich ausgeschlossen haben:

Doppelte Schriftformklausel

„Änderungen und Ergänzungen dieses Vertrags *einschließlich dieser Schriftformklausel* bedürfen zu ihrer Wirksamkeit der Schriftform. Individualvereinbarungen unterfallen dem Schriftformgebot nicht und sind mündlich zulässig."

Eine solche Klausel verhindert das Entstehen einer betrieblichen Übung. Da die Schriftform nicht eingehalten ist, folgt gem. § 125 S. 2 BGB die Nichtigkeit des Rechtsgeschäfts. Die Schriftformklausel verhindert allerdings eine betriebliche Übung nur dann, wenn die Klausel nicht undifferenziert alle mündlichen Vereinbarungen umfasst. Individualabreden haben gem. § 305b BGB Vorrang vor Allgemeinen Geschäftsbedingungen. Eine betriebliche Übung begründet zwar einen einzelvertraglichen Anspruch, beruht aber auf einem einseitigen Verhalten des Arbeitgebers. Insoweit unterscheidet sie sich von der Individualabrede, die im Einzelnen ausgehandelt ist. Jedoch erweckt eine undifferenzierte Klausel beim Arbeitnehmer den Eindruck, dass es nicht möglich sei, individuelle Abreden mündlich zu vereinbaren. Ein Eindruck, der der gesetzlichen Regelung des § 305b BGB widerspricht. Da der Arbeitnehmer hierdurch fälschlicherweise von der Geltendmachung seiner Rechte abgehalten werden könnte, ist eine Schriftformklausel, die ohne Einschränkung alle mündlichen Abreden dem Schriftformgebot unterwirft, eine unangemessene Benachteiligung des Arbeit-

[78] BAG 13.5.2015 – 10 AZR 266/14, NZA 2015, 992 unter Aufgabe bisheriger Rspr.

[79] BAG 20.5.2008 – 9 AZR 382/07, NZA 2008, 1233.

nehmers und damit gem. § 307 Abs. 1 BGB unwirksam.[80] Ist die Klausel jedoch insgesamt unwirksam, entfällt sie gem. § 306 Abs. 2 BGB und an ihre Stelle tritt die gesetzliche Regelung. Diese fordert für einseitige Zusagen des Arbeitgebers keine Form, sodass eine betriebliche Übung entstehen kann.

Der Arbeitgeber kann das Entstehen einer betrieblichen Übung gleichwohl verhindern, indem er seine Leistungsgewährung unter den Vorbehalt der Freiwilligkeit stellt, sodass beim Arbeitnehmer kein Vertrauen entstehen kann, er werde die Leistung auch in Zukunft noch erhalten. Dies muss klar und unmissverständlich geschehen. Im Zusammenhang mit einer Leistungsgewährung kann der Vorbehalt wie folgt lauten:

Freiwilligkeitsvorbehalt:
„Die Zahlung erfolgt freiwillig und ohne Rechtsanspruch für die Zukunft. Die Entscheidung, ob auch im nächsten Jahr eine Sonderzahlung erfolgt, wird ausdrücklich vorbehalten."

Der Freiwilligkeitsvorbehalt bedarf keiner besonderen Form, sollte jedoch zB im Zuge einer Gehaltsabrechnung schriftlich jedem Arbeitnehmer zugänglich gemacht werden.

Ein solcher Freiwilligkeitsvorbehalt lässt selbst dann, wenn der Arbeitgeber die Leistung wiederholt erbringt, eine betriebliche Übung nicht entstehen.[81] Dies gilt unabhängig vom Umfang der unter Vorbehalt gestellten Leistung.[82] Allerdings muss aus der Erklärung deutlich werden, dass der Arbeitgeber die Leistung nicht nur freiwillig, sondern auch ohne Rechtsbindung für die Zukunft erbringt. Allein die Bezeichnung einer Leistung als freiwillig bedeutet nur, dass der Anspruch des Arbeitnehmers nicht aufgrund einer anderen Rechtsgrundlage besteht.[83] Erst der Ausschluss einer rechtlichen Bindung gibt dem Arbeitgeber das Recht, jeweils neu über die Gewährung der Sonderleistung sowie uber dıe Voraussetzungen ihrer Zahlung zu entscheiden.[84] Ein vertraglicher Anspruch des Arbeitnehmers entsteht erst, wenn der Arbeitgeber durch eine entsprechende Erklärungshandlung den Anspruch auf die Sonderleistung jeweils neu begründet.[85]

§ 308 Nr. 4 BGB steht der Vereinbarung eines Freiwilligkeitsvorbehalts in Bezug auf Sonderzahlungen nicht entgegen, da sich danach der Änderungsvorbehalt auf die „versprochene Leistung" beziehen muss.[86] Unterliegt eine Leistung

---

[80] BAG 20.5.2008 – 9 AZR 382/07, NZA 2008, 1233; s. dazu *Schramm/Kröpelin* DB 2008, 2362.

[81] BAG 21.1.2009 – 10 AZR 219/08, NZA 2009, 310.

[82] BAG 18.3.2009 – 10 AZR 289/08, NZA 2009, 535.

[83] BAG 17.4.2013 – 10 AZR 281/12, NZA 2013, 787; BAG 1.3.2006 – 5 AZR 363/05, NZA 2006, 746.

[84] BAG 7.8.2002 – 10 AZR 709/01, NZA 2002, 1284.

[85] BAG 5.6.1996 – 10 AZR 883/95, NZA 1996, 1028; s. auch BAG 16.1.2013 – 10 AZR 26/12, NZA 2013, 1013.

[86] BAG 10.12.2008 – 10 AZR 1/08, NZA-RR 2009, 576; BAG 30.7.2008 – 10 AZR 606/07, NZA 2008, 1173.

einem Freiwilligkeitsvorbehalt, ist dieses Tatbestandsmerkmal erst erfüllt, wenn der Arbeitgeber entschieden hat, die Leistung erneut zu erbringen. Zuvor entsteht kein Anspruch auf die Leistung.

Um dem Transparenzgebot des § 307 Abs. 1 S. 2 BGB zu genügen, müssen jedoch die von dem Vorbehalt erfassten Leistungen deutlich gemacht werden. Außerdem darf sich der Arbeitgeber nicht in Widerspruch zu anderen Regelungen des (Formular-)Arbeitsvertrags setzen. Begründet der Arbeitgeber im Arbeitsvertrag in Voraussetzung und Höhe eindeutig einen Anspruch auf eine Leistung, so verspricht er diese. Er kann dann dieses Versprechen nicht gleichzeitig durch einen Freiwilligkeitsvorbehalt wieder infrage stellen. Eine solche Regelung ist nicht hinreichend transparent.[87] Im Arbeitsvertrag sind daher in Zusammenhang mit einem Freiwilligkeitsvorbehalt alle anspruchsbegründenden Formulierungen zu vermeiden.[88] Besser ist es dem Arbeitnehmer eine im Einzelnen bezeichnete Sonderzahlung lediglich „in Aussicht zu stellen".[89] Statt einen allgemeinen Freiwilligkeitsvorbehalt in den Arbeitsvertrag aufzunehmen, sollte die jeweilige Zusage der konkreten Leistung mit einem Freiwilligkeitsvorbehalt verbunden werden. Denn das Bundesarbeitsgericht hat globale Freiwilligkeitsvorbehalte im Arbeitsvertrag, die alle zukünftigen Leistungen ohne Differenzierung in laufende oder einmalige Leistungen erfassen sollen, als unangemessene Benachteiligung eingestuft.[90]

Anders ist die Sachlage zu beurteilen, wenn ein Freiwilligkeitsvorbehalt formularmäßig für laufendes Arbeitsentgelt, zB für eine monatliche Leistungszulage, vereinbart wird. Im Unterschied zu Sonderzahlungen, wie zB dem Weihnachtsgeld, geht es hier um einen Teil der Arbeitsvergütung, der unmittelbare Gegenleistung für die Arbeitsleistung ist. Der Arbeitgeber behielte sich durch den Freiwilligkeitsvorbehalt das Recht vor, jeden Monat neu über die Zahlung der Vergütung zu entscheiden und damit darüber, welche Gegenleistung dem Arbeitnehmer für seine Arbeitsleistung zusteht. Der Freiwilligkeitsvorbehalt greift also unmittelbar in das synallagmatische Verhältnis von Leistung und Gegenleistung ein und ist daher eine unangemessene Benachteiligung des Arbeitnehmers. Die Frage einer unangemessenen Benachteiligung ist nicht vom Umfang der Leistung abhängig. Maßgeblich ist allein, ob die unter Freiwilligkeitsvorbehalt gestellte Leistung Teil der für die Arbeitsleistung geschuldeten Arbeitsvergütung ist.[91] Sonderzahlungen stehen regelmäßig nicht im Gegenseitigkeitsverhältnis von Arbeitsleistung und Arbeitsvergütung. Dies gilt insbesondere dann, wenn die Auszahlung an weitere Voraussetzungen geknüpft ist, wie zB Stichtagsregelungen und Rückzahlungsklauseln (s. dazu unten S. 126 ff.). Freiwilligkeitsvorbehalte sind also nur zulässig, wenn es sich

---

[87] BAG 20.2.2013 – 10 AZR 177/12, NZA 2013, 1015; BAG 30.7.2008 – 10 AZR 606/07, NZA 2008, 1173; s. dazu *Preis* NZA 2009, 281.

[88] S. dazu BAG 20.1.2010 – 10 AZR 914/08, NZA 2010, 445.

[89] *Bayreuther* BB 2009, 102.

[90] BAG 13.11.2013 – 10 AZR 848/12, NZA 2014, 368; BAG 14.9.2011 – 10 AZR 526/10, NZA 2012, 81.

[91] BAG 25.4.2007 – 5 AZR 627/06, NZA 2007, 853; *Lingemann/Gotham* DB 2007, 1754; *Schramm* NZA 2007, 1325.

um Vergütungsbestandteile handelt, die nicht Gegenleistungen für die Arbeitsleistung sind. Dies sollte nach Möglichkeit in der Zusage der Sonderzahlung deutlich gemacht werden.[92]

Die Beseitigung der durch eine betriebliche Übung entstandenen einzelvertraglichen Ansprüche kann im Wege der einvernehmlichen Änderungsvereinbarung oder der einseitig vom Arbeitgeber ausgesprochenen Änderungskündigung erfolgen. Gegen die Änderungskündigung kann der Arbeitnehmer gem. § 2 KSchG einwenden, sie sei nicht sozial gerechtfertigt.

Eine Abänderung im Wege einer „umgekehrten" betrieblichen Übung hält einer AGB-Kontrolle nicht stand. Die betriebliche Übung begründet individualrechtliche Ansprüche. Versieht der Arbeitgeber die Gratifikationszahlung nach dem Entstehen einer betrieblichen Übung mit einem Freiwilligkeitsvorbehalt, so handelt es sich demzufolge um eine Änderung des Vertragsinhalts. Bei einer umgekehrten betrieblichen Übung käme einer dreimaligen widerspruchslosen Hinnahme der Gratifikationszahlung des Arbeitgebers unter Freiwilligkeitsvorbehalt eine vertragsändernde Wirkung zu, das Einverständnis der Arbeitnehmer mit dem Angebot des Arbeitgebers auf Änderung des Arbeitsvertrags würde fingiert. Dies verstößt regelmäßig gegen das Klauselverbot des § 308 Nr. 5 BGB.[93]

c) Gleichbehandlungsgrundsatz

Eine weitere Grundlage für Gratifikationen und sonstige Leistungen ist der arbeitsrechtliche Gleichbehandlungsgrundsatz. Voraussetzung für seine Anwendung ist eine vom Arbeitgeber vorgenommene Gruppenbildung. Dem allgemeinen Gleichbehandlungsgrundsatz liegt folglich ein kollektives Element zugrunde. Bei individuellen Vergütungsabreden hat die Vertragsfreiheit Vorrang, sodass für den allgemeinen Gleichbehandlungsgrundsatz kein Raum bleibt.[94] Ebenso findet der arbeitsrechtliche Gleichbehandlungsgrundsatz keine Anwendung, wenn der Arbeitgeber in Vollzug einer ihn verpflichtenden Norm handelt.[95] Gewährt der Arbeitgeber einzelnen Arbeitnehmern oder einer Gruppe von Arbeitnehmern eine Leistung nach einem allgemeinen Prinzip, so darf er andere Arbeitnehmer nur dann von dieser Leistung ausnehmen, wenn es hierfür sachliche Gründe gibt. Er darf keine Arbeitnehmer willkürlich anders behandeln.[96] Der arbeitsrechtliche Gleichbehandlungsgrundsatz untersagt dem Arbeitgeber Gleiches ungleich zu behandeln, verbietet aber nicht generell eine Differenzierung zwischen einzelnen Arbeitnehmern, sofern es hierfür Gründe gibt.[97]

Verletzt der Arbeitgeber den Gleichbehandlungsgrundsatz, so haben auch die Arbeitnehmer einen Anspruch auf die Leistung, die sie bisher nicht erhalten

[92] BAG 14.9.2011 – 10 AZR 526/10, NZA 2012, 81.
[93] BAG 18.3.2009 – 10 AZR 281/08, NZA 2009, 601.
[94] BAG 21.11.2014 – 4 AZR 50/13, NZA 2015, 115.
[95] BAG 21.9.2011 – 5 AZR 520/10, NZA 2012, 31.
[96] BAG 30.7.2008 – 10 AZR 497/07, NZA 2008, 1412; BAG 28.3.2007 – 10 AZR 261/06, NZA 2007, 687.
[97] BAG 13.4.2011 – 10 AZR 88/10, NZA 2011, 1047.

haben.[98] Der Anspruch stützt sich auf das vom Arbeitgeber aufgestellte Regelwerk, der Arbeitnehmer muss also dessen Voraussetzungen erfüllen. Lediglich das gleichbehandlungswidrige Merkmal bleibt außer Acht.[99]

Dem allgemeinen arbeitsrechtlichen Gleichbehandlungsgrundsatz gehen die speziellen Benachteiligungsverbotsgründe des §1 AGG vor. Danach darf der Arbeitgeber nicht aus einem in §1 AGG genannten Grund seine Arbeitnehmer unterschiedlich vergüten (s. auch §2 Abs. 1 Nr. 2 AGG). Ihm ist es hingegen nicht untersagt, anknüpfend an leistungsbedingte Faktoren unterschiedliche Entgelte für die Arbeitsleistung zu verabreden. §8 Abs. 2 AGG schließt außerdem aus, dass eine geringere Vergütung allein deshalb vereinbart wird, weil Arbeitnehmer aus einem in §1 AGG genannten Grund besonders geschützt sind. So darf der Arbeitgeber mit Frauen nicht deshalb eine geringere Vergütung vereinbaren, weil er im Falle der Schwangerschaft besondere gesetzliche Pflichten hat.

Daneben verbietet §4 TzBfG, teilzeitbeschäftigte Arbeitnehmer *wegen der Teilzeit* sowie befristet beschäftigte Arbeitnehmer *wegen der Befristung* des Arbeitsverhältnisses anders zu behandeln als vollzeitig bzw. unbefristet beschäftigte Arbeitnehmer. An andere sachliche Differenzierungsmerkmale darf der Arbeitgeber anknüpfen. Die Zulässigkeit solcher Merkmale ist abhängig vom Zweck der Sonderleistung. So kann sie nur Gruppen von Arbeitnehmern mit einer bestimmten Belastung gezahlt werden oder Arbeitnehmern, die zu einem besonders hohen Gewinn im Unternehmen beigetragen haben.[100] Eine pauschale Differenzierung zwischen Angestellten und Arbeitern ist dagegen nicht zulässig.[101] Etwas anderes gilt, wenn nach weiteren Kriterien wie zB Fehlzeiten und Ähnliches differenziert wird.[102]

d) Änderung bestehender Ansprüche auf Sonderleistungen

Unter welchen Voraussetzungen der Arbeitgeber einen Anspruch des Arbeitnehmers auf eine Gratifikation beseitigen kann, hängt davon ab, auf welcher rechtlichen Grundlage der Anspruch des Arbeitnehmers beruht.[103]

Ergibt sich der Anspruch des Arbeitnehmers aus einer Betriebsvereinbarung, so kann der Arbeitgeber die Betriebsvereinbarung kündigen und muss sich mit dem Betriebsrat über den Abschluss einer neuen Betriebsvereinbarung einigen, wenn er die Zahlung nicht völlig einstellen will. Gemäß §87 Abs. 1 Nr. 10 BetrVG muss der Arbeitgeber den Betriebsrat nur hinsichtlich des Leistungs- und Verteilungsplans beteiligen. Er muss mit dem Betriebsrat durch Abschluss einer Betriebsvereinbarung festlegen, wie die vom Arbeitgeber bereitgestellten Mittel auf die einzelnen Arbeitnehmer verteilt werden. Der Dotierungsrahmen („Topf"), dh die Entscheidung, in welchem Umfang, zu welchem Zweck und

---

98 StRspr s. nur BAG 3.9.2014 – 5 AZR 6/13, NZA 2015, 222; BAG 19.3.2003 – 10 AZR 365/02, NZA 2003, 724.

99 BAG 21.11.2014 – 4 AZR 50/13, NZA 2015, 115.

100 BAG 15.7.2009 – 5 AZR 486/08, NZA 2009, 1202; BAG 3.12.2008 – 5 AZR 74/08, NZA 2009, 367.

101 BAG 12.10.2005 – 10 AZR 640/04, NZA 2004, 1418.

102 BAG 19.3.2003 – 10 AZR 365/02, NZA 2003, 724 mwN.

103 S. auch *Stück* DB 2006, 782.

welcher Gruppe von Arbeitnehmern der Arbeitgeber eine Gratifikation zur Verfügung stellt, unterliegt demgegenüber allein seiner unternehmerischen Freiheit (s. auch S. 104 ff.).

Hieraus folgt, dass der Arbeitgeber die Leistung insgesamt ohne Beteiligung des Betriebsrats einstellen oder den Dotierungsrahmen verändern kann. Da ihm bezüglich des „Ob" der Leistung ein Mitbestimmungsrecht fehlt, kann der Betriebsrat die Zahlung einer Gratifikation nicht durch Anrufen der Einigungsstelle erzwingen. Es handelt sich insoweit um eine freiwillige Betriebsvereinbarung nach § 88 BetrVG. Will der Arbeitgeber jedoch die Leistungsgrundsätze dergestalt umgestalten, dass sich der Leistungs- bzw. Verteilungsplan ändert, so unterliegt dies der zwingenden Mitbestimmung nach § 87 Abs. 1 Nr. 10 BetrVG. Eine bestehende Betriebsvereinbarung wirkt insoweit nach Ablauf der Kündigungsfrist gem. § 77 Abs. 6 BetrVG nach (zur Nachwirkung s. S. 15). Die Betriebspartner müssen sich folglich auf eine neue Verteilungsregelung einigen. Diese kann im Verhältnis zur bisherigen Absprache für einzelne Arbeitnehmer auch ungünstiger sein. Da es sich um Normen der gleichen Regelungsebene handelt, löst der jüngere Rechtssatz den älteren ab („lex posterior derogat legi priori").

Betriebsvereinbarungen gelten gem. § 77 Abs. 4 S. 1 BetrVG unmittelbar und zwingend für die Arbeitsverhältnisse des Betriebs. Anders als § 4 Abs. 3 TVG für das Verhältnis von arbeitsvertraglichen zu tarifvertraglichen Regelungen enthält § 77 Abs. 4 BetrVG keine Regelung zur Anwendung des Günstigkeitsprinzips im Verhältnis von Betriebsvereinbarung und Arbeitsvertrag. Dennoch gilt es als allgemeiner Grundsatz auch hier. Damit verdrängen günstigere betriebliche Regelungen einzelvertragliche Absprachen für die Dauer ihrer Geltung.[104] Das bedeutet, dass im Einzelfall geprüft werden muss, ob die jeweilige Regelung im Arbeitsvertrag oder in der Betriebsvereinbarung günstiger ist.

Die Vertragsparteien können jedoch bereits im Arbeitsvertrag vorsehen, dass einzelvertraglich vereinbarte Ansprüche durch spätere Betriebsvereinbarungen auch zulasten des Arbeitnehmers abgeändert werden können. Der Arbeitsvertrag ist dann „betriebsvereinbarungsoffen" gestaltet.[105]

Öffnungsklausel:
„Die Vertragsparteien sind sich einig, dass spätere Betriebsvereinbarungen arbeitsvertraglichen Regelungen auch dann vorgehen, wenn sie ungünstiger sind."

Auch ohne eine ausdrückliche Abrede kann eine Änderung der einzelvertraglichen Regelungen durch eine Betriebsvereinbarung erfolgen, wenn der Arbeitgeber durch die Verwendung von Allgemeinen Geschäftsbedingungen konkludent zum Ausdruck bringt, dass eine Anpassung durch betriebliche Normen

---

[104] BAG 28.3.2000 – 1 AZR 366/99, NZA 2001, 49.
[105] BAG 16.11.2011 – 10 AZR 60/11, NZA 2012, 349; BAG 20.11.1987 – 2 AZR 284/86, NZA 1988, 617; BAG 16.9.1986 – GS 1/82, NZA 1987, 168.

zulässig sein soll.[106] Einheitliche Regelungen durch Formulararbeitsverträge zielen ebenso wie eine betriebliche Regelung durch Betriebsvereinbarung für den Arbeitnehmer erkennbar darauf ab, im Betrieb einheitliche Vertragsbedingungen zu gewährleisten. Wollen die Parteien daher eine Abänderung der individualrechtlichen Regelungen durch Regelungen in einer Betriebsvereinbarung auch zulasten des Arbeitnehmers ausschließen, so müssen sie den Gegenstand betriebsvereinbarungsfest machen, indem sie ihn von einer Änderung durch Betriebsvereinbarung ausnehmen. Gleiches gilt, wenn Ansprüche durch Gesamtzusage entstanden sind.[107]

Bei der Müllex GmbH wird die Gratifikation aufgrund einzelvertraglicher Vereinbarungen gezahlt. Wenn keine kollektivrechtliche Ablösung durch Betriebsvereinbarung gewollt ist, kann die Müllex GmbH die einzelvertragliche Gratifikationszusage nur im Einvernehmen mit dem Arbeitnehmer aufheben oder ändern. Eine betriebsbedingte Änderungskündigung zur Vergütungsanpassung greift demgegenüber einseitig in das Verhältnis von Leistung und Gegenleistung ein. Sie ist daher gem. §1 Abs.2, §2 KSchG nur sozial gerechtfertigt, wenn eine Nichtänderung der Vergütungsstrukturen derartige Verluste entstehen lassen, dass ein erheblicher Personalabbau oder die Schließung des Betriebs droht.[108]

Besser wäre es daher gewesen, wenn die Müllex GmbH bereits im Arbeitsvertrag eine Änderungsoption vereinbart oder die Zusage der Sonderleistung wenigstens unter den Vorbehalt des Widerrufs gestellt hätte.

Widerrufsvorbehalt:
„Es wird eine Sonderzahlung in Höhe von ... EUR geleistet. Wir behalten uns vor, diese Zusage jederzeit aus wirtschaftlichen Gründen zu widerrufen und neu über die Gewährung der Sonderleistung zu entscheiden."

Der Widerrufsvorbehalt berechtigt den Arbeitgeber, durch einseitige Erklärung die Sonderleistung zu ändern oder ganz zu streichen. Die Vereinbarung eines Widerrufsvorbehalts in einem Formulararbeitsvertrag ist an §§308 Nr.4, 307 BGB zu messen. Der Arbeitgeber hat ein anerkennenswertes Interesse daran, die zusätzlichen Vergütungsbestandteile flexibel zu gestalten. Gleichzeitig darf das Recht, die versprochene Leistung einseitig zu ändern, nicht dazu führen, dass der Arbeitgeber sein Wirtschaftsrisiko auf den Arbeitnehmer abwälzt und er durch den Widerruf in den Kernbereich des Arbeitsverhältnisses eingreift. Ansonsten hätte der Grundsatz pacta sunt servanda für die Pflicht des Arbeitgebers, die versprochene Vergütung zu zahlen, keine Geltung mehr.[109]

Die Vereinbarung eines Widerrufs ist für den Arbeitnehmer zumutbar, wenn der widerruflich gestellte Vergütungsanteil nicht mehr als 25% des Gesamtverdienstes erfasst. Der widerrufliche Anteil erhöht sich auf bis zu 30% des

[106] BAG 5.3.2013 – 1 AZR 417/12, NZA 2013, 916; BAG 25.5.2016 – 5 AZR 135/16, NZA 2016, 1327; s. dazu *Hromadka* NZA 2013, 1061.
[107] BAG 10.3.2015 – 3 AZR 56/14, NZA-RR 2015, 371.
[108] BAG 20.6.2013 – 2 AZR 396/12, NZA 2013, 1409.
[109] BAG 24.1.2017 – 1 AZR 774/14, NZA 2017, 777.

Gesamtverdienstes, wenn er sich auf Zahlungen bezieht, die nicht unmittelbare Gegenleistung für die Arbeitsleistung sind, sondern zB Aufwendungsersatzansprüche des Arbeitnehmers betreffen.[110]

Der Arbeitnehmer muss aus der Widerrufsklausel erkennen können, welche Vergütungsbestandteile in welcher Höhe von dem Widerruf erfasst sind. Außerdem muss die Klausel die Art der Widerrufsgründe für den Arbeitnehmer wenigstens in ihrem Grundansatz erkennen lassen, zB wirtschaftliche Gründe, Leistung des Arbeitnehmers.[111] Eine Klausel, die die Sonderzahlung hingegen unter den „jederzeitigen Widerruf" stellt, wäre nicht transparent und daher unzulässig.[112]

Widerruft der Arbeitgeber seine Leistungszusage, so ist neben der Inhaltskontrolle, eine Ausübungskontrolle vorzunehmen. Der Arbeitgeber muss darlegen, dass die vereinbarten Widerrufsgründe tatsächlich vorliegen und die Änderung der Sonderleistung sachlich gerechtfertigt ist und somit der Widerruf unter Beachtung billigen Ermessens ausgeübt wurde (s. §315 BGB). Es hat eine Abwägung der Interessen von Arbeitgeber und Arbeitnehmer stattzufinden, zB aufseiten des Arbeitgebers die wirtschaftliche Lage des Unternehmens, aufseiten des Arbeitnehmers dessen persönlichen Umstände und die Dauer seiner Betriebszugehörigkeit.

Ob im Einzelfall ein Widerrufsvorbehalt oder ein Freiwilligkeitsvorbehalt gewählt wird, hängt davon ab, ob der Arbeitgeber die Leistung grundsätzlich erbringen will oder nicht. Beim Freiwilligkeitsvorbehalt entscheidet der Arbeitgeber jeweils neu über die Gewährung einer Sonderleistung. Demgegenüber sagt er diese beim Widerrufsvorbehalt grundsätzlich zu. Dafür unterliegt seine Entscheidung über den Widerruf der gerichtlichen Überprüfung. Kommt ein Richter zu dem Ergebnis, dass die Ausübung des Widerrufs nicht billigem Ermessen entspricht, so kann er insbesondere bei Kürzungen durch Urteil festlegen, was billigem Ermessen gerecht wird (vgl. §315 Abs. 3 BGB). Der Arbeitgeber überträgt daher durch die Wahl eines Widerrufsvorbehalts – kommt es zum Streit – seine unternehmerische Freiheit auf das Gericht.

Zu warnen ist vor Regelungen, die Freiwilligkeits- und Widerrufsvorbehalt miteinander zu vereinbaren suchen. Wird also zB eine Klausel „Sonderzuwendungen werden als freiwillige, jederzeit widerrufliche Leistung gewährt. Auch aus einer wiederholten Zahlung entsteht kein Rechtsanspruch für die Zukunft." verwendet, so ist diese Regelung in einem Formulararbeitsvertrag gem. §305c Abs. 2 BGB mehrdeutig und wird nicht Vertragsbestandteil, da sie sowohl als Freiwilligkeitsvorbehalt als auch als Widerrufsvorbehalt verstanden werden kann.[113]

[110] BAG 11.10.2006 – 5 AZR 721/05, NZA 2007, 87.

[111] StRspr s. nur BAG 24.1.2017 – 1 AZR 772/14.

[112] BAG 20.4.2011 – 5 AZR 191/10, NZA 2011, 796; BAG 19.12.2006 – 9 AZR 294/06, NZA 2007, 809; BAG 12.1.2005 – 5 AZR 364/04, NZA 2005, 465.

[113] BAG 14.9.2011 – 10 AZR 526/10, NZA 2012, 81; BAG 8.12.2010 – 10 AZR 671/09, BeckRS 2011, 69986; BAG 30.7.2008 – 10 AZR 606/07, NZA 2008, 1173.

e) Bindungsklauseln

Um vergangene und zukünftige Betriebstreue zu belohnen, kann die Müllex GmbH die Zusage der Sondervergütung mit einer Bindungsklausel versehen. Hierunter ist eine vertragliche Regelung zu verstehen, nach der ein Gratifikationsanspruch entfällt, wenn der Arbeitnehmer an einem in der Zusage vorgesehenen Stichtag in einem gekündigten Arbeitsverhältnis steht. Ist Voraussetzung für den Bezug der Sonderleistung das ungekündigte Bestehen des Arbeitsverhältnisses an einem bestimmten Stichtag, so ist eine Kündigung zum Ablauf des Stichtags zulässig und lässt den Anspruch auf die Sonderleistung nicht entfallen.[114]

Bindungsklausel/Stichtagsregelung:

„Dem Arbeitnehmer wird mit dem Dezembergehalt eine Sonderzuwendung in Höhe von ... EUR gezahlt. Der Anspruch ist ausgeschlossen, wenn der Arbeitnehmer am 1. November des Jahres nicht in einem ungekündigten Arbeitsverhältnis steht." [alternativ: „Der Anspruch besteht nur, wenn das Arbeitsverhältnis am 1. November ungekündigt besteht."]

Formularmäßig getroffene Stichtagsregelungen unterliegen der Inhaltskontrolle. Hierbei muss zunächst der Zweck der Sonderleistung bestimmt werden. Verfolgt der Arbeitgeber mit der Sonderleistung zumindest auch das Ziel (Sonderleistungen mit Mischcharakter[115]), die erbrachte Arbeitsleistung zu honorieren, so handelt es sich um eine Gegenleistung für die Arbeitsleistung. Eine Stichtagsregelung greift in diesem Fall in das synallagmatische Verhältnis von Leistung und Gegenleistung ein. Sie widerspricht der Grundregel des § 611a Abs. 2 BGB, nach der der Arbeitgeber für seine Arbeitsleistung die versprochene Vergütung erhält und stellt daher eine unangemessene Benachteiligung gem. § 307 Abs. 1 S. 1 BGB des Arbeitnehmers dar. Sie ist gem. § 306 Abs. 2 BGB unwirksam.[116]

Der Arbeitgeber muss also, zB durch die Bezeichnung als Treueprämie, deutlich machen, dass die Sonderleistung anderen Zwecken dient als der Vergütung geleisteter Arbeit. Stichtagsregelungen, die den Arbeitnehmer verpflichten, das Arbeitsverhältnis über einen bestimmten Stichtag hinaus fortzusetzen, vergüten nicht erbrachte Arbeitsleistung, sondern honorieren vergangene bzw. künftige Betriebstreue. Voraussetzung für die Leistung ist also nicht eine bestimmte Arbeitsleistung, wie das zB bei einer Bonuszahlung aufgrund Zielvereinbarung der Fall ist, sondern ausschließlich das Bestehen eines Arbeitsverhältnisses. Hierbei ist es unerheblich, von wem die Beendigung eines Arbeitsverhältnisses ausgeht.[117]

---

[114] BAG 26.10.1983 – 5 AZR 331/81, AP BGB § 611 Gratifikation Nr. 118.
[115] BAG 18.1.2012 – 10 AZR 612/10, NZA 2012, 561.
[116] BAG 13.5.2015 – 10 AZR 266/14, NZA 2015, 992; BAG 13.11.2013 – 10 AZR 848/12, NZA 2014, 368.
[117] BAG 18.1.2012 – 10 AZR 667/10, NZA 2012, 620.

Die Formulierung „ungekündigtes Arbeitsverhältnis" erfasst nur Fälle der Beendigung des Arbeitsverhältnisses durch Kündigung, nicht durch Befristung[118] oder Aufhebungsvertrag.[119] Sollen andere Beendigungstatbestände außer der Kündigung erfasst werden, so muss allgemein auf das Bestehen des Arbeitsverhältnisses an einem bestimmten Stichtag abgestellt werden.

Die Zahlung der Sonderleistung kann auch in der Weise aufgespalten sein, dass der Arbeitnehmer im Jahr des Eintritts in den bzw. Austritts aus dem Betrieb für jeden Monat des Bestehens seines Arbeitsverhältnisses jeweils einen Anspruch auf ein Zwölftel der Sonderzuwendung erwirbt. Zulässig sind Regelungen, die eine anteilige Kürzung für Zeiten bestimmen, in denen das Arbeitsverhältnis ruht, zB wegen Inanspruchnahme von Elternzeit.[120]

Bei der Gewährung einer Sondervergütung können Fehlzeiten berücksichtigt werden, indem Arbeitgeber und Arbeitnehmer vereinbaren, die Sondervergütung für jeden Krankheitstag um bis zu einem Viertel der arbeitstäglichen Vergütung zu kürzen, § 4a EFZG. Dem Arbeitgeber steht kein einseitiges Kürzungsrecht zu, es bedarf einer entsprechenden Vereinbarung durch Tarifvertrag, Betriebsvereinbarung oder Einzelvertrag. Da gem. § 12 EFZG von den Vorschriften des Entgeltfortzahlungsgesetzes nicht zuungunsten des Arbeitnehmers abgewichen werden kann, sind Kürzungen unwirksam, soweit sie den in § 4a EFZG erlaubten Umfang überschreiten.

f) Rückzahlungsklauseln

Scheidet der Arbeitnehmer nach Erhalt einer Sonderleistung aus dem Arbeitsverhältnis aus, so ist er nicht verpflichtet, den erhaltenen Betrag zurückzuzahlen.[121] Etwas anderes gilt nur, wenn ausdrücklich eine Rückzahlungspflicht vereinbart wurde. Aufgrund einer vertraglichen Rückzahlungsklausel muss der Arbeitnehmer die Sonderleistung ganz oder teilweise zurückzahlen, wenn sein Arbeitsverhältnis vor einem bestimmten Stichtag beendet wird. Möglich sind Rückzahlungsklauseln bei den üblichen Gratifikationen, wie Weihnachts- und Urlaubsgeld, die anlassbezogen gezahlt werden und nicht an eine Arbeitsleistung anknüpfen. Nicht möglich ist eine Rückzahlungsklausel, wenn die Sonderzahlung ausschließlich zum Zwecke der Vergütung gezahlt wird oder Mischcharakter hat und somit auch Vergütung für erbrachte Arbeitsleistung ist, wie zB eine Jahresumsatzprämie. Eine Klausel, die dem Arbeitnehmer bereits verdientes Entgelt nachträglich wieder nimmt, stellt eine unangemessene Benachteiligung dar und verstößt daher gegen § 307 Abs. 1 BGB.[122]

---

[118] BAG 14.12.1993 – 10 AZR 661/92, NZA 1994, 463.

[119] BAG 7.10.1992 – 10 AZR 186/91, NZA 1993, 948.

[120] Dazu BAG 24.5.1995 – 10 AZR 619/94, NZA 1996, 31; BAG 16.3.1994 – 10 AZR 669/92, NZA 1994, 747 jeweils mwN; s. auch BAG 12.1.2000 – 10 AZR 840/98, NZA 2000, 944.

[121] BAG 14.6.1995 – 10 AZR 25/94, NZA 1995, 1034.

[122] BAG 18.1.2012 – 10 AZR 612/10, NZA 2012, 561.

Rückzahlungsklausel:

„Es wird eine Sonderzahlung in Höhe eines Monatsgehalts geleistet. Der Arbeitnehmer ist zur Rückzahlung des erhaltenen Betrags verpflichtet, wenn sein Arbeitsverhältnis nicht bis zum 31. März des nächsten Jahres besteht."

Sonderzahlungen, die nicht der Vergütung geleisteter Arbeit dienen, können hingegen mit einer Rückzahlungsklausel versehen werden. Formularmäßige Rückzahlungsklauseln unterliegen der AGB-Kontrolle. Um dem Transparenzgebot (§ 307 Abs. 1 S. 2 BGB) zu genügen, muss die Klausel die Voraussetzungen der Rückzahlungspflicht eindeutig und für den Arbeitnehmer klar erkennbar festlegen. Außerdem muss die vorgesehene Bindungsdauer für den Arbeitnehmer zumutbar sein. Durch eine Begrenzung der Bindungsfrist soll verhindert werden, dass der Arbeitnehmer unverhältnismäßig in seiner Entscheidung über einen Arbeitsplatzwechsel und damit in seiner durch Art. 12 GG geschützten Berufsfreiheit eingeschränkt wird. Eine zu lange Bindungsfrist benachteiligt den Arbeitnehmer unangemessen und ist gem. § 307 Abs. 1 S. 1 BGB unwirksam. Die Länge der zulässigen Bindungsdauer für eine mit dem Dezembergehalt ausgezahlte Sonderleistung ist nach der Höhe der Zuwendung wie folgt gestaffelt:[123]

Höhe der Zuwendung		**Bindung durch Rückzahlungsklausel**
100 EUR	☺	Rückzahlungsklauseln sind unzulässig![124]
100 EUR bis 1 Monatsgehalt	😐	bis zum 31. März des Folgejahres, dh ein Ausscheiden mit Ablauf des 31. März des Folgejahres ist möglich[125]
1 Monatsgehalt	☹	bis zur nächsten zulässigen Kündigung nach dem 31. März des Folgejahres, also je nach Dauer der Kündigungsfrist zB bis zum 30. April (bei vierwöchiger Kündigungsfrist zum Monatsende) oder bis 30. Juni des Folgejahres (Kündigung zum Quartalsende)[126]
mehr als 1 Monatsgehalt	☹☹	bis zum 30. Juni des Folgejahres[127]

Die Bindungsdauer kann also umso länger sein, desto höher die Gratifikation ist. Übersteigt eine Vereinbarung die zulässigen Bindungsgrenzen, so ist die Rückzahlungsklausel, nicht aber die Zusage der Gratifikation unzulässig. Der

123 StRspr s. nur BAG 28.3.2007 – 10 AZR 261/06, NZA 2007, 687; BAG 9.6.1993 – 10 AZR 529/92, NZA 1993, 935.
124 BAG 17.3.1982 – 5 AZR 1250/79, NJW 1983, 67.
125 BAG 9.6.1993 – 10 AZR 529/92, NZA 1993, 935.
126 BAG 28.4.2004 – 10 AZR 356/03, NZA 2004, 924.
127 BAG 27.10.1978 – 5 AZR 754/77, AP BGB § 611 Gratifikation Nr. 99.

Arbeitnehmer kann sein Arbeitsverhältnis beenden, ohne einem Rückzahlungsanspruch des Arbeitgebers ausgesetzt zu sein.

Wird eine Gratifikation in zwei Teilbeträgen ausgezahlt (zB jeweils zur Hälfte mit dem Juni- und dem Novembergehalt), so kommt es für die Frage der zulässigen Bindungsdauer auf die jeweilige Teilleistung an. Für die Bindungsfrist ist die Höhe des jeweils vertraglich geschuldeten Auszahlungsbetrags maßgeblich.[128] Die Länge der Bindungsfristen orientiert sich an obigen Grundsätzen, beträgt also zwischen drei und sechs Monaten.

Die nachträgliche Änderung der Gratifikationsvereinbarungen in der Müllex GmbH ist daher mit Hürden verbunden, die vermeidbar gewesen wären, wenn schon bei der Vertragsgestaltung auf entsprechende Regeln, wie zB Freiwilligkeits- und Widerrufsvorbehalte, geachtet worden wäre.

4. Entgeltfortzahlung im Krankheitsfall

In letzter Zeit erreichen die Personalabteilung der Müllex GmbH gehäuft Anfragen von Mitarbeitern zum Thema Lohn- und Gehaltsfortzahlung im Krankheitsfall. Deshalb entschließt sich die Personalleiterin der Müllex GmbH ein Merkblatt zu den wichtigsten Punkten herauszugeben. Sie beauftragt die Sachbearbeiterin Rita Ebbing mit einem Entwurf. Diese liest zur Entgeltfortzahlung im Krankheitsfall in einem Buch Folgendes:

Nach § 3 Abs. 1 S. 1 EFZG hat ein Arbeitnehmer, der unverschuldet erkrankt und infolgedessen arbeitsunfähig ist, Anspruch auf Fortzahlung seiner Vergütung für insgesamt sechs Wochen. Der Anspruch entsteht gem. § 3 Abs. 3 EFZG erst, nachdem das Arbeitsverhältnis vier Wochen rechtlich ununterbrochen bestanden hat. Dauert die Arbeitsunfähigkeit länger als vier Wochen bzw. über den Zeitpunkt des Ablaufs der Wartezeit hinaus, so beginnt nach Ablauf der Wartezeit der volle Sechswochenzeitraum der Entgeltfortzahlung des § 3 Abs. 1 S. 1 EFZG.[129] Während der Wartezeit hat der Arbeitnehmer Anspruch auf Zahlung von Krankengeld durch die Krankenkasse (§§ 44 Abs. 1, 49 Abs. 1 Nr. 1 SGB V).

Eine Erkrankung muss nicht zwangsläufig eine Arbeitsunfähigkeit zur Folge haben. Arbeitsunfähigkeit liegt vielmehr nur vor, wenn der Arbeitnehmer krankheitsbedingt außerstande ist, die geschuldete Arbeitsleistung in vollem Umfang zu erbringen oder die Arbeit nur unter der Gefahr verrichten könnte, dass sich sein Zustand in absehbarer Zeit verschlechtert. Da Bezugspunkt der Arbeitsunfähigkeit die vertraglich insgesamt geschuldete Arbeitsleistung ist, ist eine teilweise Arbeitsunfähigkeit unbekannt.[130] Nach § 266 BGB kann der Arbeitgeber Teilleistungen des Arbeitnehmers zurückweisen. In Fällen der Teilarbeitsfähigkeit nach längerer Erkrankung kann gegebenenfalls eine stufenweise Wiedereingliederung[131] gem. § 74 SGB V in Betracht kommen. Hierbei

---

[128] BAG 21.5.2003 – 10 AZR 390/02, NZA 2003, 1032.

[129] BAG 20.8.2003 – 5 AZR 436/02, NZA 2004, 205; BAG 26.5.1999 – 5 AZR 476/98, NZA 1999, 1273.

[130] S. nur BAG 9.4.2014 – 10 AZR 637/13, BeckRS 2014, 68129.

[131] S. Arbeitsunfähigkeits-Richtlinien v. 1.12.2003 BAnz. Nr. 61, S. 6501 v. 29.3.2004; s. auch *Freudenberg* B+P 2008, 843.

handelt es sich um ein Rechtsverhältnis eigener Art[132], das der Zustimmung des Arbeitgebers bedarf. Es kommt als Maßnahme innerhalb eines betrieblichen Eingliederungsmanagements gem. § 167 Abs. 2 SGB IX in Betracht (s. dazu S. 136).[133] Schwerbehinderte Arbeitnehmer haben aufgrund der aus § 164 Abs. 4 S. 1 Nr. 1 SGB IX folgenden besonderen Beschäftigungsförderungspflicht des Arbeitgebers einen Anspruch auf Beschäftigung zur stufenweisen Wiedereingliederung nach § 44 SGB IX.[134]

Der Arbeitnehmer muss sich während einer Arbeitsunfähigkeit so verhalten, dass seine Arbeitsfähigkeit baldmöglichst wiederhergestellt wird. Aus seiner vertraglichen Pflicht zur Rücksichtnahme auf die Interessen des Arbeitgebers (§ 241 Abs. 2 BGB) folgt, dass der Arbeitnehmer alles zu unterlassen hat, was seine Genesung verzögert. Eine Verletzung dieser Pflicht kann im Einzelfall zu einer Kündigung führen.[135]

Die Gehaltsfortzahlung ist ausgeschlossen, wenn der Arbeitnehmer die Arbeitsunfähigkeit verschuldet hat. Schuldhaft handelt derjenige, der in erheblichem Maße gegen die von einem verständigen Menschen im eigenen Interesse zu erwartende Verhaltensweise verstößt.[136] Es kommt hierfür maßgeblich auf die Umstände des Einzelfalls an.[137] So ist ein Unfall, der durch Alkoholmissbrauch herbeigeführt wurde, im Regelfall selbstverschuldet.[138] Bei einer Alkoholabhängigkeit oder sonstigen Suchterkrankung kommt es auf den Einzelfall an, ob ein Verschulden vorliegt oder nicht.[139] Sportunfälle sind nur dann schuldhaft, wenn der Arbeitnehmer seine Kräfte und Fähigkeiten in deutlich übersteigender Weise überschätzt oder in besonders grober Weise und leichtsinnig gegen anerkannte Regeln der jeweiligen Sportart verstoßen hat.[140] Auch gefährliche und mit einem hohen Unfallrisiko verbundene Sportarten schließen nicht von vornherein den Anspruch auf Gehaltsfortzahlung aus.

Der Anspruch auf Entgeltfortzahlung besteht für die Dauer von sechs Wochen (= 42 Kalendertage). Ist Ursache der Arbeitsunfähigkeit jeweils eine andere Erkrankung, so beginnt bei jeder Neuerkrankung auch ein neuer Entgeltfortzahlungszeitraum von sechs Wochen. Dies gilt nicht, wenn während einer bestehenden Arbeitsunfähigkeit wegen Krankheit eine erneute Erkrankung und daraus folgende Arbeitsunfähigkeit eintritt. Die Arbeitsunfähigkeit infolge Krankheit hindert den Arbeitnehmer seine Arbeitsleistung zu erbringen. Wer jedoch keine Arbeitsleistung mehr schuldet, kann nicht durch eine erneute Erkrankung davon befreit werden. In einem solchen Fall spricht man von einer Einheit des Verhinderungsfalls, mit der Folge, dass der Arbeitnehmer bei einer

---

132 BAG 29.1.1992 – 5 AZR 37/91, NZA 1992, 643.
133 *Nebe* DB 2008, 1801.
134 BAG 13.6.2006 – 9 AZR 229/05, NZA 2007, 91.
135 BAG 2.3.2006 – 2 AZR 53/05, NZA-RR 2006, 636.
136 BAG 26.10.2016 – 5 AZR 167/16, NZA 2017, 240.
137 S. LAG Hessen 23.7.2013 – 4 Sa 617/13.
138 BAG 11.3.1987 – 5 AZR 739/85, NZA 1987, 452.
139 BAG 18.3.2015 – 10 AZR 99/14, NZA 2015, 801.
140 BAG 7.10.1981 – 5 AZR 338/79, NJW 1982, 1014; LAG Saarland 2.7.2003 – 2 Sa 147/02, NZA-RR 2003, 568.

entsprechenden Dauer der Arbeitsunfähigkeit nur für maximal sechs Wochen Anspruch auf Entgeltfortzahlung hat.[141] Nach Ablauf von sechs Wochen bezieht der Arbeitnehmer, sofern die Voraussetzungen dafür vorliegen, Lohnersatzleistungen (zB Krankengeld).

Bei einer Fortsetzungserkrankung werden zunächst Zeiten der Arbeitsunfähigkeit von unter sechs Wochen bis zur Dauer von sechs Wochen zusammengerechnet. Eine Fortsetzungserkrankung liegt vor, wenn ein und dasselbe Grundleiden zu einer erneuten Arbeitsunfähigkeit führt.[142] Nach Erreichen des Sechswochenzeitraums besteht grundsätzlich kein weiterer Anspruch auf Lohnfortzahlung. Gemäß §3 Abs. 1 S. 2 Nr. 1 EFZG hat der Arbeitnehmer jedoch einen Anspruch auf Fortzahlung des Entgelts für weitere sechs Wochen, wenn zwischen der ersten und der erneuten Arbeitsunfähigkeit insgesamt sechs Monate gelegen haben, in denen der Arbeitnehmer wegen dieser Erkrankung nicht arbeitsunfähig war. Für den erneuten Fortzahlungszeitraum kommt es nur darauf an, dass sechs Monate ohne Arbeitsunfähigkeit wegen dieses Grundleidens verstrichen sind. Unschädlich ist es, wenn der Arbeitnehmer innerhalb des Sechs-Monats-Zeitraums wegen anderer Krankheiten erkrankt. Für Erkrankungen, die nicht auf demselben Grundleiden beruhen, bleibt es beim Anspruch auf Entgeltfortzahlung gem. §3 Abs. 1 S. 1 EFZG.

Erreicht der Arbeitnehmer keinen Zeitraum von sechs Monaten ohne Arbeitsunfähigkeit, so hat er dennoch einen erneuten Anspruch auf Entgeltfortzahlung für sechs Wochen, wenn seit dem Beginn seiner ersten Erkrankung ein Zeitraum von zwölf Monaten verstrichen ist. Voraussetzung ist, dass der Arbeitnehmer nach Ablauf der Zwölf-Monats-Frist infolge derselben Krankheit erneut arbeitsunfähig wird. Ist der Arbeitnehmer ohne Unterbrechung mehr als zwölf Monate erkrankt, fehlt es gerade an einer „erneuten" Arbeitsunfähigkeit. Entsprechendes gilt, wenn der Arbeitnehmer bereits vor Ablauf des Zwölf-Monats-Zeitraums erneut am gleichen Grundleiden erkrankt und die zwölf Monate erst während der fortbestehenden Arbeitsunfähigkeit ablaufen.[143] Der Anspruch entsteht andererseits unabhängig davon, wie oft und wie lange der Arbeitnehmer innerhalb dieser zwölf Monate erkrankt war. Der Zwölfmonatszeitraum beginnt mit der ersten Arbeitsunfähigkeit wegen dieses Grundleidens. Er wird unterbrochen durch einen Zeitraum, in dem gem. §3 Abs. 1 S. 1 Nr. 1 EFZG Vergütung fortgezahlt wird. Die Arbeitsunfähigkeit nach einem Zeitraum von zuvor sechs Monaten ohne Erkrankung, ist rechtlich eine neue Erkrankung, die den Fortsetzungszusammenhang zwischen der ersten und den weiteren Erkrankungen unterbricht und einen neuen Zwölfmonatszeitraum in Gang setzt.[144]

Gemäß §69 Abs. 4 SGB X ist die (gesetzliche) Krankenkasse berechtigt, dem Arbeitgeber das Vorliegen einer Fortsetzungserkrankung mitzuteilen. Davon unabhängig ist der Arbeitnehmer verpflichtet durch Vorlage einer Bescheinigung nachzuweisen, dass keine Fortsetzungserkrankung vorliegt, wenn er innerhalb

141 BAG 25.5.2016 – 5 AZR 318/15, NZA 2016, 1076.
142 BAG 13.7.2005 – 5 AZR 389/04, BeckRS 2005, 30359670; s. auch *Besgen* B+P 2008, 735.
143 BAG 14.3.2007 – 5 AZR 514/06, BeckRS 2007, 44360.
144 BAG 6.10.1976 – 5 AZR 500/75, AP LohnFG §1 Nr. 41.

der in §3 Abs. 1 S. 2 EFZG genannten Zeiträume erkrankt. Bestreitet der Arbeitgeber das Vorliegen einer neuen Erkrankung aufgrund begründeter Tatsachen, muss der Arbeitnehmer substantiiert vortragen und das Nichtbestehen einer Fortsetzungserkrankung nachweisen. Hierzu muss er den behandelnden Arzt von der Schweigepflicht entbinden.[145] Die Höhe des gesetzlichen Entgeltfortzahlungsanspruchs bestimmt sich nach §4 EFZG. Es gilt das Lohnausfallprinzip, dh dem Arbeitnehmer ist das Entgelt fortzuzahlen, das er erhalten hätte, wenn er nicht arbeitsunfähig erkrankt wäre. Der Begriff des Arbeitsentgelts wird in §4 Abs. 1a EFZG näher bestimmt.[146] Danach bleiben bei der Berechnung des fortzuzahlenden Entgelts („Geldfaktor") insbesondere Überstundenvergütungen unberücksichtigt.

Der Arbeitnehmer ist gem. §5 Abs. 1 EFZG verpflichtet, dem Arbeitgeber die Arbeitsunfähigkeit und ihre voraussichtliche Dauer unverzüglich (= ohne schuldhaftes Zögern, §121 Abs. 1 BGB) mitzuteilen.[147] Dies kann telefonisch geschehen. Maßgeblich ist, dass der Arbeitgeber oder ein sonstiger zur Entgegennahme derartiger Erklärungen berechtigter Mitarbeiter Kenntnis erlangt. Hierdurch soll der Arbeitgeber in die Lage versetzt werden, die anfallenden Arbeiten entsprechend zu disponieren. Dauert die Arbeitsunfähigkeit länger als drei Kalendertage, muss der Arbeitnehmer eine ärztliche Bescheinigung vorlegen. Bei einer Arbeitsunfähigkeit bis zu drei Kalendertagen besteht somit grundsätzlich keine Pflicht zum Nachweis der Erkrankung durch ärztliche Arbeitsunfähigkeitsbescheinigung. Bei längerer Arbeitsunfähigkeit muss am vierten Kalendertag, sofern dies ein Arbeitstag im Betrieb ist, eine ärztliche Bescheinigung vorgelegt werden. Auch hier kommt es auf den Zugang der Bescheinigung beim Arbeitgeber an.

Dauert die Arbeitsunfähigkeit länger als zunächst in der Arbeitsunfähigkeitsbescheinigung angegeben, muss der Arbeitnehmer am auf den dritten Kalendertag nach dem in der ersten Arbeitsunfähigkeitsbescheinigung angegebenen Ende folgenden Arbeitstag eine Folgebescheinigung einreichen. §5 Abs. 1 S. 4 EFZG bestimmt zwar keine Frist für deren Vorlage, jedoch ist §5 Abs. 1 S. 2 EFZG auf diesen Fall entsprechend anzuwenden.[148] Auch wenn der Entgeltfortzahlungszeitraum von sechs Wochen abgelaufen ist, ist der Arbeitnehmer weiterhin verpflichtet, entsprechende Folgebescheinigungen über seine Arbeitsunfähigkeit vorzulegen.[149] Endet seine Arbeitsunfähigkeit, so muss sich der Arbeitnehmer beim Arbeitgeber zurückmelden.

Der Arbeitgeber ist – zB durch Regelung im Arbeitsvertrag[150] – ohne besondere Begründung berechtigt, auch schon vor dem vierten Krankheitstag eine Arbeitsunfähigkeitsbescheinigung zu verlangen und zwar auch für Arbeitsunfähigkeitszeiten unter drei Kalendertagen.[151] Ordnet der Arbeitgeber generell die ge-

---

145 LAG Baden-Württemberg 8.6.2016 – 4 Sa 70/15, NZA-RR 2016, 513.
146 Zur Berechnung s. im Einzelnen HzA/*Vossen* Gruppe 2 Rn. 525 ff.
147 S. hierzu auch *Subatzus* DB 2013, 578.
148 S. nur HzA/*Vossen* Gruppe 2 Rn. 292 ff. mwN.
149 LAG Sachsen-Anhalt 24.4.1996 – 3 Sa 449/95, NZA 1997, 772.
150 BAG 1.10.1997 – 5 AZR 726/96, NZA 1998, 369.
151 BAG 14.11.2012 – 5 AZR 886/11, NZA 2013, 322.

genüber dem Gesetz frühere Vorlage der Arbeitsunfähigkeitsbescheinigung an, so hat der Betriebsrat gem. § 87 Abs. 1 Nr. 1 BetrVG hierüber mitzubestimmen.[152]

Die Anzeigepflicht gegenüber dem Arbeitgeber besteht auch, wenn die Arbeitsunfähigkeit im Ausland eintritt (§ 5 Abs. 2 EFZG). Zusätzlich muss der Arbeitnehmer in diesem Fall auch seiner Krankenkasse eine Mitteilung zukommen lassen, sofern er gesetzlich versichert ist. Durch diese Regelung soll einem etwaigen Missbrauch vorgebeugt werden.[153]

Kommt der Arbeitnehmer seinen Anzeige- und Nachweispflichten nicht nach, kann der Arbeitgeber die Fortzahlung des Arbeitsentgelts bis zur Vorlage der Arbeitsunfähigkeitsbescheinigung verweigern (§ 7 EFZG). Es handelt sich hierbei um ein zeitweiliges Leistungsverweigerungsrecht.[154] Sobald der Arbeitnehmer die Arbeitsunfähigkeitsbescheinigung nachreicht, ist der Arbeitgeber zur Fortzahlung der Vergütung verpflichtet und zwar vom Beginn der Arbeitsunfähigkeit an.

Die ärztliche Bescheinigung hat insbesondere im Prozess um die Entgeltfortzahlung Bedeutung. Die ordnungsgemäß[155] ausgestellte Arbeitsunfähigkeitsbescheinigung hat dadurch einen hohen Beweiswert, dass grundsätzlich von ihrer Richtigkeit und damit von der Arbeitsunfähigkeit auszugehen ist. Andererseits hat der Arbeitnehmer nur dann einen Anspruch auf Fortzahlung der Vergütung, wenn er tatsächlich arbeitsunfähig war. Der Arbeitgeber kann die Vermutung des Bestehens der Arbeitsunfähigkeit dadurch widerlegen, dass er Umstände darlegt und beweist, die ernsthafte Zweifel an der Richtigkeit der Urkunde aufkommen lassen.[156] Solche Zweifel können sich aus der Bescheinigung selbst oder aus den Umständen ihres Zustandekommens, aber auch aus dem Verhalten des Arbeitnehmers ergeben.[157] Gelingt es dem Arbeitgeber den Beweiswert der Arbeitsunfähigkeitsbescheinigung zu erschüttern, muss nunmehr der Arbeitnehmer seine Arbeitsunfähigkeit auf andere Weise als durch Vorlage der Arbeitsunfähigkeitsbescheinigung beweisen. Er kann zB den behandelnden Arzt von seiner Schweigepflicht entbinden, sodass dieser als sachverständiger Zeuge Auskunft geben kann.

Einer ausländischen Arbeitsunfähigkeitsbescheinigung kommt der aufgezeigte Beweiswert zu, sofern sie in einem Land außerhalb der Europäischen Union ausgestellt wurde. Allerdings muss aus dem Nachweis erkennbar sein, dass der ausländische Arzt zwischen einer bloßen Erkrankung und einer aus der Krankheit folgenden Arbeitsunfähigkeit unterschieden hat.[158]

Legt der Arbeitnehmer demgegenüber eine in einem Mitgliedsstaat der Europäischen Union ausgestellte Arbeitsunfähigkeitsbescheinigung vor, so ist

152 BAG 23.8.2016 – 1 ABR 43/14, NZA 2016, 1483; BAG 25.1.2000 – 1 ABR 3/99, NZA 2000, 665; s. auch BAG 26.2.2003 – 5 AZR 112/02, BeckRS 2003, 40835.
153 BT-Drs. 12/5798, 26.
154 BAG 19.2.1997 – 5 AZR 747/93, NZA 1997, 705.
155 S. dazu Arbeitsunfähigkeits-Richtlinien v. 14.11.2013 BAnz. AT 27.1.2014 B4.
156 BAG 15.7.1992 – 5 AZR 312/91, NZA 1993, 23.
157 Vgl. dazu mit umfangreichen wN HzA/*Vossen* Gruppe 2 Rn. 335 ff.
158 BAG 1.10.1997 – 5 AZR 499/96, NZA 1998, 372; BAG 19.2.1997 – 5 AZR 83/96, NZA 1997, 652.

der Arbeitgeber an die dort getroffenen Feststellungen gebunden, sofern er den Arbeitnehmer nicht durch einen Arzt seiner Wahl untersuchen lässt.[159] Aufgrund EG-Rechts[160] genügt es anders als nach deutschem Recht nicht, dass der Arbeitgeber lediglich Zweifel an der Richtigkeit des Nachweises geltend macht. Vielmehr muss er beweisen, dass der Arbeitnehmer sich rechtsmissbräuchlich oder betrügerisch verhalten hat, indem er seine Arbeitsunfähigkeit nur vorgetäuscht hat.[161] Gelingt dem Arbeitgeber dieser Beweis, so verliert der Arbeitnehmer den Anspruch auf Fortzahlung seiner Vergütung.

Der Arbeitgeber kann außerdem eine Begutachtung durch den Medizinischen Dienst der Krankenkassen verlangen (vgl. §275 SGB V).

Die finanziellen Lasten durch die Entgeltfortzahlung im Krankheitsfall insbesondere kleinerer Arbeitgeber mit nicht mehr als dreißig Arbeitnehmern (Auszubildende werden nicht mitgezählt, s. im Einzelnen §3 AAG) werden durch den Erstattungsanspruch des §1 AAG gemindert.[162] Sie erhalten auf Antrag (§2 Abs. 3 S. 1 AAG) 80% der nach dem Entgeltfortzahlungsgesetz an den Arbeitnehmer gezahlten Vergütungen von den Krankenkassen erstattet. Die notwendigen Beträge werden entsprechend §7 AAG durch eine Umlage erhoben (U1-Umlageverfahren).[163]

Außerdem kann der Arbeitgeber seine Entgeltfortzahlungskosten dann gegenüber einem Dritten geltend machen, wenn der Arbeitnehmer aufgrund Drittverschuldens arbeitsunfähig erkrankt war und er gegen den Dritten einen Schadensersatzanspruch hat. Der Anspruch des Arbeitnehmers gegen den Dritten geht insoweit kraft Gesetzes auf den Arbeitgeber über (§6 EFZG). Die Regelung hat zB Bedeutung bei einem Verkehrsunfall, bei dem der Arbeitnehmer aufgrund des Verschuldens eines Dritten verletzt und infolgedessen arbeitsunfähig wurde.

Nachdem sich Frau Ebbing nunmehr ausreichend über die Entgeltfortzahlung informiert hat, fertigt sie den folgenden Entwurf für ein Merkblatt an die Arbeitnehmer:

---

159 EuGH 3.6.1992 – C-45/90, NZA 1992, 735 – Paletta I; *Heinze/Giesen* BB 1996, 1830.

160 Art. 18 der Verordnung Nr. 574/72 v. 21.3.1972, ABl. 1972 L 74, 1.

161 EuGH 2.5.1996 – C-206/94, NZA 1996, 635 – Paletta II; BAG 19.2.1997 – 5 AZR 747/93, NZA 1997, 705.

162 S. dazu *Buchner* NZA 2006, 121.

163 S. B+P 2008, 846.

Müllex GmbH
Personalabteilung

Merkblatt »Entgeltfortzahlung im Krankheitsfall«

Aufgrund der zahlreichen Anfragen der letzten Wochen machen wir auf Folgendes aufmerksam:

- ☑ Eine Arbeitsunfähigkeit infolge Krankheit ist unverzüglich der Personalabteilung zu melden, die Ihren unmittelbaren Vorgesetzten benachrichtigt.
- ☑ Sind Sie länger als drei Tage arbeitsunfähig, so müssen Sie spätestens am vierten Tag der Personalabteilung eine ärztliche Bescheinigung vorlegen. Ist der vierte Tag kein Arbeitstag, so ist die Bescheinigung am nächsten Arbeitstag beizubringen.
- ☑ Erkranken Sie im Ausland, so müssen Sie der Personalabteilung auf schnellstmöglichem Weg Ihre Erkrankung, deren voraussichtliche Dauer und die Adresse Ihres Aufenthaltsorts mitteilen. Die Kosten der Mitteilung trägt die Müllex GmbH gegen Vorlage einer Quittung. Außerdem müssen Sie Ihrer Krankenkasse eine entsprechende Mitteilung machen.
- ☑ Kommen Sie Ihren Anzeige- und Nachweispflichten nicht nach, sind wir berechtigt, die Fortzahlung der Vergütung zu verweigern.
- ☑ Bei Krankheit wird die Ihnen zustehende Vergütung grundsätzlich in Höhe von 100% fortgezahlt. Die Dauer im Einzelnen entnehmen Sie bitte der nachfolgenden Tabelle:

<u>1. bis 4. Woche</u> des Arbeitsverhältnisses	KEINE Entgeltfortzahlung
<u>ab 5. Woche</u>: Arbeitsunfähigkeit infolge verschiedener Krankheiten	<u>Entgeltfortzahlung erfolgt</u>: bis zu jeweils sechs Wochen (= 42 Kalendertagen)
Arbeitsunfähigkeit infolge derselben Krankheit	bis zu sechs Wochen (= 42 Kalendertagen) / mehrere Erkrankungen werden zusammengerechnet
• Ablauf von sechs Monaten zwischen dem Ende der letzten und dem Beginn der erneuten Arbeitsunfähigkeit wegen derselben Erkrankung	bis zu weiteren sechs Wochen / mehrere Erkrankungen werden zusammengerechnet
• Ablauf von zwölf Monaten seit Beginn der ersten Arbeitsunfähigkeit wegen derselben Krankheit (nicht bei ununterbrochener Erkrankung)	erneut sechs Wochen / mehrere Erkrankungen werden zusammengerechnet
• nach Ablauf von sechs bzw. zwölf Wochen Arbeitsunfähigkeit	78 Wochen Krankengeld der Krankenkasse (vgl. im Einzelnen § 48 SGB V)

gez. Birgit Müller
Personalleiterin

5. Maßnahmen zur Senkung des Krankenstands – rechtliche Grundlagen

Die Unternehmensleitung der Müllex GmbH registrierte in einigen Bereichen der Müllex GmbH im letzten Jahr einen auffällig hohen Krankenstand. Um die dadurch entstehenden Kosten zu senken, wird nach Modellen gesucht, die wirksam die Zahl der Krankheitstage der Mitarbeiter senken. Der Geschäftsführer der Müllex GmbH hat einen Workshop veranstaltet, an dem Vertreter der Geschäftsleitung, die Personalleiterin, mehrere Niederlassungsleiter, ein Arbeitsmediziner, ein Vertreter der AOK sowie zwei Mitglieder des Betriebsrats teilnahmen. Aufgabe war es, Ursachen des Krankenstands zu erforschen und Maßnahmen zur Senkung der Fehlzeiten vorzuschlagen.

Die Ergebnisse des Workshops hat die Personalleiterin in folgendem Maßnahmenkatalog festgehalten:

Maßnahmenkatalog „Fehlzeitenreduzierung"
Ergebnisse des Workshops vom 21. September

❢ Betriebliches Eingliederungsmanagement

§ 167 Abs. 2 SGB IX[164] verpflichtet den Arbeitgeber zu einem betrieblichen Eingliederungsmanagement[165] für alle Arbeitnehmer[166], die innerhalb eines Jahres länger als sechs Wochen ununterbrochen oder wiederholt[167] arbeitsunfähig sind. Der Arbeitgeber muss mit dem betroffenen Arbeitnehmer, dem Betriebsrat sowie bei schwerbehinderten Menschen der Schwerbehindertenvertretung die Möglichkeiten zur Überwindung bzw. Verhinderung der Arbeitsunfähigkeit klären. Es handelt sich um eine präventive Maßnahme, deren Ziel es ist, den Arbeitsplatz für den Beschäftigten zu erhalten. Hierzu muss der Arbeitnehmer über die Ziele des betrieblichen Eingliederungsmanagements sowie Art und Umfang der hierfür erhobenen und verwendeten Daten hingewiesen werden. Der Arbeitnehmer muss gem. § 167 Abs. 2 S. 1 SGB IX dem betrieblichen Eingliederungsmanagement ausdrücklich zustimmen. Hat er seine Zustimmung erteilt, kann er diese jederzeit wieder zurücknehmen. Das Verfahren des betrieblichen Eingliederungsmanagements darf ohne Zustimmung des Arbeitnehmers nicht fortgeführt werden. Der Arbeitgeber kann zwar nicht verlangen, dass der arbeitsunfähig erkrankte Arbeitnehmer an Personalgesprächen teilnimmt, da er während der Arbeitsunfähigkeit keine Arbeitsleistungen schuldet.[168] Stimmt der Arbeitnehmer jedoch einem betrieblichen Eingliederungsmanagement zu, dann kann ein entsprechendes Gespräch auch während einer bestehenden Arbeitsunfähigkeit stattfinden.[169] Der Betriebsrat ist bei der Durchführung

---

[164] Bis zum 31.12.2017: § 84 SGB IX.

[165] *Kempter/Steinat* NZA 2015, 840; *Plocher* DB 2015, 2875; *Schiefer* RdA 2016, 196; *Stück* ArbRAktuell 2016, 232; 345.

[166] BAG 12.7.2007 – 2 AZR 716/06, NZA 2008, 173.

[167] BAG 24.3.2011 – 2 AZR 170/10, NZA 2011, 992.

[168] BAG 2.11.2016 – 10 AZR 596/15, NZA 2017, 183.

[169] *Hoffmann-Remy* NZA 2017, 159; *Vossen* DB 2016, 836.

des betrieblichen Eingliederungsmanagements im Einzelfall gem. § 167 Abs. 2 SGB IX zu beteiligen.

Die Müllex GmbH strebt jedoch an, ein betriebliches Eingliederungsmanagement über den konkreten Fall hinaus in einer Inklusionsvereinbarung gem. § 166 Abs. 3 Nr. 5 SGB IX zu regeln. Dies hat den Vorteil, dass eine Förderung gem. § 167 Abs. 3 SGB IX in Betracht kommt.[170] Neben dem Arbeitgeber und dem Betriebsrat ist die Schwerbehindertenvertretung Vertragspartner der Inklusionsvereinbarung. Allgemeine Verfahrensregelungen zur Durchführung des Betrieblichen Eingliederungsmanagements können gem. § 87 Abs. 1 Nr. 1, Nr. 6 und Nr. 7 BetrVG der Mitbestimmung des Betriebsrats unterliegen. Dies ist für jede einzelne Regelung zu prüfen.[171]

Ein fehlendes Eingliederungsmanagement kann sich bei einer krankheitsbedingten Kündigung für den Arbeitgeber negativ auswirken. Da die Beendigung des Arbeitsverhältnisses immer letztes Mittel ist, muss der Arbeitgeber zuvor mildere Mittel ausschöpfen. Diese zu finden ist Aufgabe des betrieblichen Eingliederungsmanagements[172] (s. auch S. 216 f.).

Führt die Müllex GmbH kein betriebliches Eingliederungsmanagement durch, so kann der Betriebsrat die Klärung der Möglichkeiten verlangen, durch die der erneuten Arbeitsunfähigkeit des Mitarbeiters vorgebeugt werden kann. § 167 Abs. 2 S. 6 SGB IX gibt ihm ebenso wie der Schwerbehindertenvertretung ein Initiativrecht.

❢ Gesundheitsprogramm

In Zusammenarbeit mit der AOK Westfalen-Lippe wird ein Gesundheitsprogramm erarbeitet, das unter anderem ein Rückentraining vorsieht. Außerdem sollen die Mitarbeiter gezielt auf gesundheitsfördernde Maßnahmen wie Ernährung, Bewegungstherapien etc. aufmerksam gemacht werden. Im Einzelfall können diese Maßnahmen Beratungs- und Unterrichtungsrechte des Betriebsrats gem. §§ 89, 90 Abs. 1 Nr. 3 und 4 BetrVG auslösen. Je nach dem Inhalt des „Gesundheitsprogramms" kommt der Abschluss einer freiwilligen Betriebsvereinbarung gem. § 88 BetrVG in Betracht.

❢ Workshops „Krankheits- und Unfallursachen"

Um insbesondere auch in Zusammenarbeit mit den Mitarbeitern Schwachstellen und Unfallursachen zu ermitteln, sollen abteilungsweise Workshops zum Thema „Krankheits- und Unfallursachen" durchgeführt werden. Hier liegt die Erkenntnis zugrunde, dass der einzelne Mitarbeiter seinen Arbeitsplatz am besten kennt und so dazu beitragen kann, Arbeitsabläufe gesundheitlich zu verbessern.[173] Die Erkenntnisse sollen in eine Gefährdungsanalyse[174] nach § 5 ArbSchG einfließen.

---

170 *Leuchten* DB 2007, 2482.

171 BAG 13.3.2012 – 1 ABR 78/10, NZA 2012, 748.

172 BAG 24.2.2011 – 2 AZR 170/10, NZA 2011, 992.

173 In diesem Zusammenhang wäre auch an eine Belegschaftsbefragung mittels Fragebögen zu denken; s. dazu *Moll* DB 2011, 1862.

174 S. dazu BAG 12.8.2008 – 9 AZR 1117/06, NZA 2009, 102.

❢ Sonderaktion betriebliches Vorschlagswesen

Innerhalb des bestehenden betrieblichen Vorschlagswesens soll eine Sonderaktion „Gesundheit am Arbeitsplatz" ausgerufen werden. Die Unternehmensleitung wird hierfür Sonderprämien zur Verfügung stellen. Der Betriebsrat hat gem. §87 Abs.1 Nr.12 BetrVG mitzubestimmen.

❢ Krankengespräche

Um eine bessere Aufklärung über die Hintergründe der krankheitsbedingten Abwesenheit des einzelnen Arbeitnehmers zu erhalten und dadurch betriebliche Ursachen zu ermitteln, aber auch um Fehlzeiten von Arbeitnehmern zu beeinflussen, sollen Krankengespräche in Form von Rückkehrgesprächen[175] geführt werden. Ziel dieser Gespräche ist es, den Mitarbeiter zu motivieren und vor allem Ursachen für Krankheiten zu erforschen.[176] Der Arbeitnehmer ist allerdings nicht verpflichtet, die Ursachen seiner Arbeitsunfähigkeit gegenüber dem Arbeitgeber zu offenbaren.

Krankenbesuche beim Arbeitnehmer während einer bestehenden Arbeitsunfähigkeit haben die Mitglieder des Workshops grundsätzlich abgelehnt, um die Privatsphäre des Arbeitnehmers nicht zu verletzen (Art.2, Art.13 GG). Nur in begründeten Fällen, zB wenn der Verdacht einer vorgetäuschten Arbeitsunfähigkeit besteht, kann ausnahmsweise ein Krankenbesuch durch den Personalleiter oder Niederlassungsleiter in Begleitung eines Mitglieds des Betriebsrats stattfinden.

Die Rückkehrgespräche finden zwischen dem betroffenen Mitarbeiter und dem Personalleiter im Beisein des jeweiligen Niederlassungsleiters als unmittelbarem Vorgesetzten statt. Der Arbeitnehmer kann ein Mitglied des Betriebsrats bitten, ihn zu begleiten. Inhalt und Ergebnis des Gesprächs werden in einem Vermerk niedergelegt. Der Personalleiter veranlasst betriebliche Maßnahmen, sofern sich in dem Gespräch herausstellt, dass die Arbeitsunfähigkeit ihre Ursache in betrieblichen Abläufen hat.

Ein Mitbestimmungsrecht des Betriebsrats gem. §87 Abs.1 Nr.1 BetrVG bei der Einführung und Ausgestaltung der Krankengespräche ist nicht gegeben. Gegenstand dieses Mitbestimmungsrechts ist das betriebliche Zusammenleben und Zusammenwirken der Arbeitnehmer. Mitbestimmungspflichtig ist daher nur die Gestaltung der Ordnung des Betriebs (Ordnungsverhalten). Hiervon abzugrenzen ist das Arbeitsverhalten, das die Regeln und Weisungen im Hinblick auf die Erbringung der Arbeitsleistung betrifft. Krankengespräche erörtern ausgehend von der Arbeitsunfähigkeit die Arbeitsleistung des Arbeitnehmers und treffen Feststellungen zu seiner Leistungsfähigkeit. Es ist also das Arbeits- und Leistungsverhalten des Arbeitnehmers betroffen.[177] Es fehlt der für das Mitbestimmungsrecht des Betriebsrats notwendige kollektive Bezug der Maßnahme. Dieser ist jedoch gegeben, wenn die Krankengespräche in Form einer Aktion formalisiert durchgeführt und die Arbeitnehmer für das

---

175 *Borowiak/Taubert* Personalführung 1997, 1086; *Fischer/Kiesche* AiB 1997, 639; *Kraushaar* NZA 2005, 913.

176 Zur Praxis eines Krankengesprächs s. *Jork/Petersdorf* Personalführung 1996, 602.

177 *Ehler* BB 1992, 1926; *Raab* NZA 1993, 193; aA *Kreuder* AiB 1995, 654.

Gespräch nach abstrakten Kriterien ausgewählt werden.[178] Dann besteht eine Mitbestimmungspflicht des Betriebsrats.

Unabhängig davon, ob der Arbeitgeber mitbestimmungsfrei handeln darf oder nicht, ist zu erwägen, ob auf freiwilliger Basis gem. §88 BetrVG eine Betriebsvereinbarung geschlossen wird, in der Anlass und Inhalt der Gespräche festgelegt werden. Eine Beteiligung des Betriebsrats führt zu einer größeren Akzeptanz der Maßnahme.

Außerdem muss geprüft werden, ob ein Nebeneinander von betrieblichem Eingliederungsmanagement und Krankenrückkehrgesprächen sinnvoll ist.[179] Das betriebliche Eingliederungsmanagement setzt auf die aktive Beteiligung des Arbeitnehmers und ist daher den eher ausforschenden Krankengesprächen vorzuziehen.

❢ Kürzung des 13. Monatsgehalts

In einer Betriebsvereinbarung (gegebenenfalls einzelvertraglich) wird eine Kürzung der von der Müllex GmbH als 13. Monatsgehalt gezahlten Sondervergütung in Höhe von ¼ des Arbeitsentgelts (einschließlich der Sondervergütung) vereinbart, das im Jahresdurchschnitt auf einen Arbeitstag entfällt. Die Kürzung erfolgt für jeden Tag der Arbeitsunfähigkeit unabhängig von einer Entgeltfortzahlung. Dies ist gem. §4a EFZG zulässig und kann gem. §12 EFZG nicht zulasten des Arbeitnehmers anders geregelt werden.[180] Die Kürzung kann nicht einseitig durch den Arbeitgeber erfolgen, §4a EFZG verlangt vielmehr eine individuelle oder kollektive Vereinbarung.

Alternativ zu der vorgeschlagenen Kürzung ist auch denkbar eine Anwesenheits- oder Aufbauprämie zu zahlen. Hier erhalten die Arbeitnehmer oder einzelne Gruppen von ihnen für jeden Anwesenheitstag einen bestimmten Betrag ausgezahlt. Insbesondere durch eine abteilungs- oder gruppenbezogene Anwendung kann die Fehlzeitenquote in der jeweiligen Gruppe gesenkt werden. Im Vergleich zum System der Lohnkürzung hat dieses Bonussystem den Vorteil, dass es die Motivation der Mitarbeiter verbessert. Bei einer Anwesenheitsprämie handelt es sich um eine Sondervergütung iSd §4a EFZG, bei der zwar nicht ausdrücklich die Kürzung einer zusätzlichen Geldleistung angeordnet wird, jedoch die Anspruchsvoraussetzungen dergestalt formuliert sind, dass dasselbe Ergebnis erzielt wird.[181]

Der Betriebsrat muss gem. §87 Abs.1 Nr.10 BetrVG mitbestimmen. Die Frage der Kürzung einer Sondervergütung betrifft den Verteilungsplan.

❢ Beauftragung des medizinischen Dienstes der Krankenkassen

In Fällen, in denen die Arbeitsunfähigkeit eines Arbeitnehmers auffällig häufig oder auffällig häufig nur sehr kurz ist oder der Beginn häufig jeweils auf einen Freitag oder Montag fällt, kann der Arbeitgeber eine gutachterliche Stel-

---

178 BAG 8.11.1994 – 1 ABR 22/94, NZA 1995, 857.

179 S. auch *Feldes* AiB 2009, 227; *Kiesche* AiB 2008, 380.

180 Dazu *Bauer/Lingemann* BB 1996, Beil. 17, S.8, 14 f.; s. auch BAG 26.10.1994 – 10 AZR 482/93, NZA 1995, 266.

181 BAG 25.7.2001 – 10 AZR 502/00, BeckRS 2001, 30195783.

lungnahme des Medizinischen Dienstes der Krankenkassen (§§ 275 ff. SGB V) anfordern.[182] Der Betriebsarzt ist nicht berechtigt, die Arbeitsunfähigkeit eines Arbeitnehmers zu überprüfen, § 3 Abs. 3 ASiG.

❢ Einsatz von Privatdetektiven

Als weiteres Mittel kommt der Einsatz von Privatdetektiven in Betracht.[183] Die Workshopteilnehmer sind übereinstimmend der Auffassung, dass ein Arbeitnehmer, der, wie in § 5 Abs. 1 EFZG vorgesehen, eine ärztliche Bescheinigung über seine Arbeitsunfähigkeit vorlegt, nur ausnahmsweise dann durch einen Privatdetektiv beobachtet werden soll, wenn der begründete Verdacht[184] besteht, dass der Mitarbeiter einer anderweitigen Beschäftigung bei einem anderen Arbeitgeber nachgeht, seine Arbeitsunfähigkeit also nur vortäuscht. Datenschutzrechtlich ist der Einsatz durch § 32 Abs. 1 BDSG (bis 24.5.2018) bzw. § 26 Abs. 1 BDSG (ab 25.5.2018) gedeckt.[185] Der Einsatz eines Detektivs verursacht nicht nur hohe Kosten, sondern bereitet auch Probleme in Bezug auf die Hinlänglichkeit der auf diese Weise erlangten Beweise in einer gerichtlichen Auseinandersetzung mit dem Arbeitnehmer. In jedem Fall ist der Einsatz des Detektivs durch ein Gespräch mit der Unternehmensleitung und dem Personalleiter vorzubereiten, um tatsächlich die Tatsachen in Erfahrung zu bringen, die für eine Abmahnung bzw. verhaltensbedingte Kündigung erforderlich sind. Außerdem ist darauf zu achten, dass die beauftragte Detektei die bestehenden Gesetze einhält, also zB Fotoaufnahmen nicht unter Verletzung der Privatsphäre des Arbeitnehmers zustande kommen.

Der Betriebsrat ist gem. § 87 Abs. 1 Nr. 6 BetrVG nur dann zu beteiligen, wenn die Überwachung mithilfe technischer Einrichtungen erfolgt, die gerade dazu bestimmt sind, die Arbeitsleistung zu überwachen. Dies ist zB bei dem Einsatz von Videokameras gegeben, die im Betrieb installiert werden, um Personaldiebstähle aufzuklären.[186] Bei dem Einsatz eines Privatdetektivs in einem konkreten Einzelfall kommt der Mitbestimmungstatbestand nicht in Betracht, da der kollektive Bezug der Maßnahme fehlt. Gleiches gilt für § 87 Abs. 1 Nr. 1 BetrVG. Danach ist mitbestimmungspflichtig nur eine Maßnahme, die das Zusammenleben der Arbeitnehmer im Betrieb betrifft, also Bezug zur betrieblichen Ordnung hat. Bei der Überwachung eines Arbeitnehmers ist jedoch ausschließlich der einzelne Arbeitnehmer und damit nicht das Ordnungs-, sondern das Arbeitsverhalten betroffen.[187] Angesichts der mit der Beauftragung einer Detektei verbundenen „Härte der Auseinandersetzung" empfiehlt sich jedoch auch hier eine Einbeziehung des Betriebsrats.

Der Arbeitnehmer hat dem Arbeitgeber gem. § 280 Abs. 1 BGB iVm § 619a BGB die erforderlichen Kosten des Privatdetektivs zu ersetzen, wenn ein konkreter

[182] S. auch *Edenfeld* DB 1997, 2273.
[183] S. dazu *Besgen* B+P 2012, 307; *Maier/Garding* DB 2010, 559.
[184] S. dazu BAG 19.2.2015 – 8 AZR 1007/13, NZA 2015, 994.
[185] BAG 29.6.2017 – 2 AZR 597/16, BeckRS 2017, 122253.
[186] S. hierzu § 32 Abs. 1 S. 2 BDSG aF bzw. § 26 Abs. 1 S. 2 BDSG nF sowie BAG 14.12.2004 – 1 ABR 34/03, BeckRS 2005, 41749; BAG 29.6.2004 – 1 ABR 21/03, NZA 2004, 1278.
[187] BAG 26.3.1991 – 1 ABR 26/90, NZA 1991, 729; dagegen *Lingemann/Göpfert* DB 1997, 374.

Tatverdacht gegen den Arbeitnehmer bestand und der Arbeitnehmer einer vorsätzlichen Vertragspflichtverletzung überführt wird.[188]

6. Sonstige Fälle der Entgeltfortzahlung ohne Arbeitsleistung

Frau Monika Kampen, Sekretärin des Niederlassungsleiters Iserlohn, erschien am 10. Dezember nicht an ihrem Arbeitsplatz. Gegen 10.00 Uhr rief sie im Büro an und teilte mit, ihr Kind sei an einer schweren Bronchitis erkrankt. Ihr Arzt habe die Erforderlichkeit der Pflege bescheinigt, sodass sie bis zur Genesung des Kindes zu Hause bleiben werde. Der Niederlassungsleiter ist hierüber nicht sehr glücklich, da angesichts der bevorstehenden Weihnachtstage sehr viel Arbeit anfällt. Frau Kampen hat im Oktober schon einmal für fünf Arbeitstage wegen einer Erkrankung ihres Kindes gefehlt. Der Niederlassungsleiter fragt daher bei Ihnen als Personalleiter/in an, ob er Frau Kampen freistellen müsse oder verlangen könne, dass sie zur Arbeit erscheine.

Ist der Arbeitnehmer nicht arbeitsunfähig erkrankt, so hat er dennoch gem. § 616 S. 1 BGB iVm § 611a Abs. 2 BGB einen Anspruch auf Fortzahlung seines Entgelts, wenn er für eine verhältnismäßig nicht erhebliche Zeit durch einen in seiner Person liegenden Grund ohne sein Verschulden an der Arbeitsleistung gehindert wird. Der Arbeitnehmer ist gem. § 275 Abs. 3 BGB von seiner Arbeitsleistung befreit. An sich entfiele gem. § 326 Abs. 1 BGB damit auch sein Anspruch auf die Arbeitsvergütung. § 616 S. 1 BGB weicht jedoch von dem hierin zum Ausdruck kommenden Grundsatz „ohne Arbeit kein Lohn" (s. auch §§ 611a Abs. 2, 614 BGB) ab. Die Pflicht zur Fortzahlung des Entgelts besteht nur bei Vorliegen subjektiv persönlicher Leistungshindernisse, aufgrund derer dem Arbeitnehmer das Erbringen der Arbeitsleistung nach Treu und Glauben nicht zugemutet werden kann. Hierzu zählen insbesondere familiäre Umstände wie der Tod naher Angehöriger, die eigene Hochzeit[189], Geburten[190], aber auch ein medizinisch erforderlicher, nicht aufschiebbarer Arztbesuch während der Arbeitszeit. Nicht von § 616 S. 1 BGB werden dagegen objektive Leistungshindernisse erfasst, so zB Glatteis[191] oder Fahrverbote. Zu beachten ist, dass die oben genannten Fälle sehr häufig durch Tarifvertrag,[192] Betriebsvereinbarung oder Einzelvertrag abweichend geregelt sind. Da § 616 BGB abdingbar ist, sind vertragliche Regelungen auch zu Ungunsten des Arbeitnehmers zulässig.[193]

---

[188] BAG 28.10.2010 – 8 AZR 547/09, NZA-RR 2011, 231; BAG 28.5.2009 – 8 AZR 226/08, NZA 2009, 1300; s. auch BAG 26.9.2013 – 8 AZR 1026/13, BeckRS 2014, 66201; *Herbert/Oberrath* BB 2011, 2936.

[189] BAG 27.4.1983 – 4 AZR 506/80, NJW 1983, 2600; s. auch BAG 25.10.1973 – 5 AZR 156/73, NJW 1974, 663; BAG 25.8.1982 – 4 AZR 1064/79, BeckRS 9998, 151198 für den Fall der Goldenen Hochzeit der Eltern.

[190] BAG 12.12.1973 – 4 AZR 75/73, AP BGB § 616 Nr. 44; s. auch BAG 25.2.1987 – 8 AZR 430/84, NZA 1987, 667.

[191] BAG 8.12.1982 – 4 AZR 134/80, BeckRS 9998, 151201; BAG 8.9.1982 – 5 AZR 283/80, NJW 1983, 1078.

[192] S. zB §§ 16 f. MTV Einzelhandel NRW; § 8 EMTV Metall NRW; § 12 MTV Angestellte Bekleidungsindustrie Baden-Württemberg.

[193] BAG 29.2.1984 – 5 AZR 455/81, BeckRS 9998, 180283; BAG 20.6.1979 – 5 AZR 479/77, NJW 1980, 903.

Besondere Bedeutung gewinnt §616 S.1 BGB für die Betreuung eines erkrankten Kindes.[194] Die nach ärztlichem Zeugnis notwendige Pflege des Kindes ist ein subjektives Leistungshindernis iSv §616 S.1 BGB, wenn keine andere Betreuungsperson verfügbar ist. Welcher Elternteil – Mutter oder Vater – sich um das kranke Kind kümmert, liegt in der freien Entscheidung der Eltern.[195]

§45 Abs.1 SGB V gewährt gesetzlich Krankenversicherten für die nach ärztlichem Zeugnis erforderliche Pflege von Kindern bis zu zwölf Jahren einen Anspruch auf Krankengeld. Der Anspruch besteht für jedes Kind maximal zehn Arbeitstage pro Kalenderjahr, bei mehreren Kindern ist der Anspruch auf maximal 25 Arbeitstage im Kalenderjahr beschränkt. Für Alleinerziehende verdoppelt sich der Anspruch auf 20 bzw. 50 Arbeitstage. Für diese Zeiträume hat der Arbeitnehmer gem. §45 Abs.3 S.1 SGB V gegen seinen Arbeitgeber einen Anspruch auf unbezahlte Freistellung.[196] Lediglich bei schwerst unheilbarer Erkrankung des Kindes entfallen gem. §45 Abs.4 SGB V diese Höchstgrenzen.

Der Anspruch auf Krankengeld und unbezahlte Freistellung entsteht nur, wenn der Arbeitnehmer keinen Anspruch auf bezahlte Freistellung hat, §45 Abs.3 S.1 SGB V. Der sozialversicherungsrechtliche Anspruch ist gegenüber dem arbeitsrechtlichen Anspruch aus §616 S.1 BGB subsidiär.[197]

§616 S.1 BGB gewährt dem Arbeitnehmer nur für eine verhältnismäßig nicht erhebliche Zeit einen Anspruch auf Arbeitsentgelt ohne Arbeitsleistung. Da der Arbeitnehmer gehalten ist, die Arbeitsverhinderung aus persönlichen Gründen möglichst zu vermeiden, §616 S.1 BGB also eng auszulegen ist, können die in §45 SGB V genannten Zeiträume nicht auf den Entgeltfortzahlungsanspruch übertragen werden. Die Unzumutbarkeit der Arbeitsleistung kann nur für die ersten Tage der Erkrankung bejaht werden. Der Arbeitnehmer ist gehalten, sich um andere Pflegemöglichkeiten zu kümmern, um so den Arbeitsausfall zu begrenzen. Auf der Grundlage des §185c RVO, der durch §45 SGB V abgelöst wurde, hat das Bundesarbeitsgericht für die mittels ärztlichen Attests nachgewiesene Betreuung von Kindern bis zu acht Jahren einen Anspruch auf Fortzahlung der Vergütung gem. §616 S.1 BGB bis zur Dauer von fünf Arbeitstagen im Kalenderjahr bejaht. Die nunmehr durch §45 SGB V für den Bezug von Krankengeld eingeräumten höheren Anspruchszeiträume sind keine verhältnismäßig nicht erhebliche Zeit iSd §616 S.1 BGB; sie sind auf den arbeitsrechtlichen Anspruch nicht übertragbar.[198]

Frau Kampen hat daher nach der geltenden Rechtsprechung keinen Anspruch mehr auf bezahlte Freistellung, da dieser Anspruch auf fünf Arbeitstage im Kalenderjahr begrenzt ist. Sie kann jedoch gem. §45 Abs.1 und 2 SGB V, sofern sie gesetzlich krankenversichert ist, Krankengeld für zehn Arbeitstage beanspruchen. Gemäß §45 Abs.3 SGB V hat sie gegenüber ihrem Arbeitgeber Müllex GmbH einen Anspruch auf unbezahlte Freistellung von gleicher Dauer. Der

[194] S. auch *Brose* NZA 2011, 719; *Greiner* NZA 2007, 490.

[195] Dazu BAG 20.6.1979 – 5 AZR 361/78, AP BGB §616 Nr.50.

[196] S. dazu LAG Rheinland-Pfalz 8.11.2016 – 8 Sa 152/16, NZA-RR 2017, 188.

[197] BAG 19.4.1978 – 5 AZR 834/76, NJW 1978, 2316.

[198] Wie hier *Erasmy* NZA 1992, 921; *Sowka* RdA 1993, 34; s. auch *Kießling/Jünemann* DB 2005, 1684; *Schulz/Kießling* DB 2006, 838.

Niederlassungsleiter kann also nicht verlangen, dass Frau Kampen unmittelbar wieder an ihrer Arbeitsstelle erscheint.

Da sich in letzter Zeit die Anfragen zur Freistellung wegen der Betreuung erkrankter Kinder gehäuft haben, schickt die Personalleiterin der Müllex GmbH folgendes Rundschreiben an alle Niederlassungsleiter:

Müllex GmbH
Personalabteilung

Rundschreiben zur Freistellung von Arbeitnehmern/innen bei Erkrankung ihres Kindes

Aus gegebenem Anlass wird auf folgende Gesetzeslage hingewiesen:

- ☑ Arbeitnehmer/innen, deren Kind erkrankt, haben einen Anspruch auf bezahlte Freistellung für die Dauer von fünf Arbeitstagen im Kalenderjahr.
- ☑ Dieser Anspruch besteht nur für Kinder, die jünger als acht Jahre alt sind.
- ☑ Die Notwendigkeit der Betreuung und Pflege des erkrankten Kindes ist durch eine ärztliche Bescheinigung nachzuweisen.
- ☑ Ist eine längere Betreuung erforderlich, so ist der Arbeitnehmerin/dem Arbeitnehmer unbezahlte Freistellung bis zu zehn Arbeitstagen pro Kalenderjahr und Kind zu gewähren.

  Erkranken mehrere Kinder, so besteht ein Anspruch auf Arbeitsbefreiung für max. 25 Arbeitstage pro Kalenderjahr.
- ☑ Für Alleinerziehende erhöht sich der Anspruch auf unbezahlte Freistellung auf 20 bzw. 50 Arbeitstage im Kalenderjahr.
- ☑ Für die Zeit der unbezahlten Freistellung erwirbt die Arbeitnehmerin/der Arbeitnehmer Ansprüche auf Pflege-Krankengeld gem. §§ 45 ff. SGB V, sofern sie/er gesetzlich krankenversichert ist.

Birgit Müller
Personalleiterin

7. Betriebsrisikolehre

Die Müllex GmbH betreibt in Schwerte eine Müllsortieranlage für Abfälle des dualen Systems („Grüner Punkt"). Diese Anlage besteht aus einer großen Halle mit mehreren Fließbändern, auf die der Müll nach einer automatischen Vorsortierung geschüttet und von Mitarbeiterinnen in bereitstehende Tonnen nach Art der Wertstoffe sortiert wird. Durch einen Kurzschluss in der betriebseigenen Trafostation, der durch eine Störung in der Schwerpunktstation des Elektrizitätswerks hervorgerufen worden war, fiel die Stromversorgung am 10. Januar um 10.00 Uhr aus. Dadurch konnte die Frühschicht ihre Tätigkeit nicht fortsetzen, denn außer den Förderbändern fiel mangels Strom auch die Entlüftung der Halle aus. Da der Schaden nicht sofort behoben werden konnte und ein anderer Einsatz der Mitarbeiterinnen nicht möglich war, wurden sie nach Hause geschickt. Die Mitarbeiterinnen Anna Kaminski und Maria Olschowski lehnen das Angebot der Müllex GmbH zur Nachleistung der ausgefallenen Arbeitszeit in Höhe von 4,5 Stunden ab und verlangen die Zahlung des

Lohns für diese Zeit. Als Personalleiter/in müssen Sie über die Rechtmäßigkeit der Ansprüche entscheiden.

Die beiden Arbeitnehmerinnen haben gem. §615 S.3 BGB iVm §615 S.1 BGB einen Anspruch auf Zahlung der vereinbarten Vergütung, wenn die Müllex GmbH als Arbeitgeberin das Risiko des Arbeitsausfalls trägt. Das Gesetz gibt keine Auskunft darüber, wann dies der Fall ist. Hierfür ist vielmehr auf die richterrechtlichen Grundsätze der Betriebsrisikolehre zurückzugreifen, die auf den „Kieler Straßenbahnstreik" aus dem Jahre 1920 zurückgehen.[199] Grundsätzlich trägt der Arbeitgeber das Risiko, dass sich die Arbeit lohnt, die seine Mitarbeiter erbringen (Betriebs- und Wirtschaftsrisiko). Da der Arbeitgeber als Unternehmer den Nutzen aus dem Betrieb hat, muss er den Lohn auch dann zahlen, wenn er seine Arbeitnehmer aufgrund einer betriebstechnischen Störung nicht beschäftigen kann, deren Ursache äußere Umstände sind. Technische Betriebsstörungen wie zB die Unterbrechung der Stromzufuhr, ein Brand- oder Wasserschaden, entbinden den Arbeitgeber eben so wenig von der Erfüllung seiner vertraglichen Pflichten wie wirtschaftliche Schwierigkeiten[200] oder witterungsbedingte Ausfälle der Arbeit.[201] Er muss also den Lohn zahlen, ohne hierfür eine Gegenleistung in Form der Arbeitsleistung zu erhalten. Ausnahmsweise gilt dies nur dann nicht, wenn die betriebliche Störung einen so großen Schaden zur Folge hat, dass gerade die Zahlung der Löhne zu einer Existenzgefährdung des Unternehmens führen würde.

Das Betriebsrisiko kann durch Tarifvertrag, Betriebsvereinbarung oder Arbeitsvertrag abweichend von §615 S.3 BGB geregelt werden. Der Arbeitnehmer kann verpflichtet sein, andere zumutbare Arbeiten auszuführen oder die ausgefallene Arbeitszeit nachzuarbeiten. Eine Begrenzung der Vergütungspflicht kann vorgenommen werden, indem nur die begonnene Schicht vergütet wird.[202]

Der Arbeitgeber kann durch Abschluss einer Betriebsunterbrechungsversicherung das Betriebsrisiko erheblich mindern. Außerdem kann er bei längeren Unterbrechungen Kurzarbeit einführen; bei Bestehen eines Betriebsrats benötigt er hierfür gem. §87 Abs.1 Nr.3 BetrVG dessen Zustimmung. Zur Sicherung von Arbeitsplätzen gewährt die Bundesagentur für Arbeit Kurzarbeitergeld (vgl. dazu §§169ff. SGB III).

Sie werden also die Personalabteilung anweisen, Frau Kaminski und Frau Olschowski den Lohn für die ausgefallenen 4,5 Arbeitsstunden zu überweisen.

Einige Wochen später kommt es wieder zu einer Störung in der Müllsortieranlage in Schwerte. Sie erhält ihre Abfälle ausschließlich durch die Anlieferung kommunaler Entsorgungsbetriebe. Wegen eines Streiks der in der Vereinigten Dienstleistungsgewerkschaft (Ver.di) organisierten Müllwerker werden die gelben Tonnen nicht geleert. Nach dem Abbau von Lagerbeständen führt der Streik deshalb dazu, dass die Mitarbeiter und Mitarbeiterinnen der Sortieranlage man-

---

199 RG v.6.2.1923 – III 93/22, RGZ 106, 272; s. dazu *Kittner*, Arbeitskampf – Geschichte, Recht, Gegenwart, 2005, 445ff.

200 BAG 9.7.2008 – 5 AZR 810/07, NZA 2008, 1407.

201 BAG 22.4.2009 – 5 AZR 310/08, NZA 2009, 913.

202 S. zB §10 Nr.2 EMTV Metall NRW.

gels Müll nicht mehr beschäftigt werden können. Der Niederlassungsleiter fragt bei Ihnen an, ob eine Lohnanspruch für die ausgefallene Arbeitszeit besteht.

§ 615 S. 3 BGB gilt auch hier, sodass zu prüfen ist, ob der Arbeitgeber das Risiko für den Arbeitsausfall trägt. Wie in den Fällen der Betriebsrisikolehre fällt die Arbeitsleistung wegen eines von außen wirkenden Grundes, der Fernwirkung eines Streiks, aus. Trotz dieser Gemeinsamkeit ist dieser Fall von der Betriebsrisikolehre zu unterscheiden. Ein Streik führt aufgrund moderner Produktionsmethoden regelmäßig dazu, dass nicht nur in dem unmittelbar bestreikten Unternehmen Betriebsstörungen eintreten, sondern auch solche Unternehmen betroffen sind, die nicht bestreikt werden. Für dieses Arbeitskampfrisiko gelten andere Grundsätze als für das Betriebs- und Wirtschaftsrisiko.[203]

Zweck eines Arbeitskampfes ist es, einen Tarifvertragsabschluss durchzusetzen. Art. 9 Abs. 3 GG gibt beiden Tarifvertragsparteien das Recht, Arbeitskampfmittel einzusetzen, um ihre Ziele zu erreichen. Aus der Tarifautonomie folgt für die Ausgestaltung der Kampfmittel der Grundsatz der Kampfparität. Er besagt, dass keine Partei durch die Rechtsordnung dergestalt bevorzugt werden darf, dass keine gleichwertige Verhandlungschance mehr bleibt. Das Verhandlungsgleichgewicht kann nicht nur durch die unmittelbaren Folgen von Streik und Aussperrung verzerrt werden, sondern gerade auch durch die Fernwirkungen in nicht unmittelbar bestreikten Betrieben. Deshalb kann in den Fällen, in denen die Kampfparität betroffen ist, den Arbeitgebern nicht das Risiko der Vergütungspflicht ohne Gegenleistung der Arbeitnehmer aufgebürdet werden. Vielmehr wird der Arbeitgeber von seiner Pflicht zur Zahlung der Vergütung frei. Er trägt das Risiko des Arbeitsausfalls in diesem Fall nicht. Der Tatbestand des § 615 S. 3 BGB ist nicht erfüllt.

Aus dem Grundsatz der Kampfparität folgt aber auch, dass die Begrenzung des Betriebsrisikos durch das Arbeitskampfrisiko nur dort gerechtfertigt ist, wo gerade die Fernwirkungen eines Arbeitskampfs zu einer Störung der Kräfteverhältnisse führen. Insbesondere ist ein solcher Fall gegeben, wenn die für den mittelbar betroffenen Betrieb zuständigen Tarifvertragsverbände mit den unmittelbar kampfführenden Gewerkschaften und Arbeitgeberverbänden identisch oder organisatorisch eng verbunden sind, sodass die Arbeitnehmer des nicht bestreikten Unternehmens von dem Tarifabschluss profitieren.

Ausgeschlossen ist die Verlagerung des Lohnrisikos dort, wo nicht die Fernwirkungen des Streiks, sondern lediglich die wirtschaftliche Abhängigkeit zweier Unternehmen der Grund für die fehlende Beschäftigungsmöglichkeit ist und unternehmerische Fehldispositionen zur Nichtbeschäftigung der Arbeitnehmer führen.

[203] BAG 22.12.1980 – 1 ABR 2/79, NJW 1981, 937.

Sie werden dem Niederlassungsleiter also Folgendes mitteilen:

- Das Betriebs- und Wirtschaftsrisiko trägt der Arbeitgeber. Er ist gem. § 615 S. 3 BGB zur Zahlung der Vergütung verpflichtet, ohne eine Arbeitsleistung zu erhalten.
- Das Arbeitskampfrisiko obliegt dem Arbeitnehmer, dh die Müllex GmbH braucht bei Fernwirkungen eines Streiks keine Vergütung zu zahlen. Da das Unternehmen ebenfalls dem Zuständigkeitsbereich der mit Ver.di geschlossenen Tarifverträge unterfällt, haben die Arbeitnehmer, die infolge des Streiks nicht beschäftigt werden konnten, keinen Lohnanspruch.

8. Zurückbehaltungsrecht des Arbeitnehmers wegen offener Vergütungsansprüche

Erfüllt der Arbeitgeber einen fälligen Vergütungsanspruch nicht, so kann der Arbeitnehmer gem. § 273 BGB seine Arbeitsleistung zurückbehalten. Allerdings muss der Arbeitnehmer bei der Geltendmachung des Zurückbehaltungsrechts auf die Interessen des Arbeitgebers Rücksicht nehmen (§§ 241 Abs. 2, 242 BGB).[204] Danach darf er die Arbeit nicht verweigern, wenn der Arbeitgeber nur einen geringfügigen Teil der Vergütung schuldig ist, dem Arbeitgeber durch die Verweigerung der Arbeitsleistung ein unverhältnismäßig hoher Schaden entstehen würde oder wenn der Lohnanspruch auf andere Weise gesichert ist. Im Falle eines bevorstehenden Insolvenzverfahrens genügt der Hinweis auf Insolvenzgeld (s. §§ 165 ff. SGB III) als Sicherung nicht.[205] Der Arbeitnehmer ist nicht verpflichtet, dem Arbeitgeber die Zahlung seiner Gehaltsansprüche zu stunden, wenn sich dieser in einer wirtschaftlichen Krise befindet.

Der Arbeitnehmer muss das Zurückbehaltungsrecht geltend machen. Damit macht er deutlich, dass er bereit ist, die Arbeitsleistung zu erbringen, wenn der Arbeitgeber die ausstehende Vergütung zahlt. Verweigert der Arbeitgeber die Zahlung weiterhin, so kommt er gem. §§ 615 S. 1 und 2, 298 BGB in Annahmeverzug.[206]

Übt der Arbeitnehmer berechtigterweise ein Zurückbehaltungsrecht aus, so kommt eine Kündigung durch den Arbeitgeber nicht in Betracht. Sie ist regelmäßig unwirksam, da der Arbeitnehmer seine Leistungsverweigerung nicht zu vertreten hat.[207]

[204] S. dazu BAG 22.10.2015 – 2 AZR 569/14, NZA 2016, 417; BAG 13.3.2008 – 2 AZR 88/07, BeckRS 2008, 54095.

[205] BAG 25.10.1984 – 2 AZR 417/83, NZA 1985, 355.

[206] BAG 21.5.1981 – 2 AZR 95/79, NJW 1982, 121; ArbG Hannover 11.12.1996 – 9 Ca 138/96, BeckRS 1996, 30830846.

[207] BAG 9.5.1996 – 2 AZR 387/95, NZA 1996, 1085.

II. Nebenpflichten des Arbeitgebers

1. Beschäftigungspflicht

Nach vielen Jahren will die Müllex GmbH ihre Arbeitsverträge neu gestalten und den veränderten Rahmenbedingungen anpassen. In einer kleinen Arbeitsgruppe unter Vorsitz der Personalleiterin Birgit Müller erörtern die Teilnehmer die Notwendigkeit einzelner arbeitsvertraglicher Regelungen. Es entsteht Streit über die Zulässigkeit der folgenden Klausel:

„Im Falle einer Kündigung ist der Arbeitgeber berechtigt, den Angestellten unter Fortzahlung der Vergütung bis zum Ablauf der Kündigungsfrist von der Arbeitsleistung freizustellen."

Die Personalleiterin erhält den Arbeitsauftrag, in Zusammenarbeit mit dem Justitiar des Arbeitgeberverbandes zu klären, ob eine derartige Regelung zulässig ist.

Die Freistellung des Arbeitnehmers bedeutet, dass der Arbeitgeber auf die Arbeitsleistung des Arbeitnehmers verzichtet, gleichzeitig aber gem. § 615 S. 1 BGB zur Fortzahlung der versprochenen Vergütung verpflichtet bleibt.[208] Die Freistellung kann widerruflich oder unwiderruflich erfolgen. Bei einer widerruflichen Freistellung muss sich der Arbeitnehmer zur jederzeitigen Wiederaufnahme der Arbeit bereithalten.

Bei der Frage, ob eine Suspendierung des Arbeitnehmers zulässig ist, muss beachtet werden, dass die Arbeitskraft des Arbeitnehmers anders als eine Maschine nicht nur ein Wirtschaftsgut ist. Unabhängig von der Stellung des Arbeitnehmers im Betrieb stellt Arbeit eine sinnvolle Entfaltung der Persönlichkeit dar. § 611a BGB iVm §§ 241 Abs. 2, 242 BGB, bei dessen Auslegung die Wertentscheidungen des Art. 1 (Menschenwürde) und Art. 2 GG (Recht auf freie Entfaltung der Persönlichkeit) zu beachten sind[209], verpflichtet daher den Arbeitgeber grundsätzlich dazu, den Arbeitnehmer während des bestehenden Arbeitsverhältnisses (und damit auch nach Ausspruch einer Kündigung während der Kündigungsfrist) tatsächlich entsprechend den Bedingungen seines Arbeitsvertrags zu beschäftigen.[210] Der Arbeitgeber ist während der Dauer eines Arbeitsverhältnisses nicht berechtigt, den Arbeitnehmer grundlos unter Fortzahlung seiner Vergütung einseitig von der Arbeitsleistungspflicht freizustellen.

Ausnahmsweise entfällt jedoch der Anspruch des Arbeitnehmers, wenn berechtigte Interessen des Arbeitgebers einer Beschäftigung entgegenstehen. Dies kann der Fall sein, wenn zB ein Auftragsmangel vorliegt oder das Vertrauensverhältnis zwischen Arbeitgeber und Arbeitnehmer nachhaltig gestört ist. Hier ist im Einzelfall eine umfassende Abwägung der beiderseitigen Interessen von

---

[208] BAG 26.6.2013 – 5 AZR 432/12, BeckRS 2013, 72800.

[209] BAG 27.2.1985 – GS 1/84, NZA 1985, 702, unter C. I. 2. der Gründe.

[210] BAG 13.6.1990 – 5 AZR 350/89, BeckRS 1990, 30734414.

Arbeitnehmer und Arbeitgeber vorzunehmen.[211] Auf Arbeitnehmerseite spielen zB erworbene Spezialkenntnisse eine Rolle, die durch eine fehlende Übung wieder verloren gehen.

Der Arbeitnehmer kann allerdings auf seinen Beschäftigungsanspruch verzichten. Dies kann aus einem konkreten Anlass heraus in einer individuellen Vereinbarung geschehen. Zum anderen kann der Arbeitnehmer bereits im Arbeitsvertrag dem Arbeitgeber insbesondere für den Fall einer Kündigung vorweg das Recht einräumen, ihn unter Fortzahlung der Vergütung freizustellen.

Problematisch ist eine solche Freistellungsklausel in einem Formulararbeitsvertrag, der gem. §§ 305 ff. BGB der Inhaltskontrolle unterliegt. Die Besonderheiten eines Arbeitsverhältnisses bedingen gerade eine Beschäftigung und stehen daher der inhaltlichen Überprüfung gem. § 310 Abs. 4 S. 2 BGB nicht entgegen. Der Beschäftigungsanspruch beruht auf den Wertentscheidungen des Grundgesetzes. Eine Freistellungsklausel weicht von diesen wesentlichen Grundgedanken ab. Im Einzelfall kann eine Freistellungsklausel daher eine unangemessene Benachteiligung des Arbeitnehmers darstellen.[212] Dies gilt insbesondere dann, wenn die Beendigung des Arbeitsverhältnisses nur mit einer langen Kündigungsfrist möglich ist. Ein Verstoß gegen § 307 Abs. 1, Abs. 2 Nr. 1 BGB wird nur im Falle sehr kurzer Kündigungsfristen zu verneinen sein. In jedem Fall ist im Hinblick auf das Transparenzgebot des § 307 Abs. 1 S. 2 BGB zu fordern, dass die Freistellungsabrede die Gründe und damit die Voraussetzungen der Freistellung deutlich macht.[213]

Der Vergütungsanspruch des Arbeitnehmers während der Freistellung besteht nur, wenn der Arbeitgeber auch ohne Freistellung zur Zahlung der Vergütung verpflichtet wäre.[214] Offene Urlaubsansprüche werden mit der Freistellung nicht automatisch erfüllt. Es bedarf vielmehr einer ausdrücklichen Erklärung dahingehend, dass die Freistellung zum Zwecke des Urlaubs und damit unwiderruflich erfolgt.[215] Der Arbeitgeber sollte diesbezüglich eindeutige Erklärungen auch hinsichtlich des Umfangs der zu erfüllenden Urlaubsansprüche abgeben.[216]

Die einvernehmliche unwiderrufliche Freistellung führt nicht zum Wegfall des sozialversicherungsrechtlichen Beschäftigungsverhältnisses. Maßgeblich für den Wegfall der Beschäftigung im sozialversicherungsrechtlichen Sinn ist das Ende des Arbeitsverhältnisses und nicht der tatsächlichen Beschäfti-

---

211 BAG 27.2.1985 – GS 1/84, NZA 1985, 702, unter C. I. 3. der Gründe.

212 ArbG Berlin 31.8.2013 – 29 Ga 10636/16, BeckRS 2016, 74965.

213 ArbG Frankfurt 19.11.2003 – 2 Ga 251/03, NZA-RR 2004, 409; *Bauer* NZA 2007, 409; *Fischer* NZA 2004, 233; *Hümmerich* NZA 2003, 753 (762); *Thüsing/Leder* BB 2005, 1563 (1569).

214 BAG 23.1.2008 – 5 AZR 393/07, NZA 2008, 595; BAG 29.9.2004 – 5 AZR 99/04, NZA 2005, 104.

215 BAG 16.7.2013 – 9 AZR 50/12, BeckRS 2013, 72234; BAG 19.5.2009 – 9 AZR 433/08, NZA 2009, 1211; BAG 14.3.2006 – 9 AZR 11/05, BeckRS 2006, 43271; s. auch BAG 6.9.2006 – 5 AZR 703/05, NZA 2007, 36.

216 BAG 17.5.2011 – 9 AZR 189/10, NZA 2011, 1032; s. auch BAG 10.2.2015 – 9 AZR 455/13, NZA 2015, 998.

gung.[217] Eine sozialversicherungspflichtige Beschäftigung gegen Entgelt iSd §§ 2, 7 Abs. 1 S. 1 SGB IV besteht folglich auch während der Freistellung.[218]

Die Müllex GmbH wird ihre Freistellungsklausel dahingehend ergänzen, dass sie die Freistellungsmöglichkeit auf das Vorliegen sachlicher Gründe begrenzt, die sie beispielhaft aufzählt. Außerdem wird zusätzlich darauf hingewiesen, dass die Freistellung unter Anrechnung auf noch offene Urlaubsansprüche erfolgt.

Eine Sonderregelung der Beschäftigungspflicht enthält § 164 Abs. 4 SGB IX, durch den die Pflicht des Arbeitgebers zur besonderen Förderung von schwerbehinderten Menschen normiert ist.[219]

§ 102 Abs. 5 BetrVG (bitte lesen!) gewährt nach einer Kündigung unter den dort genannten Voraussetzungen einen Beschäftigungsanspruch für die Zeit nach Ablauf der Kündigungsfrist. Des Weiteren besteht ein allgemeiner Weiterbeschäftigungsanspruch für den Fall, dass eine Kündigung ausgesprochen wird, über deren Wirksamkeit gestritten wird. Einzelheiten dazu unten S. 254 ff.

2. Urlaub

Herr Martin Sauer, seit 19 Jahren als Sachbearbeiter im Rechnungswesen der Müllex GmbH beschäftigt, war im letzten Jahr aufgrund eines Unfalls und eines Herzinfarktes durchgehend arbeitsunfähig. Als er am 7. Mai diesen Jahres seine Arbeit wieder antritt, beantragt er Urlaub für die Zeit vom 1. Juli bis 23. August (= 40 Arbeitstage). Der zuständige Personalsachbearbeiter Herr Heiner Kirsch ist der Meinung, dass Herr Sauer mangels Arbeitsleistung keinen Anspruch auf Urlaub für das vergangene Urlaubsjahr erworben hat. Er fragt deshalb bei Ihnen an, ob er verpflichtet ist, Herrn Sauer den beantragten Urlaub aus dem letzten Urlaubsjahr zu gewähren.

Jeder Arbeitnehmer hat in jedem Kalenderjahr Anspruch auf bezahlten Erholungsurlaub (§ 1 BUrlG). Urlaub bedeutet, dass der Arbeitnehmer für einen bestimmten Zeitraum im Jahr von seinen Arbeitsleistungspflichten unter Fortzahlung der Vergütung freigestellt wird. Der Umfang des Urlaubsanspruchs ist als gesetzlicher Mindestanspruch gem. § 3 Abs. 1 BUrlG auf 24 Werktage im Jahr festgelegt. Dieser Anspruch kann einzelvertraglich oder durch Tarifvertrag verlängert werden; eine Verkürzung ist nicht möglich (§ 13 Abs. 1 S. 1 BUrlG).[220] Ansonsten dürfen Tarifverträge abweichende Regelungen auch zuungunsten der Arbeitnehmer treffen, sofern im Ergebnis mindestens ein Urlaub in Höhe des gesetzlichen Mindesturlaubs gewährleistet ist.[221]

---

217 BSG 24.9.2008 – B 12 KR 22/07 R, NZA-RR 2009, 272.
218 *Panzer* NJW 2010, 11.
219 S. dazu BAG 14.3.2006 – 9 AZR 411/05, NZA 2006, 1214.
220 S. nur BAG 20.1.2009 – 9 AZR 650/07, BeckRS 2009, 66115.
221 BAG 5.8.2014 – 9 AZR 77/13, NZA 2015, 625.

Urlaub ist jedem Arbeitnehmer zu gewähren. Der Begriff des Arbeitnehmers ist in §2 BUrlG festgelegt. Damit steht jedem Angestellten, Arbeiter und Auszubildenden unabhängig vom Umfang seiner Arbeitsleistung und von der Dauer seines Arbeitsverhältnisses Urlaub zu. Daher haben sowohl in Teilzeit[222] als auch befristet beschäftigte Arbeitnehmer Anspruch auf Urlaub. Bei letzterer Gruppe werden häufig nur Teilurlaubsansprüche entstehen, sofern das Arbeitsverhältnis mindestens einen vollen Kalendermonat dauert (s. dazu §5 Abs. 1a BUrlG). Auch Studenten, die neben dem Studium arbeiten, erwerben Urlaubsansprüche.[223]

Entstehungsvoraussetzung für den Urlaubsanspruch in *voller* Höhe ist neben dem Bestehen eines Arbeitsverhältnisses die Erfüllung der sechsmonatigen Wartezeit gem. §4 BUrlG. Nicht entscheidend ist, ob der Arbeitnehmer im Urlaubsjahr (= Kalenderjahr) gearbeitet hat oder nicht.[224] Urlaubsansprüche entstehen daher auch im ruhenden Arbeitsverhältnis.[225] Vor Ablauf der sechs Monate erwirbt der Arbeitnehmer Teilurlaubsansprüche in Höhe von einem Zwölftel des vollen Jahresurlaubs für jeden vollen Monat des Bestehens des Arbeitsverhältnisses im Fall des §5 Abs. 1 lit. a BUrlG. Dieser Teilurlaubsanspruch im Eintrittsjahr ist mit dem Beginn des Arbeitsverhältnisses entstanden und fällig. Falls das Arbeitsverhältnis in der zweiten Hälfte des Kalenderjahres[226] beginnt, kann Urlaub daher auch in den ersten sechs Monaten des Arbeitsverhältnisses gewährt und genommen werden.

Ergeben sich bei der Berechnung von Teilurlaubsansprüchen Bruchteile, sind diese auf volle Urlaubstage aufzurunden, wenn sie mindestens einen halben Tag ergeben (§5 Abs. 2 BUrlG). Für Ansprüche von weniger als einem halben Tag enthält das Gesetz keine Regelung. Sie sind in dem entsprechenden Umfang zu gewähren, also nicht abzurunden.[227]

Ist der Umfang des Urlaubsanspruchs wie in §3 Abs. 1 BUrlG nach Werktagen bemessen, ist aber die Arbeitszeit des Arbeitnehmers nicht auf alle Werktage der Woche verteilt, so muss der Urlaubsanspruch in Arbeitstage umgerechnet werden. Werktage sind gem. §3 Abs. 2 BUrlG die Tage von Montag bis Samstag, nicht jedoch Sonn- und Feiertage. Die Umrechnung erfolgt nach folgender Formel:[228]

$$\text{Urlaubstage in Arbeitstagen} = \frac{\text{Gesamtdauer des Urlaubs}}{\text{6 Werktage}} \times \text{Arbeitstage pro Woche}$$

---

222 BAG 14.2.1991 – 8 AZR 97/90, NZA 1991, 777.

223 Dazu BAG 23.6.1992 – 9 AZR 57/91, NZA 1993, 360.

224 StRspr s. zB BAG 7.8.2012 – 9 AZR 353/10, NZA 2012, 1216; BAG 18.3.2003 – 9 AZR 190/02, BeckRS 2003, 40839.

225 BAG 6.5.2014 – 9 AZR 678/12, NZA 2014, 959.

226 S. dazu BAG 17.11.2015 – 9 AZR 179/15, NZA 2016, 309.

227 BAG 26.1.1989 – 8 AZR 730/87, NZA 1989, 756.

228 StRspr s. nur BAG 27.1.1987 – 8 AZR 579/84, NZA 1987, 462; zur Umrechnung bei unregelmäßiger Wochenarbeitszeit s. BAG 22.10.1991 – 9 AZR 621/90, NZA 1993, 79; BAG 30.10.2001 – 9 AZR 314/00, BeckRS 2002, 40707.

Bei fünf Arbeitstagen pro Woche entspricht ein Urlaubsanspruch von 24 Werktagen somit 20 Arbeitstagen.

Durch die Umrechnung wird die Anzahl der Urlaubstage an die Zahl der Arbeitstage angepasst, denn der Arbeitnehmer kann nur von seiner Arbeitsleistung freigestellt werden, wenn er zur Arbeit verpflichtet ist. Etwas anderes gilt *im Jahr des Wechsels* von einer Vollzeittätigkeit in ein Teilzeitarbeitsverhältnis, bei dem die Arbeitszeit auf weniger Wochentage als bisher verteilt wird. Urlaubstage, die der Arbeitnehmer während der Vollzeitbeschäftigung erworben hat und die noch nicht erfüllt sind, bleiben bestehen und werden nicht auf die verringerte Anzahl an Arbeitstagen in der Woche umgerechnet.[229] Hatte ein Arbeitnehmer zB noch zehn offene Urlaubstage in einer Fünf-Tage-Woche, so sind diese bei einem Wechsel in eine Teilzeitbeschäftigung mit zwei Arbeitstagen pro Woche nicht auf nunmehr vier Urlaubstage umzurechnen, sondern es verbleibt bei einem Urlaubsanspruch von zehn Arbeitstagen. Da eine Freistellung von der Arbeitsleistung nur an Arbeitstagen erfolgen kann, erhält der Arbeitnehmer daher auf die Woche bezogen nunmehr fünf Wochen Urlaub. Abweichende tarifliche oder einzelvertragliche Regelungen verstoßen gegen das Verbot der Diskriminierung von Teilzeitbeschäftigten und sind folglich gem. §4 Abs. 1 TzBfG iVm §134 BGB unwirksam.[230]

Erhöht sich die Arbeitszeit von Teilzeit auf Vollzeit, so ist der noch offene Urlaubsanspruch entsprechend obiger Formel auf die höhere Arbeitszeit umzurechnen.[231] Hat also ein Arbeitnehmer, dessen Arbeitszeit auf drei Tage pro Woche verteilt ist (= gesetzlicher Urlaubsanspruch zwölf Arbeitstage), seine Arbeitszeit zum 1. August des Jahres auf eine Vollzeittätigkeit mit fünf Arbeitstagen erhöht und hat er bisher neun Arbeitstage Urlaub erhalten, so ist der restliche Urlaubsanspruch von drei Arbeitstagen auf die Fünf-Tage-Woche umzurechnen. Ihm stehen also noch fünf Arbeitstage Urlaub zu. Betrachtet man die Urlaubsansprüche auf das Urlaubsjahr zeitanteilig bezogen auf die jeweilige Arbeitszeit, so stünden ihm für die Monate Januar bis Juli sieben Arbeitstage[232] und für die Zeit von August bis Dezember 8,3 Arbeitstage[233] zu. Mit neun Arbeitstagen Urlaub hat der Arbeitnehmer somit eigentlich in der Zeit seines Teilzeitarbeitsverhältnisses zwei Arbeitstage mehr Urlaub erhalten, als ihm zeitanteilig zustünde. Der Urlaubsanspruch entsteht jedoch nach Ablauf der Wartezeit mit dem Beginn des Urlaubsjahres und setzt sich nicht aus der Summe der Urlaubsansprüche einzelner Zeitabschnitte zusammen.[234] Es erfolgt auch keine Neuberechnung der Urlaubsvergütung entsprechend der höheren Arbeitszeit für zwei Urlaubstage.[235]

---

229 EuGH 13.6.2013 – C-415/12, NZA 2013, 775 – Brandes.

230 BAG 10.2.2015 – 9 AZR 53/14, NZA 2015, 1005.

231 BAG 14.3.2017 – 9 AZR 7/16, NZA-RR 2017, 376.

232 Berechnung: 24 Werktage / 12 Monate * 7 Monate = 14 Werktage / 6 Werktage pro Woche * 3 Arbeitstage = 7 Arbeitstage.

233 Berechnung: 24 Werktage / 12 Monate * 5 Monate = 10 Werktage / 6 Werktage pro Woche * 5 Arbeitstage = 8,3 Arbeitstage.

234 BAG 14.3.2017 – 9 AZR 7/16, NZA-RR 2017, 376.

235 EuGH 11.11.2015 – C-219/14, NZA 2015, 1501 – Greenfield.

Entstehen bei der Umrechnung des Urlaubsanspruchs von Werk- in Arbeitstagen Bruchteile von Tagen, so sind diese weder auf- noch abzurunden, sondern tatsächlich zu gewähren. §5 Abs.2 BUrlG gilt insoweit nicht, da es sich nicht um Teilurlaubsansprüche handelt.[236]

Der Urlaubsanspruch wird für jedes Kalenderjahr erworben. Er ist ein befristeter Anspruch und besteht nur im Urlaubsjahr bzw. unter den in §7 Abs.3 BUrlG festgelegten Voraussetzungen im Übertragungszeitraum bis zum 31. März des Folgejahres. Der Urlaub muss entsprechend §7 Abs.3 S.1 BUrlG *im* Kalenderjahr gewährt und genommen werden. Ist der Urlaub auf den Übertragungszeitraum übergegangen, muss er bis zum 31. März des Folgejahres gewährt und genommen werden, ansonsten verfällt er grundsätzlich mit Ablauf des 31. März des Folgejahres.

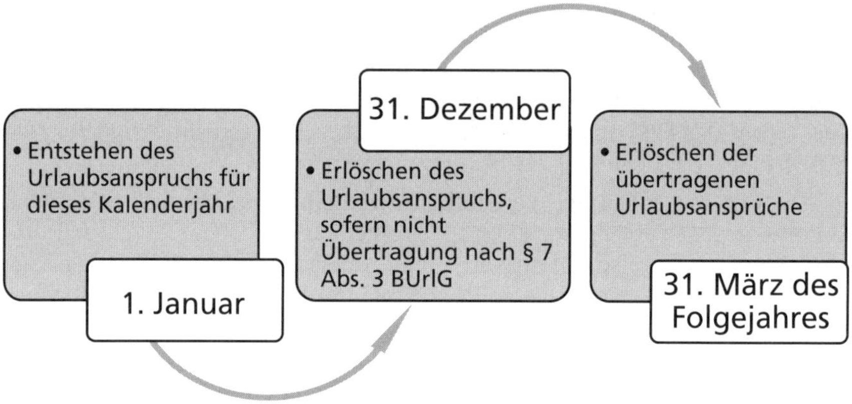

Eine Übertragung auf die ersten drei Monate des folgenden Urlaubsjahres erfolgt unter der Voraussetzung, dass der Urlaub im alten Jahr aus dringenden betrieblichen oder in der Person des Arbeitnehmers liegenden Gründen nicht genommen werden konnte (§7 Abs.3 S.2 und 3 BUrlG). Die Übertragung erfolgt automatisch kraft Gesetzes bei Vorliegen der genannten Gründe, es bedarf keiner Einverständniserklärung oder Zustimmung von Arbeitgeber oder Arbeitnehmer.[237] Ein in der Person liegender Grund für die Übertragung des Urlaubs ist insbesondere die Arbeitsunfähigkeit des Arbeitnehmers.[238] Im Fall der krankheitsbedingten Arbeitsunfähigkeit ist der Arbeitnehmer nicht zur Arbeitsleistung verpflichtet, er kann infolgedessen von ihr nicht zum Zwecke des Urlaubs befreit werden.[239] Wird ein Arbeitnehmer während seines Urlaubs krank, so erlischt sein Urlaubsanspruch gem. §9 BUrlG in Höhe der durch eine ärztliche Arbeitsunfähigkeitsbescheinigung nachgewiesenen Krankheitstage nicht. Dem Arbeitnehmer sind diese Tage später zu gewähren. Er darf sie

[236] BAG 14.1.1992 – 9 AZR 148/91, NZA 1992, 759.
[237] BAG 25.8.1987 – 8 AZR 118/86, NZA 1988, 245.
[238] BAG 24.11.1987 – 8 AZR 140/87, NZA 1988, 243.
[239] BAG 18.3.2014 – 9 AZR 669/12, BeckRS 2014, 70342.

jedoch nicht einfach an den Urlaub anhängen, sondern muss über die erneute Gewährung mit dem Arbeitgeber eine Einigung erzielen.

Art. 7 Abs. 1 der RL 2003/88/EG[240] bestimmt, dass jeder Arbeitnehmer mindestens vier Wochen Urlaub pro Kalenderjahr erhalten muss. Der Anspruch auf Jahresurlaub ist ein besonders bedeutsamer Grundsatz des Sozialrechts der Europäischen Union, der auch in Art. 31 Abs. 2 der Charta der Grundrechte Aufnahme gefunden hat. Die Mitgliedstaaten müssen daher die Voraussetzungen des Urlaubsanspruchs so gestalten, dass die Arbeitnehmer die Möglichkeit haben, den Urlaubsanspruch auch tatsächlich wahrzunehmen.[241] § 7 Abs. 3 und 4 BUrlG ist daher richtlinienkonform dahingehend auszulegen, dass der gesetzliche Urlaubsanspruch dann nicht erlischt, wenn der Arbeitnehmer aufgrund krankheitsbedingter Arbeitsunfähigkeit und damit aus einem von ihm nicht beeinflussbaren Grund den Urlaubsanspruch nicht realisieren konnte.[242] Bei langzeiterkrankten Arbeitnehmern erlöschen folglich Urlaubsansprüche aus früheren Urlaubsjahren nicht mit Ablauf des Übertragungszeitraums am 31. März des jeweiligen Folgejahres. Die Arbeitszeitrichtlinie steht jedoch einer Regelung nicht entgegen, die eine Begrenzung des Urlaubsanspruchs vorsieht, sofern der Übertragungszeitraum den Bezugszeitraum (= Urlaubsjahr) deutlich übersteigt.[243] Die Urlaubsansprüche bestehen daher nicht unbegrenzt, sondern erlöschen fünfzehn Monate nach Ablauf des Urlaubsjahres, also am 31. März des zweiten auf das Urlaubsjahr folgenden Jahres.[244]

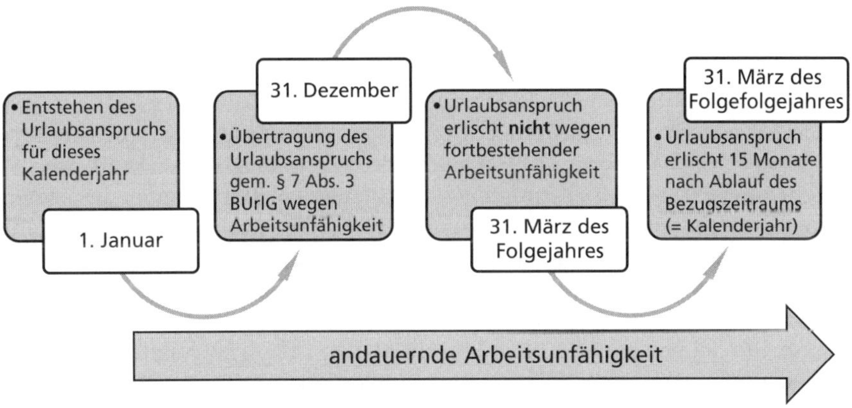

Sobald der Arbeitnehmer wieder arbeitsfähig ist, ist der Urlaub aus den früheren Urlaubsjahren im dann laufenden Urlaubsjahr zu gewähren und zu

240 „Arbeitszeitrichtlinie" v. 4.11.2003 ABl. 2003 L 299, 9.

241 EuGH 22.11.2011 – C-214/10, BeckRS 2011, 81665 – KHS./.Schulte.

242 BAG 24.3.2009 – 9 AZR 983/07, NZA 2009, 538; EuGH 20.1.2009 – C-350/06, NZA 2009, 135 – Schultz-Hoff.

243 EuGH 22.11.2011 – C 214/10, BeckRS 2011, 81665 – KHS./.Schulte.

244 BAG 7.8.2012 – 9 AZR 353/10, NZA 2012, 1216.

nehmen. Er unterliegt nunmehr der für jeden Urlaubsanspruch geltenden Befristung auf den 31. Dezember bzw. den 31. März des Folgejahres.[245]

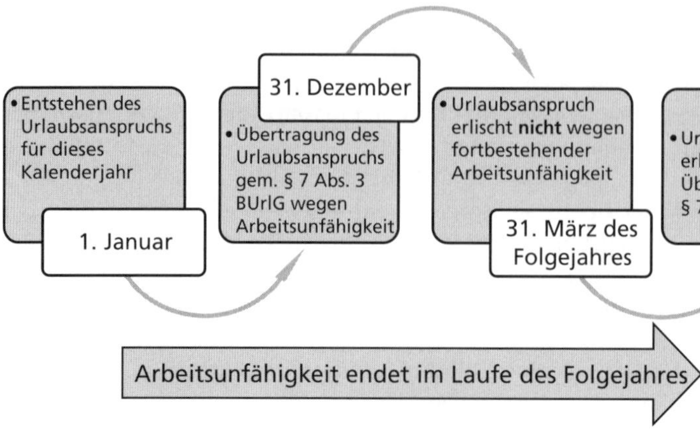

Für Urlaubsansprüche, die den gesetzlichen Mindesturlaubsanspruch übersteigen, kann tarifvertraglich oder arbeitsvertraglich vereinbart werden, dass diese verfallen, wenn der Arbeitnehmer innerhalb des Urlaubsjahres bzw. eines festgelegten Übertragungszeitraums aufgrund Arbeitsunfähigkeit nicht in der Lage war, seinen Urlaubsanspruch zu realisieren. Dies setzt jedoch voraus, dass die Vertragsparteien eine deutliche Unterscheidung zwischen dem gesetzlichen und dem arbeits- bzw. tarifvertraglichen Urlaubsanspruch vorgenommen haben.[246]

Im Fall des Herrn Sauer bedeutet dies, dass sein für das letzte Urlaubsjahr entstandener Urlaubsanspruch in Höhe von gesetzlich 24 Werktagen (= 20 Arbeitstagen) aufgrund der Arbeitsunfähigkeit nicht mit dem 31. Dezember des letzten Jahres erloschen, sondern gem. §7 Abs.3 BUrlG auf das nächste Urlaubsjahr übergegangen ist. Wegen der andauernden Arbeitsunfähigkeit ist der Urlaubsanspruch auch nicht mit Ablauf des 31. März diesen Jahres untergegangen. Herrn Sauer steht dieser Anspruch unabhängig vom Umfang seiner Arbeitsleistung im letzten Jahr zu. Er ist berechtigt, den Urlaub nach Beendigung der Arbeitsunfähigkeit am 7. Mai im jetzt laufenden Urlaubsjahr zu nehmen. Hinzu kommt der am 1. Januar neu entstandene Urlaubsanspruch für das laufende Urlaubsjahr in Höhe von ebenfalls 20 Arbeitstagen. Damit sind Herrn Sauer insgesamt 40 Arbeitstage Urlaub zu gewähren.

Für Teilurlaubsansprüche gem. §5 Abs. 1 lit. a BUrlG enthält §7 Abs. 3 S. 4 BUrlG einen eigenständigen Übertragungstatbestand. Allerdings muss der Arbeitnehmer hier, will er den Verfall des Urlaubs zum 31. Dezember des Urlaubsjahres bzw. 31. März des Folgejahres verhindern, im Urlaubsjahr (= Eintrittsjahr in

[245] BAG 9.8.2011 – 9 AZR 425/10, NZA 2012, 29; BAG 24.3.2009 – 9 AZR 983/07, NZA 2009, 538.

[246] S. nur BAG 14.2.2017 – 9 AZR 386/16, NZA 2017, 655; BAG 14.2.2017 – 9 AZR 207/16, BeckRS 2017, 106695.

das Arbeitsverhältnis) die Übertragung seiner Teilurlaubsansprüche verlangen. Hierzu ist mindestens eine konkludente Handlung erforderlich, die bloße Nichtgeltendmachung des Urlaubsanspruchs genügt nicht.[247]

Für die Zeiten mutterschutzrechtlicher Beschäftigungsverbote und Elternzeit bestimmt das Gesetz abweichende Übertragungszeiträume. Kann eine schwangere Frau vor Beginn des Beschäftigungsverbots zB nach §3 Abs. 1 MuSchG (s. zu den Beschäftigungsverboten im Einzelnen S. 170 ff.) ihr noch zustehenden Urlaub nicht mehr nehmen, so verfällt dieser nicht. §24 S. 2 MuSchG überträgt den Resturlaub auf die Zeit nach dem Ende der Beschäftigungsverbote. Die Arbeitnehmerin kann diesen Urlaub noch im dann laufenden bzw. bei Vorliegen von Übertragungsgründen in dem folgenden Urlaubsjahr beanspruchen. Nimmt sie unmittelbar nach den Beschäftigungsverboten Elternzeit in Anspruch, unterfällt der Urlaub dem Fristenregime des §17 Abs. 2 BEEG.[248]

Gemäß §17 Abs. 1 BEEG kann der Arbeitgeber den Urlaubsanspruch des Elternteils für jeden vollen Kalendermonat der Elternzeit um ein Zwölftel kürzen, sofern der Elternteil nicht während der Elternzeit in Teilzeit weiter arbeitet. Wird das Arbeitsverhältnis zum Ende der Elternzeit beendet, muss der Arbeitgeber die Kürzung des Urlaubs vor der Beendigung des Arbeitsverhältnisses erklären. Das Kürzungsrecht bezieht sich auf den Urlaubsanspruch. Mit der Beendigung des Arbeitsverhältnisses besteht jedoch nur noch ein Abgeltungsanspruch als eigenständiger Geldanspruch.[249]

Der Urlaub, der nach einer Kürzung verbleibt und/oder wegen der Elternzeit ganz oder teilweise nicht genommen werden kann, erlischt nicht. Er wird vielmehr gem. §17 Abs. 2 BEEG auf die Zeit nach dem Ende der Elternzeit übertragen. Der Arbeitgeber muss den Resturlaub innerhalb des dann laufenden oder folgenden Urlaubsjahrs erfüllen. Schließt sich an die erste Elternzeit wegen der Geburt eines zweiten Kindes eine weitere Elternzeit an, so verfällt der vor der ersten Elternzeit entstandene Urlaub nicht, sondern kann noch nach der Beendigung der zweiten Elternzeit genommen werden.[250]

Urlaub wird zumeist in eine Urlaubsliste[251] eingetragen. Eine solche Liste ist eine Wunschliste, die Grundlage der betrieblichen Urlaubsplanung ist. Der Urlaub selbst muss vom Arbeitgeber gewährt werden.[252] §7 Abs. 1 BUrlG legt dem Arbeitgeber die Pflicht auf, bei der zeitlichen Festlegung des Urlaubs die Urlaubswünsche des Arbeitnehmers zu berücksichtigen. Nur wenn dringende betriebliche Belange oder unter sozialen Gesichtspunkten vorrangige Urlaubswünsche anderer Arbeitnehmer entgegenstehen, haben diese Vorrang vor dem einzelnen Wunsch auf eine bestimmte zeitliche Lage des Urlaubs. Außerdem soll der Urlaub gem. §7 Abs. 2 BUrlG zusammenhängend gewährt werden, mindestens jedoch einmal zwölf aufeinanderfolgende Werktage betragen. Dringende betriebliche Belange liegen nur vor, wenn durch den Urlaub des

---

247 BAG 29.7.2003 – 9 AZR 270/02, NZA 2004, 385.
248 BAG 15.12.2015 – 9 AZR 52/15, NZA 2016, 433.
249 BAG 19.5.2015 – 9 AZR 725/13, NZA 2015, 989.
250 BAG 20.5.2008 – 9 AZR 219/07, NZA 2008, 1237.
251 S. dazu B+P 1998, 7.
252 BAG 9.8.1994 – 9 AZR 384/92, NZA 1995, 174.

Arbeitnehmers eine erhebliche Beeinträchtigung des Betriebsablaufs eintritt. Die mit jeder Abwesenheit eines Arbeitnehmers verbundenen Schwierigkeiten genügen hingegen nicht.

Betriebsferien begründen betriebliche Belange iSd §7 Abs. 1 BUrlG und verdrängen die Urlaubswünsche des einzelnen Arbeitnehmers. Die Einführung von Betriebsferien ist zulässig, unterliegt jedoch, sofern ein Betriebsrat besteht, nach §87 Abs. 1 Nr. 5 BetrVG dessen Mitbestimmung.[253] Danach hat der Betriebsrat bei der Aufstellung allgemeiner Urlaubsgrundsätze und des Urlaubsplans mitzubestimmen.[254] Ein Urlaubsplan ist die aus der Urlaubsliste entstehende verbindliche Urlaubsplanung. Durch Betriebsferien wird der Urlaub für alle Arbeitnehmer einheitlich auf einen bestimmten Zeitraum festgelegt. Es handelt sich daher um die Aufstellung allgemeiner Urlaubsgrundsätze.

Verlangt der Arbeitnehmer berechtigterweise Urlaub und wird dieser vom Arbeitgeber verweigert, so kommt der Arbeitgeber mit der Erfüllung des Urlaubsanspruchs in Verzug. Dem Arbeitnehmer ist es nicht gestattet, sich selbst Urlaub zu nehmen, da es ein Selbstbeurlaubungsrecht nicht gibt.[255] Der Arbeitnehmer muss gegebenenfalls gerichtliche Hilfe in Anspruch nehmen. Eine eigenmächtige Urlaubsnahme stellt eine Arbeitsverweigerung dar, die zur Abmahnung oder sogar zur (fristlosen)[256] Kündigung führen kann. In jedem Fall verliert der Arbeitnehmer seine Lohnansprüche für die Zeit des selbst genommenen Urlaubs.

Verfällt der zu Unrecht verweigerte Urlaub während eines Streits über den Urlaubsanspruch durch Zeitablauf, so hat der Arbeitnehmer gegen den Arbeitgeber einen Ersatzurlaubsanspruch gem. §§275 Abs. 1, Abs. 4, 280 Abs. 1, 286 Abs. 1 S. 1, 287 S. 2, 249 Abs. 1 BGB in gleicher Höhe.[257] Voraussetzung hierfür ist, dass der Arbeitnehmer den Urlaub verlangt[258] und den Arbeitgeber durch die Mahnung in Verzug gesetzt hat.[259] Der Arbeitgeber muss den Urlaub nicht von sich aus anbieten, um einem drohenden Verfall durch Zeitablauf entgegenzutreten.[260]

Während des Urlaubs ist dem Arbeitnehmer sein Entgelt fortzuzahlen (§1 BUrlG iVm §611a BGB). §11 BUrlG gibt für dessen Berechnung eine Grundlage vor, sofern der Arbeitnehmer keine feste monatliche Vergütung erhält. Für den Geldfaktor ist das Einkommen ohne eine gezahlte Überstundenvergütung in einem Referenzzeitraum von dreizehn Wochen vor Urlaubsantritt maßgeblich. Hiervon zu unterscheiden ist die Frage, wie viele Stunden in dem Zeitraum zu vergüten sind, in dem der Arbeitnehmer Urlaub hat. Dieser Zeitfaktor bestimmt

---

253 BAG 28.7.1981 – 1 ABR 79/79, NJW 1982, 959.

254 S. dazu *Besgen* B+P 2001, 251.

255 BAG 20.1.1994 – 2 AZR 521/93, NZA 1994, 548.

256 BAG 22.1.1998 – 2 ABR 19/97, NZA 1998, 708.

257 BAG 20.4.2012 – 9 AZR 504/10, NZA 2012, 982; BAG 11.4.2006 – 9 AZR 523/05, BeckRS 2006, 42744.

258 Dagegen LAG Berlin-Brandenburg 12.6.2014 – 21 Sa 221/14, NZA-RR 2014, 631; LAG München 6.5.2015 – 8 Sa 982/14, BeckRS 2015, 72670.

259 S. aber BAG 14.5.2013 – 9 AZR 760/11, BeckRS 2013, 71433.

260 BAG 23.6.1992 – 9 AZR 57/91, NZA 1993, 360; s. aber Vorlagebeschluss des BAG zum EuGH 13.12.2016 – 9 AZR 541/15 (A), NZA 2017, 271; dazu *Gooren* NZA 2016, 1374.

sich danach, wie viele Stunden infolge der Freistellung für den betreffenden Arbeitnehmer ausfallen. Wären hierbei für den Arbeitnehmer auch Überstunden angefallen, so erhöht sich der Zeitfaktor.[261]

Vom Urlaubsentgelt ist das Urlaubsgeld[262] zu unterscheiden, das aufgrund einer besonderen einzelvertraglichen oder tariflichen Regelung als zusätzliche freiwillige Leistung des Arbeitgebers an den Arbeitnehmer gezahlt wird.

Angelika Völzker, die in der Telefonzentrale der Müllex GmbH arbeitet, hat ihr Arbeitsverhältnis am 27. Juli zum 31. August fristgemäß gekündigt. Da Juli und August bei der Müllex GmbH Urlaubsmonate sind, kann Frau Völzker den ihr zustehenden restlichen Urlaub für das laufende Urlaubsjahr in Höhe von acht Arbeitstagen nicht mehr gewährt werden, da die Urlaubswünsche anderer Arbeitnehmer vorrangig sind. Was passiert mit ihrem Urlaubsanspruch?

Kann Urlaub wegen der Beendigung eines Arbeitsverhältnisses ganz oder teilweise nicht mehr gewährt werden, so muss der Arbeitgeber gem. § 7 Abs. 4 BUrlG den Urlaubsanspruch abgelten. Wegen der Beendigung des Arbeitsverhältnisses kann der Arbeitnehmer nicht mehr für den Urlaub von seinen Arbeitsleistungspflichten befreit werden. Eine Beendigung des Arbeitsverhältnisses stellt auch der Tod des Arbeitnehmers dar. Daher sind noch offene Urlaubsansprüche abzugelten.[263] Eine Abgeltung aus anderen Gründen als der Beendigung des Arbeitsverhältnisses ist ausgeschlossen. Insbesondere ist eine Abgeltung des gesetzlichen Urlaubsanspruchs während des bestehenden Arbeitsverhältnisses unzulässig. Hierdurch würde der gesetzlich zwingend zu gewährende Mindesturlaubsanspruch unterschritten, was § 13 Abs. 1 S. 1 BUrlG ebenso wie Art. 7 RL 2003/88/EG verbietet.[264]

Der Abgeltungsanspruch ist ein Geldanspruch, der mit der Beendigung des Arbeitsverhältnisses entsteht und sofort fällig wird.[265] Der Arbeitgeber muss dem Arbeitnehmer einen dem Umfang des nicht gewährten Urlaubs entsprechenden Geldbetrag zahlen. Hierzu muss auf der Grundlage des § 11 BUrlG ermittelt werden, welche Vergütung dem Arbeitnehmer je Urlaubstag zustehen würde. Der errechnete Betrag ergibt multipliziert mit der Zahl der nicht gewährten Urlaubstage die Höhe des zu zahlenden Geldbetrags. Als reiner Geldanspruch ist der bereits entstandene Abgeltungsanspruch vererbbar[266] und unterfällt einzel-[267] bzw. tarifvertraglichen[268] Ausschlussfristen.[269]

---

261 BAG 9.11.1999 – 9 AZR 771/98, NZA 2000, 1335.

262 S. dazu *Besgen* B+P 2003, 324; *Sibben* DB 1997, 1178.

263 EuGH 12.6.2014 – C-118/13, NZA 2014, 651 – Bollacke; s. aber Vorlagebeschlüsse des BAG zum EuGH 18.10.2016 – 9 AZR 196/16, NZA 2017, 207 und 9 AZR 45/16, BeckRS 2016, 74836; s. auch BAG 12.3.2013 – 9 AZR 532/11, NZA 2013, 678.

264 „Arbeitszeitrichtlinie" v. 2.11.2003, ABl. 2003 L 299, 9; EuGH 6.4.2006 – C-124/05, NZA 2006, 719 – Federatie Nederlandse Vakbeweging.

265 BAG 19.6.2012 – 9 AZR 652/10, NZA 2012, 1087; BAG 9.8.2011 – 9 AZR 365/10, NZA 2011, 1421; BAG 4.5.2010 – 9 AZR 183/09, NZA 2010, 1011.

266 BAG 22.9.2015 – 9 AZR 170/14, NZA 2016, 37.

267 BAG 16.12.2014 – 9 AZR 295/13, NZA 2015, 827.

268 BAG 9.8.2011 – 9 AZR 352/10, BeckRS 2011, 79280.

269 BAG 13.12.2011 – 9 AZR 399/10, NZA 2012, 514; BAG 21.2.2012 – 9 AZR 486/10, NZA 2012, 750.

Die Müllex GmbH muss daher mit der Beendigung ihres Arbeitsverhältnisses Frau Völzker insgesamt acht Urlaubstage abgelten.

Da sie in der zweiten Kalenderhälfte des Jahres aus dem Arbeitsverhältnis ausscheidet, ist der Urlaubsanspruch von Frau Völzker auch in voller Höhe und nicht nur als Teilurlaubsanspruch entstanden. Gemäß §5 Abs. 1c BUrlG hat ein Arbeitnehmer, dessen Arbeitsverhältnis in der ersten Hälfte des Kalenderjahrs, also bis zum 30. Juni eines Kalenderjahres[270], beendet wird, nur einen gekürzten Vollurlaubsanspruch in Höhe von einem Zwölftel für jeden vollen Monat des Bestehens des Arbeitsverhältnisses in dem Kalenderjahr. Im Umkehrschluss folgt aus dieser Regelung, dass ein Arbeitnehmer, der in der zweiten Hälfte des Kalenderjahres ausscheidet, den vollen Urlaubsanspruch erhält. Hat ein Arbeitnehmer schon mehr Urlaub erhalten, als ihm gem. §5 Abs. 1c BUrlG zustehen würde, kann das gezahlte Urlaubsentgelt nicht zurückgefordert werden (§5 Abs. 3 BUrlG). Der bisherige Arbeitgeber ist auch nicht berechtigt, im Hinblick auf ein nachfolgendes Arbeitsverhältnis die Gewährung von Urlaub zu verweigern.[271]

Um zu verhindern, dass ein Arbeitnehmer durch einen Arbeitsplatzwechsel in einem Kalenderjahr mehr Urlaub erhält, als ihm nach dem Bundesurlaubsgesetz zusteht, muss der Arbeitgeber bei Beendigung des Arbeitsverhältnisses gem. §6 BUrlG eine Bescheinigung ausstellen, aus der sich die Anzahl der gewährten bzw. abgegoltenen Urlaubstage ergibt (§6 Abs. 2 BUrlG). Der Anspruch auf Urlaub entsteht in dem nachfolgenden Arbeitsverhältnis gem. §6 Abs. 1 BUrlG auch nach Erfüllen der Wartezeit von sechs Monaten nicht, soweit der Arbeitnehmer bereits bei dem früheren Arbeitgeber Urlaub erhalten hat.[272]

3. Zusatzurlaub für Schwerbehinderte

Lothar Gerber ist seit fünf Jahren bei der Müllex GmbH als Telefonist und Bote in der Niederlassung Siegen beschäftigt. Am 14. September legt er der Personalabteilung einen Bescheid des Versorgungsamts vom 10. September vor, nach dem er mit einem Grad der Behinderung von 50 mit Wirkung vom 15. März als schwerbehindert anerkannt wird. Herr Gerber begehrt für das laufende Urlaubsjahr fünf zusätzliche Tage Urlaub. Der Niederlassungsleiter ist der Auffassung, dass Herrn Gerber allenfalls anteilig ein zusätzlicher Urlaubstag zusteht. Ihnen liegt als Personalleiter/in eine entsprechende Anfrage des Niederlassungsleiters vor.

Gemäß §208 Abs. 1 SGB IX[273] haben schwerbehinderte Arbeitnehmer einen Anspruch auf einen zusätzlichen Urlaub von fünf Arbeitstagen im Urlaubsjahr. Der gesetzliche Urlaubsanspruch beträgt daher für Schwerbehinderte nach erfüllter Wartezeit des §4 BUrlG insgesamt 25 Arbeitstage bei einer Fünftagewoche (24 Werktage gem. §3 Abs. 1 BUrlG = 20 Arbeitstage + 5 Arbeitstage Urlaub gem.

---

[270] BAG 17.11.2015 – 9 AZR 179/15, NZA 2016, 309.
[271] BAG 28.2.1991 – 8 AZR 196/90, NZA 1991, 944.
[272] BAG 16.12.2014 – 9 AZR 295/13, NZA 2015, 827.
[273] Bis zum 31.12.2017: §125 SGB IX.

§ 208 Abs. 1 SGB IX). Entsprechend ist ein höherer tarif- oder arbeitsvertraglicher Urlaubsanspruch um fünf Arbeitstage aufzustocken.[274]

Anders als § 3 BUrlG geht das Schwerbehindertenrecht für die Dauer des Zusatzurlaubs nicht von Werktagen, sondern von Arbeitstagen aus. § 208 Abs. 1 SGB IX legt hierbei eine Fünftagewoche zugrunde. Ist die Arbeitszeit auf mehr oder weniger Arbeitstage verteilt, muss der Zusatzurlaubsanspruch entsprechend der oben genannten Formel (s. S. 150) umgerechnet werden (§ 208 Abs. 1 S. 1 Hs. 2 SGB IX). Sich ergebende Bruchteile sind ohne Auf- oder Abrundung zu gewähren.[275] Das BUrlG stellt mit § 5 Abs. 2 nur eine Rundungsregel für Teilurlaubsansprüche zur Verfügung. Die Umrechnung des Zusatzurlaubs gem. § 208 Abs. 1 S. 1 SGB IX betrifft demgegenüber die Berechnung des Vollurlaubs.

Schwerbehindert ist ein Arbeitnehmer gem. § 2 Abs. 2 und 3 SGB IX, wenn der Grad seiner Behinderung wenigstens 50 beträgt. Menschen sind gem. § 2 Abs. 1 SGB IX behindert, wenn ihre körperliche Funktion, geistige Fähigkeit oder seelische Gesundheit mit hoher Wahrscheinlichkeit länger als sechs Monate von dem für das Lebensalter typischen Zustand abweicht und daher ihre Teilhabe am Leben in der Gesellschaft beeinträchtigt ist. Gleichgestellte behinderte Menschen iSd § 2 Abs. 3 SGB IX erhalten keinen Zusatzurlaub. § 151 Abs. 3 SGB IX schließt für diese Personengruppe die Anwendung des § 208 SGB IX ausdrücklich aus.

Der Anspruch auf Zusatzurlaub ist in seinem Entstehen und Erlöschen nicht anders zu beurteilen als der Urlaub nach dem Bundesurlaubsgesetz.[276] Für das Entstehen des Zusatzurlaubs ist lediglich zusätzlich das Merkmal der Schwerbehinderung erforderlich. Im Einzelnen bedeutet dies:

Der Anspruch auf den vollen Zusatzurlaub von fünf Arbeitstagen entsteht nach Ablauf der Wartefrist von sechs Monaten (§ 4 BUrlG). Daraus folgt zugleich auch, dass der Anspruch auf Zusatzurlaub nur als Teilurlaub entsteht, wenn der Arbeitnehmer im ersten Beschäftigungsjahr noch keinen vollen Urlaubsanspruch erworben hat oder vor erfüllter Wartezeit wieder ausscheidet (§ 5 Abs. 1a und b BUrlG).

Hat die Schwerbehinderteneigenschaft nicht das gesamte Urlaubsjahr über bestanden, so besteht der Anspruch auf Zusatzurlaub gem. § 208 Abs. 2 SGB IX in Höhe eines Zwölftels für jeden vollen Monat des Beschäftigungsverhältnisses, in dem die Schwerbehinderteneigenschaft vorliegt. Entstehen hierbei Bruchteile von Urlaubstagen, so sind diese auf volle Urlaubstage aufzurunden, wenn sie mindestens einen halben Tag betragen. Nicht entscheidend ist die Feststellung der Schwerbehinderung durch die zuständige Behörde (s. § 152 SGB IX). Die förmliche Anerkennung als schwerbehinderter Mensch durch die zuständige Behörde hat keine konstitutive Wirkung für die Schwerbehinderteneigenschaft, sondern bestätigt diese nur.

Der Zusatzurlaub erlischt wie der Urlaubsanspruch mit Ablauf des Urlaubsjahres am 31. Dezember bzw. des Übertragungszeitraums am 31. März des

---

274 BAG 24.10.2006 – 9 AZR 669/05, NZA 2007, 330.

275 BAG 22.10.1991 – 9 AZR 373/90, NZA 1992, 797.

276 BAG 23.3.2010 – 9 AZR 128/09, NZA 2010, 810.

Folgejahres. Wie der gesetzliche Mindesturlaub bleibt auch der Zusatzurlaub, der wegen Arbeitsunfähigkeit infolge Krankheit nicht genommen werden kann, bis zum 31. März des zweiten auf das Urlaubsjahr folgenden Jahres bestehen.[277]

Endet das Arbeitsverhältnis, so ist der wegen der Beendigung nicht mehr gewährte Zusatzurlaub entsprechend § 7 Abs. 4 BUrlG abzugelten. Sofern der schwerbehinderte Arbeitnehmer in der ersten Hälfte des Kalenderjahres aus dem Arbeitsverhältnis ausscheidet, verringert sich der ihm zustehende Urlaub gem. § 5 Abs. 1c BUrlG. Der Urlaubsanspruch besteht dann nur als Teilurlaub in Höhe eines Zwölftels des Gesamturlaubs für jeden vollen Kalendermonat des Bestehens des Arbeitsverhältnisses. Dies gilt nicht im Falle des Teilurlaubs nach § 208 Abs. 2 SGB IX, da § 208 Abs. 2 S. 3 SGB IX eine „doppelte" Zwölftelung ausschließt.

Sie werden dem Niederlassungsleiter demzufolge mitteilen, dass Herr Gerber für das laufende Urlaubsjahr zusätzlich zum Anspruch auf Erholungsurlaub einen Anspruch auf 9/12 des Zusatzurlaubs nach § 208 Abs. 1 SGB IX hat. Er hat die Wartezeit des § 4 BUrlG erfüllt. Das Entstehen des Zusatzurlaubsanspruchs setzt darüber hinaus das Bestehen der Schwerbehinderteneigenschaft voraus, die hier durch den Bescheid des Versorgungsamts vom 10. September rückwirkend mit Wirkung vom 15. März festgestellt wurde. Damit war Herr Gerber seit dem 15. März des Jahres schwerbehindert. Ihm steht gem. § 208 Abs. 2 SGB IX ein Teilzusatzurlaub für neun volle Monate (15. März bis 14. Dezember; §§ 187 Abs. 2, 188 Abs. 2 BGB) zu, in dem die Schwerbehinderteneigenschaft bestand, dies entspricht vier Urlaubstagen (5/12*9 = 3,75, auf 4 Urlaubstage aufzurunden, § 208 Abs. 2 S. 2 SGB IX).

4. Schutz vor Diskriminierungen am Arbeitsplatz

Die Müllex GmbH plant eine Neuordnung ihres betrieblichen Eingliederungsmanagements nach § 167 Abs. 2 SGB IX[278]. Sie will unter anderem einen Disability Manager einsetzen. Hierzu bietet sie einem Mitarbeiter bzw. einer Mitarbeiterin die Möglichkeit, an einer Weiterbildung teilzunehmen, bei der in sieben Modulen das Zertifikat Disability Manager erworben wird. Die Personalleiterin Birgit Müller führt unter anderem mit Friedrich Mertin ein Gespräch, der sich sehr für diese Fortbildung interessiert. Frau Müller lehnt es jedoch ab, ihn für die Weiterbildung anzumelden, da Herr Mertin 54 Jahre alt ist und eine interne Richtlinie der Müllex GmbH vorsieht, dass Mitarbeiter, die älter als 52 Jahre sind, regelmäßig keine Weiterbildungsmaßnahmen mehr erhalten, soweit diese nicht für das Bedienen von Maschinen unabdingbar sind. Frau Müller meldet die 32-jährige Frauke Berg zur Weiterbildung an. Friedrich Mertin will sich mit dieser Entscheidung nicht zufrieden geben. Nachdem ein weiteres Gespräch mit Frau Müller keine Klärung gebracht hat, sucht er die Rechtsberatung seiner Gewerkschaft auf, um zu klären, was er tun kann.

Der Gewerkschaftssekretär weist Friedrich Mertin auf den Schutz des Allgemeinen Gleichbehandlungsgesetzes hin. Er hält den Ausschluss des Friedrich

[277] BAG 23.3.2010 – 9 AZR 128/09, NZA 2010, 810.
[278] Bis zum 31.12.2017: § 84 Abs. 2 SGB IX.

Mertin von der Weiterbildung für eine unzulässige Benachteiligung wegen des Alters.

Das Allgemeine Gleichbehandlungsgesetz setzt mehrere Richtlinien der Europäischen Gemeinschaft um, die der Verwirklichung der Gleichbehandlung in Beschäftigung und Beruf dienen.[279] Ziel des Gesetzes ist es, Benachteiligungen aus Gründen der Rasse oder wegen der ethnischen Herkunft, des Geschlechts, der Religion oder Weltanschauung, einer Behinderung, des Alters oder der sexuellen Identität zu verhindern oder zu beseitigen. Die Aufzählung der Benachteiligungsgründe ist abschließend. Gemäß §7 Abs. 1 AGG genügt es, dass die benachteiligende Person unabhängig davon, ob es tatsächlich vorliegt oder nicht, ein Diskriminierungsmerkmal nur annimmt.[280]

Im Fall des Friedrich Mertin geht es um eine mögliche Benachteiligung wegen des Alters und somit um ein in §1 AGG genanntes Diskriminierungsmerkmal.

§2 AGG beschreibt den sachlichen Anwendungsbereich der Benachteiligungsverbote. Danach sind Benachteiligungen nicht nur bei der Einstellung von Arbeitnehmern (Nr. 1; s. dazu S. 34ff.), sondern auch bei den Beschäftigungs- und Arbeitsbedingungen (Nr. 2) sowie dem Zugang zu beruflicher Weiterbildung (Nr. 3) unzulässig. Der Ausschluss des Friedrich Mertin von der Weiterbildung zum Disability Manager wird folglich vom Anwendungsbereich des Allgemeinen Gleichbehandlungsgesetzes erfasst. Zu prüfen bleibt, ob eine Benachteiligung vorliegt.

Das Allgemeine Gleichbehandlungsgesetz will nicht generell vor nachteiligen Entscheidungen im Berufsleben schützen. Zur Vertragsfreiheit gehört auch die „Freiheit zur Ungleichbehandlung". Die Grenzen der Vertragsfreiheit werden jedoch überschritten, wenn einer der im Gesetz genannten Gründe zumindest mitursächlich für die Ungleichbehandlung ist. Ist ein entsprechender Kausalzusammenhang zwischen dem in §1 AGG genannten Grund und der zu beanstandenden benachteiligenden Handlung gegeben, ist die Handlung rechtlich ausgeschlossen.[281]

§3 AGG definiert, welche Handlungen als benachteiligend einzustufen sind. Eine Ungleichbehandlung, die direkt auf ein in §1 AGG genanntes Merkmal zurückzuführen ist, ist als unmittelbare Benachteiligung gem. §3 Abs. 1 S. 1 AGG zu behandeln. Nicht subjektiv, sondern aus der Sicht eines vernünftigen Dritten[282] muss eine Person objektiv schlechter gestellt werden als eine andere Person, die besser behandelt wurde.

---

[279] RL 2000/43/EG v. 29.6.2000 ABl. 2000 L 180, 22; RL 2000/78/EG v. 27.11.2000 ABl. 2000 L 303, 16; RL 2002/73/EG v. 23.9.2002 ABl. 2002 L 269, 15; RL 2004/113/EG v. 13.12.2004 ABl. 2004 L 373, 37 – diese Richtlinie hat für das Arbeitsleben keine Bedeutung, sondern behandelt die Gleichbehandlung von Männern und Frauen bei der Versorgung mit Gütern und Dienstleistungen.

[280] BAG 17.12.2015 – 8 AZR 421/14, NZA 2016, 888; BAG 17.12.2009 – 8 AZR 670/08, NZA 2010, 383.

[281] BAG 26.1.2017 – 8 AZR 736/15, NZA 2017, 854.

[282] BAG 25.2.2010 – 6 AZR 911/08, NZA 2010, 561.

Als unmittelbare Diskriminierung wegen des Geschlechts wird gem. §3 Abs. 1 S. 2 AGG auch die ungünstigere Behandlung einer Frau wegen Schwangerschaft oder Mutterschaft definiert. Eine unmittelbare Benachteiligung liegt damit auch vor, wenn eine Eigenschaft mit einem genannten Diskriminierungsmerkmal in untrennbaren Zusammenhang steht, hier die Schwangerschaft mit dem weiblichen Geschlecht.[283]

Eine mittelbare Diskriminierung benachteiligt eine Person gegenüber einer anderen Person dadurch, dass die Anwendung dem Anschein nach neutraler Vorschriften, Kriterien und Verfahren zu einer besonderen Betroffenheit einer Personengruppe führt, die durch die in §1 AGG genannten Merkmale gekennzeichnet ist. Würde die Müllex GmbH zB für ihre Müllwerker hervorragende deutsche Sprachkenntnisse verlangen, so kann es sich bei diesem neutralen Kriterium um eine mittelbare Benachteiligung wegen der ethnischen Herkunft handeln, wenn die Tätigkeit keine deutschen Sprachkenntnisse verlangt.

Gemäß §3 Abs. 2 AGG ist eine mittelbare Benachteiligung nicht gegeben, wenn die betreffenden Vorschriften, Kriterien oder Verfahren durch ein rechtmäßiges Ziel sachlich gerechtfertigt und die Mittel zur Erreichung dieses Ziels angemessen und erforderlich sind. Das Erfordernis einer bestimmten körperlichen Konstitution kann Behinderte oder Frauen benachteiligen, stellt aber für einen Müllwerker, der Mülltonnen in die Halterungen der Müllwagen heben muss, eine besondere berufliche Anforderung dar. Ebenso können sich aus Sicherheitsvorschriften, die auch dem Schutz Dritter dienen, entsprechende Erfordernisse ergeben. Sind Kenntnisse einer bestimmten Sprache erforderlich, um die geschuldete Tätigkeit ausüben zu können, fehlt es an einem Diskriminierungstatbestand. Entsprechende Kenntnisse sind dann Teil der Eignung des Arbeitnehmers, ihr Fordern damit gerechtfertigt.[284]

Der Benachteiligung gleichgestellt ist gem. §3 Abs. 3 AGG die Belästigung. Sie setzt voraus, dass eine mit einem Merkmal des §1 AGG in Zusammenhang stehende Verhaltensweise geeignet ist, die betroffene Person in ihrer Würde zu verletzen. Weitere Tatbestandsvoraussetzung ist, dass diese Verhaltensweisen ein von Einschüchterungen, Anfeindungen, Erniedrigungen, Entwürdigungen und Beleidigungen gekennzeichnetes Umfeld schaffen. Der Tatbestand der Belästigung setzt folglich ein systematisches Handeln von gewisser Dauer voraus, das zu einem „feindlichen Umfeld" führt.[285] Dies liegt zB vor, wenn es an der betrieblichen Tagesordnung ist, dass homosexuelle Mitarbeiter beschimpft, zum Gegenstand von Witzen gemacht und ausgegrenzt werden.

Eine Benachteiligung kann gem. §3 Abs. 4 AGG auch durch ein unerwünschtes sexuell bestimmtes Verhalten erfolgen. Wie bei §3 Abs. 3 AGG muss auch bei der sexuellen Belästigung eine Verletzung der Würde der betroffenen Person zB durch das Schaffen eines entsprechenden Umfelds bezweckt sein. Anders als bei einer Belästigung nach §3 Abs. 3 AGG ist dies jedoch nicht Tatbestands-

---

283 S. auch EuGH 8.11.1990 – C-177/88, NZA 1991, 171 – Dekker.

284 BAG 22.6.2011 – 8 AZR 48/10, NZA 2012, 1226; BAG 28.1.2010 – 2 AZR 764/08, NZA 2010, 625; s. auch *Herbert/Oberrath* DB 2010, 391.

285 BAG 24.9.2009 – 8 AZR 705/08, NZA 2010, 387.

merkmal. Damit können auch einmalige sexuell bestimmte Verhaltensweisen den Tatbestand des §3 Abs.4 AGG erfüllen.[286] Neben strafbaren sexuellen Handlungen (s. vor allem §§174 ff. StGB) gehören hierzu auch sonstige sexuelle Handlungen und Aufforderungen zu diesen, sexuell bestimmte körperliche Berührungen, Bemerkungen sexuellen Inhalts sowie das Zeigen und sichtbare Anbringen von pornographischen Darstellungen. Der oder die Betroffene muss sich nicht aktiv gegen die Belästigung zur Wehr setzen, sondern es genügt, wenn der Handelnde objektiv nicht davon ausgehen kann, dass seine Handlung gewünscht oder gebilligt wird.[287] Das Gesetz verbietet also nicht den Flirt am Arbeitsplatz, sofern er vom Einverständnis beider Partner getragen ist.

Letztlich fällt gem. §3 Abs.5 AGG auch eine Anweisung zu einer Benachteiligung unter das Allgemeine Gleichbehandlungsgesetz. Weist also die Geschäftsleitung die Personalleiterin an, ältere Arbeitnehmer nicht zu Weiterbildungen zu entsenden, so stellt bereits diese Anweisung eine Benachteiligung dar.

Friedrich Mertin wurde von der Weiterbildung ausgeschlossen, weil er ein bestimmtes Alter überschritten hat. Eine jüngere Kollegin hat dagegen die Weiterbildung erhalten. Friedrich Mertin hat daher wegen seines Alters eine weniger gute Behandlung erfahren. Es liegt ein Fall der unmittelbaren Benachteiligung wegen des Alters vor, die gem. §7 Abs.1 AGG untersagt ist. Der Arbeitgeber verletzt hierdurch seine arbeitsvertraglichen Pflichten (§7 Abs.3 AGG).

Im Einzelfall kann eine Benachteiligung gerechtfertigt sein. Das Gesetz nennt verschiedene Rechtfertigungsgründe. Zunächst kann eine unterschiedliche Behandlung aus einem der in §1 AGG genannten Gründe rechtlich zulässig sein, um bestehende Nachteile zu verhindern bzw. auszugleichen (§5 AGG). Hierdurch werden positive Maßnahmen zur Förderung einer benachteiligten Gruppe zulasten einer anderen Gruppe gerechtfertigt, wenn kein anderes milderes Mittel zur Verfügung steht. So ist es zulässig mithilfe von Integrationsvereinbarungen Behinderte oder durch Frauenforderpläne Frauen bei Beförderungen etc. zu bevorzugen, wenn diese Gruppen bisher nicht hinreichend in höheren Positionen vertreten sind.

Eine Benachteiligung ist gem. §8 AGG zulässig, wenn wegen der Art der auszuübenden Tätigkeit oder der Bedingungen ihrer Ausübung das benachteiligende Merkmal eine wesentliche und entscheidende berufliche Anforderung darstellt.[288] Außerdem muss die Festlegung dieser Anforderung einem rechtmäßigen Zweck dienen und geeignet sein, diesen Zweck zu erreichen. An das Vorliegen eines Rechtfertigungsgrundes sind hohe Anforderungen zu stellen. Reine Zweckmäßigkeitserwägungen reichen nicht aus. Die vom Arbeitgeber aufgestellte Anforderung muss aus objektiver Sicht für die Tätigkeit prägend sein und zur eigentlichen Aufgabe des Arbeitnehmers gehören. Kundenwünsche genügen hierfür regelmäßig nicht.[289]

---

286 BAG 29.6.2017 – 2 AZR 302/16, NZA 2017, 1121.

287 BAG 9.6.2011 – 2 AZR 323/10, NZA 2011, 1342.

288 S. dazu BAG 28.5.2009 – 8 AZR 536/08, NJW 2009, 3672.

289 EuGH 10.7.2008 – C-54/07, NZA 2008, 929 – Feryn.

Neben dem allgemeinen Rechtfertigungsgrund des § 8 AGG bestimmen § 9 und § 10 AGG besondere Rechtfertigungsgründe im Falle einer unterschiedlichen Behandlung wegen der Religion oder Weltanschauung bzw. des Alters. Die Vorschrift des § 9 Abs. 1 AGG schützt Religionsgemeinschaften und die ihnen zugeordneten Einrichtungen, indem sie ihnen gestattet, eine bestimmte Religion bzw. Weltanschauung (für andere Benachteiligungsgründe gilt § 9 AGG nicht) als berufliche Anforderung zu definieren. § 9 Abs. 2 AGG bestimmt daneben ein besonderes Loyalitätsgebot für Beschäftigte von Religions- bzw. Weltanschauungsgemeinschaften. Hierdurch wird das in Art. 140 GG iVm Art. 136 ff. WRV gewährleistete Selbstverwaltungsrecht der Kirchen etc geschützt, das das Recht einschließt, eigene Verhaltensvorschriften für die Beschäftigten aufzustellen. Die Religionen und Weltanschauungsgemeinschaften dürfen daher in den Bereichen, in denen es um ihren Verkündungsauftrag geht, Personen anderer Religionen und Weltanschauung benachteiligen. Eine Benachteiligung ist jedoch nicht mehr gerechtfertigt, wenn die Tätigkeit nicht in direktem Bezug zu den nach außen zu vertretenen Standpunkten steht. So kann für seelsorgerische Aufgaben die Zugehörigkeit zu einer bestimmten Religion verlangt werden, nicht aber für eine Reinigungskraft.[290]

§ 10 AGG enthält besondere Rechtfertigungsgründe für Ungleichbehandlungen wegen des Alters. Danach muss jeweils im Einzelfall geprüft werden, ob die Ungleichbehandlung wegen des Alters objektiv und angemessen und durch ein legitimes Ziel gerechtfertigt ist.[291] Die Mittel zur Erreichung des Zieles müssen zudem angemessen und erforderlich sein. Im Sinne von Regelbeispielen nennt § 10 S. 3 Nr. 1–6 AGG bestimmte zulässige Fälle unterschiedlicher Behandlungen.

Im Falle des Friedrich Mertin ist keiner der in § 10 AGG genannten Zwecke erkennbar bzw. von der Müllex GmbH dargetan. Insbesondere kommt § 10 S. 3 Nr. 3 AGG nicht in Betracht. Weder fordern spezifische Ausbildungsanforderungen ein bestimmtes Höchstalter noch folgt ein solches aus der Notwendigkeit einer angemessenen Beschäftigungszeit vor dem Eintritt in den Ruhestand. Dieses Erfordernis kann nur gegeben sein, wenn eine betriebswirtschaftlich sinnvolle Mindestdauer einer produktiven Arbeitsleistung bis zum Eintritt ins Rentenalter nicht mehr gegeben ist.[292] Friedrich Mertin hat noch deutlich mehr als zehn Jahre Berufstätigkeit bis zum Erreichen der Regelaltersgrenze vor sich. Für die angestrebte Weiterbildung zum Disability Manager ergibt sich hieraus eine sinnvolle Mindestdauer der Beschäftigung. Der Arbeitgeber darf einen Arbeitnehmer selbst bei einer mehr als zweijährigen Fortbildungsmaßnahme nicht länger als fünf Jahre binden (s. dazu S. 298). Bei einer mehr als zehnjährigen Beschäftigungsmöglichkeit im Fall des Friedrich Mertin kann daher in Abhängigkeit von Dauer und Art der Ausbildung nicht von einer mangelnden Produktivität ausgegangen werden. Letztlich stellt ein bestimmtes Höchstalter keine unabdingbare berufliche Anforderung für die vorgesehene Weiterbil-

---

[290] Beachte Vorlagebeschluss BAG 17.3.2016 – 8 AZR 501/14 (A), BeckRS 2016, 71139.
[291] S. BAG 20.3.2012 – 9 AZR 529/10, NZA 2012, 803.
[292] BT-Drs. 16/1780, 36.

dung dar (§8 AGG). Die Benachteiligung des Friedrich Mertin ist daher nicht gerechtfertigt.

Der Gewerkschaftssekretär erläutert Friedrich Mertin, dass er sich zunächst gem. §13 AGG bei den zuständigen Stellen des Betriebs beschweren kann.[293] Dies kann der Betriebsrat oder aber eine andere vom Arbeitgeber festgelegte Stelle im Betrieb sein. Die Beschwerde ist zu prüfen und das Ergebnis dem Beschäftigten mitzuteilen. In den Fällen der Belästigung bzw. sexuellen Belästigung gibt §14 AGG den betroffenen Beschäftigten außerdem das Recht, ihre Arbeitsleistung zu verweigern, sofern der Arbeitgeber keine oder ungeeignete Maßnahmen ergreift, um die Belästigungen zu unterbinden.

Im Falle des Friedrich Mertin gewinnt die Vorschrift des §15 AGG Bedeutung. Sie gewährt in Abs. 1 einen Schadensersatz- und in Abs. 2 einen Entschädigungsanspruch.

Hat der Arbeitgeber gegen das Benachteiligungsverbot des §7 Abs. 1 AGG verstoßen und die Pflichtverletzung zu vertreten, so muss er den durch die Benachteiligung entstandenen Schaden ersetzen. In der Praxis bedeutsamer ist jedoch §15 Abs. 2 S. 1 AGG, der dem Benachteiligten unabhängig von einem Verschulden des Arbeitgebers einen Anspruch auf eine angemessene Entschädigung für den durch die Benachteiligung erlittenen immateriellen Schaden zuspricht.[294] Der Höhe der Entschädigung soll daneben eine abschreckende Wirkung zukommen.[295] Eine Höchstgrenze von drei Monatsgehältern ist gesetzlich nur für den Fall der Benachteiligung bei Einstellungen vorgesehen, wenn der Bewerber auch ohne die Benachteiligung nicht eingestellt worden wäre (§15 Abs. 2 S. 2 AGG).[296]

Will Friedrich Mertin einen Entschädigungsanspruch geltend machen, muss er dies gem. §15 Abs. 4 AGG innerhalb einer Frist von zwei Monaten schriftlich tun. Die Frist beginnt mit dem Zeitpunkt, in dem er von der Benachteiligung Kenntnis erlangt hat, hier also mit der Ablehnung der Weiterbildung. Lehnt die Müllex GmbH die Entschädigungszahlung ab, so muss er innerhalb von drei weiteren Monaten, nachdem er den Anspruch schriftlich erhoben hat, Klage auf Entschädigung beim Arbeitsgericht erheben (§61b Abs. 1 ArbGG).[297]

§22 AGG hilft ihm insoweit, als dass er im Streitfall zunächst nur Indizien darlegen und beweisen muss, aus denen sich eine Benachteiligung vermuten lässt. Friedrich Mertin kann hier vortragen, dass in der Müllex GmbH Arbeitnehmer über 52 Jahre nicht an Weiterbildungsmaßnahmen teilnehmen. Der Arbeitgeber muss sodann beweisen, dass keine Diskriminierung vorgelegen hat oder Rechtfertigungsgründe gegeben sind.

---

293 Zur Beschwerdestelle im Einzelnen s. *Ehrich/Frieters* DB 2007, 1026; *Schneider* AiB 2007, 626; *Westhauser/Sediq* NZA 2008, 78.

294 BAG 22.1.2009 – 8 AZR 906/07, NZA 2009, 945.

295 EuGH 22.4.1997 – C-180/95, NZA 1997, 645 – Draempaehl.

296 S. dazu BAG 19.8.2010 – 8 AZR 530/09, NZA 2010, 1412.

297 Zur Zulässigkeit der Fristen: EuGH 8.7.2010 – C-246/09, NZA 2010, 869 – Bulicke./.Deutsche Büro Service GmbH.

Nachdem Friedrich Mertin durch seine Gewerkschaft über die ihm zustehenden Rechte informiert ist, sucht er ein weiteres Mal das Gespräch mit der Personalleiterin Birgit Müller. Zur Abwendung der Entschädigungszahlung einigen sie sich darauf, dass Herr Mertin die gewünschte Weiterbildung belegen kann und hierfür von der Müllex GmbH freigestellt wird.

Frau Müller ist jedoch durch diesen Vorfall sensibilisiert und sorgt dafür, dass die in der Müllex GmbH geltenden Regelungen auf benachteiligende Wirkungen hin untersucht werden. Insbesondere veranlasst sie eine Schulungsreihe ihrer Führungskräfte zum Thema Diversity Management, die insbesondere darauf gerichtet ist, benachteiligende Verhaltensweisen im Betrieb zu erkennen und ihnen entgegenzuwirken. So gewährleistet sie, dass die Müllex GmbH ihren aus §12 Abs. 1 und 2 AGG folgenden Pflichten nachkommt. Sie erwägt darüber hinaus eine Betriebsvereinbarung mit dem Betriebsrat zum Thema Diskriminierungsschutz zu verabreden, die auch Regelungen zur Behandlung von Beschwerden durch eine betriebliche Beschwerdestelle enthalten soll (s. auch §12 Abs. 5 AGG). Der Betriebsrat hat bei der Einrichtung der Beschwerdestelle kein Mitbestimmungsrecht, da der Arbeitgeber gesetzlich gem. §13 Abs. 1 S. 1 AGG verpflichtet ist, eine solche Stelle im Betrieb zu benennen. Ort und Besetzung der Beschwerdestelle sind mitbestimmungsfrei, da es sich nicht um Fragen der Ordnung des Betriebs handelt. Mitbestimmungspflichtig ist jedoch die Ausgestaltung des Beschwerdeverfahrens. Hier ist die Ordnung des Betriebs betroffen, sodass §87 Abs. 1 Nr. 1 BetrVG ein Mitbestimmungsrecht gewährt.[298]

Ansprüche gegen den Arbeitgeber aufgrund einer Benachteiligung nach dem AGG sind wie folgt zu prüfen:

1. Fällt der zu prüfende Sachverhalt unter den sachlichen (§2 AGG) und persönlichen (§6 AGG) Anwendungsbereich des AGG?
2. Hat der Anspruchsteller die materiell-rechtliche Ausschlussfrist des §15 Abs. 4 AGG eingehalten? (Und gegebenenfalls auch die Frist des §61b Abs. 1 ArbGG?)
3. Liegt eine unmittelbare oder mittelbare Benachteiligung (s. §3 AGG) aus einem in §1 AGG genannten Grund vor? Der Anspruchsteller muss hierfür gem. §22 AGG hinreichende Indizien vortragen und beweisen.
4. Liegt ein aus den §§8–10 AGG folgender Grund für die Rechtfertigung der Benachteiligung vor?
5. Im Fall des §15 Abs. 1 AGG muss das Vorliegen eines Schadens geprüft werden. Wird im Falle der Nichteinstellung ein Entschädigungsanspruch nach §15 Abs. 2 AGG geltend gemacht, muss geklärt werden, ob der Bewerber auch ohne die Benachteiligung nicht eingestellt worden wäre.

[298] BAG 21.7.2009 – 1 ABR 42/08, NZA 2009, 1049; s. auch Muster-Betriebsvereinbarung *Biere* AiB 2010, 84.

5. Sonstige Schutzpflichten des Arbeitgebers

Frau Sohn ist bei der Müllex GmbH als Sachbearbeiterin in der Lohnbuchhaltung beschäftigt. Sie teilt sich ein größeres Büro mit weiteren drei Mitarbeitern, die sehr starke Raucher sind. Sie ist seit Jahren wegen chronischer Atemwegserkrankungen in ärztlicher Behandlung. Belegt durch ärztliche Bescheinigungen verlangt sie zur Vermeidung weiterer gesundheitlicher Gefahren einen tabakrauchfreien Arbeitsplatz. Sie überprüfen, ob ein solcher Anspruch besteht.

Der Arbeitgeber ist gegenüber dem Arbeitnehmer verpflichtet, die Arbeitsschutzbestimmungen einzuhalten. Neben besonderen öffentlich-rechtlichen Schutzvorschriften bestimmt § 618 Abs. 1 BGB (bzw. § 62 Abs. 1 HGB) allgemein die Pflicht des Arbeitgebers, die Arbeitsräume, den Arbeitsplatz und die Arbeitsabläufe so einzurichten und zu erhalten, dass der Arbeitnehmer keinen gesundheitlichen oder Lebensgefahren ausgesetzt ist. So muss der Arbeitgeber eine notwendige persönliche Schutzausrüstung, wie zB Sicherheitsschuhe, zur Verfügung stellen.[299] Ergänzend legen § 3 und § 4 ArbSchG fest, dass der Arbeitgeber verpflichtet ist, entsprechende Maßnahmen des Arbeitsschutzes durchzuführen. Hierbei handelt es sich jedoch um öffentlich-rechtliche Pflichten des Arbeitgebers. Konkrete Ansprüche des Arbeitgebers ergeben sich daraus nicht, sondern nur aus den Vorschriften des allgemeinen Zivilrechts, unter anderem aus § 618 Abs. 1 BGB. Die Schutzpflicht des Arbeitgebers erstreckt sich auf die abhängig vom Stand der Technik und Wissenschaft durch die Arbeitsleistung erhöhten Gefahren, nicht hingegen auf das allgemeine Lebensrisiko. Der im Einzelfall notwendige Schutz ist abhängig von der Umgebung des Arbeitsplatzes und den dort vorhandenen üblichen Belastungen.[300] Da somit auch die betrieblichen Verhältnisse über die vom Arbeitgeber durchzuführenden Maßnahmen entscheiden, ergibt sich für den Arbeitnehmer kein absoluter Schutz. Der Arbeitnehmer kann keine Maßnahmen verlangen, die zu einer Veränderung oder zu einer faktischen Unmöglichkeit der unternehmerischen Betätigung des Arbeitgebers führen würden, so lange das Handeln des Arbeitgebers als solches rechtmäßig ist.

In weiten Bereichen wird § 618 Abs. 1 BGB durch Spezialvorschriften ergänzt, die den Arbeitnehmer jeweils vor arbeitsspezifischen Gefahren schützen sollen.[301] So ist der technische Arbeitsschutz unter anderem im Arbeitsschutzgesetz, in der Gefahrstoffverordnung, der Arbeitsstättenverordnung sowie in Unfallverhütungsvorschriften der Berufsgenossenschaften enthalten.

Gemäß § 5 Abs. 1 ArbSchG iVm § 618 Abs. 1 BGB hat jeder Arbeitnehmer einen Anspruch auf eine Gefährdungsbeurteilung seiner Arbeit. Hieraus muss der Arbeitgeber dann die entsprechenden Maßnahmen des Arbeitsschutzes ableiten. Der Arbeitgeber hat einen Handlungsspielraum hinsichtlich der Beurteilungskriterien, ob mit der Beschäftigung eine Gefährdung verbunden ist.

---

[299] BAG 21.8.1985 – 7 AZR 199/83, NZA 1986, 324; BAG 18.8.1982 – 5 AZR 493/80, BeckRS 9998, 151226.

[300] BAG 8.5.1996 – 5 AZR 315/95, NZA 1997, 86.

[301] BAG 14.12.2006 – 8 AZR 628/05, NZA 2007, 262.

Er muss jedoch den Betriebsrat bei der Durchführung der Gefährdungsbeurteilung gem. §87 Abs. 1 Nr. 7 BetrVG beteiligen.[302]

Gemäß §5 Abs. 1 S. 1 ArbStättV ist der Arbeitgeber verpflichtet, die erforderlichen Maßnahmen zu treffen, damit die nicht rauchenden Beschäftigten in Arbeitsstätten wirksam vor den Gesundheitsgefahren durch Tabakrauch geschützt sind. E-Zigaretten werden nicht erfasst, da es an einem Tabakrauch erzeugenden Verbrennungsvorgang fehlt.[303] Passivrauchen wird zum Schutz der Nichtraucher als gesundheitsschädlich eingeordnet. Der Arbeitgeber muss demzufolge Maßnahmen zum Schutz der Nichtraucher ergreifen. Abhängig von den Umständen des Einzelfalls kann es sich um bauliche (zB Lüftung) oder organisatorisch-räumliche Maßnahmen handeln (zB Trennung der Nichtraucher von den Rauchern durch Zuweisung unterschiedlicher Büroräume).[304] Im Einzelfall kann gem. §5 Abs. 1 S. 2 ArbStättV auch ein beschränktes oder generelles Rauchverbot angemessen sein. Soweit es sich um Züge, Busse, Taxis, Gaststätten und Bundesbehörden bzw. öffentliche Gebäude handelt, ergibt sich ein Rauchverbot bereits aus den entsprechenden gesetzlichen Vorschriften des Bundes bzw. der Länder zum Nichtraucherschutz. Da der Arbeitgeber in diesen Fällen Rauchverbote in Vollzug einer gesetzlichen Verpflichtung ausspricht, sind gem. §87 Abs. 1 Einleitungssatz BetrVG Mitbestimmungsrechte des Betriebsrats ausgeschlossen. Dies gilt auch, wenn ein generelles Rauchverbot die einzige erforderliche Maßnahme gem. §5 Abs. 1 S. 2 ArbStättV ist. Erfordert nicht der Schutz der Nichtraucher, sondern zB der Umgang mit gefährlichen und entzündlichen Stoffen ein Rauchverbot, so ist der Bereich des mitbestimmungsfreien Arbeitsverhaltens betroffen.[305]

Der einzelne Arbeitnehmer hat gem. §618 BGB, §62 HGB iVm §5 ArbStättV einen Anspruch auf einen rauchfreien Arbeitsplatz. Dieser besteht unabhängig davon, ob der Arbeitnehmer im Einzelfall seine gesundheitliche Beeinträchtigung nachweist; §5 Abs. 1 ArbStättV sieht diese als gegeben an.[306]

In Arbeitsstätten mit Publikumsverkehr hat der Arbeitgeber gem. §5 Abs. 2 ArbStättV der Natur des Betriebs entsprechende oder der Art der Beschäftigung angepasste technische oder organisatorische Maßnahmen zu treffen, um den Nichtraucherschutz zu gewährleisten.[307] Die Müllex GmbH muss gem. §5 Abs. 1 ArbStättV Frau Sohn wirksam vor Tabakrauch schützen und ihr einen tabakrauchfreien Arbeitsplatz zur Verfügung stellen. Verletzt der Arbeitgeber seine Schutzpflichten, so kann dem Arbeitnehmer im Einzelfall gem. §273 Abs. 1 BGB iVm §618 Abs. 1 BGB ein Zurückbehaltungsrecht an seiner Arbeitsleistung zustehen.[308]

---

302 BAG 12.8.2008 – 9 AZR 1117/06, NZA 2009, 102.

303 *Bissels/Falter* BB 2015, 2999.

304 S. LAG München 2.3.1990 – 6 Sa 88/90, BeckRS 1990, 30464124; LAG München 27.11.1990 – 2 Sa 542/90, BeckRS 1990, 30735541.

305 BAG 19.1.1999 – 1 AZR 499/98, NZA 1999, 546.

306 S. auch BAG 17.2.1998 – 9 AZR 84/97, NZA 1998, 1231.

307 S. auch BAG 10.5.2016 – 9 AZR 347/15, NZA 2016, 1134.

308 BAG 19.2.1997 – 5 AZR 982/94, NZA 1997, 821; BAG 8.5.1996 – 5 AZR 315/95, NZA 1997, 86.

Der Arbeitgeber ist jedoch nicht nur für den Schutz der Gesundheit des Arbeitnehmers verantwortlich. Ihm obliegt auch die arbeitsvertragliche Nebenpflicht (§§ 241 Abs. 2, 242 BGB), die vom Arbeitnehmer berechtigterweise in den Betrieb eingebrachten Sachen vor Beschädigung zu schützen. Abhängig vom Einzelfall muss der Arbeitgeber die Maßnahmen treffen, die ihm unter Berücksichtigung der betrieblichen und örtlichen Verhältnisse zumutbar sind, es handelt sich also nicht um eine umfassende Schutzpflicht.[309] Der Arbeitnehmer soll auch hinsichtlich eingebrachter Sachen nur vor spezifischen Gefahren des Arbeitsverhältnisses geschützt werden, nicht vor allgemeinen Lebensrisiken.

Die Frage nach dem Umfang der Schutzpflicht des Arbeitgebers für eingebrachte Sachen stellt sich häufig, wenn der Arbeitnehmer sein Privatfahrzeug auf einem Firmenparkplatz abgestellt hat und es dort beschädigt wurde. Der Arbeitgeber ist nicht verpflichtet, einen Firmenparkplatz zu eröffnen, tut er dies jedoch, so muss er für die Verkehrssicherheit sorgen und drohende Gefahren auf ein Mindestmaß reduzieren. So muss er zB den Parkplatz ausreichend beleuchten und baulich so gestalten, dass keine Unfälle passieren können. Darüber hinaus besteht nur aufgrund besonderer Umstände eine gesteigerte Sorgfaltspflicht des Arbeitgebers, wenn etwa Schäden voraussehbar sind.[310]

Die Entscheidung, einen Parkplatz für die Mitarbeiter einzurichten, kann der Arbeitgeber ohne Beteiligung des Betriebsrats treffen. Lediglich die Ausgestaltung seiner Nutzung im Wege einer Parkordnung, obliegt gem. § 87 Abs. 1 Nr. 1 BetrVG der Mitbestimmung des Betriebsrats.[311]

6. Besondere Pflichten gegenüber schwangeren Arbeitnehmerinnen

Maria Mahler ist in der Niederlassung Schwerte der Müllex GmbH als Disponentin beschäftigt. Am 19. April teilt sie der zuständigen Personalsachbearbeiterin mit, dass sie schwanger sei. Ihr Arzt habe den 30. November als voraussichtlichen Geburtstermin errechnet. Sie überlegen, welche Pflichten auf Sie als Arbeitgeber durch die Schwangerschaft zukommen. Hierzu lesen Sie im Mutterschutzgesetz![312]

Frau Mahler ist durch den Hinweis auf ihre Schwangerschaft der Empfehlung des § 15 Abs. 1 S. 1 MuSchG nachgekommen. Der Schutz der werdenden Mutter kann erst eintreten, wenn der Arbeitgeber Kenntnis von der Schwangerschaft hat. Andererseits wird aus Gründen des Persönlichkeitsschutzes der schwangeren Frau keine Pflicht zur Offenbarung der Schwangerschaft auferlegt. Die Mitteilung an den Arbeitgeber erfolgt im eigenen Interesse, es handelt sich um eine Obliegenheit.[313] Hat die Arbeitnehmerin ihre Schwangerschaft mitgeteilt,

309 BAG 25.5.2000 – 8 AZR 518/99, NZA 2000, 1052.

310 BAG 25.5.2000 – 8 AZR 518/99, NZA 2000, 1052.

311 BAG 7.2.2012 – 1 ABR 63/10, NZA 2012, 685.

312 *Richter/Kirchbach* ArbRAktuell 2017, 293; *Hülsemann* ArbRAktuell 2016, 568.

313 BAG 20.5.1988 – 2 AZR 739/87, NZA 1988, 799.

so ist sie verpflichtet, den Arbeitgeber unverzüglich zu unterrichten, wenn ihre Schwangerschaft zB durch eine Fehlgeburt endet.[314]

Aufgrund der Mitteilung der Mitarbeiterin ist der Arbeitgeber gem. §27 Abs. 1 Nr. 1a MuSchG gehalten, die zuständige Aufsichtsbehörde unverzüglich von der Schwangerschaft zu unterrichten. Kommt der Arbeitgeber dieser Pflicht nicht nach, so handelt er ordnungswidrig und setzt sich der Gefahr aus, eine Geldbuße bis zu 5.000 EUR zahlen zu müssen (§32 Abs. 1 Nr. 11, Abs. 2 MuSchG). Auf diese Weise wird gesichert, dass die Schwangere mit behördlicher Hilfe ausreichend geschützt werden kann. Aufsichtsbehörden sind nach dem Recht der einzelnen Bundesländer überwiegend die Arbeitsschutzbehörden.[315]

Für die Vorsorgeuntersuchungen und notwendigen Arztbesuche hat der Arbeitgeber die schwangere Arbeitnehmerin unter Fortzahlung der Vergütung von der Arbeitsleistung freizustellen (§7 in Verb. mit §23 Abs. 1 MuSchG).

Als nächstes muss überlegt werden, ob Frau Mahler weiterhin an ihrem bisherigen Arbeitsplatz beschäftigt werden darf. Nach §3 Abs. 1 MuSchG dürfen Sie eine schwangere Frau sechs Wochen vor der Entbindung nicht mehr beschäftigen, es sei denn, dass sie sich zur Arbeitsleistung ausdrücklich bereit erklärt. Das bedeutet, Sie dürfen Frau Mahler ab dem 19. Oktober nicht mehr beschäftigen. Die Frist berechnet sich nach §§187 Abs. 1, 188 Abs. 2 BGB rückwirkend vom angegebenen voraussichtlichen Entbindungstermin. Frau Mahlers letzter Arbeitstag ist folglich der 18. Oktober. Damit Sie den Zeitraum berechnen können, sind Sie berechtigt, von der Arbeitnehmerin ein entsprechendes ärztliches Zeugnis zu verlangen, müssen allerdings gem. §9 Abs. 6 S. 2 MuSchG hierfür die Kosten tragen.

Mit der Mitteilung ist der Arbeitgeber gem. §10 Abs. 2 MuSchG verpflichtet, unverzüglich die zum Schutz der schwangeren Frau erforderlichen Schutzmaßnahmen zu ergreifen. Zusätzlich hat der Arbeitgeber der Frau ein Gespräch über weitere Anpassungen ihrer Arbeitsbedingungen anzubieten. Das Gesprächsangebot sowie die Beurteilung der Arbeitsbedingungen sind vom Arbeitgeber entsprechend §14 Abs. 1 MuSchG zu dokumentieren. Gemäß §10 Abs. 3 MuSchG darf der Arbeitgeber eine Schwangere nur mit Tätigkeiten betrauen, für die er die erforderlichen Schutzmaßnahmen getroffen hat. Welche Maßnahmen dies im Einzelnen sind, muss der Arbeitgeber gem. §10 Abs. 1 MuSchG im Rahmen der Gefährdungsbeurteilung nach §5 ArbSchG für jede Tätigkeit ermitteln. Bei gleichartigen Arbeitsbedingungen kann er sich darauf beschränken, einen Arbeitsplatz oder eine Tätigkeit zu beurteilen. Das MuSchG unterscheidet zwischen verantwortbaren und unverantwortbaren Gefährdungen der schwangeren Frau oder des Kindes. Die schwangere Frau soll grundsätzlich ihre bisherige Tätigkeit weiterhin ausüben, soweit dies nach den Vorschriften des MuSchG verantwortbar ist. Soweit eine unverantwortbare Gefährdung nicht ausgeschlossen werden kann, hat der Arbeitgeber gem. §13 Abs. 1 MuSchG zunächst die Arbeitsbedingungen durch Schutzmaßnahmen

---

[314] BAG 18.1.2000 – 9 AZR 932/98, NZA 2000, 1157.

[315] Eine Übersicht des Bundesfamilienministeriums findet sich auf www.familien-wegweiser.de ⇨ Mutterschutz.

umzugestalten (s. auch §9 Abs.2 S.1 MuSchG). Ist dies nicht durchführbar oder dem Arbeitgeber nicht zumutbar, ist eine Umsetzung an einen anderen geeigneten Arbeitsplatz zu prüfen. Ist das nicht möglich, darf der Arbeitgeber die schwangere Frau nicht weiter beschäftigen. Das Gesetz geht damit von einer Gesundheitsvermeidung durch Ergreifen von Schutzmaßnahmen aus und sieht ein Beschäftigungsverbot als letztes Mittel an. Eine unverantwortbare Gefährdung liegt gem. §9 Abs.2 S.2 MuSchG vor, wenn die Eintrittswahrscheinlichkeit einer Gesundheitsbeeinträchtigung angesichts der Schwere eines möglichen Gesundheitsschadens nicht hinnehmbar ist. Hält der Arbeitgeber alle Vorgaben ein, um eine Gesundheitsbeeinträchtigung der Schwangeren oder des Kindes auszuschließen, so wird vermutet, dass eine unverantwortbare Gefährdung nicht gegeben ist.

Neben diesem aus §9 MuSchG iVm §13 Abs.1 Nr.3 MuSchG in der letzten Konsequenz folgenden allgemeinen Beschäftigungsverbot definiert §11 MuSchG für schwangere und §12 MuSchG für stillende Frauen bestimmte Tätigkeiten als unzulässig, weil mit ihnen eine für die Gesundheit der schwangeren Frau oder des Kindes unverantwortbare Gefährdung verbunden ist. Es handelt sich hierbei um besonders gesundheitsgefährdende Tätigkeiten, zB die Arbeit mit Gefahrstoffen. Letztlich darf der Arbeitgeber eine schwangere Frau nicht beschäftigen, wenn im Einzelfall die fortdauernde Beschäftigung unabhängig von ihrer Art zu einer Gefährdung der Gesundheit der Frau oder des Kindes führt und die schwangere Frau ein entsprechendes ärztliches Zeugnis vorlegt (§16 Abs.1 MuSchG). Nach dem Ende eines Beschäftigungsverbots muss die Frau zu den vertraglich vereinbarten Bedingungen beschäftigt werden. Da das Beschäftigungsverbot den Bestand des Arbeitsverhältnisses unberührt lässt, ist dieses in §25 MuSchG ausdrücklich normierte Recht lediglich eine Klarstellung. Will der Arbeitgeber andere Tätigkeiten zuweisen, kann er das nur, wenn die arbeitsvertraglichen Regelungen dies zulassen.

Zwar arbeitet Frau Mahler in einem Abfallentsorgungsbetrieb, jedoch dort im Bürobereich. Sie kommt nicht unmittelbar mit dem Abfall in Berührung und ist daher aufgrund der baulichen Gegebenheiten keiner besonderen, unverantwortbaren Gefährdung ausgesetzt. Dies hat eine Gefährdungsbeurteilung ergeben, die die Müllex GmbH für sämtliche Arbeitsplätze hat durchführen lassen. Allerdings muss die Müllex GmbH sicherstellen, dass Frau Mahler ihre Tätigkeit kurz unterbrechen kann, soweit das für sie erforderlich ist, zB weil sie mit fortschreitender Tätigkeit nicht mehr so lange sitzen kann.

Nach der Entbindung dürfen Sie Frau Mahler acht Wochen gerechnet vom Entbindungstag an (vgl. §§187 Abs.1, 188 Abs.2 BGB) nicht beschäftigen (§3 Abs.3 S.1 MuSchG). In den Fällen des §3 Abs.2 MuSchG verlängert sich die Schutzfrist nach der Entbindung auf zwölf Wochen. Bei einer vorzeitigen Entbindung vor dem errechneten Geburtstermin verlängert sich der Zeitraum des Beschäftigungsverbots um den Zeitraum der Verkürzung der Schutzfrist vor der Entbindung (s. §3 Abs.2 S.3 MuSchG). Der Arbeitnehmerin steht also unabhängig vom Geburtstag des Kindes eine Schutzfrist von 14 Wochen (maximal sechs vor und mindestens acht Wochen nach der Geburt) zu.[316] Eine Frühgeburt liegt – außer bei einer vorzeitigen Entbindung – vor, wenn das Baby ein Geburtsgewicht von unter 2500 g, noch nicht voll ausgebildete Körperteile hat oder wegen der zu frühen Geburt einer erhöhten Pflege bedarf.[317]

Unterstellt also Frau Mahler würde am 4. November ihr Kind zur Welt bringen, so verkürzt sich die Schutzfrist vor der Entbindung (§ 3 Abs. 1 MuSchG) um 26 Tage. Die Schutzfrist nach der Entbindung (§ 3 Abs. 2 MuSchG) verlängert sich um diesen Zeitraum, sodass Frau Mahler bis zum 25. Januar des Folgejahres nicht beschäftigt werden darf (4. November + 8 Wochen = 30. Dezember + 26 Tage). Auf diese Fristen kann die Mutter – anders als nach § 3 Abs. 1 MuSchG die schwangere Frau – nicht verzichten, es sei denn, sie verlangt es im Fall der Totgeburt eines Kindes (§ 3 Abs. 4 MuSchG). Eine Totgeburt setzt ein Mindestgewicht des Fötus von 500 g voraus (§ 31 Abs. 2 PersonenstandsVO). Das Beschäftigungsverbot des § 3 Abs. 2 MuSchG greift nicht bei einer Fehlgeburt, die nicht als Entbindung behandelt wird.

Nachdem die Personalabteilung die Schutzfristen ausgerechnet und Frau Mahler schriftlich mitgeteilt hat, fragt diese an, welche finanziellen Auswirkungen die Schwangerschaft für sie haben werde.

Kann eine Schwangere wegen eines Beschäftigungsverbots (s. § 2 Abs. 3 MuSchG) außerhalb der Schutzfristen vor und nach der Entbindung ihre Arbeitsleistung nicht wie geschuldet erbringen, erhält sie gem. § 18 MuSchG Mutterschutzlohn.

Das Beschäftigungsverbot muss die alleinige Ursache dafür sein, dass die Schwangere ihre Arbeitsleistung nicht erbringt.[318] Ist die Schwangere arbeitsunfähig erkrankt, hat sie keinen Anspruch auf Mutterschutzlohn, sondern auf Entgeltfortzahlung im Krankheitsfall nach dem EFZG. Der Unterschied ist dann bedeutsam, wenn die krankheitsbedingte Arbeitsunfähigkeit über den Zeitraum von sechs Wochen andauert. Dann endet der Anspruch gem. § 3 Abs. 1 S. 1 EFZG. Demgegenüber besteht der Anspruch auf Mutterschutzlohn bis zum Eintritt der Schutzfristen des § 3 MuSchG, also auch über sechs Wochen hinaus. Tritt die Arbeitsunfähigkeit während eines bestehenden Beschäftigungsverbots ein, so ist der Anspruch aus § 3 EFZG vorrangig, der Anspruch auf Mutterschutzlohn besteht für die gesamte Zeit der Arbeitsunfähigkeit nicht.[319]

Frauen, die gesetzlich krankenversichert sind, erhalten von der Krankenkasse nach § 19 Abs. 1 MuSchG Mutterschaftsgeld für die Zeit der Schutzfristen vor und nach der Entbindung (§ 3 Abs. 1 und 2 MuSchG) sowie für den Entbindungstag iHv max. 13 EUR (s. im Einzelnen § 24i SGB V). Außerdem erhält die Frau vom Arbeitgeber gem. § 20 MuSchG einen Zuschuss zum Mutterschaftsgeld. Das um die gesetzlichen Abzüge verminderte kalendertägliche

---

316 Art. 8 RL 92/85/EWG „Mutterschutzrichtlinie" v. 19.10.1992, ABl. 1992 L 348, 1.

317 BAG 12.3.1997 – 5 AZR 329/96, NZA 1997, 764.

318 S. auch BAG 9.10.2002 – 5 AZR 443/01, NZA 2004, 257; *Schliemann/König* NZA 1998, 1030.

319 S. auch BAG 13.2.2002 – 5 AZR 588/00, NZA 2002, 738.

Arbeitsentgelt minus 13 EUR ergibt dessen Höhe (vgl. im Einzelnen § 20 Abs. 1 S. 2 MuSchG).[320] Im Ergebnis erhalten die Frauen also ein volles Nettoentgelt.

Der Zuschuss des Arbeitgebers zum Mutterschutzlohn entfällt gem. § 22 S. 1 MuSchG für die Zeiten, in denen die Arbeitnehmerin Elternzeit in Anspruch nimmt. Die Elternzeit kann wegen der Mutterschutzfristen zulässigerweise vorzeitig beendet werden (§ 16 Abs. 3 S. 3 BEEG). Die erneut schwangere Frau kann somit die Elternzeit für das bereits geborene Kind aufgeben, um die bezahlten Mutterschutzfristen in Anspruch zu nehmen.[321] Die Arbeitnehmerin soll die Beendigung der Elternzeit dem Arbeitgeber rechtzeitig mitteilen, sie bedarf jedoch nicht seiner Zustimmung.

Der Arbeitgeber hat gegen die Krankenkassen gem. § 1 Abs. 2 AAG einen Anspruch auf Erstattung des nach § 20 Abs. 1 MuSchG gezahlten Zuschusses zum Mutterschaftsgeld sowie des Mutterschutzlohns nach § 18 MuSchG. Die für den Ausgleich erforderlichen Mittel werden bei allen Arbeitgebern unabhängig davon erhoben, ob sie Schwangere oder überhaupt Frauen beschäftigen (U2-Umlageverfahren[322], s. auch § 7 AAG). Der Umlagesatz kann je nach Krankenkasse des Arbeitnehmers unterschiedlich sein, da die einzelnen Krankenkassen die Höhe des Umlagesatzes individuell in ihren Satzungen festlegen.

7. Verschwiegenheitspflicht

Ebenso wie den Arbeitnehmer trifft auch den Arbeitgeber eine Verschwiegenheitspflicht. Der Arbeitnehmer hat ein Recht auf Geheimhaltung insbesondere seiner persönlichen Daten. Der Arbeitgeber muss den Schutz der Daten gewährleisten und gem. § 5 BDSG aF (bis zum 24.5.2018) bzw. § 53 BDSG nF (ab 25.5.2018) alle mit der Datenverarbeitung befassten Personen auf das Datengeheimnis verpflichten (s. auch Art. 32 DSGVO). Besondere Regelungen enthalten zB § 27 Abs. 1 S. 2 MuSchG, § 24 des Gesetzes über Arbeitnehmererfindungen.

Grundlage der Verschwiegenheitspflicht ist § 241 Abs. 2 BGB sowie das allgemeine Persönlichkeitsrecht des Arbeitnehmers. Hieraus folgt auch die besondere Pflicht, die Personalakten der Arbeitnehmer sorgfältig aufzubewahren und für Dritte unzugänglich zu machen. Die Personalakte enthält alle Unterlagen, die über die Person des Arbeitnehmers und seine berufliche Entwicklung Auskunft geben und an deren Aufbewahrung der Arbeitgeber ein berechtigtes, billigenswertes Interesse hat.[323] Wie der Arbeitgeber die Personalakten führt, ist seine Entscheidung.[324] Er muss jedoch geeignete Maßnahmen treffen, dass sensible Daten nur Berechtigten und diesen nur in absolut erforderlichem Umfang zur Kenntnis gelangen.[325] Verletzt der Arbeitgeber diese Pflichten schuldhaft,

---

320 Zu Sachbezügen wie Firmenfahrzeug s. BAG 11.10.2000 – 5 AZR 240/99, NZA 2001, 445.

321 S. auch EuGH 20.9.2007 – C-116/06, NZA 2007, 1274 – Kiiski.

322 *Buchner* NZA 2006, 121.

323 S. allgemein zur Personalakte *Herfs-Röttgen* NZA 2013, 478.

324 BAG 16.10.2007 – 9 AZR 110/07, NZA 2008,367; zur elektronischen Personalakte *Besgen* B+P 2013, 19; *Diller/Schuster* DB 2008, 928; *Kellermeyer/Rausmann* AuA 2009, 328; *Lüthge/Springer* BB 2017, 1397.

325 BAG 15.7.1987 – 5 AZR 215/86, NZA 1988, 53.

so macht er sich gem. § 280 Abs. 1 BGB bzw. in Anspruchskonkurrenz gem. § 823 Abs. 1 BGB schadensersatzpflichtig.

III. Aufwendungsersatz und Haftung des Arbeitgebers

1. Aufwendungsersatz

Die Unfallverhütungsvorschriften verlangen, dass Mitarbeiter auf Deponiegeländen Sicherheitsschuhe tragen. Herr Franz Merker arbeitet auf der zur Müllex GmbH gehörenden Mülldeponie Ostönnen. Da seine alten Schuhe verbraucht waren, schafft er sich neue an und verlangt von der Personalabteilung Ersatz der aufgewendeten Kosten in Höhe von 119 EUR. Sie prüfen, ob dieser Anspruch berechtigt ist.

Der Arbeitgeber muss dem Arbeitnehmer analog § 670 BGB die Aufwendungen ersetzen, die dieser tätigt, um die ihm vom Arbeitgeber aufgetragenen Arbeitsleistungen auszuführen. § 670 BGB enthält einen allgemeinen Rechtsgrundsatz, dass derjenige, der im Interesse eines anderen Aufwendungen macht, für die er keine Vergütung erhält, Ersatz der Aufwendungen von demjenigen verlangen kann, für den er tätig geworden ist. Voraussetzung des Anspruchs ist, dass es sich um Aufwendungen zum Zwecke der Ausführung der Arbeitsleistung handelt, die der Arbeitnehmer den Umständen nach für erforderlich halten durfte.[326] So muss der Arbeitgeber zB Kosten für Fahrten zu Kunden oder Übernachtungskosten erstatten, wenn der Arbeitnehmer, die geschuldete Arbeitsleistung nur mit einer auswärtigen Übernachtung ausführen kann.[327]

Ansprüche auf Aufwendungsersatz gem. § 670 BGB analog sind nicht zwingend, sondern können durch die Arbeitsvertragsparteien anderweitig geregelt werden. So kann der Ersatzanspruch pauschalisiert werden, zB indem für Reise- und Übernachtungskosten bestimmte Spesensätze vereinbart werden. Solche abweichenden Regelungen können nicht nur durch Einzelvertrag, sondern auch durch Betriebsvereinbarung oder Tarifvertrag getroffen werden. Eine Mitbestimmungspflicht des Betriebsrats besteht nicht, da der Begriff Lohngestaltung in § 87 Abs. 1 Nr. 10 BetrVG nur Arbeitsentgelte als Gegenleistung für die vom Arbeitnehmer geleistete Arbeit, nicht aber Zahlungen zum Ausgleich entstandener Aufwendungen erfasst.

Abweichende Bestimmungen über den Aufwendungsersatz sind ausgeschlossen, wenn der Arbeitgeber gesetzlich verpflichtet ist, die Kosten allein zu tragen. So begründen Unfallverhütungsvorschriften, die geeignet sind, Gegenstand einer arbeitsvertraglichen Vereinbarung zu sein, zugleich eine privatrechtliche Verpflichtung des Arbeitgebers gegenüber dem Arbeitnehmer, diesem entsprechende Ausrüstungsgegenstände zur Verfügung zu stellen (s. auch §§ 618, 619 BGB). Soweit derartige Schutzausrüstungen nur betrieblich genutzt werden dürfen, hat der Arbeitgeber die Kosten hierfür zu tragen. Gemäß

[326] BAG 14.10.2003 – 9 AZR 657/02, NZA 2004, 604; s. auch *Jüngst* B+P 2009, 665.
[327] BAG 14.2.1996 – 5 AZR 978/94, NZA 1996, 883.

§3 Abs.3 ArbSchG dürfen dem Arbeitnehmer Kosten für Maßnahmen des Arbeitsschutzes nicht übertragen werden.

Wenn der Arbeitnehmer die Schutzausrüstung ganz oder teilweise selbst beschafft, muss der Arbeitgeber dem Arbeitnehmer diese Aufwendungen analog §670 BGB erstatten.[328] Hierbei kann der Arbeitgeber Höchstbeträge festsetzen, die allerdings so bemessen sein müssen, dass der Arbeitnehmer die Möglichkeit hat, die benötigten Gegenstände zu diesem Preis auch anzuschaffen.[329]

Demgegenüber muss allein der Arbeitnehmer für die Abnutzung seiner Kleidung aufkommen, die er während der Arbeitszeit trägt. Sie wird durch die gewährte Vergütung abgegolten.[330] Dies gilt auch, wenn eine einheitliche Dienstkleidung vorgeschrieben ist. Lediglich, wenn die Dienstkleidung, wie zB in einem Krankenhaus oder in einem Lebensmittelbetrieb, aus hygienischen Gründen zu tragen ist, darf der Arbeitgeber die hierfür entstehenden Kosten nicht dem Arbeitnehmer anlasten.[331] Werden dem Arbeitnehmer zusätzliche Gebrauchsvorteile eingeräumt, zB die Möglichkeit, die Ausrüstungsgegenstände auch im privaten Bereich zu nutzen, so ist die Vereinbarung einer Kostenbeteiligung des Arbeitnehmers zulässig.[332]

Im Unternehmen Müllex GmbH bestehen keine abweichenden Regelungen, sodass Herrn Merker der erstattungsfähige Betrag mit der nächsten Lohnabrechnung angewiesen wird.

2. Haftung für Sachschäden des Arbeitnehmers

Bodo Sonntag ist bei der Müllex GmbH als Vertriebsmitarbeiter angestellt und zuständig für die Akquisition von neuen Kunden für die Entsorgung von Sonderabfällen. Um seine Kunden zu besuchen, benutzt Herr Sonntag mit Billigung der Müllex GmbH immer dann seinen privaten Pkw, wenn alle Firmenfahrzeuge anderweitig im Einsatz sind. Die einzelnen Fahrten werden entsprechend einer betrieblichen Regelung, die sich an der steuerlichen Pauschale orientiert, nach gefahrenen Kilometern abgerechnet. Bei der Fahrt zum Kunden Sporax GmbH verursacht Bodo Sonntag leicht fahrlässig einen Verkehrsunfall. Der Schaden des Unfallgegners wird von seinem Haftpflichtversicherer beglichen. Gegenüber der Müllex GmbH macht Herr Sonntag den Schaden an seinem eigenen Pkw geltend, der nicht von der Haftpflichtversicherung abgedeckt wird. Außerdem verlangt er Ersatz der Prämienmehrkosten in der Haftpflichtversicherung, die ihm durch die Rückstufung in der Schadensfreiheitsklasse des Haftpflichtversicherers entstehen, sowie Erstattung des

328 BAG 13.2.2003 – 6 AZR 536/01, NZA 2003, 1196; BAG 14.2.1996 – 5 AZR 978/94, NZA 1996, 883.

329 BAG 21.8.1985 – 7 AZR 199/83, NZA 1986, 324.

330 BAG 19.5.1998 – 9 AZR 307/96, NZA 1999, 38.

331 BAG 14.6.2016 – 9 AZR 181/15, NZA-RR 2016, 565.

332 BAG 18.8.1982 – 5 AZR 493/80, NZA 1983, 26.

ihm auferlegten Bußgeldes. Als Personalleiter/in sind Sie damit befasst, die Richtigkeit dieser Ansprüche zu prüfen.

Grundsätzlich muss der Arbeitgeber nur für Schäden haften, die er verschuldet hat.[333] Jedoch ist anerkannt, dass auch nicht vom Arbeitgeber verschuldete Sachschäden des Arbeitnehmers als Aufwendungen unter bestimmten Voraussetzungen vom Arbeitgeber zu ersetzen sind. Die Rechtsprechung hierzu geht auf den „Ameisensäurefall" zurück. Ein Hafenarbeiter in Hamburg hatte Korbflaschen mit Ameisensäure verladen. Bei einer Flasche platzte der Glasboden. Der Hafenarbeiter wurde durch die auslaufende Säure verletzt, außerdem wurde seine Kleidung beschädigt. Die Berufsgenossenschaft kam für die infolge des körperlichen Schadens entstandenen Heilbehandlungskosten auf, da es sich um einen Arbeitsunfall handelte. Der Arbeitgeber musste dem Arbeitnehmer gem. § 670 BGB analog dessen Schaden an der Kleidung ersetzen, da der Schaden in Vollzug einer gefährlichen Arbeit entstanden und nicht arbeitsadäquat war.[334] Ersetzbar sind nur Schäden, die im Betätigungsbereich des Arbeitgebers entstanden sind. Nicht ersatzfähig sind Schäden, die arbeitsadäquat sind. Hierbei handelt es sich um Schäden, die gewöhnlich bei der Arbeit auftreten und die dem allgemeinen Lebensbereich des Arbeitnehmers zuzurechnen sind, zB der Verschleiß von Kleidung, die bei der Arbeit getragen wird. Nicht haften muss der Arbeitgeber außerdem für außergewöhnliche Schäden, die durch eine besondere Vergütung bereits ausgeglichen sind.[335]

Für die Benutzung eines *privaten* Kraftfahrzeugs durch den Arbeitnehmer bedeuten diese Grundsätze, dass eine Haftung des Arbeitgebers nur in Betracht kommt, wenn der Arbeitgeber ohne den Einsatz des Kraftfahrzeugs durch den Arbeitnehmer ein eigenes Fahrzeug hätte zur Verfügung stellen und damit auch das Unfallrisiko hätte selbst tragen müssen.[336] Der Arbeitnehmer muss seinen eigenen Pkw im Betätigungsbereich und mit Billigung des Arbeitgebers einsetzen.[337] Dies ist zB zu verneinen, wenn der Arbeitnehmer sein Fahrzeug allein für den Weg von und zur Arbeitsstelle benutzt.[338]

Analog § 670 BGB hat der Arbeitgeber alle Schäden am Auto des Arbeitnehmers zu erstatten, sofern nicht für die mit der Benutzung des eigenen Pkw zusammenhängenden Risiken ein besonderer Ausgleich gezahlt wird.[339] Eine entsprechende gesonderte Vergütung führt zum „Freikauf" des Arbeitgebers von seiner Haftung; sie muss daher eine angemessene Gegenleistung für das Unfallrisiko des Arbeitnehmers sein. Die Zahlung eines Betrags in Höhe der steuerrechtlichen Entfernungspauschale von zurzeit 0,30 EUR/km (s. § 9 Abs. 1

---

333 S. grdl. *Salamon/Koch* NZA 2012, 658; *Schwab* NZA-RR 2016, 230.

334 BAG 10.11.1961 – GS 1/60, NJW 1962, 411.

335 BAG 10.11.1961 – GS 1/60, NJW 1962, 411; s. auch *Frieges* NZA 1995, 403; *Mayer-Maly* NZA 1991, Beil. 3, S. 5.

336 BAG 23.11.2006 – 8 AZR 701/05, NZA 2007, 870; BAG 17.7.1997 – 8 AZR 480/95, NZA 1997 1346.

337 BAG 14.12.1995 – 8 AZR 875/94, NZA 1996, 417; BAG 8.5.1980 – 3 AZR 82/79, NJW 1981, 702; s. auch *Berndt* NJW 1997, 2213; *Schiefer* NJW 1993, 966; *Zeranski* NJW 1999, 1085.

338 BAG 25.5.2000 – 8 AZR 518/99, NZA 2000, 1052; s. aber BAG 22.6.2011 – 8 AZR 102/10, NZA 2012, 91.

339 BAG 28.10.2010 – 8 AZR 647/09, NZA 2011, 406.

Nr. 4 EStG erfüllt diese Voraussetzung nicht. Die Kilometerpauschale vergütet nur die normalen Betriebskosten des Pkw wie Benzinkosten, Steuern und Abnutzung. Sie ist keine Entschädigung für ein besonderes Unfallrisiko.

Um hier etwaige Zweifel gar nicht erst aufkommen zu lassen, sollte mit dem Arbeitnehmer eine deutliche vertragliche Vereinbarung darüber getroffen werden, ob die besondere Vergütung das Unfallrisiko abdeckt.

Einen Sonderfall stellt der „Rückstufungsschaden" des Arbeitnehmers dar. Es handelt sich hierbei um die Mehrkosten in der Haftpflichtversicherung, die entstehen, weil der Versicherer den Versicherungsnehmer nach einem Unfall innerhalb der Schadensfreiheitsklassen zurückstuft. Zu den mit der Pauschale abgegoltenen Aufwendungen gehören die laufenden Betriebskosten und damit auch die Kosten der Haftpflichtversicherung unabhängig von der Einstufung des Arbeitnehmers in die Schadensfreiheitsklassen der Haftpflichtversicherung. Die Kilometerpauschale erfasst somit den Rückstufungsschaden, ein gesonderter Ausgleich erfolgt nicht. Möglich ist jedoch auch hier, dass Arbeitgeber und Arbeitnehmer eine abweichende vertragliche Regelung dahingehend treffen, dass der Arbeitgeber die durch die Rückstufung eintretenden höheren Prämienkosten übernimmt.[340]

Einer besonderen Vereinbarung und Vergütung bedarf es auch, wenn der Arbeitnehmer eine Vollkaskoversicherung abschließen soll, da er von sich aus hierzu nicht verpflichtet ist.[341]

Wird infolge eines Unfalls ein strafrechtliches Ermittlungsverfahren gegen den Arbeitnehmer eingeleitet, so hat der Arbeitgeber die dafür aufzuwendenden Rechtsverfolgungskosten in erforderlichem Umfang zu ersetzen. Erforderlich sind die Kosten nur in Höhe der gesetzlichen Gebühren eines Rechtsanwalts.[342] Nicht vom Arbeitgeber zu begleichen sind die Rechtsfolgen einer Straftat oder Ordnungswidrigkeit, wie Geldstrafen und Bußgelder.[343] Während der Arbeitnehmer durch seine Verhaltensweise diese Folgen abwenden kann, zB indem er die Regeln der Straßenverkehrsordnung einhält, hat der Arbeitgeber hierauf keinen Einfluss. Straf- bzw. Bußgelder sind dem privaten Betätigungsbereich des Arbeitnehmers zuzurechnen und von ihm allein zu tragen.[344] Zusagen des Arbeitgebers über die Erstattung von Bußgeldern, zB bei Verstößen gegen die gesetzlich vorgeschriebenen Lenkzeiten bei Lastkraftwagenfahrern, sind sittenwidrig und unwirksam.[345]

[340] BAG 30.4.1992 – 8 AZR 409/91, NZA 1993, 262.
[341] BAG 16.3.1995 – 8 AZR 260/94, NZA 1995, 836.
[342] BAG 16.3.1995 – 8 AZR 260/94, NZA 1995, 836.
[343] LAG Schleswig-Holstein 30.3.2000 – 4 Sa 450/99, BB 2000, 1736.
[344] BAG 25.5.2000 – 8 AZR 518/99, NZA 2000, 1052; BAG 16.3.1995 – 8 AZR 260/94, NZA 1995, 836; BAG 11.8.1988 – 8 AZR 721/85, NZA 1989, 54.
[345] BAG 25.1.2001 – 8 AZR 465/00, NZA 2001, 653.

Trifft den Arbeitnehmer ein Mitverschulden am Unfall, so ist dieses gem. §254 BGB analog zu berücksichtigen. Es gelten hier die Grundsätze zur Arbeitnehmerhaftung und damit eine entsprechende Dreiteilung der Haftung je nach dem Grad des Verschuldens (s. dazu S. 89 f.).[346] Das bedeutet, der Arbeitgeber muss bei leichter Fahrlässigkeit des Arbeitnehmers vollen, bei grober Fahrlässigkeit keinen Schadensersatz leisten.[347] Bei mittlerer Fahrlässigkeit ist der Schaden zwischen Arbeitgeber und Arbeitnehmer anteilig aufzuteilen.[348]

Im Fall des Bodo Sonntag folgt aus den dargestellten Grundsätzen, dass die Müllex GmbH den Schaden am Pkw, nicht jedoch das Bußgeld und die höheren Prämienkosten zu ersetzen hat. Letztere sind durch die von der Müllex GmbH gezahlte Kilometerpauschale abgegolten. Da er nur leicht fahrlässig gehandelt hat, mindert sich sein Ersatzanspruch nicht entsprechend der Grundsätze zur Arbeitnehmerhaftung.

Sachschäden des Arbeitnehmers an eigenen Sachen	
Arbeitgeber haftet	• für außergewöhnliche Schäden aus dem Betätigungsbereich des Arbeitgebers, die entstanden sind – in Vollzug gefährlicher Arbeit und – für die keine Vergütung gezahlt wird
Arbeitgeber haftet nicht	☑ für arbeitsadäquate Schäden ☑ für außergewöhnliche Schäden, für die eine Vergütung gezahlt wird (zB Kosten der Haftpflichtversicherung bei Zahlung einer KM-Pauschale) ☑ für nicht besonders vergütete Schäden aus dem Lebensbereich des Arbeitnehmers (zB Arbeitnehmer benutzt Auto aus Bequemlichkeit) ☑ ganz oder teilweise bei Mitverschulden des Arbeitnehmers entsprechend den Grundsätzen zur Arbeitnehmerhaftung

3. Haftung des Arbeitgebers für Personenschäden

Die zivilrechtliche Haftung des Arbeitgebers für Personenschäden (Anspruchsgrundlagen sind insbesondere §280 Abs. 1 oder §823 Abs. 1 BGB) ist bei Arbeitsunfällen grundsätzlich beschränkt. An die Stelle des Schadensersatzanspruchs gegen den Arbeitgeber treten die Leistungen der Berufsgenossenschaften als gesetzliche Unfallversicherungsträger. Eine Haftung des Unternehmers tritt gem. §104 Abs. 1 S. 1 SGB VII nur ein, wenn der Arbeitgeber vorsätzlich gehan-

[346] BAG 23.11.2006 – 8 AZR 701/05, NZA 2007, 870.

[347] BAG 28.10.2010 – 8 AZR 647/09, NZA 2011, 406.

[348] BAG 17.7.1997 – 8 AZR 480/95, NZA 1997, 1346; BAG 8.5.1980 – 3 AZR 82/79, NJW 1981, 702.

delt hat oder es sich um einen wegebezogenen Arbeitsunfall[349] gem. §8 Abs. 2 Nr. 1–4 SGB VII handelt. Der Haftungsausschluss besteht einerseits gegenüber den eigenen Arbeitnehmern, aber auch gegenüber solchen Personen, die vorübergehend für das Unternehmen tätig sind, ohne in arbeitsvertraglichen Beziehungen zu stehen, zB Arbeitnehmer eines anderen Unternehmens, die bei der Anlieferung von Waren mit anfassen.

Haftung des Arbeitgebers für Personenschäden		
Arbeitgeber haftet	☑	bei Vorsatz oder wegebezogenem Arbeitsunfall iSd §8 Abs. 2 Nr. 1–4 SGB VII
Arbeitgeber haftet nicht	☑	bei Arbeitsunfall iSd §8 Abs. 1 und Abs. 2 Nr. 5 SGB VII

349 *Freudenberg* B+P 2011, 774; *Jüngst* B+P 2011, 739; *Krämer/Seiwerth* JuS 2013, 203.

In diesem Kapitel lernen Sie die verschiedenen Formen von Teilzeitarbeit und ihre rechtlichen Grundlagen kennen.

H. Teilzeitarbeit

Ein Arbeitnehmer ist teilzeitbeschäftigt, wenn seine regelmäßige Wochenarbeitszeit kürzer ist als die eines vergleichbaren vollzeitbeschäftigten Arbeitnehmers (§ 2 Abs. 1 TzBfG).

I. Das Teilzeitarbeitsverhältnis nach dem TzBfG

Herr van Bergen ist seit dem 1. August letzten Jahres bei der Müllex GmbH als Müllwerker beschäftigt. Um endlich mehr Zeit für seine fünf Enkel zu haben, beantragt er am 15. Januar diesen Jahres eine Reduzierung seiner Arbeitszeit um fünf Stunden auf 35 Stunden wöchentlich verteilt auf fünf Arbeitstage von Montag bis Freitag ab dem 1. Mai. Ihnen liegt als Personalleiter/in der Antrag zur Beurteilung vor.

Gemäß § 8 TzBfG ist für den Anspruch auf Teilzeitarbeit zunächst zu prüfen, ob

1. das Arbeitsverhältnis des Herrn van Bergen länger als sechs Monate bestanden hat (§ 8 Abs. 1 TzBfG) und
2. der Arbeitgeber – hier die Müllex GmbH – in der Regel ohne Auszubildende mehr als 15 Arbeitnehmer beschäftigt (§ 8 Abs. 7 TzBfG).

Das Recht auf eine unbefristete[1] Verringerung der Arbeitszeit steht jedem Arbeitnehmer zu, also auch leitenden Angestellten (s. auch § 6 TzBfG), befristet oder in Teilzeit beschäftigten Arbeitnehmern.[2] Es darf nicht beschränkt werden (§ 22 Abs. 1 TzBfG).[3]

Die Wartezeit des § 8 Abs. 1 TzBfG ist erfüllt, wenn das Arbeitsverhältnis des Arbeitnehmers rechtlich ununterbrochen sechs Monate bestanden hat. Vor Ablauf dieses Zeitraums kann ein Anspruch auf Verringerung der Arbeitszeit nicht verlangt werden. Auch in Kleinunternehmen mit in der Regel nicht mehr als 15 Arbeitnehmern können Teilzeitarbeitsverhältnisse vereinbart werden, jedoch haben die in diesen Unternehmen beschäftigten Arbeitnehmer hierauf keinen gesetzlichen Anspruch. § 8 Abs. 7 TzBfG stellt für die Feststellung der Beschäftigtenzahl auf den „Arbeitgeber" ab, nicht auf den Betrieb. Die Mindestbeschäftigtenzahl in § 8 Abs. 7 TzBfG ist somit unternehmensbezogen. Dies bedeutet zB, dass auch Arbeitnehmer, die in Filialbetrieben mit weniger als 15 Arbeitnehmern beschäftigt sind, dennoch einen gesetzlichen Anspruch

---

1 BAG 24.6.2008 – 9 AZR 313/07, NZA 2008, 1309; BAG 12.9.2006 – 9 AZR 686/05, NZA 2007, 253.

2 BAG 13.11.2012 – 9 AZR 259/11, NZA 2013, 373.

3 BAG 20.1.2015 – 9 AZR 735/13, NZA 2015, 816.

auf Teilzeitarbeit haben, wenn in allen Filialen zusammengenommen – und damit beim Arbeitgeber – insgesamt mehr als 15 Arbeitnehmer tätig sind. Die Beschäftigtenzahl ist nach der Anzahl der Personen unabhängig vom Umfang der Arbeitszeit des Einzelnen zu bestimmen. Es sind also „Köpfe" zu zählen. Lediglich Auszubildende bleiben unberücksichtigt.

Die Müllex GmbH beschäftigt insgesamt mehr als 15 Arbeitnehmer. Doch besteht das Arbeitsverhältnis des Herrn van Bergen erst seit dem 1. August letzten Jahres. Er erfüllt die Wartezeit von sechs Monaten somit erst mit Ablauf des 31. Januar diesen Jahres. Die Frist berechnet sich gem. §§187 Abs. 2 S. 1, 188 Abs. 2 Hs. 2 BGB. Das Teilzeitverlangen des Herrn van Bergen vom 15. Januar ist daher zu früh gestellt. Sein Antrag bleibt ohne rechtliche Wirkung. Will Herr van Bergen nicht von einer Teilzeitarbeit Abstand nehmen, muss er diese nach Ablauf von sechs Monaten erneut beantragen.

Sie machen Herrn van Bergen auf diese Rechtslage aufmerksam. Er stellt daraufhin am 15. Februar erneut einen Antrag auf Reduzierung seiner Arbeitszeit ab dem 1. Mai.

Der Arbeitnehmer muss seinen Anspruch auf Reduzierung der Arbeitszeit mindestens drei Monate vor ihrem Beginn beim Arbeitgeber formlos geltend machen (§8 Abs. 2 TzBfG). Die Frist ist nach §§187 Abs. 1, 188 Abs. 2 Hs. 1 BGB zu berechnen. Da der Arbeitnehmer sein Verlangen nach Teilzeitarbeit wegen der Wartezeit erst nach sechsmonatigem Bestehen seines Arbeitsverhältnisses geltend machen darf, kann eine Verringerung der Arbeitszeit somit frühestens neun Monate nach Beginn des Arbeitsverhältnisses eintreten. Eine Begründung seines Begehrens ist nicht erforderlich.

Herr van Bergen strebt die Verringerung seiner Arbeitszeit mit Wirkung vom 1. Mai an. Da er seinen Antrag am 15. Februar gestellt hat, ist für diesen Antrag die Frist des §8 Abs. 2 S. 1 TzBfG von drei Monaten nicht eingehalten. Versäumt der Arbeitnehmer die Frist, so ist sein Änderungsverlangen gem. §§133, 157 BGB auszulegen. Die Auslegung der Erklärung wird regelmäßig ergeben, dass es dem Arbeitnehmer in jedem Fall auf die Verringerung seiner Arbeitszeit ankommen wird, gegebenenfalls zu einem späteren den gesetzlichen Regelungen entsprechenden Termin.[4] Jedenfalls wenn sich der Arbeitgeber im Bewusstsein der Nichteinhaltung der Ankündigungsfrist auf Verhandlungen über das Teilzeitverlangen einlässt, wirkt dies zugunsten des Arbeitnehmers als Verzicht des Arbeitgebers auf Einhaltung der Frist.[5] Sie teilen Herrn van Bergen in einem Gespräch am 19. März mit, dass er die Frist nicht eingehalten habe und erläutern mit ihm, ab wann die Änderung seiner Arbeitszeit erfolgen soll.

Herr van Bergen stellt daraufhin in dieser Unterredung klar, dass er seine Arbeitszeit in jedem Fall reduzieren möchte und zwar zum nächst zulässigen Termin. Ausgehend von seinem am 15. Februar gestellten Antrag wäre eine Reduzierung der Arbeitszeit nach Ablauf von drei Monaten ab dem 16. Mai möglich.

4 BAG 20.7.2004 – 9 AZR 626/03, NZA 2004, 1090.
5 BAG 14.10.2003 – 9 AZR 636/02, NZA 2004, 975.

Die Formalien des Antrags sind somit eingehalten. Sie prüfen, ob Herr van Bergen ein Anspruch auf Reduzierung des Umfangs seiner Arbeitsleistung zusteht.

Gem. § 8 TzBfG setzt der Anspruch auf Teilzeitarbeit voraus:

- ☑ Arbeitnehmer erfüllt die Wartezeit von sechs Monaten (Abs. 1)
- ☑ Arbeitgeber beschäftigt mehr als 15 Arbeitnehmer ohne Auszubildende (Abs. 7)
- ☑ Arbeitnehmer hat den Anspruch auf Teilzeit mindestens drei Monate vor Beginn der Teilzeitarbeit geltend gemacht (Abs. 2)
- ☑ es stehen dem Teilzeitanspruch keine betrieblichen Gründe entgegen (Abs. 4)

Das TzBfG geht vom Konsens zwischen den Arbeitsvertragsparteien aus und verlangt in §8 Abs. 3 TzBfG zunächst, dass Arbeitgeber und Arbeitnehmer die gewünschte Verringerung der Teilzeit mit dem Ziel einer einvernehmlichen Vereinbarung erörtern. Die Reduzierung der Arbeitszeit erfolgt nicht automatisch, sondern ist Gegenstand einer Änderungsvereinbarung zwischen Arbeitgeber und Arbeitnehmer. Lehnt der Arbeitgeber die Verhandlung über den Teilzeitwunsch ab, so verletzt er zwar seine Pflichten aus §8 Abs. 3 TzBfG. Jedoch bleibt diese Obliegenheitsverletzung insoweit ohne Folgen, als dass weder eine Zustimmung zur beantragten Teilzeitarbeit fingiert wird noch der Arbeitgeber das Recht verliert, die Teilzeit abzulehnen.[6]

Kann über das Teilzeitverlangen keine Einigung zwischen den Arbeitsvertragsparteien erzielt werden, so kann der Arbeitgeber den Anspruch des Arbeitnehmers auf Verringerung der Arbeitszeit und ihrer Verteilung auf die Wochentage gem. §8 Abs. 4 TzBfG jeweils nur ablehnen, wenn betriebliche Gründe entgegenstehen. Beispielhaft nennt §8 Abs. 4 S. 2 TzBfG, dass ein betrieblicher Grund vorliegt, wenn die Verringerung der Arbeitszeit die Organisation, den Arbeitsablauf oder die Sicherheit im Betrieb wesentlich beeinträchtigt oder unverhältnismäßige Kosten verursacht. Ein betrieblicher Grund kann auch das Fehlen einer Ersatzkraft[7] oder unverhältnismäßige Kosten ihres Einsatzes sein.[8] Die Gründe des Arbeitgebers müssen rational und nachvollziehbar sein.

Ob dem Teilzeitverlangen betriebliche Gründe entgegenstehen, hängt vom unternehmerischen Konzept des Arbeitgebers ab. Der Arbeitgeber hat in einem ersten Schritt darzulegen, wie er den Betrieb zur Verwirklichung der betrieblichen Aufgaben organisiert. Es ist in einem zweiten Schritt zu prüfen, ob die

[6] BAG 18.2.2003 – 9 AZR 356/02, NZA 2003, 911.
[7] BAG 23.11.2004 – 9 AZR 644/03, NZA 2005, 769.
[8] BAG 21.6.2005 – 9 AZR 409/04, NZA 2006, 316.

aus diesem Organisationskonzept folgende Arbeitszeitgestaltung im Betrieb der gewünschten Arbeitszeit in einem Teilzeitarbeitsverhältnis entgegensteht. Der Arbeitgeber muss also darlegen, dass die beantragte Teilzeitarbeit in seine Organisationsstruktur eingreift. Die Organisation des Betriebs gehört zum Kernbereich der durch Art. 12 Abs. 1 GG geschützten unternehmerischen Betätigungsfreiheit. Letztlich müssen die dem Teilzeitwunsch entgegenstehenden Gründe so gewichtig sein, dass die Erfüllung des Teilzeitbegehrens zu einer wesentlichen Beeinträchtigung der Arbeitsorganisation, der Sicherung des Betriebs oder zu einer unverhältnismäßigen wirtschaftlichen Belastung des Betriebs führen würde.[9]

Liegen derartige Ablehnungsgründe nicht vor, so hat der Arbeitgeber der beantragten Teilzeitarbeit zuzustimmen. Kommt es über diesen Punkt zu einer gerichtlichen Auseinandersetzung, so muss der Arbeitgeber die entgegenstehenden Gründe substantiiert darlegen und beweisen.

Der Arbeitgeber muss seine Entscheidung über den Wunsch des Arbeitnehmers nach Teilzeitarbeit spätestens einen Monat vor dem gewünschten Beginn der verringerten Arbeitszeit dem Arbeitnehmer schriftlich mitteilen. Das Schreiben, das dem Arbeitnehmer zugehen muss, ist somit gem. § 126 Abs. 1 BGB eigenhändig vom Arbeitgeber zu unterzeichnen.[10] Die Mitteilung ist von besonderer Bedeutung, wenn zwischen Arbeitgeber und Arbeitnehmer gem. § 8 Abs. 3 TzBfG kein Konsens über die Verringerung der Arbeitszeit und/oder über die Verteilung der reduzierten Arbeitszeit erzielt wurde. Unterlässt der Arbeitgeber die Mitteilung seiner Entscheidung oder versäumt er die genannte Frist von einem Monat, so wird kraft Gesetzes der Inhalt des Arbeitsverhältnisses geändert.[11] § 8 Abs. 5 S. 2 TzBfG fingiert die Verringerung der Arbeitszeit um den gewünschten Umfang. § 8 Abs. 5 S. 3 TzBfG bestimmt, dass die Verteilung der Arbeitszeit nach den Wünschen des Arbeitnehmers erfolgt.[12] Die gesetzliche Fiktion tritt nicht ein, wenn der Arbeitnehmer zuvor die dreimonatige Frist des § 8 Abs. 2 TzBfG nicht eingehalten hat.

Die Ablehnung seines Antrags haben Sie Herrn van Bergen in dem mündlichen Gespräch vom 19. März mitgeteilt. Sie haben damit weder die Form noch die Frist des § 8 Abs. 5 S. 1 TzBfG eingehalten. Dies ist jedoch unschädlich, da Herr van Bergen die Ankündigungsfrist von drei Monaten ebenfalls nicht eingehalten hat. Um jedoch jedem Missverständnis von vornherein vorzubeugen, empfiehlt sich auch in diesem Fall Frist und Form einzuhalten.

Für die Ablehnung des Teilzeitwunsches genügen rationale, nachvollziehbare Gründe, die hinreichend gewichtig sein müssen.[13] Als Müllwerker ist Herr van Bergen in einer Arbeitsgruppe beschäftigt, die Mülltonnen leert. Eine Reduzierung seiner Arbeitszeit bzw. die Verteilung der verbleibenden Arbeitszeit auf

[9] BAG 15.8.2006 – 9 AZR 30/06, NZA 2007, 259; BAG 20.7.2004 – 9 AZR 626/03, NZA 2004, 1090.

[10] BAG 27.6.2017 – 9 AZR 368/16, BeckRS 2017, 123671.

[11] BAG 20.1.2015 – 9 AZR 860/13, NZA 2015, 805.

[12] BAG 20.7.2004 – 9 AZR 626/03, NZA 2004, 1090.

[13] BAG 13.10.2009 – 9 AZR 910/08, NZA 2010, 339; BAG 14.10.2003 – 9 AZR 636/02, NZA 2004, 975.

die einzelnen Arbeitstage würde den Arbeitsablauf und die Organisation der Müllabfuhr erheblich beeinträchtigen, da für die Dauer der Reduzierung der Arbeitszeit des Herrn van Bergen ein anderer Müllwerker eingesetzt werden müsste. Möglich wäre es, dass eine Arbeitsgruppe insgesamt weniger arbeiten würde. Hierzu sind jedoch die Kollegen von Herrn van Bergen nicht bereit. In einem persönlichen Gespräch versuchen Sie andere Lösungen für den Teilzeitwunsch zu finden. Vorschläge für eine andere Verteilung der Arbeitszeit hat Herr van Bergen jedoch abgelehnt. Auch mit einer Versetzung auf einen anderen Arbeitsplatz ist Herr van Bergen nicht einverstanden. Es kommt daher nicht zu einer einvernehmlichen Lösung, sodass Sie Herrn van Bergen schriftlich mitteilen, dass seinem Teilzeitwunsch nicht entsprochen werde. Dieses Schreiben muss Herrn van Bergen bis zum 16. April zugehen, da §8 Abs. 5 S. 1 TzBfG festlegt, dass der Arbeitgeber spätestens einen Monat vor dem gewünschten Beginn der Teilzeitarbeit (hier: 16. Mai) dem Arbeitnehmer seine Entscheidung schriftlich mitteilen muss.

Die Entscheidung des Arbeitgebers umfasst zwei Bereiche:
1. die Reduzierung der Arbeitszeit und
2. die Verteilung der Arbeitszeit.

Da die Fiktionswirkung des §8 Abs. 5 TzBfG sowohl die Verringerung der Arbeitszeit (Satz 2) als auch die Verteilung der Arbeitszeit (Satz 3) erfasst, ist es wichtig, dass der Arbeitgeber in seiner Entscheidung über das Teilzeitverlangen des Arbeitnehmers zu beiden Fragen Stellung nimmt. So ist es denkbar, dass er der beantragten Arbeitszeitverringerung zustimmt, nicht jedoch der gewünschten Verteilung der Arbeitszeit, weil ihr betriebliche Gründe entgegenstehen (§8 Abs. 4 TzBfG). Arbeitszeitverkürzung sowie die Verteilung der Arbeitszeit sind als Ganzes zu behandeln. Wird daher die Verteilung abgelehnt, wird die Verkürzung für den Arbeitnehmer nicht bindend. Dies muss zumindest dann gelten, wenn für den Arbeitgeber erkennbar war, dass der Arbeitnehmer die Verringerung der Arbeitszeit und deren Verteilung als Einheit sieht. Dann muss der Arbeitgeber die Änderung der Arbeitszeit und ihre Verteilung insgesamt ablehnen.[14] Dem Arbeitnehmer steht kein Recht zu, die Verteilung der Arbeitszeit einseitig zu bestimmen, denn §8 Abs. 3 S. 2 TzBfG legt ausdrücklich fest, dass die Arbeitsvertragsparteien auch über die Verteilung der Arbeitszeit Einvernehmen erzielen müssen.

Eine Änderung der Arbeitszeitverteilung (nicht des Umfangs der Teilzeitarbeit) kann einseitig durch den Arbeitgeber gem. §8 Abs. 5 S. 4 TzBfG erfolgen, wenn betriebliche Interessen des Arbeitgebers das Interesse des Arbeitnehmers an der Beibehaltung der reduzierten Arbeitszeit überwiegen. Der Arbeitgeber muss die Änderung spätestens einen Monat vorher ankündigen.

[14] BAG 18.2.2003 – 9 AZR 356/02, NZA 2003, 911.

Umgekehrt erhält der Arbeitgeber Planungssicherheit dadurch, dass der Arbeitnehmer eine erneute Verringerung der Arbeitszeit frühestens nach Ablauf von zwei Jahren verlangen kann, nachdem der Arbeitgeber einer Verringerung zugestimmt oder diese berechtigt abgewiesen hat (§8 Abs. 6 TzBfG). Mit der Äußerung des Arbeitgebers ist das in §8 TzBfG vorgesehene Verfahren abgeschlossen. Alle Wünsche auf Veränderung gegenüber dem ursprünglichen Antrag auf Teilzeit unterfallen der Sperrfrist von zwei Jahren.[15]

Verfahren und Fristen der Teilzeitarbeit nach dem TzBfG verdeutlicht noch einmal die nachfolgende Übersicht:

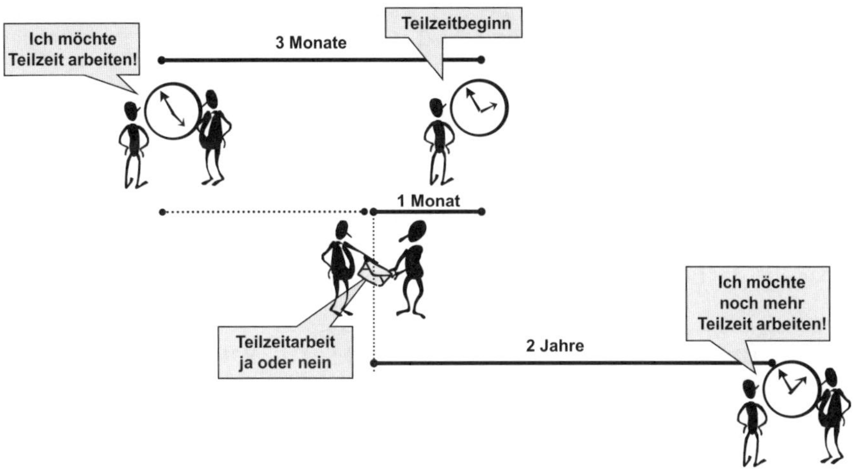

Die Reduzierung der Arbeitszeit ist grundsätzlich auf Dauer angelegt. Der teilzeitbeschäftigte Arbeitnehmer kann jedoch eine Verlängerung der Arbeitszeit verlangen und hat unter den Voraussetzungen des §9 TzBfG einen Anspruch auf Abschluss eines Arbeitsvertrags mit geänderter Arbeitszeit. §9 TzBfG enthält insofern nicht nur eine unverbindliche Aufforderung an den Arbeitgeber, den teilzeitbeschäftigten Arbeitnehmer bei der Besetzung eines entsprechenden freien Arbeitsplatzes[16] bei gleicher Eignung bevorzugt zu berücksichtigen, sofern der Arbeitnehmer ihm seinen Wunsch nach Verlängerung seiner vertraglichen Arbeitszeit angezeigt hat, sondern verpflichtet den Arbeitgeber zur Auswahl dieses Arbeitnehmers, wenn die Anspruchsvoraussetzungen erfüllt sind.[17] Die Pflicht des Arbeitgebers entfällt, wenn dringende betriebliche Gründe oder die Arbeitszeitwünsche anderer teilzeitbeschäftigter Arbeitnehmer entgegenstehen. §9 TzBfG gilt auch für Arbeitnehmer, die von vornherein als Teilzeitbeschäftigte eingestellt worden sind. Unter mehreren gleich geeigneten

15 BAG 24.6.2008 – 9 AZR 514/07, NZA 2008, 1289.

16 BAG 16.9.2008 – 9 AZR 781/07, NZA 2008, 1285.

17 BAG 8.5.2007 – 9 AZR 874/06, NZA 2007, 1349; BAG 15.8.2006 – 9 AZR 1/06, NZA 2007, 255.

Arbeitnehmern, die ihre vertraglich vereinbarte Arbeitszeit verlängern wollen, kann der Arbeitgeber frei entscheiden.[18]

Der Arbeitgeber darf einen Arbeitnehmer gem. §5 TzBfG wegen der Inanspruchnahme seines Rechts auf Teilzeitarbeit nicht benachteiligen. Gemäß §4 Abs. 1 TzBfG darf der Arbeitgeber teilzeitbeschäftigte Arbeitnehmer wegen der Teilzeitarbeit nicht schlechter behandeln als vergleichbare vollzeitbeschäftigte Arbeitnehmer. Eine Diskriminierung liegt nicht vor, wenn ein sachlicher Grund für die unterschiedliche Behandlung besteht. Der Arbeitgeber darf demzufolge nicht an die Dauer der Arbeitszeit anknüpfen, will er Arbeitnehmer differenziert behandeln. Dies gilt insbesondere für das Arbeitsentgelt, das dem teilzeitbeschäftigten Arbeitnehmer mindestens entsprechend dem Anteil seiner Arbeitszeit zu zahlen ist (§4 Abs. 1 S. 2 TzBfG).

II. Elternzeit und Teilzeitarbeit nach dem BEEG

Susanne Schnied erwartet im Juni ihr erstes Kind. Sie arbeitet in der Müllsortieranlage in Schwerte. Ihr Mann ist bei einem anderen Unternehmen beschäftigt. Das Ehepaar Schnied möchten Elternzeit in Anspruch nehmen. Sie haben sich überlegt, die Elternzeit wie folgt zu verteilen:

Zeitabschnitt der Elternzeit	Mutter Frau Schnied	Vater Herr Schnied
1. Lebensjahr des Kindes	• Elternzeit 100 %	• Arbeitszeit 100 %
2. Lebensjahr des Kindes	• Elternzeit + 20 Std. Arbeitszeit	• Elternzeit + 20 Std. Arbeitszeit
3. Lebensjahr des Kindes	• Arbeitszeit 100 %	• Elternzeit + 30 Std. Arbeitszeit
bis zum 8. Lebensjahr des Kindes	• 12 Monate Elternzeit (+ bis max. 30 Std. Arbeitszeit)	• Arbeitszeit 100 %

Frau Schnied bespricht mit Ihnen als Personalleiter/in die gewünschte Elternzeit und fragt, wie sie vorzugehen habe.

Der Anspruch auf Elternzeit besteht gem. §15 Abs. 2 S. 1 BEEG bis zur Vollendung des dritten Lebensjahres eines Kindes (= Tag vor dem dritten Geburtstag des Kindes, §§187 Abs. 2 S. 2, 188 Abs. 2 Hs. 2 BGB). Neben den Eltern sind unter den Voraussetzungen des §15 Abs. 1a BEEG auch die Großeltern anspruchsberechtigt. Elternzeit ist nicht auf jeweils einen Elternteil beschränkt, sondern kann nach §15 Abs. 3 S. 1 BEEG auch gleichzeitig von beiden Elternteilen gemeinsam genommen werden, ist aber auch dann auf drei Jahre je Kind

[18] BAG 13.2.2007 – 9 AZR 575/05, NZA 2007, 807.

begrenzt. Ein Anteil von bis zu 24 Monaten kann zwischen dem dritten Geburtstag bis zur Vollendung des achten Lebensjahres geltend gemacht werden, ohne dass der Arbeitgeber zustimmen muss (§ 15 Abs. 2 S. 2 BEEG).

Die Elternzeit muss vor ihrem Beginn schriftlich vom Arbeitgeber verlangt werden und zwar spätestens sieben Wochen, soweit es die Zeit bis zum vollendeten dritten Lebensjahr des Kindes betrifft, und spätestens 13 Wochen für eine Elternzeit zwischen dem dritten Geburtstag und dem vollendeten achten Lebensjahr des Kindes (§ 16 Abs. 1 S. 1 BEEG). Für den Zeitraum bis zum vollendeten dritten Lebensjahr des Kindes, muss der Elternteil gleichzeitig angeben, für welche Zeiten innerhalb von zwei Jahren Elternzeit genommen wird (s. § 16 Abs. 1 S. 2 BEEG). Mit dieser Erklärung binden sich die Eltern für die Zeit von zwei Jahren. Das formgerechte Verlangen ist Wirksamkeitsvoraussetzung für die erstmalige Geltendmachung der Elternzeit.[19] Jedoch kann der Arbeitgeber auf die Einhaltung der Frist verzichten, zB indem er sich auf den Antrag einlässt.[20] Der Elternteil kann die Elternzeit nach näherer Maßgabe des § 16 Abs. 3 BEEG beenden oder verlängern, ohne dass erneut die Anmeldefrist (§ 16 Abs. 1 S. 1 BEEG) eingehalten werden muss. Den Arbeitgeberinteressen wird hinreichend dadurch Rechnung getragen, dass er der Verlängerung zustimmen muss.[21] Zwar können die Eltern selbst entscheiden, wie sie die Elternzeit unter sich aufteilen. Sie müssen jedoch § 16 Abs. 1 S. 6 BEEG beachten, sodass jeder Elternteil die auf ihn entfallende Elternzeit nur auf maximal drei Zeitabschnitte verteilen darf. Für eine Ausdehnung auf weitere Zeitabschnitte bedarf es der Zustimmung des jeweiligen Arbeitgebers.

Gemäß § 15 Abs. 4 BEEG kann jeder Elternteil während der Elternzeit bis zu 30 Wochenstunden im Durchschnitt eines Monats einer Erwerbstätigkeit nachgehen. Mit Zustimmung des Arbeitgebers darf eine selbstständige oder eine Tätigkeit auch bei einem anderen Arbeitgeber ausgeübt werden. Darüber hinaus kann jeder Elternteil gem. § 15 Abs. 5 S. 1 BEEG beim Arbeitgeber die Reduzierung seiner Arbeitszeit beantragen. § 15 Abs. 5 S. 2 BEEG sieht hierfür ein Konsensmodell vor, dh Arbeitgeber und Arbeitnehmer sollen sich innerhalb von vier Wochen über den Antrag auf Verringerung und Verteilung der Arbeitszeit einigen (§ 15 Abs. 5 S. 2 BEEG). Der Arbeitnehmer hat für den Fall, dass keine Einigung zustande kommt, gem. § 15 Abs. 6 BEEG einen Anspruch auf Teilzeitarbeit. Hierzu müssen gem. § 15 Abs. 7 S. 1 Nr. 1–5 BEEG folgende Voraussetzungen gegeben sein:

- Der Arbeitgeber muss mehr als 15 Arbeitnehmer beschäftigen. Auszubildende werden hierbei nicht mitgerechnet. Es kommt auf das Unternehmen, nicht den einzelnen Betrieb an. Jeder Arbeitnehmer wird unabhängig vom Umfang seiner Arbeitszeit gezählt.

---

19 BAG 26.6.2008 – 2 AZR 23/07, NZA 2008, 1241.

20 BAG 15.12.2009 – 9 AZR 72/09, NZA 2010, 447.

21 BAG 18.10.2011 – 9 AZR 315/10, NZA 2012, 262.

- Das Arbeitsverhältnis des Arbeitnehmers muss in demselben Betrieb oder Unternehmen ohne Unterbrechung länger als sechs Monate bestanden haben. Vor Ablauf der Wartezeit besteht kein Anspruch auf Verringerung der Arbeitszeit während der Elternzeit.
- Um dem Arbeitgeber eine gewisse Planungssicherheit zu gewähren, soll die vertraglich vereinbarte regelmäßige Arbeitszeit für mindestens zwei Monate festgelegt werden. Dabei soll eine Verringerung auf mindestens 15 und höchstens 30 Stunden pro Woche im Durchschnitt eines Monats vereinbart werden.
- Der Anspruch auf Verringerung der Arbeitszeit kann nicht durchgesetzt werden, wenn dringende betriebliche Gründe entgegenstehen. Dem Arbeitgeber werden die mit der Inanspruchnahme von Elternzeit verbundenen organisatorischen und wirtschaftlichen Beeinträchtigungen zugemutet. Dringende betriebliche Gründe können daher nur bejaht werden, wenn die dargebrachten Gründe über diese Grundbelastung des Arbeitgebers hinausgehen und von erheblichem Gewicht sind. Die Prüfung, ob dringende betriebliche Gründe einer Teilzeitbeschäftigung entgegenstehen, erfolgt in drei Stufen. Es muss zunächst gefragt werden, ob der Arbeitszeitregelung des Arbeitgebers ein bestimmtes Organisationskonzept zugrunde liegt. Sodann ist zu klären, ob die gewünschte Teilzeit diesem Arbeitszeitkonzept entgegensteht. Letztlich müssen die dargelegten Gründe von entsprechendem Gewicht sein.[22]
- Anspruchsvoraussetzung ist weiter, dass der Arbeitnehmer die Verringerung seiner Arbeitszeit mindestens sieben Wochen vor ihrem Beginn schriftlich mitgeteilt hat, sofern es die Zeit bis zum dritten Lebensjahr des Kindes betrifft. Für eine Elternzeit nach dem dritten Geburtstag bis zum vollendeten achten Lebensjahr des Kindes verlängert sich diese Frist auf 13 Wochen. Elternteilzeit kann auch noch nach Beginn der Elternzeit beantragt werden.[23] Anders als im TzBfG verlangt das BEEG in § 15 Abs. 7 S. 1 Nr. 5 die schriftliche Geltendmachung des Teilzeitanspruchs. Es handelt sich hierbei um eine gesetzliche Schriftform iSd § 126 Abs. 1 BGB, bedarf also des Zugangs eines eigenhändig unterzeichneten Antrags beim Arbeitgeber.[24] Werden die Schriftform oder die genannten Fristen nicht eingehalten, so ist das Elternzeitverlangen gem. § 125 BGB unwirksam. Die formwirksame Geltendmachung ist Anspruchsvoraussetzung.

  In dem Antrag muss der Elternteil neben dem Umfang der verringerten Arbeitszeit auch deren Beginn angeben. Außerdem soll er sich zur gewünschten Verteilung der Arbeitszeit äußern (§ 15 Abs. 7 S. 2 und 3 BEEG).

Will der Arbeitgeber die Verringerung oder Verteilung der Arbeitszeit nicht gewähren, so muss er dies gem. § 15 Abs. 7 S. 4, 5 BEEG innerhalb von vier Wochen mit schriftlicher Begründung dem Arbeitnehmer mitteilen. Versäumt er diese

22 BAG 15.12.2009 – 9 AZR 72/09, NZA 2010, 447.
23 BAG 5.6.2007 – 9 AZR 82/07, NZA 2007, 1352; BAG 19.4.2005 – 9 AZR 184/04, BeckRS 2005, 43092.
24 BAG 10.5.2016 – 9 AZR 145/15, NZA 2016, 1137.

Frist, so wird die Arbeitszeit gem. §15 Abs.7 S.5–7 BEEG entsprechend den Wünschen des Elternteils festgelegt. Gleiches gilt für eine Elternzeit zwischen dem dritten Geburtstag und dem vollendeten achten Lebensjahr des Kindes, wenn er den Antrag nicht spätestens acht Wochen nach Zugang abgelehnt hat.

Das Ehepaar Schnied muss sich zunächst nur für die ersten zwei Jahre der geplanten Elternzeit festlegen. Zulässig ist es, dass die Eltern zeitgleich ihren jeweiligen Anspruch auf Elternzeit in Anspruch nehmen. Die Elternzeit kann je Elternteil auf drei Zeitabschnitte verteilt werden (s. §16 Abs.1 S.6 BEEG). Das Ehepaar Schnied hat dies beachtet. Die Elternzeit ist im Verhältnis zur Teilzeitarbeit ein eigener Anspruch. Die Elternzeit der Mutter Frau Schnied im ersten und zweiten Lebensjahr und die des Vaters Herrn Schnied im zweiten und dritten Lebensjahr ist daher jeweils als Einheit zu behandeln, auch wenn der Umfang der Teilzeitarbeit variiert.

Es bestehen auch keine Bedenken dagegen, dass Herr Schnied den Umfang der Teilzeitarbeit wechselt. Im Einvernehmen mit seinem Arbeitgeber kann die Arbeitszeit beliebig oft verändert werden. Demgegenüber begrenzt §15 Abs.6 BEEG im Antragsverfahren nach §15 Abs.6 BEEG iVm §15 Abs.7 BEEG die Möglichkeit der Verringerung der Arbeitszeit auf zweimal.[25] Hierbei ist von der ursprünglichen Arbeitszeit auszugehen, sodass Herr Schnied in jedem Fall unabhängig von einer Einigung im Konsensverfahren gem. §15 Abs.5 BEEG zunächst 20 Stunden, dann 30 Stunden Teilzeit neben der Elternzeit ausüben darf, sofern die Voraussetzungen des §15 Abs.7 BEEG eingehalten werden.

Die vertraglich zu vereinbarende Arbeitszeit hat jeweils einen Umfang zwischen 15 und 30 Wochenstunden und umfasst Zeiträume von mehr als zwei Monaten (§15 Abs.7 S.1 Nr.3 BEEG). Sofern das Ehepaar Schnied die Antragsfristen einhält, hat es einen Anspruch auf Gewährung der Elternzeit sowie der beantragten Teilzeit.

Beide Elternteile haben gem. §15 Abs.5 S.4 BEEG das Recht, nach Ablauf der Elternzeit wieder zu der Arbeitszeit zurückzukehren, die sie vor Beginn der Elternzeit hatten. Ihre Rückkehr in ein Vollzeitarbeitsverhältnis ist also gesichert.

Soweit Frau Schnied einen Anteil von bis zu zwölf Monaten ihrer Elternzeit auf einen Zeitraum bis zum 8. Lebensjahr ihres Kindes übertragen will, so ist dies gem. §15 Abs.2 S.2 BEEG möglich. Sollte Frau Schnied in der Zwischenzeit zu einem anderen Arbeitgeber wechseln, so bleibt ihr Anspruch auf Elternzeit bestehen, er muss jedoch unter Einhaltung der Formalien und Fristen (§16 BEEG) erneut geltend gemacht werden. Die Müllex GmbH muss gem. §16 Abs.1 S.8 BEEG die Elternzeit bescheinigen. Ein neuer Arbeitgeber kann gem. §16 Abs.1 S.9 BEEG die Vorlage einer Bescheinigung über bereits genommene Elternzeit verlangen.

Sollte während der Elternzeit für das erste Kind ein weiteres Kind geboren werden, so besteht der Anspruch auf Elternzeit gem. §15 Abs.2 S.4 BEEG für jedes Kind, auch soweit sich die Anspruchszeiträume überschneiden. Das bedeutet, dass die Elternzeit für das ältere Kind nicht durch die Geburt eines

[25] BAG 19.2.2013 – 9 AZR 461/11, NZA 2013, 907.

weiteren Kindes unterbrochen wird. Auch der Anspruch auf Elternzeit für das zweite Kind besteht bis zur Vollendung des dritten Lebensjahres dieses Kindes, soweit nicht ein Zeitraum auf die Zeit bis zum achten Lebensjahr des Kindes übertragen wird. Erfolgt keine Übertragung, so kann ein Teil der Elternzeit für das zweite Kind nicht realisiert werden. Die Elternzeit kann jedoch vorzeitig beendet werden, ohne dass der Arbeitgeber zustimmt. Gemäß §16 Abs. 3 S. 2 BEEG kann der Arbeitgeber die vorzeitige Beendigung der Elternzeit wegen der Geburt eines zweiten Kindes nur innerhalb von vier Wochen aus dringenden betrieblichen Gründen schriftlich ablehnen, ansonsten gilt die Elternzeit durch die einseitige Gestaltungserklärung des Elternteils als beendet. Die Elternzeit kann gem. §16 Abs. 3 S. 3 BEEG außerdem zur Inanspruchnahme der Mutterschutzfristen gem. §3 MuSchG ohne Zustimmung des Arbeitgebers vorzeitig beendet werden. Der Anteil der Elternzeit, der nicht genommen wurde, bleibt bestehen und kann nach erneuter Beantragung im Umfang von maximal 24 Monaten bis zur Vollendung des achten Lebensjahres des Kindes genommen werden.[26]

III. Freistellung und Teilzeitbeschäftigung bei Pflege naher Angehöriger

Der Betriebsleiter Ralf Riemke der Sortieranlage in Bottrop verlangt von der Müllex GmbH schriftlich eine Freistellung für zunächst zehn Tage und im Anschluss daran für weitere sechs Monate. Er begründet dies damit, dass sein Enkel einen schweren Badeunfall erlitten habe und am nächsten Montag nach einem langen Krankenhausaufenthalt aus der Reha entlassen werde, danach aber weiter pflegebedürftig sei. Seine alleinstehende Tochter könne diese Pflege nicht bewältigen und bedürfe zumindest in der ersten Zeit seiner Hilfe. Sie sind als Personalleiter/in mit der Prüfung dieser Ansprüche betraut. Sie sehen insbesondere erhebliche Probleme, in der Kürze der Zeit die Herrn Riemke obliegenden Aufgaben anderweitig zu verteilen.

Der Anspruch des Herrn Riemke auf Freistellung kann sich aus dem Pflegezeitgesetz ergeben. Um eine bessere Vereinbarkeit von familiärer häuslicher Pflege und Beruf zu erzielen (s. §1 PflegeZG), gewährt das Pflegezeitgesetz zwei Arten von Freistellung von der Arbeitsleistung:

- kurzzeitige Freistellung in akuten Pflegesituationen
- Pflegezeit für längstens sechs Monate.

Voraussetzung für beide Ansprüche ist, dass ein naher Angehöriger pflegebedürftig ist. Der Begriff des nahen Angehörigen ist in §7 Abs. 3 PflegeZG definiert und umfasst neben den nächsten Angehörigen wie Kinder, Enkelkinder, Geschwistern, Eltern und Ehegatten weitere nahestehende Personen.

Pflegebedürftigkeit liegt nach §7 Abs. 4 PflegeZG vor, wenn die Voraussetzungen der §§14, 15 SGB XI erfüllt sind oder voraussichtlich erfüllt werden. §14 SGB XI verlangt insoweit, dass die betroffene Person wegen einer körperlichen,

26 BAG 21.4.2009 – 9 AZR 391/08, NZA 2010, 155.

geistigen oder seelischen Krankheit oder Behinderung für die gewöhnlichen und regelmäßig wiederkehrenden Verrichtungen im Ablauf des täglichen Lebens auf Dauer, voraussichtlich für mindestens sechs Monate, in erheblichem oder höherem Maße der Hilfe bedarf. Es muss also gem. § 15 SGB XI mindestens eine Einordnung in den Pflegegrad 1 erfolgen.

1. Kurzzeitige Arbeitsverhinderung

In akuten Pflegefällen gewährt § 2 Abs. 1 PflegeZG dem Arbeitnehmer das Recht auf Freistellung von der Arbeitsleistung bis zu zehn Arbeitstagen, sofern dies erforderlich ist, um eine bedarfsgerechte Pflege zu organisieren oder eine pflegerische Versorgung in dieser Zeit sicherzustellen. Der Freistellungsanspruch soll es dem Angehörigen ermöglichen, bei unerwartetem Eintritt der Pflegesituation die notwendigen Schritte zur Versorgung des pflegebedürftigen Angehörigen in die Wege zu leiten. Der Anspruch ist auf Akutfälle beschränkt, also auf Fälle, in denen der Pflegebedarf unerwartet und plötzlich eintritt.

Dem Arbeitnehmer obliegt gem. § 2 Abs. 2 PflegeZG eine Anzeige- und Nachweispflicht dahingehend, dass dem Arbeitgeber die Arbeitsverhinderung und ihre Dauer unverzüglich mitgeteilt werden muss. Auf Verlangen des Arbeitgebers muss der Arbeitnehmer eine ärztliche Bescheinigung über Pflegebedürftigkeit und Erforderlichkeit der Organisation von Pflege vorlegen.

Das Enkelkind gehört gem. § 7 Abs. 3 Nr. 3 PflegeZG zwar zu den nahen Angehörigen im Sinne des Gesetzes. Es ist im Fall des Herrn Riemke jedoch zu fragen, ob eine vom Gesetz verlangte akute Pflegesituation vorliegt, da der Enkel nach einem Krankenhausaufenthalt in einer Rehabilitationsmaßnahme war, aus der er nunmehr entlassen wird. Die Müllex GmbH wird daher in jedem Fall eine ärztliche Bescheinigung nach § 2 Abs. 2 S. 2 PflegeZG verlangen. Nur wenn diese die Voraussetzungen für eine kurzzeitige Freistellung nach § 2 PflegeZG bescheinigt, muss die Müllex GmbH Herrn Riemke für die Dauer von zehn Tagen freistellen.

Herr Riemke hat gem. § 2 Abs. 3 S. 1 PflegeZG für diesen Zeitraum gegenüber der Müllex GmbH nur dann einen Vergütungsanspruch, wenn eine entsprechende Verpflichtung aufgrund anderer gesetzlicher, tariflicher oder arbeitsvertraglicher Vorschriften besteht. Die Gesetzesbegründung[27] verweist hierzu unter anderem auf § 616 BGB, der einen Anspruch auf Fortzahlung der Vergütung gewährt, wenn der Arbeitnehmer für eine verhältnismäßig kurze Zeit durch einen in seiner Person liegenden Grund ohne sein Verschulden an der Dienstleistung gehindert ist (s. auch S. 141 f.). Hieraus wird sich jedoch ein Vergütungsanspruch nur in Ausnahmefällen und nicht für alle in § 7 Abs. 3 PflegeZG genannten nahen Angehörigen ableiten lassen. Außerdem besteht dieser Anspruch nur für eine verhältnismäßig kurze Zeit, zehn Tage werden diesen Zeitraum regelmäßig überschreiten.[28] Häufig sind die Fälle des § 616 BGB zudem in Tarifverträgen abschließend geregelt.

---

[27] BT-Drs. 16/7439, 92.

[28] Vgl. die Rspr. zur Erkrankung eines Kindes: BAG 19.4.1978 – 5 AZR 834/76, NJW 1978, 2316.

2. Pflegezeit

Neben der kurzzeitigen Arbeitsverhinderung gewährt §3 Abs. 1 S. 1 PflegeZG einen Anspruch auf vollständige oder teilweise Freistellung von der Arbeitsleistungspflicht, wenn ein Arbeitnehmer einen pflegebedürftigen nahen Angehörigen in häuslicher Umgebung pflegt. Gleiches gilt, wenn ein minderjähriger naher Angehöriger in häuslicher oder außerhäuslicher Umgebung betreut wird (§3 Abs. 5 PflegeZG/§2 Abs. 5 FPfZG). Außerdem besteht ein Freistellungsanspruch im Falle der Palliativbetreuung (§3 Abs. 6 PflegeZG).

Die Pflegezeit beträgt gem. §4 Abs. 1 S. 1 PflegeZG maximal sechs Monate für jeden Pflegefall. Wird zunächst nur ein kürzerer Zeitraum beansprucht, so kann gem. §4 Abs. 1 S. 2 und 3 PflegeZG eine Verlängerung bis zur Höchstdauer von sechs Monaten nur mit Zustimmung des Arbeitgebers erfolgen. Erforderlich ist eine nahtlose Fortsetzung der Pflegezeit über einen ursprünglich festgelegten Zeitraum hinaus. Eine Aufteilung der sechsmonatigen Pflegezeit auf mehrere aufeinanderfolgende Abschnitte ist nicht möglich.[29]

Der Anspruch ist gem. §3 Abs. 1 S. 2 PflegeZG ausgeschlossen in Unternehmen, in denen in der Regel 15 oder weniger Beschäftigte (s. §7 Abs. 1 PflegeZG) tätig sind. Der Arbeitgeber muss also mindestens 16 Beschäftige haben, damit ein Anspruch auf Pflegezeit besteht. Auf den Umfang der Arbeitszeit des einzelnen Beschäftigten kommt es nicht an, es werden nur die „Köpfe" gezählt.

Die Pflegezeit endet gem. §4 Abs. 2 PflegeZG, wenn der nahe Angehörige nicht mehr pflegebedürftig oder die häusliche Pflege unmöglich bzw. für den Pflegenden unzumutbar geworden ist. Der Arbeitgeber ist über diese Umstände unverzüglich zu unterrichten. Die Pflegezeit endet vier Wochen nach Eintritt der veränderten Umstände. Daneben bedarf jede vorzeitige Beendigung der Pflegezeit der Zustimmung des Arbeitgebers.

Der Arbeitnehmer ist gem. §3 Abs. 2 PflegeZG verpflichtet, die Pflegebedürftigkeit durch Vorlage einer Bescheinigung der Pflegekasse bzw. des Medizinischen Dienstes der Krankenversicherung nachzuweisen.

Der Arbeitnehmer muss die Inanspruchnahme von Pflegezeit mindestens zehn Arbeitstage vor ihrem Beginn schriftlich ankündigen und erklären, für welchen Zeitraum und in welchem Umfang Freistellung beansprucht wird. Er kann neben einer vollständigen Freistellung auch eine Teilzeitbeschäftigung anstreben. In diesem Fall ist dem Arbeitgeber gegenüber zusätzlich die gewünschte Verteilung der Arbeitszeit anzugeben. Gemäß §3 Abs. 4 PflegeZG müssen Arbeitgeber und Arbeitnehmer über eine Teilzeitbeschäftigung während der Pflegezeit eine schriftliche Vereinbarung treffen. Diese umfasst neben dem Umfang der Verringerung auch die Verteilung der Arbeitszeit. Der Arbeitnehmer hat gem. §3 Abs. 4 S. 2 PflegeZG einen Anspruch auf die gewünschte Arbeitszeit, wenn nicht dringende betriebliche Gründe entgegenstehen. Die betrieblichen Gründe müssen so gewichtig sein, dass sie die Interessen des Beschäftigten an einer häuslichen Pflege überwiegen. Der Arbeitgeber kann folglich bei Vorliegen

[29] BAG 15.11.2011 – 9 AZR 348/10, NZA 2012, 323.

dringender betrieblicher Gründe die Teilzeitbeschäftigung während der Pflegezeit verhindern, nicht jedoch eine vollständige Freistellung.

Herr Riemke hat die Ankündigungsfrist von zehn Arbeitstagen eingehalten. Er verlangt eine vollständige Freistellung von der Arbeitsleistung. Da §3 Abs. 4 S. 2 PflegeZG nur für den Fall der Teilzeitbeschäftigung den Einwand entgegenstehender betrieblicher Gründe zulässt, kann die Müllex GmbH den Anspruch auf Pflegezeit nicht ablehnen.

Herrn Riemke stehen für die Dauer der Pflegezeit gegenüber der Müllex GmbH keine Vergütungsansprüche zu, da sein Arbeitsverhältnis ruht. Er ist nach Maßgabe des §44a SGB XI, §§2, 7 Abs. 3 S. 1, 3 SGB IV, §26 Abs. 2b SGB III, §3 S. 1 Nr. 1a SGB VI sozialversichert[30]. Gemäß §44a Abs. 3 SGB XI kann er gegebenenfalls Pflegeunterstützungsgeld erhalten. Nach Ablauf der Pflegezeit hat er einen Anspruch auf Rückkehr an seinen alten Arbeitsplatz.

Will ein pflegender Angehöriger seine Arbeitszeit nur teilweise reduzieren, so hat er gegen den Arbeitgeber nach §2 Abs. 1 S. 1 FPflZG einen Freistellungsanspruch für die Dauer von längstens 24 Monaten.[31] Sofern ein nahtloser Anschluss erfolgt (§2a Abs. 1 S. 4 FPfZG), kann die Familienpflegezeit gem. §2 Abs. 2 FPfZG auch der Pflegezeit nach §3 PflegeZG nachfolgen, ist hierbei aber auf eine Gesamtdauer von 24 Monaten beschränkt. Dies wäre also zB für Herrn Riemke eine Option, wenn er seine Tochter auch noch nach Ablauf der sechs Monate Pflegezeit unterstützen möchte.

Der Anspruch auf Familienpflegezeit besteht nur, wenn der Arbeitgeber mindestens 26 Beschäftigte iSd §7 PflegeZG hat. Die Familienpflegezeit ist eine Teilzeitbeschäftigung von mindestens 15 Stunden wöchentlich (§2 Abs. 1 S. 2, 3 FPfZG). Will ein Beschäftigter die Familienpflegezeit in Anspruch nehmen, muss er dies dem Arbeitgeber spätestens acht Wochen vor dem gewünschten Beginn schriftlich ankündigen und gleichzeitig erklären, für welchen Zeitraum und in welchem Umfang er freigestellt werden möchte und wie die Arbeitszeit verteilt werden soll. Die Ankündigungsfrist verlängert sich auf drei Monate, wenn der Arbeitnehmer zuvor Pflegezeit in Anspruch genommen hat, s. für die Einzelheiten §2a Abs. 1 FPfZG. Die Arbeitsvertragsparteien müssen gem. §2a Abs. 2 FPfZG über die Verringerung und Verteilung der Arbeitszeit eine schriftliche Vereinbarung treffen. Der Arbeitgeber kann den Wünschen des Beschäftigten nur widersprechen, wenn dringende betriebliche Gründe der Arbeitszeitgestaltung entgegenstehen. Zum Ausgleich der Einkommensverluste besteht die Möglichkeit nach Maßgabe der §§3 ff. FPfZG ein zinsloses Darlehen zu erhalten.

IV. Teilzeitbeschäftigung schwerbehinderter Menschen

Gemäß §164 Abs. 5 SGB IX ist der Arbeitgeber verpflichtet, die Einrichtung von Teilzeitarbeitsplätzen zu fördern. Schwerbehinderte haben einen Anspruch auf

---

[30] *Stuhlmann* AuA 2008, 332.

[31] S. auch *Müller* BB 2014, 3125; *Thüsing/Pötters* BB 2015, 181.

Teilzeitbeschäftigung, wenn die kürzere Arbeitszeit wegen Art oder Schwere der Behinderung notwendig ist. Die geschuldete Arbeitszeit wird allein durch das einseitige Verlangen des schwerbehinderten Menschen verringert. Einer Zustimmung des Arbeitgebers bedarf es nicht.[32] Der Anspruch besteht nur dann nicht, wenn seine Erfüllung für den Arbeitgeber nicht zumutbar oder mit unverhältnismäßigen Aufwendungen verbunden wäre oder soweit staatliche oder berufsgenossenschaftliche Arbeitsschutzvorschriften entgegenstehen (§164 Abs. 5 S. 3, Abs. 4 S. 3 SGB IX). Unterstützung bei der Einrichtung von Teilzeitarbeitsplätzen für schwerbehinderte Menschen gewähren die Integrationsämter.

V. Altersteilzeit/Gleitender Ruhestand

Altersteilzeit soll älteren Arbeitnehmern einen gleitenden Übergang vom Erwerbsleben in die Altersrente ermöglichen (§1 Abs. 1 AltersteilzeitG). Altersteilzeit, die nach dem 31. Dezember 2009 angetreten wurde, wird nicht mehr durch die Bundesagentur für Arbeit gefördert. §1 Abs. 3 AltersteilzeitG stellt jedoch klar, dass Vereinbarungen über eine Altersteilzeit weiterhin möglich sind. Teilweise gleichen Tarifverträge die weggefallene staatliche Förderung aus.[33] Eine detaillierte Darstellung der verschiedenen Modelle der Altersteilzeit kann an dieser Stelle nicht erfolgen. Lesen Sie bitte die §§2ff. AltersteilzeitG und informieren Sie sich über die Einzelheiten in entsprechenden Fachpublikationen.[34]

VI. Arbeit auf Abruf

Dem Abrufarbeitsverhältnis[35] liegt gem. §12 Abs. 1 S. 1 TzBfG eine Vereinbarung zwischen Arbeitgeber und Arbeitnehmer zugrunde, nach der der Arbeitnehmer seine Arbeitsleistung entsprechend dem Arbeitsanfall zu erbringen hat. Man spricht deshalb auch von kapazitätsorientierter variabler Arbeitszeit (KAPOVAZ).[36] Die Arbeit auf Abruf dient folglich der Flexibilisierung der Arbeitsleistung. Der Arbeitnehmer verpflichtet sich, seine Arbeitsleistung dauerhaft im vereinbarten Umfang nur auf Anforderung des Arbeitgebers zu erbringen.

Der Arbeitsvertrag muss eine bestimmte Dauer der wöchentlichen und täglichen Arbeitszeit festlegen (§12 Abs. 1 S. 2 TzBfG).[37] Fehlt eine solche Vereinbarung, so schuldet der Arbeitnehmer kraft Gesetzes eine wöchentliche Arbeitsleistung in Höhe von zehn Stunden und eine tägliche Arbeitszeit von

---

32 BAG 14.10.2003 – 9 AZR 100/03, NZA 2004, 614.

33 ZB Tarifvertrag „Lebensarbeitszeit und Demografie" der Chemieindustrie; Tarifvertrag zum flexiblen Übergang in die Rente in der Metallindustrie.

34 *HzA/Schlegel* Gruppe 10.2; *Fabritius* ArbRAktuell 2011, 344; *Hanau* NZA 2009, 225; *Schwab/Teschabai* DB 2016, 530.

35 *Besgen* B+P 2007, 307; *Gastell* AuA 2008, 200; *Hohenstatt/Schramm* NZA 2007, 238.

36 S. auch *Hunold* NZA 2003, 896.

37 S. auch *Forst* NZA 2014, 998.

mindestens drei aufeinander folgenden Stunden (§ 12 Abs. 1 S. 3 und S. 4 TzBfG). Auch wenn keine Arbeitsleistung abgerufen wird, muss der Arbeitgeber den Arbeitnehmer wenigstens in diesem Umfang vergüten.[38]

Die jeweilige Lage und Dauer des Arbeitseinsatzes wird einseitig durch den Arbeitgeber bestimmt. Um die damit für den Arbeitnehmer verbundenen Unsicherheiten zu vermindern, schreibt § 12 Abs. 2 TzBfG vor, dass eine Verpflichtung des Arbeitnehmers zur Arbeitsleistung nur entsteht, wenn ihm der Arbeitgeber die Lage der Arbeitszeit jeweils mindestens vier Tage im Voraus mitteilt.

An sich ist der Arbeitgeber gem. § 615 S. 1 BGB verpflichtet, dem Arbeitnehmer das vereinbarte Entgelt zu zahlen, auch wenn er den Arbeitnehmer nicht beschäftigen kann. Durch die Abrufarbeit verpflichtet sich der Arbeitgeber nur zur Zahlung der vereinbarten bzw. gem. § 12 Abs. 1 S. 2 TzBfG bestimmten Mindestarbeitszeit. Er hat das Recht, bei Bedarf darüber hinaus Arbeitsleistungen des Arbeitnehmers einzufordern, ohne dass der Arbeitnehmer auf der anderen Seite einen Anspruch auf Beschäftigung über die Mindestarbeitszeit hinaus hat. Entsprechende Klauseln müssen sich daher am Maßstab des § 307 Abs. 1 S. 1 BGB messen lassen. Dem Interesse des Arbeitgebers an der Möglichkeit, flexibel auf Schwankungen des Arbeitsanfalls reagieren zu müssen, steht das Interesse des Arbeitnehmers an einem kalkulierbaren Arbeitseinkommen und einer Planbarkeit seiner Freizeit gegenüber. Das Volumen der zusätzlich abrufbaren Arbeitszeit darf daher nicht mehr als 25 % der vereinbarten wöchentlichen Mindestarbeitszeit betragen. Soweit die Arbeitsvertragsparteien auch eine Reduzierung der Arbeitszeit ermöglichen, darf deren Umfang max. 20 % betragen.[39]

Die Pflicht zur Arbeitsleistung auf Abruf kann daher unterschiedlich ausgestaltet werden zB:

- Vereinbarung einer bestimmten Mindestarbeitszeit und darüber hinaus Recht des Arbeitgebers, weitere Arbeitsleistung abzurufen:
  „Die Arbeitszeit beträgt mindestens 30 Stunden pro Woche. Der Arbeitgeber ist berechtigt, bei Bedarf darüber hinaus weitere 7,5 Stunden abzurufen."
- Vereinbarung einer bestimmten Mindestarbeitszeit und Recht des Arbeitgebers, diese zu unterschreiten:
  „Die Arbeitszeit des Arbeitnehmers beträgt wöchentlich 25 Stunden. Sie kann um bis fünf Stunden unterschritten werden."
- Bandbreitenregelung, innerhalb derer der Arbeitgeber die Arbeitszeit flexibel abrufen darf:
  „Die Arbeitszeit beträgt nach Abruf durch den Arbeitgeber zwischen 15 und 18 Stunden."

Soweit KAPOVAZ nicht nur für einen einzelnen Arbeitnehmer vereinbart wird, sondern eine generelle Regelung für den ganzen Betrieb oder eine Gruppe von

38 BAG 24.9.2014 – 5 AZR 1024/12, NZA 2014, 1328.
39 BAG 7.12.2005 – 5 AZR 535/04, NZA 2006, 423.

Arbeitnehmern getroffen wird, liegt ein kollektiver Tatbestand vor, der das Mitbestimmungsrecht des Betriebsrats gem. §87 Abs. 1 Nr. 2 BetrVG auslöst.[40] Das Mitbestimmungsrecht besteht jedoch nur, wenn nicht ein Tarifvertrag abschließend die Bedingungen der Arbeit auf Abruf festlegt. Tarifvertragliche Regelungen können auch zuungunsten der Arbeitnehmer von den Regelungen des Gesetzes abweichen (§12 Abs. 3 TzBfG).

VII. Job Sharing

Ein Job Sharing liegt nach §13 Abs. 1 S. 1 TzBfG vor, wenn der Arbeitgeber mit zwei oder mehr Arbeitnehmern vereinbart, dass sich diese die Arbeitszeit an einem Arbeitsplatz teilen. Die Arbeitnehmer regeln grundsätzlich selbstständig, wer von ihnen wann arbeitet. Das Direktionsrecht des Arbeitgebers ist diesbezüglich eingeschränkt. Die Arbeitnehmer sind gem. §13 Abs. 1 S. 2 TzBfG nur dann zur gegenseitigen Vertretung verpflichtet, wenn sie der Vertretung im jeweiligen Einzelfall zugestimmt haben.[41] Die Arbeitsvertragsparteien können vorab eine Vertretungspflicht nur für Fälle dringender betrieblicher Erfordernisse vereinbaren (§13 Abs. 1 S. 3 TzBfG). Auch dann muss ein Arbeitnehmer den anderen nur vertreten, wenn ihm dies im Einzelfall zumutbar ist. Ein dringendes betriebliches Bedürfnis liegt vor, wenn die Nichtvertretung zu erheblichen Nachteilen für den Betrieb führen würde.

Da die Notwendigkeit der Abstimmung zwischen den Arbeitnehmern zu Konflikten führen kann, sollte vertraglich im Voraus eine Schlichtung festgelegt werden, die zB durch Einschalten des Betriebsrats oder anderer neutraler Personen einen Konfliktlösungsmechanismus schafft.

Gemäß §13 Abs. 2 TzBfG sind die Arbeitsplätze der Job Sharer in ihrem Bestand voneinander unabhängig. Die Kündigung eines Arbeitnehmers wegen des Ausscheidens des anderen Arbeitnehmers, mit dem er den Arbeitsplatz teilt, ist unzulässig. Allerdings kann der Arbeitgeber aus diesem Anlass eine Änderungskündigung aussprechen.

---

[40] Beispiel einer Betriebsvereinbarung bei *Hümmerich* DB 1996, 1182 (1185).

[41] S. auch *Zietsch* NZA 1997, 526.

In diesem Kapitel lernen Sie, wann und unter welchen Voraussetzungen ein Arbeitsverhältnis durch Kündigung beendet werden kann.

I. Beendigung des Arbeitsverhältnisses durch Kündigung

I. Kündigungserklärung

Anfang August fällt in der Niederlassung Iserlohn die Entscheidung, dem Mitarbeiter Mario Claust betriebsbedingt zum 15. September zu kündigen. Herr Claust befindet sich jedoch vom 6. August bis zum 1. September in seinem Jahresurlaub. Um den Kündigungstermin einhalten zu können, muss die Kündigung bis zum 18. August zugegangen sein. Der Niederlassungsleiter fragt bei Ihnen an, ob eine Kündigung auch während des Urlaubs eines Mitarbeiters wirksam ausgesprochen werden kann.

Die Kündigung ist eine empfangsbedürftige Willenserklärung, mit der die Beendigung des Arbeitsverhältnisses erklärt wird. Eine Kündigung kann sowohl vom Arbeitgeber als auch vom Arbeitnehmer ausgesprochen werden. Aufseiten des Arbeitgebers sind kündigungsberechtigt der Arbeitgeber sowie die Mitarbeiter, die im Unternehmen eine Position innehaben, mit der üblicherweise ein Kündigungsrecht verbunden ist, wie zB der Leiter der Personalabteilung. Die Kündigungserklärung muss inhaltlich bestimmt sein, dh sie muss für den Empfänger der Erklärung erkennen lassen, wann das Arbeitsverhältnis endet. Hierzu wird regelmäßig die Kündigungsfrist oder der Kündigungstermin angegeben.[1] Die Beendigung des Arbeitsverhältnisses durch Kündigung bedarf außerdem gem. § 623 BGB der Schriftform. Es handelt sich um ein konstitutives gesetzliches Schriftformerfordernis gem. § 126 Abs. 1 BGB. Die Kündigungserklärung muss mittels einer schriftlichen Urkunde erfolgen, die der Kündigende eigenhändig durch Namensunterschrift unterzeichnen muss. Eine Kündigungserklärung mittels Fax oder per E-Mail scheidet aus, da bei diesen Übermittlungswegen nur die Kopie einer Unterschrift, nicht aber die eigenhändige Unterschrift selbst zugeht. Die elektronische Form des § 126a BGB, bei der das elektronische Dokument mit einer qualifizierten Signatur versehen wird, ist gem. § 623 I Is. 2 BGB ausgeschlossen. Wird eine Kündigung mündlich ausgesprochen oder aber zB in einer E-Mail, so ist die Schriftform nicht eingehalten. Gemäß § 125 S. 1 BGB hat dies die Nichtigkeit der Kündigungserklärung zur Folge, sodass das Arbeitsverhältnis nicht wirksam beendet wird.

Als empfangsbedürftige Willenserklärung wird die Kündigung nicht bereits mit ihrem Abschicken, sondern erst mit Zugang beim Arbeitnehmer bzw. Ar-

1 BAG 20.6.2013 – 6 AZR 805/11, NZA 2013, 1137.

beitgeber wirksam (vgl. § 130 Abs. 1 BGB).[2] Dieser Zeitpunkt ist wichtig für den Beginn der Kündigungsfrist, aber auch für die Drei-Wochen-Frist des § 4 KSchG, innerhalb derer der Arbeitnehmer eine Kündigungsschutzklage erheben muss.

Die schriftliche Kündigungserklärung ist zugegangen, wenn sie dergestalt in den Machtbereich des Empfängers gelangt ist, dass er unter normalen Verhältnissen die Möglichkeit der Kenntnisnahme hat. Unerheblich ist, wann der Empfänger die Erklärung tatsächlich zur Kenntnis nimmt. Grundsätzlich genügt der Einwurf des Schreibens in einen Hausbriefkasten oder ein Postfach. Ein Kündigungsschreiben geht dem Arbeitnehmer daher auch zu, wenn er sich in Urlaub befindet und zwar selbst dann, wenn er dem Arbeitgeber seine Urlaubsanschrift mitgeteilt hat.[3] Die Kündigungsschutzklage des Arbeitnehmers, der durch seinen Urlaub die Klagefrist des § 4 KSchG versäumt, kann aber gem. § 5 KSchG auf Antrag nachträglich zugelassen werden.[4] Der Kündigung des Mitarbeiters Mario Claust steht demzufolge nicht entgegen, dass er sich in Urlaub befindet.

Eine mittels Übergabe-Einschreiben übermittelte Kündigung wird erst wirksam, wenn der Empfänger sie tatsächlich erhält. Trifft der Postbote den Arbeitnehmer nicht an und wirft er ihm einen Benachrichtigungszettel in den Briefkasten, so erfolgt damit noch kein Zugang. Der Mitarbeiter hat erst mit Aushändigung des Originalschreibens die Möglichkeit, von seinem Inhalt Kenntnis zu nehmen. Eine Kündigung, die mittels eines Einwurf-Einschreibens übermittelt wird, geht dem Arbeitnehmer zu, sobald der Postbote das Einschreiben in den Hausbriefkasten wirft und unter regelmäßigen Umständen mit einer Kenntnisnahme gerechnet werden kann.[5] Der Unterschied zu einem normalen Brief besteht hier lediglich darin, dass der Postbote den Einwurf schriftlich festhält.

Wird das Kündigungsschreiben nicht dem Arbeitnehmer selbst, sondern einem Dritten ausgehändigt, so kommt es für den Zugang darauf an, ob der Dritte nach der allgemeinen Verkehrsanschauung als zur Entgegennahme von Erklärungen berechtigt anzusehen war. Hiervon ist regelmäßig nur bei Familienangehörigen auszugehen, die mit dem Arbeitnehmer zusammenwohnen.[6]

Um eine sichere Kenntnis vom Zugangszeitpunkt zu haben, empfiehlt es sich, das Kündigungsschreiben dem Arbeitnehmer im Betrieb bei Anwesenheit eines Zeugens auszuhändigen oder durch einen Boten zustellen zu lassen, der einen entsprechenden Vermerk fertigt.

[2] *Nebeling/Karcher* BB 2017, 437.

[3] BAG 22.3.2012 – 2 AZR 224/11, BeckRS 2012, 72009; BAG 24.6.2004 – 2 AZR 461/03, NZA 2004, 1330; BAG 16.3.1988 – 7 AZR 587/87, NZA 1988, 875.

[4] Zur nachträglichen Zulassung der Klage s. *Berkowsky* NZA 1997, 352.

[5] LAG Köln 22.11.2010 – 5 Sa 900/10, NZA-RR 2011, 244.

[6] BAG 9.6.2011 – 6 AZR 687/09, NZA 2011, 847; BAG 11.11.1992 – 2 AZR 328/92, NZA 1993, 259.

Umgekehrt sollte der Arbeitnehmer die Kündigung nur gegenüber dem Arbeitgeber selbst oder einem zur Entgegennahme von Erklärungen berechtigten Mitarbeiter (zB Prokuristen, Personalleiter) schriftlich erklären und sich den Empfang bestätigen lassen.

II. Kündigungsfristen

Aufgrund der Urlaubszeit besteht in der Niederlassung Schwerte der Müllex GmbH ein Vertretungsbedarf. Da es in der Vergangenheit jedoch mehrfach Schwierigkeiten mit Aushilfen gab, fragt der Niederlassungsleiter bei Ihnen an, ob es möglich ist, für die Aushilfskräfte eine Kündigungsfrist von drei Tagen zu vereinbaren. Auf diese Weise soll verhindert werden, dass ungeeignete Kräfte unnötig lange weiterbeschäftigt werden müssen.

Damit eine Kündigung zum vorgesehenen Zeitpunkt zur Beendigung des Arbeitsverhältnisses führt, muss – abgesehen von einer fristlosen Kündigung – die jeweils geltende Kündigungsfrist eingehalten werden. Sofern sich nicht aus einem Tarifvertrag oder dem Arbeitsvertrag etwas anderes ergibt, gilt für die Länge der Kündigungsfrist §622 BGB.

Nach §622 Abs. 1 BGB beträgt die gesetzliche Grundkündigungsfrist vier Wochen zum Fünfzehnten oder zum Ende eines Kalendermonats. Diese Frist gilt sowohl für eine Kündigung seitens des Arbeitnehmers als auch des Arbeitgebers. Die Kündigungsfrist, die der Arbeitgeber einzuhalten hat, wenn er dem Arbeitnehmer kündigen will, verlängert sich nach §622 Abs. 2 S. 1 BGB gestaffelt mit der Dauer des Arbeitsverhältnisses auf max. sieben Monate zum Ende eines Kalendermonats nach zwanzigjährigem Bestehen des Arbeitsverhältnisses.[7] Bei der Berechnung der Kündigungsfrist sind auch Beschäftigungsjahre zu berücksichtigen, die vor dem 25. Lebensjahr liegen, obwohl §622 Abs. 2 S. 2 BGB dies ausschließt. Werden Beschäftigungszeiten vor Vollendung des 25. Lebensjahres generell nicht berücksichtigt, so werden betroffene Arbeitnehmer wegen ihres Alters unzulässig benachteiligt.[8] Die gesetzliche Norm verstößt demzufolge gegen die Gleichbehandlungsrichtlinie[9] und ist wegen dieser Europarechtswidrigkeit nicht anzuwenden.[10]

Während einer zwischen den Arbeitsvertragsparteien vereinbarten Probezeit ist die gesetzliche Grundkündigungsfrist gem. §622 Abs. 3 BGB auf zwei Wochen verkürzt (s. oben S. 49 ff.).

Die genannten Fristen können durch Tarifvertrag verkürzt oder verlängert werden (§622 Abs. 4 S. 1 BGB).[11] Im Geltungsbereich eines solchen Tarifvertrags

---

7 S. dazu BAG 18.9.2014 – 6 AZR 636/13, NZA 2014, 1400.

8 Anders zB in den USA, wo eine Diskriminierung wegen des Alters erst ab dem 40. Lebensjahr begrifflich vorkommen kann, *Age Discrimination in Employment Act of 1967.* S. auch *Waltermann* NZA 2005, 1265 (1270).

9 RL 2000/78/EG v. 27.11.2000 ABl. 2000 L 303, 16.

10 EuGH 19.1.2010 – C-555/07, NZA 2010, 85 – Kücükdeveci; BAG 9.9.2010 – 2 AZR 714/08, NZA 2011, 343.

11 BAG 23.4.2008 – 2 AZR 21/07, NZA 2008, 960.

sind die abweichenden tarifvertraglichen Bestimmungen auch für nichttarifgebundene Arbeitsvertragsparteien bindend, sofern der Tarifvertrag im Arbeitsvertrag in Bezug genommen ist (§622 Abs. 4 S. 2 BGB).

Eine Verlängerung der Kündigungsfristen ist einzelvertraglich zulässig. Dagegen erlaubt §622 Abs. 5 BGB nur sehr eingeschränkt, im Arbeitsvertrag kürzere als die gesetzlichen Fristen zu vereinbaren. Vertragliche Verkürzungen der Kündigungsfrist sind möglich, wenn ein Arbeitnehmer nur zur vorübergehenden Aushilfe bis zu drei Monaten eingestellt wird oder aber der Arbeitgeber regelmäßig nicht mehr als zwanzig Arbeitnehmer beschäftigt. Auszubildende zählen bei der Feststellung der Arbeitnehmerzahl nicht, Teilzeitbeschäftigte nur in dem in §622 Abs. 5 Nr. 2 BGB genannten Umfang.

Daher kann für die nur vorübergehend beschäftigten Aushilfen in der Niederlassung Schwerte vertraglich eine Kündigungsfrist von drei Tagen vereinbart werden. Hierbei ist jedoch zu beachten, dass eine Beschäftigung nicht mehr vorübergehend ist, wenn das Arbeitsverhältnis länger als drei Monate dauert. Wird eine kurze Kündigungsfrist vereinbart, ist auch dem Arbeitnehmer eine entsprechende Frist einzuräumen, denn nach §622 Abs. 6 BGB darf die Kündigungsfrist für den Arbeitnehmer nicht länger sein als die für den Arbeitgeber.

Die Berechnung der Frist erfolgt gem. §§187 Abs. 1, 188 Abs. 2 BGB. Diese Vorschriften sind ihrem Wortlaut nach recht schwer zu verstehen, im Grunde genommen jedoch sehr einfach. Sie müssen zunächst ermitteln, an welchem Wochentag (= Benennung eines Tages) dem Arbeitnehmer die schriftliche Kündigungserklärung zugeht (Zugang = Ereignis iSd §187 Abs. 1 BGB). Beträgt die Kündigungsfrist beispielsweise vier Wochen, so stellen Sie mithilfe eines Kalenders fest, welches Datum vier Wochen später derselbe Wochentag wie der Tag des Kündigungszugangs hat. Dies ist dann der Tag, an dem die Kündigungsfrist abläuft. Ist für das Ende der Frist nicht nur die Dauer der Frist, sondern auch ein bestimmter Zeitpunkt, wie Ende des Kalendermonats oder zum Fünfzehnten des Monats, vorgegeben, so müssen Sie von diesem Zeitpunkt zurückrechnen, um den Tag zu ermitteln, an dem die Kündigung dem Arbeitgeber spätestens zugehen muss. Hierzu ein Beispiel:

Nehmen Sie an, die Kündigung soll das Arbeitsverhältnis zum 31. Oktober beenden. Der Arbeitnehmer hat eine Kündigungsfrist von vier Wochen. Nach dem unten stehenden Kalender ist der 31. Oktober ein Dienstag. Rechnen Sie nun entsprechend der Dauer der Kündigungsfrist vier Dienstage = vier Wochen zurück. Sie stellen fest, dass der vierte Dienstag, der 3. Oktober ist. Dies bedeutet, dass Dienstag, der 3. Oktober, der Tag ist, an dem dem Arbeitnehmer die Kündigung spätestens zugehen muss.

Umgekehrt können Sie die Einhaltung der Kündigungsfrist überprüfen, wenn eine Kündigung ausgesprochen wurde. Nehmen Sie an, ein Arbeitnehmer erhält noch in der Probezeit am 4. Oktober eine Kündigung. Seine Kündigungsfrist beträgt gem. §622 Abs. 3 BGB zwei Wochen. Im Kalender stellen Sie fest, dass der 4. Oktober ein Mittwoch ist. Nun rechnen Sie entsprechend der zweiwöchigen Kündigungsfrist zwei Mittwoche weiter. Das Arbeitsverhältnis endet folglich mit Ablauf des 18. Oktober (= Mittwoch).

Oktober						
Mo		2	9	16	23	30
Di		3	10	17	24	31
Mi		4	11	18	25	
Do		5	12	19	26	
Fr		6	13	20	27	
Sa		7	14	21	28	
So	1	8	15	22	29	

Handelt es sich nicht um eine Wochenfrist, sondern um eine Monatsfrist, so ist das Vorgehen zur Fristberechnung genauso einfach. Nach §§ 187 Abs. 1, 188 Abs. 2 BGB ist dann nicht der Wochentag (= Benennung), sondern die Zahl des Tages (= Datum) maßgeblich. Nehmen wir also an, dass die Kündigungserklärung am 31. Oktober zugegangen ist und die Kündigungsfrist drei Monate beträgt. Sie müssen nun ausgehend vom 31. Oktober einfach drei Monate weiter zählen, also November, Dezember, Januar. Das Arbeitsverhältnis endet demzufolge mit dem 31. Januar. Fehlt der Tag, weil der Monat nur dreißig Tage hat, so endigt die Frist gem. § 188 Abs. 3 BGB mit dem Ablauf des letzten Tages dieses Monats.

Es ist rechtlich unerheblich, wenn der letzte Tag, an dem zur Einhaltung der Kündigungsfrist gekündigt werden könnte, ein Sonntag, ein gesetzlicher Feiertag oder ein Samstag ist. § 193 BGB gilt nicht, da dem Arbeitnehmer die Kündigungsfrist unverkürzt zur Verfügung stehen soll.[12] Für das Ende der Kündigungsfrist gilt § 193 BGB schon seinem Wortlaut nach nicht.

Wird die Kündigungsfrist fehlerhaft berechnet, wird das Arbeitsverhältnis erst zu dem Termin beendet, der der korrekt berechneten Kündigungsfrist entspricht. Dieses folgt aus der Kündigungserklärung selbst (Auslegung gem. § 133 BGB), wenn der Arbeitgeber im Wortlaut der Erklärung deutlich gemacht hat, dass das Arbeitsverhältnis durch die Kündigung auch zu einem anderen Termin enden soll.[13] Eine entsprechende Formulierung kann zB lauten: „Wir kündigen Ihr Arbeitsverhältnis ordentlich zum nächst zulässigen Termin. Nach unserer Auffassung ist dies der [Datum]." Fehlt es an einer solchen eindeutigen Erklärung und ergibt sich ein entsprechender Wille des Kündigenden auch nicht durch Auslegung der Erklärung, so ist die zum falschen Endtermin ausgesprochene Kündigung unwirksam. Gemäß § 140 BGB kann die Erklärung jedoch in eine Kündigung zum zulässigen Termin umgedeutet werden, wenn davon auszugehen ist, dass der Arbeitgeber die Kündigung zum korrekten Termin ausgesprochen hätte, wenn er von der Unwirksamkeit gewusst hätte.[14] Eine solche Umdeutung ist aber nur möglich, wenn die Kündigung nicht gem.

---

12 BAG 5.3.1970 – 2 AZR 112/69, NJW 1970, 1470.
13 BAG 15.12.2005 – 2 AZR 148/05, NZA 2006, 791.
14 BAG 1.9.2010 – 5 AZR 700/09, NZA 2010, 1409.

§ 7 KSchG wegen Versäumnis der Klagefrist des § 4 KSchG wirksam geworden ist.[15] Einzelheiten zur Klagefrist s. S. 249 ff.

Es ergibt sich damit folgende Übersicht über die Kündigungsfristen:

	Länge der Kündigungsfrist	
	bei Kündigung durch den Arbeitgeber	**bei Kündigung durch den Arbeitnehmer**
während Probezeit bis zu sechs Monaten	2 Wochen	2 Wochen
außerhalb Probezeit bis zu zwei Jahren Bestehen des Arbeitsverhältnisses	4 Wochen zum 15. oder zum Ende eines Monats	4 Wochen zum 15. oder zum Ende eines Monats
ab zwei Jahren Bestehen des Arbeitsverhältnisses	1 Monat zum Monatsende	4 Wochen zum 15. oder zum Ende eines Monats
ab fünf Jahren ...	2 Monate zum Monatsende	4 Wochen zum 15. oder zum Ende eines Monats
ab acht Jahren ...	3 Monate zum Monatsende	4 Wochen zum 15. oder zum Ende eines Monats
ab zehn Jahren ...	4 Monate zum Monatsende	4 Wochen zum 15. oder zum Ende eines Monats
ab zwölf Jahren ...	5 Monate zum Monatsende	4 Wochen zum 15. oder zum Ende eines Monats
ab fünfzehn Jahren ...	6 Monate zum Monatsende	4 Wochen zum 15. oder zum Ende eines Monats
ab zwanzig Jahren ...	7 Monate zum Monatsende	4 Wochen zum 15. oder zum Ende eines Monats
Tarifvertrag	abweichend längere und kürzere Fristen	abweichend längere und kürzere Fristen
Arbeitsvertrag	längere Fristen zulässig; kürzere Fristen nur, wenn Aushilfe bis zu 3 Monaten oder Arbeitgeber nicht mehr als 20 Arbeitnehmer beschäftigt	längere Fristen zulässig; kürzere Fristen nur, wenn Aushilfe bis zu 3 Monaten oder Arbeitgeber nicht mehr als 20 Arbeitnehmer beschäftigt
Beachten:	Für die Kündigung des Arbeitnehmers darf keine längere Frist als für die Kündigung des Arbeitgebers vereinbart sein.	

[15] BAG 15.5.2013 – 5 AZR 130/12, NZA 2013, 1076.

III. Die Anhörung des Betriebsrats

Die Müllex GmbH will Herrn Bernd Dofal, Vertriebsmitarbeiter der Niederlassung Iserlohn, kündigen. Ihre Aufgabe als Personalleiter/in ist es, die Anhörung des Betriebsrats durchzuführen.

1. Allgemeines

Gemäß § 102 Abs. 1 S. 1 BetrVG ist der Betriebsrat vor Ausspruch einer Kündigung zu hören.[16] Dem Betriebsrat steht damit bei jeder Kündigung durch den Arbeitgeber unabhängig von ihrer Art (Beendigungs-, Änderungskündigung, fristlose oder fristgemäße) ein Mitbestimmungsrecht zu. Seine Beteiligung soll gegebenenfalls eine Kündigung dadurch verhindern, dass der Betriebsrat dem Arbeitgeber seine Sicht des zur Kündigungsabsicht führenden Sachverhalts zur Kenntnis bringt. Der Betriebsrat erhält so Gelegenheit, auf den Kündigungsentschluss des Arbeitgebers Einfluss zu nehmen.[17] Auf eine Kündigung seitens des Arbeitnehmers oder andere Beendigungstatbestände ist § 102 Abs. 1 S. 1 BetrVG nicht anzuwenden.

Um dem Betriebsrat diese Einflussnahme zu ermöglichen, andererseits aber die unternehmerische Freiheit des Arbeitgebers zu wahren, ist das Beteiligungsrecht des Betriebsrats nach § 102 Abs. 1 BetrVG als Anhörungsverfahren ausgestaltet. Es erschöpft sich nicht lediglich in einer Unterrichtungspflicht des Arbeitgebers, verlangt aber nicht die ausdrückliche Zustimmung des Betriebsrats zur Kündigung (anders § 103 BetrVG bei der Kündigung von Betriebsratsmitgliedern). Abweichend kann gem. § 102 Abs. 6 BetrVG durch Betriebsvereinbarung vereinbart werden, dass die Kündigung der Zustimmung des Betriebsrats bedarf.[18]

Die ordnungsgemäße Betriebsratsanhörung *vor* Ausspruch einer Kündigung ist Wirksamkeitsvoraussetzung für *jede* Kündigung. Eine ohne wirksame Anhörung des Betriebsrats ausgesprochene Kündigung ist gem. § 102 Abs. 1 S. 3 BetrVG unwirksam. Nichtig ist die Kündigung aber nicht nur bei der gänzlich unterbliebenen Anhörung des Betriebsrats, sondern auch dann, wenn diese unvollständig oder fehlerhaft durchgeführt wurde. § 102 Abs. 1 S. 3 BetrVG erfasst seinem Wortlaut nach diesen Fall zwar nicht, wird auf ihn jedoch analog angewandt.[19]

Die Anhörung des Betriebsrats gem. § 102 BetrVG vollzieht sich in mehreren Abschnitten: 1. Einleitung des Verfahrens, 2. interne Meinungsbildung sowie Beschlussfassung des Betriebsrats und 3. Abschluss des Verfahrens.

---

16 S. dazu *Bader* NZA-RR 2015, 937; *Lingemann/Steinhauser* NJW 2017, 937.

17 BAG 12.5.2005 – 2 AZR 149/04, NZA 2005, 1358.

18 BAG 14.2.1978 – 1 AZR 154/76, NJW 1979, 233.

19 StRspr, s. nur BAG 22.9.1994 – 2 AZR 31/94, NZA 1995, 363; BAG 16.9.1993 – 2 AZR 267/93, NZA 1994, 311.

Ablauf der Anhörung des Betriebsrats gem. § 102 BetrVG

(1)

Einleitung des Anhörungsverfahrens:

Der Arbeitgeber teilt dem Betriebsratsvorsitzenden die Kündigungsgründe mit.

(2)

Interne Beschlussfassung:

Der Betriebsratsvorsitzende beruft eine Betriebsratssitzung ein und setzt die Kündigungsangelegenheit auf die Tagesordnung. Es findet eine interne Beratung und Beschlussfassung des Betriebsrats statt.

(3)

Abschluss des Anhörungsverfahrens:

a) ausdrückliche Stellungnahme des Betriebsrats

oder

b) Fristablauf.

2. Einleitung des Anhörungsverfahrens

Die Anhörung des Betriebsrats wird dadurch eingeleitet, dass der Arbeitgeber dem Betriebsrat die beabsichtigte Kündigung mitteilt. Die Mitteilungspflicht ist nicht mit der Darlegungslast in einem Kündigungsschutzprozess gleichzusetzen. Durch die Unterrichtung soll der Betriebsrat vielmehr in die Lage versetzt werden, sich ohne eigene Nachforschungen ein Bild über die Stichhaltigkeit der Kündigungsgründe zu machen und so Gelegenheit erhalten, dem Arbeitgeber seinen eigenen Standpunkt vorzutragen. Der Arbeitgeber muss dem Betriebsrat die aus seiner Sicht („subjektive Determinierung") tragenden Umstände mitteilen, die ihn zum Ausspruch der Kündigung veranlassen.[20] Es genügt deshalb nicht, dass der Arbeitgeber den Kündigungssachverhalt nur pauschal, schlag- oder stichwortartig vorträgt oder bloße Werturteile mitteilt.[21] Neben den Kündigungstatsachen muss der Arbeitgeber die Personaldaten des zu kündigenden Arbeitnehmers, seine Kündigungsabsicht, die Art der Kündigung, gegebenenfalls Kündigungstermin und Kündigungsfrist mitteilen.[22]

Über die eigentlichen Kündigungsgründe hinaus muss der Arbeitgeber auch alle Umstände übermitteln, die im Rahmen der bei einer Kündigung notwendigen Interessenabwägung von Bedeutung sein können. Deshalb muss er im Regelfall auch Lebensalter und Dauer der Betriebszugehörigkeit des Arbeitnehmers oder sonstige ihn entlastende Umstände mitteilen.[23] Etwas anderes kann gelten, wenn die Kenntnis der genauen Daten für den Betriebsrat nicht zwingend notwendig ist bzw. der Betriebsrat bereits vor der Anhörung den erforderlichen Kenntnisstand erlangt hat.[24] Bei einer betriebsbedingten Kündigung muss der Arbeitgeber dem Betriebsrat außerdem die Sozialauswahl offen legen und darlegen, warum er gerade diesem Arbeitnehmer kündigt.[25]

Eine besondere Form ist für die Mitteilung des Arbeitgebers an den Betriebsrat nicht vorgesehen, insbesondere ist keine schriftliche Information erforderlich.[26] Das Anhörungsverfahren wird eingeleitet, wenn der Arbeitgeber den Betriebsratsvorsitzenden mündlich oder schriftlich über die wesentlichen Umstände informiert, die ihn zur Kündigung veranlassen. Eine Benachrichtigung an ein anderes Mitglied des Betriebsrats sollte vermieden werden, da der Betriebsrat durch seinen Vorsitzenden vertreten wird (bzw. bei Verhinderung durch dessen Stellvertreter[27]), § 26 Abs. 2 S. 2 BetrVG. Die Mitteilung ist dem Betriebsrat erst wirksam zugegangen, wenn der empfangsberechtigte Vorsitzende von ihr Kenntnis erlangt.[28] Ab diesem Zeitpunkt beginnen die Fristen des § 102 Abs. 2 BetrVG.

Außer der erforderlichen Angabe der zur Kündigungsabsicht führenden Umstände muss der Arbeitgeber dem Betriebsrat weder Unterlagen noch sonstige Beweismittel zur Verfügung stellen. Auch eine Einsichtnahme in die Personalakte des betroffenen Arbeitnehmers kann nicht verlangt werden.[29]

---

[20] BAG 23.10.2014 – 2 AZR 736/13, NZA 2015, 476; BAG 16.9.2004 – 2 AZR 511/03, BeckRS 2004, 42690; BAG 11.12.2003 – 2 AZR 536/02, BeckRS 2004, 40542.

[21] BAG 15.11.1995 – 2 AZR 974/94, NZA 1996, 419; s. auch *Becker-Schaffner* DB 1996, 426; *Berkowsky* NZA 1996, 1065; *Hümmerich* DB 1997, 165.

[22] StRspr, s. nur BAG 23.10.2014 – 2 AZR 736/13, NZA 2015, 476; BAG 26.1.1995 – 2 AZR 386/94, NZA 1995, 672; BAG 29.8.1991 – 2 AZR 59/91, NZA 1992, 416.

[23] BAG 16.7.2015 – 2 AZR 15/15, NZA 2016, 99.

[24] BAG 15.11.1995 – 2 AZR 974/94, NZA 1996, 419; BAG 6.2.1997 – 2 AZR 265/96, NZA 1997, 656; BAG 8.9.1988 – 2 AZR 103/88, NZA 1989, 852.

[25] BAG 29.3.1984 – 2 AZR 429/83, NZA 1984, 169.

[26] BAG 6.2.1997 – 2 AZR 265/96, NZA 1997, 656.

[27] BAG 7.7.2011 – 6 AZR 248/10, NZA 2011, 1108.

[28] BAG 27.6.1985 – 2 AZR 412/84, NZA 1986, 426; BAG 28.2.1974 – 2 AZR 455/73, AP BetrVG 1972 § 102 Nr. 2; s. auch BAG 27.8.1982 – 7 AZR 30/80, NJW 1983, 2835; *Rudolph* AiB 1996, 289.

[29] BAG 6.2.1997 – 2 AZR 265/96, NZA 1997, 656; BAG 26.1.1995 – 2 AZR 386/94, NZA 1995, 672.

Die Anhörung muss zwingend vor Ausspruch der Kündigung erfolgen. Eine unterbliebene oder unvollständige Anhörung kann nicht nach Erklärung der Kündigung nachgeholt werden. Dies würde dem Zweck der Anhörung entgegenstehen, den Arbeitgeber durch eine Stellungnahme des Betriebsrats gegebenenfalls von einer Kündigung abzuhalten.

Ihr Schreiben an den Betriebsrat müsste also folgenden Inhalt haben:

Müllex GmbH
Personalabteilung

12. März 2018

An den
Betriebsrat
der Niederlassung Iserlohn
z.Hd. des Vorsitzenden
Herrn Hermann Zoller
im Hause

Anhörung zur Kündigung

Sehr geehrter Herr Zoller,
sehr geehrte Damen und Herren,

es ist beabsichtigt, Herrn Bernd Dofal, geb. am 27. Mai 1973, verheiratet, ein Kind, wohnhaft Lindenberg 10, 58566 Kierspe, zum 31. Mai 2018 ordentlich zu kündigen. Herr Dofal ist seit dem 1. April 2011 als Kfz-Mechaniker in der Werkstatt des Fuhrparks der Müllex GmbH in Iserlohn beschäftigt. Die Kündigung ist erforderlich, weil Herr Dofal wiederholt ausländische Kollegen beleidigt hat. Er wurde deswegen bereits zweimal abgemahnt. Zur Kündigungsabsicht führt ein erneuter Vorfall am 8. März 2018, bei dem er seinen italienischen Kollegen Enrico Parini als »Spaghettifresser« und »Tomatenpizza« bezeichnet hat. Außerdem hat er ihm mit einem Schraubenschlüssel gedroht, ihn persönlich nach Italien zurück zu jagen. Nur das Eingreifen anderer Kollegen konnte eine tätliche Auseinandersetzung verhindern.

Herr Dofal hat durch sein Benehmen nachhaltig den Betriebsfrieden gestört. Trotz bereits erfolgter Abmahnungen hat er sein Verhalten gegenüber ausländischen Kollegen nicht positiv verändert.

Der Betriebsrat wird gebeten, der Kündigung zuzustimmen. Für den Fall, dass der Betriebsrat der Kündigung nicht zustimmt, erwarten wir binnen einer Woche eine schriftliche Stellungnahme.

Wir bitten Sie, uns die anliegende Empfangsbestätigung unterschrieben zurückzusenden.

Mit freundlichen Grüßen

Birgit Müller
(Personalleiterin)

Anlage

3. Beschlussfassung des Betriebsrats

Nach Einleiten des Anhörungsverfahrens setzt die interne Beratungsphase des Betriebsrats ein. Je nach Art der Kündigung steht ihm hierfür gem. § 102 Abs. 2 BetrVG eine unterschiedlich lange Frist zur Verfügung. Bei ordentlichen Kündigungen beläuft sich seine Bedenkzeit auf eine Woche (S. 1), bei einer außerordentlichen Kündigung auf maximal drei Tage (S. 3). Ordentliche Kündigungen sind Kündigungen außerhalb des Kündigungsschutzgesetzes, die keines Grundes bedürfen, und Kündigungen nach § 1 Abs. 2 KSchG. Außerordentliche Kündigungen sind Kündigungen, die eines (wichtigen) Grundes bedürfen, zB gem. § 626 BGB.

Die Beratung erfolgt innerhalb des Gremiums Betriebsrat. Der Betriebsratsvorsitzende muss eine Betriebsratssitzung einberufen und die Beratung über die Kündigung auf die Tagesordnung setzen (s. dazu §§ 29 Abs. 2, 30, 34 BetrVG). Der Betriebsrat muss einen ordnungsgemäßen Beschluss (s. § 33 BetrVG) darüber fassen, ob er der Kündigung zustimmt oder ihr widerspricht. Vor seiner Entscheidung kann der Betriebsrat, wenn er dies für erforderlich hält, den betroffenen Arbeitnehmer anhören (§ 102 Abs. 2 S. 4 BetrVG).

Unterlaufen hierbei Fehler (zB fehlerhafte Einladung zur Sitzung), so fallen diese in die Sphäre des Betriebsrats. Sie haben daher keine Auswirkungen auf die Ordnungsmäßigkeit der Anhörung und damit der Wirksamkeit der Kündigung, es sei denn der Fehler wurde durch unsachgemäßes Verhalten des Arbeitgebers verursacht.[30] Dies gilt selbst dann, wenn der Arbeitgeber weiß oder vermutet, dass das Anhörungsverfahren aufseiten des Betriebsrats nicht ordnungsgemäß war.[31] Der Betriebsrat verrichtet seine Aufgaben eigen- und selbstständig und unterliegt nicht der Kontrolle des Arbeitgebers. Für die Frage, ob die Anhörung ordnungsgemäß ist oder nicht, kann es daher nicht auf die zufällige Kenntnis des Arbeitgebers von einem Fehler des Betriebsrats ankommen.[32]

Ziel des Anhörungsverfahrens ist es zwar, dem Betriebsrat Gelegenheit zu geben, dem Arbeitgeber seine Überlegungen zur beabsichtigten Kündigung zu unterbreiten. Jedoch ist das Mitbestimmungsrecht nicht dergestalt ausgestaltet, dass der Betriebsrat eine eigene Entscheidungskompetenz hat. Das bedeutet, auch wenn der Betriebsrat nicht mit der Kündigung einverstanden ist, er aber ordnungsgemäß angehört wurde, hindert dies den Arbeitgeber nicht, die Kündigung auszusprechen. Ein ordnungsgemäßer Widerspruch des Betriebsrats bewirkt jedoch im Fall einer ordentlichen Kündigung unter den in § 102 Abs. 5 BetrVG genannten Voraussetzungen eine Verpflichtung des Arbeitgebers, den Arbeitnehmer nach Ablauf der Kündigungsfrist weiterzubeschäftigen (s. dazu S. 254 ff.).

Der Betriebsrat kann nur bei einer ordentlichen Kündigung und nur aus den in § 102 Abs. 3 BetrVG (bitte lesen!) abschließend genannten Gründen widerspre-

---

[30] BAG 6.10.2005 – 2 AZR 316/04, NZA 2006, 990.

[31] BAG 24.6.2004 – 2 AZR 461/03, NZA 2004, 1330; BAG 16.1.2003 – 2 AZR 707/01, NZA 2003, 927.

[32] BAG 4.8.1975 – 2 AZR 266/74, AP BetrVG 1972 § 102 Nr. 4.

chen. Andere Gründe sowie Bedenken gegen eine außerordentliche Kündigung kann er dem Arbeitgeber gegenüber zwar äußern, doch ergeben sich für die Kündigung bzw. ihre Folgen keine weiteren individualrechtlichen Konsequenzen. Die Widerspruchsgründe beziehen sich insbesondere auf soziale Gesichtspunkte der Kündigung und auf die Frage einer möglichen Weiterbeschäftigung des Arbeitnehmers. Der Widerspruch darf sich nicht in einer Wiederholung des Gesetzeswortlauts erschöpfen, sondern muss eine konkrete Begründung enthalten, zB auf welchem anderen Arbeitsplatz der Betriebsrat eine Beschäftigung für möglich erachtet.[33]

4. Abschluss des Anhörungsverfahrens

Mit der internen Beschlussfassung ist das Anhörungsverfahren noch nicht endgültig und ordnungsgemäß abgeschlossen. Hierzu ist entweder erforderlich, dass der Betriebsrat dem Arbeitgeber seine abschließende schriftliche Stellungnahme (§ 102 Abs. 2 S. 1 BetrVG) mitteilt oder dass die Fristen des § 102 Abs. 2 BetrVG abgelaufen sind. Erst mit dem Abschluss des Verfahrens ist der Arbeitgeber berechtigt, die Kündigung auszusprechen.[34]

Äußert sich der Betriebsrat schriftlich zur Kündigung, stimmt er ihr insbesondere zu oder widerspricht er gem. § 102 Abs. 3 BetrVG, so ist das Anhörungsverfahren in jedem Fall abgeschlossen. Zuständig für die Äußerung ist der Betriebsratsvorsitzende, der den Betriebsrat gem. § 102 Abs. 2 S. 1 BetrVG im Rahmen der gefassten Beschlüsse vertritt. Erfolgt keine schriftliche Stellungnahme, so hängt es von den Umständen des Einzelfalls ab, ob die Anhörung bereits vor Ablauf der Fristen des § 102 Abs. 2 BetrVG ordnungsgemäß und vollständig durchgeführt wurde. Nur wenn die Erklärung des Betriebsrats, zB dass er sich zur Kündigung nicht äußern wolle, als seine abschließende Stellungnahme verstanden werden kann, ist dies zu bejahen.[35]

Der Betriebsrat ist nicht verpflichtet, zu der beabsichtigten Kündigung ausdrücklich Stellung zu nehmen. Schweigt er oder äußert er sich nur mündlich, so wird bei einer ordentlichen Kündigung kraft Gesetzes (§ 102 Abs. 2 S. 2 BetrVG) nach Ablauf einer Woche die Zustimmung des Betriebsrats zur Kündigung angenommen. Die Frist endet mit Ablauf des gleichen Wochentags eine Woche später, dessen Benennung dem Tag des Zugangs der Erklärung an den Betriebsratsvorsitzenden entspricht (§ 187 Abs. 1, § 188 Abs. 2 BGB).

Bei der außerordentlichen Kündigung muss der Betriebsrat gem. § 102 Abs. 2 S. 3 BetrVG seine Bedenken gegen die außerordentliche Kündigung unverzüglich, spätestens jedoch innerhalb von drei Tagen dem Arbeitgeber schriftlich mitteilen. Nach Ablauf von drei Tagen ist das Anhörungsverfahren auch ohne eine Stellungnahme des Betriebsrats abgeschlossen. Die Frist berechnet sich nach § 187 Abs. 1, § 188 Abs. 1 BGB. Der Tag, an dem der Arbeitgeber den Betriebsrat

---

[33] *Fitting* BetrVG § 102 Rn. 75 ff.

[34] BAG 3.4.2008 – 2 AZR 965/06, NZA 2008, 807; BAG 8.4.2003 – 2 AZR 515/02, NZA 2003, 961.

[35] BAG 25.5.2016 – 2 AZR 345/15, NZA 2016, 1140; BAG 12.3.1987 – 2 AZR 176/86, NZA 1988, 137.

ordnungsgemäß von der beabsichtigten außerordentlichen Kündigung unterrichtet, wird danach nicht mitgezählt. Die Frist beginnt am folgenden Tag. Anders als bei der ordentlichen Kündigung bedeutet bei der außerordentlichen Kündigung das Schweigen des Betriebsrats keine Zustimmung zur Kündigung. Dennoch ist die Anhörung ordnungsgemäß erfolgt.

Die genannten Fristen können von den Betriebsparteien einvernehmlich verlängert oder verkürzt werden.[36]

5. Folgen des Widerspruchs des Betriebsrats

Hat der Betriebsrat der ordentlichen Kündigung gem. § 102 Abs. 3 BetrVG form- und fristgerecht widersprochen, so ist der Arbeitgeber bei einer dennoch ausgesprochenen Kündigung verpflichtet, dem Arbeitnehmer die Stellungnahme des Betriebsrats mit zu übersenden.

Bei einer ordentlichen Kündigung erwirbt der Arbeitnehmer außerdem gem. § 102 Abs. 5 BetrVG einen Anspruch auf Weiterbeschäftigung bis zum rechtskräftigen Abschluss eines Kündigungsrechtsstreits (s. dazu S. 247 ff.). Voraussetzung dieses Anspruchs ist jedoch, dass das Kündigungsschutzgesetz auf das Arbeitsverhältnis Anwendung findet. Wann das der Fall ist, ergibt sich aus den § 1 Abs. 1, § 14 Abs. 1 und § 23 Abs. 1 KSchG.

IV. Kündigung nach dem Kündigungsschutzgesetz

1. Anwendungsvoraussetzungen des Kündigungsschutzgesetzes

Frau Stefanie Eldernie ist seit 15 Monaten in der Zentrale der Müllex GmbH im Bereich Zertifizierung und Qualitätssicherung beschäftigt. In der Zentrale sind regelmäßig 25 Arbeitnehmer angestellt. Die Arbeitsleistungen Stefanie Eldernies waren nicht übermäßig engagiert, allerdings auch nicht so, dass eine förmliche Beanstandung erfolgt wäre. Von Anfang an bestand ein „gespanntes Verhältnis" zu den Niederlassungsleitern. Als es zu einem neuerlichen Streit über die Aushändigung von Unterlagen gekommen ist, beharrt der Leiter der Niederlassung Schwerte darauf Frau Eldernie fristgemäß zu kündigen. Ihnen liegt der Fall zur Beurteilung vor.

Bei jeder Kündigung stellt sich für den Arbeitgeber eine wichtige Frage: bedarf es eines Grundes für die Kündigung oder kann ohne Grund gekündigt werden? Oder aus Arbeitnehmersicht: besteht ein Schutz gegen eine ausgesprochene Kündigung oder nicht? Die Antwort auf diese Fragen ist unter anderem davon abhängig, ob das Kündigungsschutzgesetz zur Anwendung kommt.

Im Anwendungsbereich des Kündigungsschutzgesetzes ist eine ordentliche Kündigung unwirksam, wenn sie nicht sozial gerechtfertigt ist. Eine Kündigung ist gem. § 1 Abs. 2 KSchG sozial gerechtfertigt, wenn sie aus einem in der Person oder im Verhalten des Arbeitnehmers liegenden Grund oder durch

---

[36] BAG 14.8.1986 – 2 AZR 561/85, NZA 1987, 601; s. auch BAG 13.11.1975 – 2 AZR 610/74, NJW 1976, 1766.

dringende betriebliche Erfordernisse begründet ist, die einer Weiterbeschäftigung des Arbeitnehmers entgegenstehen. Man spricht auch kurz von personen-, verhaltens- oder betriebsbedingten Gründen. Eines solchen Grundes bedarf es jedoch nur, wenn das Kündigungsschutzgesetz nach § 1 Abs. 1, § 14 Abs. 1 und § 23 Abs. 1 KSchG anwendbar ist.

a) Wartezeit des § 1 Abs. 1 KSchG

Dem Arbeitnehmer kommt der Kündigungsschutz des Kündigungsschutzgesetzes erst zugute, wenn sein Arbeitsverhältnis im Zeitpunkt des Zugangs der Kündigung sechs Monate ununterbrochen[37] besteht. Abzustellen ist auf den rechtlichen Bestand des Arbeitsverhältnisses. Zeiten in verschiedenen Betrieben des Unternehmens oder in einem vorherigen Berufsausbildungsverhältnis werden auf die Wartezeit angerechnet. Hat der Arbeitnehmer dagegen in einem anderen Unternehmen eines Konzerns gearbeitet, so sind diese Zeiten nicht zu berücksichtigen, da das Kündigungsschutzgesetz unternehmens-, nicht aber konzernbezogen ist.[38] Ebenso wenig sind Vorbeschäftigungszeiten als Leiharbeitnehmer anrechenbar, wenn dieser vom Entleiher übernommen wird.[39]

Die Frist berechnet sich regelmäßig gem. § 188 Abs. 2, § 187 Abs. 1 BGB. § 193 BGB findet keine Anwendung.[40] Begründet die Müllex GmbH zB mit einem neuen Mitarbeiter zum 1. Oktober ein Arbeitsverhältnis, so müsste sie ab dem 1. April des Folgejahres (Fristablauf 31. März) bei Ausspruch einer Kündigung den Kündigungsschutz beachten.

b) Kleinbetriebsklausel des § 23 Abs. 1 KSchG

Das Kündigungsschutzgesetz findet nur auf Betriebe Anwendung, die den in § 23 Abs. 1 S. 3 KSchG genannten Schwellenwert von zehn regelmäßig beschäftigten Arbeitnehmern überschreiten.[41] „In der Regel" beschäftigt sind die Personen, die während eines Zeitraums von zwölf Monaten normalerweise im Betrieb tätig sind. Bei Veränderungen der Beschäftigtenzahlen ist von dem Zeitpunkt der unternehmerischen Entscheidung, die zur Kündigung führt, eine rückblickende Betrachtung vorzunehmen.[42] Es ist nicht ein Jahresdurchschnitt zu bilden, sondern maßgeblich ist die Zahl der regelmäßig vorhandenen Arbeitsplätze unabhängig von der einzelnen Person des Arbeitnehmers.[43] Bei der Bestimmung der Beschäftigtenzahl werden Auszubildende nicht mitgezählt. Teilzeitbeschäftigte Arbeitnehmer werden gem. § 23 Abs. 1 S. 4 KSchG je nach ihrer Stundenzahl berücksichtigt bei einer Arbeitszeit

- bis zu 20 Stunden pro Woche mit 0,5,
- bis zu 30 Stunden pro Woche mit 0,75.

---

37 S. dazu BAG 7.7.2011 – 2 AZR 12/10, NZA 2012, 148.
38 StRspr, s. nur BAG 18.10.2012 – 6 AZR 41/11, NZA 2013, 1007.
39 BAG 20.2.2014 – 2 AZR 859/11, NZA 2014, 1083; s. auch *Elking* BB 2015, 2169.
40 BAG 24.10.2013 – 2 AZR 1057/12, NZA 2014, 725.
41 Zum niedrigeren Schwellenwert von fünf Arbeitnehmern s. BAG 21.9.2006 – 2 AZR 840/05, NZA 2007, 438.
42 BAG 8.10.2009 – 2 AZR 654/08, BeckRS 2010, 65443.
43 BAG 31.1.1991 – 2 AZR 356/90, NZA 1991, 562 mwN.

Im Betrieb beschäftigte Leiharbeitnehmer zählen bei der Bestimmung der Beschäftigtenzahl, wenn der Arbeitgeber mit ihrem Einsatz einen regelmäßig bestehenden Arbeitskräftebedarf abdeckt. Leiharbeitnehmer stehen zwar nicht in einem Arbeitsverhältnis zum Entleiher, sind jedoch in dessen Betrieb eingegliedert und unterliegen dem Weisungsrecht des entleihenden Arbeitgebers. Auch wenn die einzelne Person des Leiharbeitnehmers wechselt, ist der Arbeitsplatz dennoch mitzurechnen, wenn die Leiharbeitnehmer dauerhaft bestehende Arbeitsplätze besetzen.[44]

Das Kündigungsschutzgesetz definiert den Begriff des Betriebs ebenso wenig wie andere Gesetze. Doch wird allgemein auf den betriebsverfassungsrechtlichen Betriebsbegriff zurückgegriffen. Danach ist ein Betrieb die organisatorische Einheit, innerhalb derer der Arbeitgeber allein oder mit seinen Arbeitnehmern mithilfe von sächlichen (Maschinen etc.) und immateriellen Mitteln (Patente, Geschmacksmuster, „Good will") bestimmte arbeitstechnische Zwecke fortgesetzt verfolgt. Maßgeblich für das Vorliegen eines Betriebes ist, dass in der organisatorischen Einheit über die wesentlichen Fragen der personellen und sozialen Mitbestimmung entschieden wird. Dies setzt voraus, dass in der betrieblichen Einheit ein Leitungsapparat vorhanden ist, dh eine Führungskraft, die zur Einstellung und Entlassung von Mitarbeitern berechtigt ist.[45]

Für die Arbeitnehmer in Kleinbetrieben bedeutet der fehlende Kündigungsschutz eine Benachteiligung gegenüber Arbeitnehmern in größeren Betrieben. Um dem Gleichheitsgebot des Art. 3 Abs. 1 GG und dem Grundrecht der freien Arbeitsplatzwahl (Art. 12 Abs. 1 GG) zu genügen, ist § 23 Abs. 1 S. 2 bzw. S. 3 KSchG im Wege verfassungskonformer Auslegung zu begrenzen. Ein Kleinbetrieb liegt daher nicht vor, wenn das Unternehmen eine Vielzahl von Betrieben mit nicht mehr als zehn Arbeitnehmern hat, es sich also tatsächlich nicht um einen echten Kleinbetrieb handelt.[46] Hierbei sind die jeweiligen Umstände des Einzelfalls zu beachten.[47]

Auch wenn sie nicht dem Kündigungsschutzgesetz unterfallen, sind Arbeitnehmer in Kleinbetrieben gegenüber Kündigungen des Arbeitgebers nicht schutzlos. Sie sind durch die zivilrechtlichen Generalklauseln (s. §§ 242, 138 BGB) unter Beachtung der Wertungen des Grundgesetzes vor sitten- und treuwidrigen Kündigungen geschützt.[48] Dieser Schutz ist auf krasse Fälle beschränkt, in denen der Arbeitgeber die Kündigung aus willkürlichen, sachfremden oder diskriminierenden Überlegungen erklärt und damit das ihm auch außerhalb des Kündigungsschutzgesetzes obliegende Mindestmaß an sozialer Rücksichtnahme nicht beachtet hat. Eine Gleichsetzung mit den Gründen, die im Falle der Anwendbarkeit des Kündigungsschutzgesetzes zur Sozialwidrigkeit der

---

44 BAG 24.1.2013 – 2 AZR 140/12, NZA 2013, 726.

45 *Fitting* BetrVG § 1 Rn. 58 mwN; zur Einordnung von Betriebsteilen s. BAG 15.3.2001 – 2 AZR 151/00, NZA 2001, 831.

46 BVerfG 27.1.1998 – 1 BvL 22/93, NZA 1998, 469; s. dazu *Gragert/Kreutzfeldt* NZA 1998, 567.

47 BAG 2.3.2017 – 2 AZR 427/16, NZA 2017, 859; BAG 28.10.2010 – 2 AZR 392/08, BeckRS 2011, 65094.

48 BVerfG 27.1.1998 – 1 BvL 15/87, NZA 1998, 470; s. auch *Gragert* NZA 2000, 961.

Kündigung führen, ist ausgeschlossen.[49] Dem Arbeitnehmer soll nicht auf dem Umweg über die Generalklauseln des BGB der Kündigungsschutz gewährt werden, den ihm das Gesetz nicht zugesteht. So ist der Arbeitgeber eines Kleinbetriebs nicht gehalten, eine dem Kündigungsschutzgesetz entsprechende Sozialauswahl vorzunehmen. Nur wenn der gekündigte Arbeitnehmer offensichtlich austauschbar ist, liegt ein zu beachtender Auswahlfehler vor.[50] Insbesondere ist eine Kündigung nicht bereits deshalb wegen Verstoßes gegen Treu und Glauben unwirksam, weil sie dem Arbeitnehmer „zur Unzeit" zugeht, zB am Heiligabend.[51] Hinzutreten müssen vielmehr weitere Umstände, die eine krasse Missachtung des Persönlichkeitsrechts des Arbeitnehmers darstellen.[52] Hier ist insbesondere auch an diskriminierende Kündigungen aus einem der in § 1 AGG genannten Gründe zu denken. Erst wenn das an sich bestehende Kündigungsrecht missbräuchlich ausgeübt wird, liegt ein relevanter Fehler vor.

c) Vertretungsberechtigte Personen gem. § 14 Abs. 1 KSchG

§ 14 Abs. 1 KSchG nimmt bestimmte Personen, die als Vertretungsorgane die Arbeitgeberseite repräsentieren, vom Kündigungsschutz aus. Hierbei handelt es sich insbesondere um die gesetzlichen Vertreter juristischer Personen, also zB den Geschäftsführer der GmbH, den Vorstand der Aktiengesellschaft. Außerdem sind die vertretungsberechtigten Gesellschafter einer Personengesellschaft nicht durch das Kündigungsschutzgesetz geschützt. Hierzu zählen beispielsweise die Gesellschafter der oHG.

Auf alle übrigen leitenden Angestellten findet das Kündigungsschutzgesetz mit den in § 14 Abs. 2 KSchG genannten Einschränkungen Anwendung.[53]

Nach diesen Grundsätzen fällt Frau Eldernie unter das Kündigungsschutzgesetz. Sie ist seit fünfzehn Monaten und damit mehr als sechs Monate bei der Müllex GmbH beschäftigt. Die Zentrale der Müllex GmbH, ihr Beschäftigungsbetrieb, ist mit regelmäßig 25 Mitarbeitern kein Kleinbetrieb mehr. Das bedeutet, ihr kann nur gekündigt werden, wenn ein Grund iSd § 1 Abs. 2 KSchG vorliegt. Da ein solcher nicht ersichtlich ist, werden Sie als Personalleiter/in von einer Kündigung abraten.

2. Personenbedingte Kündigung

Frau Barbara Kaiser ist in der Zentrale der Müllex GmbH seit dem 2. Januar 2008 als Sekretärin beschäftigt. Sie ist 1965 geboren. Seit 2014 hatte sie folgende krankheitsbedingten Fehlzeiten:

2014 = 45 Arbeitstage

2015 = 83 Arbeitstage

---

[49] BAG 28.8.2003 – 2 AZR 333/02, BeckRS 2003, 41885; BAG 25.4.2001 – 5 AZR 360/99, NZA 2002, 87; BAG 5.4.2001 – 2 AZR 185/00, NZA 2001, 890; BAG 21.2.2001 – 2 AZR 15/00 und 2 AZR 579/99, NZA 2001, 833 und 951.

[50] BAG 6.2.2003 – 2 AZR 672/01, NZA 2003, 717.

[51] BAG 14.11.1984 – 7 AZR 174/83, NZA 1986, 97; s. auch BAG 16.9.2004 – 2 AZR 447/03, BeckRS 2005, 40426.

[52] BAG 5.4.2001 – 2 AZR 185/00, NZA 2001, 890.

[53] BAG 19.4.2012 – 2 AZR 186/11, NZA 2013, 27.

2016 = 36 Arbeitstage

2017 = 19 Arbeitstage

2018 = 25 Arbeitstage (bis 30. Juni 2018).

An Entgeltfortzahlungskosten hat die Müllex GmbH insgesamt 26.520 EUR aufgewandt. Bei einem Krankengespräch mit der Personalleiterin Frau Müller hat Frau Kaiser erklärt, dass die Krankheitstage im Jahre 2015 überwiegend durch den Tod ihres Ehegatten verursacht worden seien. Dieses Ereignis habe bei ihr Depressionen ausgelöst. Außerdem habe sie im Frühjahr dieses Jahres eine Kniegelenksverletzung erlitten. Im Jahre 2014 habe sie mehrere grippale Infekte sowie eine Bronchitis und eine Salmonellenvergiftung gehabt. Die Krankheitstage im Jahre 2016 hätten unterschiedliche Ursachen im orthopädischen sowie internistischen Bereich. Die Fehltage im Jahre 2017 und 2018 seien Folge eines Schulter-Arm-Syndroms, dessen Ursache in einer deutlich spürbaren Leistungsverdichtung ihrer Arbeit liege mit der Folge, dass die Bildschirmarbeit überwiege und kaum Zeit für ausgleichende Tätigkeiten bleibe.

Durch die Ausfallzeiten von Frau Kaiser entstehen erhebliche Verzögerungen im Sekretariat, da die Müllex GmbH hier keine Personalreserve vorhält. Die Müllex GmbH möchte Frau Kaiser daher kündigen. Die zuständige Abteilungsleiterin fragt Sie als Personalleiter/in, ob dies möglich ist.

In Betracht kommt eine personenbedingte Kündigung. Es handelt sich hierbei um eine Kündigung aus Gründen, die in der Person des Arbeitnehmers liegen. Ist der Arbeitnehmer objektiv nicht in der Lage, seine Arbeitsleistung zu erbringen, weil ihm hierfür die erforderliche Eignung und Befähigung fehlt, so ist der Sachverhalt „an sich" geeignet, eine personenbedingte Kündigung zu rechtfertigen. Dies ist zB der Fall, wenn ein Berufskraftfahrer seinen Führerschein verliert.[54] Der Arbeitnehmer ist dann nicht mehr in der Lage, die von ihm geschuldeten Arbeitsleistungspflichten zu erfüllen. Auch der Verlust der Fluglizenz eines Piloten[55] oder der Antritt einer Haftstrafe[56] sind grundsätzlich als personenbedingter Grund für eine Kündigung geeignet. Gleiches gilt, wenn ein ausländischer Arbeitnehmer seinen Aufenthaltstitel verliert. Er darf gem. §4 Abs.3 AufenthG nicht mehr beschäftigt werden.

Eine Minder- oder Schlechtleistung kann einen Eignungsmangel darstellen, wenn der Arbeitnehmer die geschuldete Arbeitsleistung nicht erbringt, obwohl er alle Anstrengungen unternimmt. Er will, kann aber nicht die Leistung vergleichbarer Arbeitnehmer erbringen.[57]

Der Eignungsmangel muss zu konkreten Störungen des Arbeitsverhältnisses und infolgedessen zu billigerweise vom Arbeitgeber nicht mehr hinzunehmenden betrieblichen oder wirtschaftlichen Belastungen führen.

---

54 BAG 5.6.2008 – 2 AZR 984/06, BeckRS 2008, 54973.

55 BAG 7.12.2000 – 2 AZR 459/99, NZA 2001, 1304.

56 BAG 23.5.2013 – 2 AZR 120/12, NZA 2013, 1211; BAG 24.3.2011 – 2 AZR 790/09, NZA 2011, 1084.

57 BAG 11.12.2003 – 2 AZR 667/02, NZA 2004, 784.

Ein Unterfall der personenbedingten Kündigung ist die krankheitsbedingte Kündigung, bei der drei Fälle zu unterscheiden sind:

- der Arbeitnehmer ist aufgrund seiner Krankheit ganz oder teilweise auf Dauer nicht mehr in der Lage, seine Arbeitsleistung zu erbringen (krankheitsbedingtes Unvermögen bzw. Minderung der Leistungsfähigkeit),
- der Arbeitnehmer ist lang anhaltend erkrankt,
- der Arbeitnehmer ist häufig, aber kurzzeitig erkrankt.

Bei allen Formen der krankheitsbedingten Kündigung ist die soziale Rechtfertigung der Kündigung in drei Stufen zu überprüfen:[58]

1. Stufe:

Vorliegen einer negativen Gesundheitsprognose bezogen auf den Zeitpunkt des Kündigungszugangs, dh es müssen objektive Tatsachen vorliegen, die die Besorgnis weiterer Erkrankungen und damit von Ausfallzeiten infolge Arbeitsunfähigkeit auch für die Zukunft rechtfertigen.

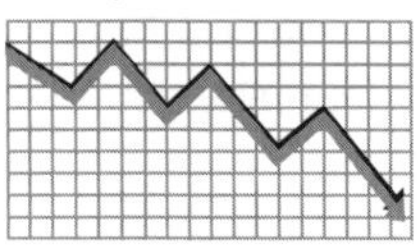

2. Stufe:

Erhebliche Beeinträchtigung betrieblicher Interessen (Betriebsablaufstörungen, wirtschaftliche Belastungen) durch die prognostizierten Fehlzeiten.

3. Stufe:

Abwägung der beiderseitigen Interessen von Arbeitgeber und Arbeitnehmer.

Die Kündigung wegen einer krankheitsbedingten Minderung oder Aufhebung der Leistungsfähigkeit bzw. einer lang anhaltenden Erkrankung bereiten danach die geringeren Probleme.

Beim ersten Sachverhalt, der *Kündigung wegen dauernder Leistungsunfähigkeit*, fällt die Abwägung auf allen drei Stufen für den Arbeitnehmer im Regelfall negativ aus. Die negative Gesundheitsprognose ergibt sich bereits aus der Unmöglichkeit, die Arbeitsleistung in Zukunft zu erbringen. Hierdurch ist das Arbeitsverhältnis so erheblich gestört, dass sein Fortsetzen dem Arbeitgeber nicht zumutbar und in aller Regel von erheblichen Beeinträchtigungen der betrieblichen Interessen auszugehen ist.[59] Im Einzelfall kann etwas anderes gelten, wenn der Arbeitgeber den Arbeitnehmer auf einen anderen Arbeitsplatz versetzen kann, der der verbliebenen Leistungsfähigkeit des Arbeitnehmers entspricht. Der Arbeitgeber ist gehalten, durch Ausübung seines Direktions-

[58] BAG 8.11.2007 – 2 AZR 292/06, NZA 2008, 553.
[59] BAG 12.4.2002 – 2 AZR 148/01, NZA 2002, 1081.

rechts gegebenenfalls einen Arbeitsplatz freizumachen, dh einen anderen Arbeitnehmer zu versetzen.[60] Allerdings muss der Arbeitgeber in diese Prüfung nur gleichwertige oder geringer bewertete Arbeitsplätze einbeziehen, nicht aber höher dotierte.[61]

Allein die Ungewissheit über das Fortbestehen der Arbeitsunfähigkeit steht der dauernden Leistungsunfähigkeit gleich, wenn im Zeitpunkt der Kündigung in einem Zeitraum von 24 Monaten nicht mit einer Genesung gerechnet werden kann. Der Arbeitgeber kann einen Zeitraum von zwei Jahren ohne Weiteres durch eine Ersatzkraft überbrücken, die gem. §14 Abs. 2 S. 1 TzBfG befristet eingestellt wird.[62]

Beim zweiten Fall, der *Kündigung wegen lang anhaltender Krankheit*, stellt die bisherige Dauer der Arbeitsunfähigkeit ein Indiz für die negative Gesundheitsprognose dar. Ist ein Ende der Arbeitsunfähigkeit nicht absehbar, so ist hierin eine erhebliche Störung des Arbeitsverhältnisses zu sehen.[63] Für die Beurteilung der Gesundheitsprognose ist allein auf den Zeitpunkt des Zugangs der Kündigung abzustellen.[64] Die Prognose, die der Arbeitgeber in diesem Moment aufstellt, verändert sich nicht dadurch, dass im weiteren Verlauf Umstände eintreten, die eine andere Prognose rechtfertigten, zB wenn der Arbeitnehmer sich einer bislang abgelehnten Operation unterzieht oder seine Lebensführung grundlegend ändert. Hierbei ist unerheblich, ob der Arbeitnehmer die Umstände beeinflussen kann oder nicht. Erweist sich die negative Prognose im Nachhinein aufgrund eines veränderten Kausalverlaufs als fehlerhaft, so muss der Arbeitgeber erneut kündigen. Ob im Einzelfall ein Wiedereinstellungsanspruch des Arbeitnehmers gegen den Arbeitgeber in Betracht kommt, hat das Bundesarbeitsgericht bisher offen gelassen.[65] Voraussetzung hierfür ist zumindest, dass sich noch vor Ablauf der Kündigungsfrist herausstellt, dass die der Kündigung zugrunde liegende Prognose falsch war.[66] Es genügt nicht, dass der Arbeitnehmer die Fehlerhaftigkeit der Prognose darlegt und beweist, sondern er muss eine positive Gesundheitsprognose aufzeigen.[67]

Schwieriger wird es für den Arbeitgeber sein, eine erhebliche Beeinträchtigung der betrieblichen Belange darzulegen. Bevor der Arbeitgeber eine Kündigung wegen lang andauernder Krankheit aussprechen kann, muss er Überbrückungsmaßnahmen treffen, zB Überstunden anordnen oder Aushilfen einstellen.[68] In einem Rechtsstreit genügen pauschale Angaben nicht, vielmehr muss der Arbeitgeber substantiiert die getroffenen Maßnahmen darlegen.[69] Entgeltfortzahlungskosten bleiben außer Ansatz, da sie dem Arbeitgeber gesetzlich nur

[60] BAG 20.11.2014 – 2 AZR 664/13, NZA 2015, 931 (Rn. 15 mwN).
[61] BAG 19.4.2007 – 2 AZR 239/06, NZA 2007, 1041.
[62] BAG 13.5.2015 – 2 AZR 565/14, NZA 2015, 1249; BAG 12.4.2002 – 2 AZR 148/01, NZA 2002, 1081; s. auch *P. Senne* JA 2000, 10.
[63] BAG 21.5.1992 – 2 AZR 399/91, NZA 1993, 497.
[64] BAG 12.4.2002 – 2 AZR 148/01, NZA 2002, 1081.
[65] BAG 29.4.1999 – 2 AZR 431/98, NZA 1999, 978.
[66] BAG 27.6.2001 – 7 AZR 662/99, NZA 2001, 1135.
[67] BAG 17.6.1999 – 2 AZR 639/98, NZA 1999, 1328.
[68] BAG 25.11.1982 – 2 AZR 140/81, NJW 1983, 2897.
[69] BAG 29.4.1999 – 2 AZR 431/98, NZA 1999, 978.

maximal sechs bzw. zwölf Wochen zugemutet werden (vgl. §3 Abs. 1 EFZG). Sie stellen im Regelfall keine erhebliche Belastung dar und sind daher für eine Kündigung irrelevant. Damit bestehen strenge Maßstäbe für die Rechtfertigung einer Kündigung wegen einer lang andauernden Erkrankung.

Die personenbedingte Kündigung muss zudem verhältnismäßig sein und muss das letzte Mittel sein („ultima ratio"). Der Arbeitgeber muss daher zuvor prüfen, ob ein freier „leidensgerechter Arbeitsplatz" zur Verfügung steht, der Arbeitnehmer also auf einem anderen Arbeitsplatz eingesetzt werden kann, bei dem sich die gesundheitlichen Beeinträchtigungen nicht auswirken.[70] Soweit der Arbeitnehmer einer Tätigkeitsänderung nicht zustimmt und der Arbeitgeber nicht berechtigt ist, dem erkrankten Arbeitnehmer den Arbeitsplatz im Wege des Direktionsrechts zuzuweisen, muss er eine im Verhältnis zur Beendigungskündigung mildere Änderungskündigung erklären.

Der Arbeitgeber ist außerdem gem. §167 Abs. 2 SGB IX[71] im Anwendungsbereich des KSchG[72] zu einem betrieblichen Eingliederungsmanagement verpflichtet, wenn ein Arbeitnehmer innerhalb eines Jahres länger als sechs Wochen ununterbrochen oder aber in einem Umfang von mehr als sechs Wochen wiederholt arbeitsunfähig ist (s. auch S. 136 f.).[73] Diese Prüfung hat fortlaufend zu erfolgen und führt dazu, dass der Arbeitgeber unter Umständen dem Arbeitnehmer erneut ein betriebliches Eingliederungsmanagement anbieten muss, wenn der Sechs-Wochen-Zeitraum erneut überschritten wird.[74] Wie aus der amtlichen Überschrift ersichtlich, soll so präventiv einer neuen Arbeitsunfähigkeit vorgebeugt werden. Die Initiative für ein betriebliches Eingliederungsmanagement muss der Arbeitgeber ergreifen.[75] Er muss kein formalisiertes Verfahren einhalten, sondern kann in einem verlaufs- und ergebnisoffenen Prozess nach Maßnahmen suchen, mit denen eine bestehende Arbeitsunfähigkeit beseitigt und einer erneuten vorgebeugt werden kann.[76] Der Arbeitgeber muss den Arbeitnehmer über die Ziele des betrieblichen Eingliederungsmanagements sowie über Art und Umfang der Datenerhebung und -verwendung informieren. Auf der Grundlage dieser Belehrung kann der Arbeitnehmer ohne Auswirkung auf die Wirksamkeit einer Kündigung frei entscheiden, ob er einem betrieblichen Eingliederungsmanagement zustimmt oder nicht.[77]

Der Arbeitgeber ist vor Ausspruch einer Kündigung gehalten, zunächst die mit dem Arbeitnehmer im Rahmen des betrieblichen Eingliederungsmanagements vereinbarten Maßnahmen durchzuführen. Ist hierbei eine Mitwirkung des Arbeitnehmers erforderlich, so muss der Arbeitgeber dem Arbeitnehmer deut-

[70] BAG 13.5.2015 – 2 AZR 565/14, NZA 2015, 1249; BAG 29.1.1997 – 2 AZR 9/96, NZA 1997, 709.
[71] Bis 31.12.2017: §84 Abs. 2 SGB IX.
[72] BAG 24.1.2008 – 6 AZR 96/07, NZA-RR 2008, 404; BAG 28.6.2007 – 6 AZR 750/06, NZA 2007, 1049.
[73] *Hoffmann-Remy* NZA 2016, 267; *Richter* ArbRAktuell 2017, 136; *Schiefer* RdA 2016, 196.
[74] LAG Düsseldorf 20.10.2016 – 13 Sa 356/16, BeckRS 2016, 114860.
[75] BAG 20.11.2014 – 2 AZR 755/13, NZA 2015, 612.
[76] BAG 10.12.2009 – 2 AZR 198/09, NZA 2010, 639.
[77] BAG 24.3.2011 – 2 AZR 170/10, NZA 2011, 992; s. auch *Hoffmann-Remy* NZA 2017, 159.

lich machen, dass eine Verweigerung der Beteiligung zur Kündigung führen kann. Es empfiehlt sich, dies unter Fristsetzung zu tun und eine entsprechende Dokumentation vorzunehmen.[78]

Die Durchführung des betrieblichen Eingliederungsmanagements ist keine Wirksamkeitsvoraussetzung der Kündigung.[79] Es dient dazu, gegenüber einer Kündigung mildere Mittel zu identifizieren, um so eine Kündigung zu vermeiden.[80] Wird ein betriebliches Eingliederungsmanagement nicht durchgeführt, kann sich dies innerhalb der Interessenabwägung zulasten des Arbeitgebers auswirken, wenn das betriebliche Eingliederungsmanagement eine Weiterbeschäftigung des Arbeitnehmers ermöglicht hätte.[81] Steht hingegen fest, dass auch durch ein betriebliches Eingliederungsmanagement eine Weiterbeschäftigung nicht möglich gewesen wäre, ist die Kündigung rechtlich nicht ausgeschlossen. Die Darlegungs- und Beweislast für eine fehlende Weiterbeschäftigungsmöglichkeit liegt beim Arbeitgeber.[82] Er hat darzulegen, warum die Durchführung eines betrieblichen Eingliederungsmanagements nicht zum Erhalt des Arbeitsplatzes geführt hätte.[83] Wurde das betriebliche Eingliederungsmanagement erfolglos durchgeführt, kann der Arbeitgeber hierauf verweisen.[84]

Im Falle der Frau Kaiser kommen die vorgestellten Formen der krankheitsbedingten Kündigung nicht in Betracht. Vielmehr handelt es sich um einen Fall *häufiger Kurzerkrankungen*.[85] Diese dritte Form der krankheitsbedingten Kündigung ist in der Praxis die problematischste. Der Arbeitgeber muss hier eine sehr sorgfältige Abwägung der beiderseitigen Interessen vornehmen.

Auf der ersten Stufe, der negativen Gesundheitsprognose, muss bei häufigen kurzzeitigen Erkrankungen ermittelt werden, ob die Besorgnis weiterer Erkrankungen im bisherigen Umfang besteht. Darin liegt für den Arbeitgeber ein großer Unsicherheitsfaktor, muss er doch in die Zukunft schauen. Häufige Kurzerkrankungen in der Vergangenheit können ein Indiz für weitere Arbeitsunfähigkeitszeiten in der Zukunft sein. Für die Prognose bleiben ausgeheilte, auf einmaligen Ursachen beruhende Krankheiten und Erkrankungen durch Betriebsunfälle außer Acht.[86] Der Arbeitnehmer ist dem Arbeitgeber gegenüber nicht verpflichtet, die Krankheiten im Einzelnen zu offenbaren. Das Persönlichkeitsrecht des Arbeitnehmers geht dem Informationsinteresse des Arbeitgebers vor. Dies gilt auch für Krankenrückkehrgespräche oder Krankenbesuche des Arbeitgebers (s. dazu S. 138 f.).

---

78 BAG 10.12.2009 – 2 AZR 400/08, NZA 2010, 398; s. auch *Rose/Ghorai* BB 2011, 949.

79 BAG 12.7.2007 – 2 AZR 716/06, NZA 2008, 173; s. auch BAG 7.12.2006 – 2 AZR 182/06, NZA 2007, 617 zum Präventionsverfahren nach § 167 (bzw. 84 aF) Abs. 1 SGB IX; dazu *Fuhlrott* DB 2012, 2343.

80 BAG 24.3.2011 – 2 AZR 170/10, NZA 2011, 992.

81 BAG 23.4.2008 – 2 AZR 1012/06, NZA-RR 2008, 515.

82 BAG 30.9.2010 – 2 AZR 88/09, NZA 2011, 39.

83 BAG 13.5.2015 – 2 AZR 565/14, NZA 2015, 1249; BAG 20.3.2014 – 2 AZR 565/12, NZA 2014, 602.

84 BAG 10.12.2009 – 2 AZR 400/08, NZA 2010, 398.

85 *Schiefer* BB 2015, 2613.

86 BAG 10.11.2005 – 2 AZR 44/05, NZA 2006, 655; BAG 12.12.1996 – 2 AZR 7/96, BeckRS 1996, 30368035.

In einem Kündigungsschutzprozess ist der Arbeitgeber darlegungs- und beweispflichtig, dass die Gesundheitsprognose negativ ist. Für alle drei Formen der krankheitsbedingten Kündigung gilt eine abgestufte Darlegungslast,[87] der allerdings besondere Bedeutung bei der Kündigung wegen häufiger Kurzerkrankungen zukommt. Der Arbeitgeber kann zunächst nur die Fehlzeiten der Vergangenheit darlegen und daraus die Schlussfolgerung ziehen, dass auch in Zukunft mit weiteren Erkrankungen zu rechnen ist. In einem nächsten Schritt muss nunmehr der Arbeitnehmer darlegen, warum in Zukunft nicht mit weiteren Erkrankungen zu rechnen ist. Hierzu reicht es, dass er die Behauptung der negativen Gesundheitsprognose seitens des Arbeitgebers mit der Begründung bestreitet, sein Arzt habe seine gesundheitliche Entwicklung positiv beurteilt. Außerdem muss er seinen Arzt von der ärztlichen Schweigepflicht entbinden.[88] Durch Anhörung des Arztes als sachverständigen Zeugen bzw. durch ärztliches Sachverständigengutachten muss der Arbeitgeber dann den Beweis der negativen Gesundheitsprognose erbringen. Stellt sich danach heraus, dass die Fehlzeiten auf Erkrankungen zurückzuführen sind, deren Gründe einmalig und ohne Gefahr des Wiederauftretens waren, so fehlt es mangels negativer Gesundheitsprognose an einem die Kündigung rechtfertigenden Grund.

Berücksichtigungsfähig sind auch bei der Kündigung wegen häufiger Kurzerkrankungen nur solche Umstände, die bei Zugang der Kündigung vorlagen. Spätere Änderungen im Gesundheitszustand des Arbeitnehmers sind unbeachtlich. Sie können allenfalls eine erneute Kündigung des Arbeitgebers rechtfertigen oder gegebenenfalls einen Wiedereinstellungsanspruch des Arbeitnehmers begründen.[89]

Gelingt der Beweis einer negativen Gesundheitsprognose, so muss auf einer zweiten Stufe als Teil des Kündigungsgrundes überprüft werden, ob die prognostizierten Fehlzeiten zu erheblichen Beeinträchtigungen betrieblicher Interessen führen. Hierbei sind Betriebsablaufstörungen insoweit zu berücksichtigen, als der Arbeitgeber keine Überbrückungsmaßnahmen ergreifen kann und die Auswirkungen auf den betrieblichen Ablauf erheblich sind. In einem Prozess muss der Arbeitgeber seine Belastungen im Einzelnen so genau wie möglich darlegen.

Wirtschaftliche Belastungen bei häufigen Kurzerkrankungen können eine Kündigung rechtfertigen, wenn sie erheblich sind. Entgeltfortzahlungskosten sind zu beachten, wenn sie den Arbeitgeber außergewöhnlich belasten und das Austauschverhältnis von Arbeitsleistung und Vergütung erheblich gestört ist. Das ist zu bejahen, wenn für das konkrete Arbeitsverhältnis in einem Jahr für einen Zeitraum von mehr als sechs Wochen Entgeltfortzahlungskosten aufzubringen sind.[90]

Auf einer dritten Stufe sind sodann die Interessen beider Parteien gegeneinander abzuwägen und festzustellen, ob die durch die Krankheit des Arbeit-

---

[87] BAG 29.4.1999 – 2 AZR 431/98, NZA 1999, 978.
[88] BAG 7.11.2002 – 2 AZR 599/01, BeckRS 2003, 40315.
[89] BAG 17.6.1999 – 2 AZR 639/98, NZA 1999, 1328.
[90] BAG 29.7.1993 – 2 AZR 155/93, NZA 1994, 67.

nehmers auftretenden Beeinträchtigungen vom Arbeitgeber als nicht mehr hinnehmbar anzusehen sind. Dadurch wird eine Einzelfallentscheidung gewährleistet. Hierbei sind Alter, familiäre Verhältnisse, insbesondere Unterhaltspflichten[91] und Dauer des Arbeitsverhältnisses zu beachten. Aber auch eine mögliche Schwerbehinderung[92] sowie die Ursachen der Erkrankung spielen eine Rolle. Sofern sie im betrieblichen Bereich liegen, ist ihnen zugunsten des Arbeitnehmers Rechnung zu tragen.

Da bereits hohe Lohnfortzahlungskosten allein die Kündigung sozial rechtfertigen können, sind weitere zusätzliche Belastungen wie Betriebsablaufstörungen, Vorhaltekosten für eine Personalreserve innerhalb der Interessenabwägung zugunsten des Arbeitgebers zu berücksichtigen.[93]

Im Fall der Frau Kaiser ergibt sich danach eine als unsicher zu bezeichnende Lage. Die Erkrankungen der Arbeitnehmerin sind zT vorübergehender Natur, lassen aber, wie das Schulter-Arm-Syndrom, andererseits auf weitere Erkrankungen in der Zukunft schließen. Hier wird erst ein medizinisches Gutachten abschließende Klärung über eine negative Gesundheitsprognose bringen können. Schließlich muss bei der gebotenen Interessenabwägung überprüft werden, ob Frau Kaisers Angabe, das Schulter-Arm-Syndrom beruhe auf den Arbeitsbedingungen im Betrieb der Müllex GmbH, den Tatsachen entspricht. Dies wäre ein Umstand, der zugunsten von Frau Kaiser berücksichtigt werden müsste.

Schon diese kurzen Ausführungen zeigen die Schwierigkeiten einer krankheitsbedingten Kündigung auf. Erhebt Frau Kaiser gegen eine Kündigung Kündigungsschutzklage, so ergeben sich erhebliche Prozessrisiken. Die Müllex GmbH muss daher abwägen, ob sie bereit ist, diese Risiken zu tragen, oder es günstiger ist, Frau Kaiser weiterhin zu beschäftigen. Gegebenenfalls muss über Alternativen zur Kündigung nachgedacht werden. In Betracht kommen kann eine Versetzung oder aber die einvernehmliche Aufhebung des Arbeitsverhältnisses.

3. Verhaltensbedingte Kündigung gem. § 1 Abs. 2 KSchG und Abmahnung

Eine verhaltensbedingte Kündigung ist möglich, wenn der Arbeitnehmer sich vertragswidrig verhält, dh durch sein Verhalten seine Pflichten aus dem Arbeitsverhältnis verletzt.[94] Es lassen sich drei Gruppen von verhaltensbedingten Kündigungsgründen unterscheiden. Die erste betrifft den Leistungsbereich, indem der Arbeitnehmer entweder seine Arbeitspflicht oder aber arbeitsvertragliche Nebenpflichten verletzt. Die zweite Gruppe umfasst Störungen des Vertrauensbereichs. Hier ist das persönliche Verhältnis von Arbeitnehmer und Arbeitgeber angesprochen. Letztlich geht es um Verstöße gegen die betriebliche Ordnung und den Betriebsfrieden. Um eine verhaltensbedingte Kündigung zu

---

91 BAG 20.1.2000 – 2 AZR 378/99, NZA 200, 768; s. auch *Lingemann* BB 2000, 1835.

92 BAG 20.1.2000 – 2 AZR 378/99, NZA 200, 768.

93 BAG 29.7.1993 – 2 AZR 155/93, NZA 1994, 67.

94 BAG 11.7.2013 – 2 AZR 994/12, NZA 2014, 250; BAG 20.6.2013 – 2 AZR 583/12, NZA 2013, 1345.

rechtfertigen, muss die Pflichtverletzung vorwerfbar sein, der Arbeitnehmer muss also seine Handlung willentlich gesteuert haben.[95]

a) Abmahnung

Bei der Müllex GmbH besteht eine Anweisung, private Telefongespräche nur in unbedingt notwendigem Umfang zu führen. Die Mitarbeiter müssen bei Privatgesprächen eine ihnen jeweils zugeordnete PIN eingeben. Bei einer internen Revision wird festgestellt, dass in letzter Zeit aus der Telefonzentrale eine Vielzahl von Gesprächen geführt worden sind, insbesondere mit 0900-5-Nummern, ohne dass diese einer PIN eines Mitarbeiters zugeordnet werden konnten. Nach einer Überprüfung der Anwesenheitszeiten kommt nur Berthold Mahlersdorf als derjenige in Betracht, der die Gespräche geführt haben kann. Er ist bei der Müllex GmbH als Pförtner, Bote und aushilfsweise als Telefonist tätig. Bei einem Gespräch mit der Personalleiterin räumt Herr Mahlersdorf ein, ohne Eingabe der privaten PIN telefoniert zu haben. Er erklärt sich sofort bereit, die entstandenen Kosten in Höhe von 383,47 EUR zu erstatten. Die Müllex GmbH erwägt, angesichts des bisherigen tadellosen Arbeitens des Herrn Mahlersdorf nur eine Abmahnung auszusprechen. Sie als Personalleiter/in sollen diese vorbereiten.

Die Frage, ob zunächst anstelle einer Kündigung abgemahnt werden muss, ist grundsätzlich vor jeder Kündigung zu prüfen, sofern das Kündigungsschutzgesetz zur Anwendung kommt. Eine Abmahnung ist nicht erforderlich, wenn es sich um einen Kleinbetrieb iSd § 23 Abs. 1 KSchG handelt oder die Kündigung in den ersten sechs Monaten des Arbeitsverhältnisses ausgesprochen werden soll.[96] Das Arbeitsverhältnis unterliegt in diesen Fällen ohnehin keinem Bestandsschutz. Die mit der Abmahnung verbundene Warnung, dass der Bestand des Arbeitsverhältnisses gefährdet ist, ginge daher ins Leere.

Soweit das Kündigungsschutzgesetz zur Anwendung kommt, hat der Kündigung regelmäßig eine Abmahnung vorauszugehen.[97] Eine Kündigung ist nicht sozial gerechtfertigt, wenn dem Arbeitgeber mildere Mittel zur Verfügung stehen, um die Vertragsverletzung für die Zukunft zu verhindern. Das Erfordernis der Abmahnung folgt aus dem Grundsatz der Verhältnismäßigkeit, der in § 314 Abs. 2 BGB eine gesetzliche Regelung gefunden hat.[98] Die Abmahnung ist vergleichbar der „gelben Karte“ im Fußball, der bei erneutem Fehlverhalten die „rote Karte“, also die Kündigung folgt. Erst wenn feststeht, dass der Arbeitnehmer das abgemahnte Verhalten nicht ändert, kommt die Kündigung als letztes Mittel (ultima ratio) in Betracht. Die vorherige Abmahnung ist als milderes Mittel Wirksamkeitsvoraussetzung für eine verhaltensbedingte Kündigung. Mit der Abmahnung soll außerdem der Einwand des Arbeitnehmers ausgeräumt werden, er habe die Pflichtwidrigkeit seines Verhaltens nicht gekannt

---

[95] BAG 3.11.2011 – 2 AZR 748/10, NZA 2012, 607.
[96] BAG 21.2.2001 – 2 AZR 579/99, NZA 2001, 951.
[97] BAG 25.10.2012 – 2 AZR 495/11, NZA 2013, 319.
[98] BAG 12.5.2010 – 2 AZR 845/08, NZA 2010, 1348.

und deshalb nicht mit einer Kündigung rechnen müssen.[99] Gleichzeitig verifiziert die Abmahnung die Prognose, die der Entscheidung über eine Kündigung vorausgeht. Eine Kündigung soll weitere Pflichtverletzungen verhindern, nicht vergangene sanktionieren.[100] Erfüllt der Arbeitnehmer die in der Abmahnung liegende negative Prognose und verletzt er erneut seine vertraglichen Pflichten, so rechtfertigt dies eine Kündigung.[101]

Einer Abmahnung bedarf es in jedem Fall, wenn der Arbeitnehmer davon ausgehen konnte, dass sein Handeln vom Arbeitgeber gebilligt werde, zB weil der Arbeitgeber es in der Vergangenheit geduldet hat oder dem Verhalten eine unklare Arbeitgeberanweisung zugrunde lag.[102]

Entbehrlich ist die Abmahnung dort, wo es dem Arbeitnehmer unmöglich ist, sein Verhalten zu ändern bzw. wo ihn kein Verschulden an der Störung des Arbeitsverhältnisses trifft. Dies gilt insbesondere für den Bereich der krankheitsbedingten Kündigung. Hier ist der Arbeitgeber nicht in der Lage, die Ursachen zu beeinflussen; eine Abmahnung wäre demzufolge sinnlos. Bei sonstigen personenbedingten Kündigungen kommt es darauf an, ob ein Umstand vorliegt, den der Arbeitnehmer durch sein Verhalten beherrschen und steuern kann.

Überflüssig ist eine Abmahnung weiterhin dann, wenn besondere Umstände des Einzelfalls eine Abmahnung als nicht erfolgversprechend erscheinen lassen.[103] Eine Abmahnung ist daher insbesondere bei schwerwiegenden Pflichtverletzungen entbehrlich, zB bei gegen seinen Arbeitgeber gerichtete Straftaten des Arbeitnehmers. Hier ist dem Arbeitnehmer die Rechtswidrigkeit seines Tuns ohne Weiteres erkennbar. Er kann in diesen Fällen nicht damit rechnen, dass der Arbeitgeber ein solches Verhalten hinnehmen und billigen werde.[104] So kann der Arbeitnehmer nicht davon ausgehen, dass eine *exzessive* Privatnutzung des Internets vom Arbeitgeber hingenommen werde.[105] Wird das Internet und damit der Dienst-PC privat genutzt, kann eine Kündigung zum einen darauf gestützt werden, dass ein Arbeitnehmer unbefugt Daten herunterlädt und damit die Gefahr einer Beeinträchtigung der Betriebssysteme zB durch Viren herbeiführt. Zum anderen nimmt der Arbeitnehmer den PC als Betriebsmittel des Arbeitgebers unberechtigt in Anspruch. Letztlich verletzt der Arbeitnehmer seine vertraglichen Pflichten dadurch, dass er während der Zeit der Privatnutzung seine geschuldete Arbeitsleistung nicht erbringt.[106]

Einer Abmahnung bedarf es auch nicht, wenn der Arbeitnehmer deutlich gemacht hat, dass er sich auch in Zukunft nicht vertragsgerecht verhalten werde und nicht mit seiner Verhaltensänderung zu rechnen ist. Dies kann der Fall sein,

99 BAG 7.7.2005 – 2 AZR 581/04, NZA 2006, 98.
100 BAG 12.1.2006 – 2 AZR 179/05, NZA 2006, 980.
101 BAG 26.11.2009 – 2 AZR 751/08, NZA 2010, 823.
102 BAG 10.11.1988 – 2 AZR 215/88, NZA 1989, 633.
103 BAG 18.5.1994 – 2 AZR 626/93, NZA 1995, 65.
104 BAG 12.1.2006 – 2 AZR 179/05, NZA 2006, 980.
105 BAG 20.11.2014 – 2 AZR 651/13, NZA 2015, 294; BAG 31.5.2007 – 2 AZR 200/06, NZA 2007, 922.
106 BAG 27.4.2006 – 2 AZR 386/05, NZA 2006, 977; BAG 7.7.2005 – 2 AZR 581/04, NZA 2006, 98.

wenn er hartnäckig und fortgesetzt gegen seine Pflichten verstößt. Hiervon ist insbesondere auszugehen, wenn der Arbeitnehmer bereits früher aus gleichem Anlass eine Abmahnung erhalten hat.

Der Arbeitgeber trägt das Risiko, dass seine Kündigung für unwirksam erklärt wird, weil er zuvor nicht das mildere Mittel der Abmahnung gewählt hat. Im Zweifel sollte daher der Kündigung eine Abmahnung vorausgehen. Hält der Arbeitgeber die vorherige Abmahnung für entbehrlich und spricht unmittelbar eine Kündigung aus, so sollte er im Kündigungsschreiben deutlich machen, dass er sich mit der Frage des Abmahnungserfordernisses auseinandergesetzt hat. Dies kann zB durch den Hinweis erfolgen, dass bei dem Gewicht der Pflichtverletzung eine Abmahnung nicht in Betracht kam.

Neben den Kündigungsberechtigten darf jeder Vorgesetzte des Arbeitnehmers, der befugt ist, Weisungen zu erteilen, eine Abmahnung aussprechen. Um jedoch dem Arbeitnehmer deutlich vor Augen zu führen, dass sein Verhalten missbilligt wird, wird zumindest eine schriftliche Abmahnung regelmäßig vom Arbeitgeber selbst oder einem Angestellten, der zum Ausspruch von Kündigungen befugt ist, erklärt werden.[107]

Der Arbeitnehmer muss vor Erteilung einer Abmahnung nicht angehört werden. § 82 Abs. 1 BetrVG verlangt, dass dem Arbeitnehmer Gelegenheit gegeben werden muss, zu betrieblichen Angelegenheiten Stellung zu nehmen, die seine Person betreffen. Diese Stellungnahme kann jedoch auch erfolgen, nachdem die Abmahnung erteilt wurde.

Der Abmahnung kommen verschiedene Funktionen zu[108], aus denen sich auch Grundsätze für ihren Inhalt ableiten:

- **Dokumentationsfunktion**
  Der Arbeitgeber muss den Arbeitnehmer deutlich auf sein Fehlverhalten hinweisen. Das zu beanstandende Verhalten muss so genau wie möglich bezeichnet werden, damit der Arbeitnehmer erkennen kann, welches Verhalten er in Zukunft zu unterlassen hat. Nicht ausreichend ist es, die Handlungsweisen des Arbeitnehmers nur mit Schlagworten zu umschreiben.

  Eine besondere Form ist für die Abmahnung nicht vorgeschrieben. Sie kann sowohl mündlich als auch schriftlich erfolgen. Aus Beweisgründen wird regelmäßig eine schriftliche Abmahnung ausgesprochen, die zu den Personalakten genommen wird. Die Bezeichnung als Abmahnung ist nicht erforderlich, sofern der Arbeitnehmer erkennen kann, dass ein bestimmtes Verhalten beanstandet wird und sich daraus Konsequenzen ergeben.
- **Sanktionsfunktion/Rügefunktion**
  Mit der Abmahnung wird das vertragswidrige Verhalten des Arbeitnehmers seitens des Arbeitgebers gerügt. Ist der Arbeitgeber mit einem Verhalten des Arbeitnehmers nicht einverstanden, so steht es ihm frei, eine Abmahnung auszusprechen oder nicht. Wählt er als Sanktion die Abmahnung, so verzichtet der Arbeitgeber auf ein ihm grundsätzlich zustehendes Kündigungs-

---

[107] BAG 18.1.1980 – 7 AZR 75/78, NZA 1980, 171.
[108] BAG 19.7.2012 – 2 AZR 782/11, NZA 2013, 91.

recht hinsichtlich der ihm bekannten Verhaltensweisen, die Gegenstand der Abmahnung sind.[109] Das Kündigungsrecht des Arbeitgebers ist für diesen Vorfall mit der Abmahnung verbraucht. Eine Kündigung kann erst aufgrund eines erneuten Fehlverhaltens ausgesprochen werden. Dabei ist jedoch zu beachten, dass für die Kündigung nicht jedes beliebige vertragswidrige Verhalten ausreicht, sondern es sich im Vergleich zum abgemahnten Verhalten um einen gleichartigen (nicht: identischen) Verstoß handeln muss.[110] Dh, dass zB einem Arbeitnehmer nicht wegen Verstoßes gegen ein bestehendes betriebliches Alkoholverbot gekündigt werden kann, wenn sich eine vorherige Abmahnung auf nicht alkoholbedingtes häufiges Zuspätkommen bezieht.

Auf der anderen Seite reicht regelmäßig ein neuer gleichartiger Verstoß gegen die arbeitsvertraglichen Pflichten aus. Der Arbeitgeber darf nach einer Abmahnung beim nächsten gleichartigen Vorfall eine Kündigung aussprechen.[111]

- **Warnfunktion**
  Der Arbeitgeber schafft mit der Abmahnung unter anderem die Voraussetzung für eine spätere Kündigung, indem er den Arbeitnehmer darauf hinweist, dass im Fall weiterer Vertragsverletzungen der Bestand des Arbeitsverhältnisses gefährdet ist.[112] Hierdurch unterscheidet sich die Abmahnung von sonstigen Rügen und Verwarnungen.

  Die Warnfunktion kann die Abmahnung nur erfüllen, wenn der Arbeitnehmer auch in der Lage ist, von den gegen ihn gerichteten Vorwürfen Kenntnis zu nehmen.[113] Dies ist insbesondere bei Arbeitnehmern von Bedeutung, die der deutschen Sprache nicht in ausreichendem Maße kundig sind.

  Spricht der Arbeitgeber bei gleichartigen Pflichtverstößen wiederholt jeweils nur eine Abmahnung aus, so kann die Warnfunktion abgeschwächt sein. Der Arbeitgeber muss die der Kündigung vorausgehende Abmahnung daher besonders deutlich formulieren, zB durch den Zusatz „letztmalige Abmahnung".[114] Ob die Warnfunktion durch den mehrfachen Ausspruch einer Abmahnung entwertet wird, muss anhand des Wortlauts der Abmahnungserklärung und aller Umstände des Einzelfalls vom Empfängerhorizont des Arbeitnehmers geklärt werden. Es gibt keine Regel, dass eine bestimmte Anzahl von Abmahnungen diese generell zu „leeren Drohungen" werden lässt.[115]

Nur wenn eine Erklärung das Fehlverhalten des Arbeitnehmers dokumentiert, rügt und den Arbeitnehmer warnt, handelt es sich um eine Abmahnung. Andere Erklärungen, die ebenfalls darauf gerichtet sind, den Arbeitnehmer von weiteren Vertragsverstößen abzuhalten, aber diese Anforderungen nicht erfüllen,

---

109 BAG 19.11.2015 – 2 AZR 217/15, NZA 2016, 540; BAG 26.11.2009 – 2 AZR 751/08, NZA 2010, 823.
110 BAG 13.12.2007 – 2 AZR 818/06, NZA 2008, 589.
111 BAG 16.9.2004 – 2 AZR 406/03, NZA 2005, 459.
112 BAG 19.4.2012 – 2 AZR 258/11, NZA-RR 2012, 567.
113 BAG 9.8.1984 – 2 AZR 400/83, NZA 1985, 124.
114 BAG 15.11.2001 – 2 AZR 609/00, NZA 2002, 968; s. auch *P. Senne* JA 2002, 743.
115 BAG 16.9.2004 – 2 AZR 406/03, NZA 2005, 459.

sind keine Abmahnungen im rechtlichen Sinne. Sie können als Ermahnungen, Verweise etc. bezeichnet werden.

Während eine Abmahnung einseitig vom Arbeitgeber erklärt wird, handelt es sich bei der Korrekturvereinbarung um eine einvernehmliche Abrede der Arbeitsvertragsparteien, mit der der Arbeitnehmer sein Fehlverhalten einräumt und gleichzeitig verspricht, sich in Zukunft korrekt zu verhalten.[116] Erfüllt die Korrekturvereinbarung die genannten Anforderungen ersetzt sie eine Abmahnung. Sie hat den Vorteil, dass der Arbeitnehmer aktiv in das Geschehen einbezogen wird.

Erhält der Arbeitnehmer eine Abmahnung, so muss er zunächst nichts unternehmen. Wird ihm später gekündigt, so kann er in einem gegen die Kündigung angestrengten Kündigungsschutzprozess seine Bedenken gegen die Abmahnung vortragen. Da die Abmahnung Wirksamkeitsvoraussetzung einer Kündigung ist, sind die in der Abmahnung enthaltenen Vorwürfe in einem Kündigungsschutzprozess zu überprüfen.[117] Sind diese unberechtigt, so fehlt es an einer wirksamen Abmahnung und damit an einer Voraussetzung für die Wirksamkeit einer Kündigung.

Der Arbeitnehmer kann jedoch auch sogleich gegen eine unberechtigte Abmahnung vorgehen, indem er ihre Entfernung aus der Personalakte verlangt. Eine in einer Abmahnung enthaltene unrichtige Behauptung kann den Arbeitnehmer in seinem beruflichen Fortkommen beeinträchtigen. Eine unberechtigte Abmahnung stellt daher einen Verstoß gegen das Persönlichkeitsrecht des Arbeitnehmers dar. In entsprechender Anwendung der §§ 12, 862, 1004 BGB kann der Arbeitnehmer die Entfernung der Abmahnung aus der Personalakte verlangen (quasi-negatorischer Beseitigungsanspruch).[118] Ein Urteil, das in dem Prozess über die Rechtmäßigkeit der Abmahnung ergeht, ist für einen späteren

---

116 *Wetzling/Habel* AuA 2006, 654.

117 BAG 13.11.1991 – 5 AZR 74/91, NZA 1992, 690.

118 BAG 5.8.1992 – 5 AZR 531/91, NZA 1993, 838; BAG 27.11.1985 – 5 AZR 101/84, NZA 1986, 227; nach Beendigung des Arbeitsverhältnisses: BAG 14.9.1994 – 5 AZR 632/93, NZA 1995, 220.

Kündigungsschutzprozess bindend. Der Streitwert einer Klage auf Entfernung der Abmahnung aus der Personalakte, nach dem sich die Gebühren und damit Kosten des Rechtsstreits bestimmen, wird nach Nr. I. 2.1 des Streitwertkatalogs[119] mit einem Bruttomonatsgehalt angesetzt.[120]

Der Arbeitnehmer ist außerdem gem. §83 Abs. 2 BetrVG berechtigt, eine Gegendarstellung zu den Personalakten zu reichen. Es handelt sich hierbei um einen Anspruch des einzelnen Arbeitnehmers, der unabhängig vom Bestehen eines Betriebsrats ist.

Problematisch ist es, wenn in einer Abmahnung mehrere Verstöße gerügt werden. In diesem Fall müssen *alle* gerügten Verhaltensweisen zutreffen. Ist nur ein Punkt zu beanstanden, so ist die gesamte Abmahnung unberechtigt und aus der Personalakte zu entfernen.[121] Der Arbeitgeber hat allerdings die Möglichkeit, eine neue, diesmal korrekte Abmahnung nur mit den zutreffenden Vorwürfen auszusprechen.

Eine Abmahnung verliert grundsätzlich nicht durch Ablauf eines festen Zeitraums ihre Bedeutung.[122] Es kommt stets auf die Umstände des Einzelfalls an, ob sie wirkungslos wird und der Arbeitnehmer nicht mehr sicher sein kann, ein bestimmtes Verhalten werde vom Arbeitgeber nicht gebilligt.[123] Desto länger die Abmahnung zurückliegt, desto geringer ist ihre Warnfunktion. Im Einzelfall muss der Arbeitgeber daher erneut eine Abmahnung aussprechen.

Hiervon zu unterscheiden ist die Frage, wann eine berechtigte Abmahnung aus der Personalakte entfernt werden muss. Der Arbeitnehmer hat erst dann einen Anspruch auf Entfernung einer zu Recht erteilten Abmahnung, wenn das gerügte Verhalten unter keinem rechtlichen Aspekt mehr für das Arbeitsverhältnis von Bedeutung ist.[124] Ob dies der Fall ist, kann jeweils nur im Einzelfall beurteilt werden, eine Regelfrist existiert nicht. Hierbei kommt es auf die Art und Schwere des Pflichtenverstoßes ebenso an wie auf die Dauer des beanstandungsfreien Verhaltens nach Abschluss der Abmahnung.

Anders als eine Kündigung unterliegt eine Abmahnung nicht der Mitbestimmung des Betriebsrats. §102 Abs. 1 BetrVG schreibt seinem eindeutigen Wortlaut nach eine Anhörung des Betriebsrats nur für die Kündigung vor. Hieran ändert sich nichts dadurch, dass die Abmahnung Wirksamkeitsvoraussetzung für eine spätere Kündigung ist.[125] Die Abmahnung unterscheidet sich auch von einer Betriebsbuße auf der Grundlage einer Betriebsbußenordnung, die der Mitbestimmung nach §87 Abs. 1 Nr. 1 BetrVG unterliegt.[126] Der Arbeitnehmer kann lediglich gem. §83 Abs. 1 BetrVG in seine Personalakte Einsicht nehmen

---

119 NZA 2014, 745.
120 ArbG Wetzlar 17.8.1993 – 1 Ca 166/93, BeckRS 1993, 30841075.
121 BAG 13.3.1991 – 5 AZR 133/90, NZA 1991, 768.
122 S. dazu auch *Ritter* DB 2011, 175; *Schrader* NZA 2011, 180.
123 BAG 18.11.1986 – 7 AZR 674/84, NZA 1987, 418.
124 BAG 19.7.2012 – 2 AZR 782/11, NZA 2013, 91.
125 BAG 17.9.2013 – 1 ABR 26/12, NZA 2014, 269.
126 S. dazu *Fitting* BetrVG §87 Rn. 76 ff.; s. auch BAG 17.1.1991 – 2 AZR 375/90, NZA 1991, 557.

und hierzu ein Betriebsratsmitglied hinzuziehen. Ein eigenständiges Akteneinsichtsrecht des Betriebsrats besteht nicht.

Im Fall des Herrn Mahlersdorf ist eine Abmahnung zulässig. Das Führen privater Telefongespräche ist eine Pflichtverletzung seitens des Arbeitnehmers, da er gegen die bestehende Anweisung verstoßen hat, für Privatgespräche eine PIN einzugeben. Damit hat er seine Pflichten aus dem Arbeitsverhältnis verletzt.

Aufgrund der dargestellten Grundsätze formulieren Sie die Abmahnung wie folgt:

Müllex GmbH
Personalabteilung

Herrn
Berthold Mahlersdorf
im Hause

20. August 2018

Abmahnung

Sehr geehrter Herr Mahlersdorf,

wir mussten leider feststellen, dass Sie mehrfach entgegen der bestehenden dienstlichen Regelungen unbefugt private Telefongespräche geführt haben. Die einzelnen Daten und Uhrzeiten sowie die Zielnummern entnehmen Sie bitte der anliegenden Aufstellung, die Bestandteil dieser Abmahnung ist. In unserem Gespräch vom 19. August 2018 haben Sie uneingeschränkt eingeräumt, die Gespräche geführt zu haben.

Wir sind nicht bereit, dieses Verhalten zu dulden. Wir fordern Sie daher eindringlich auf, Ihren Pflichten aus dem Arbeitsverhältnis in Zukunft uneingeschränkt nachzukommen, da wir uns ansonsten leider gezwungen sehen, das Arbeitsverhältnis mit Ihnen zu beenden.

Eine Durchschrift dieses Briefes werden wir zu Ihren Personalakten nehmen.

Mit freundlichen Grüßen

Birgit Müller
(Personalleiterin)

Anlagen

Sie werden Herrn Mahlersdorf das Abmahnungsschreiben aushändigen und dessen Empfang von ihm bestätigen lassen. Eine Kopie der Abmahnung sowie die Empfangsbestätigung werden zu den Personalakten genommen.

b) Verhaltensbedingte Kündigungsgründe

Der 36-jährige Alfons Jung ist seit vier Jahren bei der Müllex GmbH zuletzt als Gabelstaplerfahrer in der Müllsortieranlage Schwerte beschäftigt. Sein Bruttolohn beträgt 1992,95 EUR. Bereits im Vorjahr war Herr Jung wiederholt arbeitsunfähig krank. Er hat seine Arbeitsunfähigkeit jeweils verspätet bzw. gar nicht mitgeteilt. Am 5. April mahnte die Müllex GmbH Herrn Jung deshalb wegen unentschuldigten Fernbleibens von der Arbeit ordnungsgemäß ab.

Am 23. Juli fehlte Herr Jung erneut bei der Arbeit. Die Arbeitsunfähigkeitsbescheinigung, mit der der behandelnde Arzt Herrn Jung bis zum 2. August für arbeitsunfähig erklärte, reichte Herr Jung am 30. Juli bei der Müllex GmbH ein. Am 2. August mahnte die Müllex GmbH Herrn Jung wegen des unentschuldigten Fehlens erneut ab und wies ihn darauf hin, dass er im Wiederholungsfalle mit einer Kündigung rechnen müsse.

In der Zeit vom 2. bis 10. Oktober war Herr Jung wiederum arbeitsunfähig. Am 11. Oktober hätte er zur Arbeit erscheinen müssen. Er meldete sich auch nicht telefonisch. Erst am 16. Oktober ging bei der Müllex GmbH eine erneute Arbeitsunfähigkeitsbescheinigung ein, die Herrn Jung für die nächsten drei Wochen für arbeitsunfähig erklärte.

Durch das unentschuldigte Fehlen Herrn Jungs ist es im Betriebsablauf der Müllex GmbH zu erheblichen Störungen gekommen. Der Niederlassungsleiter ist nicht mehr bereit, das Fehlverhalten des Herrn Jung hinzunehmen und besteht darauf, eine Kündigung auszusprechen. Als Personalleiter/in sind Sie damit beauftragt, die Erfolgsaussichten einer Kündigung zu prüfen.

Da das Kündigungsschutzgesetz Anwendung findet (vgl. §§ 1 Abs. 1, 14, 23 Abs. 1 KSchG), bedarf es gem. § 1 Abs. 2 KSchG für die Kündigung des Herrn Jung eines Grundes. In Betracht kommt eine verhaltensbedingte Kündigung.

Die Prüfung, ob ein bestimmtes Verhalten des Arbeitnehmers geeignet ist, eine Kündigung gem. § 1 Abs. 2 S. 1 KSchG sozial zu rechtfertigen, muss in zwei Schritten erfolgen:

- Zunächst ist festzustellen, ob der Sachverhalt „an sich" geeignet ist, die Kündigung zu rechtfertigen.
- In einem zweiten Schritt müssen die beiderseitigen Interessen von Arbeitgeber und Arbeitnehmer gegeneinander abgewogen werden.

Ein verhaltensbedingter Kündigungsgrund setzt ein vertragswidriges Verhalten des Arbeitnehmers voraus, dh eine Verletzung seiner arbeitsvertraglichen Haupt- oder Nebenpflichten. Dabei kommt es grundsätzlich nicht auf ein Verschulden an. Die Pflichtverletzung muss dem Arbeitnehmer jedoch regelmäßig vorwerfbar sein, dh er muss in der Lage sein, sein Handeln zu steuern.[127] Ein Sachverhalt ist daher „an sich" als verhaltensbedingter Kündigungsgrund

[127] BAG 3.11.2011 – 2 AZR 748/10, NZA 2012, 607.

geeignet, wenn eine konkrete Beeinträchtigung des Arbeitsverhältnisses im Leistungsbereich, im personalen Vertrauensbereich oder der betrieblichen Ordnung oder des Betriebsfriedens vorliegt. Außerdienstliches Verhalten kommt als Kündigungsgrund in Betracht, wenn ein Bezug zum Arbeitsverhältnis vorhanden ist und dadurch die Interessen des Arbeitgebers beeinträchtigt werden.[128]

Die zur Kündigung führenden Umstände müssen nicht so schwerwiegend wie bei einer außerordentlichen fristlosen Kündigung sein. Sie müssen jedoch bei verständiger Würdigung in Abwägung der Interessen der Vertragsparteien und des Betriebs die Kündigung als billigenswert und angemessen erscheinen lassen. Maßgeblich ist hierbei, wie ein verständig urteilender Arbeitgeber das Fehlverhalten des Arbeitnehmers beurteilen würde.[129] Eine Kündigung ist durch das Verhalten des Arbeitnehmers nur „bedingt", wenn sie verhältnismäßig ist. Da eine Kündigung keine Sanktion, sondern das Ergebnis einer Prognoseentscheidung ist, bedarf es vor der Erklärung einer Kündigung regelmäßig einer Abmahnung (s. dazu oben S. 220 ff.).

Die Kündigungsgründe lassen sich in folgende Fallgruppen einteilen:

- *Störung des Leistungsbereichs*
  Eine Störung im Leistungsbereich des Arbeitsverhältnisses ist gegeben, wenn der Arbeitnehmer die geschuldete Arbeitsleistung nicht oder schlecht erbringt.[130] Pflichtverletzungen in diesem Bereich wirken sich unmittelbar auf das Verhältnis von Leistung (= Arbeitsleistung) und Gegenleistung (= Vergütung) aus.

  Der Leistungsbereich ist betroffen, wenn der Arbeitnehmer unberechtigt seine Arbeitsleistung verweigert, seinen Arbeitsplatz vorzeitig verlässt oder ihm unentschuldigt fernbleibt (unberechtigte Urlaubsnahme). Auch das häufige und wiederholte Zuspätkommen fällt in diese Fallgruppe. Eine Arbeitsverweigerung liegt nicht vor, wenn der Arbeitnehmer berechtigt ist, seine Arbeitsleistung zu verweigern, weil ihm zB ein Zurückbehaltungsrecht zusteht.[131]

  Anders als ein Werkunternehmer (s. § 631 BGB) schuldet der Arbeitnehmer gem. § 611a Abs. 1 BGB nicht einen bestimmten Erfolg seiner Arbeitsleistung, sondern lediglich das Bemühen, das Wirken, mithin die vereinbarte Arbeitsleistung als solche. Der Arbeitnehmer muss seine persönliche Leistungsfähigkeit angemessen ausschöpfen. Er muss tun, was er soll, und zwar so gut, wie er kann. Eine Minderleistung des Arbeitnehmers kann daher eine Verletzung seiner arbeitsvertraglichen Pflichten bedeuten, wenn er weniger arbeitet, als er in der Lage wäre.[132] Hierbei muss jedoch sehr genau der Grund der Leistungsschwäche analysiert werden. Handelt es sich um

---

128 BAG 20.6.2013 – 2 AZR 583/12, NZA 2013, 1345.
129 BAG 19.11.2015 – 2 AZR 217/15, NZA 2016, 540.
130 S. auch *Hunold* BB 2003, 2345.
131 BAG 9.5.1996 – 2 AZR 387/95, NZA 1996, 1085; BAG 21.5.1992 – 2 AZR 10/92, NZA 1993, 115.
132 *Friemel/Walk* NJW 2010, 1557; *Glanz* NJW-Spezial 2008, 82; *Maschmann* NZA-Beil. 2006, Heft 1, S. 13; *Tschöpe* BB 2006, 213.

eine willentliche Minderleistung, so ist der Bereich der verhaltensbedingten Kündigung betroffen. Anders sieht dies aus, wenn der Arbeitnehmer alles tut, was er kann, aber dennoch im Vergleich zu anderen Arbeitnehmern eine schlechtere Leistung erbringt. Dann liegt ein Eignungsmangel vor mit der Folge, dass die Grundsätze der personenbedingten Kündigung gelten.[133]

Um eine Minderleistung festzustellen, bedarf es einer Vergleichsgruppe. Da es in jeder Gruppe Starke und Schwache gibt, hängt die Frage, ob ein Arbeitnehmer ein „low performer" ist oder nicht, von der Zusammensetzung der Gruppe ab. Es besteht also ein Widerstreit zwischen objektivierbaren Kriterien und der subjektiven Leistungsfähigkeit des Arbeitnehmers. Um diesen aufzulösen, kann sich der Arbeitgeber in einem Kündigungsschutzprozess zunächst darauf beschränken, Tatsachen vorzutragen, aus denen sich ergibt, dass der gekündigte Arbeitnehmer erheblich weniger leistet als vergleichbare andere Arbeitnehmer. Daraufhin muss sich der Arbeitnehmer erklären, dass er seine persönliche Leistungsfähigkeit ausgeschöpft hat und andere Umstände wie zB betriebliche Rahmenbedingungen, Krankheit etc. für seine geringere Leistung verantwortlich sind. Der Arbeitgeber muss sich sodann mit diesem Vortrag auseinandersetzen. Erst wenn feststeht, dass der Arbeitnehmer tatsächlich seine Leistungsfähigkeit willentlich nicht hinreichend ausgeschöpft hat, kommt eine verhaltensbedingte Kündigung in Betracht.[134]

- *Störung der betrieblichen Ordnung und des Betriebsfriedens*
  Gegen die betriebliche Ordnung wird verstoßen, wenn der Arbeitnehmer die im Betrieb geltenden – geschriebenen wie ungeschriebenen – Verhaltensregeln nicht beachtet. Hier ist zB die Nichteinhaltung eines Rauch- oder Alkoholverbots zu nennen.

  Mit dem Betriebsfrieden ist das Zusammenleben der Arbeitnehmer des Betriebs untereinander und im Verhältnis zum Arbeitgeber gemeint. Ausländerfeindliches Verhalten, (tätliche) Streitereien, Beleidigungen sind nur einige Verhaltensweisen, die diesen Bereich betreffen und an sich geeignet sind, eine verhaltensbedingte Kündigung zu rechtfertigen. Der Arbeitnehmer verletzt durch derartige Verhaltensweisen seine arbeitsvertragliche Pflicht zur Rücksichtnahme (§ 241 Abs. 2 BGB).[135] Äußert sich der Arbeitnehmer über seinen Arbeitgeber, so steht ihm zwar regelmäßig das Recht auf freie Meinungsäußerung zu (Art. 5 Abs. 1 GG). Dieses Recht besteht jedoch nicht schrankenlos und ist insbesondere nicht mehr gegeben, wenn es sich um ehrverletzende, herablassende Äußerungen handelt, die den Tatbestand der Beleidigung bzw. üblen Nachrede erfüllen (s. Art. 5 Abs. 2 GG).[136]
- *Störungen im personalen Vertrauensbereich*
  Hiermit ist das persönliche Vertrauensverhältnis zum Arbeitgeber gemeint. Es ist betroffen zB beim Überschreiten einer Vollmacht oder bei Straftaten

---

133 BAG 11.12.2003 – 2 AZR 667/02, NZA 2004, 784.

134 BAG 17.1.2008 – 2 AZR 536/06, NZA 2008, 693; BAG 3.6.2004 – 2 AZR 386/03, NZA 2004, 1380.

135 BAG 12.1.2006 – 2 AZR 21/05, NZA 2006, 917.

136 BAG 19.11.2015 – 2 AZR 217/15, NZA 2016, 540; BAG 27.9.2012 – 2 AZR 646/11, BeckRS 2013, 68175.

des Arbeitnehmers (bei denen jedoch sehr häufig eine außerordentliche fristlose Kündigung in Betracht kommen wird). Straftaten verletzen die aus §241 Abs. 2 BGB folgende Pflicht des Arbeitnehmers, auf die Interessen des Arbeitgebers Rücksicht zu nehmen.

- *Verletzung arbeitsvertraglicher Nebenpflichten*
  Verletzt der Arbeitnehmer Nebenpflichten aus seinem Arbeitsverhältnis, so kann dies im Einzelfall eine Kündigung rechtfertigen, zB bei einer Verletzung der Pflicht zur Verschwiegenheit oder der Aufnahme einer unerlaubten Nebentätigkeit.

Gemäß §5 Abs. 1 S. 1 EFZG ist der Arbeitnehmer verpflichtet, dem Arbeitgeber unverzüglich seine erste und fortdauernde Arbeitsunfähigkeit und deren voraussichtliche Dauer mitzuteilen. Es handelt sich hierbei um eine Nebenpflicht aus dem Arbeitsvertrag, der Herr Jung schuldhaft wiederholt nicht oder verspätet nachgekommen ist. Gründe, die gegen ein Verschulden sprechen, sind nicht ersichtlich. Herr Jung wurde bereits wegen eines Vorfalls gleicher Art zweimal am 5. April und 26. Juli abgemahnt. Er hat dadurch gezeigt, dass er nicht bereit ist, sich vertragsgerecht zu verhalten. Damit ist das erneute verspätete Anzeigen der fortbestehenden Arbeitsunfähigkeit ein Verhalten, das an sich geeignet und verhältnismäßig ist, eine Kündigung gem. §1 Abs. 2 KSchG sozial zu rechtfertigen.[137]

Wenn festgestellt ist, dass der Sachverhalt an sich für eine Kündigung geeignet ist, müssen in einem weiteren Schritt die beiderseitigen Interessen von Arbeitgeber und Arbeitnehmer gegeneinander abgewogen werden.[138] Auf Seiten des Arbeitnehmers ist zB die Dauer der Betriebszugehörigkeit, sein Lebensalter, sein bisheriges Verhalten im Arbeitsverhältnis[139] und Ähnliches zu berücksichtigen. Im Rahmen der Interessenabwägung muss außerdem geprüft werden, ob es neben der Verletzung der vertraglichen (Neben-)Pflicht auch zu einer konkreten Beeinträchtigung des Arbeitsverhältnisses gekommen ist. Eine solche Störung kann im Arbeitsablauf sowie dessen Organisation eingetreten sein oder aber den Betriebsfrieden betreffen. Bleibt die Verletzung der Pflicht ohne Folgen, so muss dies innerhalb der Interessenabwägung zugunsten des Arbeitnehmers berücksichtigt werden. Umgekehrt bedeutet das Eintreten weiterer Störungen einen den Arbeitnehmer zusätzlich belastenden Faktor.[140]

Die Interessenabwägung fällt daher zulasten von Herrn Jung aus. Er ist erst seit vier Jahren bei der Müllex GmbH beschäftigt. Bereits in der Vergangenheit verlief das Arbeitsverhältnis nicht störungsfrei. Die verspätete bzw. unterlassene Anzeige seiner Arbeitsunfähigkeit hat zu erheblichen Betriebsablaufstörungen geführt. Dies muss zu seinen Ungunsten berücksichtigt werden. Eine Kündigung ist daher erfolgversprechend.

---

137 S. dazu BAG 16.8.1991 – 2 AZR 604/90, NZA 1993, 17.

138 S. dazu *Hunold* DB 2009, 2658.

139 BAG 10.6.2010 – 2 AZR 541/09, NZA 2010, 1227.

140 BAG 16.8.1991 – 2 AZR 604/90, NZA 1993, 17; BAG 17.1.1991 – 2 AZR 375/90, NZA 1991, 557.

4. Betriebsbedingte Kündigung

Die Müllex GmbH will in ihrer zentralen Werkstatt, die für die Wartung des Fuhrparks zuständig ist, die Kosten reduzieren. Zu diesem Zweck hat die Geschäftsleitung umfangreiche Umstrukturierungen veranlasst. Sie hat unter anderem Gruppenarbeit eingeführt. Durch die veränderten Arbeitsabläufe und durch geänderte Wartungszeiträume ist ein Überhang an Arbeitsplätzen in der Werkstatt eingetreten. Die Geschäftsführung beauftragt Sie als Personalleiter/in, die Kündigung zweier Mitarbeiter auszusprechen.

Während bei der personen- und verhaltensbedingten Kündigung die Kündigungsgründe in der Sphäre des Arbeitnehmers liegen, hat die betriebsbedingte Kündigung ihre Ursache in einer unternehmerischen Entscheidung des Arbeitgebers. Die Freiheit des Unternehmers, seinen Betrieb zu führen und zu gestalten, ist durch Art. 12 und Art. 14 GG geschützt und ist Ausgleich dafür, dass der Unternehmer das wirtschaftliche Risiko trägt. Andererseits besteht für den Arbeitnehmer Kündigungsschutz. Nach § 1 Abs. 2 S. 1 KSchG ist eine Kündigung sozial ungerechtfertigt, wenn sie nicht durch dringende betriebliche Erfordernisse bedingt ist, die einer Weiterbeschäftigung des Arbeitnehmers im Betrieb entgegenstehen. Liegen derartige Gründe vor, so kann die Kündigung dennoch unwirksam sein, wenn gem. § 1 Abs. 3 KSchG keine ordnungsgemäße Sozialauswahl stattgefunden hat. Bevor wir uns Einzelheiten zuwenden, zunächst ein Überblick über den Weg bis zur Erklärung einer betriebsbedingten Kündigung:

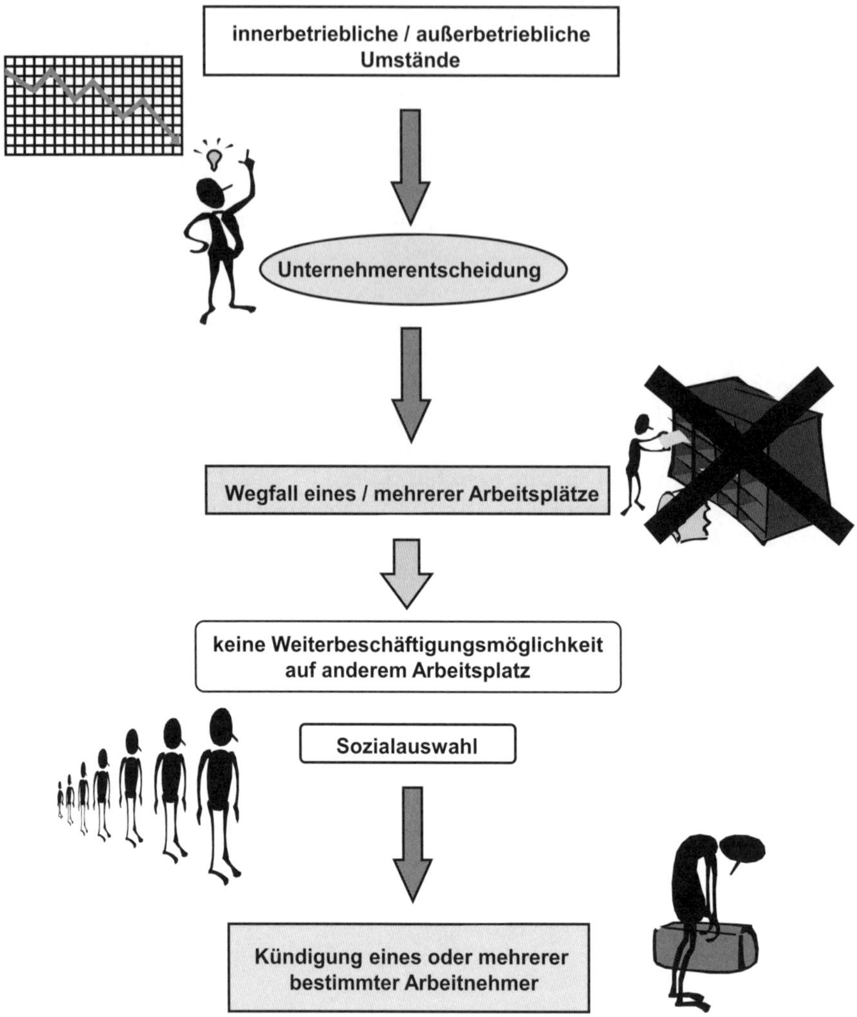

Ausgangspunkt einer betriebsbedingten Kündigung sind inner- oder außerbetriebliche Umstände, die die Arbeitsmenge im Betrieb verändern bzw. eine betriebswirtschaftliche Entscheidung des Arbeitgebers hervorrufen mit der Folge, dass ein oder mehrere Arbeitsplätze wegfallen.

Gemäß § 1 Abs. 2 S. 4 KSchG hat der Arbeitgeber die Tatsachen zu beweisen, die die Kündigung bedingen. Daraus folgt, dass sich der Arbeitgeber bereits vor Erklärung der Kündigung damit auseinandersetzen muss, ob seine Kündigung „gerichtsfest" ist. Der Arbeitgeber muss also die Wirksamkeit der Kündigung anhand der Darlegungslast in einem vom Arbeitnehmer angestrengten Kündigungsschutzprozess prognostizieren, um zu verhindern, dass er diesen verliert.

Der Begründungsumfang bestimmt sich nach der Art der Kündigungsursachen, also danach, ob es sich allein um außerbetriebliche oder (auch) um innerbetriebliche Ursachen handelt. Um den Widerstreit zwischen der unternehmerischen Freiheit und dem Kündigungsschutz aufzulösen, hat die Rechtsprechung je nach Ursachenart unterschiedliche Anforderungen an die Begründungslast des Arbeitgebers gestellt. Die Wirksamkeit der betriebsbedingten Kündigung ist davon abhängig, ob die behaupteten Gründe tatsächlich vorliegen und ob sie sich dahingehend auswirken, dass für eine Weiterbeschäftigung des Arbeitnehmers kein Bedürfnis mehr besteht. Die Gründe müssen dringend sein, dh der Arbeitgeber darf nicht in der Lage sein, durch andere technische, organisatorische oder wirtschaftliche Entscheidungen die Kündigung zu verhindern. Die Kündigung muss unvermeidbar sein.[141]

Außerbetriebliche Gründe wie zB Auftragsmangel oder Umsatzrückgang müssen unmittelbar zum Überhang an Arbeitsplätzen führen, sodass sich die Kündigung als notwendige und direkte Folge des Auftragsrückgangs und nicht als Folge organisatorischer Maßnahmen darstellt. Der Arbeitgeber muss im Einzelnen detailliert darlegen, wie sich die Geschäfte des Unternehmens entwickelt haben und inwieweit dies zur Verringerung des Arbeitsvolumens und damit des Bedarfs an Arbeitskräften geführt hat.[142]

Häufig werden außerbetriebliche Gründe der Anlass für innerbetriebliche Umstrukturierungen sein. Ein innerbetrieblicher Grund für eine betriebsbedingte Kündigung ist gegeben, wenn eine organisatorische Maßnahme des Arbeitgebers zum Wegfall eines oder mehrerer Arbeitsplätze führt. Innerbetriebliche Umstände sind zB Rationalisierungsmaßnahmen, Umstellungen oder Einschränkungen der Produktion.[143] Der Arbeitsplatzwegfall ist Folge einer unternehmerischen Entscheidung, die ihrerseits wiederum die Kündigung nach sich zieht.[144] Die durch das Grundgesetz geschützte unternehmerische Freiheit führt dazu, dass zwar gerichtlich geprüft werden darf, ob eine entsprechende unternehmerische Entscheidung vorliegt und durch sie das Beschäftigungsbedürfnis eines oder mehrerer Arbeitnehmer weggefallen ist. Die zum Wegfall der Beschäftigungsmöglichkeit führende Entscheidung des Arbeitgebers ist hingegen nicht auf ihre sachliche Rechtfertigung oder ihre Zweckmäßigkeit hin überprüfbar. Es besteht die Vermutung, dass die unternehmerische Entscheidung sachlich richtig ist. Die Gerichte dürfen nicht ihre Vorstellung von der Leitung eines Betriebs an die Stelle derjenigen des Unternehmers setzen, sondern haben die betriebswirtschaftlichen Überlegungen des Arbeitgebers zu akzeptieren. Um den Kündigungsschutz nicht leer laufen zu lassen, wird jedoch eine Missbrauchskontrolle eröffnet. Es ist daher zu prüfen, ob die der Kündigung zugrunde liegende Maßnahme des Arbeitgebers offenbar unsachlich, unvernünftig oder willkürlich ist.[145] Hierzu muss der Arbeitgeber genau darlegen, welche Ursachen zum Überhang an Arbeitsplätzen geführt haben. Nicht ausreichend sind pauschale Angaben, sondern der Arbeitgeber muss

141 S. nur BAG 17.6.1999 – 2 AZR 522/98, NZA 1999, 1095; BAG 17.6.1999 – 2 AZR 141/99, NZA 1999, 1098.

142 BAG 7.7.2005 – 2 AZR 399/04, NZA 2006, 266.

143 StRspr s. nur BAG 7.3.1996 – 2 AZR 180/95, NZA 1996, 931.

144 BAG 20.2.1986 – 2 AZR 212/85, NZA 1986, 823.

145 BAG 22.9.2005 – 2 AZR 208/05, BeckRS 2006, 41482.

offen legen, aufgrund welcher Umstände er welche unternehmerische Entscheidung getroffen hat und welche Auswirkungen diese Entscheidung auf die Arbeitsplätze und das Arbeitsvolumen hat. Der Arbeitgeber kann sich somit nicht darauf beschränken anzugeben, er wolle Kosten einsparen. Er muss vielmehr eine Prognose aufstellen, wie sich die bisher vom zu kündigenden Arbeitnehmer erbrachten Tätigkeiten hinsichtlich ihres Umfangs in Zukunft entwickeln und wie diese Arbeiten von den verbleibenden Mitarbeitern erledigt werden können. Je näher also die organisatorische Entscheidung, die zum Wegfall von Arbeitsplätzen führt, an den eigentlichen Kündigungsentschluss heranreicht, desto genauer und konkreter muss der Arbeitgeber darlegen, wie sich seine unternehmerische Entscheidung auf die Arbeitsabläufe auswirkt und in welchem Umfang hierdurch eine Verringerung des Arbeitskräftebedarfs eintritt.[146] Dabei muss nicht ein bestimmter Arbeitsplatz wegfallen, sondern es genügt, dass sich rechnerisch ein Überhang an Arbeitnehmern ergibt. Welchem Arbeitnehmer konkret zu kündigen ist, ist sodann eine Frage der Sozialauswahl.

Ein Wegfall von Arbeitsplätzen liegt nicht vor, wenn der Arbeitgeber lediglich einen Austausch der Person des Arbeitnehmers vornimmt.[147] Dies ist zB der Fall, wenn der Arbeitgeber ständig anfallende[148] Arbeiten nicht mehr durch eigene Mitarbeiter, sondern durch Leiharbeitnehmer ausführen lassen will. Da auch die Arbeit des Leiharbeitnehmers dem Direktionsrecht des Arbeitgebers/Entleihers unterfällt und damit das Volumen der Arbeit gleich bleibt, fehlt es hier an dringenden betrieblichen Erfordernissen für eine betriebsbedingte Kündigung.[149] Eine unzulässige Austauschkündigung liegt demgegenüber nicht vor, wenn der Arbeitgeber entscheidet, die Arbeiten im Wege eines Werkvertrages auf ein Fremdunternehmen zu übertragen.[150] Hier fehlt es am arbeitsrechtlichen Weisungsrecht gegenüber den Mitarbeitern des Drittunternehmens.

Die Müllex GmbH kann sich daher nicht mit der Aussage begnügen, sie wolle Kosten sparen, sondern sie muss im Einzelnen genau darlegen, warum die Einführung von Gruppenarbeit und sonstige Umstrukturierungen zu einem Überhang von zwei Arbeitsplätzen geführt haben. Die Darlegung muss so genau wie möglich ausfallen, um zu zeigen, dass die Kündigung nicht willkürlich erfolgt. Die Darlegungslast bei der betriebsbedingten Kündigung verlangt also vom Arbeitgeber, dass er genauen Einblick in seine betriebswirtschaftlichen Entscheidungen gibt.

Für die Frage, ob einer Kündigung dringende betriebliche Erfordernisse zugrunde liegen, muss auf die Verhältnisse im Zeitpunkt des Zugangs der Kün-

---

146 BAG 2.3.2017 – 2 AZR 546/16, NZA 2017, 905; BAG 16.12.2010 – 2 AZR 770/09, NZA 2011, 505; BAG 10.7.2008 – 2 AZR 1111/06, NZA 2009, 312; BAG 7.7.2005 – 2 AZR 399/04, NZA 2006, 266.

147 BAG 16.12.2004 – 2 AZR 66/04, NZA 2005, 761; BAG 29.9.1996 – 2 AZR 200/96, NZA 1997, 202; s. auch *Hamann* NZA 2010, 1211.

148 S. dazu BAG 18.10.2012 – 6 AZR 289/11, NZA-RR 2013, 68.

149 LAG Hamm – 12 Sa 320/07, NZA-RR 2008, 239; s. dazu *Simon/Greßlin* BB 2007, 2454; s. auch BAG 17.2.2010 – 7 ABR 89/08, BeckRS 2010, 66567.

150 BAG 13.3.2008 – 2 AZR 1037/06, NZA 2008, 878.

digung abgestellt werden.[151] Die unternehmerische Maßnahme muss derart greifbare Formen angenommen haben, dass sie aufgrund einer vernünftigen betriebswirtschaftlichen Prognose mit Ablauf der Kündigungsfrist durchgeführt sein wird und zum Wegfall des Arbeitsplatzes führt.[152] Dies gilt insbesondere für die Stilllegung des Betriebs.

Unter Umständen hat der gekündigte Arbeitnehmer dann einen Anspruch auf Wiedereinstellung, wenn sich die der betriebsbedingten Kündigung zugrundeliegende Prognose als falsch erweist, zB weil ein neuer Großauftrag erteilt wird. Dies gilt jedenfalls dann, wenn die veränderten Umstände noch während der Kündigungsfrist eintreten, der Arbeitgeber noch keine Dispositionen getroffen hat und ihm die Fortsetzung des Arbeitsverhältnisses zumutbar ist.[153] Ein Wiedereinstellungsanspruch nach Ablauf der Kündigungsfrist besteht nicht, wenn sich die der Kündigung zugrundeliegende Prognose erst nach Ablauf der Kündigungsfrist als falsch erweist.[154] Ist die Kündigung durch die dargelegten betrieblichen Erfordernisse bedingt, so muss weiter geprüft werden, ob sie dringend, dh die zwingend notwendige Folge der unternehmerischen Entscheidung ist. Da für Kündigungen das ultima-ratio-Prinzip gilt, ist eine betriebsbedingte Beendigungskündigung nur möglich, wenn dem Arbeitgeber kein milderes Mittel zur Verfügung steht, um die mit der unternehmerischen Entscheidung verbundenen Ziele zu erreichen. § 1 Abs. 2 S. 3 KSchG konkretisiert diesen Grundsatz der Verhältnismäßigkeit dahingehend, dass der Arbeitgeber vorrangig prüfen muss, ob es im Betrieb oder Unternehmen eine Weiterbeschäftigungsmöglichkeit für den Arbeitnehmer gibt.[155] Erst wenn dies nicht der Fall ist, ist eine Kündigung möglich.

In die Prüfung sind nur solche Arbeitsplätze einzubeziehen, die frei sind. Der Arbeitgeber ist also nicht gezwungen, neue Arbeitsplätze zu schaffen oder andere frei zu machen, um die Kündigung eines Arbeitnehmers zu verhindern. In die Überlegungen sind aber solche Arbeitsplätze einzubeziehen, die in absehbarer Zeit frei werden, sofern die Überbrückung des Zeitraums bis dahin für den Arbeitgeber zumutbar ist.[156] Mit Leiharbeitnehmern besetzte Arbeitsplätze sind nur dann frei, wenn der Arbeitgeber die Arbeitnehmerüberlassung nicht nur dazu nutzt, vorübergehende Auftragsspitzen und Vertretungsbedarfe, sondern einen ständigen Bedarf an Arbeitskräften abzudecken.[157]

[151] BAG 14.3.2013 – 8 AZR 154/12, BeckRS 2013, 73241.
[152] BAG 20.11.2014 – 2 AZR 512/13, NZA 2015, 679; BAG 31.7.2014 – 2 AZR 422/13, NZA 2015, 101.
[153] BAG 25.10.2007 – 8 AZR 989/06, NZA 2008, 357; BAG 4.12.1997 – 2 AZR 140/97, NZA 1998, 701; BAG 27.2.1997 – 2 AZR 160/96, NZA 1997, 757.
[154] BAG 28.6.2000 – 7 AZR 904/98, NZA 2000, 1097; BAG 4.12.1997 – 2 AZR 140/97, NZA 1998, 701; BAG 6.8.1997 – 7 AZR 557/96, NZA 1998, 254.
[155] BAG 23.3.2006 – 2 AZR 162/05, NZA 2007, 30; BAG 23.11.2004 – 2 AZR 24/04, NZA 2005, 929.
[156] BAG 2.2.2006 – 2 AZR 38/05, NZA 2007, 352.
[157] BAG 18.12.2012 – 6 AZR 289/11, NZA-RR 2013, 68; BAG 15.12.2011 – 2 AZR 42/10, NZA 2012, 1044; s. auch *Gaul/Ludwig* DB 2010, 2334.

Der Arbeitsplatz muss weiterhin der Qualifikation des Arbeitnehmers entsprechen. Der Arbeitnehmer muss von seinen Fähigkeiten und seiner Vorbildung geeignet sein, auf dem freien Arbeitsplatz seine Arbeitsleistungen zu erbringen. Das Anforderungsprofil für eine Stelle legt der Arbeitgeber fest.[158] Allerdings ist der Arbeitgeber gehalten, zumutbare Umschulungen oder Fortbildungsmaßnahmen zu ermöglichen, damit der Arbeitnehmer auf einem anderen Arbeitsplatz beschäftigt werden kann (s. §1 Abs.2 S.3 KSchG). Dagegen kann der Arbeitnehmer nicht verlangen, dass er auf eine besser qualifizierte Stelle befördert wird.[159]

Sofern der Arbeitgeber die Versetzung nicht im Wege des Direktionsrechts (§106 GewO) vornehmen kann (zB weil keine Versetzungsklausel vereinbart wurde oder sich die Arbeitsbedingungen verschlechtern), muss er eine Änderungskündigung aussprechen. Die Änderungskündigung geht grundsätzlich der Beendigungskündigung als milderes Mittel vor.[160] Das bedeutet, der Arbeitgeber muss bei der Suche nach einer Weiterbeschäftigungsmöglichkeit nicht nur gleiche bzw. vergleichbare freie Arbeitsplätze einbeziehen, sondern auch solche, die nicht mehr der vertraglich geschuldeten Arbeitsleistungspflicht entsprechen, die der Arbeitnehmer aber nach einer Änderungskündigung unter geänderten Arbeitsbedingungen ausüben kann.[161] Ob der Arbeitnehmer ein entsprechendes Änderungsangebot annimmt, obliegt seiner Entscheidung (s. auch §2 KSchG). Ist eine Änderungskündigung möglich, so fehlt es an einem dringenden betrieblichen Erfordernis für die Beendigungskündigung. Eine Änderungskündigung ist auch auszusprechen, wenn der Arbeitnehmer zuvor ein Angebot des Arbeitgebers auf einvernehmliche Änderung des Vertrags abgelehnt hat.[162]

Im Fall der Müllex GmbH stellen Sie fest, dass es nicht möglich ist, Mitarbeiter in anderen Unternehmensbereichen weiterzubeschäftigen. Entsprechende freie Arbeitsplätze sind nicht vorhanden.

Damit gibt es für zwei Arbeitnehmer keine Möglichkeit mehr im Unternehmen der Müllex GmbH beschäftigt zu werden. Sie müssen nun ermitteln, welchem Arbeitnehmer konkret gekündigt werden kann. Hierzu muss gem. §1 Abs.3 KSchG, eine soziale Auswahl vorgenommen werden. Der Arbeitgeber muss dem sozial Stärksten kündigen. Beachtet der Arbeitgeber bei der Auswahl des zu kündigenden Arbeitnehmers die im Gesetz genannten sozialen Gesichtspunkte nicht oder nicht ausreichend, so ist die Kündigung aus diesem Grunde sozial ungerechtfertigt, auch wenn ein betriebsbedingter Grund vorliegt. Um herauszufinden, welchem Arbeitnehmer konkret gekündigt werden darf, muss wie folgt vorgegangen werden:

---

[158] BAG 2.3.2017 – 2 AZR 546/16, NZA 2017, 905; BAG 24.6.2004 – 2 AZR 326/03, NZA 2004, 1268.

[159] BAG 29.3.1990 – 2 AZR 369/89, NZA 1991, 181.

[160] BAG 27.9.1984 – 2 AZR 62/83, NZA 1985, 455.

[161] BAG 5.6.2008 – 2 AZR 107/07, NZA 2008, 1180.

[162] BAG 21.9.2006 – 2 AZR 607/05, NZA 2007, 431; BAG 21.4.2005 – 2 AZR 132/04 und 244/04, NZA 2005, 1289 und 1294; s. dazu *Annuß* NZA 2005, 443; *Bauer/Winzer* BB 2006, 266; *Berkowsky* NZA 2006, 697; *Lelley/Sabin* DB 2006, 1110.

- Zunächst ist der Kreis der Arbeitnehmer zu bestimmen, die in die Sozialauswahl einzubeziehen sind. Da die Sozialauswahl betriebsbezogen ist, ist die Vergleichbarkeit der Arbeitnehmer ausschließlich zwischen den Arbeitnehmern des Betriebs festzustellen.[163] Hierbei sind auch Betriebsteile einzubeziehen, die räumlich weit entfernt sind und daher betriebsverfassungsrechtlich gem. §4 Abs. 1 S. 1 BetrVG als eigenständige Betriebe gelten.[164] Der kündigungsrechtliche Betriebsbegriff folgt also nicht der Betriebsrätestruktur. Erforderlich ist, dass die Arbeitnehmer auf einer horizontalen Ebene vergleichbar sind. Der Vergleich erfolgt auf derselben Hierarchieebene des Betriebs allein nach arbeitsplatzbezogenen Merkmalen der bisherigen Tätigkeit.[165] Vergleichbarkeit liegt nicht nur bei einer Identität der Arbeitsplätze vor, sondern auch dann, wenn die Arbeitnehmer nach ihrem Arbeitsvertrag aufgrund ihrer Fähigkeiten und Ausbildung auch andersartige, aber gleichwertige Tätigkeiten ausführen können.[166] Die Arbeitnehmer, deren Arbeitsplätze wegfallen, müssen mit den in die Sozialauswahl einzubeziehenden Arbeitnehmern insofern austauschbar sein, als dass eine einseitige Versetzung kraft Direktionsrecht des Arbeitgebers möglich wäre. Hierbei sind nur Versetzungsmöglichkeiten innerhalb des Betriebs zu berücksichtigen. Versetzungsklauseln, die dem Arbeitgeber eine Versetzung auch in andere Betriebe des Unternehmens ermöglichen, wirken sich demzufolge nicht bei der betriebsbezogenen Sozialauswahl aus, sondern nur bei der vorrangigen Frage nach Weiterbeschäftigungsmöglichkeiten.[167] Kann dem Arbeitnehmer, dessen Arbeitsplatz wegfällt, ein anderer Arbeitsplatz erst nach Ausspruch einer Änderungskündigung oder Abschluss eines Änderungsvertrags zugewiesen werden, so sind die Arbeitsplätze nicht vergleichbar.[168] In diesem Fall läge keine rein arbeitsplatzbezogene Vergleichbarkeit mehr vor.
  Teilzeitbeschäftigte Arbeitnehmer sind mit vollzeitbeschäftigten Arbeitnehmern grundsätzlich nicht vergleichbar. Bei Wegfall einer Teilzeitstelle nehmen demzufolge die vollzeitbeschäftigten Arbeitnehmer nicht an der Sozialauswahl teil. Der Wechsel von einer Teilzeitbeschäftigung auf eine Vollzeitbeschäftigung und umgekehrt kann nicht durch einseitige Anordnung des Arbeitgebers erfolgen. Etwas anderes gilt dann, wenn die Organisationsentscheidung des Arbeitgebers sich ausschließlich auf eine Veränderung des Arbeitsvolumens im Betrieb bezieht. In diesem Fall muss der Arbeitgeber darlegen, warum eine bestimmte Verteilung des Arbeitsvolumens auf die Arbeitszeiten der Arbeitnehmer notwendig ist, will er die Sozialauswahl auf Arbeitnehmer mit einem gleichen Arbeitszeitvolumen beschränken. Fehlen

---

163 BAG 18.10.2006 – 2 AZR 676/05, NZA 2007, 798.

164 BAG 3.6.2004 – 2 AZR 577/03, NZA 2005, 175.

165 BAG 5.6.2008 – 2 AZR 907/06, NZA 2008, 1120; BAG 2.2.2006 – 2 AZR 38/05, NZA 2007, 352.

166 BAG 20.6.2013 – 2 AZR 271/12, NZA 2013, 837; BAG 29.3.1990 – 2 AZR 369/89, NZA 1991, 181; s. auch EuGH 26.9.2000 – C-322/98, NZA 2000, 1155 – Kachelmann.

167 BAG 15.12.2005 – 6 AZR 199/05, NZA 2006, 590; BAG 2.6.2005 – 2 AZR 158/04, NZA 2005, 1175.

168 BAG 3.12.1998 – 2 AZR 341/98, NZA 1999, 431 mwN.

sachliche Gründe für eine solche Beschränkung, liegt eine gem. §4 Abs. 1 TzBfG unzulässige Diskriminierung vor.[169]

Arbeitnehmer, die aufgrund besonderer Regelungen nicht kündbar sind (zB §17 MuSchG, §15 KSchG), muss der Arbeitgeber bei der Sozialauswahl nicht berücksichtigen.[170] Gleiches gilt für Arbeitnehmer in den ersten sechs Monaten der Beschäftigung.[171] Es fehlt an der Austauschbarkeit dieser Arbeitnehmer.

- In einem zweiten Schritt muss der Arbeitgeber die Sozialauswahl unter den zuvor als vergleichbar bestimmten Arbeitnehmern durchführen.
  Der Arbeitgeber darf bei der Sozialauswahl lediglich vier Auswahlkriterien berücksichtigen:
  - Dauer der Betriebszugehörigkeit
    Der Begriff der Betriebszugehörigkeit in §1 Abs. 3 S. 1 KSchG entspricht dem der ununterbrochenen Beschäftigung im Betrieb oder Unternehmen des §1 Abs. 1 KSchG. Es kommt also auf den rechtlichen Bestand des Arbeitsverhältnisses zu demselben Arbeitgeber an.[172]
  - Lebensalter
    Die Berücksichtigung des Lebensalters ist kein iSd §7 Abs. 1 AGG diskriminierendes Sozialauswahlkriterium. Zwar knüpft das Gesetz an das Alter an und bevorzugt ältere gegenüber jüngeren Arbeitnehmern. Jedoch ist diese unterschiedliche Behandlung gem. §10 AGG gerechtfertigt. Ältere Arbeitnehmer haben gewöhnlich schlechtere Chancen, wieder in ein neues Arbeitsverhältnis zu kommen als jüngere. Die Einbeziehung des Lebensalters als Sozialauswahlkriterium trägt diesem Umstand Rechnung.[173]
  - Unterhaltspflichten
    Die Unterhaltspflichten sind in den §§1360 ff., 1569 ff., 1601 f. BGB geregelt.
  - Schwerbehinderung des Arbeitnehmers
    Der Begriff der Schwerbehinderung folgt aus §2 Abs. 2 SGB IX. Erfasst werden jedoch auch den schwerbehinderten Menschen gleichgestellte Menschen iSd §2 Abs. 3 SGB IX.
    Schwerbehinderte Menschen sind, sofern sie zu den vergleichbaren Arbeitnehmern gehören, in die Sozialauswahl einzubeziehen. Steht nach der Sozialauswahl fest, dass der schwerbehinderte Mensch zu dem Kreis der zu kündigenden Arbeitnehmer gehört, so muss der Arbeitgeber die Zustimmung des Integrationsamtes einholen. Erst wenn diese vorliegt, darf die Kündigung ausgesprochen werden (s. dazu S. 261 ff.). Hierin liegt gem. §2 Abs. 4 AGG keine Diskriminierung wegen der Behinderung.

---

[169] BAG 22.4.2004 – 2 AZR 244/03, NZA 2004, 1389.

[170] BAG 17.11.2005 – 6 AZR 118/05, NZA 2006, 370; BAG 21.4.2005 – 2 AZR 241/04, NZA 2005, 1307.

[171] BAG 25.4.1985 – 2 AZR 140/84, NZA 1986, 64.

[172] BAG 6.2.2003 – 2 AZR 623/01, BeckRS 2003, 40907.

[173] BAG 27.4.2017 – 2 AZR 67/16, NZA 2017, 902; BAG 6.11.2008 – 2 AZR 523/07, NZA 2009, 361; s. auch *Schiefer* DB 2009, 733.

Die vier Grunddaten der sozialen Auswahl sind abschließend. Ihnen kommt gleiches Gewicht zu. Wie der Arbeitgeber die Kriterien zueinander in Beziehung setzt, obliegt seinem Beurteilungsspielraum.[174] Der Arbeitgeber muss nach dem Gesetzeswortlaut die einzelnen Merkmale lediglich „ausreichend" berücksichtigen.[175]

In eng begrenzten Ausnahmefällen ist es möglich, auch andere als die genannten Auswahlkriterien zu beachten, sofern dadurch eine unbillige Härte ausgeglichen wird. Die Gesetzesmaterialien fordern jedoch, dass zusätzliche Kriterien in einem unmittelbaren spezifischen Zusammenhang mit den Grunddaten stehen müssen oder sich aus evident einsichtigen betrieblichen Gegebenheiten herleiten lassen.[176] So können im Zusammenhang mit der Betriebszugehörigkeit zB Berufskrankheiten oder unverschuldete Arbeitsunfälle beachtet werden. Die Berücksichtigung von weiteren als den gesetzlichen Grunddaten birgt jedoch erhebliche Risiken für die ordnungsgemäße Durchführung der Sozialauswahl. Sie darf daher nicht generell angewandt werden, sondern muss auf evidente Härtefälle beschränkt bleiben.

In einem Tarifvertrag oder in einer Betriebsvereinbarung kann die Rangfolge der genannten Kriterien zueinander zB mittels eines Punktesystems[177] festgelegt werden. Gemäß §95 Abs. 1 BetrVG bedürfen derartige Auswahlrichtlinien der Zustimmung des Betriebsrats. In größeren Betrieben hat der Betriebsrat gem. §95 Abs. 2 BetrVG ein Initiativrecht für ihre Einführung. Gemäß §1 Abs. 4 KSchG erleichtert dies die Sozialauswahl insofern, als dass die Gewichtung der Kriterien gerichtlich nur noch auf grobe Fehlerhaftigkeit überprüft werden kann. Die kollektivrechtliche Regelung hat somit eine Richtigkeitsvermutung für sich.

- In einem dritten Schritt kann der Arbeitgeber gem. §1 Abs. 3 S. 2 KSchG solche Arbeitnehmer von der Sozialauswahl ausnehmen, deren Weiterbeschäftigung insbesondere wegen ihrer Kenntnisse, Fähigkeiten und Leistungen oder zur Sicherung einer ausgewogenen Personalstruktur im berechtigten betrieblichen Interesse liegt.[178] Es genügt, dass der Arbeitgeber anführen kann, dass die Weiterbeschäftigung eines bestimmten Arbeitnehmers nachvollziehbar ist.[179] Die hierfür bestehenden Gründe müssen nicht dringend, sondern lediglich berechtigt sein. Der Arbeitgeber kann somit die sich aufgrund der Sozialauswahl ergebende Rangfolge der zu kündigenden Arbeitnehmer durchbrechen, indem er aus dem ermittelten Kreis die Arbeitnehmer mit besonderen Kenntnissen und Fähigkeiten herausnimmt. Es muss hierbei das Interesse des Arbeitnehmers, nicht gekündigt zu werden, abgewogen werden mit dem Interesse des Arbeitgebers, den Leistungsträger aus der Sozialauswahl auszuklammern. Der Arbeitgeber muss den betrieblichen

174 BAG 2.6.2005 – 2 AZR 480/04, NZA 2006, 207.
175 BAG 22.3.2012 – 2 AZR 167/11, NZA 2012, 422.
176 BT-Drs. 15/1204, 11.
177 Dazu *Fuhlrott* ArbRAktuell 2012, 108.
178 S. dazu *Krieger/Reinecke* DB 2013, 1906; s. auch *Gillen/Vahle* NZA 2013, 534.
179 BAG 25.4.1985 – 2 AZR 140/84, NZA 1986, 64; BAG 24.3.1983 – 2 AZR 21/82, NJW 1984, 78.

Nutzen an der Weiterbeschäftigung des Leistungsträgers konkret darlegen und darf sich nicht auf allgemeine Wendungen beschränken.[180]
Neben den Leistungsträgern kann der Arbeitgeber solche Arbeitnehmer aus der Sozialauswahl herausnehmen, deren Weiterbeschäftigung notwendig ist, um eine vorhandene ausgewogene Personalstruktur und damit die Zusammensetzung der Belegschaft in ihrem vorhandenen Bestand zu sichern (nicht erst herzustellen!). Der Begriff der Personalstruktur erfasst neben dem Altersaufbau der Belegschaft, auch zB das Geschlecht oder die Leistungsstärke.

Sie lassen sich die Daten der Werkstattmitarbeiter zusammenstellen. Außer dem Werkstattleiter, der wegen der höheren Betriebsebene bereits nicht mit den übrigen Arbeitnehmern vergleichbar ist, sind noch zwölf Mitarbeiter in der Werkstatt beschäftigt. Eine Mitarbeiterin hat Ihnen folgende Übersicht erstellt:

Name, Vorname/ Beruf	Alter	Beschäftigungsdauer	Zahl der Unterhaltspflichten	Sonstige Bemerkungen
A) Bette, Ludwig/ Kfz-Mechaniker	35	5	1 Kind	Schwerbehinderung
B) Enger, Jakob, Elektriker	55	25	1 Kind/Ehefrau nicht verdienend	einziger Elektriker
C) Fußberger, Steffi, Bürokauffrau	30	10	./.	erledigt anfallende Büroarbeiten
D) Hauser, Oliver, Kfz-Mechaniker	40	15	3 Kinder/ Ehefrau nicht verdienend	./.
E) Jansen, Kai, Kfz-Mechaniker	28	5	./.	./.
F) Kaiser, Wilhelm, Kfz-Mechaniker	45	10	1 Kind/Ehefrau nicht verdienend	Berufskraftfahrer
G) Mero, Dirk, Kfz-Mechaniker	25	3	./.	./.
H) Römer, Burkhard, Kfz-Mechaniker	25	2	Ehefrau verdient voll	./.

180 BAG 12.4.2002 – 2 AZR 706/00, NZA 2003, 42; s. auch *Willemsen/Annuß* NJW 2004, 177 (179).

Name, Vorname/ Beruf	Alter	Beschäftigungsdauer	Zahl der Unterhaltspflichten	Sonstige Bemerkungen
I) Schulte, Stefan, Karroserieschlosser, Kfz-Mechaniker	50	20	./.	./.
J) Sommer, August, Kfz-Mechaniker	50	25	2 Kinder	Berechtigung Sonderabfalltransporte
K) Welsch, Katja, Bürokauffrau	33	12	1 Kind	erledigt anfallende Büroarbeiten
L) Wertung, Frank, Kfz-Mechaniker	24	5	1 Kind, Ehefrau Halbtagsbeschäftigung	./.

Auf der Grundlage dieser Angaben nehmen Sie nunmehr die soziale Auswahl vor:

Die Mitarbeiterinnen Fußberger, Steffi und Welsch, Katja (C, K) scheiden aus, da sie als kaufmännische Mitarbeiterinnen mit den übrigen Mitarbeitern nicht austauschbar sind und in ihrem Bereich keine Änderungen eingetreten sind. Sie rechnen also nicht zu den vergleichbaren Arbeitnehmern, die in die Sozialauswahl einzubeziehen sind.

Betrachten Sie nun die für die Sozialauswahl verbleibenden Arbeitnehmer. Enger, Jakob (B), Hauser, Oliver (D), Kaiser, Wilhelm (F), Schulte, Stefan (I) und Sommer, August (J) sind unter Berücksichtigung der Betriebszugehörigkeit und des Lebensalters gegenüber den übrigen Arbeitnehmern sozial schutzbedürftiger. Zwar hat Schulte, Stefan (I) keine Unterhaltspflichten, doch ist er aufgrund seines Lebensalters und der langen Betriebszugehörigkeit schützenswert.

Jansen, Kai (E) ist ebenso wie Wertung, Frank (L) und Bette, Ludwig (A) fünf Jahre beschäftigt. Bette, Ludwig (A) ist von dieser Gruppe der Älteste und außerdem schwerbehindert. Jansen, Kai (E) ist wiederum von den verbleibenden Arbeitnehmern der älteste. Wertung, Frank (L) ist zwar gegenüber Römer, Burkhard (H) und Mero, Dirk (G) jünger, doch ist er länger als diese beschäftigt und gegenüber zwei Personen unterhaltspflichtig.

Als Ergebnis der Sozialauswahl ist somit festzuhalten, dass Herr Römer, Burkhard (H) mit einer nur zweijährigen Betriebszugehörigkeit und keinen Unterhaltspflichten der sozial stärkste ist, gefolgt von Herrn Mero, Dirk (G).

Die Sozialauswahl ergibt also, dass Herr Mero, Dirk und Herr Römer, Burkhard sozial am wenigsten schutzbedürftig sind. Sie werden daher vorschlagen, diesen beiden betriebsbedingt zu kündigen.

Kommt es zu einem Kündigungsschutzprozess, so muss der gekündigte Arbeitnehmer darlegen und beweisen, dass die soziale Auswahl nicht ordnungsgemäß stattgefunden hat (§1 Abs.3 S.3 KSchG). Der Arbeitgeber muss dem Arbeitnehmer hierfür die erforderlichen Auskünfte geben (§1 Abs.3 S.1 Hs. 2 KSchG). Hat der Arbeitnehmer einen sozial stärkeren Kollegen benannt und seine Behauptung bewiesen, muss nunmehr der Arbeitgeber seinerseits beweisen, dass die vorgenommene soziale Auswahl korrekt verlaufen ist.[181] Nur wenn ihm dies gelingt, ist die Kündigung sozial gerechtfertigt. Mit anderen Worten muss der gekündigte Arbeitnehmer darlegen und beweisen, dass ein nicht gekündigter Arbeitnehmer sozial weniger schutzbedürftig als er selbst ist. Nach früherer Rechtsprechung konnten sich alle gleichzeitig mit diesem Arbeitnehmer gekündigten Arbeitnehmer ebenfalls auf diesen Auswahlfehler berufen, sodass dieser eine Fehler alle Kündigungen unwirksam machte.[182] Diesem „Domino-Effekt" hat das Bundesarbeitsgericht zwischenzeitlich beim Einsatz eines Punktesystems eine Absage erteilt.[183] Hierbei werden den Kriterien der sozialen Auswahl Punkte zugeordnet und so eine Rangfolge der Belegschaft erstellt, auf deren Grundlage die zu kündigenden Arbeitnehmer ausgewählt werden. Unterläuft dem Arbeitgeber bei der Aufstellung ein Fehler, so kann sich nur der Arbeitnehmer darauf beruhen, der die Rangstelle bei korrekter Punktebewertung eingenommen hätte, nicht aber alle anderen Arbeitnehmer, die auch bei richtiger Berechnung der Rangfolge zu den zu kündigenden Arbeitnehmern gehört hätten. Auch außerhalb eines Punktesystems kann sich ein Arbeitnehmer nur dann auf eine fehlerhafte Sozialauswahl berufen, wenn ihm ohne den Fehler nicht gekündigt worden wäre.

V. Außerordentliche Kündigung

Im Untersuchungslabor Sonderabfälle der Müllex GmbH sind in der letzten Zeit mehrere Teile chemischer Versuchsanlagen (Reagenzgläser, Bunsenbrenner, chemische Stoffe) abhandengekommen. Nach einer internen Untersuchung wird am 6. Februar festgestellt, dass der chemisch-technische Assistent Fred Lamberti die Gegenstände entwendet hat, um damit zu Hause seinem Sohn ein Chemielabor einzurichten. Die Müllex GmbH ist nicht bereit, dieses Verhalten hinzunehmen und erwägt eine fristlose Kündigung. Herr Lamberti ist seit zwölf Jahren bei der Müllex GmbH beschäftigt. In seiner Personalakte findet sich eine Abmahnung wegen wiederholten verspäteten Arbeitsantritts und eine zweite Abmahnung wegen nicht rechtzeitiger Vorlage einer Arbeitsunfähigkeitsbescheinigung. Er hat drei noch minderjährige Kinder. Sie sollen als Personalleiter/in die Zulässigkeit der fristlosen Kündigung prüfen.

181 BAG 5.5.1994 – 2 AZR 917/93, NZA 1994, 1023; BAG 24.3.1983 – 2 AZR 21/82, NJW 1984, 78.

182 BAG 18.10.1984 – 2 AZR 543/83, NZA 1985, 423.

183 BAG 9.11.2006 – 2 AZR 812/05, NZA 2007, 549; s. auch *Bauer/Gotham* BB 2007, 1729.

1. Außerordentliche, fristlose Kündigung nach § 626 BGB

Eine fristlose Kündigung ist gem. § 626 Abs. 1 BGB möglich, wenn ein wichtiger Grund vorliegt, der eine Fortsetzung des Arbeitsverhältnisses bis zum Ablauf der Kündigungsfrist unzumutbar macht.

Die Feststellung, ob ein wichtiger Grund vorliegt, ist in zwei Prüfungsschritten zu vollziehen:[184]

- Zunächst ist festzustellen, ob ein bestimmter Sachverhalt „an sich", dh losgelöst von dem zu prüfenden Fall, geeignet ist, einen wichtigen Grund darzustellen.
- Kann dies bejaht werden, sind in einem zweiten Schritt die Umstände des konkreten Falls zu berücksichtigen und eine Abwägung der beiderseitigen Interessen vorzunehmen.

Um einen Sachverhalt als wichtigen Grund einzuordnen, ist eine konkrete Störung des Arbeitsverhältnisses im Leistungsbereich,[185] im personalen Vertrauensbereich[186] oder des Betriebsfriedens erforderlich.[187] Ein außerdienstliches Verhalten berechtigt dagegen nur dann zur fristlosen Kündigung, wenn das Arbeitsverhältnis hierdurch konkret beeinträchtigt wird.[188] Neben Verletzungen von Hauptleistungspflichten kommt auch die schuldhafte Verletzung von Nebenpflichten in Betracht.[189] Gründe für eine fristlose Kündigung können zB sein: beharrliche Arbeitsverweigerung,[190] Tätlichkeiten gegen Kollegen oder Vorgesetzte,[191] Belästigung von Kollegen,[192] eigenmächtige Urlaubsnahme[193], Straftaten[194].

Im vorliegenden Fall hat Fred Lamberti einen Diebstahl begangen, der als Störung des Vertrauensbereichs grundsätzlich einen wichtigen Grund für eine Kündigung darstellt. Auf den Wert der gestohlenen Sache kommt es dabei nicht an. Selbst der Diebstahl einer geringwertigen Sache ist „an sich" als Grund für

184 BAG 11.12.2003 – 2 AZR 36/03, NZA 2004, 486.
185 BAG 7.7.2005 – 2 AZR 581/04, NZA 2006, 98.
186 BAG 24.11.2005 – 2 AZR 39/05, NZA 2006, 484.
187 BAG 9.12.1982 – 2 AZR 620/80, NJW 1984, 1142; s. auch BAG 24.11.2005 – 2 AZR 584/04, NZA 2006, 650.
188 BAG 6.11.2003 – 2 AZR 631/02, NZA 2004, 919; BAG 20.10.2016 – 6 AZR 471/15, NZA 2016, 1527.
189 BAG 12.5.2010 – 2 AZR 845/08, NZA 2010, 1348.
190 BAG 22.10.2015 – 2 AZR 569/14, NZA 2016, 417; BAG 9.5.1996 – 2 AZR 387/95, NZA 1996, 1085 mwN.
191 BAG 30.9.1993 – 2 AZR 188/93, NZA 1994, 761.
192 BAG 19.4.2012 – 2 AZR 258/11, NZA-RR 2012, 567; BAG 9.6.2011 – 2 AZR 323/10, NZA 2011, 1342.
193 BAG 20.1.1994 – 2 AZR 521/93, NZA 1994, 548.
194 BAG 13.12.2007 – 2 AZR 537/06, NZA 2008, 1008; BAG 16.12.2004 – 2 ABR 7/04, BeckRS 2005, 40413 mwN.

eine außerordentliche fristlose Kündigung geeignet.[195] Allerdings ist erforderlich, dass die Pflichtverletzung rechtswidrig und schuldhaft begangen wurde. Der Arbeitnehmer hat gem. §241 Abs. 2 BGB auf die Interessen des Arbeitgebers Rücksicht zu nehmen. Konnte der Arbeitnehmer sein Tun für erlaubt halten, zB wegen einer unklaren Regelung, so fehlt es an einem Kündigungsgrund.[196]

Weiter muss eine einzelfallbezogene Interessenabwägung stattfinden. Unter Berücksichtigung der konkreten Umstände des Einzelfalls und der Abwägung der Interessen beider Vertragsteile ist zu prüfen, ob die Fortsetzung des Arbeitsverhältnisses bis zum Ablauf der Kündigungsfrist zumutbar ist oder nicht. Hier ist insbesondere die Dauer des Arbeitsverhältnisses zu beachten, da es für die Zumutbarkeit der Weiterbeschäftigung bedeutsam sein kann, ob der Arbeitnehmer schon eine erhebliche Zeit im Betrieb ohne Beanstandungen gearbeitet hat oder nicht.[197] Daneben ist das Alter, der Familienstand etc. zu berücksichtigen.[198]

Im Fall des Fred Lamberti führt die Interessenabwägung zur Wirksamkeit der Kündigung. Er hat bereits zwei Abmahnungen erhalten. Das Arbeitsverhältnis war also auch in der Vergangenheit nicht störungsfrei.

Da es sich um eine Straftat handelt, musste für Fred Lamberti aufgrund des Strafanspruchs des Staates die Rechtswidrigkeit seines Handelns ohne Weiteres erkennbar sein. Zwar muss einer Kündigung grundsätzlich eine Abmahnung vorausgehen, wenn der Arbeitnehmer sein Verhalten steuern kann. Sie ist jedoch entbehrlich, wenn es sich um eine so schwere Pflichtverletzung handelt, dass der Arbeitnehmer nicht davon ausgehen konnte, der Arbeitgeber sei mit seinem Verhalten einverstanden.[199] Eine Abmahnung ist erforderlich, wenn der Arbeitnehmer aufgrund besonderer Umstände annehmen konnte, sein Verhalten sei vertragsgerecht, zB weil der Arbeitgeber es in der Vergangenheit geduldet hat.[200] Hiervon kann vorliegend nicht ausgegangen werden. Der Müllex GmbH ist es nicht zumutbar, das Arbeitsverhältnis mit Fred Lamberti bis zum Ablauf der ordentlichen Kündigungsfrist fortzusetzen.

Die fristlose Kündigung aus wichtigem Grund kann gem. §626 Abs. 2 BGB nur innerhalb einer Ausschlussfrist von zwei Wochen erklärt werden. Auf diese Weise wird in kurzer Zeit Klarheit darüber erzielt, ob eine außerordentliche Kündigung ausgesprochen wird oder nicht. Wird die Frist versäumt, so ist eine fristlose Kündigung aus wichtigem Grund rechtlich ausgeschlossen, die dennoch ausgesprochene fristlose Kündigung aus wichtigem Grund ist unwirksam.

[195] BAG 10.6.2010 – 2 AZR 541/09, NZA 2010, 1227 – „Emmely“; BAG 11.12.2003 – 2 AZR 36/03, NZA 2004, 486; BAG 12.8.1999 – 2 AZR 923/98, NZA 2000, 421 mwN.

[196] BAG 17.5.1984 – 2 AZR 3/83, NZA 1985, 91.

[197] BAG 10.6.2010 – 2 AZR 541/09, NZA 2010, 1227; BAG 10.11.2005 – 2 AZR 623/04, NZA 2006, 491.

[198] BAG 16.12.2004 – 2 ABR 7/04, BeckRS 2005, 40413.

[199] BAG 19.4.2012 – 2 AZR 186/11, NZA 2013, 27.

[200] BAG 11.12.2003 – 2 AZR 36/03, NZA 2004, 486; BAG 10.2.1999 – 2 ABR 31/98, NZA 1999, 708; BAG 3.12.1984 – 2 AZR 454/83, NZA 1985, 288; BAG 17.5.1984 – 2 AZR 3/83, NZA 1985, 91.

Die Frist beginnt mit dem Zeitpunkt, in dem der Kündigungsberechtigte von den für die Kündigung maßgeblichen Tatsachen sichere und möglichst vollständige Kenntnis hat.[201] Dem Kündigungsberechtigten wird es ermöglicht, den Kündigungsanlass in seiner Gesamtheit zu prüfen und den Sachverhalt vor Ausspruch einer Kündigung hinreichend und umfassend aufzuklären. Bei einer Straftat wird dem Kündigungsberechtigten zugestanden, ein Strafverfahren abzuwarten.[202] Die Frist beginnt dann mit der Kenntnis von der (nicht notwendig rechtskräftigen) Verurteilung[203], ansonsten nach Abschluss eigener Ermittlungen.[204] Ein Strafverfahren entfaltet keine Bindungswirkung in einem späteren Kündigungsprozess. Für die Beurteilung, ob „an sich" ein Grund für eine außerordentliche Kündigung vorliegt, ist die strafrechtliche Würdigung nicht maßgeblich. Mit einer Straftat verletzt der Arbeitnehmer unabhängig von einer Strafverfolgung durch den Staat in erheblichem Maße seine aus § 241 Abs. 2 BGB folgende Pflicht zur Rücksichtnahme auf die Interessen seines Arbeitgebers.[205]

Kündigungsberechtigt iSd § 626 Abs. 2 BGB sind zunächst der Arbeitgeber selbst bzw. die vertretungsberechtigten Personen (zB Prokurist). Der Arbeitgeber muss sich jedoch ausnahmsweise auch die Kenntnis solcher Personen zurechnen lassen, von denen ihrer Funktion und Stellung im Betrieb nach zu erwarten ist, dass sie den Kündigungsberechtigten über einen Kündigungssachverhalt informieren.[206] Dies gilt zB für den Personalleiter (sofern er nicht bereits kraft ausdrücklicher Vollmacht in Personalangelegenheiten vertretungsbefugt ist) oder sonstige leitende Mitarbeiter der Personalabteilung, aber auch für andere direkte Vorgesetzte.

Auch bei der außerordentlichen Kündigung muss der Betriebsrat gem. § 102 Abs. 1 S. 1 BetrVG angehört werden. Die Anhörung verlängert die Frist des § 626 Abs. 2 BGB nicht, sie muss vielmehr so rechtzeitig erfolgen, dass dem Arbeitnehmer die Kündigung noch innerhalb der Zwei-Wochen-Frist zugehen kann.

Die Müllex GmbH hat am 6. Februar Kenntnis von dem Diebstahl durch Herrn Lamberti erlangt. Eine Kündigung muss Herrn Lamberti daher bis spätestens 20. Februar zugehen.

Sollte die außerordentliche Kündigung unwirksam sein, so kommt eine Umdeutung in eine ordentliche Kündigung in Betracht, wenn nicht bereits die Auslegung der Erklärung des Arbeitgebers ergibt, dass hilfsweise eine ordentliche Kündigung erklärt wurde. Die Auslegung der Erklärungen gem. §§ 130, 157 BGB geht der Umdeutung gem. § 140 BGB vor. Entspricht ein nichtiges Rechtsgeschäft den Erfordernissen eines anderen Rechtsgeschäfts, so gilt gem. § 140 BGB dieses andere, wenn anzunehmen ist, dass dessen Geltung bei Kenntnis der Nichtigkeit gewollt sein würde. Es muss also geprüft werden, ob

---

201 BAG 26.6.2008 – 2 AZR 190/07, NZA 2008, 1515.

202 BAG 17.3.2005 – 2 AZR 245/04, NZA 2006, 101.

203 BAG 18.11.1999 – 2 AZR 852/98, NZA 2000, 381; BAG 14.2.1996 – 2 AZR 274/95, NZA 1996, 873.

204 BAG 29.7.1993 – 2 AZR 90/93, NZA 1994, 171.

205 BAG 21.6.2012 – 2 AZR 694/11, NZA 2013, 199.

206 BAG 23.10.2008 – 2 AZR 388/07, BeckRS 2009, 54457.

die unwirksame außerordentliche Kündigung den Erfordernissen der ordentlichen Kündigung entspricht und der Wille des Arbeitgebers erkennbar war, das Arbeitsverhältnis in jedem Fall beenden zu wollen. Dieser hypothetische Wille muss bereits bei Ausspruch der Kündigung vorhanden und für den Arbeitnehmer als Empfänger der Kündigung erkennbar gewesen sein. Für eine Umdeutung ist kein Raum, wenn der Betriebsrat nur zur außerordentlichen Kündigung und nicht wenigstens hilfsweise auch zur ordentlichen Kündigung gehört wurde.[207]

2. Verdachtskündigung

Die Staatsanwaltschaft in Dortmund ermittelt gegen verschiedene Unternehmen der Entsorgungsindustrie wegen illegaler Entsorgung von giftigen Abfällen. In diesem Zusammenhang kommt es auch zu Ermittlungen innerhalb der Müllex GmbH. Die Staatsanwaltschaft leitet ein Ermittlungsverfahren gegen den Leiter der Niederlassung Bottrop und zwei dort beschäftigte Mitarbeiter ein. Konkrete zu einer Anklage führende Ergebnisse liegen noch nicht vor. Die Müllex GmbH gerät durch die Ermittlungen in die Schlagzeilen der Presse. Sie möchte daher zur Schadensbegrenzung den drei Mitarbeitern fristlos kündigen. Als Personalleiter/in werden Sie mit der Prüfung und Vorbereitung der Kündigungen beauftragt. Was werden Sie veranlassen?

Zunächst einmal muss auch hier geprüft werden, ob ein wichtiger Grund iSd §626 Abs.1 BGB für eine fristlose Kündigung gegeben ist. Eine Straftat im Zusammenhang mit den dienstlichen Aufgaben ist eine konkrete Störung des personalen Vertrauensbereichs zwischen Arbeitgeber und Arbeitnehmer, die an sich geeignet ist, eine außerordentliche fristlose Kündigung zu rechtfertigen.[208] Das Besondere des hier zu prüfenden Falls liegt darin, dass sich die Kündigung nicht auf eine erwiesene Straftat, sondern nur auf den Verdacht einer solchen stützt. Die (staatsanwaltlichen) Ermittlungen gegen die Mitarbeiter der Müllex GmbH sind noch nicht abgeschlossen. Ob es zu einer Anklage oder Verurteilung kommen wird, ist offen. Es besteht bisher erst ein Anfangsverdacht, der Ermittlungen der Staatsanwaltschaft rechtfertigt. Dennoch will die Müllex GmbH bereits jetzt fristlos kündigen.

Der Verdacht einer strafbaren Handlung ist gegenüber einer erwiesenen Straftat ein eigenständiger Kündigungsgrund.[209] Die Kündigung wird in diesem Fall gerade auf den *Verdacht* einer strafbaren Handlung gestützt, der das Fortsetzen des Arbeitsverhältnisses verhindert, da das Vertrauensverhältnis nachhaltig gestört ist.[210] Eine Verdachtskündigung liegt nicht vor, wenn der Arbeitgeber die Verfehlung, deren der Arbeitnehmer verdächtigt wird, als sicher hinstellt und mit dieser Begründung eine Kündigung erklärt; dann handelt es sich um eine Tatkündigung (so oben im Fall des Fred Lamberti).

---

207 BAG 31.3.1993 – 2 AZR 492/92, NZA 1994, 409; s. aber für den Fall, dass der Betriebsrat zugestimmt hat: BAG 23.10.2008 – 2 AZR 388/07, BeckRS 2009, 54457.

208 BAG 21.11.2013 – 2 AZR 797/11, NZA 2014, 243; BAG 6.11.2003 – 2 AZR 631/02, NZA 2004, 919.

209 BAG 23.6.2009 – 2 AZR 474/07, NZA 2009, 1136 mwN.

210 BAG 25.11.2010 – 2 AZR 801/09, BeckRS 2011, 69917.

Problematisch bei der Verdachtskündigung ist, dass der Arbeitnehmer aufgrund des bloßen Verdachts einer strafbaren Handlung Nachteile erleidet, obwohl bis zu einer rechtskräftigen Verurteilung zu seinen Gunsten eine Unschuldsvermutung gilt.

Die Verdachtskündigung ist daher nur wirksam, wenn besondere Vorgaben erfüllt sind:[211]

- Gegenüber dem Arbeitnehmer muss der schwerwiegende Verdacht einer strafbaren Handlung bestehen. Die Verdachtsmomente müssen durch objektive Tatsachen[212] begründet sein, die geeignet sind, das Vertrauen des Arbeitgebers in die Fortsetzung des Arbeitsverhältnisses nachhaltig zu zerstören.[213] An die Darlegung der Verdächtigung sind hohe Anforderungen zu stellen, um zu verhindern, dass ein Unschuldiger Nachteile erleidet.[214]
- Der Arbeitgeber muss mit der gebotenen Eile alles ihm Zumutbare zur Aufklärung des Sachverhalts tun. Insbesondere darf er eine Verdachtskündigung erst aussprechen, wenn der Arbeitnehmer Gelegenheit hatte, zu den gegen ihn erhobenen Vorwürfen Stellung zu nehmen.[215] Die Anhörung des Arbeitnehmers ist materielle Wirksamkeitsvoraussetzung für die Kündigung, dh die Kündigung ist unwirksam, wenn keine Anhörung des Arbeitnehmers erfolgt ist.[216]

Die Anhörung des Arbeitnehmers unterfällt hingegen nicht den strengen Anforderungen des §32 Abs. 2 S. 1 BDSG aF (bis 24.5.2018) bzw. §26 Abs. 1 S. 2 BDSG nF (ab 25.5.2018), da diese der Aufklärung des Sachverhalts und nicht der Überwachung und Kontrolle des Arbeitnehmers dient.[217] Anders sieht das aus, wenn zur Aufklärung der Straftat auf eine Videoüberwachung zurückgegriffen wurde. Eine verdeckte Überwachung ist nur zulässig, wenn es einen konkreten Verdacht einer strafbaren Handlung gibt, der Arbeitgeber bereits alle weniger einschneidenden Mittel zur Aufklärung eingesetzt hat und nur durch eine Videoüberwachung eine Aufklärung noch möglich erscheint.[218] Hintergrund dieser strengen Anforderungen ist das allgemeine Persönlichkeitsrecht des Arbeitnehmers (Art. 2 GG iVm Art. 1 GG), das auch das Recht am eigenen Bild einschließt. Datenschutzrechtlich wird dies durch §32 BDSG aF (bis 24.5.2018)

---

211 S. auch *Dzida* NZA 2014, 809; *Eylert* NZA-RR 2014, 393; *Fuhlrott/Oltmanns* DB 2015, 1719; *Schultz* ArbRAktuell 2016, 365.

212 BAG 25.10.2012 – 2 AZR 700/11, NZA 2013, 371.

213 BAG 24.5.2012 – 2 AZR 206/11, NZA 2013, 137; BAG 13.9.1995 – 2 AZR 587/94, NZA 1996, 81.

214 BAG 29.11.2007 – 2 AZR 724/06, BeckRS 2008, 51136.

215 S. dazu BAG 13.3.2008 – 2 AZR 961/06, NZA 2008, 809; *Dzida* NZA 2013, 412.

216 BAG 26.9.2002 – 2 AZR 424/01, BeckRS 2003, 40573; s. auch *Eylert/Friedrichs* DB 2007, 2203; *Fischer* BB 2003, 522; *Lücke* BB 1998, 2259.

217 BAG 12.2.2015 – 6 AZR 845/13, NZA 2015, 741.

218 BAG 21.6.2012 – 2 AZR 153/11, NZA 2012, 1025; BAG 27.3.2003 – 2 AZR 51/02, NZA 2003, 1193.

bzw. §26 BDSG nF (ab 25.5.2018) konkretisiert,[219] sofern es um die Aufdeckung von Straftaten (Abs. 1 S. 2) und schweren Pflichtverletzungen (Abs. 1 S. 1) geht.[220] Eine heimliche Videoüberwachung muss die Grundsätze des Art. 5 DSGVO einhalten und nach Art. 6 Abs. 1 lit. f DSGVO einer Verhältnismäßigkeitsprüfung standhalten.[221]

Die Rechtsprechung stellt strenge Anforderungen an den Ausspruch einer Verdachtskündigung. Es steht dem Arbeitgeber daher frei zu entscheiden, ob er bereits wegen des Verdachts einer Straftat eine Kündigung aussprechen will oder ob er bis zum Abschluss eines Strafverfahrens wartet und dann wegen der erwiesenen Straftat kündigt.[222] Er darf den Ausgang eines Strafverfahrens abwarten, wenn er zuvor trotz eigener Ermittlungen noch keine jeden vernünftigen Zweifel ausschließende sichere Kenntnis von der Tatbegehung hat.[223] Er darf das Strafverfahren jedoch nicht benutzen, um bereits bekannte Tatsachen zu bestätigen. Kündigt er wegen des Verdachts, so sind nach Ausspruch der Kündigung auftretende neue Tatsachen für die Beurteilung der Wirksamkeit einer Kündigung (zB in einem Prozess) zu beachten.[224] Stellt sich erst nach Abschluss des Prozesses heraus, dass der Verdacht unberechtigt war, so kann dies einen Wiedereinstellungsanspruch des Arbeitnehmers rechtfertigen.[225]

Der Arbeitgeber muss auch bei der Verdachtskündigung die Ausschlussfrist des §626 Abs. 2 BGB beachten. Die Frist beginnt, wenn er die für die Kündigung maßgeblichen Tatsachen kennt. Bei der Verdachtskündigung müssen dem Arbeitgeber die Umstände bekannt sein, die einen verständig und gerecht denkenden Arbeitgeber zur Kündigung veranlassten.[226] Eigene Ermittlungen kann der Arbeitgeber durchführen. Diese müssen jedoch zügig geschehen. Nach ihrem Abschluss hat der Arbeitgeber zwei Wochen Zeit, die Kündigung auszusprechen.[227]

Sie werden also als Personalleiter/in als erstes die verdächtigen Mitarbeiter zu den gegen sie erhobenen Vorwürfen anhören. Abhängig vom Ergebnis der Anhörung werden Sie weitere eigene Ermittlungen durchführen oder sich dafür entscheiden, die strafrechtlichen Ermittlungen abzuwarten. Entscheiden Sie sich unter Beachtung der Ausschlussfrist des §626 Abs. 2 BGB für eine Verdachtskündigung, müssen Sie aufgrund der Umstände des Einzelfalls prüfen, ob eine Weiterbeschäftigung der Arbeitnehmer bis zum Ablauf ihrer Kündigungsfrist zumutbar wäre und damit kein wichtiger Grund für die außerordentliche Kündigung vorläge. Eine vorherige Abmahnung kommt vorlie-

---

[219] BAG 29.6.2017 – 2 AZR 597/16, NZA 2017, 1179.

[220] BAG 20.10.2016 – 2 AZR 395/15, NZA 2017, 443; BAG 22.9.2016 – 2 AZR 848/15, NZA 2017, 112.

[221] S. im Einzelnen *Byers/Wenzel* BB 2017, 2036.

[222] BAG 5.6.2008 – 2 AZR 234/07, NZA-RR 2008, 630; BAG 29.7.1993 – 2 AZR 90/93, NZA 1994, 171; BAG 26.3.1992 – 2 AZR 519/91, NZA 1992, 1121.

[223] BAG 22.11.2012 – 2 AZR 732/11, NZA 2013, 665.

[224] BAG 23.5.2013 – 2 AZR 102/12, NZA 2013, 1416; BAG 6.11.2003 – 2 AZR 631/02, NZA 2004, 919.

[225] BAG 20.8.1997 – 2 AZR 620/96, NZA 1997, 1340.

[226] BAG 27.1.2011 – 2 AZR 825/09, NZA 2011, 798.

[227] BAG 29.7.1993 – 2 AZR 90/93, NZA 1994, 171.

gend nicht in Betracht. Straftaten stellen schwerwiegende Pflichtverletzungen gegenüber dem Arbeitgeber dar, deren Rechtswidrigkeit dem Arbeitnehmer aufgrund der Strafandrohung des Staates regelmäßig erkennbar ist. Mit einer Wiederherstellung des Vertrauens kann nicht gerechnet werden.

Vor Ausspruch einer Kündigung leiten Sie sodann die Anhörung des Betriebsrats in die Wege. Bei der Betriebsratsanhörung ist zu beachten, dass der Arbeitgeber den Kündigungsgrund korrekt bezeichnet. Er muss genau unterscheiden, ob er die Kündigung auf den Verdacht einer strafbaren Handlung oder auf die als erwiesen erachtete Tat stützen will. Es handelt sich hierbei um verschiedene Kündigungsgründe, die bezogen auf die Betriebsratsanhörung nicht ausgetauscht werden können.[228]

VI. Kündigungsschutz und Diskriminierungsschutz

§2 Abs. 1 Nr. 2 AGG erstreckt den Anwendungsbereich des Allgemeinen Gleichbehandlungsgesetzes ausdrücklich auch auf Entlassungsbedingungen. Der Diskriminierungsschutz erfasst somit grundsätzlich auch die Beendigung des Arbeitsverhältnisses. Allerdings bestimmt §2 Abs. 4 AGG, dass für Kündigungen ausschließlich die Bestimmungen zum allgemeinen und besonderen Kündigungsschutz gelten. Die Diskriminierungsverbote sind bei der Auslegung des Begriffs Sozialwidrigkeit zu berücksichtigen.[229] §2 Abs. 4 AGG schließt also die Anwendung des AGG auf Kündigungen nicht aus. Wird eine Kündigung aus einem in §1 AGG genannten Grund ausgesprochen, so ist sie sozialwidrig. Daneben kann wegen der durch eine diskriminierende Kündigung vorliegenden Persönlichkeitsverletzung ein Entschädigungsanspruch nach §15 Abs. 2 AGG bestehen.[230] Außerhalb des Kündigungsschutzgesetzes sind die vom AGG rechtlich ausgeschlossenen Gründe bei der Anwendung der Generalklauseln des §§138, 242 BGB zu beachten. Eine gegen §7 Abs. 1 AGG verstoßende Kündigung ist gem. §134 BGB unwirksam.[231]

VII. Die Kündigungsschutzklage

Die Müllex GmbH war Beklagte in einem Kündigungsschutzprozess, den ein ehemaliger Arbeitnehmer nach seiner Kündigung angestrengt hatte. Der Gewerkschaftssekretär, der den Arbeitnehmer vertrat, hatte folgenden Antrag gestellt: „Es wird beantragt festzustellen, dass das Arbeitsverhältnis des Klägers zur Beklagten nicht durch die Kündigung vom 26. Februar 2018 aufgelöst wird, sondern darüber hinaus fortbesteht." Im Gütetermin vor dem Arbeitsgericht erörterte der Vorsitzende Richter mit dem Vertreter des Klägers, ob der Zusatz

228 BAG 10.11.2005 – 2 AZR 623/04, NZA 2006, 491; BAG 3.4.1986 – 2 AZR 324/85, NZA 1986, 677; s. auch BAG 23.6.2009 – 2 AZR 474/07, NZA 2009, 1136; BAG 18.6.2015 – 2 AZR 256/14, NZA 2016, 287.

229 BAG 6.11.2008 – 2 AZR 523/07, NZA 2009, 361.

230 BAG 12.12.2013 – 8 AZR 838/12, NZA 2014, 722.

231 BAG 19.12.2013 – 6 AZR 190/12, NZA 2014, 372.

„sondern darüber hinaus fortbesteht" eigenständige Bedeutung haben solle oder nicht.

Nach dem Prozess fragt die ebenfalls anwesende Personalleiterin der Müllex GmbH ihren Anwalt, was es mit dieser Fragestellung auf sich hat. Der Rechtsanwalt erklärt daraufhin Folgendes zur Kündigungsschutzklage:

1. Feststellungsklage nach § 4 KSchG

Will der Arbeitnehmer die ordentliche Kündigung nicht hinnehmen, so muss er gem. § 4 S. 1 KSchG binnen drei Wochen nach Zugang der Kündigung Klage beim Arbeitsgericht auf Feststellung erheben, dass das Arbeitsverhältnis durch die Kündigung nicht aufgelöst ist. Gemäß § 13 Abs. 1 S. 2 KSchG gilt diese Frist auch für die Klage gegen eine außerordentliche Kündigung.[232] Die Klagefrist berechnet sich ausgehend vom Zeitpunkt des Kündigungszugangs nach §§ 187 Abs. 1, 188 Abs. 2 BGB. Erforderlich ist eine Feststellungsklage. Eine Leistungsklage, zB auf Urlaub, wahrt die Frist nicht (s. aber § 6 KSchG[233]).

Die Klagefrist ist von allen Arbeitnehmern einzuhalten. § 4 S. 1 KSchG kommt auch zur Anwendung, wenn es sich um einen Kleinbetrieb handelt, da § 23 Abs. 1 KSchG die §§ 4–7 KSchG von der Nichtanwendung des KSchG auf Kleinbetriebe ausnimmt. Auch Arbeitnehmer, die die Wartefrist des § 1 Abs. 1 KSchG noch nicht erfüllt haben, müssen ihre Klage innerhalb von drei Wochen einreichen.[234]

Das Einhalten der Klagefrist ist für einen Arbeitnehmer, der gegen die Kündigung vorgehen will, von besonderer Bedeutung. Dies hängt mit § 7 KSchG zusammen, der an das Versäumen der Klagefrist des § 4 S. 1 KSchG eine materiell-rechtliche Wirkung knüpft. Nach § 7 KSchG gilt die Kündigung als rechtswirksam, wenn ihre Unwirksamkeit nicht rechtzeitig geltend gemacht wird. Wird also die Klagefrist des § 4 S. 1 KSchG versäumt und auch keine nachträgliche Zulassung gem. § 5 KSchG[235] beantragt, so gilt die Kündigung als von Anfang an wirksam, egal, ob sie es tatsächlich war oder nicht. § 7 KSchG bezieht sich auf sämtliche Unwirksamkeitsgründe. Nach Ablauf der Klagefrist kann der Arbeitnehmer also weder geltend machen, die Kündigung sei gem. § 1 Abs. 2 KSchG nicht sozial gerechtfertigt, noch kann er sich auf andere Unwirksamkeitsgründe berufen. Solche Gründe sind unter anderem § 102 Abs. 1 S. 3 BetrVG (fehlende Anhörung des Betriebsrats), § 17 MuSchG (unzulässige Kündigung einer Schwangeren), § 168 SGB IX (Kündigung eines schwerbehinderten Menschen ohne Zustimmung des Integrationsamtes), § 613a Abs. 4 S. 1 BGB (Kündigung aus Anlass eines Betriebsübergangs), § 18 BEEG (Kündigung während der Elternzeit) oder § 5 PflegeZG bzw. § 2 Abs. 3 FPfZG (Kündigung während einer Pflegezeit). Bei der außerordentlichen Kündigung kann er sich nicht mehr auf das Fehlen eines wichtigen Grundes bzw. auf das Versäumen der Ausschlussfrist des § 626 Abs. 2 BGB berufen (§ 13 Abs. 1 S. 2 KSchG).

---

232 BAG 28.6.2007 – 6 AZR 873/06, NZA 2007, 972.

233 BAG 23.4.2008 – 2 AZR 699/06, NZA-RR 2008, 466.

234 BAG 28.6.2007 – 6 AZR 873/06, NZA 2007, 972.

235 S. dazu *Schrader* NJW 2009, 1541.

Da §4 S. 1 KSchG den Beginn der Frist an den Zugang einer schriftlichen Kündigung knüpft, wird nur die Nichtigkeit der Kündigung wegen Nichteinhalten der Schriftform gem. §623 BGB nicht von der materiell-rechtlichen Wirkung des §7 KSchG erfasst. Die aus §125 S. 1 BGB folgende Nichtigkeit wegen mangelnder Schriftform kann daher auch noch nach Ablauf der Klagefrist von drei Wochen geltend gemacht werden.

Sind die Kündigungsfrist und damit der Zeitpunkt der Beendigung des Arbeitsverhältnisses fehlerhaft angegeben, und fehlen in der Kündigungserklärung Anhaltspunkte dafür, dass der Arbeitgeber die Beendigung des Arbeitsverhältnisses auch zu einem anderen Termin gewollt hat, so kann die Erklärung nicht als Kündigung zum richtigen Beendigungszeitpunkt ausgelegt werden, sondern sie ist unwirksam. Macht der Arbeitnehmer diese Unwirksamkeit nicht innerhalb von drei Wochen nach Zugang der schriftlichen Kündigungserklärung geltend, so wird die Kündigung gem. §7 KSchG zum falsch berechneten Termin wirksam. Eine Umdeutung ist dann nicht mehr möglich.[236]

Mit der Kündigungsschutzklage nach §4 S. 1 KSchG wird eine ganz bestimmte Kündigung zur Überprüfung des Gerichts gestellt („punktueller Streitgegenstand"),[237] dh das Gericht prüft, ob das Arbeitsverhältnis durch die mit Datum bezeichnete Kündigung zum gewünschten Termin beendet wurde oder nicht. Der Streitgegenstand bestimmt auch gleichzeitig den Umfang der Rechtskraft eines Urteils. Ist die Kündigungsschutzklage erfolgreich, steht gleichzeitig fest, dass das Arbeitsverhältnis bis zu dem mit der Kündigung beabsichtigten Beendigungstermin fortbesteht, also auch nicht durch andere Gründe beendet wurde („erweiterter punktueller Streitgegenstand").[238] Will eine der Parteien dies verhindern, so muss sie neben der konkret angegriffenen Kündigung etwaige andere Beendigungstatbestände in den Prozess einbringen.[239]

Ergänzend kann der Arbeitnehmer gem. §260 ZPO seine Kündigungsschutzklage gem. §4 S. 1 KSchG mit einer allgemeinen Feststellungsklage nach §256 Abs. 1 ZPO verbinden. Das Arbeitsgericht prüft dann allgemein den Bestand des Arbeitsverhältnisses.[240] Entsprechend dem Rechtsgedanken des §6 KSchG kann der Arbeitnehmer hierdurch bis zum Ende der letzten mündlichen Verhandlung weitere Beendigungstatbestände angreifen.[241]

Allerdings ist eine Feststellungsklage nur zulässig, wenn ein besonderes Feststellungsinteresse besteht.[242] Bei der speziellen Feststellungsklage des §4 S. 1 KSchG wird dies wegen der materiell-rechtlichen Folgewirkung des §7 KSchG

---

236 BAG 15.5.2013 – 5 AZR 130/12, NZA 2013, 1076; BAG 1.9.2010 – 5 AZR 700/09, NZA 2010, 1409.

237 BAG 12.5.2005 – 2 AZR 426/04, NZA 2005, 1259; BAG 21.1.1988 – 2 AZR 581/86, NZA 1988, 651; BAG 12.6.1986 – 2 AZR 426/85, NZA 1987, 273.

238 BAG 18.12.2014 – 2 AZR 163/14, NZA 2015, 635.

239 BAG 26.9.2013 – 2 AZR 682/12, NZA 2014, 443.

240 BAG 13.3.1997 – 2 AZR 512/96, NZA 1997, 844; BAG 21.1.1988 – 2 AZR 581/86, NZA 1988, 651.

241 BAG 18.12.2014 – 2 AZR 163/14, NZA 2015, 635.

242 BAG 13.3.1997 – 2 AZR 512/96, NZA 1997, 844; BAG 27.1.1994 – 2 AZR 484/93, NZA 1994, 812.

stets bejaht und nicht gesondert geprüft. Bei der allgemeinen Feststellungsklage gem. §256 Abs. 1 ZPO, mit der der Bestand des Arbeitsverhältnisses zur Entscheidung des Gerichts gestellt wird, ist das besondere Feststellungsinteresse demgegenüber im Einzelnen zu überprüfen. Es ist regelmäßig gegeben, da sich das Arbeitsverhältnis nicht in Arbeitsleistungs- und Entgeltzahlungspflichten erschöpft, sondern darüber hinaus zahlreiche weitere, nicht zuletzt öffentlich-rechtliche Folgen hat. So müssen Urlaub gewährt oder ein Zeugnis erteilt, Lohnsteuer und Sozialversicherungsbeiträge abgeführt werden. Hieraus folgt ein Bedürfnis nach baldiger Klärung, ob ein Arbeitsverhältnis fortbesteht oder nicht. Um bei einer Kombination von allgemeiner und besonderer Feststellungsklage das Feststellungsinteresse bejahen zu können, bedarf es konkreter Anhaltspunkte für weitere Kündigungen oder sonstige Beendigungstatbestände. Der Arbeitnehmer muss deutlich machen, dass er in jedem Fall am Arbeitsverhältnis festhalten will. Der allgemeine Feststellungsantrag darf also nicht nur im Sinne einer Floskel angehängt werden, sondern muss bis zum Zeitpunkt der letzten mündlichen Verhandlung in der Tatsacheninstanz durch entsprechende Tatsachen konkret belegt werden.[243] Deshalb musste der Richter gem. §139 ZPO in unserem Fall durch Nachfragen klären, ob der Zusatz nur eine floskelartige Darstellung der Rechtsfolgen der Kündigung oder aber ein eigenständiger Klageantrag war. Im ersten Fall kommt ihm keine weitere Bedeutung zu. Im zweiten Fall hätte der Richter von Amts wegen prüfen müssen, ob der Gewerkschaftsvertreter eine ausreichende Begründung des Feststellungsinteresses gegeben hat, da er den Antrag ansonsten als unzulässig abweisen müsste.

2. Klageverzicht gegen Abfindung

Die Müllex GmbH hat den Werkstattmitarbeitern Burkhard Römer und Dirk Mero gekündigt. Ihre Kündigung enthält unter anderem folgende Aussage:

„... kündigen wir Ihr Arbeitsverhältnis aus betriebsbedingten Gründen. Für den Fall, dass Sie nicht innerhalb von drei Wochen gegen diese Kündigung Kündigungsschutzklage erheben, sind wir bereit, Ihnen eine Abfindung in Höhe von 0,25 Monatsverdienste pro Beschäftigungsjahr zu zahlen."

Burkhard Römer erhebt keine Kündigungsschutzklage, verlangt jedoch von der Müllex GmbH eine Abfindung in Höhe von 0,5 Monatsverdiensten pro Beschäftigungsjahr. Sie sind mit der Überprüfung dieser Forderung betraut.

Ein Anspruch auf eine Abfindung in Höhe von 0,5 Monatsverdiensten pro Beschäftigungsjahr kann sich aus §1a KSchG ergeben, wenn das KSchG Anwendung findet. §1a KSchG gilt also nicht in Kleinbetrieben und in den ersten sechs Monaten des Arbeitsverhältnisses.[244] Voraussetzung dieses gesetzlichen Anspruchs auf eine Abfindung ist zunächst, dass der Arbeitgeber wegen dringender betrieblicher Erfordernisse gem. §1 Abs. 2 S. 1 KSchG gekündigt und den Arbeitnehmer hierauf hingewiesen hat. Der Arbeitgeber muss die aus-

243 BAG 18.12.2014 – 2 AZR 163/14, NZA 2015, 635; BAG 7.12.1995 – 2 AZR 772/94, NZA 1996, 334.

244 *Däubler* NZA 2004, 177 (178); *Thüsing/Wege* JuS 2006, 97 (100); aA *Giesen/Besgen* NJW 2004, 185 (186); *Wolff* BB 2004, 378 (379).

gesprochene Kündigung nicht ausdrücklich als betriebsbedingt bezeichnen, sondern es genügt, wenn sich aus dem dargestellten Sachverhalt zweifelsfrei ergibt, dass die Kündigung auf betriebliche Gründe iSd §1 Abs. 2 S. 1 KSchG gestützt wird. Für den Abfindungsanspruch ist es nicht entscheidend, dass tatsächlich betriebsbedingte Gründe vorliegen. Außerdem muss die schriftliche Kündigungserklärung gem. §1a Abs. 1 S. 2 KSchG den Hinweis enthalten, dass der Arbeitnehmer bei Verstreichenlassen der Klagefrist die Abfindung beanspruchen kann. Der Arbeitgeber kann auf diese Weise durch die Zahlung einer Abfindung eine Kündigungsschutzklage verhindern. Allerdings besteht kein Abfindungszwang, der Arbeitgeber kann nach wie vor eine Kündigung aussprechen, ohne gleichzeitig eine Abfindung anzubieten.

Vorliegend hat die Müllex GmbH darauf verwiesen, dass sie betriebsbedingt kündige und Burkhard Römer die genannte Abfindung im Falle des Verzichts auf eine Kündigungsschutzklage erhalte. Die anspruchsbegründenden Hinweispflichten sind somit eingehalten.

Erhebt der Arbeitnehmer bis zum Ablauf der Klagefrist des §4 S. 1 KSchG keine Kündigungsschutzklage[245], wird gem. §7 KSchG die Kündigung rechtswirksam. Der Anspruch auf die Abfindung entsteht mit Ablauf der Kündigungsfrist und Beendigung des Arbeitsverhältnisses.[246]

Aus dem Zusammenhang der Vorschrift ergibt sich, dass in §1a Abs. 1 S. 2 KSchG mit dem Hinweis auf „die Abfindung" die in dieser Vorschrift normierte und ihrer Höhe nach in §1a Abs. 2 KSchG festgelegte gesetzliche Abfindung von 0,5 Monatsverdiensten für jedes Jahr des Bestehens des Arbeitsverhältnisses gemeint ist. Beschäftigungszeiten von mehr als sechs Monaten sind auf ein volles Jahr aufzurunden (§1a Abs. 2 KSchG). Zum Monatsverdienst zählen alle Geld- und Sachbezüge. Sonderzahlungen sind anteilig zu berücksichtigen. §1a KSchG will den Arbeitsvertragsparteien ein Standardverfahren für die Berechnung der Abfindungshöhe zur Verfügung stellen, das einen fairen Interessenausgleich ermöglicht.[247] Das Gesetz gibt eine angemessene Abfindung vor, schließt jedoch abweichende Vereinbarungen über niedrigere Abfindungen nicht aus. Der Hinweis auf eine niedrigere Abfindung bewirkt nicht automatisch einen Anspruch auf die gesetzlich vorgesehene Abfindung. Vielmehr sind außerhalb des Verfahrens nach §1a KSchG Abfindungsvereinbarungen (§311 Abs. 1 BGB) möglich. Es kommt hierbei darauf an, wie der Arbeitnehmer die Erklärungen des Arbeitgebers verstehen musste („Empfängerhorizont", §§133, 157 BGB).[248] Bedient sich der Arbeitgeber inhaltlich des Verfahrens nach §1a KSchG, so muss er, zB durch einen entsprechenden Zusatz, in seiner Erklärung deutlich machen, wenn die Abfindung nicht die gesetzlich vorgesehene Höhe betragen soll oder er eine Abfindung auf anderer Grundlage machen will.[249]

---

[245] BAG 13.12.2007 – 2 AZR 971/06, NZA 2008, 696.
[246] BAG 10.5.2007 – 2 AZR 45/06, NZA 2007, 1043.
[247] BR-Drs. 421/03, 10.
[248] BAG 10.7.2008 – 2 AZR 209/07, NZA 2008, 1292; BAG 19.6.2007 – 1 AZR 340/06, NZA 2007, 1357.
[249] BAG 19.7.2016 – 2 AZR 536/15, NZA 2017, 121; BAG 13.12.2007 – 2 AZR 807/06, NZA 2008, 589.

Burkhard Römer hat daher keinen Anspruch auf 0,5 Monatsverdienste je Beschäftigungsjahr als Abfindung. Aus der Erklärung geht deutlich hervor, dass nur eine Abfindung in Höhe von 0,25 Monatsverdiensten pro Beschäftigungsjahr angeboten wird. Noch besser wäre es gewesen, wenn die Müllex GmbH durch einen Zusatz deutlich gemacht hätte, dass es sich nicht um eine Abfindung nach § 1a KSchG handelte („§ 1a KSchG findet keine Anwendung.").

Durch den Hinweis in der Kündigung hat die Müllex GmbH Burkhard Römer gegenüber ein Angebot auf Zahlung einer Abfindung in Höhe von 0,25 Monatsverdiensten gemacht. Die Begründung des Zahlungsanspruchs steht unter der aufschiebenden Bedingung des Verzichts auf eine Kündigungsschutzklage. Fraglich kann lediglich sein, ob Burkhard Römer dieses Angebot angenommen hat. In seinem Verzicht auf die Klageerhebung – und damit dem Herbeiführen der Bedingung – ist eine konkludente Annahme des Vertragsangebots zu sehen, obwohl Schweigen grundsätzlich kein Erklärungsinhalt zukommt. Der Arbeitnehmer verhält sich mit dem Klageverzicht genauso, wie es ihm der Arbeitgeber angetragen hat. Das konkludente Handeln ist für den Arbeitnehmer rechtlich vorteilhaft.[250] Durch die Annahme des Angebots der Müllex GmbH ist somit eine Abfindungsvereinbarung zustande gekommen, die Burkhard Römer einen Anspruch auf 0,25 Monatsverdienste gibt.

Abfindungen sind sozialversicherungsfrei, da es sich um eine Entschädigung für den Wegfall des Arbeitsplatzes und nicht um Arbeitsentgelt iSd § 14 Abs. 1 SGB IV handelt.[251] Gemäß §§ 24 Abs. 1a, b, 34 Abs. 1, Abs. 2 Nr. 2 EStG sind sie steuerpflichtig („Fünftelungsregelung").

Die Zahlung einer Abfindung nach § 1a KSchG löst für den Bezug des Arbeitslosengelds keine Sperrzeit wegen Arbeitsaufgabe gem. § 159 Abs. 1 Nr. 1 SGB III aus. Das Tatbestandsmerkmal „Lösen des Beschäftigungsverhältnisses" in § 159 Abs. 1 Nr. 1 SGB III setzt ein aktives Verhalten des Arbeitnehmers voraus. Durch die bloße Hinnahme einer Kündigung, wie sie § 1a KSchG verlangt, hat der Arbeitnehmer sein Arbeitsverhältnis nicht gelöst.[252] Ein sperrzeitrelevantes Verhalten liegt nicht vor.

VIII. Der Weiterbeschäftigungsanspruch

Die Müllex GmbH hat Herrn Jung, den Sie schon auf S. 227 kennengelernt haben, verhaltensbedingt gekündigt. Erwartungsgemäß hat er gegen die Kündigung Klage erhoben. Gleichzeitig mit seinem Feststellungsantrag beantragt er seine Weiterbeschäftigung bis zum rechtskräftigen Abschluss des Rechtsstreits. Als Personalleiter/in sind Sie mit der Frage beschäftigt, ob Sie Herrn Jung nach Ablauf der Kündigungsfrist beschäftigen müssen oder nicht.

Grundsätzlich kann der Arbeitnehmer seine Kündigungsschutzklage mit dem Antrag verbinden, ihn zu den bisherigen Bedingungen nach Ablauf der Kün-

[250] *Grobys* DB 2003, 2174 (2176); *Preis* DB 2004, 70 (71 f.); aA *Willemsen/Annuß* NJW 2004, 177 (183).

[251] BSG 21.2.1990 – 12 RK 20/88, NZA 1990, 751.

[252] *Düwell* ZTR 2004, 130 (132); *Peters-Lange/Gagel* NZA 2005, 740.

digungsfrist weiter zu beschäftigen. Während oben S. 147 ff. vom Anspruch des Arbeitnehmers auf tatsächliche Beschäftigung während des Arbeitsverhältnisses die Rede war, geht es beim Weiterbeschäftigungsanspruch um die Beschäftigung des Arbeitnehmers für die Zeit nach Ablauf der Kündigungsfrist bzw. bei einer fristlosen Kündigung vom Zugang der Kündigung bis zum Abschluss eines Kündigungsstreitverfahrens.

Ein solcher Weiterbeschäftigungsanspruch besteht zum einen aufgrund der besonderen gesetzlichen Regelung in § 102 Abs. 5 BetrVG.[253] Voraussetzung ist hier jedoch, dass auf das Arbeitsverhältnis das Kündigungsschutzgesetz Anwendung findet und der Betriebsrat der Kündigung gem. § 102 Abs. 3 BetrVG ordnungsgemäß widersprochen hat. Unter den Voraussetzungen des § 102 Abs. 5 S. 2 BetrVG (bitte lesen!) kann der Arbeitgeber eine Weiterbeschäftigung durch den Antrag auf Erlass einer einstweiligen Verfügung abwenden.

Neben dieser Regelung besteht ein allgemeiner Weiterbeschäftigungsanspruch des Arbeitnehmers für die Zeit nach Ablauf der Kündigungsfrist bzw. bei einer fristlosen Kündigung von deren Zugang an bis zum rechtskräftigen Abschluss eines Kündigungsprozesses, wenn die Kündigung unwirksam ist und überwiegende schutzwerte Interessen des Arbeitgebers einer Beschäftigung nicht entgegenstehen. Es bedarf einer Interessenabwägung, um endgültig zu klären, ob der Arbeitgeber zur Beschäftigung verpflichtet ist oder nicht. Hierbei ist zu berücksichtigen, dass der Ausgang des Kündigungsschutzprozesses zunächst ungewiss ist. Das Bundesarbeitsgericht hat folgende Leitlinien für die Interessenabwägung gegeben:[254]

- Eine offensichtlich unwirksame Kündigung lässt das Interesse des Arbeitgebers an der Nichtbeschäftigung des Arbeitnehmers stets zurücktreten. Offensichtlich unwirksam ist eine Kündigung allerdings nur dann, wenn sich die Unwirksamkeit der Kündigung geradezu aufdrängt. Es handelt sich um Ausnahmefälle, zB bei einem Verstoß gegen § 17 Abs. 1 MuSchG.
- Die Ungewissheit über den Ausgang des Kündigungsschutzprozesses begründet ein schutzwertes Interesse des Arbeitgebers, den Arbeitnehmer nicht zu beschäftigen.
- Dies ändert sich jedoch, sobald ein Urteil zugunsten des Arbeitnehmers vorliegt, also ein Gericht für Arbeitssachen – wenn auch noch nicht rechtskräftig – festgestellt hat, dass die Kündigung unwirksam ist. Ein für den Arbeitnehmer positives Urteil wirkt sich dahingehend aus, dass die Ungewissheit des Prozesses allein nicht mehr genügt, ein überwiegendes Interesse des Arbeitgebers anzunehmen, den Arbeitnehmer nicht zu beschäftigen. Es müssen vielmehr zusätzliche Umstände vorhanden sein, die einer Beschäftigung des Arbeitnehmers entgegenstehen. ZB ist dies der Fall, wenn die Weiterbeschäftigung zu

[253] S. dazu BAG 11.5.2000 – 2 AZR 54/99, NZA 2000, 1055; BAG 17.6.1999 – 2 AZR 608/98, NZA 1999, 1154.

[254] StRspr seit BAG 27.2.1985 – GS 1/84, NZA 1985, 702.

einer unzumutbaren wirtschaftlichen Belastung führen würde oder strafbare Handlungen des Arbeitnehmers seinem weiteren Einsatz entgegenstehen.

Sie müssen daher Herrn Jung zunächst nicht weiter beschäftigen. Sollte jedoch das Arbeitsgericht die Kündigung für unwirksam erklären, so wird es dem Weiterbeschäftigungsantrag, der zulässigerweise mit dem Feststellungsantrag gem. § 4 KSchG verbunden wurde, stattgeben. Erst dann sind Sie verpflichtet, Herrn Jung zu beschäftigen, bis rechtskräftig feststeht, ob die Kündigung wirksam ist oder nicht.

Erfolgt zur Abwendung einer Zwangsvollstreckung eine Weiterbeschäftigung, so handelt es sich nicht um die Fortsetzung des ursprünglichen Arbeitsverhältnisses.[255] Wird später aufgrund eines rechtskräftigen Urteils festgestellt, dass die Kündigung wirksam ist, so hat der Arbeitnehmer Arbeitsleistungen erbracht, obwohl tatsächlich kein Arbeitsverhältnis bestand. Er wurde also ohne Rechtsgrund beschäftigt. Hat jemand – hier der Arbeitgeber – Leistungen ohne Rechtsgrund erhalten, so muss er sie gem. § 812 Abs. 1 S. 1 BGB herausgeben. Dies ist bezogen auf die Arbeitsleistung, die der Arbeitnehmer erbracht hat, jedoch nicht möglich. Der Arbeitgeber hat daher nach § 818 Abs. 2 BGB Wertersatz zu leisten. Sind noch Ansprüche offen, zB Vergütung, so ist der übliche Wert der Arbeitsleistung zu ersetzen.[256]

IX. Sonderkündigungsschutz

1. Kündigung von Schwangeren

Frau Birgit Werker arbeitet als Chemielaborantin in der Niederlassung Iserlohn, in der Sonderabfälle aufbereitet werden. Da der Auftragseingang bereits seit längerem stark rückläufig ist, hat sich die Müllex GmbH zu internen Umstrukturierungen und als Folge des dadurch bedingten Wegfalls mehrerer Arbeitsplätze zu betriebsbedingten Kündigungen entschlossen. Frau Werker gehört zu denjenigen Mitarbeitern, die nach Durchführen der Sozialauswahl am 14. März eine Kündigung erhalten. Am 3. April geht bei der Müllex GmbH ein Schreiben von Frau Werker ein, in dem sie mitteilt, sie sei im zweiten Monat schwanger und werde voraussichtlich am 19. November entbinden. Ein erster Schwangerschaftstest, den Frau Werker durchgeführt hatte, war negativ geblieben. Erst bei einer weiteren Untersuchung durch ihre Frauenärztin am 2. April war die Schwangerschaft zweifelsfrei festgestellt worden.

Welche Auswirkungen hat die Mitteilung der Schwangerschaft auf die ausgesprochene Kündigung?

Gemäß § 17 Abs. 1 Nr. 1 MuSchG darf einer Frau während der Schwangerschaft nicht gekündigt werden. Bei einer Fehlgeburt nach der zwölften Schwanger-

[255] BAG 17.1.1991 – 8 AZR 483/89, NZA 1991, 769.

[256] BAG 12.2.1992 – 5 AZR 297/90, NZA 1993, 177; BAG 10.3.1987 – 8 AZR 146/84, NZA 1987, 373.

schaftswoche besteht das Kündigungsverbot bis zum Ablauf von vier Monaten nach der Fehlgeburt (§ 17 Abs. 1 Nr. 2 MuSchG). Letztlich ist die Frau nach der Entbindung (s. § 31 Abs. 1 und 2 PersonenstandsVO) bis zum Ende der achtwöchigen Schutzfrist nach § 3 Abs. 2 MuSchG, mindestens jedoch bis zum Ablauf von vier Monaten nach der Entbindung vor einer Kündigung geschützt. Kündigungen, die während der genannten Zeiträume ausgesprochen werden, sind gem. § 134 BGB nichtig. Neben der Kündigungserklärung sind auch Vorbereitungsmaßnahmen des Arbeitgebers unzulässig, die im Hinblick auf eine Kündigung getroffen werden.[257]

Aus anderen Gründen kann ein Arbeitsverhältnis dagegen auch während einer Schwangerschaft beendet werden. So hindert eine zwischenzeitlich eingetretene Schwangerschaft nicht die Beendigung des Arbeitsverhältnisses durch Zeitablauf bei einer wirksamen Befristung des Arbeitsverhältnisses. Ebenso kann eine Schwangere das Arbeitsverhältnis einvernehmlich durch Aufhebungsvertrag mit dem Arbeitgeber beenden oder aber selbst eine Kündigung erklären.[258]

Maßgeblicher Zeitpunkt für die Beurteilung der Frage, ob das Kündigungsverbot besteht, ist gem. § 17 Abs. 1 MuSchG, ob der Arbeitgeber bei Zugang der Kündigung von der Schwangerschaft bzw. Fehlgeburt nach der zwölften Schwangerschaftswoche oder Entbindung wusste. War das nicht der Fall, wird die Kündigung unwirksam, wenn die schwangere Frau die Schwangerschaft, Fehlgeburt nach der zwölften Schwangerschaftswoche oder Entbindung innerhalb von zwei Wochen nach der Kündigung mitteilt. Versäumt die Schwangere diese Zwei-Wochen-Frist, so verliert sie den Kündigungsschutz nur, wenn sie schuldhaft gehandelt hat, also entweder positive Kenntnis von der Schwangerschaft oder zwingende Anhaltspunkte für eine solche hatte. Eine bloße Vermutung, schwanger zu sein, reicht dagegen für den Verlust des Kündigungsschutzes nicht aus. § 17 Abs. 1 S. 2 MuSchG gilt unabhängig davon, ob die Arbeitnehmerin bei Zugang der Kündigung selbst von ihrer Schwangerschaft wusste oder nicht.[259] Allerdings muss die Schwangere in diesem Fall die Mitteilung an den Arbeitgeber unverzüglich nachholen. Unverzüglich bedeutet gem. § 121 BGB ohne schuldhaftes Zögern und beurteilt sich nach den jeweiligen Umständen des Einzelfalls. Der Schwangeren wird eine gewisse Überlegungsfrist eingeräumt, die jedoch den Zeitraum von einer Woche nicht überschreiten darf.[260] Für die Rechtzeitigkeit der Mitteilung ist der Zugang der Erklärung beim Arbeitgeber maßgeblich, wobei die Bekanntgabe an einen zuständigen Vertreter des Arbeitgebers (zB Personalabteilung) genügt. Die schwangere Frau kann also durch den nachträglichen Hinweis auf die Schwangerschaft eine Kündigung unzulässig machen.

Es genügt, wenn die Schwangere dem Arbeitgeber eine ärztliche Bescheinigung vorlegt, aus der sich der mutmaßliche Tag der Entbindung ergibt. Durch Rückrechnung um die durchschnittliche Schwangerschaftsdauer von 280 Tagen

[257] S. dazu EuGH 11.10.2007 – C-460/06, NZA 2007, 1271 – Paquay.
[258] S. auch BAG 6.2.1992 – 2 AZR 408/91, NZA 1992, 790.
[259] BAG 13.6.1996 – 2 AZR 736/95, NZA 1996, 1154.
[260] BAG 26.9.2002 – 2 AZR 392/01, BeckRS 2003, 40757; BAG 20.5.1988 – 2 AZR 739/87, NZA 1988, 799.

kann der Arbeitgeber so feststellen, ob zum Zeitpunkt des Kündigungszugangs bereits eine Schwangerschaft bestand. Das ärztliche Zeugnis nach § 15 Abs. 2 MuSchG hat einen hohen Beweiswert, doch kann der Arbeitgeber einen abweichenden Beginn der 280-Tage-Frist (= erster Tag der letzten Regelblutung) geltend machen, indem er Umstände darlegt und beweist, aufgrund derer der errechnete Schwangerschaftsbeginn wissenschaftlichen Erkenntnissen widersprechen würde.[261]

Für Frau Werker bedeuten vorstehende Grundsätze, dass die ihr gegenüber erklärte Kündigung unwirksam ist. Zwar war der Müllex GmbH im Zeitpunkt der Kündigung die Schwangerschaft nicht bekannt, auch hat Frau Werker die Schwangerschaft erst nach Ablauf der Zwei-Wochen-Frist (= 28. März, §§ 187 Abs. 1, 188 Abs. 2 BGB) mitgeteilt. Dies ist jedoch unschädlich, da sie zuvor keine Kenntnis von ihrer Schwangerschaft hatte bzw. aufgrund des ersten, negativen Schwangerschaftstests keine zwingenden und unabweisbaren Gründe für eine Schwangerschaftsvermutung vorlagen. Sie hat die zweiwöchige Mitteilungsfrist des § 17 Abs. 1 MuSchG daher schuldlos versäumt. Da sie die Benachrichtigung des Arbeitgebers aber unverzüglich nach Kenntniserlangung von der Schwangerschaft nachgeholt hat, erlangt sie den Kündigungsschutz des § 17 MuSchG.

Ausnahmsweise kann der Arbeitgeber in besonderen Fällen die Aufhebung des Kündigungsverbots beantragen (§ 17 Abs. 2 S. 1 MuSchG).[262] Da das Mutterschutzgesetz die Interessen der werdenden Mutter vor unternehmerische Interessen stellt und die Schwangere vor den Belastungen schützen will, die mit einer Kündigung zusammenhängen, kann eine Ausnahme vom Kündigungsverbot nur besondere Fälle betreffen. Es müssen im Einzelfall außergewöhnliche Umstände vorliegen, die nichts mit der Schwangerschaft, der Fehlgeburt nach der zwölften Schwangerschaftswoche oder der Entbindung zu tun haben.[263] In Betracht kommt zB die Stilllegung eines Betriebs, wenn keine Weiterbeschäftigungsmöglichkeit für die schwangere Frau an anderer Stelle im Unternehmen besteht. Die Zulassung der Kündigung kann auch infrage kommen, wenn die wirtschaftlichen Folgen, die die Allgemeinheit dem Arbeitgeber bei der Schwangerschaft einer Arbeitnehmerin aufbürdet, zu einer Existenzgefährdung führen würden. Dies kann insbesondere bei Kleinstbetrieben der Fall sein. Nach dem Gesetzeszweck ist jedenfalls ein strenger Maßstab anzulegen und den Interessen der Schwangeren in aller Regel Vorrang einzuräumen.[264]

Der Antrag an die zuständige Behörde muss vom Arbeitgeber vor Erklärung der Kündigung gestellt werden, eine nachträgliche Zustimmung genügt nicht. Allerdings muss die Zulässigkeitserklärung noch nicht bestandskräftig sein.[265] Zuständig für die Kündigungserteilung sind in den einzelnen Bundesländern

---

[261] BAG 7.5.1998 – 2 AZR 417/97, NZA 1998, 1049; BAG 1.10.1997 – 5 AZR 685/96, NZA 1998, 194.

[262] S. hierzu *Wiebauer* BB 2013, 1784.

[263] S. Verwaltungsvorschrift zu § 18 Abs. 1 S. 6 BEEG (BAnz. 2007, Nr. 5, S. 247 v. 9.1.2007), die hier herangezogen werden kann (BT-Drs. 18/8963, 88).

[264] VGH Baden-Württemberg 7.12.1993 – 10 S 2825/92, BB 1994, 940.

[265] BAG 17.6.2003 – 2 AZR 245/02, NZA 2003, 1329.

überwiegend die Gewerbeaufsichtsämter oder die Ämter für Arbeitsschutz.[266] Der schwangeren Arbeitnehmerin ist Gelegenheit zur Stellungnahme zu geben. Die Entscheidung der Landesbehörde ist ein Verwaltungsakt, der im verwaltungsgerichtlichen Verfahren angegriffen werden kann. Für die betroffene Frau entstehen hierdurch in den meisten Bundesländern keine Kosten. Die Kündigung muss schriftlich und mit Angabe des Kündigungsgrundes erfolgen (§ 17 Abs. 2 S. 2 MuSchG). Mit Kündigungsgrund ist hier der Grund gemeint, der die an sich ausgeschlossene Kündigung ausnahmsweise zulässig macht.

Für die Müllex GmbH liegen diese Voraussetzungen nicht vor. Ein entsprechender Antrag wäre von vornherein aussichtslos.

Das Kündigungsverbot des § 17 MuSchG kann zeitgleich mit dem aus § 18 Abs. 1 S. 1 BEEG (s. dazu nachfolgend) vorliegen, wenn die Arbeitnehmerin während einer Elternzeit erneut schwanger wird. Der Arbeitgeber muss dann zwei entsprechende Anträge an die gleiche Behörde stellen.[267]

2. Kündigung und Elternzeit

Herr Martin Geistel arbeitet ebenfalls als Chemielaborant in der Niederlassung Iserlohn bei der Aufbereitung von Sonderabfällen. Derzeit befindet er sich nach der Geburt seines Sohnes in einer einjährigen Elternzeit. Auch ihm soll wegen des anhaltenden Auftragsmangels und der erfolgten Umstrukturierungen gekündigt werden. Ist seine Kündigung zulässig?

Während der berechtigterweise in Anspruch genommenen Elternzeit eines oder einer Beschäftigten ist eine Kündigung gem. § 18 Abs. 1 S. 3 BEEG unzulässig. § 18 Abs. 1 S. 1 BEEG dehnt das Kündigungsverbot bereits auf den Zeitpunkt aus, von dem an Elternzeit verlangt worden ist. In diesem Fall beginnt der Kündigungsschutz gem. § 18 Abs. 1 S. 2 BEEG frühestens acht Wochen bzw. vierzehn Wochen vor Beginn einer Elternzeit je nachdem, wann diese genommen wird. Voraussetzung des Kündigungsschutzes ist, dass die Elternzeit wirksam in Anspruch genommen wurde.[268] Dies setzt auch voraus, dass die für das Elternzeitverlangen erforderliche Schriftform eingehalten wurde.[269]

Gemäß § 18 Abs. 2 Nr. 1 BEEG gilt der besondere Kündigungsschutz auch für Arbeitnehmer, die bei ihrem Arbeitgeber in zulässigem Umfang während der Elternzeit Teilzeitarbeit leisten (s. § 15 Abs. 4 S. 1 BEEG). § 18 Abs. 2 Nr. 2 BEEG erstreckt das Kündigungsverbot auf Beschäftigte, die zwar keine Elternzeit in Anspruch nehmen, aber bei ihrem Arbeitgeber Teilzeitarbeit leisten und einen Anspruch auf Elterngeld haben. Die Regelung soll Teilzeitbeschäftigte, die nach der Geburt eines Kindes in bisherigem Umfang in Teilzeit weiterarbeiten und keine Elternzeit beanspruchen wollen, gegenüber Arbeitnehmern gleichstellen, die von einer Vollzeit- auf eine Teilzeittätigkeit bei gleichzeitiger Inanspruch-

266 Eine Übersicht des Bundesfamilienministeriums findet sich auf www.familien-wegweiser.de ⇨ Mutterschutz.

267 BAG 31.3.1993 – 2 AZR 595/92, NZA 1993, 646.

268 BAG 26.6.2008 – 2 AZR 23/07, NZA 2008, 1241; s. auch BAG 12.5.2011 – 2 AZR 384/10, NZA 2012, 208.

269 BAG 10.5.2016 – 9 AZR 145/15, NZA 2016, 1137.

nahme von Elternzeit wechseln.[270] Nach §4 Abs.4 BEEG haben die Eltern Anspruch auf mindestens zwei und höchstens 12 bzw. 16 Monatsbeträge Elterngeld (Basiselterngeld, Elterngeld-Plus, Partnerschaftsbonus). Die Eltern können die Beträge abwechselnd oder aber gleichzeitig beziehen. Nach §5 Abs.1 BEEG bestimmen die Eltern einvernehmlich und verbindlich, wer von ihnen welche Monatsbeträge in Anspruch nimmt. Soweit gem. §18 Abs.2 Nr.2 BEEG der Bezug von Elterngeld Anspruchsvoraussetzung ist, besteht der Kündigungsschutz max. bis zum 12. bzw. 16. Lebensmonat des Kindes (s. §§2, 4 BEEG). Durch die Bestimmung des Bezugsberechtigten haben die Eltern folglich Einfluss auf den Sonderkündigungsschutz.

Übt der Arbeitnehmer während der Elternzeit eine Teilzeitbeschäftigung bei einem anderen Arbeitgeber aus (s. §15 Abs.4 BEEG), so erwirbt der Arbeitnehmer im Verhältnis zu diesem Arbeitgeber keinen besonderen Kündigungsschutz. §18 Abs.2 Nr.1 BEEG beschränkt den Kündigungsschutz ausdrücklich auf den Fall, dass der Arbeitnehmer bei seinem ursprünglichen Arbeitgeber Teilzeitarbeit leistet.[271] Im Verhältnis zu diesem Arbeitgeber ruht das Arbeitsverhältnis durch die Elternzeit, es gilt das Kündigungsverbot des §18 Abs.1 BEEG.

Wie im Falle des Kündigungsverbots gem. §17 MuSchG kann auch während der Elternzeit in besonderen Fällen die Kündigung auf Antrag des Arbeitgebers durch die für den Arbeitsschutz zuständige oberste Landesbehörde oder einer von ihr bestimmten Stelle §18 Abs.1 S.4–6 BEEG für zulässig erklärt werden.[272] Zuständig sind überwiegend die Gewerbeaufsichtsämter oder die für den Arbeitsschutz zuständigen Behörden. Einzelheiten des Verfahrens und insbesondere ein Katalog der zur Kündigung berechtigenden Fälle legt die *Allgemeine Verwaltungsvorschrift zum Kündigungsschutz bei Elternzeit (§18 Abs.1 Satz 4 des Bundeselterngeld- und Elternzeitgesetzes)*[273] fest. Als besondere Fälle werden insbesondere die Betriebsstilllegung und Existenzgefährdung des Arbeitgebers genannt. Bevor die Behörde ihre Entscheidung über den Antrag auf Zulässigerklärung der Kündigung trifft, muss sie den oder die betroffene/n Beschäftigte/n anhören. Im Übrigen gilt das zu §17 MuSchG Gesagte entsprechend (s. dazu oben S.256ff.).

Die Kündigung des Herrn Geistel ist demzufolge wegen der Elternzeit nicht möglich. Die zuständige Behörde wird keine Ausnahmegenehmigung erteilen, da die Voraussetzungen gem. §18 Abs.1 S.4 BEEG offensichtlich nicht vorliegen.

Eine Eigenkündigung des oder der Beschäftigten ist dagegen durch §18 BEEG nicht ausgeschlossen. §19 BEEG räumt dem Arbeitnehmer bzw. der Arbeitnehmerin zusätzlich das Recht ein, mit einer Kündigungsfrist von drei Monaten zum Ende der Elternzeit zu kündigen. Es handelt sich hier um ein gesetzliches Sonderkündigungsrecht, das neben dem allgemeinen Recht zur Kündigung besteht. Das Sonderkündigungsrecht wird insbesondere dann bedeutsam, wenn aufgrund der vertraglichen Regelungen zwischen den Arbeitsvertragsparteien

[270] BAG 27.3.2003 – 2 AZR 627/01, NZA 2004, 155.
[271] BAG 2.2.2006 – 2 AZR 596/04, NZA 2006, 678.
[272] S. dazu *Wiebauer* BB 2013, 1784.
[273] BAnz. 2007, Nr.5, S.247 v.9.1.2007.

eine Beendigung des Arbeitsverhältnisses zum Ende der Elternzeit an sich nicht möglich wäre.

3. Kündigung pflegender Angehöriger

Ähnlich dem BEEG genießt gem. §5 Abs. 1 PflegeZG auch der Arbeitnehmer, der gem. §2 PflegeZG kurzzeitig bis zu zehn Arbeitstagen von der Arbeitsleistung freigestellt wird bzw. gem. §3 PflegeZG bis zu sechs Monaten Pflegezeit beansprucht, einen besonderen Kündigungsschutz.[274] Gemäß §2 Abs. 2 FPfZG gilt dies entsprechend für Arbeitnehmer, die eine Familienpflegezeit in Anspruch nehmen. Der Kündigungsschutz beginnt mit der Ankündigung der Freistellung, höchstens jedoch zwölf Wochen vor dem angekündigten Beginn, und besteht bis zu ihrer Beendigung. Er setzt voraus, dass der Anspruch auf Pflegezeit nach §2 bzw. §3 PflegeZG im konkreten Fall begründet ist. Die für den Arbeitsschutz zuständige oberste Landesbehörde kann gem. §5 Abs. 2 PflegeZG in besonderen Fällen eine Kündigung ausnahmsweise für zulässig erklären.

4. Kündigung schwerbehinderter Menschen

Am 15. Februar geht Herrn Fred Lamberti die fristlose Kündigung seitens der Müllex GmbH zu. (Sie kennen Herrn Lamberti bereits. Er hatte Teile chemischer Versuchsanlagen gestohlen, s. oben S. 242.) Am 8. März erhält die Personalleiterin ein Schreiben des von Herrn Lamberti beauftragten Anwalts, aus dem hervorgeht, dass sein Mandant am 17. Dezember des letzten Jahres einen Antrag auf Feststellung der Schwerbehinderteneigenschaft gestellt hat, über den noch nicht entschieden sei. Als Personalleiter/in haben Sie die Auswirkungen dieser Mitteilung auf die ausgesprochene Kündigung zu prüfen.

Schwerbehinderte Menschen genießen gem. §§ 168–192 SGB IX[275] einen besonderen Kündigungsschutz.

Zunächst[276] muss der Arbeitgeber eine bestehende Schwerbehindertenvertretung[277] gem. § 178 Abs. 2 S. 1 SGB IX unterrichten und sie vor der Entscheidung über die Kündigung anhören.[278] Die Beteiligung der Schwerbehindertenvertretung ist bei jeder Kündigung vorzunehmen, auch bei Kündigungen außerhalb des Kündigungsschutzgesetzes oder solchen, die der Zustimmung des Integrationsamts nicht bedürfen. Die Verletzung des Beteiligungsrechts der Schwerbehindertenvertretung führt gem. § 178 Abs. 2 S. 3 SGB IX zur Unwirksamkeit der Kündigung.[279] Die Schwerbehindertenvertretung kann außerdem verlangen, dass eine ohne ihre Beteiligung ausgesprochene Entscheidung ausgesetzt und

---

274 S. dazu *Novara* DB 2010, 503; *Rose/Dörstling* DB 2008, 2137.

275 Bis 31.12.2017: §§ 85–92 SGB IX.

276 Zur zeitlichen Reihenfolge s. *Mühlmann* NZA 2017, 884.

277 *Kleinebrink* DB 2017, 126; *Fuhlrott/Balupari-Beckmann* ArbRAktuell 2012, 267.

278 S. *Fuhlrott* ArbRAktuell 2017, 453 zur Frage der Beteiligung der Schwerbehindertenvertretung bei Unkenntnis des Arbeitgebers von der Schwerbehinderung.

279 *Bayreuther* NZA 2017, 87; *Lingemann/Steinhauser* NJW 2017, 1369.

vor einer endgültigen Entscheidung ihre Anhörung innerhalb von sieben Tagen nachgeholt wird (§ 178 Abs. 2 S. 2 SGB IX).

Anders als bei sonstigen Beendigungsgründen (zB Befristung, Aufhebungsvertrag) oder bei der Kündigung seitens des Arbeitnehmers muss der Arbeitgeber außerdem vor Erklärung einer Kündigung gegenüber einem schwerbehinderten Menschen gem. § 168 SGB IX die Zustimmung des Integrationsamtes beantragen. Wer schwerbehindert ist, ergibt sich aus § 2 Abs. 2 und Abs. 3 SGB IX iVm § 151 SGB IX. Der Kündigungsschutz besteht unabhängig davon, ob der Arbeitgeber von der Schwerbehinderung Kenntnis hat. Es genügt, dass eine Schwerbehinderung iSv § 2 Abs. 1 und 2 SGB IX im Zeitpunkt des Zugangs der Kündigungserklärung objektiv vorgelegen hat. Der Arbeitnehmer hat keine Pflicht, dem Arbeitgeber seine Schwerbehinderung zu offenbaren. Der Arbeitgeber ist im bestehenden Arbeitsverhältnis jedoch berechtigt nach einer Schwerbehinderung zu fragen. Verschweigt der Arbeitnehmer auf Nachfrage seine Schwerbehinderung, so kann er keine Rechte mehr daraus ableiten.[280] Allerdings setzt § 173 Abs. 3 SGB IX voraus, dass die Schwerbehinderteneigenschaft im Zeitpunkt der Kündigung nachgewiesen ist. Der Nachweis ist erbracht durch einen Feststellungsbescheid gem. § 152 Abs. 1 und 2 SGB IX oder durch einen Schwerbehindertenausweis, der gem. § 152 Abs. 5 SGB IX ausgestellt wird. Er ist auch gegeben, wenn die Schwerbehinderung offenkundig, weil äußerlich sichtbar ist.[281]

Weiß der Arbeitgeber nichts vom Vorliegen einer Schwerbehinderung, so muss der Arbeitnehmer – will er den Kündigungsschutz nicht verlieren – den Arbeitgeber in Anlehnung an die Frist für die Kündigungsschutzklage gem. § 4 KSchG innerhalb von drei Wochen nach Zugang der Kündigung über das Vorliegen der Schwerbehinderung in Kenntnis setzen.[282] Versäumt er diese Frist, so hat der Arbeitnehmer den besonderen Kündigungsschutz verwirkt.[283] Dies gilt sowohl für die Zustimmung des Integrationsamts (§ 168 SGB IX) als auch für die Beteiligung der Schwerbehindertenvertretung (§ 178 Abs. 2 S. 3 SGB IX).

Hat der Arbeitnehmer vor Zugang der Kündigung einen Antrag auf Anerkennung der Schwerbehinderung (s. dazu § 152 SGB IX) zwar gestellt, das Versorgungsamt jedoch noch nicht darüber entschieden, so gilt § 173 Abs. 3 SGB IX. Der schwerbehinderte Mensch hat in diesem Fall Kündigungsschutz, wenn das Versorgungsamt nach Ablauf der Frist des § 152 Abs. 1 S. 3 SGB IX eine Feststellung ohne Verschulden des Arbeitnehmers noch nicht treffen konnte. Die in § 152 Abs. 1 S. 3 SGB IX angesprochenen Fristen betragen mindestens drei Wochen. Der Arbeitnehmer genießt ohne Nachweis der Schwerbehinderung folglich nur dann Kündigungsschutz, wenn er den Antrag auf Feststellung der Schwerbehinderteneigenschaft mehr als drei Wochen vor Zugang der Kündigung gestellt hat.[284] Die Regelung des § 173 Abs. 3 SGB IX verhindert, dass ein Arbeitnehmer sich den Kündigungsschutz dadurch sichert, dass er noch kurz

---

[280] BAG 16.2.2012 – 6 AZR 553/10, NZA 2012, 555.

[281] BAG 24.11.2005 – 2 AZR 514/04, NZA 2006, 665.

[282] BAG 22.9.2016 – 2 AZR 700/15, NZA 2017, 304.

[283] BAG 23.2.2010 – 2 AZR 659/08, NZA 2011, 411.

[284] BAG 1.3.2007 – 2 AZR 217/06, NZA 2008, 302; *Göttling/Neumann* NZA-RR 2007, 281.

vor Ausspruch der Kündigung einen Antrag auf Feststellung einer Schwerbehinderung stellt, zB weil ihm der Betriebsrat im Anhörungsverfahren zur Kündigung diesen Tipp gegeben hat.

Der Arbeitnehmer muss dem Arbeitgeber die Antragstellung innerhalb einer Frist von drei Wochen mitteilen.[285] Die Mitteilung muss an den Arbeitgeber selbst oder eine ihm gleichgestellte vertretungsberechtigte Person (zB Personalleiter) erfolgen. Der Hinweis an einen nur untergeordneten Mitarbeiter genügt nicht.[286] Hat der Arbeitgeber die Kündigung in Unkenntnis der Schwerbehinderung ausgesprochen und erfährt er innerhalb der Regelfrist von drei Wochen von einem entsprechenden Bescheid oder einem gestellten Antrag auf Anerkennung, so ist die ohne Zustimmung des Integrationsamtes ausgesprochene Kündigung gem. § 168 SGB IX iVm § 134 BGB unwirksam. Der Arbeitgeber kann nicht etwa nachträglich die Zustimmung des Integrationsamtes beantragen. § 168 SGB IX verlangt, dass die Zustimmung *vor* Ausspruch der Kündigung eingeholt wird. Dem Arbeitgeber bleibt nur, nach Erteilen der Zustimmung eine erneute Kündigung auszusprechen.

Einer Zustimmung des Integrationsamtes bedarf es nicht in den weiteren Ausnahmefällen des § 173 SGB IX. Hiernach sind insbesondere schwerbehinderte Arbeitnehmer vom Kündigungsschutz ausgenommen, deren Arbeitsverhältnis im Zeitpunkt des Zugangs der Kündigung noch nicht länger als sechs Monate besteht (§ 173 Abs. 1 Nr. 1 SGB IX). Maßgeblich ist der Zeitpunkt des Zugangs der Kündigung; er muss innerhalb der Sechs-Monats-Frist liegen. Dagegen ist es unschädlich, wenn die einzuhaltende Kündigungsfrist erst nach Ablauf der sechs Monate abläuft. Der Arbeitgeber muss allerdings dem Integrationsamt die Beendigung des Arbeitsverhältnisses innerhalb von vier Tagen anzeigen (§ 173 Abs. 4 SGB IX).

Die vorstehenden Grundsätze bedeuten, dass die gegenüber Herrn Lamberti ausgesprochene Kündigung mangels Zustimmung des Integrationsamtes gem. § 168 SGB IX iVm § 134 BGB unwirksam ist. Der Antrag auf Feststellung der Schwerbehinderung wurde bereits im Dezember und damit vor deutlich mehr als drei Wochen gestellt. Für ein Verschulden des Herrn Lamberti an der fehlenden Entscheidung des Versorgungsamtes gibt es keine Anhaltspunkte. Die Müllex GmbH muss – will sie nicht von der Kündigung Abstand nehmen – eine erneute Kündigung aussprechen, nachdem sie das Integrationsamt eingeschaltet hat.

Der Arbeitgeber muss bei der Kündigung eines Schwerbehinderten nicht nur die Zustimmung des Integrationsamtes einholen, sondern er muss auch eine Mindestkündigungsfrist von vier Wochen einhalten. § 169 SGB IX ist eine spezielle Regelung, die sowohl den gesetzlichen Kündigungsfristen des § 622 BGB als auch tarif- oder einzelvertraglichen Kündigungsfristen vorgeht. Lediglich längere Fristen kommen dem Arbeitnehmer zugute. Die Mindestkündigungsfrist gilt gem. § 174 Abs. 1 SGB IX nicht bei einer außerordentlichen Kündigung

---

[285] BAG 9.6.2011 – 2 AZR 703/09, NZA 2012, 56; BAG 23.2.2010 – 2 AZR 659/08, NZA 2011, 411.

[286] BAG 5.7.1990 – 2 AZR 8/90, NZA 1991, 667.

gem. § 626 BGB, müsste also auch im Fall des Herrn Lamberti nicht eingehalten werden.

Die Zustimmung zur Kündigung muss der Arbeitgeber gem. § 170 SGB IX bei dem für den Sitz des Betriebs zuständigen Integrationsamt schriftlich oder durch Übermittlung elektronischer Dokumente (s. § 36a SGB I) beantragen. Das Integrationsamt holt eine Stellungnahme des Betriebsrats und der Schwerbehindertenvertretung ein und hört den schwerbehinderten Menschen an. Es hat grundsätzlich auf eine gütliche Einigung hinzuwirken. Das Gesetz gibt abgesehen von § 172 SGB IX (bitte lesen!) keine Hinweise, wann eine Zustimmung zur Kündigung zu erteilen oder zu verweigern ist. Das Integrationsamt muss eine Interessenabwägung vornehmen und prüfen, ob das Interesse des Arbeitgebers an der Kündigung das Interesse des Schwerbehinderten am Erhalt seines Arbeitsplatzes überwiegt.[287] Da die Zustimmung zur Sicherung des Arbeitsplatzes beitragen und den schwerbehinderten Arbeitnehmer vor einer Kündigung aus behindertenspezifischen Gründen schützen soll, muss insbesondere geprüft werden, ob die Kündigung unumgänglich ist oder ob eine andere Beschäftigungsmöglichkeit im Betrieb besteht.

Die Entscheidung über die Zustimmung soll innerhalb eines Monats erteilt werden (§ 171 Abs. 1 SGB IX). In dem Fall, dass ein Betrieb eingestellt wird oder dass ein Insolvenzverfahren über das Vermögen des Arbeitgebers eingeleitet ist (§ 172 Abs. 1 S. 1, Abs. 3 SGB IX), wird die Zustimmung des Integrationsamtes fingiert, wenn nicht innerhalb eines Monats nach Eingang des Antrags eine Entscheidung getroffen wird (§ 171 Abs. 5 SGB IX). Die Entscheidung des Integrationsamtes ist dem Arbeitgeber und dem schwerbehinderten Menschen zuzustellen (§ 171 Abs. 2 SGB IX). Der Arbeitgeber hat nach Zustellung des Zustimmungsbescheids[288] an ihn einen Monat Zeit, die fristgemäße Kündigung auszusprechen (§ 171 Abs. 3 SGB IX). Zwar kann der Arbeitnehmer gegen den ihn belastenden Zustimmungsbescheid Widerspruch einlegen und gegebenenfalls vor dem Verwaltungsgericht Anfechtungsklage erheben, jedoch hindert dies den Ausspruch der Kündigung nicht. Widerspruch und Anfechtungsklage haben gem. § 171 Abs. 4 SGB IX keine aufschiebende Wirkung. Wird jedoch die Zustimmung im Anfechtungsverfahren aufgehoben, so wird die Kündigung unwirksam.

Für den Fall einer außerordentlichen Kündigung muss die Zustimmung zur Kündigung innerhalb von zwei Wochen nach Kenntniserlangen der für die Kündigung maßgeblichen Tatsachen beantragt werden (§ 174 Abs. 2 SGB IX).[289]

Das Integrationsamt hat die Entscheidung gem. § 174 Abs. 3 S. 1 SGB IX ebenfalls innerhalb von zwei Wochen nach Eingang des Antrags zu treffen. Satz 2 der genannten Vorschrift fingiert die Zustimmung des Integrationsamtes, wenn eine Entscheidung nicht innerhalb dieser Frist getroffen wird.[290] Gemäß § 174 Abs. 4 SGB IX soll bei einer außerordentlichen Kündigung die Zustimmung

---

[287] BVerwG 19.10.1995 – 5 C 24/93, NZA 1996, 288.

[288] S. BAG 16.10.1991 – 2 AZR 32/91, NZA 1992, 503.

[289] Zu den Fristen s. im Einzelnen *Joussen* DB 2002, 2162.

[290] S. dazu BAG 9.2.1994 – 2 AZR 720/93, NZA 1994, 1030.

erteilt werden, wenn der Kündigungsgrund nicht mit der Behinderung in Zusammenhang steht.[291]

Im Regelfall wird bis zum Vorliegen der Zustimmung des Integrationsamtes die Zwei-Wochen-Frist des § 626 Abs. 2 BGB bereits überschritten sein. Dies ist jedoch für die Wirksamkeit der Kündigung unschädlich, wenn der Arbeitgeber die Kündigung unverzüglich, dh gem. § 121 Abs. 1 S. 1 BGB ohne schuldhaftes Zögern, nach Erteilen der Zustimmung erklärt (§ 174 Abs. 5 SGB IX).[292] Für den Beginn der Frist genügt die mündliche oder telefonische Bekanntgabe der Entscheidung, es muss nicht eine förmliche Zustellung des Bescheids erfolgen.[293]

Die Müllex GmbH muss daher beim Integrationsamt bis zum 22. März (Eingang beim Integrationsamt) einen Antrag auf Zustimmung zur erneuten Kündigung des Herrn Lamberti stellen. Da sie erst durch den Hinweis von Herrn Lamberti von der Schwerbehinderung erfahren hat, kennt sie erst zu diesem Zeitpunkt die für die Kündigung maßgeblichen Tatsachen. Die Zwei-Wochen-Frist des § 626 Abs. 2 BGB beginnt daher erst ab diesem Zeitpunkt.[294]

Um die einzuhaltenden Fristen auch im Hinblick auf die Zustimmungsfiktion des § 174 Abs. 3 S. 2 SGB IX beurteilen zu können, sollte sich die Personalleiterin telefonisch erkundigen, wann ihr Antrag beim Integrationsamt eingegangen ist und sich am letzten Tag der sich daraus berechnenden Frist beim Integrationsamt nach dem Inhalt einer etwaigen Entscheidung erkundigen.[295] Wurde der Betriebsrat bisher noch nicht beteiligt, so muss sie dies unverzüglich nach Zustellung des Bescheids oder nach Ablauf der Frist des § 174 Abs. 3 S. 2 SGB IX nachholen.

5. Kündigungsschutz der Betriebsratsmitglieder

Werner Berendt ist in der Zentralverwaltung der Müllex GmbH als Bilanzbuchhalter tätig. Er ist Betriebsratsmitglied. Am 14. Dezember versuchte er anlässlich einer Betriebsfeier, die Personalsachbearbeiterin Renate Meinrich dazu zu bewegen, ihm ohne Wissen der Personalleiterin Einblick in die Personalakte eines anderen Mitarbeiters der Abteilung Rechnungswesen zu gewähren. Am 19. Dezember erfährt der Leiter der Abteilung Rechnungswesen durch Zufall hiervon und informiert die Geschäftsleitung über den Vorgang. Sie werden als Personalleiter/in hinzugezogen und sollen Auskunft über die Möglichkeit einer Kündigung des Herrn Berendt geben.

Um eine ungestörte Arbeit des Betriebsrats zu gewährleisten, hat der Gesetzgeber in § 78 S. 2 BetrVG ein Verbot der Benachteiligung von Betriebsratsmitgliedern aufgestellt. Entsprechend dieser Wertentscheidung existiert ein besonderer Schutz der Betriebsratsmitglieder bei Kündigungen, der in § 15 Abs. 1 KSchG

[291] BVerwG 10.9.1992 – 5 C 39/88, NZA 1993, 76.
[292] BAG 15.11.1990 – 2 AZR 255/90, NZA 1991, 553; s. auch BAG 2.3.2006 – 2 AZR 46/05, NZA 2006, 1211.
[293] BAG 12.8.1999 – 2 AZR 748/98, NZA 1999, 1267; BAG 9.2.1994 – 2 AZR 720/93, NZA 1994, 1030; s. auch BAG 15.11.2001 – 2 AZR 380/00, NZA 2002, 970.
[294] BAG 14.5.1982 – 7 AZR 1221/79, BeckRS 9998, 153418.
[295] S. zur entsprechenden Obliegenheit BAG 19.4.2012 – 2 AZR 118/11, NZA 2013, 507.

geregelt ist. Dieser Sonderkündigungsschutz besteht unabhängig von der Größe des Betriebs, denn Kleinbetriebe werden gem. §23 Abs. 1 S. 2 KSchG nur von den Vorschriften des Ersten Abschnitts, §§1–14 KSchG, ausgenommen. Die Kündigung eines Betriebsratsmitglieds ist daher nur sehr eingeschränkt möglich.

Eine ordentliche fristgemäße Kündigung ist grundsätzlich unzulässig. Gemäß §15 Abs. 4 KSchG kann einem Betriebsratsmitglied lediglich gekündigt werden, wenn der Betrieb stillgelegt wird. Wird nur die Betriebsabteilung geschlossen, in der das Betriebsratsmitglied beschäftigt ist, so bleibt der Kündigungsschutz bestehen. Der Arbeitnehmer muss in eine andere Betriebsabteilung[296] oder einen anderen Betrieb des Unternehmens[297] übernommen werden (§15 Abs. 5 KSchG). Nur wenn dies aus betrieblichen Gründen nicht möglich ist, darf der Arbeitgeber das Arbeitsverhältnis zum Zeitpunkt der Stilllegung durch Kündigung beenden. Verzögert sich die Stilllegung, so verlängert sich der Verbleib des Betriebsratsmitglieds im Betrieb. §15 Abs. 4 KSchG erlaubt eine Beendigung des Arbeitsverhältnisses durch Kündigung „frühestens" zum Stilllegungszeitpunkt. Wird die Stilllegungsabsicht ganz aufgegeben, so wird die Kündigung gegenstandslos.[298] Hierdurch wird die Funktionsfähigkeit des Betriebsrats bis zur endgültigen Stilllegung eines Betriebs erhalten.

Selbstverständlich muss der Betriebsrat auch bei der Kündigung seiner Mitglieder gem. §102 Abs. 1 S. 1 BetrVG angehört werden. Das betroffene Mitglied ist in seiner eigenen Angelegenheit nicht stimmberechtigt. Es gilt gem. §25 Abs. 1 S. 2 BetrVG als zeitweilig verhindert, sodass ein Ersatzmitglied abstimmungsberechtigt ist.[299]

Der Schutz vor einer ordentlichen fristgemäßen Kündigung besteht nicht nur während der Amtszeit des Betriebsrats (dazu s. §21 BetrVG), sondern auch für die Dauer eines Jahres nach deren Beendigung („nachwirkender Kündigungsschutz"). Nach Maßgabe der Regelung des §15 Abs. 3 KSchG (bitte lesen!) gilt sie auch für Wahlbewerber[300] sowie Mitglieder des Wahlvorstands.

Eine fristlose außerordentliche Kündigung aus wichtigem Grund ist während der Amtszeit des Betriebsrats gem. §626 BGB zulässig, sofern der Betriebsrat gem. §103 BetrVG der Kündigung zugestimmt hat. Im Jahr nach der Beendigung der Amtszeit bedarf es für die außerordentliche Kündigung eines Betriebsratsmitglieds aus wichtigem Grund nur der Anhörung des Betriebsrats. Auf seine Zustimmung kommt es dann nicht mehr an.

Ein wichtiger Grund iSd §626 Abs. 1 BGB kann nur bei einer Verletzung von arbeitsvertraglichen Pflichten vorliegen. Verletzt das Betriebsratsmitglied dagegen ausschließlich Pflichten aus seinem Betriebsratsamt, so berechtigt dies nicht zur Kündigung. §23 BetrVG gibt dem Arbeitgeber bei groben Verstößen gegen Amtspflichten die Möglichkeit, beim Arbeitsgericht den Ausschluss des Arbeit-

---

[296] BAG 23.2.2010 – 2 AZR 656/08, NZA 2010, 1288.
[297] BAG 13.8.1992 – 2 AZR 22/92, NZA 1993, 132.
[298] BAG 23.4.1980 – 5 AZR 49/78, NJW 1980, 2543.
[299] BAG 23.8.1984 – 2 AZR 391/83, NZA 1985, 254; s. auch BAG 10.11.2009 – 1 ABR 64/08, NZA-RR 2010, 416.
[300] S. dazu BAG 31.7.2014 – 2 AZR 505/13, NZA 2015, 245.

nehmers aus dem Betriebsrat zu beantragen. Arbeitsrechtliche Sanktionen, wie eine Kündigung oder Abmahnung, sind daneben ausgeschlossen.[301] Für diese ist nur Raum, wenn die Amtspflichtverletzung zugleich auch eine Vertragsverletzung ist, zB die nicht ordnungsgemäße Abmeldung vom Arbeitsplatz zum Zwecke der Durchführung von Betriebsratsaufgaben.[302]

Wenn an sich ein Grund für eine außerordentliche Kündigung gegeben ist, so muss weiter eine Abwägung der beiderseitigen Interessen erfolgen. Gemäß §626 Abs. 1 BGB muss geprüft werden, ob es dem Arbeitgeber unter Berücksichtigung aller Umstände zumutbar ist, den Arbeitnehmer bis zum Ablauf der Kündigungsfrist weiterzubeschäftigen. Bei der Kündigung eines Betriebsratsmitglieds kommt es auf die (fiktive) Kündigungsfrist an, die gelten würde, wenn das Betriebsratsmitglied ordentlich kündbar wäre.[303] Dagegen ist nicht auf den Ablauf der Amtszeit abzustellen.

Herr Berendt war weder kraft seines Arbeitsverhältnisses noch aufgrund seines Betriebsratsamts berechtigt, Einsicht in Personalakten[304] zu nehmen. §83 BetrVG erlaubt einem Betriebsratsmitglied nur, einen Arbeitnehmer zu begleiten, der seine Personalakte einsehen will. Ein eigenes Recht auf Einsichtnahme ohne den Arbeitnehmer leitet sich hieraus nicht ab und gehört auch nicht zu den sonstigen Aufgaben des Betriebsrats.[305] Das dargestellte Verhalten ist eine Verletzung arbeitsvertraglicher Pflichten (§241 Abs. 2 BGB) und berechtigt zur Kündigung, aufgrund der Schwere des Verhaltens zur fristlosen Kündigung aus wichtigem Grund.

Wirksamkeitsvoraussetzung für die Kündigung eines amtierenden Betriebsratsmitglieds ist die Zustimmung des Betriebsrats zur Kündigung gem. §103 BetrVG, die vor Ausspruch der Kündigung eingeholt werden muss. Eine ohne diese Zustimmung ausgesprochene Kündigung ist unwirksam.[306]

Der Betriebsrat muss die Zustimmung ausdrücklich erteilen. Das betroffene Betriebsratsmitglied ist sowohl von der Abstimmung als auch der Beratung über die Zustimmung zur Kündigung ausgeschlossen.[307] Schweigen gilt nicht als Zustimmung, sondern als deren Verweigerung.[308] Zwar enthält § 103 BetrVG keine Frist, innerhalb derer der Betriebsrat zur Äußerung verpflichtet ist. Jedoch wird § 102 Abs. 2 S. 3 BetrVG entsprechend angewandt.[309] Nach Ablauf von drei Tagen kann der Arbeitgeber von einer Verweigerung der Zustimmung ausgehen und

---

301 BAG 9.9.2015 – 7 ABR 69/13, NZA 2016, 57.

302 BAG 29.6.2011 – 7 ABR 135/09, NZA 2012, 47; BAG 12.5.2010 – 2 AZR 587/08, NZA-RR 2011, 15; BAG 15.7.1992 – 7 AZR 466/91, NZA 1993, 220.

303 BAG 21.6.2012 – 2 AZR 343/11, NZA 2013, 224; BAG 27.9.2001 – 2 AZR 487/00, BeckRS 2002, 40383; BAG 15.3.2001 – 2 AZR 624/99, NZA-RR 2002, 20.

304 S. dazu *Schulze/Ratzesberger* ArbRAktuell 2017, 63.

305 S. auch LAG Niedersachsen 22.1.2007 – 11 Sa 614/06, NZA-RR 2007, 585.

306 BAG 11.11.1976 – 2 AZR 457/75, NJW 1978, 72; BAG 4.3.1976 – 2 AZR 15/75, NJW 1976, 1368.

307 BAG 23.8.1984 – 2 AZR 391/83, NZA 1985, 254; BAG 26.8.1981 – 7 AZR 550/79, BeckRS 9998, 149357.

308 BAG 18.8.1977 – 2 ABR 19/77, NJW 1978, 661.

309 BAG 24.10.1996 – 2 AZR 3/96, NZA 1997, 371; BAG 17.9.1981 – 2 AZR 402/79, NJW 1982, 2891.

muss dann das Verfahren auf Zustimmungsersetzung beim Arbeitsgericht einleiten. Hintergrund der entsprechenden Anwendung des § 102 Abs. 2 S. 3 BetrVG ist, dass der Arbeitgeber die Kündigung aus wichtigem Grund innerhalb der Ausschlussfrist des § 626 Abs. 2 BGB aussprechen muss. Da der Arbeitgeber innerhalb dieser Frist nicht nur die Zustimmung des Betriebsrats zur Kündigung beantragen, sondern außerdem bei Verweigerung der Zustimmung das Verfahren auf Ersetzung der Zustimmung durch das Arbeitsgericht gem. § 103 Abs. 2 BetrVG einleiten muss,[310] ist es notwendig, eine schnelle Entscheidung des Betriebsrats zu erreichen. Der Betriebsrat ist daher gehalten, unverzüglich, spätestens jedoch innerhalb von drei Tagen zur beabsichtigten Kündigung Stellung zu nehmen. Der Arbeitgeber kann dem Betriebsrat im Einzelfall eine längere Frist einräumen, muss diese allerdings so bemessen, dass es ihm noch möglich ist, bei einer Zustimmungsverweigerung des Betriebsrats das gerichtliche Verfahren fristgemäß innerhalb von zwei Wochen nach Kenntniserlangung der Kündigungsgründe einzuleiten.

Wird die Zustimmung nicht erteilt, so kann der Arbeitgeber beim Arbeitsgericht ihre Ersetzung beantragen. Er muss dies tun, wenn er nicht von einer Kündigung Abstand nehmen will. Der Antrag auf Zustimmungsersetzung kann erst gestellt werden, wenn der Betriebsrat seine Zustimmung verweigert hat. Es ist dem Arbeitgeber verwehrt, das Arbeitsgericht vor diesem Zeitpunkt vorsorglich anzurufen.[311] Das Arbeitsgericht prüft in dem Verfahren auf Zustimmungsersetzung, ob ein wichtiger Grund gegeben ist, der zur Kündigung gem. § 626 Abs. 1 BGB iVm § 15 Abs. 1 KSchG berechtigt. Erst wenn die Zustimmung durch ein rechtskräftiges Urteil der Gerichte für Arbeitssachen ersetzt wurde, darf der Arbeitgeber eine Kündigung aussprechen. Die Erklärung der Kündigung muss dann unverzüglich, dh ohne schuldhaftes Zögern erfolgen.

Sie werden also den Betriebsrat umgehend um Zustimmung zur Kündigung des Herrn Berendt bitten. Hierzu müssen Sie ihm neben den Personaldaten, die Art der Kündigung und die wesentlichen zur Kündigungsabsicht führenden Umstände darlegen. Zur Absicherung sollten Sie den Betriebsrat darauf hinweisen, dass ihm eine Äußerungsfrist von drei Tagen zur Verfügung steht, nach deren Ablauf die Zustimmung als verweigert gilt (zur Fristberechnung s. § 187 Abs. 1, § 188 Abs. 1 BGB). Äußert sich der Betriebsrat dann nicht innerhalb von drei Tagen, so müssen Sie die Ersetzung seiner Zustimmung beim Arbeitsgericht beantragen. Da das Arbeitsgericht das Vorliegen eines wichtigen Grundes prüft, müssen Sie im Antrag an das Arbeitsgericht darlegen, auf welche Tatsachen Sie die Kündigung stützen.

---

[310] BAG 18.8.1977 – 2 ABR 19/77, NJW 1978, 661; BAG 20.3.1975 – 2 ABR 111/74, BeckRS 9998, 149363.

[311] BAG 24.10.1996 – 2 AZR 3/96, NZA 1997, 371; BAG 7.5.1986 – 2 AZR 27/85, NZA 1986, 719.

Die Kündigung eines Betriebsratsmitglieds noch einmal im Überblick:

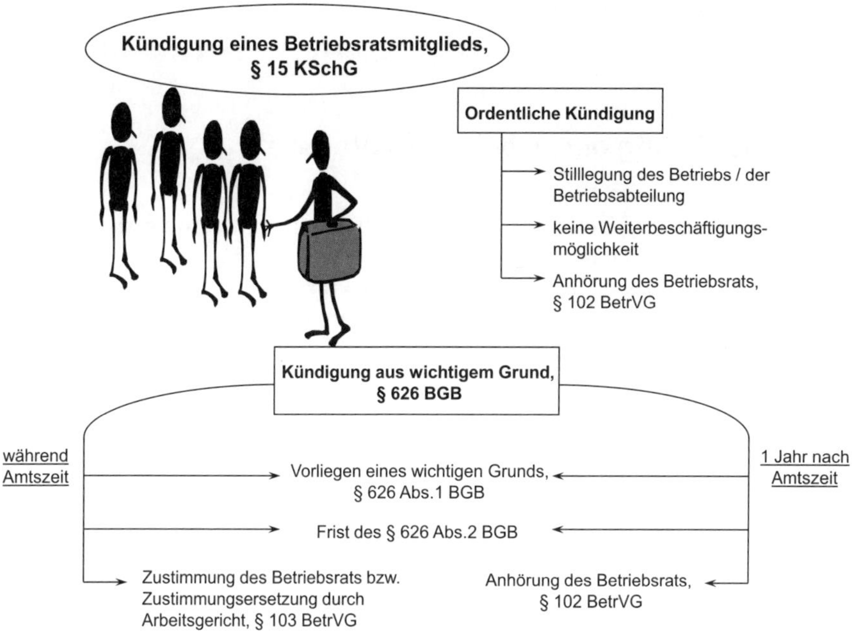

In diesem Kapitel lernen Sie, unter welchen Voraussetzungen ein Arbeitsverhältnis befristet werden kann.

J. Die Befristung des Arbeitsverhältnisses

In der Niederlassung Iserlohn sollen nach Absprache mit dem Betriebsrat verstärkt befristete Arbeitsverhältnisse abgeschlossen werden, um Überstunden zu verhindern und Schwankungen im Arbeitskräftebedarf auszugleichen. Der Niederlassungsleiter fragt Sie als Personalleiter/in, unter welchen Voraussetzungen er befristete Arbeitsverhältnisse abschließen darf.

I. Grundlagen

1. Begriff der Befristung

Die Befristung ist wie die Kündigung ein Beendigungstatbestand für das Arbeitsverhältnis. Sie unterscheidet sich jedoch von der Kündigung dadurch, dass die Beendigung des Arbeitsverhältnisses automatisch eintritt. Gemäß §3 Abs. 1 S. 2 TzBfG sind zwei Arten von befristeten Arbeitsverhältnissen zu unterscheiden:

a) Zeitbefristung

Bei der Zeitbefristung ist die Dauer des Arbeitsverhältnisses kalendermäßig bestimmt. Gemäß §15 Abs. 1 TzBfG endet das zeitbefristete Arbeitsverhältnis mit Ablauf der vereinbarten Zeit, ohne dass es einer Beendigungserklärung bedarf. Teilt der Arbeitgeber dem Arbeitnehmer mit, er werde ihn nach Ablauf der Befristung nicht weiterbeschäftigen, so hat diese Erklärung im Hinblick auf die Beendigung des Arbeitsverhältnisses nur deklaratorische Bedeutung.

b) Zweckbefristung

Bei der Zweckbefristung ergibt sich die Befristung aus Art, Zweck oder Beschaffenheit der Arbeitsleistung (s. §3 Abs. 1 S. 2 TzBfG). Das Ende des Arbeitsverhältnisses wird vom Erreichen eines bestimmten Ziels abhängig gemacht. Dass das Ziel eintritt, ist sicher, nicht jedoch wann das der Fall sein wird.[1] Damit der Arbeitnehmer Gelegenheit erhält, sich auf das bevorstehende Ende seines Arbeitsverhältnisses einzustellen, gewährt §15 Abs. 2 TzBfG ihm eine soziale Auslauffrist von zwei Wochen. Das zweckbefristete Arbeitsverhältnis endet mit dem Erreichen des Zwecks, sofern der Arbeitgeber dem Arbeitnehmer diesen Zeitpunkt mindestens zwei Wochen vorher schriftlich mitteilt. Hat er den Arbeitnehmer erst später über das Erreichen des Zwecks informiert, so endet das Arbeitsverhältnis zwei Wochen nach Zugang der schriftlichen Mit-

---

[1] BAG 15.5.2012 – 7 AZR 35/11, NZA 2012, 1366.

teilung. Die Bekanntgabe muss schriftlich erfolgen, dh gem. § 126 Abs. 1 BGB vom Arbeitgeber eigenhändig unterzeichnet werden. Eine Mitteilung per Fax oder E-Mail genügt nicht.

2. Form der Befristungsabrede

Gemäß § 14 Abs. 4 TzBfG bedarf die Befristung eines Arbeitsvertrags zu ihrer Wirksamkeit der Schriftform. Es handelt sich um ein gesetzliches, konstitutives Schriftformgebot gem. § 126 BGB. Es gilt für die Befristungsabrede, nicht für den gesamten Vertrag. Die Schriftform ist gem. § 126 BGB beachtet, wenn beide Parteien spätestens bis zur Aufnahme der Tätigkeit die Befristungsabrede eigenhändig unterzeichnet haben.[2] Eine Befristung im Sinne der genannten Vorschrift ist auch die Verlängerung eines befristeten Arbeitsverhältnisses.

Einigen sich die Parteien nur mündlich, so ist die Befristungsabrede gem. § 125 S. 1 BGB nichtig, der Vertrag im Übrigen bleibt wirksam. Gemäß § 16 S. 1 TzBfG entsteht ein unbefristetes Arbeitsverhältnis. Allerdings gewährt § 16 S. 2 TzBfG dem Arbeitgeber das Recht, das (unbefristete) Arbeitsverhältnis ordentlich zu kündigen. Der Arbeitgeber muss die gesetzliche oder die vertraglich vereinbarte Kündigungsfrist, aber auch etwaige Kündigungsschutzvorschriften beachten.

Eine spätere schriftliche Niederlegung der mündlich getroffenen Befristungsabrede verhindert grundsätzlich die Unwirksamkeit der Abrede nicht.[3] Weicht die schriftliche Abrede vom zuvor mündlich vereinbarten Inhalt ab, dann treffen die Vertragsparteien eine eigenständige Befristungsabrede, mit der das durch die unwirksame mündliche Abrede unbefristet entstandene Arbeitsverhältnis nachträglich befristet wird.[4] Diese Befristung ist jedoch nur wirksam, wenn ein sachlicher Grund besteht. Eine Befristung ohne Sachgrund ist wegen des Anschlussverbots des § 14 Abs. 2 S. 2 TzBfG nicht zulässig (s. im Einzelnen unten II.).

Die Befristungsabrede muss bei einer kalendermäßigen Befristung nur die Dauer des Arbeitsverhältnisses angeben. Dies wird regelmäßig durch Nennung des Datums des Beginns bzw. Endes des Arbeitsverhältnisses erfolgen. Der Grund für die Befristung muss demgegenüber regelmäßig nicht angegeben werden.[5] Etwas anderes gilt aufgrund gesetzlicher (s. zB § 2 Abs. 4 WissZeitVG) oder tariflicher Regelung.

Bei einer Zweckbefristung muss nicht nur die Befristung als solche, sondern auch der Vertragszweck schriftlich niedergelegt werden. Der Vertragszweck ist unabdingbarer Bestandteil einer Zweckbefristung. Nur durch seine genaue Bezeichnung ist zweifelsfrei feststellbar, welches Ereignis zur Beendigung des Arbeitsverhältnisses führt.[6]

---

2 BAG 14.12.2016 – 7 AZR 797/14, NZA 2017, 638; BAG 4.11.2015 – 7 AZR 933/13, NZA 2016, 547.

3 S. aber BAG 16.4.2008 – 7 AZR 1048/06, NZA 2008, 1184; BAG 1.12.2004 – 7 AZR 198/04, NZA 2005, 575.

4 BAG 13.6.2007 – 7 AZR 700/06, NZA 2008, 108.

5 BAG 29.6.2011 – 7 AZR 774/09, NZA 2011, 1151; BAG 12.8.2009 – 7 AZR 270/08, BeckRS 2009, 74191; BAG 23.6.2004 – 7 AZR 636/03, NZA 2004, 1333.

6 BAG 21.12.2005 – 7 AZR 541/04, NZA 2006, 321.

II. Zulässigkeit der Befristung

Befristete Arbeitsverhältnisse führen automatisch zur Beendigung des Arbeitsverhältnisses, ohne dass eine Kündigung erklärt werden muss. Insbesondere der Abschluss mehrerer aufeinander folgender befristeter Arbeitsverhältnisse („Kettenbefristungen") kann daher zu einer Umgehung des gesetzlichen Kündigungsschutzes führen. Kündigungsschutzvorschriften wie zB § 1 Abs. 2 KSchG, § 17 MuSchG, § 168 SGB IX[7] finden auf das befristete Arbeitsverhältnis keine Anwendung. Gemäß § 620 Abs. 3 BGB sind befristete Arbeitsverträge daher entgegen der Regel des § 620 Abs. 1 BGB nur unter besonderen Voraussetzungen nach Maßgabe des TzBfG möglich. Um die Zulässigkeit der Befristung zu prüfen, muss zwischen der Befristung aus sachlichem Grund nach § 14 Abs. 1 TzBfG und der (erleichterten) Befristung ohne Sachgrund nach § 14 Abs. 2 TzBfG unterschieden werden. Je nachdem, um welche Form der Befristung es sich handelt, sind unterschiedliche Zulässigkeitsvoraussetzungen zu beachten.[8]

Die Regelung des § 14 TzBfG gilt für alle Arbeitsverhältnisse unabhängig davon, ob sie dem Kündigungsschutzgesetz unterliegen. Die besonderen Voraussetzungen für eine Befristung sind daher auch in Betrieben mit weniger als zehn Arbeitnehmern und für Arbeitsverhältnisse bis zur Dauer von sechs Monaten zu prüfen.[9]

1. Befristung mit sachlichem Grund

Gemäß § 14 Abs. 1 TzBfG ist die Befristung eines Arbeitsverhältnisses zulässig, wenn sie durch einen sachlichen Grund gerechtfertigt ist. Beispielhaft sind in S. 2 Nr. 1–8 sachliche Gründe aufgezählt, ohne die möglichen Befristungsgründe abschließend zu regeln.[10]

- Nr. 1: *vorübergehender betrieblicher Bedarf an der Arbeitsleistung*
  Sowohl ein vorübergehend erhöhter als auch ein künftig wegfallender Arbeitskräftebedarf kann ein Befristungsgrund sein. Voraussetzung ist, dass der Arbeitgeber bereits im Zeitpunkt der Befristung aufgrund konkreter Tatsachen mit hinreichender Sicherheit prognostizieren kann, dass der Arbeitskräftebedarf wieder wegfällt[11], also nicht dauerhaft besteht.[12] Allein die Unsicherheit über den künftigen Arbeitskräftebedarf rechtfertigt keine Befristung, sondern ist Teil des unternehmerischen Risikos des Arbeitgebers.[13]

---

7 BAG 15.2.1995 – 7 AZR 680/94, NZA 1995, 987.

8 S. dazu *Schiefer* DB 2011, 1164 (1220).

9 BAG 6.11.2003 – 2 AZR 690/02, NZA 2005, 218 mwN.

10 BAG 9.12.2009 – 7 AZR 399/08, NZA 2010, 495; BAG 8.6.2016 – 7 AZR 467/14, NZA 2016, 1535.

11 BAG 20.2.2008 – 7 AZR 950/06, BeckRS 2008, 53844; BAG 25.8.2004 – 7 AZR 32/04, NZA 2005, 472.

12 BAG 27.7.2016 – 7 AZR 545/14, NZA 2016, 1531; BAG 17.3.2010 – 7 AZR 640/08, NZA 2010, 633.

13 BAG 11.2.2004 – 7 AZR 362/03, NZA 2004, 978; BAG 22.3.2000 – 7 AZR 758/98, NZA 2000, 881.

- Nr. 2: *Befristung im Anschluss an eine Ausbildung oder an ein Studium, um den Übergang in eine Anschlussbeschäftigung zu erleichtern*
  Das Gesetz knüpft hier an bestehende tarifliche Regelungen an.[14] Ein Arbeitsverhältnis, das sich an eine Ausbildung[15] oder an ein Studium anschließt, in dem der Arbeitnehmer bereits als Werkstudent gearbeitet hat, kann befristet werden.[16] Die Vereinbarung eines befristeten Arbeitsverhältnisses im Anschluss an ein Berufsausbildungsverhältnis nach § 1 BBiG darf gem. § 12 Abs. 1 S. 2 BBiG erst in den letzten sechs Monaten des Berufsausbildungsverhältnisses getroffen werden. Zu beachten ist, dass dieser Sachgrund nur für die einmalige Befristung eines Arbeitsverhältnisses im Anschluss an eine Ausbildung gilt. Es muss sich also um den ersten Arbeitsvertrag handeln, der an die Ausbildung bzw. ein Studium anschließt.[17] Ein nach § 14 Abs. 1 Nr. 2 TzBfG befristeter Arbeitsvertrag kann folglich nicht unter Berufung auf diesen Sachgrund verlängert werden.[18]
- Nr. 3: *Vertretung eines anderen Arbeitnehmers*
  Fällt eine Stammkraft im Unternehmen für längere Zeit zB durch Erkrankung aus, kann der Arbeitgeber eine Vertretungskraft befristet einstellen. Der Vertretungsfall ist dadurch gekennzeichnet, dass der Arbeitgeber zum Zeitpunkt des Abschlusses des befristeten Arbeitsvertrags mit der Rückkehr des zu vertretenen Arbeitnehmers rechnet und diesen aufgrund des bestehenden Arbeitsverhältnisses auch beschäftigen muss.[19] Der sachliche Grund der Vertretung deckt also einen vorübergehenden Arbeitskräftebedarf ab und setzt einen Kausalzusammenhang zwischen der Einstellung des Vertreters und dem Ausfall eines Stammarbeitnehmers voraus.[20] Dieser ist ohne Weiteres zu bejahen, wenn die Ersatzkraft unmittelbar mit den Aufgaben des zu Vertretenen betraut wird. Oftmals wird der Arbeitgeber jedoch Aufgaben umverteilen und einen verbleibenden Beschäftigungsbedarf mit einem befristeten Arbeitsverhältnis abdecken. Es handelt sich um eine mittelbare Vertretung, bei der der Arbeitgeber eine Vertretungskette aufzeigen und die Aufgaben des abwesenden Arbeitnehmers zumindest gedanklich der Vertretungskraft zuordnen muss.[21] Der Stammarbeitnehmer müsste im Falle seiner Anwesenheit rechtlich und tatsächlich in der Lage sein, die der Vertretungskraft übertragenen Aufgaben auszuüben.[22]

---

[14] S. zB § 3 Tarifvertrag zur Beschäftigungssicherung in der Eisen-, Metall- und Elektroindustrie Nordrhein-Westfalens; s. auch BAG 29.9.2005 – 8 AZR 573/04, BeckRS 2006, 41093; *Schulze* NZA 2007, 1329; *Wroblewski* AiB 2006, 395.

[15] BAG 7.7.1999 – 7 AZR 232/98, NZA 1999, 1335.

[16] BT-Drs. 14/4374, 19.

[17] BAG 24.8.2011 – 7 AZR 368/10, BeckRS 2012, 65285.

[18] BAG 10.10.2007 – 7 AZR 795/06, NZA 2008, 295.

[19] BAG 27.7.2016 – 7 AZR 545/14, NZA 2016, 1531; BAG 10.7.2013 – 7 AZR 833/11, NZA 2013, 1292.

[20] BAG 12.1.2011 – 7 AZR 194/09, NZA 2011, 507; BAG 20.1.2010 – 7 AZR 542/08, BeckRS 2010, 69545.

[21] BAG 6.11.2013 – 7 AZR 96/12, NZA 2014, 430.

[22] BAG 11.2.2015 – 7 AZR 113/13, NZA 2015, 617.

Zwar ist der Arbeitgeber grundsätzlich frei darin, wie er einem Vertretungsbedarf begegnet. Jedoch darf er befristete Arbeitsverhältnisse nicht rechtsmissbräuchlich einsetzen. Zur Feststellung, ob ein solcher institutioneller Rechtsmissbrauch vorliegt, sind alle Umstände des Einzelfalls zu würdigen. Insbesondere ist eine Abgrenzung zur Wahrnehmung von Daueraufgaben vorzunehmen. Maßgeblich ist, ob dieselbe Person zur Erledigung gleicher Aufgaben jeweils befristet eingestellt wurde, außerdem sowohl die Gesamtdauer als auch die Zahl der befristeten Arbeitsverträge.[23]

Eine besondere Konkretisierung erfährt der Sachgrund der Vertretung in §21 BEEG[24] und ist somit eine andere gesetzliche Vorschrift iSd §23 TzBfG. §21 BEEG erlaubt die Befristung eines Arbeitsverhältnisses zur Vertretung eines Arbeitnehmers für Zeiten der Beschäftigungsverbote nach dem Mutterschutzgesetz oder für Zeiten der Elternzeit oder sonstiger Kinderbetreuungszeiten. Die Regelung lässt nicht nur die kalendermäßig festgelegte Befristung zu, sondern ermöglicht es, ein Arbeitsverhältnis für die Dauer der Elternzeit und der notwendigen Zeiten der Einarbeitung (§21 Abs. 2 und 3 BEEG) abzuschließen, ohne eine zeitliche Eingrenzung vorzunehmen. Eine entsprechende Regelung enthält §6 PflegeZG.

- Nr. 4: *Eigenart der Arbeitsleistung*
  Eine Befristung wegen der Eigenart der Arbeitsleistung kommt in Betracht bei programmgestaltenden Mitarbeitern im Rundfunkbereich[25] oder bei Mitarbeitern im Kunstbereich.[26]
- Nr. 5: *Erprobung*
  Mit einem Arbeitnehmer kann ein Arbeitsverhältnis befristet geschlossen werden, um seine Fähigkeiten zu ermitteln.[27] S. hierzu auch S. 49.
- Nr. 6: *in der Person des Arbeitnehmers liegende Gründe*
  Mit dieser Regelung ermöglicht das Gesetz eine Befristung des Arbeitsverhältnisses aus sozialen Gründen[28] und auf eigenen Wunsch des Arbeitnehmers.[29] Der Befristungsgrund greift nicht, wenn die Interessen des Betriebs und nicht das objektive Interesse des Arbeitnehmers, einen befristeten Arbeitsvertrag zu erhalten, im Vordergrund stehen.[30]
- Nr. 7: *begrenzte Haushaltsmittel*
  Dieser Befristungsgrund hat Bedeutung im öffentlichen Dienst, wenn Haushaltsmittel nur zeitlich begrenzt für bestimmte Projekte zur Verfügung

[23] EuGH 26.1.2012 – C-586/10, NZA 2012, 135 – Kücük; BAG 26.10.2016 – 7 AZR 135/15, NZA 2017, 382; BAG 18.7.2012 – 7 AZR 443/09, NZA 2012, 1351.
[24] BAG 29.4.2015 – 7 AZR 310/13, NZA 2015, 928.
[25] BAG 4.12.2013 – 7 AZR 457/12, NZA 2014, 1018; BAG 11.12.1991 – 7 AZR 128/91, NZA 1993, 354.
[26] BAG 21.5.1981 – 2 AZR 1117/78, BeckRS 9998, 180181.
[27] BAG 2.6.2010 – 7 AZR 85/09, NZA 2010, 1293.
[28] BAG 21.1.2009 – 7 AZR 630/07, NZA 2009, 727.
[29] BAG 11.2.2015 – 7 AZR 17/13, NZA 2015, 1066; BAG 26.4.1985 – 7 AZR 316/84, AP BGB §620 Befristeter Arbeitsvertrag Nr. 91.
[30] BAG 24.8.2011 – 7 AZR 368/10, BeckRS 2012, 65285.

stehen. Zwischen der befristeten Beschäftigung des Arbeitnehmers und den begrenzten Haushaltsmitteln muss ein direkter Zusammenhang bestehen.[31]

- Nr. 8: *gerichtlicher Vergleich*
  Die Befristung des Arbeitsverhältnisses kann in einem gerichtlichen Vergleich vereinbart werden, um zB einen Kündigungsstreit zu beenden.[32] Ein außergerichtlicher Vergleich genügt nach dem eindeutigen Wortlaut der Vorschrift nicht.

2. Befristung ohne Sachgrund

Als Ausnahme vom Erfordernis des sachlichen Grunds lässt § 14 Abs. 2 TzBfG für die kalendermäßige Befristung (s. § 3 Abs. 1 S. 1 TzBfG) unter bestimmten Voraussetzungen eine erleichterte Befristung ohne sachlichen Grund zu. Danach ist die maximal viermalige kalendermäßige Befristung eines Arbeitsverhältnisses bis zur Höchstdauer von zwei Jahren zulässig. Das befristete Arbeitsverhältnis darf dabei insgesamt dreimal verlängert werden. Die Vertragsparteien müssen sich noch vor dem Ende des zu verlängernden Vertragsverhältnisses über seine Fortsetzung einigen, sodass sich die befristeten Arbeitsverhältnisse nahtlos aneinander reihen.[33] Auch nur geringfügige Unterbrechungen oder Änderungen des zum Zeitpunkt der vereinbarten Beendigung bestehenden Vertragsinhalts machen die erneute Befristung unzulässig. Dies gilt nur dann nicht, wenn der Arbeitnehmer zum Zeitpunkt der Verlängerung auf die Vertragsänderung einen Anspruch hat.[34] Eine Verlängerung des Vertragsverhältnisses ändert folglich ausschließlich die Laufzeit des ansonsten unverändert bleibenden Arbeitsverhältnisses.[35] Ist also eine Weiterbeschäftigung über die zunächst vorgesehene Befristungsdauer hinaus geplant, so sollten etwaige Änderungen des Vertragsinhalts (zB der Vergütung oder Arbeitszeit), auch wenn sie noch so geringfügig sind oder nur zugunsten des Arbeitnehmers ausfallen, nicht zeitgleich mit der Verlängerung der Vertragszeit vorgenommen werden, sondern entweder vor- oder nachher.[36] Änderungen im Zusammenhang mit einer Verlängerung des befristeten Arbeitsverhältnisses bedeuten den Neuabschluss eines befristeten Arbeitsverhältnisses, dem dann jedoch das Anschlussverbot des § 14 Abs. 2 S. 2 TzBfG entgegensteht.[37]

Das Anschlussverbot des § 14 Abs. 2 S. 2 TzBfG verbietet eine sachgrundlose Befristung, wenn mit demselben Arbeitgeber zuvor ein befristetes oder unbefristetes Arbeitsverhältnis bestand. Da das Berufsausbildungsverhältnis kein Arbeitsverhältnis ist, kann auf ein Berufsausbildungsverhältnis ein befristetes

[31] BAG 16.10.2008 – 7 AZR 360/07, NZA 2009, 676; BAG 7.5.2008 – 7 AZR 198/07, NZA 2008, 880; BAG 18.10.2006 – 7 AZR 360/07, NZA 2009, 676.
[32] BAG 8.6.2016 – 7 AZR 339/14, NZA 2016, 1485; BAG 12.11.2014 – 7 AZR 891/12, NZA 2015, 379.
[33] BAG 4.12.2013 – 7 AZR 468/12, NZA 2014, 623.
[34] BAG 16.1.2008 – 7 AZR 603/06, NZA 2008, 701.
[35] BAG 18.1.2006 – 7 AZR 178/05, NZA 2006, 605.
[36] BAG 26.7.2006 – 7 AZR 514/05, NZA 2006, 1402.
[37] BAG 20.2.2008 – 7 AZR 786/06, NZA 2008, 883; BAG 23.8.2006 – 7 AZR 12/06, NZA 2007, 204.

Arbeitsverhältnis gem. § 14 Abs. 2 TzBfG folgen, das Anschlussverbot steht hier nicht entgegen.[38] Neben der Befristung ohne Sachgrund ist im Anschluss an ein Berufsausbildungsverhältnis jedoch auch eine Befristung aus sachlichem Grund gem. § 14 Abs. 1 S. 2 Nr. 2 TzBfG möglich.

Arbeitgeber ist derjenige, mit dem der Arbeitnehmer einen Arbeitsvertrag geschlossen hatte.[39] Da das Anschlussverbot also nur greift, wenn zuvor ein Arbeitsverhältnis zu demselben Arbeitnehmer bestanden hat, kann der Entleiher einen zuvor bei ihm beschäftigten Leiharbeitnehmer ohne Sachgrund befristet einstellen.[40]

Das Gesetz enthält keine zeitliche Begrenzung des Begriffs „zuvor". Dem Wortlaut der Vorschrift nach kommt eine erleichterte Befristung nur bei Neueinstellung eines Arbeitnehmers in Betracht.[41] In Anlehnung an die regelmäßige Verjährung hat das Bundesarbeitsgericht eine vorherige Beschäftigung, die mehr als drei Jahre zurückliegt, als nicht mehr relevant im Sinne einer „Zuvor-Beschäftigung" angesehen.[42] Sinn und Zweck der Vorschrift sei es, Befristungsketten zu verhindern. Eine verfassungskonforme Auslegung erfordere daher eine Begrenzung der mit dem Anschlussverbot verbundenen Einschränkung der Vertrags- und Berufsfreiheit der Arbeitsvertragsparteien.[43]

Bedeutung hat das Anschlussverbot vor allem auch für die Frage, ob Befristungsketten dadurch geschaffen werden können, dass befristete Arbeitsverträge mit sachlichem Grund nach § 14 Abs. 1 TzBfG und erleichterte Befristungen nach § 14 Abs. 2 TzBfG beliebig aneinandergereiht werden. Aufgrund des Anschlussverbots des § 14 Abs. 2 S. 2 TzBfG ist es ausgeschlossen, an eine Befristung mit sachlichem Grund eine Befristung ohne Sachgrund anzuschließen. § 14 Abs. 2 S. 2 TzBfG verbietet allerdings unter den genannten Voraussetzungen nur eine erleichterte Befristung nach § 14 Abs. 2 S. 1 TzBfG. Es ist daher möglich, zunächst ein befristetes Arbeitsverhältnis ohne Grund gem. § 14 Abs. 2 TzBfG und dann ein durch einen sachlichen Grund gerechtfertigtes Arbeitsverhältnis befristet zu begründen.

Die nachfolgende Graphik zeigt noch einmal im Überblick die wichtigsten Möglichkeiten der Befristungsketten:

38 BAG 21.9.2011 – 7 AZR 375/10, NZA 2012, 255.

39 BAG 24.6.2015 – 7 AZR 452/13, NZA 2015, 1507; BAG 4.12.2013 – 7 AZR 290/12, NZA 2014, 426.

40 BAG 18.10.2006 – 7 AZR 145/06, NZA 2007, 443.

41 BAG 6.11.2003 – 2 AZR 690/02, NZA 2005, 218.

42 BAG 6.4.2011 – 7 AZR 716/09, NZA 2011, 905.

43 Dagegen: LAG Baden-Württemberg 13.10.2016 – 3 Sa 34/16, BeckRS 2016, 73949; LAG Hessen 11.7.2017 – 8 Sa 1578/16, BeckRS 2017, 126713; LAG Schleswig-Holstein 27.7.2017 – 4 Sa 221/16, BeckRS 2017, 125923; s. auch Vorlagebeschluss zum BVerfG: ArbG Braunschweig 3.4.2014 – 5 Ca 463/13, BeckRS 2014, 70860.

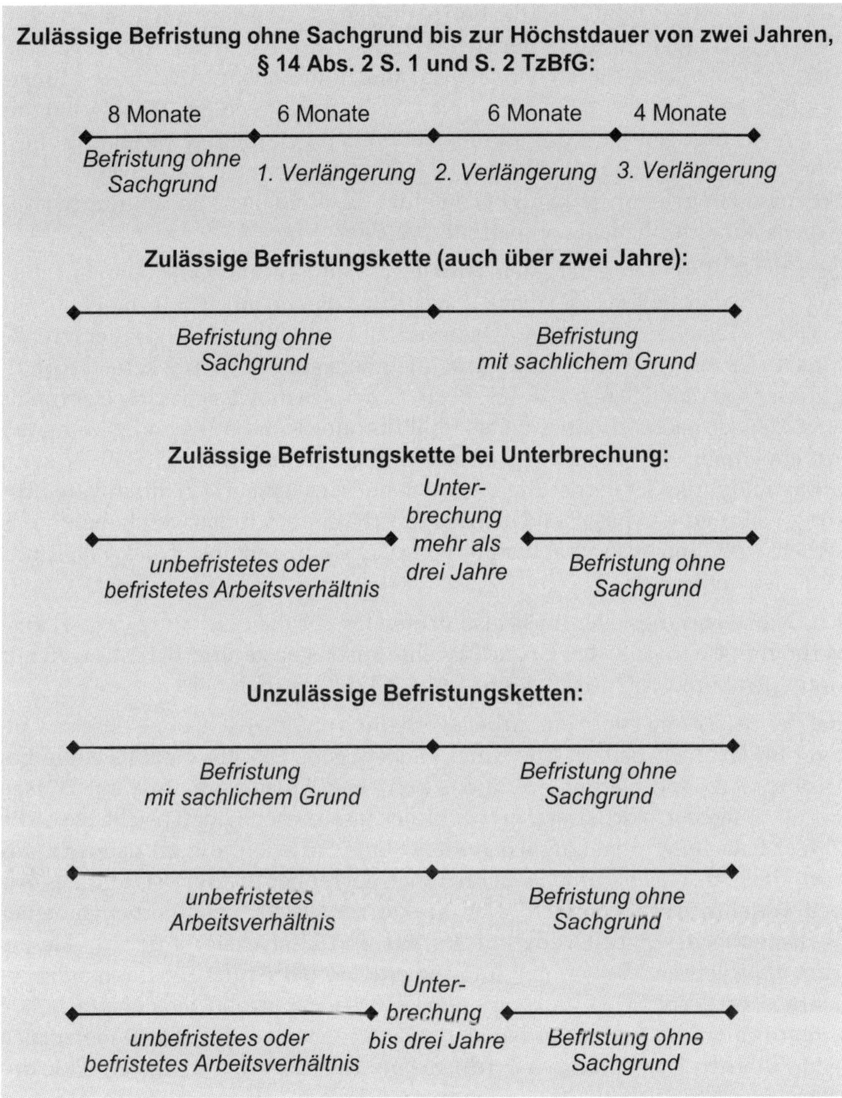

Gemäß §14 Abs. 2a TzBfG bedarf es in den ersten vier Jahren eines neu gegründeten Unternehmens für die kalendermäßige Befristung eines Arbeitsverhältnisses keines sachlichen Grundes, sofern die Neugründung nicht im Zusammenhang mit der rechtlichen Umstrukturierung von Unternehmen und Konzernen erfolgt.[44] Die Befristung ist in diesem Fall bis zur Dauer von vier Jahren zulässig. Eine mehrfache Verlängerung ohne Begrenzung ihrer Anzahl ist möglich, sofern die Höchstdauer von vier Jahren nicht überschritten wird. Das Anschlussverbot gilt allerdings auch für diese Betriebe (§14 Abs. 2a S. 4 TzBfG).

---

[44] S. auch *Lipinski* BB 2004, 1221.

Gemäß § 14 Abs. 3 TzBfG[45] ist die Befristung eines Arbeitsvertrags ohne sachlichen Grund möglich, wenn der Arbeitnehmer bei Beginn des Arbeitsverhältnisses das 52. Lebensjahr vollendet hat und unmittelbar zuvor vier Monate beschäftigungslos iSd § 138 Abs. 1 Nr. 1 SGB III gewesen ist, Transferkurzarbeitergeld bezogen hat oder an einer öffentlich geförderten Beschäftigungsmaßnahme nach dem SGB II bzw. SGB III teilgenommen hat.[46] Liegen diese Voraussetzungen vor, so kann bis zu einer Gesamtdauer von fünf Jahren das Arbeitsverhältnis beliebig oft befristet werden.

Gemäß § 23 TzBfG sind befristete Arbeitsverhältnisse außerhalb des § 14 TzBfG zulässig, wenn andere gesetzliche Vorschriften dies erlauben. So ermöglicht § 41 S. 3 SGB VI die Befristung von Arbeitsverhältnissen über die Regelaltersgrenze hinaus. Da der Anspruch eines Arbeitnehmers auf eine Rente keinen Kündigungsgrund darstellt (s. § 41 S. 1 SGB VI), findet sich in Arbeitsverträgen oftmals eine Klausel, nach der das Arbeitsverhältnis ohne Kündigung endet, wenn der Arbeitnehmer die Regelaltersgrenze erreicht.[47] Gemäß § 41 S. 3 SGB VI kann dieser Endpunkt der Befristung gegebenenfalls auch mehrfach durch Vereinbarung während des bestehenden Arbeitsverhältnisses hinausgeschoben[48], das Arbeitsverhältnis also unabhängig von den Voraussetzungen des § 14 TzBfG befristet werden.

Der Niederlassungsleiter muss also prüfen, ob für die Befristung der Arbeitsverhältnisse ein sachlicher Grund besteht. Ansonsten kann er Befristungen nur unter den Voraussetzungen des § 14 Abs. 2 TzBfG vornehmen.

Bei der Befristung endet das Arbeitsverhältnis automatisch, ohne dass es weiterer Erklärungen bedarf. Allerdings entsteht gem. § 15 Abs. 5 TzBfG ein unbefristetes Arbeitsverhältnis, wenn das befristete Arbeitsverhältnis mit Wissen des Arbeitgebers fortgesetzt wird, ohne dass dieser widerspricht bzw. die Zweckerreichung unverzüglich mitteilt. Eine Situation, die zB dadurch auftritt, dass Arbeitgeber und Arbeitnehmer noch über die Fortsetzung des Arbeitsverhältnisses verhandeln. Der direkte Vorgesetzte geht hierbei von einer Fortsetzung des Arbeitsverhältnisses aus und lässt weiter arbeiten. Als die Personalabteilung dies erfährt und die erneute Befristung für unzulässig erklärt, ist es zu spät. Hier muss eine genaue Fristenkontrolle und entsprechende Organisation der Abläufe erfolgen, da Fehler teuer werden. Ein Widerspruch gem. § 15 Abs. 5 TzBfG kann allerdings bereits vor dem vereinbarten Ende des befristeten Vertrags erklärt werden.[49]

---

45 S. auch EuGH 22.11.2005 – C-144/04, NZA 2005, 1345 – Mangold; BAG 26.4.2006 – 7 AZR 500/04, NZA 2006, 1162.

46 BAG 28.5.2014 – 7 AZR 360/12, NZA 2015, 1131.

47 Zur Zulässigkeit s. nur BAG 9.12.2015 – 7 AZR 68/14, NZA 2016, 695.

48 Dazu s. ArbG Karlsruhe 27.4.2016 – 3 Ca 22/16, BeckRS 2016, 118163.

49 BAG 28.9.2016 – 7 AZR 377/14, NZA 2017, 55; BAG 11.7.2007 – 7 AZR 501/06, BeckRS 2007, 48596; s. auch BAG 7.10.2015 – 7 AZR 40/14, NZA 2016, 358.

III. Befristungsabrede und Kündigung

Aufgrund der erleichterten Befristungsmöglichkeit des §14 Abs. 2 TzBfG hat der Leiter der Niederlassung Iserlohn einen Müllwerker befristet für die Dauer von einem Jahr eingestellt. Nach drei Monaten steht fest, dass der Mitarbeiter für die Tätigkeit nicht hinreichend geeignet ist. Er fragt in der Zentrale nach, ob er den Mitarbeiter trotz der Befristung kündigen kann.

Die Befristung eines Arbeitsverhältnisses ist zugleich die Vereinbarung einer bestimmten Mindestdauer des Arbeitsverhältnisses. Während eine außerordentliche Kündigung aus wichtigem Grund jederzeit möglich ist, ist eine ordentliche Kündigung regelmäßig ausgeschlossen.[50] Gemäß §15 Abs. 3 TzBfG ist eine ordentliche Kündigung nur zulässig, wenn sie einzelvertraglich oder in einem anwendbaren Tarifvertrag vereinbart ist. Eine entsprechende Vereinbarung kann ausdrücklich ein Kündigungsrecht einräumen. Dieses kann sich jedoch auch aus den Umständen ergeben. So lässt die Vereinbarung einer Probezeit regelmäßig auf den Willen der Parteien schließen, das Arbeitsverhältnis während dieser Zeit ohne Grund ordentlich kündigen zu können.[51] Wird auch für die Zeit nach der Probezeit eine Kündigungsmöglichkeit vertraglich eingeräumt, so ist zu beachten, dass bei einer sechs Monate überschreitenden Befristung in Betrieben, die keine Kleinbetriebe iSd §23 Abs. 1 KSchG sind, der allgemeine Kündigungsschutz des Kündigungsschutzgesetzes eingreift. Es bedarf dann zur Unwirksamkeit der Kündigung eines personen-, verhaltens- oder betriebsbedingten Grundes.

Sie werden dem Niederlassungsleiter für die Zukunft folgende Vertragsgestaltung empfehlen:

Befristungsabrede und Kündigung

„Das Arbeitsverhältnis ist vom ... bis ... befristet. Die ersten drei/sechs Monate gelten als Probezeit. Während der Probezeit ist eine Kündigung mit einer Frist von zwei Wochen zulässig. Nach Ablauf der Probezeit kann das Arbeitsverhältnis ordentlich mit einer Frist von vier Wochen zum Fünfzehnten oder zum Ende eines Kalendermonats gekündigt werden."

IV. Unwirksamkeit der Befristung und Entfristungsklage

Ist die Befristung des Arbeitsverhältnisses unwirksam, so entsteht zwischen Arbeitgeber und Arbeitnehmer ein unbefristetes Dauerarbeitsverhältnis, das gem. §16 S. 1 TzBfG frühestens zum vereinbarten Ende ordentlich gekündigt werden kann. Wurde einzelvertraglich gem. §15 Abs. 3 TzBfG ein ordentliches Kündigungsrecht vereinbart, so kann das Arbeitsverhältnis im Falle der unwirksamen Befristung auch vor Ablauf seiner Mindestdauer durch Kündigung beendet werden. Gleiches gilt auch ohne Vereinbarung eines Kündigungsrechts,

[50] BAG 19.6.1980 – 2 AZR 660/78, NJW 1981, 246.
[51] BAG 4.7.2001 – 2 AZR 88/00, BeckRS 2002, 40044.

wenn die Befristung nicht der Form des §14 Abs.4 TzBfG genügt. Wird vor Ablauf des vereinbarten Befristungsendes gekündigt, so sind die allgemeinen Kündigungsvorschriften zu beachten.

Will der Arbeitnehmer die Unwirksamkeit der Befristung geltend machen, so muss er gem. §17 S.1 TzBfG innerhalb von drei Wochen nach dem vereinbarten Ende des befristeten Arbeitsverhältnisses Klage beim Arbeitsgericht erheben und geltend machen, dass sein Arbeitsverhältnis durch die Befristung nicht wirksam beendet ist (Entfristungsklage). Versäumt der Arbeitnehmer diese Frist, so kann er die Unwirksamkeit der Befristung nicht mehr geltend machen, §17 S.2 TzBfG iVm §7 KSchG.[52] Es gilt hier das zur Kündigungsschutzklage Gesagte entsprechend (s. S.249ff.). Zu beachten ist jedoch, dass die Nichteinhaltung der Schriftform des §14 Abs.4 TzBfG zur Unwirksamkeit der Befristung führt, die innerhalb der Frist von drei Wochen geltend gemacht werden muss. Bei der Kündigung ist die fehlende Schriftform nicht von der Klagefrist nach §4 KSchG erfasst und kann daher auch noch außerhalb der Dreiwochenfrist geltend gemacht werden. §4 KSchG knüpft für die Klagefrist ausdrücklich an den Zugang der schriftlichen Kündigung an. §17 TzBfG legt hingegen als Fristbeginn das vereinbarte Ende des Arbeitsverhältnisses fest.

Wurde der Arbeitnehmer mehrfach nacheinander befristet beschäftigt, so steht durch die Klage nur die jeweils letzte Befristung zur Überprüfung an. Regelmäßig haben die Arbeitsvertragsparteien durch den Abschluss eines weiteren befristeten Arbeitsvertrags ihre Rechtsbeziehung auf eine neue Grundlage gestellt. Sofern sie nicht einen entsprechenden Vorbehalt erklärt haben, wird damit auch ein durch eine unwirksame Befristung entstandenes unbefristetes Arbeitsverhältnis aufgehoben.[53]

Auch bei einer Entfristungsklage kann der Arbeitnehmer seine Weiterbeschäftigung für die Dauer des Rechtsstreits verlangen, wenn die Befristung offensichtlich unwirksam ist oder im Prozess über die Befristung ein ihre Unwirksamkeit feststellendes Urteil ergeht.[54] Es gelten die gleichen Grundsätze wie bei einer Weiterbeschäftigung für die Dauer des Kündigungsschutzprozesses (s. S.254ff.).

V. Besondere Pflichten des Arbeitgebers gegenüber befristet Beschäftigten

Das TzBfG legt dem Arbeitgeber gegenüber befristet Beschäftigten einige besondere Pflichten auf. Gemäß §4 Abs.2 TzBfG darf der Arbeitgeber einen befristet beschäftigten Arbeitnehmer nicht schlechter behandeln als einen vergleichbaren unbefristet beschäftigten Arbeitnehmer (s. hierzu Definition des §3 Abs.2 TzBfG). Die Befristung darf somit nicht zum Maßstab einer Differenzierung gemacht werden. Insbesondere gilt dies für die Zahlung von Arbeitsentgelt oder anderen geldwerten Leistungen. Hier muss der befristet beschäftigte Ar-

---

[52] BAG 16.4.2003 – 7 AZR 119/02, NZA 2004, 283.
[53] StRspr vgl. nur BAG 18.6.2008 – 7 AZR 214/07, NZA 2009, 35.
[54] BAG 13.6.1985 – 2 AZR 410/84, NZA 1986, 562.

beitnehmer entsprechend seiner Beschäftigungsdauer im Bemessungszeitraum bedacht werden.

Gemäß § 18 TzBfG obliegt dem Arbeitgeber gegenüber den befristet Beschäftigten eine besondere Informationspflicht über unbefristete Arbeitsverhältnisse. Hierdurch soll erreicht werden, dass den befristet beschäftigten Arbeitnehmern ein Übergang in unbefristete Arbeitsverhältnisse ermöglicht wird. Schreibt der Arbeitgeber eine offene Stelle innerbetrieblich aus, so genügt er damit zugleich der Informationspflicht aus § 18 TzBfG. Ansonsten muss die Information an geeigneter den Arbeitnehmern zugänglicher Stelle im Betrieb erfolgen. Die Chancen auf einen Dauerarbeitsplatz sollen auch dadurch erhöht werden, dass § 19 TzBfG den Arbeitgeber ausdrücklich verpflichtet, grundsätzlich auch befristet beschäftigten Arbeitnehmern die Teilnahme an Aus- und Weiterbildungsmaßnahmen zu ermöglichen.

VI. Beteiligung des Betriebsrats

Der Betriebsrat muss wie bei jeder anderen Einstellung gem. § 99 BetrVG auch der befristeten Einstellung eines Mitarbeiters zustimmen. Auch wenn ein bisher bereits befristetes Arbeitsverhältnis verlängert werden soll, muss der Betriebsrat (erneut) beteiligt werden.[55] Der Betriebsrat ist nicht berechtigt, seine Zustimmung mit der Begründung zu verweigern, er wolle eine unbefristete Einstellung des Arbeitnehmers. Auch wenn die Befristung gesetzwidrig ist, begründet dies kein Widerspruchsrecht des Betriebsrats gem. § 99 Abs. 2 Nr. 1 BetrVG. Dem Betriebsrat steht keine inhaltliche Kontrolle des Arbeitsverhältnisses zu. Er kann lediglich widersprechen, wenn die Einstellung selbst gegen ein Gesetz verstößt.

Gemäß § 99 Abs. 2 Nr. 3 Hs. 2 BetrVG hat der Betriebsrat ein Widerspruchsrecht gegen die Einstellung eines Arbeitnehmers in ein unbefristetes Arbeitsverhältnis, wenn hierdurch ein gleich geeigneter befristet Beschäftigter nicht berücksichtigt wird.[56] Der Betriebsrat kann somit die Übernahme befristet Beschäftigter in unbefristete Arbeitsverhältnisse unterstützen. Ein individualrechtlicher Einstellungsanspruch besteht jedoch nicht.

Nach dem eindeutigen Wortlaut des § 102 Abs. 1 BetrVG bedarf nur die Kündigung des Arbeitsverhältnisses der Anhörung des Betriebsrats. Bei Beendigung des Arbeitsverhältnisses durch Befristung endet das Arbeitsverhältnis automatisch, ohne dass es einer Beendigungserklärung bedarf. Der Betriebsrat ist folglich nicht zu beteiligen. Gemäß § 20 TzBfG muss der Arbeitgeber den Betriebsrat über die Anzahl der befristet beschäftigten Arbeitnehmer und ihren Anteil an der Gesamtbelegschaft des Betriebs und des Unternehmens informieren. Hierdurch wird die Arbeitnehmervertretung in die Lage versetzt, auf die Einstellungspraxis Einfluss zu nehmen und die gesetzlichen Vorschriften über die Befristung von Arbeitsverhältnissen zu überwachen.

---

55 BAG 7.8.1990 – 1 ABR 68/89, NZA 1991, 150.

56 S. auch *Oetker* NZA 2003, 937.

In diesem Kapitel lernen Sie, was Sie beim Abschluss eines Aufhebungsvertrags beachten müssen.

K. Beendigung des Arbeitsverhältnisses durch Aufhebungsvertrag

Herr Thomas Liebig ist seit einem knappen halben Jahr als Vertriebsmitarbeiter in der Niederlassung Siegen beschäftigt. Seine Probezeit endet am 31. Januar. Da Herr Liebig nicht die erhofften Leistungen erbrachte, bat ihn der Niederlassungsleiter am 8. Januar kurz vor Feierabend zu einem Personalgespräch in sein Büro. In Anwesenheit des Geschäftsführers der Müllex GmbH erklärte ihm der Niederlassungsleiter in einem ruhig geführten Gespräch, dass er die erwartete Arbeitsleistung nicht erbracht habe. Im Verlauf des Gesprächs bedeutete man Herrn Liebig, dass das Arbeitsverhältnis nicht fortgesetzt werden könne und bot ihm an, es einvernehmlich zu lösen. Der Niederlassungsleiter legte Herrn Liebig eine vorbereitete Auflösungsvereinbarung vor, die bereits vom Geschäftsführer und dem Niederlassungsleiter unterschrieben war. Er bat Herrn Liebig, diese genau durchzulesen, und erklärte, wie die Arbeitsverwaltung über eine Sperrzeit entscheide, könne er nicht sagen. Herr Liebig möge sich hierüber bei der Agentur für Arbeit erkundigen. Herr Liebig unterzeichnete die Auflösungsvereinbarung, nach der sein Arbeitsverhältnis zum 31. Januar endet.

Mit Schreiben vom 15. Januar erklärt Herr Liebig die Anfechtung der getroffenen Aufhebungsvereinbarung und begehrt seine Weiterbeschäftigung über den 31. Januar hinaus. Er begründet die Anfechtung damit, dass er sich über die sozialversicherungsrechtlichen Folgen der Vereinbarung geirrt habe. Außerdem hätte ihm ein Widerrufsrecht eingeräumt werden müssen. Er habe angesichts der „im Raum stehenden Kündigung“ keine andere Wahl gesehen, als den Aufhebungsvertrag sofort zu unterzeichnen.

Sie erhalten als Personalleiter/in den Vorgang mit der Bitte um weitere Veranlassung.

I. Grundlagen

Die Gründe, einen Aufhebungsvertrag abzuschließen, können vielfältig sein. Der Arbeitnehmer wird sich seiner bedienen, um kurzfristig ohne Bindung an lange Kündigungsfristen aus einem Arbeitsverhältnis auszuscheiden, zB um das bessere Angebot eines anderen Arbeitgebers anzunehmen. Der Arbeitgeber wird den Aufhebungsvertrag als Alternative zur Kündigung wählen, zB dort, wo eine Kündigung ein hohes Prozessrisiko in sich birgt oder der Arbeitnehmer Sonderkündigungsschutz genießt.

Im Gegensatz zur Kündigung beendet der Aufhebungsvertrag das Arbeitsverhältnis einvernehmlich. Die Kündigung erfordert eine einseitige Erklärung, mit der die Beendigung des Arbeitsverhältnisses herbeigeführt wird. Der Aufhebungsvertrag setzt zwei übereinstimmende Willenserklärungen (Angebot und Annahme) voraus. Gegen den Abschluss eines Aufhebungsvertrags bestehen keine rechtlichen Bedenken. Er unterfällt der Vertragsautonomie und der Berufsfreiheit, die nicht nur das Recht gewährt, ein Arbeitsverhältnis zu schließen, sondern es auch wieder zu beenden (Art. 2 Abs. 1, Art. 12 Abs. 1 GG; §§ 241, 311 Abs. 1 BGB).[1] Ein Aufhebungsvertrag kann demzufolge auch von einem Arbeitnehmer geschlossen werden, dem das Gesetz Sonderkündigungsschutz gewährt und dessen Arbeitsverhältnis im Falle einer Kündigung nur unter Beteiligung staatlicher Stellen beendet werden könnte, zB das Arbeitsverhältnis einer Schwangeren (§ 17 MuSchG) oder eines Schwerbehinderten (§ 168 SGB IX). Ebenso wenig muss beim Abschluss eines Aufhebungsvertrags der Betriebsrat beteiligt werden. § 102 Abs. 1 S. 1 BetrVG sieht eine Anhörung nur für Kündigungen vor, dh für die einseitige Beendigung des Arbeitsverhältnisses durch den Arbeitgeber.

Bei der Festlegung des Beendigungszeitpunkts müssen nicht nur die Wünsche der Vertragsparteien beachtet werden, sondern auch mögliche Folgen eines bestimmten Beendigungstermins zB für die Zahlung einer Gratifikation, den Erwerb betrieblicher Versorgungsleistungen oder einer Sperrzeit beim Arbeitslosengeld. Neben der Beendigung des Arbeitsverhältnisses sind vielfältige weitere Regelungsgegenstände denkbar.[2] Hier ist insbesondere an die Vereinbarung einer Abfindungszahlung, die Gewährung oder Abgeltung von Resturlaubsansprüchen, an eine Freistellung von der Arbeit bis zum Ende des Arbeitsverhältnisses, aber auch an die Rückgabe eines Dienstwagens oder sonstigen Arbeitsgeräts zu denken.

Der Aufhebungsvertrag unterliegt gem. § 623 BGB der Schriftform. Gemäß § 126 Abs. 1, Abs. 2 S. 1 BGB muss der Vertrag grundsätzlich auf derselben Urkunde eigenhändig durch Namensunterschrift unterzeichnet werden. Werden mehrere gleichlautende Urkunden aufgenommen, so genügt es, wenn jede Partei die für die andere Partei bestimmte Urkunde unterzeichnet. Die Unterschrift muss den gesamten Vertrag erfassen. Wie bei der Kündigung ist gem. § 623 BGB auch beim Aufhebungsvertrag die elektronische Form gem. § 126a BGB ausgeschlossen.

Vom Aufhebungsvertrag ist der Abwicklungsvertrag zu unterscheiden, bei dem der vertraglichen Vereinbarung eine Kündigung des Arbeitgebers vorausgeht. Die Kündigung beendet das Arbeitsverhältnis. Der Abwicklungsvertrag regelt die Bedingungen der Vertragsbeendigung. Da nicht der Abwicklungsvertrag, sondern die vorausgegangene Kündigung das Arbeitsverhältnis beendet, bedarf der Abwicklungsvertrag nicht der Schriftform, wird jedoch regelmäßig ebenfalls schriftlich abgeschlossen werden.[3]

---

1 BAG 30.9.1993 – 2 AZR 268/93, NZA 1994, 209.
2 S. auch *Kuhn/Becker* DB 2016, 1994.
3 S. aber BAG 19.4.2007 – 2 AZR 208/06, NZA 2007, 1227.

Der Abschluss eines Aufhebungs- bzw. Abwicklungsvertrags soll regelmäßig die vertraglichen Beziehungen endgültig abschließen. Derartige Verträge sind Verbraucherverträge und unterfallen daher gem. §310 Abs. 1 Nr. 1, 2 BGB der Inhaltskontrolle der §§307 ff. BGB. Wird daher ein beiderseitiger Forderungsverzicht vereinbart, so ist diese Klausel unangemessen, wenn der Arbeitgeber seine Interessen einseitig zulasten des Arbeitnehmers durchsetzt.[4] Entsprechendes gilt für eine Klausel, mit der der Arbeitnehmer auf die Erhebung einer Kündigungsschutzklage verzichtet. Da ein solcher Klageverzicht dem Arbeitnehmer die dreiwöchige Klagefrist des §4 S. 1 KSchG als Bedenkzeit nimmt, ist eine entsprechende Klausel nur wirksam, wenn der Arbeitgeber eine angemessene Kompensationsleistung tätigt.[5]

Probleme entstehen beim Aufhebungsvertrag und beim Abwicklungsvertrag zumeist in zweierlei Hinsicht: zum einen aus den sozialversicherungsrechtlichen Folgen[6] und zum anderen aus dem Umstand, dass der Arbeitgeber den Arbeitnehmer vor die Alternative Kündigung oder Aufhebungsvertrag stellt.

II. Sozialversicherungsrechtliche Fragen des Aufhebungsvertrags

Die einvernehmliche Beendigung des Arbeitsverhältnisses durch Abschluss eines Aufhebungsvertrags stellt ein „Lösen" des Beschäftigungsverhältnisses iSd §159 Abs. 1 S. 2 Nr. 1 SGB III dar, denn der Arbeitnehmer wirkt aktiv an der Beendigung des Arbeitsverhältnisses mit.[7] Dies gilt auch dann, wenn ohne Aufhebungsvertrag eine Kündigung ausgesprochen worden wäre. Dem Arbeitnehmer ist es zumutbar, die Kündigung des Arbeitgebers abzuwarten. Der Abschluss eines Aufhebungsvertrags löst folglich gem. §159 Abs. 3 SGB III regelmäßig eine Sperrzeit für die Dauer von zwölf Wochen aus, die in Ausnahmefällen auf sechs Wochen verkürzt werden kann.[8] Während der Sperrzeit ruht gem. §159 Abs. 1 S. 1 SGB III der Anspruch auf Arbeitslosengeld. Gleichzeitig verringert sich gem. §148 Abs. 1 Nr. 4 SGB III die Gesamtdauer des Anspruchs auf Arbeitslosengeld um die Dauer der Sperrzeit, bei einer Sperrzeit von zwölf Wochen um mindestens ein Viertel. Durch diese Regelung soll verhindert werden, dass ein Arbeitnehmer zulasten der Versichertengemeinschaft die Arbeitslosigkeit grundlos herbeiführt.

Ein eine Sperrzeit bewirkendes „Lösen" des Arbeitsverhältnisses ist zu verneinen, wenn der Arbeitnehmer einen wichtigen Grund für die Beendigung des Arbeitsverhältnisses hatte. Ein wichtiger Grund besteht nicht allein deshalb, weil der Arbeitnehmer einer drohenden Arbeitgeberkündigung zuvorkommt. Im Hinblick auf die Interessen der Versichertengemeinschaft ist es dem Arbeit-

---

[4] BAG 24.2.2016 – 5AZR 258/14, NZA 2016, 762.

[5] BAG 24.9.2015 – 2 AZR 347/13, NZA 2016, 351; BAG 24.9.2014 – 2 AZR 788/13, NZA 2015, 350; s. auch BAG 12.3.2015 – 6 AZR 82/14, NZA 2015, 676.

[6] Abfindungen sind gem. §§2 Abs. 1, 24 Abs. 1a, 34 EstG zu versteuern.

[7] S. im Einzelnen Geschäftsanweisungen der Bundesagentur für Arbeit zu §159 SGB III – Sperrzeit, abrufbar unter www.arbeitsagentur.de; s. auch *Fuhlrott* NZA 2017, 225; *Kleinebrink* DB 2017, 1212.

[8] S. dazu BSG 25.4.2002 – B 11 AL 65/01 R, NZA-RR 2003, 105.

nehmer grundsätzlich zuzumuten, erst eine Arbeitgeberkündigung abzuwarten. Wenn dem Arbeitnehmer jedoch eine objektiv rechtmäßige betriebs- oder personenbedingte Kündigung droht und ihm das Abwarten der Arbeitgeberkündigung nicht zumutbar ist, dann ist das Vorliegen eines wichtigen Grundes zu bejahen. Wird eine Abfindung vereinbart, so darf diese in Anlehnung an § 1a KSchG nicht mehr als 0,5 Monatsverdienste pro Beschäftigungsjahr ausmachen.[9] Beträgt die Abfindung nicht mehr als ein halbes Bruttomonatsgehalt pro Beschäftigungsjahr, so wird die Rechtmäßigkeit der Kündigung unterstellt. Ist die Abfindung höher, prüft die Agentur für Arbeit, ob die Kündigung rechtmäßig war.

Auch ein Abwicklungsvertrag, dem eine Kündigung vorausgeht und der die Rechtsfolgen dieser Kündigung regelt, löst eine Sperrzeit aus. Zwar stellt die bloße Hinnahme einer Kündigung kein Lösen des Beschäftigungsverhältnisses im Sinne der sozialversicherungsrechtlichen Regelungen dar. Doch wirkt der Arbeitnehmer bei dem Abschluss eines Abwicklungsvertrags aktiv an der Beendigung des Arbeitsverhältnisses mit.[10] Eine Sperrzeit entfällt daher bei einem Abwicklungsvertrag nur, wenn ein wichtiger Grund vorliegt.

Neben der Sperrzeitenerteilung stellt im Verhältnis zum Arbeitslosengeld die Gewährung einer Abfindung ein weiteres Problem dar. Gemäß § 158 SGB III ruht der Anspruch auf Arbeitslosengeld für den Fall, dass der Arbeitnehmer eine Entlassungsentschädigung erhalten hat und sein Arbeitsverhältnis vorzeitig ohne Einhalten einer der ordentlichen Kündigungsfrist des Arbeitgebers entsprechenden Frist endet. Der Arbeitnehmer erhält kein Arbeitslosengeld bis zu dem Zeitpunkt, zu dem sein Arbeitsverhältnis bei Beachtung der arbeitgeberseitigen Kündigungsfrist geendet hätte. In diesen Fällen wird angenommen, dass die Abfindungsleistung Vergütungszahlungen für die Zeit des vorzeitigen Ausscheidens enthält. Ein gleichzeitiger Anspruch auf Arbeitsentgelt und Arbeitslosengeld ist gem. § 157 Abs 1 SGB III ausgeschlossen. Für den Aufhebungsvertrag wird diese Regelung bedeutsam, wenn das Ende des Arbeitsverhältnisses zu einem Zeitpunkt vereinbart wird, zu dem das Arbeitsverhältnis aufgrund einer (einseitigen) Kündigung des Arbeitgebers nicht hätte beendet werden können. Die Anrechnung der Abfindung wird durch die in § 158 Abs. 2 SGB III enthaltene Regelung begrenzt bzw. vermindert. Der im Aufhebungs- bzw. Abwicklungsvertrag vereinbarte Beendigungszeitpunkt sollte daher immer mit dem Zeitpunkt identisch sein, zu dem das Arbeitsverhältnis bei Einhalten der Kündigungsfrist geendet hätte. Dies vermeidet die Anrechnung der Abfindung.

Der Arbeitnehmer muss sich über die dargestellten finanziellen Folgen des Aufhebungsvertrags klar werden, bevor er sich mit dessen Abschluss einverstanden erklärt. Er ist grundsätzlich selbst verantwortlich, sich über die möglichen Konsequenzen des Aufhebungsvertrags zu informieren.[11] Den Arbeitgeber trifft

9 BSG 12.7.2006 – B 11a AL 47/05 R, NJW 2006, 3514.

10 BSG 18.12.2003 – B 11 AL 35/03, BeckRS 2003, 30336101; krit. *Boecken/Hümmerich* DB 2004, 2046; *Schuldt* NZA 2005, 861.

11 BAG 3.7.1990 – 3 AZR 382/89, NZA 1990, 971; BAG 10.3.1988 – 8 AZR 420/85, NZA 1988, 837.

insoweit keine Hinweis- und Aufklärungspflicht. Er kann den Arbeitnehmer an die zuständigen Stellen verweisen. Eine gesteigerte Informationspflicht (§§ 241 Abs. 2, 242 BGB) des Arbeitgebers kann sich jedoch dann ergeben, wenn der Aufhebungsvertrag auf seine Veranlassung geschlossen wurde.[12]

§ 38 SGB III verpflichtet den Arbeitnehmer, dessen Beschäftigungsverhältnis endet, sich bei der Agentur für Arbeit arbeitsuchend zu melden. Arbeitgeber sollen gem. § 2 Abs. 2 Nr. 3 SGB III Arbeitnehmer vor der Beendigung des Beschäftigungsverhältnisses frühzeitig über die Meldung bei der Agentur für Arbeit informieren, auch wenn die Verletzung dieser Regelung keine Sanktion nach sich zieht.[13] Unterlässt der Arbeitnehmer die rechtzeitige Arbeitslosmeldung, so zieht dies eine Sperrzeit von einer Woche nach sich (§ 159 Abs. 1 S. 2 Nr. 7, Abs. 6 SGB III).[14]

Gibt der Arbeitgeber Auskünfte, so müssen diese vollständig und richtig sein. Falsche Informationen des Arbeitgebers führen zwar nicht zur Unwirksamkeit des Aufhebungsvertrags, können jedoch Schadensersatzansprüche des Arbeitnehmers wegen Verletzung arbeitsvertraglicher Informationspflichten gem. §§ 280 Abs. 1, 241 Abs. 2 BGB auslösen.[15]

Hat der Arbeitnehmer zuvor keine zuverlässigen Informationen eingeholt und sich infolgedessen über die Auswirkungen der getroffenen Vereinbarungen geirrt, so berechtigt ihn dieser Umstand nicht zur Anfechtung. Es handelt sich um einen unbeachtlichen Motiv- bzw. Rechtsfolgenirrtum, der kein Anfechtungsrecht nach § 119 BGB auslöst.[16]

Dem Arbeitnehmer steht kein Widerrufsrecht gem. § 312g Abs. 1 BGB iVm § 355 Abs. 1 S. 1 BGB zu.[17] Ein Aufhebungsvertrag ist zwar ein Verbrauchervertrag.[18] Jedoch setzt das Widerrufsrecht voraus, dass der Vertrag außerhalb von Geschäftsräumen geschlossen wird. Gemäß § 312b Abs. 1 Nr. 1 BGB verlangt dies die gleichzeitige körperliche Anwesenheit des Arbeitnehmers und Arbeitgebers an einem Ort, der kein Geschäftsraum ist. Der Arbeitsplatz gehört jedoch zum Geschäftsraum des Arbeitgebers. Das Gesetz umfasst Verträge, die die Lieferung einer Ware oder das Erbringen einer Dienstleistung zum Gegenstand haben.[19] Das Widerrufsrecht schützt den Arbeitnehmer daher vor Geschäften an ungewöhnlichen Orten, zu denen auch der Arbeitsplatz gehört, wenn ihm ein Unternehmer dort entsprechende Waren oder Dienstleistungen anbietet.[20] Gespräche über das Arbeitsverhältnis und auch über dessen Beendigung finden

---

[12] BAG 16.11.2005 – 7 AZR 86/05, NZA 2006, 535; BAG 17.10.2000 – 3 AZR 605/99, NZA 2001, 206.

[13] BAG 29.9.2005 – 8 AZR 571/04, NZA 2005, 1406.

[14] S. dazu *Rolfs* DB 2006, 1009.

[15] BAG 3.7.1990 – 3 AZR 382/89, NZA 1990, 971.

[16] BAG 14.2.1996 – 2 AZR 234/95, NZA 1996, 811.

[17] Bejahend: *Schulze/Kittel/Pfeffer* ArbRAktuell 2017, 105; verneinend: *Bauer/Arnold/Zeh* NZA 2016, 449; *Fischinger/Werthmüller* NZA 2016, 193; *Kamanabrou* NZA 2016, 919; *Lembke* BB 2016, 3125.

[18] BAG 25.5.2005 – 5 AZR 572/04, NZA 2005, 1111.

[19] S. BT-Drs. 17/12637, 45.

[20] In diesem Sinne ist auch der Hinweis auf den Arbeitsplatz in BT-Drs. 17/12637, 49, zu verstehen.

typischerweise im Betrieb statt, sie finden daher gerade nicht außerhalb von Geschäftsräumen statt.[21]

III. Der Aufhebungsvertrag als Alternative zur Kündigung

Komplizierter wird die Situation für den Arbeitgeber dann, wenn der Aufhebungsvertrag als Alternative zur Kündigung verwendet wird. Hier darf der Arbeitgeber, will er sich nicht des Vorwurfs der widerrechtlichen Drohung und als deren Folge der Anfechtung gem. § 123 Abs. 1 BGB aussetzen, die Kündigung nicht als Druckmittel einsetzen. Eine Drohung iSd § 123 Abs. 1 BGB ist die Ankündigung eines zukünftigen Übels, dessen Zufügung in irgendeiner Weise als von der Macht des Ankündigenden abhängig hingestellt wird. Die Drohung kann auch aus einem schlüssigen Verhalten folgen. Widerrechtlich ist die Drohung jedoch nur dann, wenn ein verständiger Arbeitgeber eine Kündigung nicht ernsthaft in Erwägung ziehen durfte.[22] Es kommt hierfür nicht darauf an, ob die Kündigung tatsächlich rechtmäßig wäre. Der Arbeitgeber muss also nicht gedanklich einen fiktiven Kündigungsschutzprozess führen. Maßgeblich für die Beurteilung der Rechtmäßigkeit der Kündigung ist der dem Arbeitgeber objektiv mögliche Wissensstand.[23] Hierbei ist auch zu berücksichtigen, ob der Kündigung eine erforderliche Abmahnung vorausgegangen ist.[24] Er darf daher nur dann auf eine bei Nichtabschluss des Aufhebungsvertrags auszusprechende Kündigung hinweisen, wenn er entweder sicher sein kann, dass eine Kündigung rechtmäßig oder aber jedenfalls nicht wegen offensichtlicher Mängel unwirksam wäre.[25] Stellt der Arbeitgeber eine nicht offensichtlich unbegründete Kündigung in Aussicht, so liegt keine Drohung vor, vor der der Arbeitnehmer durch das Anfechtungsrecht gem. § 123 Abs. 1 BGB geschützt werden müsste.

21 So schon zu §§ 312 ff. BGB aF: BAG 27.11.2003 – 2 AZR 135/03, NZA 2004, 597.
22 BAG 15.12.2005 – 6 AZR 197/05, NZA 2006, 841.
23 BAG 21.3.1996 – 2 AZR 543/95, NZA 1996, 1030.
24 BAG 16.1.1992 – 2 AZR 412/91, NZA 1992, 1023.
25 BAG 28.11.2007 – 6 AZR 1108/06, NZA 2008, 348.

Nach den vorstehenden Grundsätzen hat Herr Liebig keinen Anspruch auf Weiterbeschäftigung. Sie werden ihm daher Folgendes mitteilen:

Müllex GmbH
Emil-Figge-Straße 44
44227 Dortmund
Personalabteilung

Tel. 0231 / 7550666
20. Januar 2018

Herrn
Thomas Liebig
Hohe Gasse 5
57074 Siegen

Ihr Schreiben vom 15. Januar d.J. / Beendigung Arbeitsverhältnis

Sehr geehrter Herr Liebig,

auf Ihr oben genanntes Schreiben teilen wir Ihnen Folgendes mit:

Ihr Arbeitsverhältnis endet vereinbarungsgemäß am 31. Januar, eine Weiterbeschäftigung über diesen Zeitraum hinaus kommt nicht in Betracht.

Soweit Sie sich über die sozialversicherungsrechtlichen Folgen des von Ihnen mit der Müllex GmbH geschlossenen Aufhebungsvertrags geirrt haben, berechtigt Sie dieser Rechtsfolgen- bzw. Motivirrtum nicht zur Anfechtung. Im übrigen hat Sie der Niederlassungsleiter ausdrücklich bezüglich der anstehenden Fragen an die zuständige Agentur für Arbeit verwiesen.

Ein Widerrufsrecht musste Ihnen nicht eingeräumt werden. Sie waren frei darin, den Aufhebungsvertrag zu unterzeichnen oder nicht. Soweit Sie geltend machen, man habe Sie mit der Androhung einer Kündigung »unter Druck gesetzt«, weisen wir dies entschieden zurück. Das Gespräch mit Ihnen wurde ruhig und sachlich geführt. Da Sie sich noch in der Probezeit befinden, wäre eine Kündigung ohne weiteres zulässig gewesen. Sie haben die in Sie gesetzten Erwartungen leider nicht erfüllt, so dass eine Beendigung des Arbeitsverhältnisses aus unserer Sicht unumgänglich war. Die einvernehmliche Auflösung sollte Ihnen eine bessere Zukunftschance als der Ausspruch einer Kündigung gewähren. Ein Anfechtungsrecht wegen einer widerrechtlichen Drohung gem. § 123 BGB steht Ihnen daher ebenfalls nicht zu.

Ihr Arbeitsverhältnis endet somit zum 31. Januar d. J.

Mit freundlichen Grüßen

Birgit Müller
(Personalleiterin)

In diesem Kapitel lernen Sie das Wichtigste zum Zeugnis und den übrigen Arbeitspapieren. Außerdem erfahren Sie, was Sie ansonsten bei der Beendigung des Arbeitsverhältnisses zu beachten haben.

L. Die Abwicklung des beendeten Arbeitsverhältnisses

I. Zeugnis

Frau Dana Burger war als Bilanzbuchhalterin in der Abteilung Rechnungswesen in der Zentrale der Müllex GmbH tätig. Sie hat von einem Unternehmen in Frankfurt einen sehr lukrativen Arbeitsvertrag erhalten und daher bei der Müllex GmbH gekündigt. Als Personalleiter/in müssen Sie ein Zeugnis ausstellen. Hierzu liegen Ihnen vier periodisch durchgeführte Leistungsbeurteilungen der Leiterin der Abteilung Rechnungswesen vor, die Frau Burger als hervorragende Mitarbeiterin ausweisen. Sie als Personalleiter/in überlegen, welchen Inhalt das Zeugnis haben muss.

1. Grundlagen[1]

Der Arbeitgeber ist verpflichtet, dem Arbeitnehmer alsbald[2] nach Beendigung eines Arbeitsverhältnisses ein schriftliches Zeugnis auszustellen (§ 109 GewO, s. auch § 16 BBiG für das Zeugnis eines Auszubildenden). Aber auch während eines bestehenden Arbeitsverhältnisses kann der Arbeitnehmer aus berechtigtem Anlass[3] ein Zeugnis verlangen, zB wenn der Vorgesetzte wechselt oder eine Versetzung in eine andere Abteilung erfolgt. Stellt der Arbeitgeber ein Zwischenzeugnis aus, so ist er bei der abschließenden Beurteilung des Arbeitnehmers in einem Endzeugnis zwar nicht an die Formulierungen des Zwischenzeugnisses gebunden, jedoch an dessen inhaltliche Aussagen.[4] Hat der Arbeitgeber einen Arbeitnehmer in einem Zwischenzeugnis mit dem Gesamturteil „sehr gut" bewertet, so kann er hiervon in einem Abschlusszeugnis nur dann negativ abweichen, wenn nach Erteilung des Zwischenzeugnisses Umstände eingetreten sind, die eine andere Bewertung rechtfertigen.

Grundsätzlich muss zwischen einem einfachen und einem qualifizierten Zeugnis unterschieden werden. Das einfache Zeugnis enthält lediglich Angaben über Art und Dauer der Beschäftigung (§ 109 Abs. 1 S. 2 GewO), dient also in erster Linie als Tätigkeitsnachweis. Das in der Praxis häufiger anzutreffende, auf Verlangen des Arbeitnehmers auszustellende qualifizierte Zeugnis er-

---

1 *Burkard-Pötter* NJW-Spezial 2013, 50; *Ecklebe* DB 2015, 923; *Novak* ArbRAktuell 2015, 443; *Popp* DB 2016, 1075.

2 Zur Verwirkung des Zeugnisanspruchs s. BAG 17.2.1988 – 5 AZR 638/86, NZA 1988, 427.

3 S. auch die tarifliche Regelung in § 35 Abs. 2 TVöD: „aus triftigen Gründen".

4 BAG 16.10.2007 – 9 AZR 248/07, NZA 2008, 298.

streckt sich außerdem auf Leistung und Verhalten des Arbeitnehmers (§ 109 Abs. 1 S. 3 GewO). Es dient damit der weitaus umfangreicheren Beurteilung des Arbeitnehmers. Abgesehen von seinem persönlichen Wert ist das Zeugnis ganz entscheidend für das weitere berufliche Fortkommen des Arbeitnehmers. Für einen künftigen Arbeitgeber sind Zeugnisse der erste Eindruck von einem Bewerber, aufgrund dessen eine Einladung zum Vorstellungsgespräch ausgesprochen wird oder nicht. Aus diesen Funktionen des Zeugnisses lassen sich zwei wichtige Grundsätze für seinen Inhalt ableiten:[5]

- Ein Zeugnis muss wahrheitsgemäß sein.
- Ein Zeugnis muss wohlwollend sein.

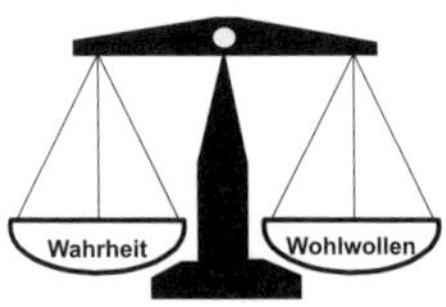

Der Arbeitgeber hat dem Grundsatz der Zeugniswahrheit als oberstem Zeugnisgrundsatz Vorrang einzuräumen. Wahrheitsgemäß ist ein Zeugnis, wenn es sowohl positive als auch negative Tatsachen erwähnt. Der Arbeitgeber muss das Zeugnis so formulieren, dass es die berufliche Weiterentwicklung des Arbeitnehmers nicht unnötig erschwert. Negative Beurteilungen sind jedoch gerade nicht wohlwollend. Sie hindern das berufliche Fortkommen des Arbeitnehmers. Wahrheit und Wohlwollen können daher in einem unlösbaren Widerspruch stehen. In der Praxis hat sich aus diesem Grunde eine eigene Zeugnissprache entwickelt. Der Arbeitgeber ist nicht an bestimmte Formulierungen gebunden, es steht ihm frei, wie er das Zeugnis formuliert und welche Leistungen und Eigenschaften er hervorhebt.[6] Benutzt der Arbeitgeber jedoch die Zeugnissprache und damit ein im Arbeitsleben übliches Beurteilungsschema, so muss er sich an dessen Inhalt festhalten lassen.[7]

2. Inhalt des Zeugnisses/Zeugnisformulierungen

§ 109 Abs. 2 GewO verlangt, dass das Zeugnis klar und verständlich formuliert sein muss und keine Merkmale oder Formulierungen enthalten darf, die den Zweck haben, andere Aussagen über den Arbeitnehmer zu treffen, als vom Standpunkt eines objektiven Empfängers des Zeugnisses aus seiner äußeren Form und seinem Inhalt ersichtlich sind. Hierbei ist die Formulierung im Gesamtzusammenhang des Zeugnisses zu betrachten.[8]

Die Zeugnissprache kann an dieser Stelle nicht abschließend behandelt werden, dies muss einschlägigen Fachpublikationen[9] vorbehalten bleiben. Es seien hier nur einige Merkmale dargestellt:

---

[5] BAG 3.3.1993 – 5 AZR 182/99, NZA 1993, 697 mwN; s. auch *Schleßmann* BB 2015, 2421.

[6] BAG 23.9.1992 – 5 AZR 573/91, BeckRS 1992, 30742556.

[7] BAG 14.10.2003 – 9 AZR 12/03, NZA 2004, 842.

[8] BAG 15.11.2011 – 9 AZR 386/10, NZA 2012, 448.

[9] S. nur *Weuster* BB 1992, 58; *Weuster/Scheer* Arbeitszeugnisse.

- Jedes qualifizierte Zeugnis enthält neben der Beschreibung der einzelnen Tätigkeiten und Leistungen eine zusammenfassende Leistungsbeurteilung („Zufriedenheitsformel"). In der Praxis haben sich bestimmte Formulierungen eingebürgert, die eine bestimmte Gesamtbeurteilung des Arbeitnehmers ausdrücken:[10]

Die Formulierung, sie/er hat die ihr/ihm übertragenen Aufgaben ...	**entspricht der Note...**
stets zu unserer vollsten Zufriedenheit erledigt.	sehr gut
zu unserer vollsten Zufriedenheit/stets zu unserer vollen Zufriedenheit erledigt.	gut
zu unserer vollen Zufriedenheit erledigt.	befriedigend
zu unserer Zufriedenheit erledigt.	ausreichend
insgesamt zu unserer Zufriedenheit/im Großen und Ganzen/zum großen Teil zu unserer Zufriedenheit erledigt.	mangelhaft
zu unserer Zufriedenheit zu erledigen versucht/sie/er hat sich bemüht, die ihr/ihm übertragenen Aufgaben zu unserer Zufriedenheit zu erledigen.	ungenügend

- Negatives wird (vermeintlich) positiv formuliert.
  Beispiel: Er erledigte alle Aufgaben zu unserer Zufriedenheit (= ausreichende Leistung).
- Negatives wird durch bestimmte Klauseln nur angedeutet.
  Beispiel: Er hatte Gelegenheit, sich neue Kenntnisse anzueignen (= Er nutzte die Gelegenheit nicht.).
- Negatives wird durch Einschränkungen dargestellt.
  Beispiel: Er kümmerte sich auch (= leider zu wenig) um die vielfältigen Wünsche unserer Kunden.
- Negatives wird durch Weglassen ausgedrückt, dh dort, wo es allgemein erwartet wird, fehlt eine Aussage zB zu einer bestimmten Eigenschaft.[11]
  Beispiel: Sie war bei den Mitarbeitern beliebt (= nicht bei den Vorgesetzten).
- Negatives wird durch eine bestimmte Reihenfolge der Darstellung innerhalb des Zeugnisses erklärt.
  Beispiel: Bei der Beschreibung der Zuständigkeiten eines Mitarbeiters werden die anspruchsvollen Tätigkeiten nach den Nebenaufgaben genannt.

Schon aus diesen wenigen Beispielen wird deutlich, dass die richtige Formulierung eines Zeugnisses seitens des Arbeitgebers eine gewisse Sorgfalt erfordert. Aber auch ein Arbeitnehmer sollte mit den Grundzügen der Zeugnissprache vertraut sein, damit er sich nicht später darüber wundern muss, keine neue Stelle zu erhalten, obwohl er doch ein „so gutes Zeugnis" hat.

10 *Weuster/Scheer* Arbeitszeugnisse, I./3.4.9.
11 BAG 12.8.2008 – 9 AZR 632/07, NZA 2008, 1349.

Neben den inhaltlichen Aspekten gehört zu einem Zeugnis auch seine äußere Form. Sie muss mit dem Inhalt in Einklang stehen. Es darf nicht der Eindruck hervorgerufen werden, der Aussteller distanziere sich durch die Form vom Inhalt (s. auch § 109 Abs. 2 S. 2 GewO). Dazu gehört insbesondere auch, dass ein Zeugnis auf dem allgemein üblichen Briefpapier des Unternehmens ausgestellt werden muss, aus dem Name und Anschrift des Arbeitgebers hervorgehen.[12] Es muss vom Arbeitgeber oder einem dem Arbeitnehmer gegenüber weisungsberechtigten Vertreter des Arbeitgebers unterzeichnet sein, der in der betrieblichen Hierarchie über dem zu beurteilenden Arbeitnehmer steht.[13] Außerdem dürfen einzelne Worte des Zeugnisses nicht durch Ausrufungszeichen, Unterstreichungen oder Ähnliches hervorgehoben werden. Das Originalzeugnis muss kopierfähig sein. Dies schließt nicht aus, dass der Arbeitgeber das Zeugnis in einem Umschlag gefaltet übersendet.[14]

Der Arbeitnehmer muss das Zeugnis grundsätzlich beim Arbeitgeber abholen (Holschuld, vgl. § 269 Abs. 1 und 3 BGB). Aufgrund besonderer Umstände, zB wenn die Abholung des Zeugnisses für den Arbeitnehmer mit unverhältnismäßigen Kosten oder besonderen Mühen verbunden ist, ist das Zeugnis im Einzelfall zu übersenden.[15]

Das im Zeugnis genannte Datum muss, insbesondere bei späteren Berichtigungen, dem Ausstellungstag entsprechen.[16]

Es ergibt sich folgender Grundaufbau eines Zeugnisses:

Einfaches Zeugnis

- Briefkopf:
  - Name und Anschrift des Ausstellers
- Überschrift „Zeugnis"
- Person des Arbeitnehmers
  - Name, Vorname, Geburtsdatum, Beruf/Position
- Dauer der Beschäftigung
  - Anfangs- und Enddatum
- Art der Beschäftigung
  - Aufgaben, Verantwortung, Kompetenzen, so genau wie möglich
- Ort, Datum und Unterschrift des Ausstellers

[12] BAG 3.3.1993 – 5 AZR 182/99, NZA 1993, 697.
[13] BAG 26.6.2001 – 9 AZR 392/00, NZA 2002, 34.
[14] BAG 21.9.1999 – 9 AZR 893/98, NZA 2000, 257.
[15] BAG 8.3.1995 – 5 AZR 848/93, NZA 1995, 671.
[16] BAG 9.9.1992 – 5 AZR 509/91, NZA 1993, 698.

Qualifiziertes Zeugnis[17]

- Briefkopf:
  - Name und Anschrift des Ausstellers
- Überschrift „Zeugnis"
- Person des Arbeitnehmers
  - Name, Vorname, Geburtsdatum, Beruf/Position
- Dauer der Beschäftigung
  - Anfangs- und Enddatum
- Art der Beschäftigung
  - Aufgaben, Verantwortung, Kompetenzen, Werdegang im Unternehmen, so genau wie möglich
- Angaben über die Leistung des Arbeitnehmers
  - Leistungsbereitschaft, fachliches Können und Fähigkeiten, Arbeitsweise, Arbeitsergebnisse, Führungseigenschaften, besondere Qualifikationen
- Führung des Arbeitnehmers
  - Verhalten, Benehmen, Verhältnis zu Vorgesetzten und Mitarbeitern, gegebenenfalls Kunden
- Schlussformel
  - Der Arbeitnehmer hat keinen Anspruch auf eine Schlussformel.[18] Es handelt sich um einen Akt der Höflichkeit, mit der der Arbeitgeber sein Bedauern über den Weggang des Arbeitnehmers ausdrückt. Ihr Fehlen stellt kein unzulässiges Geheimzeichen dar.[19]
- Ort, Datum und Unterschrift des Ausstellers

Merkmale, die keinen Bezug zur geschuldeten Arbeitsleistung haben, dürfen in einem Zeugnis nicht erwähnt werden. Dies gilt für folgende Inhalte:

- außerdienstliches Verhalten
  - nur dann, wenn sich das außerdienstliche Verhalten auf das Verhalten im Arbeitsverhältnis ausgewirkt hat[20]
- Beendigungsgründe
  - ausgenommen auf Wunsch des Arbeitnehmers darf der Grund der Beendigung nicht in das Zeugnis aufgenommen werden[21]
- Unterbrechungen des Arbeitsverhältnisses
  - Das Zeugnis soll einem künftigen Arbeitgeber ein objektives Bild über den Verlauf des Arbeitsverhältnisses geben. Sofern keine andere Angabe erfolgt, wird die rechtliche Dauer des Arbeitsverhältnisses mit der tatsäch-

---

17 S. ausf. *Weuster/Scheer* Arbeitszeugnisse, I.3., II.

18 BAG 11.12.2012 – 9 AZR 227/11, NZA 2013, 324.

19 BAG 20.2.2001 – 9 AZR 44/00, NZA 2001, 843.

20 BAG 29.1.1986 – 4 AZR 479/84, BeckRS 9998, 153562.

21 LAG Köln 29.11.1990 – 10 Sa 801/90, BeckRS 1991, 40227; LAG Düsseldorf 22.1.1988 – 2 Sa 1654/87, NZA 1988, 399.

lichen Dauer gleichgesetzt. Es lassen sich hieraus Rückschlüsse auf die Berufserfahrung ziehen. Ausfallzeiten, wie zB Elternzeit, sind daher im Arbeitszeugnis nur zu erwähnen, wenn sie bezogen auf die Gesamtdauer des Arbeitsverhältnisses wesentlich sind. Wann Ausfallzeiten wesentlich sind, ist nicht schematisch zu beurteilen, sondern muss im Einzelfall unter Abwägung der Umstände des Einzelfalls unter Berücksichtigung der Interessen der Beteiligten festgestellt werden.[22]

- Betriebsratstätigkeit
  - Eine Betriebsratstätigkeit darf nur dann im Zeugnis erwähnt werden, wenn dies aufgrund des Umfangs der Tätigkeit (zB freigestelltes Betriebsratsmitglied) für die Gesamtbeurteilung des Arbeitnehmers erforderlich ist oder der Arbeitnehmer es ausdrücklich verlangt.[23]
- einmalige Vorfälle[24]
- gewerkschaftliche Aktivitäten
- Krankheiten
  - Krankheiten sind in einem Zeugnis nicht zu erwähnen, da sie eine negative Beurteilung des Arbeitnehmers nicht rechtfertigen und ein neuer Arbeitgeber ausreichend durch etwaige Offenbarungspflichten des Bewerbers geschützt ist.
- Straftaten
  - Der Arbeitgeber muss Straftaten in ein Zeugnis aufnehmen bzw. zum Ausdruck bringen, wenn sie Bezug zum Arbeitsverhältnis haben und sie zweifelsfrei feststehen. Der bloße Verdacht einer Straftat darf nicht erwähnt werden.[25]

3. Zeugnisberichtigungsanspruch

Ist ein Zeugnis unvollständig oder enthält es unzutreffende Behauptungen, so ist der Arbeitgeber seiner Pflicht zum Erstellen eines Zeugnisses nicht nachgekommen.[26] Der Arbeitnehmer kann einen Zeugnisberichtigungsanspruch[27] geltend machen. Der Arbeitnehmer muss – kommt es zu einem gerichtlichen Verfahren – die Passagen des Zeugnisses, die berichtigt werden sollen, genau bezeichnen und angeben, welchen Inhalt sie seiner Meinung nach haben sollen. Er kann hierbei den Arbeitgeber nicht auf bestimmte Formulierungen festlegen. Der Arbeitgeber ist allerdings an den Inhalt des ursprünglichen Zeugnisses dem Grunde nach gebunden. Er kann von der Beurteilung nur insoweit abrücken, als sich nach dessen Ausstellen neue Umstände ergeben haben, die eine andere Beurteilung rechtfertigten.[28] Der Arbeitnehmer muss in seinem Klageantrag den gewünschten Zeugnistext angeben. Er muss die Tatsachen darlegen

---

22 BAG 10.5.2005 – 9 AZR 261/04, NZA 2005, 1237; s. dazu *Mühlhausen* NZA-RR 2006, 337.
23 BAG 19.8.1992 – 7 AZR 262/91, NZA 1993, 222; LAG Köln 6.12.2012 – 7 Sa 583/12, BeckRS 2013, 73873; *Witt* BB 1996, 2194.
24 BAG 21.6.2005 – 9 AZR 352/04, NZA 2006, 104.
25 BAG 8.8.1976 – 3 AZR 491/75, AP BGB § 630 Nr. 10.
26 BAG 12.8.2008 – 9 AZR 632/07, NZA 2008, 1349.
27 S. auch *Novak* ArbRAktuell 2015, 520.
28 BAG 21.6.2005 – 9 AZR 352/04, NZA 2006, 104.

und beweisen, die eine gegenüber dem vom Arbeitgeber ausgestellten Zeugnis bessere Beurteilung rechtfertigen.[29] Der Streitwert eines solchen Verfahrens, nach dem sich Gerichts- und Anwaltsgebühren berechnen, liegt bei einem Bruttomonatsgehalt (s. Nr. I. 25.2 Streitwertkatalog[30]).

Hat der Arbeitnehmer das Zeugnis in Empfang genommen, so muss er einen Korrekturwunsch alsbald geltend machen. Zum einen unterliegt der Zeugnisanspruch Ausschlussfristen.[31] Zum anderen kann der Anspruch auf Berichtigung verwirkt sein, wenn der Arbeitnehmer längere Zeit zuwartet, ohne dem Arbeitgeber gegenüber angedeutet zu haben, er beanstande das Zeugnis. Welche Zeiträume hier anzusetzen sind, hängt vom Einzelfall ab.[32] Neben dem Zeitmoment muss auch ein Umstandsmoment gegeben sein, aufgrund dessen der Arbeitgeber davon ausgehen darf, der Arbeitnehmer werde keine Zeugnisansprüche mehr geltend machen.[33] Gleiches gilt für das Verlangen auf Ausstellung eines Zeugnisses.

Der Arbeitgeber muss auf den Inhalt eines Zeugnisses einige Sorgfalt verwenden. Der Arbeitgeber kann sich gegenüber einem neuen Arbeitgeber (gem. § 826 BGB) und dem Arbeitnehmer gegenüber schadensersatzpflichtig machen, wenn er ein unrichtiges Zeugnis ausstellt (gem. § 280 Abs. 1 BGB) oder seiner Pflicht zur Zeugniserstellung verspätet nachkommt (gem. § 280 Abs. 1 und 2 BGB iVm § 286 BGB). Voraussetzung eines Schadensersatzanspruchs des Arbeitnehmers ist, dass das Zeugnis nicht richtig oder verspätet ausgestellt wurde, dem Arbeitnehmer ein Schaden entstanden ist und der Schaden auf einer schuldhaften Verletzung der Zeugnispflicht beruht. Für den Arbeitnehmer wird es regelmäßig nicht einfach sein, einen entsprechenden Schaden darzulegen und zu beweisen. Es ist der Nachweis erforderlich, ein bestimmter Arbeitgeber sei bereit gewesen, ihn einzustellen, habe davon aber gerade wegen des fehlenden Zeugnisses Abstand genommen.[34] Allerdings hat das Bundesarbeitsgericht es genügen lassen, dass ein Arbeitgeber ernsthaft an einer Einstellung interessiert gewesen und das fehlende Zeugnis zur Sprache gekommen sei.[35]

II. Rückzahlung von Aus- bzw. Fortbildungskosten

In letzter Zeit hat die Müllex GmbH vielen ihrer Mitarbeiter Fortbildungsmaßnahmen finanziert, um sie flexibler und besser einsetzen zu können. Letztlich

[29] BAG 18.11.2014 – 9 AZR 584/13, NZA 2015, 435; BAG 14.10.2003 – 9 AZR 12/03, NZA 2004, 842.

[30] NZA 2014, 745 (747); s. auch LAG Sachsen 17.10.2016 – 4 Ta 214/16 (1), BeckRS 2016, 123028.

[31] BAG 4.10.2005 – 9 AZR 507/04, NZA 2006, 436; LAG Hamm 10.4.2002 – 3 Sa 1598/01, NZA-RR 2003, 463.

[32] BAG 17.2.1988 – 5 AZR 638/86, NZA 1988, 427: 10 Monate; LAG Köln 8.2.2000 – 13 Sa 1050/99, NZA-RR 2001, 130: 12 Monate; LAG Düsseldorf 11.11.1994 – 17 Sa 1158/94, DB 1995, 1135: 11 Monate.

[33] LAG Köln 8.2.2000 – 13 Sa 1050/99, NZA-RR 2001, 130.

[34] BAG 16.11.1995 – 8 AZR 983/94, BeckRS 1995, 30758060.

[35] BAG 26.2.1976 – 3 AZR 215/75, NJW 1976, 1470.

konnte so Beschäftigung gesichert werden. Doch kommt es immer wieder vor, dass Mitarbeiter kurze Zeit nach Abschluss der Maßnahme zu einem Konkurrenzunternehmen wechseln. Dies war auch bei Frau Burger der Fall, der die Müllex GmbH die Fortbildungsmaßnahme zur Bilanzbuchhalterin finanziert hatte. Als Personalleiter/in überlegen Sie, wie sie verhindern können, dass Mitarbeiter sich auf Kosten des Unternehmens fortbilden, ohne dass dem Unternehmen für eine ausreichende Zeit ein entsprechender Nutzen zukommt.

Der Arbeitgeber hat ein großes Interesse daran, seine Arbeitnehmer weiterzubilden, um ihre Qualifikationen zu verbessern. Aus- und Fortbildung (s. auch die Definitionen in §1 BBiG) dienen nicht nur der Motivation von Mitarbeitern, sondern auch der Arbeitsplatzsicherung. Hat der Arbeitgeber dem Arbeitnehmer Fortbildungsmaßnahmen finanziert, indem er ihn unter Fortzahlung der Vergütung freigestellt und/oder Ausbildungskosten (zB Lehrgangsgebühren) übernommen hat, so hat er ein verständliches Interesse daran, auch in den Genuss der von ihm finanzierten Qualifikation des Arbeitnehmers zu kommen. Auf der anderen Seite hat der Arbeitnehmer gem. Art. 12 Abs. 1 GG das Recht, seinen Arbeitsplatz jederzeit frei zu wählen. Der Arbeitgeber kann zwar den Arbeitsplatzwechsel nicht verhindern, jedoch durch Rückzahlungsklauseln einen finanziellen Ausgleich für Fortbildungsmaßnahmen erlangen.

Der Arbeitnehmer schuldet nur dann die Rückzahlung der Ausbildungskosten, wenn er diesbezüglich mit dem Arbeitgeber eine einzelvertragliche Abrede getroffen hat oder ein Tarifvertrag oder eine Betriebsvereinbarung auf das Arbeitsverhältnis zur Anwendung kommt, die eine Rückzahlung von Ausbildungskosten regeln.

Der Arbeitgeber kann Fortbildungskosten nicht auf den Arbeitnehmer abwälzen, wenn er kraft Gesetzes zu deren Übernahme verpflichtet ist. Eine solche Kostentragungspflicht ergibt sich zB für die Schulung von Betriebsratsmitgliedern aus §36 Abs. 6 und 7 BetrVG iVm §40 Abs. 1 BetrVG. Nicht möglich ist es auch, eine Kostenerstattung für die berufliche Erstausbildung in einem anerkannten Ausbildungsberuf (s. §1 Abs. 2 BBiG) zu vereinbaren. Eine solche Absprache verstößt gegen §12 Abs. 2 Nr. 1 BBiG.

Vorformulierte Klauseln zur Rückzahlung von Aus- und Fortbildungskosten unterliegen der Inhaltskontrolle gem. §§305 ff. BGB.[36] Aus dem Transparenzgebot des §307 Abs. 1 S. 2 BGB folgt, dass die getroffene Rückzahlungsvereinbarung eindeutig sein muss, sodass für den Arbeitnehmer erkennbar ist, wann er aus welchem Grund und in welchem Umfang die Kosten erstatten muss.[37] Hierzu gehören Angaben zu den einzelnen Positionen der Kosten und zu ihren Berechnungsgrundlagen, also zB zu Lehrgangsgebühren, Fahrtkosten etc.[38]

Die Rückzahlungsklausel darf den Arbeitnehmer zudem nicht unangemessen benachteiligen (§307 Abs. 1 S. 1 BGB). Sie muss ihrem Inhalt nach vom Standpunkt eines verständigen Betrachters einem begründeten und billigenswerten

---

36 BAG 5.6.2007 – 9 AZR 604/06, NZA-RR 2008, 107.

37 BAG 21.8.2012 – 3 AZR 698/10, NZA 2012, 1428; BAG 15.9.2009 – 3 AZR 173/08, NZA 2010, 342; BAG 21.11.2002 – 6 AZR 77/01, BeckRS 2003, 40642.

38 BAG 6.8.2013 – 9 AZR 442/12, NZA 2013, 1361.

Interesse des Arbeitgebers entsprechen.[39] Andererseits muss die Ausbildungsmaßnahme eine angemessene Gegenleistung für die Rückzahlungsverpflichtung des Arbeitnehmers sein, sodass die Erstattung der Ausbildungskosten für den Arbeitnehmer zumutbar ist und sich nicht als übermäßige Beeinträchtigung seiner freien Arbeitsplatzwahl darstellt.[40] Wird die Rückzahlung auch für Fälle vereinbart, in denen die Beendigung des Arbeitsverhältnisses aus Gründen erfolgt, die der Sphäre des Arbeitgebers zuzurechnen sind, kann es der Arbeitnehmer nicht mehr selbst beeinflussen, durch Aufrechterhalten des Arbeitsverhältnisses die Rückzahlungspflicht abzuwenden.[41] Der Arbeitgeber darf nicht seine Investitionskosten in die Aus- und Weiterbildung auf den Arbeitnehmer abwälzen, wenn die Beendigung seinem Verantwortungsbereich zuzurechnen ist.[42] So ist eine Rückzahlungsverpflichtung unwirksam, die pauschal für jeden Fall der Kündigung seitens des Arbeitnehmers eine Rückzahlungsverpflichtung begründet, ohne danach zu differenzieren, welchem Verantwortungsbereich der Kündigungsgrund zuzurechnen ist.[43] Gleiches gilt für eine Abrede, die eine Verpflichtung des Arbeitnehmers auch dann begründet, wenn der Arbeitgeber betriebsbedingt kündigt.[44] Scheidet der Arbeitnehmer demgegenüber auf eigenen Wunsch oder aufgrund eigenen Verschuldens aus dem Arbeitsverhältnis aus, so ist eine hierauf abstellende Rückzahlungsvereinbarung regelmäßig keine unangemessene Benachteiligung gem. §307 Abs. 1 S. 1 BGB.[45]

Um die Länge der zulässigen Bindungsfrist zu ermitteln, muss eine Güter- und Interessenabwägung nach Maßgabe des Verhältnismäßigkeitsgrundsatzes unter Heranziehung der Umstände des Einzelfalls vorgenommen werden.[46] Ziel ist es, den Arbeitnehmer vor einer übermäßig langen Bindungsdauer zu schützen.[47] Auf Seiten des Arbeitnehmers ist vorrangig zu berücksichtigen, ob und inwieweit er mit der Aus- oder Weiterbildung einen geldwerten Vorteil erlangt hat.[48] Dies setzt voraus, dass das berufliche Fortkommen des Arbeitnehmers durch die Bildungsmaßnahme verbessert wird und sich die Maßnahme nicht in einer rein betriebsbezogenen Fortbildung erschöpft. Letzteres ist gegeben, wenn die Fortbildung einen ausschließlich innerbetrieblichen Nutzen oder nur die Anpassung der Kenntnisse und Fertigkeiten an vom Arbeitgeber veranlasste betriebliche Veränderungen zum Ziel hat.[49] Gleiches gilt, wenn es sich

39 StRspr, s. nur BAG 14.1.2009 – 3 AZR 900/07, NZA 2009, 666 mwN.
40 BAG 11.4.2006 – 9 AZR 610/05, NZA 2006, 1042.
41 BAG 23.1.2007 – 9 AZR 482/06, NZA 2007, 748; BAG 11.4.2006 – 9 AZR 610/05, NZA 2006, 1042.
42 BAG 13.12.2011 – 3 AZR 791/09, NZA 2012, 738.
43 BAG 18.3.2014 – 9 AZR 545/12, NZA 2014, 957; BAG 28.5.2013 – 3 AZR 103/12, NZA 2013, 1419.
44 BAG 6.5.1998 – 5 AZR 535/97, NZA 1999, 79.
45 BAG 19.1.2011 – 3 AZR 621/08, NZA 2012, 85.
46 BAG 14.1.2009 – 3 AZR 900/07, NZA 2009, 666.
47 S. nur BAG 6.9.1995 – 5 AZR 241/94, NZA 1996, 314.
48 StRspr, s. nur BAG 18.3.2014 – 9 AZR 545/12, NZA 2014, 957; BAG 19.2.2004 – 6 AZR 552/02, BeckRS 2004, 41231.
49 BAG 16.3.1994 – 5 AZR 339/92, NZA 1994, 937.

lediglich um den mit jeder Einarbeitung eines Mitarbeiters erhöhten Aufwand handelt.[50]

Außerdem müssen die Dauer der Bildungsmaßnahme und die Dauer der Bindung des Arbeitnehmers in einem angemessenen Verhältnis zueinander stehen.[51] Zu lange Bindungsfristen benachteiligen den Arbeitnehmer unangemessen.

Die Rechtsprechung hat hierzu folgende Grundsätze aufgestellt:

- Eine Fortbildung, die bis zu einem Monat dauert, rechtfertigt grundsätzlich eine Bindung des Arbeitnehmers bis zu sechs Monaten.[52]
- Bei einer Lehrgangsdauer von mehr als einem Monat bis zu zwei Monaten, für die der Arbeitgeber den Arbeitnehmer von der Arbeitsleistung freigestellt hat, ist eine höchstens einjährige Bindung zulässig.[53]
- Eine Lehrgangsdauer von sechs Monaten bis zu einem Jahr bei Freistellung von der Arbeitsleistung rechtfertigt eine maximale Bindung von drei Jahren.[54]
- Bei einer mehr als zweijährigen Dauer der Fortbildungsmaßnahme ist eine Bindung von bis zu fünf Jahren zulässig.[55]

Die dargestellten Bindungsfristen sind allerdings nur Anhaltspunkte. Im Einzelfall kann auch bei kürzeren Fortbildungsmaßnahmen eine längere Bindung zulässig sein, zB wenn der Arbeitgeber erhebliche Mittel aufwendet und die Fortbildung besondere Vorteile für den Arbeitnehmer bringt.[56] Umgekehrt kann bei einem geringen Mitteleinsatz und geringerem Nutzen für den Arbeitnehmer auch bei längeren Maßnahmen eine kürzere Bindung gerechtfertigt sein. Letztlich kommt es auf die Beurteilung des Einzelfalls an.[57]

Häufig wird die Höhe der Rückzahlungspflicht dadurch gestaffelt, dass der Arbeitnehmer für jeden Monat, den er vor Ablauf der Bindungsfrist ausscheidet, einen bestimmten Anteil zurückzahlen muss, zB bei einer zweijährigen Bindungsfrist für jeden Monat 1/24 der getätigten Aufwendungen. Die Höhe der insgesamt zurückzuzahlenden Ausbildungskosten ist in jedem Fall durch den Betrag begrenzt, den der Arbeitgeber tatsächlich für die Ausbildungsmaßnahme aufgewendet hat.[58]

---

50 BAG 16.1.2003 – 6 AZR 384/01, BeckRS 2003, 41110.
51 BAG 6.9.1995 – 5 AZR 241/94, NZA 1996, 314.
52 BAG 5.12.2002 – 6 AZR 539/01, NZA 2003, 559.
53 BAG 15.12.1993 – 5 AZR 279/93, NZA 1994, 835.
54 BAG 5.6.2007 – 9 AZR 604/06, NZA-RR 2008, 107; BAG 30.11.1994 – 5 AZR 715/93, NZA 1995, 727; BAG 11.4.1984 – 5 AZR 430/82, NZA 1984, 288.
55 BAG 12.12.1979 – 5 AZR 1056/77, AP BGB § 611 Ausbildungsbeihilfe Nr. 4.
56 BAG 5.12.2002 – 6 AZR 539/01, NZA 2003, 559.
57 BAG 14.1.2009 – 3 AZR 900/07, NZA 2009, 666.
58 BAG 16.3.1994 – 5 AZR 339/92, NZA 1994, 937.

Überschreitet der Arbeitgeber die zulässige Bindungsdauer, so ist die getroffene Vereinbarung als unangemessene Benachteiligung des Arbeitnehmers gem. §307 Abs. 1 BGB unwirksam. Eine geltungserhaltende Reduktion dergestalt, dass die zu lange Bindungsdauer auf ein zulässiges Maß zurückgeführt wird, ist mit §306 Abs. 1 und 2 BGB für formularmäßige Abreden nicht vereinbar.[59]

Die dargelegten Grundsätze gelten auch für eine Vereinbarung, die dem Arbeitnehmer die Rückzahlung der Ausbildungskosten für den Fall auferlegt, dass er die Ausbildung vorzeitig abbricht.[60]

Die Personalleiterin der Müllex GmbH, Frau Müller, wird daher künftig bei entsprechenden Fortbildungsmaßnahmen mit den Arbeitnehmern eine Rückzahlungsvereinbarung treffen:

Rückzahlung von Ausbildungskosten

Herr/Frau … wird für die Dauer der Ausbildung … von … bis … von der Arbeitsleistung unter Fortzahlung der Arbeitsvergütung freigestellt.

Die Müllex GmbH übernimmt die Kosten der Ausbildungsmaßnahme. [Es folgt eine genaue Auflistung der jeweiligen Ausbildungskosten.]

Endet das Arbeitsverhältnis des/der Herrn/Frau … vor Ablauf von … Monaten/Jahren [Bindungsdauer entsprechend der Ausbildungsdauer], so verpflichtet sich Herr/Frau … zur Rückzahlung der Ausbildungskosten einschließlich der gezahlten Arbeitsvergütung. Die Rückzahlungspflicht tritt nicht ein, wenn das Arbeitsverhältnis aus Gründen beendet wird, die der Arbeitgeber zu vertreten hat.

Der Rückzahlungsbetrag mindert sich um je … pro Monat [Minderungshöhe abhängig von Bindungsdauer, zB 1/24 bei zweijähriger Bindung, 1/12 bei einjähriger Bindung etc.], den das Arbeitsverhältnis nach Beendigung der Ausbildung fortbesteht.

III. Sonstige Arbeitspapiere und Ausgleichsquittung

Neben dem Zeugnis hat der Arbeitgeber dem Arbeitnehmer bei Beendigung des Arbeitsverhältnisses eine Vielzahl weiterer Arbeitspapiere auszuhändigen. Arbeitspapiere sind Papiere und Bescheinigungen, die der Arbeitgeber zu erteilen hat und an deren Erlangen der Arbeitnehmer ein berechtigtes Interesse hat.[61] Hierzu zählen insbesondere:

- Ausdruck der elektronischen Lohnsteuerbescheinigung (§41b EStG)
- Arbeitsbescheinigung (§312 SGB III)
  Mit der Arbeitsbescheinigung gibt der Arbeitgeber bei Beendigung des Arbeitsverhältnisses über alle Tatsachen Auskunft, die insbesondere für den Bezug von Arbeitslosengeld relevant sind.
- Urlaubsbescheinigung (§6 Abs. 2 BUrlG)

59 BAG 23.1.2007 – 9 AZR 482/06, NZA 2007, 748.
60 BAG 19.1.2011 – 3 AZR 621/08, NZA 2012, 85.
61 BAG 5.10.2005 – 5 AZB 27/05, NZA 2005, 1429.

Der Arbeitnehmer hat mit der tatsächlichen Beendigung des Arbeitsverhältnisses einen Anspruch auf Herausgabe der Papiere. Dem Arbeitgeber steht an den Arbeitspapieren kein Zurückbehaltungsrecht wegen eigener noch offener Ansprüche gegen den Arbeitnehmer zu. Der Arbeitnehmer ist gem. § 368 S. 1 BGB verpflichtet, den Erhalt der Arbeitspapiere zu quittieren.

Häufig wird die Empfangsbestätigung mit weiteren Erklärungen verbunden. Man spricht in diesem Fall von einer Ausgleichsquittung. Je nach Inhalt kann es sich um einen Erlassvertrag (§ 397 Abs. 1 BGB), einen Vergleich (§ 779 BGB) oder um ein konstitutives negatives Schuldanerkenntnis (§ 397 Abs. 2 BGB) handeln. Was im Einzelfall gegeben ist, muss durch Auslegung der Erklärungen gem. §§ 133, 157 BGB ermittelt werden.[62] Beim Erlassvertrag gehen die Parteien regelmäßig davon aus, dass ein bestimmter Anspruch besteht, der nicht mehr erfüllt werden soll. Ein konstitutives negatives Schuldanerkenntnis liegt vor, wenn alle etwaigen noch bestehenden Ansprüche bereinigt werden sollen. Die Parteien wollen hierbei alle Ansprüche zum Erlöschen bringen unabhängig davon, ob ihnen diese im Zeitpunkt der Erklärung bereits bekannt sind oder nicht. Deklaratorisch ist das Schuldanerkenntnis im Fall eines Vergleichs, wenn die Parteien die rechtlichen Beziehungen zueinander lediglich so dokumentieren wollen, wie sie diese im Augenblick der Erklärung annehmen.[63]

Unabhängig von ihrer Rechtsqualität bewirkt die Ausgleichsquittung somit, dass die Parteien die gegenseitigen Ansprüche für erledigt erklären. Geschieht dies im Wege eines Vergleichs, wird regelmäßig eine individuell ausgehandelte Erklärung der Parteien vorliegen, sodass eine Inhaltskontrolle nicht vorzunehmen ist. Formularmäßige Ausgleichsquittungen sind dagegen einer AGB-Kontrolle zu unterziehen.[64] Der Arbeitnehmer bestätigt mit der Ausgleichsquittung die Erledigung aller Ansprüche unabhängig davon, ob sie im Zeitpunkt der Unterzeichnung bekannt waren oder nicht. Um dem aus § 305c BGB folgenden Gebot der Klarheit sowie dem Transparenzgebot des § 307 Abs. 1 S. 2 BGB zu genügen, müssen die Erklärungen daher klar und deutlich sein. Das äußere Erscheinungsbild der Erklärung muss dem Arbeitnehmer die Reichweite der Ausgleichsklausel, zB durch eine drucktechnische Hervorhebung, deutlich machen. Dies gilt besonders dann, wenn die Ausgleichserklärung im Zusammenhang mit dem Empfang der Arbeitspapiere erfolgt. Bestätigt der Arbeitnehmer den Empfang seiner Arbeitspapiere, so muss er ohne besondere Herausstellung nicht damit rechnen, dass er außer einer Empfangsbestätigung Erklärungen hinsichtlich des Bestehens weiterer Ansprüche abgibt[65] oder auf die Erhebung einer Kündigungsschutzklage verzichtet[66].

---

62 BAG 21.6.2011 – 9 AZR 203/10, NZA 2011, 1338; BAG 7.11.2007 – 5 AZR 880/06, NZA 2008, 355.

63 BAG 19.11.2003 – 10 AZR 174/03, NZA 2004, 554.

64 BAG 7.11.2007 – 5 AZR 174/03, NZA 2008, 355; s. auch *Preis/Bleser/Rauf* DB 2006, 2812.

65 BAG 21.6.2011 – 9 AZR 203/10, NZA 2011, 1338.

66 BAG 25.9.2014 – 2 AZR 788/13, NZA 2015, 350.

Außerdem muss geprüft werden, ob die Ausgleichsquittung den Arbeitnehmer gem. §307 Abs. 1 S. 1 BGB unangemessen benachteiligt. Dies ist der Fall, wenn der Verzichtserklärung keine gleichwertige Gegenleistung gegenübersteht.[67]

IV. Ausschlussfristen

Frau Burger meldet sich mehr als ein halbes Jahr nach Erhalt ihrer letzten Abrechnung noch einmal bei der Müllex GmbH. Bei einer Durchsicht ihrer Arbeitspapiere war ihr erst jetzt aufgefallen, dass die Müllex GmbH ihr zustehende Überstundenvergütungen fehlerhaft berechnet hat. Sie macht geltend, dass ihr noch weitere 635,27 EUR zu zahlen seien. Der Arbeitsvertrag von Frau Burger enthält folgende Klausel:

„*Ausschlussfrist*

Alle beiderseitigen Ansprüche aus dem Arbeitsverhältnis verfallen, wenn sie nicht innerhalb von zwei Monaten nach Fälligkeit gegenüber der anderen Vertragspartei schriftlich geltend gemacht werden.

Lehnt die Gegenpartei den Anspruch ab oder erklärt sie sich nicht innerhalb von zwei Wochen nach der Geltendmachung des Anspruchs, so verfällt der Anspruch, wenn er nicht innerhalb von zwei Monaten nach Ablehnung oder nach Fristablauf geltend gemacht wird."

Sie sind beauftragt, die Ansprüche von Frau Burger zu prüfen.

Ansprüche aus dem Arbeitsverhältnis unterliegen der regelmäßigen Verjährung von drei Jahren (§195 BGB). Sie verfallen bereits vor Ablauf der Verjährungsfrist, wenn auf das Arbeitsverhältnis eine Ausschlussfrist zur Anwendung kommt. Eine Ausschlussfrist (synonym: Verfallfrist) bezeichnet einen Zeitraum, innerhalb dessen der Gläubiger gegenüber dem Schuldner einen Anspruch geltend machen muss. Versäumt der Gläubiger die festgelegte Frist, so erlischt der Anspruch. Die Ausschlussfrist ist als rechtsvernichtende Einwendung in einem Prozess von Amts wegen zu beachten. Dies unterscheidet sie von der Verjährung. Der Eintritt der Verjährung berechtigt den Schuldner, die Leistung zu verweigern (s. §214 Abs. 1 BGB). Der Schuldner muss sich also auf die Einrede der Verjährung berufen mit der Folge, dass der Anspruch nicht mehr durchsetzbar ist. Die Verjährung lässt anders als die Ausschlussfrist den Bestand des Anspruchs unberührt.

Grundlagen und Wirkung von Ausschlussfristen sind gesetzlich nicht geregelt, werden aber in §4 Abs. 4 TVG und §77 Abs. 4 S. 4 BetrVG vorausgesetzt. Ihre Zulässigkeit hängt davon ab, wie die Ausschlussfrist im Einzelnen ausgestaltet und wo sie vereinbart ist.

[67] BAG 21.6.2011 – 9 AZR 203/10, NZA 2011, 1338; BAG 6.9.2007 – 2 AZR 722/06, NZA 2008, 219.

1. Arten der Ausschlussfristen

Man unterscheidet zwischen „einstufigen" und „zweistufigen" Ausschlussfristen. Bei einer einstufigen Ausschlussfrist ist der Anspruch lediglich innerhalb einer bestimmten Frist geltend zu machen. Geschieht dies nicht, erlischt der Anspruch. Zweistufige Ausschlussfristen schreiben vor, dass der Anspruch nicht nur auf einer ersten Stufe eingefordert wird, sondern nach Ablauf einer festgelegten Frist zusätzlich innerhalb eines bestimmten Zeitraums auf einer zweiten Stufe eingeklagt werden muss.

2. Tarifvertragliche Ausschlussfristen

In Tarifverträgen sind regelmäßig Ausschlussfristen enthalten. Sie sind uneingeschränkt zulässig. Sofern der Tarifvertrag auf das Arbeitsverhältnis Anwendung findet, kommt es für die Geltung der Verfallfrist nicht darauf an, ob der Arbeitnehmer Kenntnis von der Frist hatte. Da das Einhalten der Ausschlussfrist über den Fortbestand eines Rechts entscheidet, handelt es sich um eine wesentliche Vertragsbedingung iSd §2 Abs. 1 S. 1 NachwG. Das Nachweisgesetz verlangt nicht, dass die Ausschlussfrist im Arbeitsvertrag wiederholt wird.[68] Es genügt nach §2 Abs. 2 S. 2 Nr. 10 NachwG ein allgemeiner Hinweis auf den anwendbaren Tarifvertrag.

3. Einzelvertragliche Ausschlussfristen

Ausschlussfristen können – wie bei Frau Burger – auch in Formulararbeitsverträgen vereinbart werden, unterliegen dann jedoch der Inhaltskontrolle nach den §§305 ff. BGB. Ausschlussfristen weichen von den gesetzlichen Verjährungsfristen ab, indem sie nach erheblich kürzerer Zeit zum Verlust etwaiger Ansprüche führen. Es muss daher darauf geachtet werden, dass die Klausel nicht überraschend iSd §305c Abs. 1 BGB ist. Aufgrund der Üblichkeit von Ausschlussfristen ist deren Vereinbarung als solche nicht ungewöhnlich. Überraschend sind jedoch Regelungen, mit deren Inhalt der Vertragspartner nicht rechnen musste, sodass der Klausel ein „Überrumpelungseffekt" innewohnt. Hierbei kann neben dem Inhalt vor allem auch das äußere Erscheinungsbild der Klausel überraschend sein, wenn sie an einer unerwarteten Stelle im Text aufgeführt wird. Eine einzelvertragliche Ausschlussfrist muss daher immer in den Arbeitsvertrag selbst aufgenommen werden und sich zB nicht aus Anlagen zum Vertrag ergeben. Außerdem sollte sie durch Überschrift und Erscheinungsbild kenntlich gemacht werden.[69] Die Voraussetzungen der Ausschlussfrist und die Folgen der Fristversäumung müssen für den Arbeitnehmer hinreichend deutlich werden. Dadurch wird dem Transparenzgebot des §307 Abs. 1 S. 2 BGB genügt.[70]

---

[68] BAG 29.5.2002 – 5 AZR 105/01, BeckRS 2002, 41186; BAG 17.4.2002 – 5 AZR 89/01, NZA 2002, 1096; BAG 23.1.2002 – 4 AZR 56/01, NZA 2002, 800.

[69] BAG 31.8.2005 – 5 AZR 545/04, NZA 2006, 324; BAG 29.11.1995 – 5 AZR 447/94, NZA 1996, 702.

[70] BAG 25.5.2005 – 5 AZR 572/04, NZA 2005, 1111.

Ausschlussfristen sind gem. § 307 Abs. 1 und 2 BGB daraufhin zu überprüfen, ob sie den Arbeitnehmer entgegen den Geboten von Treu und Glauben unangemessen benachteiligen. Die Abkürzung der allgemeinen Verjährungsfrist durch Ausschlussfristen muss dem Gläubiger die Möglichkeit lassen, seine Ansprüche zu überprüfen und ihre Erfüllung durchzusetzen. Wie lang eine Frist hierfür mindestens sein muss, muss sich an den im Arbeitsleben bestehenden normativen Fristen im Gesetz (zB § 61b Abs. 1 ArbGG, § 15 Abs. 4 S. 1 AGG, § 4 KSchG) oder in Tarifverträgen orientieren. Das Bundesarbeitsgericht hat daraus eine durchschnittliche Frist von drei Monaten ermittelt und diesen Zeitraum als Maßstab für die Frage angesehen, ab wann eine unangemessene Benachteiligung eintritt.[71] Einstufige Ausschlussfristen, die kürzer als drei Monate sind, sind demnach gem. § 307 Abs. 1 BGB unangemessen und somit unwirksam.

Zweistufige Ausschlussfristen sind als Besonderheit des Arbeitslebens grundsätzlich möglich. Sie dienen der raschen Klärung noch bestehender Ansprüche. Allerdings muss auch hier auf eine angemessene Länge der Frist geachtet werden. Eine Frist von weniger als drei Monaten für die gerichtliche Geltendmachung der Ansprüche benachteiligt den Arbeitnehmer unangemessen.[72]

Die Ausschlussfrist, die im Arbeitsvertrag von Frau Burger vereinbart wurde, unterschreitet mit zwei Monaten auf beiden Stufen die zulässige unterste Grenze. Sie stellt eine unangemessene Benachteiligung dar. Gemäß § 307 Abs. 1 BGB hat dies die Unwirksamkeit der Ausschlussfrist zur Folge. Eine geltungserhaltende Reduktion, die die Frist auf die zulässige Länge von drei Monaten zurückführt, ist ausgeschlossen. Gemäß § 306 Abs. 2 BGB tritt die gesetzliche Regelung an die Stelle der unwirksamen Klausel. Die Ansprüche unterliegen also nur der allgemeinen dreijährigen Verjährung gem. § 195 BGB. Die Ansprüche von Frau Burger sind daher nicht wegen Versäumnis der Ausschlussfrist erloschen.

Ist hingegen lediglich die zweite Stufe einer Ausschlussfrist gem. § 307 BGB unwirksam, so bleibt die Regelung der ersten Stufe wirksam, wenn die Gesamtregelung teilbar ist („Blue-Pencil-Test"). Dies ist der Fall, wenn unter Streichung des sprachlich abgrenzbaren unwirksamen Klauselteils der verbleibende Teil verständlich und von seinem Inhalt her sachlich sinnvoll ist.[73] Dies ist bei einer zweistufigen Ausschlussfrist, deren zweite Stufe unwirksam ist, regelmäßig der Fall. Der Arbeitnehmer hat die (wirksame) erste Stufe der Ausschlussklausel einzuhalten, will er nicht den Verfall seiner Ansprüche riskieren.

Die Müllex GmbH wird in Zukunft nicht auf die Vereinbarung von Ausschlussfristen verzichten, ihre Länge jedoch den gesetzlichen und richterlichen Vorgaben anpassen und eine Mindestlänge von drei Monaten auf jeder Stufe vereinbaren.

Außerdem sollte sich die Müllex GmbH noch einmal mit dem genauen Wortlaut der Verfallklausel beschäftigen. Bisher heißt es dort, dass die Ansprüche schriftlich geltend gemacht werden müssen. § 307 Nr. 13b BGB verbietet jedoch,

---

[71] BAG 28.9.2005 – 5 AZR 52/05, NZA 2006, 149.

[72] BAG 27.1.2016 – 5 AZR 277/14, NZA 2016, 679; BAG 25.5.2005 – 5 AZR 572/04, NZA 2005, 1111; s. auch BAG 16.5.2012 – 5 AZR 251/11, NZA 2012, 971.

[73] BAG 12.3.2008 – 10 AZR 152/07, NZA 2008, 699.

dass Anzeigen oder Erklärungen, die dem Verwender gegenüber abzugeben sind, an eine strengere Form als die Textform gebunden wird. Die Schriftform mit dem Gebot der eigenhändigen Unterschrift auf der Urkunde (§ 126 BGB) ist eine strengere Form als die Textform, die lediglich verlangt, dass die Erklärung die Person des Erklärenden nennt und auf einem dauerhaften Datenträger lesbar abgegeben wird. Der Textform genügt daher auch eine Geltendmachung der Ansprüche zB per E-Mail (s. auch § 127 Abs. 2 BGB). Die Ausschlussfrist muss daher die schriftliche Geltendmachung durch eine Geltendmachung in Textform vorsehen.[74]

Neben Transparenz und Länge der Ausschlussfrist ist zu prüfen, welche Ansprüche von einer Ausschlussfrist wirksam erfasst werden können. Eine Unwirksamkeit zu weit gefasster Klauseln kann sich insbesondere dann ergeben, wenn die Klausel gegen gesetzliche Verbote verstößt. So verstößt eine Ausschlussfrist, die pauschal „alle Ansprüche aus dem Arbeitsverhältnis" umfasst, gegen § 3 S. 1 MiLoG und ist gem. § 134 BGB unwirksam.[75] Die Auslegung der vertraglichen Regelung führt dazu, dass die Vertragsparteien nur regelmäßig bestehende Ansprüche, wie insbesondere laufende Entgeltansprüche, erfassen wollen, nicht aber außergewöhnliche Fälle, wie zB Ansprüche aus Schadensersatz.[76] Die Müllex GmbH nimmt daher zur Sicherheit Ansprüche auf den Mindestlohn ausdrücklich von der Verfallklausel aus.

Martina Schneider (s. oben S. 80) hat gegen ihre Kündigung Kündigungsschutzklage erhoben und den Prozess nach 14 Monaten rechtskräftig zu ihren Gunsten entschieden. Das Gericht war der Auffassung, dass die Müllex GmbH zunächst hätte eine Abmahnung aussprechen müssen. Frau Schneider verlangt nach Abschluss des Prozesses schriftlich die Nachzahlung der Vergütungsansprüche für die Dauer des Prozesses. Auf ihr Arbeitsverhältnis findet der Tarifvertrag der Entsorgungsindustrie Anwendung, der eine einstufige Ausschlussfrist enthält, nach der alle Ansprüche aus dem Arbeitsverhältnis innerhalb von drei Monaten nach Fälligkeit des Anspruchs schriftlich geltend gemacht werden müssen. Ihre Aufgabe ist es als Personalleiter/in zu prüfen, ob die Ansprüche von Frau Schneider noch bestehen.

Grundsätzlich hat Frau Schneider gem. § 615 S. 1 BGB einen Anspruch auf Zahlung der Vergütung. Die Müllex GmbH befand sich in Annahmeverzug. Die Ansprüche könnten jedoch wegen Versäumen der Ausschlussfrist verfallen sein. Frau Schneider hat die Vergütungsansprüche erstmalig nach Prozessende rückwirkend für die letzten 14 Monate geltend gemacht. Für alle Ansprüche, die älter als drei Monate sind, liegt an sich keine fristgerechte Geltendmachung vor. Allerdings ist zu beachten, dass Frau Schneider Kündigungsschutzklage erhoben hatte und es sich beim Verzugslohn um Ansprüche handelt, die vom Ausgang des Kündigungsschutzverfahrens abhängig sind. Der Streitgegenstand der Kündigungsschutzklage bezieht sich auf die konkrete Kündigung und

[74] *Düwell* BB 2016, 2485; *Lingemann/Otte* NZA 2016, 519.

[75] BAG 24.8.2016 – 5 AZR 703/15, NZA 2016, 1539; krit. dazu *Bayreuther* DB 2017, 487; aA LAG Nürnberg 9.5.2017 – 7 Sa 560/16, BeckRS 2017, 114537.

[76] BAG 21.4.2016 – 8 AZR 753/14, NZA 2016, 1271; BAG 20.6.2013 – 8 AZR 280/12, NZA 2013, 1265.

damit auf den Bestand des Arbeitsverhältnisses bis zum beabsichtigten Endtermin. Das Gesamtziel der Klage ist damit auf die Sicherung der vom Fortbestand des Arbeitsverhältnisses abhängigen Ansprüche gerichtet.[77] Die Erhebung der Kündigungsschutzklage wahrt daher eine einstufige Ausschlussfrist.[78] Ansprüche, die nicht vom Erfolg der Kündigungsschutzklage abhängen, werden hingegen nicht durch die Kündigungsschutzklage rechtzeitig geltend gemacht. Ansprüche, die von der Beendigung des Arbeitsverhältnisses (nicht vom Fortbestand des Arbeitsverhältnisses!) abhängig sind, müssen daher gesondert geltend gemacht werden. Dies gilt zB für den Anspruch auf Abgeltung des Urlaubs.[79]

Die Kündigungsschutzklage wahrt auch die zweite Stufe einer einzelvertraglichen[80] und tariflichen[81] Ausschlussfrist, wenn diese die klageweise Geltendmachung vorsieht. Ein durchschnittlicher Arbeitnehmer muss eine solche Klausel so verstehen, dass er überhaupt eine Klage erheben muss. Die von der Kündigungsschutzklage abhängigen Ansprüche sind daher rechtzeitig geltend gemacht.

Bei einer zweistufigen Ausschlussfrist ist der gegenüber der Kündigungsschutzklage erhobene Klageabweisungsantrag des Arbeitgebers eine konkludente Ablehnung der geltend gemachten Ansprüche. Die Frist der zweiten Stufe wird folglich in Gang gesetzt.[82] Die Vergütungsansprüche von Martina Schneider sind folglich nicht verfallen.

---

[77] BAG 28.11.2007 – 5 AZR 992/06, NZA 2008, 293; BAG 14.12.2005 – 10 AZR 70/05, NZA 2006, 998.

[78] BAG 5.11.2003 – 5 AZR 562/02, BeckRS 2004, 40157; BAG 11.12.2001 – 9 AZR 510/00, BeckRS 2002, 40585.

[79] BAG 21.2.2012 – 9 AZR 486/10, NZA 2012, 750; aA LAG Niedersachsen 13.8.2013 – 9 Sa 138/13, BeckRS 2013, 72476.

[80] BAG 19.3.2008 – 5 AZR 429/07, NZA 2008, 757; s. auch BVerfG 1.12.2010 – 1 BvR 1682/07, NZA 2011, 354.

[81] BAG 19.9.2012 – 5 AZR 627/11, NZA 2013, 101.

[82] BAG 26.4.2006 – 5 AZR 403/05, NZA 2006, 845.

Das abschließende Kapitel dieses Lehrbuchs soll Ihnen die Grundlagen des Arbeitsgerichtsprozesses aufzeigen.

M. Grundzüge des arbeitsgerichtlichen Verfahrens

Gemäß §2 Abs. 1 Nr. 3b ArbGG sind ausschließlich die Gerichte für Arbeitssachen zuständig für bürgerliche Rechtsstreitigkeiten zwischen Arbeitnehmern und Arbeitgebern über das Bestehen oder Nichtbestehen eines Arbeitsverhältnisses. Die Kündigungsschutzklage eines Arbeitnehmers ist also beim Arbeitsgericht einzureichen. Daneben entscheiden die Arbeitsgerichte aber auch alle anderen Streitigkeiten zwischen Arbeitgebern und Arbeitnehmern, zB Lohnklagen, Zeugnisberichtigungsklagen etc. (s. im Einzelnen §2 Abs. 1 Nr. 3 ArbGG). Außerdem sind die Arbeitsgerichte sachlich für die Streitigkeiten zwischen Arbeitgeber und Betriebsrat zuständig (vgl. im Einzelnen §2a Abs. 1 ArbGG).

Örtlich zuständig ist das Arbeitsgericht, in dessen Bezirk der Arbeitgeber seinen Wohn- bzw. Geschäftssitz hat (§46 Abs. 2 ArbGG iVm §§12, 13, 17 ZPO), der Arbeitnehmer gewöhnlich seine Arbeit verrichtet (§48 Abs. 1a ArbGG) oder an dem die streitigen Verpflichtungen aus dem Arbeitsvertrag zu erfüllen sind (§46 Abs. 2 ArbGG iVm §29 ZPO).

Die Arbeitsgerichte kennen zwei verschiedene Arten von Verfahren mit jeweils eigenen Grundsätzen. Individualarbeitsrechtliche Klagen zwischen Arbeitgeber und Arbeitnehmer sind im Urteilsverfahren durchzuführen (s. §§2 Abs. 5, 46 ff. ArbGG). Das Beschlussverfahren kommt insbesondere in allen Streitigkeiten zwischen Betriebsrat und Arbeitgeber zum Tragen (s. §§2a Abs. 2, 80 ff. ArbGG).

Das arbeitsgerichtliche Urteilsverfahren ist von dem Grundsatz geleitet, im Interesse von Arbeitnehmer und Arbeitgeber eine gütliche Einigung zwischen den Parteien herbeizuführen. Deshalb findet in der ersten Instanz vor dem Arbeitsgericht zunächst eine Güteverhandlung vor dem Vorsitzenden Richter statt (§54 Abs. 1 ArbGG). Dieser kann gem. §54 Abs. 6 ArbGG das Verfahren vor einen Güterichter verweisen.[1] Dies dient ebenso wie die Möglichkeit zur Mediation bzw. sonstigen außergerichtlichen Konfliktbeilegung gem. §54a ArbGG der gütlichen Konfliktlösung durch die Parteien selbst.

Daneben unterliegt das arbeitsgerichtliche Verfahren gem. §9 Abs. 1 ArbGG dem Gebot der beschleunigten Durchführung. Ergänzend bestimmt §61a ArbGG für Kündigungsverfahren eine besondere Prozessförderungspflicht, um möglichst schnell Klarheit herbeizuführen, ob ein Arbeitsverhältnis durch eine Kündigung beendet ist oder nicht. Kündigungsschutzverfahren sind also vorrangig vor anderen Verfahren zu behandeln.

In der ersten Instanz vor dem Arbeitsgericht müssen weder Arbeitgeber noch Arbeitnehmer anwaltlich vertreten sein. Sie können gem. §11 Abs. 1 S. 1 ArbGG

---

1 S. dazu *Pilartz* ArbRAktuell 2013, 433.

den Rechtsstreit selbst führen oder sich gem. § 11 Abs. 2 ArbGG zB durch den Vertreter einer Gewerkschaft oder eines Arbeitgeberverbands vertreten lassen.

Kommt im Güteverfahren kein Vergleich zustande, so schließt sich ein Kammertermin an. Hier wird der Rechtsstreit nicht mehr allein vor dem Vorsitzenden Richter verhandelt, sondern vor einer Kammer des Arbeitsgerichts, die neben dem Vorsitzenden Richter aus zwei ehrenamtlichen Richtern, je einem der Arbeitgeber- und Arbeitnehmerseite besteht. Auch in der Beteiligung der ehrenamtlichen Richter wird wiederum das Ziel des gütlichen Ausgleichs zwischen den Arbeitsvertragsparteien deutlich.

Wird auch im Kammertermin keine einverständliche Lösung erzielt, erlässt die Kammer ein Urteil, gegen das die unterlegene Partei beim Landesarbeitsgericht innerhalb von einem Monat nach Zustellung des Urteils Berufung einlegen kann. Die Berufung ist bei Bestandsstreitigkeiten, also Rechtsstreitigkeiten über das Bestehen, das Nichtbestehen oder die Kündigung eines Arbeitsverhältnisses gem. § 64 Abs. 2 lit. c ArbGG grundsätzlich zulässig. Darüber hinaus kann Berufung eingelegt werden, wenn der Wert des Gegenstands, um den in der zweiten Instanz noch gestritten wird, höher als 600 EUR ist oder aber das Arbeitsgericht die Berufung zugelassen hat (s. für die Einzelheiten § 64 ArbGG). Das Landesarbeitsgericht besteht aus Kammern, die jeweils mit einem Vorsitzenden Berufsrichter sowie je einem ehrenamtlichen Richter der Arbeitgeber- und Arbeitnehmerseite besetzt sind (§ 35 Abs. 2 ArbGG). Jetzt müssen sich die Parteien des Rechtsstreits eines Rechtsanwalts oder eines Verbandsvertreters bedienen; sie können den Prozess nicht mehr selbst führen (s. im Einzelnen § 11 Abs. 4 ArbGG).

Kommt es auch in der zweiten Instanz nicht zu einer gütlichen Einigung, so kann nach Maßgabe des § 72 ArbGG innerhalb von einem Monat (s. § 74 Abs. 1 ArbGG) gegen das Urteil des Landesarbeitsgerichts Revision vor dem Bundesarbeitsgericht eingelegt werden.

Das Bundesarbeitsgericht entscheidet als letzte Instanz in arbeitsrechtlichen Streitigkeiten in Senaten, die jeweils mit drei Berufsrichtern und zwei ehrenamtlichen Richtern besetzt sind (s. § 41 Abs. 2 ArbGG).

Der Instanzenzug im arbeitsgerichtlichen Urteilsverfahren stellt sich damit wie folgt dar:

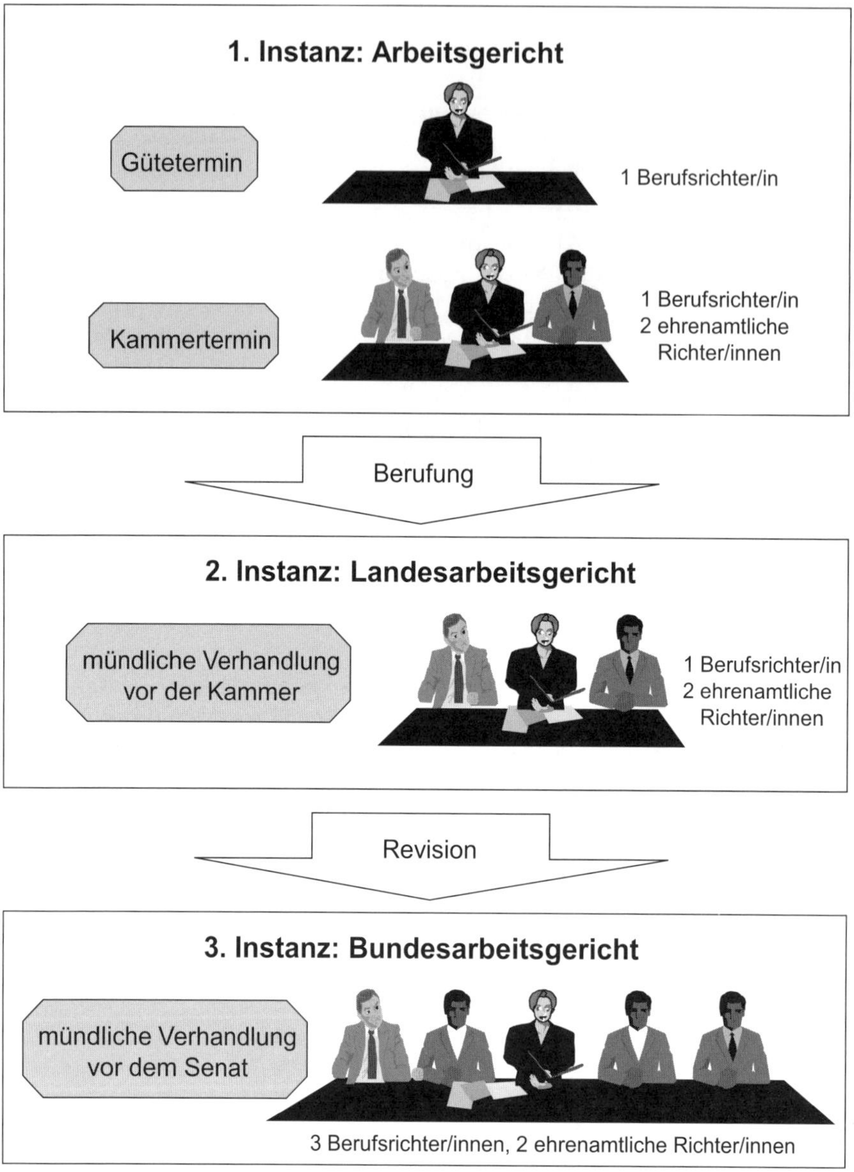

Eine Klage im arbeitsgerichtlichen Verfahren ist nicht kostenlos. Es fallen Gerichts- und gegebenenfalls Anwaltskosten an, deren Höhe sich nach dem Streitwert der Klage und der Anzahl der Gebühren bestimmt (Einzelheiten s.

§2 Abs. 2, §3 GKG sowie Rechtsanwaltsvergütungsgesetz).[2] Für Kündigungsschutzklagen wird gem. §42 Abs. 2 GKG regelmäßig ein Streitwert von drei Bruttomonatsgehältern festgesetzt. Die Streitwertfestsetzung erfolgt durch das Gericht nach freiem Ermessen. Hierbei findet jedoch eine Orientierung am für Arbeitsrechtsstreitigkeiten erarbeiteten Streitwertkatalog statt.[3] Auch wenn dieser für die Arbeitsgerichte nicht bindend ist, verwenden ihn die Gerichte zugunsten einer einheitlichen Rechtsprechung.[4]

Wichtig zu wissen ist, dass es bei den Arbeitsgerichten anders als bei sonstigen Gerichten in der ersten Instanz keine Erstattung der eigenen Kosten für einen Anwalt gibt, wenn der Prozess gewonnen wird (§12a Abs. 1 ArbGG). Jede Partei trägt diese Kosten also immer selbst.

[2] Einen ersten Überblick gibt der Kostenrechner des LAG Hamm: www.lag-hamm.nrw.de ⇨ Service ⇨ Kosten.

[3] S. dazu NZA 2014, 745.

[4] S. nur LAG Hamburg 20.5.2016 – 5 Ta 7/16, NZA-RR 2016, 613; LAG Hessen 4.12.2015 – 1 Ta 280/15, BeckRS 2016, 67256; LAG Köln 30.12.2015 – 12 Ta 358/15, BeckRS 2016, 66153.

Stichwortverzeichnis

Die Zahlen bezeichnen die Seiten.

A

Abfindung 252 ff., 285
Abgeltung des Urlaubs 157 f.
Abmahnung 220 ff.
Abrufarbeitsverhältnis 194 f.
Abschlussfreiheit 34
Abwicklungsvertrag 283
Akkordbasis 109
Akkordrichtsatz 109
Akkordvergütung 108 f.
Akkordzuschlag 109
Alkohol 130, 223, 229
Allgemeine Geschäftsbedingungen 45 ff.
Allgemeines Gleichbehandlungsgesetz 35 ff., 58, 103, 122, 160 ff.
Allgemeinverbindlichkeit 9
Altersteilzeit 194
„Ameisensäurefall" 176
Anbahnung des Arbeitsverhältnisses 19 ff.
Anfechtung 27, 287
Anforderungsprofil 35
Angebot der Arbeitsleistung 81
Anhörung des Betriebsrats 13, 203 ff.
Annahmeverzug 80 ff.
Anrechnung von Tariflohnerhöhungen 104, 106
Anrechnungsvorbehalt 104
Anschlussverbot 275 f.
Anwaltszwang 307
Anwesenheitsprämie 139
Anzeigepflicht
- Krankheit 132
- Schwangerschaft 169
Arbeitgeberhaftung
- für Personenschäden 178 f.
- für Sachschäden 175 ff.
Arbeitnehmerhaftung
- für Personenschäden 97 ff.
- für Sachschäden 89 ff.
Arbeitnehmerüberlassung 39, 55, 103, 211, 234, 235, 276
Arbeitsbereitschaft 68
Arbeitserlaubnis 213
Arbeitsgericht 306 ff.
- örtlich zuständiges ~ 306
Arbeitskampfrisiko 144 f.
Arbeitskleidung 67, 174
Arbeitsleistung
- Angebot der ~ 81
- Art der ~ 55 ff.
- Nichterbringen der ~ 89
- Ort der ~ 55 ff.
Arbeitslosengeld 254, 284 f.
Arbeitspapiere 299 f.
Arbeitspflicht des Arbeitnehmers 55 ff.
Arbeitsplatzwechsel
- Frage nach ~ 31
Arbeitsrecht
- Begriff 3
- Rechtsquellen 3 ff.
Arbeitsschutzgesetz 167
Arbeitsstättenverordnung 167 f.
Arbeitsunfähigkeit 129 f.
- Urlaub 152
Arbeitsunfähigkeitsbescheinigung 132 f.
Arbeitsunfall 97
Arbeitsvergütung 100 ff.
Arbeitsverhalten 138, 140, 168
Arbeitsverhältnis
- Anbahnung 19 ff.
- befristetes – s. *Befristung*
- Begründung 43 ff.
- Beendigung 197 ff.
- gesetzliches ~ 45
- Verletzung der Pflichten aus ~ 89 ff.
Arbeitsverhinderung
- aus persönlichen Gründen 142
Arbeitsvertrag
- Abschluss 43 ff.

– befristeter ~ *s. Befristung*
– Form 43 f.
Arbeitsverweigerung 156, 228, 243
Arbeitsvorbereitung 68
Arbeitszeit 62 ff.
– Begriff 66 ff.
– Dauer der ~ 63
– Mitbestimmung des Betriebsrats 63, 68, 69, 71, 75
Arbeitszeiterfassung 68
Arbeitszeitgesetz 64 ff.
Arglistige Täuschung 27
Aufenthaltstitel 213
Aufhebungsvertrag 282 ff.
Aufwendungsersatz 174 f.
Ausbildungskosten 296
Ausgleichsabgabe 37
Ausgleichsquittung 299 f.
Aushilfe 200 ff., 272
Auskünfte beim Arbeitgeber 33
Auskunftspflicht 88
Ausschlussfrist 165, 244, 301 ff.
Außerdienstliches Verhalten 243, 293
Außertariflicher (= AT)-Angestellter 9, 16

B

Background Checks 26
Befristung 270 ff.
– Form 271
– und Kündigung 279
Befristungsgründe 272 ff.
Behinderung
– Begriff 29, 159
– Frage nach ~ 29
Belästigung 162
Benachteiligung
– Begriff ~ 35, 161 f.
– Entschädigung 35, 165
– Kündigung 249
Benachteiligungsverbot
– Befristung 122, 280
– Betriebsratsmitglieder 265
– schwerbehinderte Menschen 29, 37
– Teilzeit 103, 122, 186, 236
Beratung 12
Bereitschaftsdienst 68
Beruflicher Werdegang
– Frage nach ~ 31
Berufsfreiheit 4, 86, 128, 276, 283
Berufsgenossenschaft 97, 167, 178
Berufung 307
Beschäftigungsanspruch 147 f.
Beschäftigungsverbot 170 ff.
– Frage nach ~ 30
– Urlaub 155
Beschleunigungsgrundsatz 306
Beschlussverfahren 306
Beteiligung des Betriebsrats 11 ff. *s. auch Mitbestimmung des Betriebsrats*
Betriebliches Eingliederungsmanagement 136 f., 216 f.
Betriebliches Vorschlagswesen 138
Betriebliche Übung 117 ff.
Betriebsbuße 225
Betriebsferien 156
Betriebsfrieden 229, 243
Betriebsgeheimnis 84
Betriebsrat
– Beteiligung 11 ff.
– Wahlen 12
Betriebsratsanhörung 13, 203 ff.
Betriebsratsmitglied
– Kündigung 265 ff.
Betriebsratsvorsitzender 205
Betriebsrisiko 143 ff.
Betriebsvereinbarung 14 ff.
– umstrukturierende/verbösernde ~ 118
Betriebsvereinbarungsoffenheit 123 f.
Beweislastumkehr 92, 165
Bewerbungskosten *s. Vorstellungskosten*
Bezugnahmeklausel 9 ff.
Big-Data-Analyse 26
Billiges Ermessen 58, 125
Bindungsklausel 126 f.
Bundesarbeitsgericht 307
Bundeszentralregister 31

C

Cafeteria-System 115
Code of Conduct 89

D
Darlegungslast 95, 218, 232
Dauererkrankung 214
Deputate 107
Dienstreise 66
Dienstwagen 107
Direktionsrecht 55 f.
Diskriminierungsverbot s. *Allgemeines Gleichbehandlungsgesetz*
Doppelbeschäftigung 86
Dotierungsrahmen 104, 123

E
Effektivlohn 104
Ehrenamt 87
Ehrenamtliche Richter 307
Einfaches Zeugnis 289, 292
Eingruppierung 39, 102
Einigungsstelle 13
Einschreiben 198
Einstellung
- Zustimmung des Betriebsrats 38 ff., 281
Einstellungsuntersuchung 30
Einzelakkord 108
Einzelvertragliche Inbezugnahme eines Tarifvertrags 9 ff.
Elternzeit 186 ff.
- Befristung 274
- Kündigung 259 f.
- Urlaub 155
Empfangsbestätigung 300
Entfernungspauschale 176
Entfristungsklage 279 f.
Entgeltfortzahlung im Krankheitsfall 129 ff.
Entgelttransparenzgesetz 103
Equal Pay 103
Erkrankung 129 ff.
- eines Kindes 142 f.
- häufige kurzzeitige ~ 217 ff.
- lang andauernde ~ 215 f.
  s.a. krankheitsbedingte Kündigung
Ermittlungsverfahren
- Frage nach ~ 32
Ersatzdienst
- Frage nach ~ 30
Ersatzurlaubsanspruch 156
Erstattungsanspruch 134, 174
Erziehungsurlaub s. *Elternzeit*
Ethikrichtlinie 89

F
Fahrerlaubnis 82, 213
Fahrlässigkeit
- Begriff 91
Fahrtkosten 23, 174
Fahrverbot 141
Familienpflegezeit 193
Fehlgeburt 172
Fehlzeiten
- Senkung von ~ 134 ff.
Feiertagsarbeit 80
Fernwirkung eines Streiks 145 f.
Feststellungsinteresse 251
Feststellungsklage 249 ff.
Firmenfahrzeug s. *Dienstwagen*
Firmenparkplatz 169
Firmentarifvertrag 6
Flächentarifvertrag 6
Flexible Arbeitszeit 76 ff.
„Flexi-Modell" 80
Formulararbeitsvertrag 45 ff.
Fortbildungskosten
- Rückzahlung von ~ 286 ff.
Fortsetzungserkrankung 131 f.
Fragerecht des Arbeitgebers 24 ff.
Freischichten 80
Freistellung 147 ff.
- kurzfristig zur Pflege 193
- unbezahlte 142
- zur Stellensuche 23 f.
Freistellungsanspruch 23 f., 82
Freistellungsklausel 147
Freiwilligkeitsvorbehalt 112, 119 ff.
Freizeit zur Stellensuche 23 f.
Fristberechnung 50, 200 f.
Frühgeburt 172
Führerschein s. *Fahrerlaubnis*
Führungszeugnis 31

G
Gattungsschuld 56
Geburt 141, 169 ff.

Gefährdungsbeurteilung 137, 167
Gefahrgeneigte Arbeit 90
Gefahrstoffverordnung 167
Gegendarstellung 225
Geheimhaltungspflicht *s. Verschwiegenheit*
Gendiagnostik 30
Geldakkord 108
Geldfaktor 109
- Entgeltfortzahlung 132
- Urlaub 156
Geldlohn 107
Geltungserhaltende Reduktion 47
Gesamtzusage 116
Geschäftsgeheimnis 84
Gesetzgebung 4
Gesundheitsprognose *s. krankheitsbedingte Kündigung*
Gewerkschaftszugehörigkeit
- Frage nach ~ 32
Gewinnbeteiligung 114 f.
Gewissensfreiheit 58
Glatteis 66, 141
Gleichbehandlung *s. Allgemeines Gleichbehandlungsgesetz*
Gleichbehandlungsgrundsatz 121
Gleichstellungsabrede 10 f.
Gleitzeit 77
Gratifikation 116 ff.
Grundkündigungsfrist 199
Grundleiden 131
Gruppenakkord 108
Günstigkeitsprinzip 7, 16
Gütetermin/Güteverhandlung 306

H
Haftstrafe 25, 213
Haftung des Arbeitgebers
- für Personenschäden 178 f.
- für Sachschäden 175 ff.
Haftung des Arbeitnehmers
- für Personenschäden 97 ff.
- für Sachschäden 89 ff.
Haftungsbeschränkung 90 f.
Haustarifvertrag 6
Herausgabepflicht 88
HIV-Infektion
- Frage nach ~ 29
Höchstarbeitszeit 64 f.

I
Individualarbeitsrecht 3
Informationelle Selbstbestimmung
- Recht auf ~ 25
Informationspflicht 281, 286
Inhaltskontrolle 46 ff.
Initiativrecht des Betriebsrats 13
Inklusionsvereinbarung 137
Inseratskosten 52
Instanzenzug 308
Integrationsamt 37, 51, 194, 261
Internetnutzung, private 221

J
Jahresarbeitszeit 78
Job-Sharing 196

K
Kammer 307
Kammertermin 307
Kampfparität 145
Kapazitätsorientierte variable Arbeitszeit (KAPOVAZ) 194 f.
Kieler Straßenbahnstreik 144
Kind
- Erkrankung eines 142 ff.
Klagefrist 250 f., 280
Klageverzicht 252 ff.
Kleinbetriebsklausel 210 f.
Koalitionsfreiheit 4
Kollektives Arbeitsrecht 3
„Konti-Schicht" 80
Konzernversetzungsklausel 60
Korrekturvereinbarung 224
Kosten
- Erstattung von ~ 23, 174 f.
Kraftfahrzeug 169, 175
Krankenbesuch 138
Krankengeld 129, 142
Krankengespräch 138 f.
Krankheit
- Frage nach ~ 29
- Zeugnis 294

Kündigung
- Anhörung des Betriebsrats zur ~ 203 ff.
- außerordentliche ~ 242 ff.
- Begriff 197
- Berechtigung zur ~ 245
- Betriebsbedingte ~ 231 ff.
- Betriebsratsmitglied 265 ff.
- Diskriminierung 249
- Drohung mit ~ 287
- Elternzeit 259 f.
- Form 197
- Fristlose 242 ff.
- Krankheitsbedingte ~ 214 ff.
- Personenbedingte ~ 212 ff.
- pflegender Angehöriger 261
- und Befristung 279
- Schwangerer 256 ff.
- Schwerbehinderter Menschen 261 ff.
- Sozialauswahl 236 ff.
- Soziale Rechtfertigung einer ~ 209
- Verdachtskündigung 238 ff.
- Verhaltensbedingte ~ 219 ff.
- vor Dienstantritt 51 f.

Kündigungserklärung
- Zugang der ~ 197 f.

Kündigungsfrist 199 ff.
- Berechnung der ~ 200 f.
- Grundkündigungsfrist 199
- Mindestkündigungsfrist bei Schwerbehinderung 263
- Probezeit 50 f.

Kündigungsschutzgesetz
- Anwendungsbereich des ~ 209 ff.

Kündigungsschutzklage 249 ff.
Kurzarbeit 75
Kurzerkrankung, häufige 217 ff.

L

Landesarbeitsgericht 307
Langzeitkonten 78
Leiharbeit *s. Arbeitnehmerüberlassung*
Leistungsbereich 228 f., 243
Leistungsfähigkeit, Minderung der 214 f., 228
Leistungshindernis 141
Leistungslohn 108 ff.
Leistungsverweigerungsrecht 133, 165
s. auch Zurückbehaltungsrecht
Lohnausfallprinzip 132
Lohnausgleichsverfahren 134, 173
Lohngerechtigkeit 105
Low Performer 229

M

Mankoabrede 94 f.
Mankohaftung 93 ff.
Medizinischer Dienst 134, 139
Mehrarbeit 71
Minderleistung 228
Minderung der Leistungsfähigkeit 214 f., 228
Mindestlohn 101 f.
Mindesturlaub 149
Missbrauchskontrolle 233

Mitbestimmung des Betriebsrats 11 ff.
- Anrechnung Zulagen 104 f.
- Arbeitsunfähigkeitsbescheinigung 132
- Arbeitszeit 63, 68, 71 f., 75
- Betriebsferien 156
- Eingruppierung 41, 102
- Einstellung 38 ff.
- Erzwingbare 13
- Krankheit 132, 138
- Kündigung 203 ff.
- Kurzarbeit 75
- Lohngestaltung 104
- Ordnung des Betriebs 138, 166
- Personalfragebogen 32 f.
- Rauchverbot 168
- technische Einrichtungen 68, 78, 140
- Überstunden 71 f.
- Übertarifliche Zulagen 106
- Umgruppierung 102
- Urlaubsgrundsätze 156
- Vergütung 104 f., 110
- Versetzung 62
- Videokamera 140, 239

Mitbeurteilungsrecht des Betriebsrats 33

Mitteilungspflicht
- bei Krankheit 132
- bei Schwangerschaft 169
Mitwirkung des Betriebsrats 12
Mutterschaftsgeld 172
Mutterschutz 169 ff.
Mutterschutzlohn 172

N
Nachträgliche Zulassung der Klage 198, 250
Nachweisgesetz 44
Nachwirkung 15
Naturallohn 107
Nebenabrede 43
Nebenpflichten
- des Arbeitgebers 147 ff.
- des Arbeitnehmers 83 ff.
- Verletzung von ~ 230
Nebentätigkeit 86 ff.
Nichtantritt der Arbeit 51 ff.

O
Offenbarungspflicht 24
Öffnungsklausel 7, 17, 65, 123
Ordnungsverhalten 138, 140, 166
Ort der Arbeitsleistung 55 ff.

P
Parteizugehörigkeit
- Frage nach ~ 32
Parkplatz 169
Passivrauchen 168
Pauschalierungsabrede 73
Pause s. *Ruhepause*
Personalakte 173, 205, 225
Personalberatung 39
Personalfragebogen 25, 32
Personalreserve 219
Personenschaden s. *Haftung*
Pfändung
- Frage nach ~ 31
Pflegezeit 192 f.
Portabilität 78
Prämienvergütung 110
Privatdetektiv 140
Probezeit 49 ff.
- Kündigungsfrist 50
Provision 114 f.
Prozessbeschäftigung 83
Prozessförderung 306
Punktesystem 239, 242
Punktueller Streitgegenstand 251

Q
Quasi-negatorischer Beseitigungsanspruch 224
Qualifiziertes Zeugnis 289, 293

R
Rauchverbot 168, 229
Rechenschaftspflicht 88
Rechtsquellen 3 ff.
RefA 109
Referenzzeitraum 156
Reisekosten 23, 174
Reisezeit 66
Religion
- Frage nach ~ 32
Revision 307
Richterrecht 4
Richtlinie der EG 4
Rückkehrgespräch 138 f.
Rückstufungsschaden 177
Rückzahlung
- Gratifikation 127 ff.
- Aus-/Fortbildungskosten 295 ff.
Rufbereitschaft 69
Ruhepause 65
Ruhezeit 65

S
Sabbatical 78
Sachschaden s. *Haftung*
Schichtarbeit 79
Schriftform 14, 43, 83, 183, 188, 197, 251, 271, 283
Schriftformklausel 118 f.
Schutzkleidung 67, 167, 175
Schwangerschaft
- Dauer der ~ 257
- Frage nach ~ 30
- Kündigung während ~ 256 ff.

- Mitteilung der ~ 169
- Schutzpflicht des Arbeitgebers 169 ff.

Schweigepflicht s. *Verschwiegenheitspflicht*

Schwerbehinderte Menschen
- Begriff 29, 159
- Frage 29
- Gleichstellung 29
- Kündigung 261 ff.
- Probezeit 51
- Überstunden 71
- Zusatzurlaub 158 ff.

Schwerbehindertenabgabe s. *Ausgleichsabgabe*

Schwerbehindertenvertretung 37, 137, 261

Schwerbehinderung s. *schwerbehinderte Menschen*

Selbstbeurlaubung 24, 156

Senat 307

sexuelle Belästigung 162

Sicherheitsschuhe 167, 175

Sonderkündigungsrecht 260

Sonderkündigungsschutz 256 ff.
- Betriebsratsmitglieder 261 ff.
- Elternzeit 259 f.
- pflegender Angehöriger 261
- Schwangerer 256 ff.
- Schwerbehinderter Menschen 261 ff.

Sonderleistung
- Änderung bestehender Ansprüche auf ~ 122 ff.
- Kürzung wegen Fehlzeiten 127, 139 s. *auch Gratifikation*

Sondervergütung s. *Gratifikation bzw. Sonderleistung*

Sonntagsarbeit 80

Sozialauswahl 236 ff.

Sperrwirkung s. *Tarifvertrag*

Sperrzeit 254, 284 f.

Sportunfall 130

Stellenanzeige 19 ff.

Stellenausschreibung 19 ff.
- innerbetriebliche 21

Stellensuche
- Freizeit zur ~ 23 f.

Stichtagsregelung 112, 126 f.

Straftat 31, 85, 177, 221, 229, 243 f., 246 ff., 294

Streik
- Fernwirkungen eines ~ 145

Streitgegenstand 251

Streitwert 225, 295, 308

Stückakkord 108

subjektive Determinierung 205

Suspendierung s. *Freistellung*

T

Tantieme 114

Tarifautonomie 16, 145

Tarifbindung 7 ff.

Tarifeinheit 8

Tarifgruppe 6, 41, 102

Tarifpluralität 8

Tarifsperre 15 f., 65, 102, 105

Tarifvertrag 6 ff.
- Allgemeinverbindlicherklärung 9
- Anwendbarkeit 7 ff.
- dynamische Verweisung 10
- Firmen-/Haustarifvertrag 6
- Geltungsbereich 7 f.
- Sperrwirkung 15 f., 65, 102, 105
- statische Verweisung 9

Tarifvertragsparteien 6

Tätigkeitsmerkmale 40, 102

Teilurlaub 150, 158

Teilzeitarbeitsverhältnis 180 ff.
- Ausschreibung 21
- nach BEEG 186 ff.
- PflegezeitG 190 ff.
- schwerbehinderter Menschen 193 f.
- Sozialauswahl 237
- TzBfG 180 ff.
- Urlaub 151

Theorie der Wirksamkeitsvoraussetzung 14, 106

Totgeburt 172

Transparenzgebot s. *Formulararbeitsvertrag*

Treueprämie 110, 116

U
Übernachtungskosten 23, 174
Überstunden 70 ff.
Überstundenzuschlag 74
Übertarifliche Zulagen 104, 106
Umdeutung 201, 245, 251
Umgruppierung 102
Umkleiden 67
Umlageverfahren
- U1 134
- U2 173
Unentschuldigtes Fehlen 228 f.
Unfallverhütungsvorschrift 99, 167, 174
Unfallversicherung 97, 178
Unschuldsvermutung 32, 247
Unterrichtung 12, 39, 203
Unvermögen zur Leistung 82, 214
Urlaub 149 ff.
Urlaubsabgeltung 157 f.
Urlaubsbescheinigung 158, 299
Urlaubsentgelt 156
Urlaubsgeld 157
Urlaubsjahr 149
Urlaubsliste 155
Urteilsverfahren 306

V
Verbandstarifvertrag 6
Verdachtskündigung 246 ff.
Verdiensthöhe
- Frage nach ~ 31
Verfallfrist s. *Ausschlussfrist*
Vergütung 100 ff.
- erfolgsabhängige ~ 31, 108 ff.
- übliche ~ 72, 100
Verhaltenskodex 89
Verpfändung
- Frage nach ~ 31
Verschwiegenheitspflicht 84 ff., 173
Versetzung 59 ff.
Versetzungsklausel 59 ff.
Vertragsbruch 51 f.
Vertragsfreiheit 34 ff., 100, 161
Vertragsstrafe 52 ff.
Vertrauensarbeitszeit 79
Vertrauensbereich 228, 229 f., 242, 246
Vertrauensvolle Zusammenarbeit 12
Verwirkung 295
Videoüberwachung 140, 247
Vorausabtretung
- Frage nach ~ 31
Vorgabezeit 109
Vorläufige personelle Maßnahme 40
Vorrangtheorie 16, 105
Vorschlagswesen 138
Vorstellungsgespräch 22 ff.
Vorstellungskosten 23
Vorstrafe
- Frage nach ~ 31

W
Wartezeit
- Entgeltfortzahlung im Krankheitsfall 129
- Kündigungsschutzgesetz 210
- Kündigungsschutz schwerbehinderter Menschen 263
- Urlaub 150, 159
- Teilzeitanspruch 180 f., 188
Wegeunfall 98
Wegezeit 66
Wehrdienst
- Frage nach ~ 30
Weihnachtsgeld s. *Gratifikation*
Weisungsrecht s. *Direktionsrecht*
Weiterbeschäftigung 235 f., 254 ff.
Weltanschauung
- Frage nach ~ 32
Werktag 64, 150
Wettbewerbsverbot 86
Whistleblowing 85
Wichtiger Grund 243 f.
Widerrufsvorbehalt 107, 112, 124
Wiedereingliederung 129
Wiedereinstellungsanspruch 215, 218, 235, 248
Wirtschaftsrisiko 124, 144

Z
Zeitakkord 109f.
Zeitbefristung 270
Zeitfaktor 109
- Urlaub 156
Zeitlohn 108

Zeitwertkonto 78
Zeugnis 289 ff.
Zeugnisberichtigungsanspruch 294 f.
Zeugnissprache 290 ff.
Zielvereinbarung 110 ff.
Zugang 197 f.
Zurückbehaltungsrecht 24, 146, 168, 300
s. auch Leistungsverweigerungsrecht
Zusatzurlaub 158 ff.
Zustimmung des Betriebsrats
– zur Einstellung 38 ff.
– zur Kündigung eines Betriebsratsmitglieds 267 f.
Zustimmungsersetzung 40, 268
Zustimmungsverweigerung
– des Betriebsrats zur Einstellung 21, 38, 40, 281
Zweckbefristung 270
Zwischenzeugnis 289
Zwischenverdienst 82